Réflexe

# BTS MUC

## MANAGEMENT DES UNITÉS COMMERCIALES



*Toutes les matières*


**ÉCONOMIE - DROIT**
Pascal BESSON (Économie)
Laurence GARNIER (Droit)
Bernard MALO (Économie)

**MANAGEMENT DES ENTREPRISES**
Marie-José CHACON
Patrice GILLET
Anne-Gaëlle SAÏAH

**MANAGEMENT ET GESTION DES UNITÉS COMMERCIALES**
Patrick BEAUGRAND (Gestion des UC)
Brigitte DRUESNE (Management des UC)

**GESTION DE LA RELATION COMMERCIALE**
Bruno MARAIS
Christian MARTY
Marie MATHON
Damien VRIELYNCK

**DÉVELOPPEMENT DE L'UNITÉ COMMERCIALE**
Bruno MARAIS
Christian MARTY
Marie MATHON
Damien VRIELYNCK

**COMMUNICATION - INFORMATIQUE COMMERCIALE**
Patrick BEAUGRAND (Communication)
Brigitte DRUESNE (Communication)
Bruno MARAIS (Informatique commerciale)

**FRANÇAIS**
Yannick ARTIGNAN

**ANGLAIS**
Charlotte BERHEIM


Nathan

# Matières enseignées donnant lieu à une épreuve obligatoire du BTS MUC

| Matières | Nom et coefficient de l'épreuve | Voie scolaire dans un établissement public ou privé sous contrat, CFA ou section d'apprentissage habilité Formation professionnelle continue dans les établissements publics habilités | Formation professionnelle continue dans les établissements publics habilités | Voie scolaire dans un établissement privé, CFA ou section d'apprentissage non habilité Formation professionnelle continue dans les établissements publics non habilités ou en établissement privé Enseignement à distance Candidats justifiant de 3 ans d'expérience professionnelle |
|---|---|---|---|---|
| | | Type et durée | Type et durée | Type et durée |
| Économie | E3.1 Économie Droit **2** | Écrite **2 heures** | CCF 1 situation d'évaluation | Écrite **2 heures** |
| Droit | | Écrite **2 heures** | CCF 1 situation d'évaluation | Écrite **2 heures** |
| Management des entreprises | E3.2 Management des entreprises **1** | Écrite **3 heures** | CCF 2 situations d'évaluation | Écrite **3 heures** |
| Management et gestion des unités commerciales | E4 Management et gestion des unités commerciales **4** | Écrite **5 heures** | Ponctuelle Écrite **5 heures** | Écrite **5 heures** |
| Gestion de la relation commerciale | E5 Analyse et conduite de la relation commerciale **4** | CCF 1 situation d'évaluation **–** | CCF 1 situation d'évaluation **–** | Orale **45 minutes** |
| Développement de l'unité commerciale | E6 Projet de développement de l'unité commerciale **4** | Orale **40 minutes** | CCF 2 situations d'évaluation **–** | Orale **40 minutes** |
| Communication | Ces matières sont évaluées dans le cadre des épreuves E3, E4, E5 et E6. | | | |
| Informatique commerciale | | | | |
| Français | E1 Culture générale et expression **3** | Écrite **4 heures** | CCF 3 situations d'évaluation **–** | Écrite **4 heures** |
| Langue vivante 1 | E2 Langue vivante étrangère 1 **3** | Écrite **2 heures + 20 minutes*** Orale **20 minutes** | CCF 4 situations d'évaluation **–** | Écrite **2 heures + 20 minutes*** Orale **20 minutes** |

* *Temps de préparation.*

**Avertissement au lecteur :** à la date à laquelle nous imprimons ce livre, la définition des sous-épreuves E3.1 et E3.2 n'a pas encore été publiée. Le lecteur est invité à consulter le *Bulletin officiel* : www.education.gouv.fr/bo/

Édition : C. Blanchard – Cl. Léon-Darras – S. Zylberberg
Coordination artistique : Thierry Méléard
Fabrication : Maria Pauliat
Conception intérieure : Thierry Méléard
Conception de la couverture : Evelyn Audureau/Dany Mourain
Mise en pages : JPM

ISBN : 978-2-09-160978-2

# SOMMAIRE

## Matières technologiques



ÉCONOMIE DROIT

MANAGEMENT DES ENTREPRISES

MANAGEMENT ET GESTION DES UNITÉS COMMERCIALES

GESTION DE LA RELATION COMMERCIALE

## Matières générales

# ÉCONOMIE



**Pour réviser le cours :**

**50 QCM d'Économie**

# 1 LE FONCTIONNEMENT DU MARCHÉ

**Le marché est au centre du fonctionnement de notre système économique. Sa fonction est d'organiser le mieux possible les échanges. Des règles sont mises en place pour qu'il fonctionne le plus efficacement possible.**

## 1 La fonction du marché

### 1. L'organisation des échanges

#### a) La définition du marché

Tout bien ou service qui ne peut pas être obtenu librement dans la nature fait l'objet d'un échange sur le marché. Le marché des produits est le lieu de la rencontre réelle (exemple : marché alimentaire traditionnel) ou fictive (exemple : site Internet marchand) de l'offre et de la demande d'un bien ou d'un service. Il y a marché chaque fois qu'il y a échange.

#### b) Les participants au marché

Les offreurs (vendeurs) et les demandeurs (acheteurs) qui souhaitent échanger se manifestent sur le marché. L'objectif des offreurs est de vendre à un prix qui dégage un bénéfice aussi élevé que possible. Celui des demandeurs est d'acquérir des produits destinés à satisfaire leurs besoins à un prix compatible avec leur revenu.

#### c) La recherche de l'efficacité

L'organisation de la vie quotidienne rend impossible la production par un individu de tous les biens nécessaires à la satisfaction de ses besoins. Le recours à l'échange lui permet de se procurer les biens et les services fabriqués par d'autres individus spécialisés à un prix accessible pour une qualité acceptée.

### 2. Les différents types de marchés

L'observation de la nature des échanges permet de distinguer trois types de marchés : des biens et services, du travail, du capital.

#### a) Le marché des biens et services

Le marché des biens et services est le marché sur lequel s'échangent les biens et services marchands qui regroupent tous les biens matériels et immatériels destinés à la vente.
Les biens marchands sont des marchandises. Les services marchands sont vendus par les entreprises. Les services non marchands sont fournis par les administrations et les associations.

#### b) Le marché du travail

Le marché du travail est le lieu de confrontation de la demande de travail émanant des employeurs (offres d'emplois) et de l'offre de travail formulée par les individus (demandes d'emplois). La rencontre aboutit à la détermination du salaire qui représente le prix du travail.

#### c) Le marché des capitaux

Le marché des capitaux est le lieu de rencontre des agents qui disposent d'une épargne disponible (agents à capacité de financement) avec les agents qui souhaitent emprunter (agents à besoin de financement).

## 2 Les principes de fonctionnement

### 1. L'économie de marché

L'économie de marché est le système économique d'échange le plus répandu aujourd'hui dans le monde. Il repose sur les lois du marché, principalement celle de l'offre et de la demande, dans un environnement concurrentiel. Il s'accompagne le plus souvent d'une certaine forme de régulation par l'autorité publique.

### 2. La concurrence

La concurrence traduit la rivalité entre les acteurs qui ont pour objectif d'obtenir le plus grand avantage possible. L'existence d'une concurrence constitue le meilleur argument en faveur de l'efficacité de l'économie de marché.
La concurrence libre signifie avant tout la liberté de produire, de vendre ou d'acheter un produit pour chaque participant dans le respect des règles.
Le non-respect des règles de concurrence entraîne des dysfonctionnements qui réduisent l'efficacité du marché. Les principaux sont : l'abus de position dominante, les ententes entre intervenants sur le marché et la concurrence déloyale.

### 3. Les garanties pour les intervenants

Les règles du marché garantissent le libre accès des participants au marché et contribuent de ce fait à l'efficacité économique de l'économie de marché. Le cas échéant, le cadre juridique du marché est imposé par les tribunaux aux acteurs du marché récalcitrants.

#### a) L'accès à l'information

Acheteurs et vendeurs doivent disposer en temps utile des bonnes informations pour intervenir de façon bénéfique dans l'échange. Dans le cas contraire, la concurrence est faussée, on dit qu'elle devient imparfaite. L'accès inégal à l'information entre les différents participants constitue un manque de transparence qui porte atteinte à la crédibilité de tous les participants et nuit à l'efficacité du marché.

**EXEMPLE**

L'étiquetage obligatoire des produits garantit que les consommateurs disposent d'une information complète sur le produit, afin de protéger leur santé et leurs intérêts.

#### b) La garantie de bonne exécution des contrats

L'échange repose sur l'existence d'un contrat, écrit ou non, posant les droits et les obligations de chacun. La garantie de bonne exécution des contrats est centrale dans l'échange car la multiplication des défauts d'exécution aboutirait très vite à une perte de confiance dans le marché et à une diminution des transactions.

#### c) La confiance mutuelle entre les participants

L'échange est basé sur la confiance entre celui qui vend et celui qui achète. Les règles du commerce se sont longtemps transmises oralement : elles reposaient sur la réputation de chacun des acteurs. Aujourd'hui, cette confiance est renforcée par l'existence de garanties qui accompagnent la vente du produit.

# 2 LE PRIX ET LES DÉCISIONS DES AGENTS ÉCONOMIQUES

**La fixation d'un prix est le principal résultat de la confrontation d'une offre et d'une demande sur un marché. Une fois établi, le prix va influencer la décision des agents de produire ou d'acheter, d'investir ou d'épargner.**

## 1 La détermination du prix

### 1. La fixation du prix de marché

#### a) La loi de l'offre et de la demande

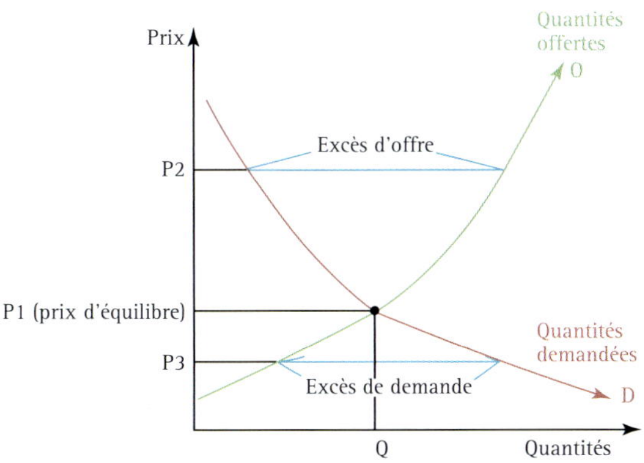


Un prix de marché se fixe au moment de la rencontre entre l'offre et la demande. La loi de l'offre et de la demande désigne le mécanisme selon lequel le prix diminue lorsque l'offre est supérieure à la demande et augmente lorsque la demande est supérieure à l'offre. Cela induit un rééquilibrage jusqu'à un prix, le prix d'équilibre, pour lequel l'offre et la demande s'égalisent.

#### b) Le prix, indicateur de rareté

Plus un bien est rare et plus l'offre de ce bien est faible. Si la demande est inchangée, le prix va alors augmenter. Si par contre le bien est en quantité excessive compte tenu des besoins à un moment donné, le prix peut baisser de façon importante. Le prix exprime ainsi la rareté des ressources disponibles.

### 2. La fixation des prix selon la nature du marché

#### a) Le marché concurrentiel

Sur un marché concurrentiel, le nombre de vendeurs et d'acheteurs est tel qu'aucun des intervenants ne peut influencer le prix pratiqué. Le prix du marché est une donnée préétablie qui ne se négocie pas.

#### b) Le monopole

L'entreprise en situation de monopole fixe elle-même son prix tout en tenant compte de la demande. Pour un même niveau de profit, elle arbitre entre produire une grande quantité de produits vendus à un prix faible ou une petite quantité vendue à un prix élevé.

#### c) L'oligopole

L'oligopole correspond à une situation dans laquelle l'offre est constituée de quelques entreprises confrontées à un grand nombre de demandeurs. Deux stratégies sont possibles pour les entreprises :

- l'affrontement avec les concurrents, en particulier sur la variable prix ;
- l'entente sur les prix ou sur le partage du marché.

**EXEMPLE**

Le marché des opérateurs de téléphonie mobile.

## 2 Le rôle du prix dans les décisions des agents

### 1. La décision de consommer

Pour les consommateurs, les prix transmettent des informations qui entraînent ou non leur décision d'achat. Le prix influence les décisions des ménages, qui vont adapter leur niveau de consommation aux prix. Ainsi, la baisse du prix d'un bien est favorable à l'achat d'une plus grande quantité de ce bien.

### 2. La décision de produire

L'augmentation du prix d'un bien indique aux producteurs une situation de rareté relative. Elle peut alors inciter à produire davantage ou à entrer sur le marché pour les nouveaux producteurs.

D'une façon générale, les offreurs se positionnent sur la production d'un bien ou d'un service en fonction du prix du marché pour obtenir une rentabilité suffisante. Dans le cas où aucune entreprise n'est intéressée, il revient aux pouvoirs publics de juger de l'opportunité de compenser la défaillance du marché.

Les prix influencent également le choix d'une combinaison productive qui utilise les facteurs de production les moins chers.

### 3. Les décisions à long terme

#### a) L'arbitrage

Les décisions des ménages et des entreprises, en particulier en matière d'épargne et d'investissement, se basent sur la prise en compte des avantages et des risques pour chacun des choix possibles.

Ils procèdent à des prévisions qui intègrent les éléments de prix ou de coût, de rentabilité et de risques. L'arbitrage consiste à choisir la décision optimale qui concilie prise de risque, coût et rentabilité.

#### b) L'anticipation

Plus l'échange porte sur une valeur élevée, plus les agents sont sensibles à l'incertitude de l'évolution des prix. En fonction des anticipations qu'ils effectuent sur cette évolution, ils avancent ou retardent l'achat ou la vente.

**EXEMPLE**

Malgré la chute de 40 % du nombre de transactions immobilières à Paris, la baisse des prix des biens immobiliers est minime. D'une part, les acheteurs réservent leur achat en attendant une baisse significative. D'autre part, les vendeurs préfèrent retirer leur bien du marché pour attendre des jours meilleurs.

# 3 L'INTRODUCTION DE LA MONNAIE DANS L'ÉCONOMIE

**➔ La monnaie est constituée des actifs liquides des agents qui permettent d'acheter ou d'éteindre une dette. Le rôle de la monnaie dans les échanges correspond à trois fonctions : unité de compte, intermédiaire des échanges, réserve de valeur dans le temps. La monnaie est unanimement acceptée par les agents économiques quand elle possède certaines qualités.**

## 1 La définition de la monnaie

### 1. La monnaie au sens strict

#### a) La monnaie fiduciaire

La monnaie fiduciaire regroupe les billets de banque et les pièces. Pièces et billets ont cours légal : ils sont acceptés en vertu de la loi.

Les pièces seules sont appelées « monnaie divisionnaire ». Il ne faut pas confondre monnaie divisionnaire (les pièces actuelles) et la monnaie métallique qui correspondait autrefois à des unités ayant un poids et une valeur en métal précieux (or, argent).

#### b) La monnaie scripturale

La monnaie scripturale est la monnaie déposée sur des comptes à vue dans les banques. Pour être mobilisée, la monnaie scripturale exige des jeux d'écritures.

**EXEMPLE**

Un virement du compte d'un acheteur à celui d'un vendeur permet d'effectuer le règlement d'une transaction.

Il ne faut pas confondre la monnaie scripturale (les avoirs sur les comptes à vue) et les moyens qui permettent de la mouvementer : chèques, cartes bancaires, effets de commerce, etc. Ces instruments ne sont pas en eux-mêmes de la monnaie et n'ont pas cours légal.

### 2. La monnaie au sens large

Certains actifs sont rapidement transformables en liquidité bien qu'ils ne permettent pas de régler directement une transaction. On les assimile à de la monnaie. C'est le cas notamment des livrets d'épargne, des dépôts à terme d'une durée inférieure à 2 ans, des titres de placement facilement négociables.

## 2 Les fonctions de la monnaie

### 1. L'unité de compte

La monnaie permet de compter, d'exprimer la valeur des biens.

**EXEMPLE**

Avant d'être une monnaie fiduciaire (pièces, billets), l'euro était, entre 1999 et 2002, une unité de compte.

### 2. L'intermédiaire des échanges

La monnaie est communément acceptée. Étant acceptée en paiement ou pour éteindre une dette, elle fluidifie l'échange et évite le système du troc.

Dans l'Antiquité, des métaux précieux ou d'autres objets (coquillages, bestiaux) ont joué ce rôle. La monnaie métallique (qui a un poids en métal précieux) a ensuite rempli cette fonction. Aujourd'hui, l'acceptation de la monnaie est basée sur la loi.

### 3. La réserve de valeur

La monnaie doit permettre de reporter des achats dans le temps et constitue ainsi une réserve de valeur. Cette fonction suppose la stabilité des prix. En effet, la hausse des prix diminue la quantité de biens ou de services qu'une unité monétaire permet d'acquérir.

## 3 Les qualités de la monnaie

### 1. La confiance

La confiance est la qualité première d'une monnaie. Ainsi, les pièces et les billets n'ont pas de valeur intrinsèque : leur acceptation repose sur la confiance. Le terme « fiduciaire » vient du latin *fiducia*, la confiance. La monnaie scripturale repose, quant à elle, sur la confiance des déposants envers les banques qui gèrent leurs dépôts.

### 2. La stabilité de la monnaie

La stabilité des prix détermine la stabilité de la monnaie, tant du point de vue interne qu'externe.

#### a) La stabilité interne

La hausse des prix, en diminuant le pouvoir d'achat d'une unité monétaire, fait perdre la confiance des résidents en sa valeur. La perte de confiance provoque le retrait des dépôts bancaires.

#### b) La stabilité externe

Vis-à-vis de l'extérieur, une monnaie à faible pouvoir d'achat est moins demandée sur le marché des changes. Elle se déprécie par rapport aux autres devises.

### 3. L'absence de coût et de risque dans les transactions

#### a) L'absence de coût lié à la transformation

La monnaie doit être convertible en espèces sans coût de transformation pour l'usager.

**EXEMPLE**

Il n'est pas possible d'acheter un bien directement avec un livret d'épargne, mais l'épargnant peut faire un retrait sur son livret sans frais.

#### b) L'absence de risque lié à la transformation

La transformation d'un placement en liquidité doit aussi être sans risque.

**EXEMPLE**

Une part dans une SICAV monétaire peut être revendue sans risque à l'institution qui l'a émise, sans passer par le marché.

# 4 LES EFFETS DE LA VARIATION DE LA MASSE MONÉTAIRE



**→ L'introduction de la monnaie dans l'analyse des marchés fait apparaître deux conceptions : pour les keynésiens, la monnaie a un effet sur les transactions réelles et l'emploi ; pour les monétaristes, la monnaie est neutre.**

## 1 Le concept de masse monétaire

### 1. Définition

La masse monétaire est la quantité de monnaie en circulation dans l'économie. Elle représente le volume de monnaie possédé par les agents non financiers résidents d'une zone géographique donnée.

### 2. Les effets économiques

L'augmentation du volume de la masse monétaire incite les agents à consommer ou à investir. Cette propension peut être facteur de tensions inflationnistes dues à l'excès de la demande ; une baisse de la quantité de monnaie en circulation provoque à l'inverse une contraction de l'activité économique. C'est pourquoi la quantité de monnaie émise doit être surveillée par des autorités de contrôle.

## 2 La régulation de la monnaie

### 1. Les institutions chargées de la régulation

Dans le cadre de l'Union européenne, l'Eurosystème est chargé du contrôle de la monnaie en circulation dans l'économie. L'Eurosystème comprend la Banque centrale européenne (BCE) et les banques centrales nationales des pays de la zone euro.
La mise en œuvre des décisions de l'Eurosystème est décentralisée au niveau des banques centrales nationales.

### 2. Les trois agrégats de monnaie

La masse monétaire se mesure à l'aide d'agrégats. Ils sont classés selon leur degré de liquidité, c'est-à-dire la capacité qu'ils ont d'être transformés plus ou moins rapidement en moyens de paiement.

#### a) L'agrégat M1

Il s'agit de la monnaie au sens strict : pièces, billets et monnaie scripturale.

#### b) L'agrégat M2

Il comprend M1 et les placements à vue liquides (possibilité de retraits immédiats par l'épargnant) mais non utilisables directement comme moyens de paiement : livrets, comptes d'épargne logement, etc.

#### c) L'agrégat M3

Il inclut M2 et les actifs facilement mobilisables : par exemple, des titres de créance à court terme, négociables, c'est-à-dire revendables rapidement sur le marché monétaire. M3 est l'agrégat choisi par la BCE pour la régulation de la politique monétaire.

## 3 Le contrôle de la masse monétaire

### 1. La théorie quantitative de la monnaie

Une équation essentielle régit la monnaie en circulation dans l'économie : $Mv = PT$.
M représente la masse monétaire ; v est la vitesse avec laquelle la monnaie change de main ; P est le niveau général des prix ; T est le volume des transactions réelles réalisées.

### 2. La variation en quantité de la masse monétaire

La politique des banques centrales varie en fonction des effets attribués aux variations de la masse monétaire : effet sur les prix ou effet sur les transactions, c'est-à-dire la sphère réelle de l'économie.

#### a) L'interprétation monétariste

Pour les économistes monétaristes, une augmentation de la masse monétaire M provoque une hausse du niveau général des prix mais ne modifie pas la sphère réelle. En particulier, il est vain d'attendre d'une politique de création monétaire la reprise d'une activité économique en récession.
Le seul effet d'une politique « généreuse » est d'accentuer les tensions inflationnistes car l'excès de demande fait grimper les prix. Quant aux effets sur le marché du travail, ils sont nuls puisque le pouvoir d'achat n'augmente pas : la hausse des salaires est annulée par la hausse des prix.
La monnaie est neutre vis-à-vis de la sphère réelle de l'économie. Elle n'est qu'un « voile » qui ne modifie pas les mécanismes des marchés.

#### b) L'interprétation keynésienne

Pour les économistes keynésiens, qui ne nient pas une possible (mais limitée) hausse des prix, l'augmentation de la masse monétaire a surtout pour effet de permettre une relance en cas de croissance molle, voire de récession (baisse de la production nationale). L'excédent de monnaie distribué permet :
- une augmentation des revenus qui favorise les achats de biens de consommation (principe du multiplicateur keynésien) ;
- une incitation à investir pour les entreprises, l'activité économique repartant (principe de l'accélérateur keynésien).

Les économistes de cette tendance prônent de plus grandes facilités de crédit (baisse du taux d'intérêt) et des augmentations des revenus.

#### c) Le choix des politiques monétaires

Tout dépend donc du lien de causalité admis dans l'équation $Mv = PT$.
Si on considère qu'une variation de M cause surtout une hausse des prix en laissant l'activité inchangée, la politique monétaire des banques centrales doit être stricte : contrôle du crédit, taux d'intérêt élevé.
Si on considère, à l'inverse, qu'un peu d'inflation n'est pas grave si elle est contrôlée, la politique monétaire va consister à baisser le taux d'intérêt directeur et à faciliter l'octroi de crédit par les banques.
La décision de faciliter ou de restreindre l'émission de monnaie est, en dernier ressort, de la compétence de la banque centrale ou du système de banques centrales.

# 5 L'ÉTAT ET LE FONCTIONNEMENT DU MARCHÉ

**L'État intervient de deux façons pour garantir les conditions de fonctionnement des marchés. D'une part, il met en place un cadre institutionnel qui régule la concurrence. D'autre part, il intervient pour corriger les inefficacités du marché.**

## 1 L'existence d'un cadre institutionnel

### 1. La circulation de l'information

Les consommateurs comme les entreprises prennent souvent des décisions sur la base d'informations incomplètes sur le prix et la qualité des biens mis sur le marché.
L'État agit alors par la loi ou par l'intermédiaire d'une autorité de régulation pour améliorer l'information disponible sur les marchés.

**EXEMPLE**

L'Autorité des marchés financiers (AMF) veille à ce que l'information diffusée par les sociétés cotées à la Bourse de Paris soit exacte pour protéger les épargnants.

### 2. Le respect de la concurrence

L'État intervient pour améliorer l'exercice de la concurrence sur les marchés et pour protéger les consommateurs. La réglementation, française et européenne, interdit les pratiques anticoncurrentielles (entente et abus de position dominante), qui ont pour objet ou effet d'éliminer la concurrence. Sont également prohibés la revente à perte, les pratiques discriminatoires ou abusives ou encore le refus de vente entre professionnels.
En France, l'Autorité de la concurrence a comme mission de veiller au respect de la concurrence. Dans le cadre de l'UE, cette mission est attribuée à une direction générale de la Commission européenne à Bruxelles.

**EXEMPLE**

La législation de l'Union européenne interdit les pratiques commerciales trompeuses et réprime toute publicité mensongère.

## 2 La correction des inefficacités du marché

### 1. Les externalités

#### a) Les externalités négatives et positives

L'externalité est une défaillance du marché et désigne une situation économique dans laquelle un acte de consommation ou de production d'un agent a un effet direct positif ou négatif sur la situation d'un autre agent. Par effet direct, on entend un effet qui ne fait pas l'objet de transaction sur un marché.
L'externalité est négative lorsqu'elle s'accompagne d'un préjudice pour les agents qui la subissent.

**EXEMPLE**

Une activité industrielle ou agricole qui aboutit à la pollution d'une rivière porte atteinte au bien-être des autres utilisateurs de cette rivière, les pêcheurs par exemple.

L'externalité est positive lorsque ses conséquences sont favorables aux agents économiques qui la reçoivent.

**EXEMPLE**

L'entretien du paysage par les agriculteurs apporte des avantages à l'ensemble de la société. Mais cela ne fait l'objet ni d'une rémunération, ni d'un échange économique.

Les externalités, négatives et positives, sont ignorées lorsque l'étude des phénomènes économiques se limite à l'observation du marché.

#### b) L'intervention de l'État

L'intervention de l'État est liée au fait que le marché ne sait pas gérer les externalités.
L'État dispose d'outils pour limiter ou réparer les externalités négatives, par exemple la taxation des pollueurs pour financer le préjudice subi par la population ou la fixation d'une norme de pollution. Cette dernière solution oblige les entreprises à investir dans des dispositifs antipollution coûteux pour atteindre la norme.
L'État peut aussi encourager la production des externalités positives. Comme le marché n'investit pas assez dans les externalités positives, l'État subventionne les activités porteuses d'effets bénéfiques.

**EXEMPLE**

Le développement des zones de montagnes procure des externalités positives grâce à la valorisation des paysages dont profitent les activités touristiques : location de gîtes, vente de produits locaux...

### 2. Les biens publics

#### a) Définition

Les biens publics sont des biens, services ou ressources qui bénéficient à tous. La consommation d'un bien public par un individu n'empêche pas sa consommation par un autre et personne ne peut être exclu de la consommation de ce bien.
Il est impossible d'établir l'avantage que retire chaque membre de la communauté, et de l'obliger à payer pour cet avantage. De plus, il est impossible de priver de cet avantage les personnes qui refusent d'en partager le coût.

**EXEMPLES**

Même si la plupart des gens attribuent une valeur positive au confort et à la sécurité d'une ville éclairée la nuit, les personnes ou les entreprises privées ne sont aucunement incitées à investir en vue de fournir un tel service d'éclairage. La signalisation routière, les infrastructures de transport constituent d'autres exemples de biens publics.

#### b) L'intervention de l'État

Lorsque la production d'un bien public est laissée au bon vouloir du secteur privé, il en résulte toujours une sous-estimation de la demande de ce bien, donc une production insuffisante des biens et services correspondants.
Ainsi, peu d'entreprises privées trouvent intérêt à produire un bien dont les ménages profitent gratuitement.
Cette situation impose à l'État d'intervenir pour financer les biens publics par l'impôt.

# 6 L'OUVERTURE DES ÉCONOMIES

**L'ouverture des économies est croissante dans le temps. Elle résulte de l'accroissement des flux d'échanges de biens, de services et de capitaux qui sont facilités par la stabilité des devises.**

## 1 La mesure de l'ouverture de l'économie

### 1. La progression des échanges internationaux

Depuis la fin de la Seconde Guerre mondiale, le volume des échanges commerciaux augmente plus vite que la production mondiale. On observe aussi que leur rythme s'accélère. Le taux de croissance des échanges internationaux était de 4 % dans les années 1970, il est maintenant de l'ordre de 7 %.

### 2. Le taux d'ouverture de l'économie

C'est le ratio de la production échangée sur la production totale. Au niveau mondial, il s'élève à 25 %. Calculés par secteurs, certains taux sont encore plus importants. Par exemple, dans le secteur de l'électronique, le rapport est de 50 % : 1 bien sur 2 est produit pour l'échange.

### 3. Les différences selon les pays et les secteurs

#### a) L'inégale ouverture des pays sur l'extérieur

Les pays ne participent pas de manière égale aux échanges : 22 pays assurent à eux seuls 75 % du commerce mondial. De nombreux pays en développement (notamment d'Afrique) restent encore à l'écart du commerce mondial.

#### b) Les secteurs abrités ou exposés à la concurrence internationale

Tous les secteurs ne sont pas exposés de la même manière à la concurrence internationale.

L'agriculture est un secteur protégé pour assurer la sécurité alimentaire, l'entretien du milieu naturel, et un revenu aux agriculteurs. Elle bénéficie de soutiens publics. Seulement 10 % de la production agricole mondiale fait l'objet d'échanges internationaux.

Certaines branches industrielles (textile, chimie, automobile, acier, bois, etc.) sont aussi protégées par des tarifs douaniers et sont abritées de la concurrence mondiale.

Les services sont souvent de nature publique (éducation, santé) et échappent à l'échange ; d'autres services sont protégés : secteurs des transports, des télécommunications, du cinéma.

## 2 L'influence du taux de change

### 1. Le marché des changes

Les échanges internationaux nécessitent des échanges en devises, le plus souvent en dollars. Le taux de change est le prix d'une monnaie exprimé en une autre monnaie. Le marché des changes est le marché sur lequel s'effectuent les opérations d'achat ou de vente de devises ou monnaies étrangères. Les transactions sur ce marché sont cent fois supérieures à celles des biens et des services.

### 2. Volatilité des changes et comportement des entreprises

Les variations importantes, qu'on appelle la volatilité des taux de change, provoquent, pour les entreprises, une incertitude quant au chiffre réel des exportations escomptées ou sur le coût réel des matières importées.

**EXEMPLE**

> Pour une compagnie pétrolière fortement importatrice de pétrole brut et exportatrice de pétrole raffiné, la volatilité du cours du dollar provoque une grande incertitude sur le résultat anticipé.

Certains observateurs ont cru aussi remarquer que certaines entreprises européennes délocalisent leur production en zone dollar quand l'euro, par son niveau élevé, pénalise les exportations.

### 3. Le taux de change et la compétitivité des entreprises

#### a) La compétitivité en prix

Une monnaie forte renchérit les exportations et favorise les importations. La compétitivité dépend toutefois de la sensibilité (ou élasticité) des demandeurs par rapport au prix. L'achat d'essence est, par exemple, relativement peu réactif au prix (inélastique).

#### b) La compétitivité hors prix

De nombreux acheteurs, particuliers ou entreprises, tiennent compte d'autres facteurs que le prix : la qualité, les goûts, etc. Ces facteurs atténuent l'effet du taux de change sur la compétitivité.

## 3 Le compte des transactions courantes

### 1. Les flux de marchandises et de services

Le compte des transactions courantes retrace, dans la balance des paiements d'une nation, les flux de marchandises et de services.

Si les exportations (X) sont supérieures aux importations (M), le solde est excédentaire ($X > M$).

Le compte est déficitaire si la valeur des exportations ne compense pas les dépenses des importations ($X < M$).

### 2. L'interprétation du solde des transactions courantes

On peut considérer qu'un déficit des comptes courants est dû à une consommation excessive par rapport au revenu disponible.

Une autre analyse met l'accent sur l'approche financière : le déficit de la balance courante correspond à un excès des investissements (besoins de financement) par rapport à l'épargne privée et publique (capacités de financement).

La deuxième approche est devenue la principale. Elle met l'accent sur les deux déterminants que sont l'épargne et l'investissement. On en déduit ensuite l'évolution de la balance commerciale.

# 7 LES FONDEMENTS DE L'ÉCHANGE INTERNATIONAL

**→ La justification classique du commerce international réside dans l'intérêt mutuel qu'ont les nations à se spécialiser.**
**Cette théorie n'explique pas les échanges de biens semblables ; d'autres explications doivent être apportées pour caractériser la nature des flux mondiaux contemporains.**

## 1 Les fondements classiques du libre-échange

### 1. La loi des avantages absolus

Dès la fin du XVIII$^e$ siècle, A. Smith explique l'échange entre pays par les différences de coût de production. Un pays importe un produit si la production de celui-ci est plus coûteuse que son importation. Chaque pays a alors intérêt à se spécialiser dans les productions pour lesquelles ses coûts de production sont inférieurs à ceux des autres pays.
Le commerce international doit permettre à chaque pays de s'enrichir en profitant de la division internationale du travail.

### 2. La loi des avantages relatifs

Au XIX$^e$ siècle, D. Ricardo enrichit l'idée d'A. Smith en introduisant dans l'analyse les coûts relatifs. Chaque pays a intérêt à se spécialiser dans les productions pour lesquelles son avantage est relativement le plus grand ou pour lesquelles son désavantage est relativement le moins grand.

### 3. La loi des proportions de facteurs

Des économistes contemporains, E. Hecksher, B. Ohlin et P. Samuelson, ont enrichi la théorie sous le nom de « théorème HOS » : la justification de l'échange tient dans l'abondance relative du facteur capital ou du facteur travail. Cette abondance est à l'origine de l'avantage comparatif.
Un pays va produire et exporter des biens incorporant de façon intensive les facteurs de production abondants sur son territoire et importer les produits qui nécessitent le recours à des facteurs de production relativement rares dans le pays.

**EXEMPLES**

Les États-Unis sont riches en facteur travail qualifié : ils produisent et exportent principalement des biens à haute intensité de travail qualifié (des nouvelles technologies).

À l'opposé, des pays qui disposent d'une main-d'œuvre moins qualifiée abondante ont intérêt à se spécialiser dans le textile ou le cuir.

### 4. Les gains dynamiques de l'échange

La spécialisation est elle-même facteur de productivité car elle induit un effet d'apprentissage et une amélioration des techniques. La spécialisation génère des gains ultérieurs d'efficacité économique, appelés « gains dynamiques de l'échange ».

## 2 Les nouvelles explications du commerce international

### 1. Les échanges de similitudes ou commerce intrabranche

La théorie classique de la spécialisation n'explique pas pourquoi il existe des échanges de similitudes. L'échange de similitudes, ou commerce intrabranche, désigne les échanges de biens similaires qui appartiennent à la même branche industrielle.

**EXEMPLE**

La France produit et exporte des automobiles. Elle importe aussi des modèles de marques étrangères.

P. Krugman fut un des premiers auteurs à préconiser l'introduction dans l'analyse économique internationale d'éléments des stratégies industrielles. Ainsi, les entreprises apportent des différences à leurs produits pour qu'ils ne ressemblent pas à un produit concurrent.

### 2. Les économies d'échelle

Le phénomène des économies d'échelle est un autre concept d'origine industrielle. En termes de coûts, plus une entreprise produit en grande quantité, plus le coût moyen unitaire diminue.

**EXEMPLE**

Un bien produit en grande série est moins cher qu'un bien fabriqué de manière artisanale.

Appliquée au commerce international, cette théorie explique pourquoi les entreprises recherchent des débouchés sur les marchés extérieurs. Elle indique qu'un grand pays dispose, en raison de la taille de son marché initial, d'un avantage comparatif plus important, par rapport à un petit pays au marché intérieur limité.

### 3. Les facteurs technologiques

Quand les coûts de transaction (coûts de transport, de communication) sont prohibitifs, les échanges sont restreints. En permettant de réduire les coûts de transaction, le progrès technique est un facilitateur du commerce mondial. Les nouvelles technologies de l'information et de la communication, en particulier, facilitent grandement le commerce mondial.

**EXEMPLE**

La vente directe sur Internet (e-commerce) réduit les frais d'intermédiaires.

### 4. La théorie du cycle de vie

En fonction de leur degré de développement, seuls certains pays ont la capacité technologique de réaliser certaines innovations. Le produit innovant est donc d'abord fabriqué, puis exporté par les pays les plus avancés. Quand le produit est largement diffusé, il est ensuite fabriqué par les pays moins avancés qui n'ont pas à engager de recherche et bénéficient d'une production standardisée.

# 8 L'AMÉLIORATION DU NIVEAU DE VIE

**➔ Le niveau de vie d'une population résulte des revenus distribués aux agents économiques pour satisfaire leurs besoins par la consommation. L'amélioration du niveau de vie nécessite la création de richesses plus importantes.**

## 1 La création de richesses

### 1. La croissance de l'économie

Le concept de croissance économique désigne l'augmentation de la richesse créée par la production de biens et services entre deux périodes successives. Elle est la source de l'enrichissement matériel de la population.

### 2. La mesure de la croissance

#### a) Le produit intérieur brut (PIB)

Le PIB en volume est l'indicateur utilisé pour mesurer la croissance (après élimination de l'effet de l'inflation).

Il correspond à la somme de toutes les valeurs ajoutées réalisées par les entreprises qui résident dans le pays, augmentée de la TVA et des droits de douane : PIB = $\sum$VA + TVA + droits de douane.

#### b) La sous-évaluation de la production

Le calcul du PIB ne prend pas en compte une partie de l'activité économique, ce qui sous-évalue la production nationale. Ainsi, l'économie souterraine, les échanges non monétaires tels que le troc ou les productions domestiques (jardinage, bricolage, etc.) et le bénévolat sont oubliés par la comptabilité nationale.

### 3. La production marchande et non marchande

Le PIB recense l'ensemble de la production, marchande et non marchande, réalisée par l'ensemble des secteurs institutionnels.

#### a) La production marchande

La production marchande porte sur des biens et services échangés sur le marché. Elle est évaluée au prix du marché. Elle est réalisée par le secteur privé et le secteur public marchand (entreprises de biens et de services marchands détenues par l'État).

#### b) La production non marchande

Certains services sont gratuits ou sont échangés contre une valeur inférieure à leurs coûts de production. Leur production est considérée comme non marchande. Elle est mesurée forfaitairement par les coûts de ces services Il s'agit notamment des services collectifs mis à la disposition de la collectivité (exemples : police, enseignement, santé).

### 4. La contribution des secteurs économiques à la croissance

Le secteur tertiaire qui englobe les services marchands et administratifs contribue aux 3/4 de la richesse créée. On parle de tertiarisation de l'économie.

Valeur ajoutée par branche en volume

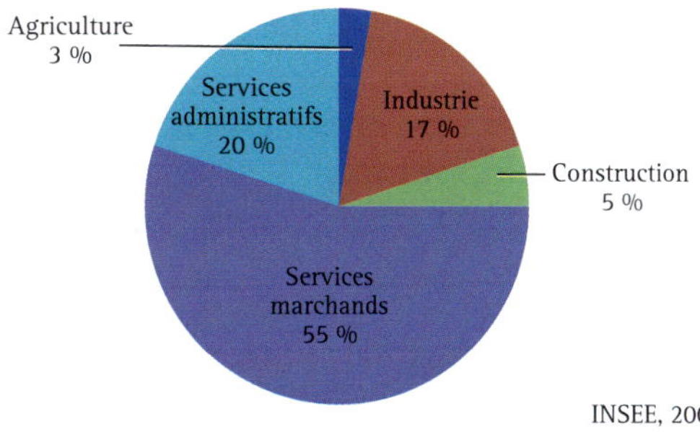


INSEE, 2007.

## 2 Le niveau de vie d'une population

### 1. La distribution de revenus

La distribution de revenus a comme origine le partage de la richesse créée par l'activité de production. Le niveau de vie d'une population dépend du revenu disponible pour la consommation, ainsi que de la structure du budget des ménages. Plus les dépenses sont orientées vers la satisfaction de besoins secondaires, plus le niveau de vie est élevé.

### 2. La consommation

La consommation est l'acte d'utiliser un bien ou un service soit pour satisfaire des besoins, soit pour produire un autre bien. C'est une opération économique de destruction par l'usage de biens et services.

Dans la théorie néoclassique, le consommateur recherche la satisfaction maximale compte tenu de la limite imposée par ses revenus. Son comportement est rationnel et il recherche la combinaison de biens et de services consommés qui lui procure la plus forte utilité.

### 3. L'épargne

L'épargne constitue la part du revenu des ménages qui n'est pas consacrée immédiatement à la satisfaction d'un besoin mais qui est mise en réserve en vue d'une dépense future. Les motifs de l'épargne sont variés : précaution, placement, spéculation, etc.

## 3 Les comparaisons internationales

### 1. Le PIB par habitant

Pour évaluer le niveau de vie matériel dans un pays, on calcule la valeur de tout ce que le pays produit en un an qu'on divise ensuite par le nombre d'habitants.

### 2. Les parités de pouvoir d'achat (PPA)

Comparer les niveaux de revenus entre pays nécessite de corriger les PIB par habitant des différences de niveau de prix entre les pays et de pouvoir d'achat des monnaies nationales. Pour cela, on évalue dans chaque pays le prix d'un panier de biens et services comparables et représentatifs des habitudes de consommation. Les PPA sont des taux de conversion des monnaies qui transforment les indicateurs économiques exprimés en monnaie nationale en une monnaie commune fictive, appelée « standard de pouvoir d'achat ».

# 9 LE DÉVELOPPEMENT ÉCONOMIQUE

**Le développement se distingue de la croissance par sa nature qualitative. Il suppose une adaptation des structures et des institutions de la société.**

## 1 La distinction entre croissance et développement

### 1. La croissance, condition du développement

La croissance économique représente l'accroissement durable de la production globale d'une économie. Le développement désigne l'expansion des activités économiques qui entraîne l'amélioration des conditions de vie et de bien-être de la population. Il implique une transformation radicale des structures économiques, sociales, culturelles et institutionnelles d'un pays.

Le développement se distingue de la croissance par sa nature qualitative. On considère que la croissance est une condition nécessaire du développement, mais qu'elle n'est cependant pas suffisante.

### 2. Les critères du développement

#### a) La richesse

La richesse est appréciée par le produit intérieur brut (PIB) par habitant qui représente la valeur des biens et services produits durant l'année par un pays, divisée par le nombre de ses habitants.

#### b) La santé

L'efficacité d'un système de santé se définit par l'espérance de vie à la naissance ou la durée de vie moyenne qu'un groupe d'individus peut s'attendre à vivre à un âge de la vie.

#### c) L'éducation

L'éducation concerne d'une part la formation initiale des enfants, mesurée par le taux de scolarisation. Ce taux représente le pourcentage d'enfants en âge d'aller à l'école qui la fréquentent effectivement. L'éducation concerne d'autre part l'alphabétisme des adultes mesuré par le taux d'alphabétisme. Ce taux est défini comme le pourcentage de la population de 15 ans et plus qui sait lire et écrire.

La scolarisation et l'alphabétisation contribuent au développement économique, social et culturel de la société.

## 2 Les indicateurs du développement

### 1. Les limites du PIB par habitant

Le PIB par habitant est l'indicateur le plus utilisé pour mesurer le développement économique. Il correspond à une moyenne de revenu par habitant et ne fournit aucune indication sur les disparités au sein de la population. Il ne reflète pas non plus le niveau de vie réel puisqu'il ne comptabilise pas l'économie informelle.

### 2. L'indicateur de développement humain (IDH)

Les économistes de l'ONU ont élaboré un indicateur de développement humain (IDH). Les éléments pris en compte dans le calcul sont : le PIB par habitant, le niveau d'éducation, le niveau sanitaire et l'espérance de vie de la population. L'évolution de l'IDH permet d'apprécier l'amélioration des conditions de vie d'un pays.

### 3. Les indicateurs de pauvreté humaine (IPH)

#### a) Dans les pays en développement

L'IPH-1 est construit à partir de trois indicateurs mesurant la longévité (pourcentage de décès avant 40 ans), l'instruction (taux d'analphabétisme des adultes) et les conditions de vie.

#### b) Dans les pays développés

L'IPH-2 agrège quatre indicateurs mesurant la longévité (pourcentage de décès avant 60 ans), l'instruction (taux d'illettrisme des adultes), les conditions de vie (pourcentage de personnes vivant en dessous de la demi-médiane de revenu disponible des ménages) et l'exclusion (taux de chômeurs depuis plus de 12 mois). Plus les indicateurs sont élevés, plus le pays est pauvre.

## 3 Les différents niveaux de développement

### 1. Les pays développés

Dans les pays développés (États-Unis, UE, Japon, Corée du Sud, etc.), la plus grande partie de la population satisfait ses besoins vitaux et accède à un certain confort, ainsi qu'aux soins et à l'éducation.

### 2. Les pays émergents ou NPI

Le groupe des nouveaux pays industrialisés (NPI) est hétérogène. Il englobe des économies dont le point commun est une croissance industrielle très rapide. Ce sont des pays très exportateurs et fortement intégrés au commerce mondial (Chine, Inde, Brésil, etc.). Leurs économies sont largement ouvertes aux capitaux étrangers. Leur niveau de vie se rapproche de celui des pays riches.

### 3. Les pays en transition

L'expression « transition vers le capitalisme » désigne l'introduction des mécanismes de marché dans tous les domaines de l'économie : libéralisation des prix, transfert du pouvoir économique de l'État au secteur privé et ouverture sur l'extérieur. Certains pays d'Europe centrale et orientale ont achevé cette transition pour entrer dans l'Union européenne à partir de 2004. D'autres, les ex-républiques de l'URSS par exemple, se trouvent encore dans une phase transitoire.

### 4. Les pays en développement

D'après la classification de la Banque mondiale, les pays en développement regroupent des pays en situation intermédiaire avec une croissance relative de leur économie qui les distingue des pays les moins avancés. Ils se situent en majorité en Asie, en Afrique et en Amérique du Sud.

### 5. Les pays les moins avancés (PMA)

Les PMA regroupent environ 2,9 milliards de personnes vivant avec moins de 2 dollars par jour. L'Afrique est le continent le plus concerné par le sous-développement. Dans l'est et le sud de l'Asie, près de 1,3 milliard de personnes vivent en situation de dénuement absolu. Les PMA constituent le groupe de pays le plus éloignés du développement.

# 10 LE DÉVELOPPEMENT DURABLE

**➔ Le développement durable vise à concilier l'objectif de croissance avec la satisfaction des besoins des générations futures. Il influence la prise de décisions au niveau des États comme au niveau des entreprises et des individus.**

## 1 Les principes du développement durable

### 1. Les conséquences négatives de la croissance

#### a) L'épuisement des ressources naturelles

La croissance épuise les ressources non renouvelables de la planète. La surexploitation des ressources renouvelables (exemples : forêts, zones de pêche) menace de les faire disparaître.

#### b) L'accroissement des inégalités entre les pays

Les inégalités s'accentuent entre pays riches et pauvres et entraînent des risques de conflits internes et externes.

#### c) Des dégradations et des risques écologiques majeurs

La pollution des sols, de l'eau, la fragilisation des écosystèmes, constituent autant de facteurs de risques écologiques majeurs. Le réchauffement climatique dû aux gaz à effet de serre a des répercussions sur l'agriculture (sécheresse), entraîne des pénuries d'eau pour la population, des inondations des zones côtières, etc.

### 2. Les principes d'un développement durable

En 1987, la Commission mondiale de l'environnement et du développement présidée par G. H. Brundtland définit le développement durable comme «un développement qui répond aux besoins du présent sans compromettre la capacité des générations futures de répondre aux leurs». C'est un développement économiquement efficace, socialement équitable et écologiquement soutenable.

#### a) La solidarité avec les générations futures

La solidarité avec les générations à venir nécessite d'économiser les ressources renouvelables (exemple : la pêche) et de prévoir le remplacement des ressources non renouvelables (exemple : le pétrole).

#### b) La solidarité avec les populations de la planète

Le développement doit profiter à toutes les populations. Dans les pays pauvres, la croissance doit permettre de répondre aux besoins des populations et d'éviter la surexploitation des ressources.

#### c) Le principe de précaution

Ce principe s'applique en cas de doute sur l'impact environnemental ou sanitaire d'un produit ou d'un procédé. Il conduit à y renoncer plutôt que de risquer des dommages irréversibles pour l'homme ou l'environnement.

#### d) La participation de tous les acteurs de la société civile

Les objectifs du développement durable ne peuvent être atteints que si l'ensemble des acteurs agit en commun : État, entreprises, ONG, syndicats et citoyens.

## 2 Les indicateurs du développement durable

### 1. L'empreinte écologique

L'empreinte écologique mesure la surface productive nécessaire à une population pour répondre à sa consommation de ressources (nourriture, chauffage, habitat) et pour absorber ses déchets. Elle reflète le degré d'utilisation de la nature par l'homme à des fins de production et de consommation.

### 2. Les indicateurs de bien-être

#### a) L'indicateur de bien-être économique durable

Cet indicateur combine les contributions au bien-être durable relevant de l'économique (niveau de vie), du social (égalité), de l'environnemental, ainsi que des activités non monétaires.

#### b) L'indice de progrès véritable

Cet indice ajoute à la consommation des ménages diverses contributions à la « vraie » richesse et au bien-être (exemples : une activité bénévole, le travail domestique). Puis il soustrait la valeur estimée des richesses perdues, notamment naturelles (exemple : destruction de ressources non renouvelables), mais aussi sociales (exemples : accidents de la route, progression des inégalités).

## 3 Les politiques du développement durable

### 1. Le protocole de Kyoto

Le protocole de Kyoto, adopté en 1997 lors de la troisième conférence-cadre des Nations unies sur le changement climatique, impose à 38 pays industrialisés de réduire, d'ici à 2012, leurs rejets de gaz à effet de serre dans l'atmosphère de 5,2% par rapport aux émissions de 1990.

### 2. Les actions dans le cadre de l'UE

L'Union européenne établit une stratégie à long terme en faveur du développement durable, qui s'articule autour de quatre thèmes : lutter contre le changement climatique, assurer des transports écologiquement viables, limiter les risques pour la santé publique et gérer les ressources de manière responsable.

Pour atteindre les objectifs de réduction d'émission de gaz à effet de serre, l'UE a mis en place deux instruments : la Bourse d'échange de droits à polluer (permis négociables) et la taxe carbone (écotaxe).

### 3. Les actions à l'initiative du marché

Le développement durable représente un double enjeu pour les entreprises : d'une part, un enjeu économique, leur survie à long terme, et d'autre part, leur contribution aux enjeux de société.

Il devient un moyen pour se différencier des concurrents au même titre que la qualité et les services. L'évolution de la réglementation, destinée à préserver les ressources naturelles, incite aussi les entreprises à aller dans le sens du développement durable.

# 11 LES FACTEURS DE CROISSANCE

**➔ L'analyse des facteurs de croissance permet d'apprécier les contributions du travail et du capital. Le progrès technique joue un rôle essentiel dans la croissance car il la pérennise. Il résulte principalement de l'investissement dans l'innovation et la formation.**

## 1 Les facteurs de production et la croissance

### 1. L'utilisation des facteurs comme source de croissance

La croissance économique correspond à l'augmentation de la production. Or la production résulte de l'utilisation et de la combinaison la plus efficace possible des facteurs capital et travail.

La taille de la population active et son taux d'activité déterminent la quantité de travail disponible pour alimenter la croissance. Sur un plan qualitatif, plus la qualification professionnelle des individus est élevée plus la croissance sera favorisée.

Le facteur capital correspond aux biens nécessaires à la production. On distingue la quantité de capital (machines, outillages, bâtiments...) et la qualité de ce capital (savoir-faire, connaissances technologiques).

### 2. La croissance extensive

La croissance extensive correspond à l'augmentation de la quantité de travail et de capital. Elle favorise l'augmentation de la production d'un pays. Elle permet d'employer la main-d'œuvre disponible, mais elle n'augmente pas fortement le niveau de vie puisque chaque individu est limité par la quantité de production qu'il peut fournir.

**EXEMPLE**

Lorsqu'un agriculteur veut augmenter sa production, il peut acheter de nouvelles terres et embaucher des ouvriers agricoles. Son mode de croissance est extensif car il choisit d'augmenter les facteurs de production utilisés.

### 3. La croissance intensive

La croissance intensive correspond à l'augmentation de la productivité du travail et du capital et à l'amélioration de la combinaison entre ces deux facteurs. Elle est plus pérenne que la croissance extensive. Ce mode de croissance est à privilégier car en augmentant la productivité par travailleur, elle contribue à l'augmentation du niveau de vie.

**EXEMPLE**

Si le même agriculteur choisit d'utiliser plus d'engrais et de machines, il opte pour une croissance intensive.

## 2 Le progrès technique et la croissance

### 1. Le rôle du progrès technique

Le progrès technique représente l'ensemble des innovations qui entraînent une transformation des moyens et des méthodes de production, des produits et des marchés. Il contribue aux gains de productivité, avec la mise en place de processus de production innovants.

### 2. La productivité

#### a) La mesure de la productivité

La productivité correspond au rapport entre la quantité produite d'un bien ou d'un service et la quantité de facteur nécessaire pour cette production. Elle constitue une mesure de l'efficacité avec laquelle une économie utilise ses ressources disponibles pour produire.

#### b) Les gains de productivité

Les gains de productivité peuvent avoir pour origine, outre le progrès technique, une organisation plus rationnelle du travail ou une élévation du niveau de qualification des travailleurs.

#### c) Les déterminants économiques de la productivité

Plusieurs facteurs économiques exercent une influence sur la croissance de la productivité : l'investissement et le développement des savoir-faire, l'innovation et la diffusion de la technologie (les TIC) et le développement des infrastructures publiques.

## 3 Les investissements

### 1. La relation entre investissements et croissance

La formation de capital humain, qui englobe les connaissances et les qualifications, contribue à la croissance économique en améliorant le rendement de l'individu au travail.

La recherche et le développement (R&D) constituent une source essentielle du progrès technique.

Les investissements en infrastructures réalisés par l'État ou les collectivités territoriales favorisent l'implantation d'entreprises et facilitent les échanges internationaux.

### 2. L'effet d'entraînement de l'innovation

Pour l'économiste autrichien J. Schumpeter, le progrès technique est au centre de la croissance de l'économie. Les innovations apparaissent en grappe ou essaims. Après une innovation majeure due à un progrès technique ou scientifique (exemples : le moteur à explosion, les circuits intégrés, Internet, les nanotechnologies), d'autres innovations apparaissent, rendues possibles par ces découvertes.

### 3. Les incitations à investir

Les défaillances du marché en matière d'investissement conduisent les pouvoirs publics à intervenir :

- le financement direct pour l'acquisition d'équipements. L'intervention publique est le plus souvent réservée aux entreprises qui présentent un intérêt certain pour le développement économique ;
- des incitations fiscales pour favoriser la création d'emploi et la formation des salariés. L'une des priorités porte sur l'amélioration de la qualité et de la mobilité de la main-d'œuvre ;
- une participation directe par la mise en place d'un système portant l'effort de recherche et développement à un niveau nettement plus élevé (aides aux entreprises innovantes, augmentation des budgets des centres publics de recherche).

# 12 LES FIRMES MULTINATIONALES DANS L'ÉCONOMIE MONDIALE

**➔ La plupart des grandes entreprises conçoivent, produisent et commercialisent leurs produits comme si le monde était un seul pays. La stratégie d'implantation de ces firmes multinationales se traduit par des investissements directs à l'étranger.**

## 1 La division internationale du processus productif

### 1. Les firmes multinationales (FMN)

#### a) Le fonctionnement des FMN

Les multinationales ont l'objectif de rationaliser leur processus productif en fabriquant les éléments nécessaires à l'élaboration de leurs produits dans différents pays. Elles cherchent à réduire leurs coûts en profitant de la spécialisation et des avantages comparatifs de chaque pays.
Ce processus correspond à la division (ou décomposition) internationale du processus productif (DIPP).

#### b) L'organisation des FMN

Une multinationale est une entreprise implantée dans plusieurs pays par le biais de filiales. Le centre de décision reste souvent dans le pays dont la firme est originaire (siège social), même si une partie importante du chiffre d'affaires est réalisée dans d'autres pays.

### 2. Les investissements directs à l'étranger (IDE)

#### a) Définition des IDE

L'IDE est l'acquisition, la prise de participation ou la création d'une entreprise à l'étranger pour exercer une influence significative.
On parle d'IDE dès lors qu'un investisseur possède, directement ou indirectement, au moins 10 % des droits de vote d'une entreprise non résidente.

#### b) Les FMN à l'origine des IDE

Les 2/3 du commerce mondial sont assurés par les FMN : 1/3 est constitué d'échanges intrafirmes (entre filiales d'une même multinationale) et 1/3 d'échanges extrafirmes (entre clients et fournisseurs qui ne dépendent pas de la même FMN).
Longtemps originaires d'Europe, des États-Unis et du Japon, les IDE proviennent désormais des FMN des pays émergents qui concurrencent les FMN occidentales.

#### c) La localisation des investissements

En s'implantant à l'étranger, les multinationales recherchent des avantages en termes :
- de coûts (approvisionnement, main-d'œuvre, transport) qui permettent d'obtenir des gains de productivité par rapport à la localisation dans le pays d'origine ;
- de proximité des marchés de consommation (acheteurs) ou de production (matières premières) ;
- de diminution du risque de change puisqu'en produisant dans un pays au lieu d'y exporter des marchandises, l'achat et le règlement sont effectués dans la même monnaie ;
- d'acquisition de compétences (qualification, savoir-faire) qui permettent d'améliorer le savoir-faire industriel ou commercial.

## 2 Les stratégies des FMN

### 1. Les critères d'implantation

Les critères d'implantation varient selon l'activité des filiales créées.
Pour les FMN qui recherchent des débouchés, la taille et la facilité d'accès au marché, son taux de croissance et les infrastructures sont les critères prépondérants.
Pour les firmes qui s'implantent pour produire, la proximité des matières premières ou des fournisseurs, le coût de la main-d'œuvre et/ou sa qualification sont déterminants.
Pour toutes les FMN, les avantages fiscaux et les incitations offerts par le pays d'accueil sont des critères souvent décisifs.

### 2. Les effets dans les pays d'accueil

#### a) Les effets positifs attendus

Quel que soit le pays d'accueil, industrialisé ou au contraire en développement, les IDE ont pour effet :
- la création d'emplois ;
- l'augmentation du PIB (en particulier pour les pays émergents) ;
- le transfert de compétences et de technologies ;
- l'amélioration de la productivité ;
- le développement de l'économie locale par effet d'entraînement ;
- l'augmentation des exportations.

#### b) Le développement de l'attractivité du territoire

La plupart des États cherchent à attirer les investissements étrangers dans le cadre de leur politique d'aménagement du territoire pour bénéficier de leurs effets positifs.
Pour cela, ils promeuvent leurs atouts, mettent en place des réseaux de prospection et offrent des aides aux entreprises étrangères (accueil, avantages fiscaux).

### 3. Les effets dans les pays d'origine

#### a) Les conséquences négatives

La stratégie d'implantation d'une FMN entraîne parfois une délocalisation de ses activités au détriment de son pays d'origine. Ce phénomène se traduit par :
- les suppressions d'emploi pour les salariés les moins qualifiés ;
- la baisse ou la stagnation des salaires face aux menaces de délocaliser lorsque les syndicats revendiquent des augmentations ;
- la désindustrialisation des régions touchées.

#### b) Les conséquences positives

Le pays d'origine est incité à mieux exploiter ses avantages comparatifs et à renforcer sa spécialisation dans les échanges internationaux.
Du fait de la concurrence internationale, le prix des produits importés diminue, induisant une hausse du pouvoir d'achat. Enfin, les recettes fiscales augmentent grâce à l'élévation des profits des multinationales qui ont délocalisé leur production.

# 13 LA FORMATION DES SALAIRES

**➔ Les mécanismes de formation des salaires expliquent en grande partie les inégalités de revenus. Des facteurs sociaux et économiques entrent aussi en compte.**

## 1 Les mécanismes de formation des salaires

### 1. La notion de salaire

Le salaire constitue la rémunération du travailleur salarié lié à son employeur par un contrat de travail : il perçoit un salaire net, égal au salaire brut diminué des cotisations sociales à sa charge.
Le coût salarial représente ce que coûte au total le salarié à son employeur. Il englobe le salaire brut et les cotisations sociales patronales à la charge de l'employeur.

### 2. La distinction salaire nominal/salaire réel

Le salaire nominal est celui qui figure sur le contrat de travail. Il est mesuré en prix courants. Le salaire réel renseigne sur le pouvoir d'achat du salarié. Il est mesuré à prix constants.

### 3. La formation des salaires sur le plan théorique

#### a) La conception des classiques

Le salaire naturel, selon D. Ricardo, est le revenu minimum qui permet au salarié d'assurer la reproduction de sa force de travail, c'est-à-dire de subvenir à ses besoins physiologiques et à ceux de sa famille.

#### b) La conception marxiste

Pour K. Marx, le salaire est un minimum qui permet la reproduction de la force de travail, mais aussi la satisfaction des besoins sociaux (santé, éducation, logement).

#### c) La conception moderne

Selon J. R. Hicks, le salaire est fixé par la négociation entre les représentants syndicaux et les représentants de la direction de l'entreprise. Les conventions collectives, négociées par les partenaires sociaux, fixent les grilles de classification, les grilles de salaires et les salaires minima mensuels.

## 2 Les facteurs expliquant les inégalités salariales

### 1. Les facteurs économiques

#### a) La rareté

Suivant la loi de l'offre et de la demande, lorsque dans un secteur ou une région, l'offre de travail par les salariés est abondante par rapport à la demande de travail des entreprises, les salaires sont bas. Dans le cas contraire, la rareté de l'offre augmente le niveau des salaires.

#### b) La productivité

La productivité varie d'une branche d'activité à une autre. Dans les branches où la recherche de gains de productivité est importante, les entreprises vont valoriser les efforts de productivité du personnel par des salaires plus élevés. À l'inverse, dans celles où la productivité augmente faiblement, les augmentations de salaires seront limitées.

#### c) La mondialisation

La mondialisation, à travers la concurrence des pays à bas salaires, a aussi des effets sur l'évolution des inégalités salariales dans les pays développés. La demande de travailleurs peu qualifiés diminue alors que celle de travailleurs qualifiés augmente, ce qui a pour conséquence d'augmenter le chômage des travailleurs peu qualifiés et d'entraîner les salaires à la baisse.

### 2. Les facteurs sociaux

#### a) Le dialogue social

Le dialogue social se définit comme l'ensemble des processus de consultation, de négociation ou d'échanges d'informations entre les partenaires sociaux. La qualité du dialogue social rend possible la signature des conventions collectives.

#### b) Les caractéristiques du salarié

Le niveau de formation explique les disparités de salaires car la productivité étant liée à la qualification, plus le diplôme est élevé, plus le salaire est élevé.
L'âge, synonyme d'expérience, intervient aussi, ainsi que le sexe, malgré l'interdiction des discriminations. À diplôme égal, les femmes ont un salaire environ 20 % plus faible que celui des hommes.

## 3 L'action de l'État sur la formation des salaires

### 1. La fixation d'un salaire minimum

Le salaire minimum interprofessionel de croissance (SMIC) est le salaire minimum légal en France depuis 1970. Il constitue l'une des limites légales au principe de la libre fixation des salaires. Il est revalorisé au 1er janvier de chaque année en fonction de l'évolution de l'indice des prix à la consommation. Le gouvernement peut aussi ajouter un coup de pouce à ces augmentations.

### 2. La fonction publique

Les trois fonctions publiques (d'État, territoriale et hospitalière) emploient environ 5 millions de personnes, soit 1 salarié sur 5. Le niveau de rémunération et les négociations sur les rémunérations des fonctionnaires influencent le niveau des salaires dans le secteur privé.

**EXEMPLE**

Le salaire des infirmières travaillant dans le privé est supérieur à celui de l'hôpital public pour attirer le personnel qualifié.

### 3. L'intervention de l'État dans le secteur privé

En plus de la fixation du SMIC, l'État intervient dans le secteur privé en incitant les entreprises à négocier sur les salaires. Le Code du travail oblige toute entreprise où une section syndicale est constituée à négocier annuellement sur les salaires, soit au niveau de sa branche professionnelle, soit au niveau de l'entreprise.

# 14 LES INÉGALITÉS DE REVENUS ET DE PATRIMOINE

**La répartition des richesses se déroule en deux étapes : la répartition primaire rémunère les facteurs de production ; puis la répartition secondaire redistribue les richesses pour réduire les inégalités de revenu disponible, de niveau de vie et de patrimoine.**

## 1 La répartition des revenus

### 1. Le partage de la valeur ajoutée (VA)

#### a) Les trois parts

La valeur ajoutée issue de l'activité productive des entreprises se partage en trois parts :

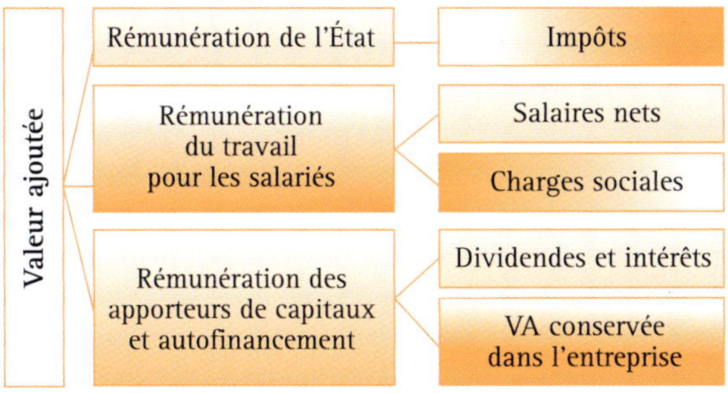


#### b) Les enjeux de la répartition

Le partage de la valeur ajoutée a des conséquences économiques. Il détermine le niveau de la consommation et de l'investissement. L'importance de la part de la VA accordée au travail influence le niveau de la consommation des ménages. Une part plus importante pour rémunérer le capital encourage les investissements.

Le partage de la valeur ajoutée révèle, sur le plan social, le pouvoir des salariés dans les négociations salariales. La part accordée au travail dans la valeur ajoutée augmente avec la baisse du chômage. Ce partage est souvent source de conflit entre salariés et direction d'entreprise.

### 2. La formation du revenu disponible

#### a) Le revenu primaire

Le revenu primaire est le revenu perçu par les ménages. Il est composé :
- des revenus salariaux ou revenus du travail (salaires) ;
- des revenus de la propriété ou revenus du capital (revenus des valeurs mobilières, revenus fonciers ou immobiliers) ;
- des revenus mixtes des entrepreneurs individuels, qui rémunèrent à la fois le travail et le capital.

#### b) La répartition secondaire

La répartition secondaire est une opération de redistribution des revenus. Son objectif est de diminuer les inégalités entre les ménages. Elle s'effectue grâce au prélèvement d'impôts et de cotisations sociales et au versement de revenus de transferts (allocations familiales, indemnités chômage, allocation logement, RSA, etc.).

#### c) Le revenu disponible

Le revenu disponible résulte des revenus issus de la répartition primaire et de la répartition secondaire opérée par l'État.

Revenu disponible = revenu primaire − impôts et cotisations sociales + revenus de transferts.

## 2 Les inégalités de niveau de vie

### 1. La mesure des inégalités

#### a) Le revenu médian

Le revenu médian partage la distribution des revenus des ménages en deux parts égales : 50 % des ménages sont en dessous du revenu médian et 50 % au-dessus.

#### b) Le découpage par quantiles

Les quantiles (déciles, centiles...) regroupent les ménages par tranches (10 %, 1 %...) selon leur revenu ou leur patrimoine.

Le rapport interdécile permet de comparer le revenu des 10 % de ménages les plus riches à celui des 10 % de ménages les plus pauvres.

#### c) La courbe de Lorenz et l'indice de Gini

La courbe de Lorenz représente la répartition des revenus ou du patrimoine au sein de la population.

L'indice de Gini est un coefficient qui évalue la concentration des revenus à partir de la courbe de Lorenz. Il est toujours compris entre 0 et 1 : 0 correspond à une société égalitaire et 1 à la situation dans laquelle un seul individu concentre toutes les richesses.

### 2. Les inégalités de patrimoine

Le patrimoine d'une personne (physique ou morale) est l'ensemble des biens qu'elle possède à un moment donné : biens meubles ou immeubles, droits, créances et éléments inaliénables et transmissibles. Les inégalités de répartition du patrimoine sont beaucoup plus fortes que celles des revenus. Elles constituent la principale source des inégalités sociales. Les héritages sont en général plus élevés dans les familles à hauts revenus. D'autre part, des revenus plus élevés génèrent une plus forte capacité d'épargne et d'endettement, et donc, année après année, une plus forte accumulation patrimoniale.

### 3. L'évolution des inégalités de niveau de vie

S. Kuznets a étudié les relations entre la croissance économique et la répartition des revenus. Il montre que le revenu par habitant augmente au cours de la phase de transition d'une économie de l'agriculture vers l'industrie et que les inégalités de revenus augmentent également. Elles commencent à baisser lorsque le capital humain est de plus en plus valorisé en parallèle au développement des services.

Les faits ont donné raison à S. Kuznets jusque dans les années 1980, mais cette théorie est remise en cause aujourd'hui avec l'augmentation des inégalités dans les pays industrialisés.

### 4. Les inégalités au niveau mondial

Les inégalités continuent à progresser dans 2/3 des pays du monde, dont les pays développés. Les écarts se creusent car les hauts revenus augmentent beaucoup plus vite que les revenus moyens et bas.

# 15 LES OBJECTIFS ET LES MOYENS DE LA REDISTRIBUTION

**La politique de redistribution a pour objectifs la lutte contre les inégalités économiques et sociales et la couverture de la population contre les risques sociaux.**

## 1 Les différentes conceptions de la redistribution

### 1. La conception bismarckienne

À la fin du XIXe siècle, le chancelier allemand Bismarck crée les assurances sociales. Sa conception de la protection sociale repose sur le modèle de l'assurance : ne bénéficient d'une protection sociale que ceux qui, par leur travail, peuvent verser des cotisations.

Dans tous les pays qui ont adopté le modèle bismarckien, la protection s'est généralisée aux catégories de la population initialement non protégées.

### 2. La conception beveridgienne

En Angleterre au milieu du XXe siècle, Lord Beveridge propose une réforme de la protection sociale en créant la Sécurité sociale, fondée sur un principe de solidarité. La protection sociale couvre toute la population et tous les risques sociaux.

### 3. L'État-providence

L'État-providence intervient pour corriger les inégalités créées par le marché dans la distribution des revenus. Ce mode d'action prend appui sur l'analyse keynésienne relative à l'action de l'État. Il fournit des services en fonction des besoins (santé, éducation, retraite) à un prix faible ou nul.

## 2 Les objectifs de la redistribution

### 1. La protection contre les risques sociaux

La protection sociale aide les ménages à faire face aux événements qui ont une incidence directe sur leur situation économique, que celle-ci se caractérise par une baisse des revenus ou par une augmentation des dépenses.

Les principaux risques sociaux sont liés à la santé (maladie, accident, invalidité), à la vieillesse, à la maternité et au chômage.

### 2. La lutte contre l'exclusion

La lutte contre l'exclusion, considérée comme la manifestation la plus absolue de la grande pauvreté, fait partie des politiques de réduction des inégalités. Cette lutte couvre des risques et des besoins divers.

### 3. La distinction entre redistribution horizontale et verticale

L'État opère une redistribution horizontale des revenus financée par les cotisations sociales entre les actifs et les chômeurs, les salariés et les retraités, les bien portants et les malades.

Lorsqu'il agit pour réduire les inégalités et lutter contre l'exclusion en finançant sa politique par l'impôt, il opère une redistribution verticale des ménages à hauts revenus vers les ménages à bas revenus.

## 3 Les instruments de la redistribution

### 1. Les prélèvements obligatoires

#### a) Les cotisations sociales

Les cotisations sociales sont des prélèvements calculés sur le salaire brut de tout salarié et versées à l'Urssaf, aux Assedic et aux caisses de retraite complémentaires.

On distingue les cotisations sociales salariales et les cotisations sociales patronales.

#### b) Les impôts et taxes

On distingue les impôts et taxes proportionnels et progressifs.

Dans le premier cas, le taux de prélèvement est identique quelle que soit la base qui sert au calcul de l'impôt (exemple : la TVA n'est pas redistributive car chacun contribue à proportion de ses dépenses).

Dans le second cas, le taux d'imposition augmente avec la base d'imposition. Plus le revenu est élevé, plus la proportion versée sous forme d'impôt est grande. Ce mode de calcul contribue à la réduction des inégalités (exemple : l'impôt sur le revenu).

#### c) Le poids des prélèvements obligatoires

Le taux des prélèvements obligatoires par rapport au PIB est en constante augmentation depuis 1970. Il représente environ 45 % du PIB. Les impôts et taxes avoisinent 60 % de l'ensemble et les cotisations sociales 40 %.

### 2. Les transferts sociaux

#### a) Les prestations

Les prestations sociales sont des transferts versés à des individus ou à des familles afin de réduire la charge financière que représente la protection contre les divers risques sociaux.

Elles englobent les minima sociaux (revenu minimum d'insertion, revenu de solidarité active), la couverture maladie universelle (CMU), la prise en charge des SDF.

#### b) Le caractère contributif ou non des prestations

Les prestations contributives sont des sommes versées en contrepartie du versement de cotisations préalables.

Les prestations non contributives sont des prestations accordées à des personnes qui n'ont pas suffisamment ou pas du tout cotisé.

### 3. Les services publics

Traditionnellement, on considère que la redistribution se réalise essentiellement à partir de prélèvements qui donnent lieu au versement de prestations monétaires. Or, les services publics fournis par les administrations en matière de santé, d'éducation ou de logement social ont un caractère redistributif pour les ménages bénéficiaires. Ces services publics améliorent le bien-être des populations concernées.

Par exemple, les dépenses de santé ont pour objectif principal d'assurer une solidarité entre les bien portants et les malades, soit une redistribution horizontale. Le versement des prestations réduit l'écart entre les revenus.

# 16 L'EFFICACITÉ DE LA REDISTRIBUTION

**➔ La politique de redistribution est un facteur de progrès économique et social. Comme elle n'arrive pas à réduire efficacement les inégalités, ses modalités de financement et de fonctionnement sont de plus en plus contestées.**

## 1 Les avantages de la redistribution

### 1. Les progrès sociaux

#### a) L'accès à l'éducation

L'objectif du système éducatif est fondé sur l'égalité des chances. Le caractère obligatoire de la scolarité jusqu'à 16 ans et la gratuité pour les familles doivent contribuer à réduire les inégalités issues de l'origine sociale des enfants. Elle doit aussi favoriser l'accès du plus grand nombre à de meilleures conditions de vie dans le futur.

L'Éducation nationale est financée par l'impôt. Comme chaque individu bénéficie des dépenses d'éducation pour lui-même ou pour ses enfants à un moment donné, le système est redistributif.

#### b) La santé publique

En France, les progrès en matière de santé publique reposent sur le système de l'assurance-maladie qui permet à chacun un égal accès aux soins quelle que soit sa contribution au financement de la Sécurité sociale. La redistribution est dite horizontale car elle se réalise entre les personnes malades et les bien portants.

#### c) La lutte contre la pauvreté

Elle occupe une place de plus en plus importante dans la politique de redistribution. Elle englobe le versement d'un ensemble de prestations sociales au bénéfice des ménages dont les conditions d'existence ou le niveau de revenu sont insuffisants.

La pauvreté est réduite de moitié après le versement des prestations sociales.

### 2. Le soutien à la croissance

#### a) La consommation des ménages

Pour J. M. Keynes, la consommation des ménages est l'une des deux composantes de la demande (la seconde étant l'investissement). Les transferts de revenus en faveur des ménages aux revenus les plus modestes permettent d'augmenter leur consommation. La hausse de la demande agit alors comme soutien à la croissance.

#### b) L'intervention de l'État pour soutenir la croissance

L'État utilise le déficit budgétaire pour relancer l'économie. Les rentrées fiscales qui résulteront de la reprise de la croissance doivent permettre de résorber le déficit.

#### c) La croissance endogène

La croissance endogène, définie par P. Romer, est générée par les innovations liées au progrès technique. Pour atteindre un niveau de croissance élevé, et donc réducteur de pauvreté, un pays doit s'appuyer sur un système d'éducation efficace. Celui-ci améliore l'efficacité des technologies de l'innovation et des investissements, très dépendants d'un capital humain qualifié.

Le rôle de l'État est d'encourager la recherche et de promouvoir la formation à un haut niveau pour stimuler la croissance. Pour que le progrès technique bénéficie au plus grand nombre, il est nécessaire d'assurer le financement de la recherche fondamentale par les pouvoirs publics. Chacun peut alors utiliser librement ses résultats.

## 2 Les limites de la politique de redistribution

### 1. Le poids des prélèvements obligatoires

#### a) La courbe de Laffer

Économiste libéral, A. Laffer considère qu'un taux d'imposition trop élevé incite les entreprises et les ménages à réduire leur activité et leur travail au profit des loisirs. Il démontre que les recettes fiscales de l'État augmentent avec la pression fiscale mais seulement jusqu'à un certain seuil, au-delà duquel elles diminuent.

#### b) La fuite des capitaux

La fuite des capitaux se traduit par le changement légal de résidence fiscale pour une personne ou une entreprise afin de trouver un pays offrant une fiscalité relativement plus favorable. Certains de ces pays ou zones sont qualifiés de paradis fiscaux.

#### c) La compétitivité des entreprises

Le niveau de prélèvements obligatoires d'un pays se traduit par des coûts supplémentaires pour les entreprises par rapport à celles des pays moins-disants sur la fiscalité et la protection sociale. Cela explique en partie le manque de compétitivité, notamment par rapport aux entreprises des pays émergents.

### 2. Les systèmes de protection sociale en question

#### a) Le déficit de la Sécurité sociale

Le financement du déficit de la Sécurité sociale (maladie, vieillesse, famille et accidents du travail) est assuré par l'État qui est obligé de réduire les remboursements de l'assurance-maladie et de faire appel aux mutuelles et aux assurances privées.

#### b) La réforme du système de retraite

Le système de retraite français est fondé sur la répartition : les cotisations versées par les actifs sont utilisées pour payer les pensions des retraités actuels. Ce système, qui repose sur la solidarité entre les générations, a du mal à maintenir son équilibre financier. L'évolution du rapport entre le nombre de cotisants et de retraités est de plus en plus défavorable au maintien du système actuel.

### 3. L'ouverture des services publics à la concurrence

Elle correspond à un mouvement de libéralisation, sous l'impulsion de l'UE, depuis 1990. L'objectif recherché est une diminution du prix des services, et un fonctionnement au niveau européen et non plus national. Néanmoins, les missions de service public doivent être remplies et conserver un caractère redistributif.

# 17 L'INÉGALITÉ DES RICHESSES AU NIVEAU MONDIAL

**➔ La croissance des revenus au niveau mondial s'est accompagnée d'inégalités accrues entre les pays les plus riches et les pays les plus pauvres. Parmi les pays en voie de développement, les pays émergents rattrapent les pays développés alors que les pays les moins avancés ne voient pas leur richesse augmenter.**

## 1 La fracture entre pays riches et pays pauvres

### 1. La mesure des inégalités au niveau mondial

#### a) La richesse par habitant

Les inégalités de richesses entre les pays se mesurent par les écarts des revenus moyens de chaque pays. Le PIB par habitant est l'indicateur le plus utilisé pour apprécier les écarts de niveau de vie entre les pays.

#### b) Le seuil de pauvreté

La Banque mondiale a établi un seuil de pauvreté absolu à 2 dollars par jour. 50 % de la population mondiale vit en dessous de ce seuil.

#### c) Les conditions de vie

La mondialisation n'a pas abouti à un niveau de vie plus égalitaire pour tous les peuples dans tous les pays du monde.
La malnutrition, l'espérance de vie réduite et l'analphabétisme sont les principales conséquences de la pauvreté.

### 2. Les principales évolutions

L'observation de l'évolution du PIB par habitant de 1973 à nos jours montre que certains pays en développement (Chine, Inde) rattrapent une partie de leur retard économique par rapport aux pays les plus riches. Ils bénéficient des conséquences de la mondialisation qui se traduit par la création d'emplois et la production de richesses.
Dans le même temps, les pays les plus pauvres, essentiellement africains, ont connu une croissance très faible de leur richesse par habitant. L'ONU a défini une sous-catégorie au sein des pays en développement qui regroupe les pays les plus pauvres : les pays les moins avancés (PMA). Ces pays appartiennent surtout aux continents africain et asiatique et sont au nombre de 50. Leur revenu national brut par habitant est inférieur à 900 dollars. Ils sont très vulnérables économiquement.

## 2 Les pays émergents

### 1. Le développement économique

#### a) L'ouverture économique des pays émergents

De nombreux pays émergents, tels que la Chine, l'Inde, le Brésil, la Russie, ont réformé leur économie dans deux directions : la libéralisation des échanges à l'intérieur du pays et l'ouverture au marché mondial.
En conséquence, les investissements directs étrangers se sont développés, entraînant des transferts de technologies importants. La compétitivité de ces pays leur a permis d'atteindre un niveau de croissance élevé jusqu'en 2008.

#### b) Les pays émergents dans la mondialisation financière

Les pays émergents participent à la mondialisation financière en investissant à leur tour dans les entreprises des pays développés par des prises de participation ou en acquérant des entreprises.

### 2. Le rattrapage des pays développés

#### a) La croissance des pays émergents

Les économies des pays émergents ont assuré plus de la moitié de la production mondiale depuis 2005. Leur croissance économique représente plus de la moitié de l'augmentation du PIB mondial.
La Chine a doublé son revenu réel par habitant en 10 ans alors que les États-Unis et le Royaume-Uni ont eu besoin de 50 ans au cours de leur révolution industrielle entre le XIXe et le début du XXe siècle.

#### b) La productivité des pays émergents

Les pays émergents combinent à la fois des gains de productivité importants et des salaires plus faibles que ceux des pays développés.
L'amélioration de la productivité du travail favorise les exportations vers les pays développés. Les populations des pays riches bénéficient ainsi d'importations moins coûteuses qui améliorent leur pouvoir d'achat mais mettent en danger les productions nationales.

### 3. Les conséquences négatives du décollage économique

#### a) Les atteintes à l'environnement

La croissance économique exceptionnellement rapide des pays émergents a des effets néfastes sur l'environnement naturel dont la dégradation devient alarmante.

**EXEMPLES**

Déboisement au Brésil, pollution dans les villes chinoises.

#### b) Le creusement des inégalités internes

Les inégalités internes résultent du partage des richesses au sein du pays. Ces inégalités se traduisent par les écarts de revenus entre les différentes catégories de population.
La croissance soutenue de l'économie s'est accompagnée dans certains pays d'un accroissement des inégalités économiques qui a entraîné des mouvements sociaux dans les villes comme dans les campagnes.

**EXEMPLE**

En Chine, dans les zones où les anciennes entreprises d'État sont en voie de disparition, des mouvements se sont développés pour préserver la protection sociale héritée de l'économie socialiste. Des protestations ont également éclaté dans les villages contre la pression fiscale et les abus de la bureaucratie.

# 18 LES MODALITÉS DE FINANCEMENT DES ACTIVITÉS ÉCONOMIQUES

**Le financement des activités économiques se réalise soit sur ressources propres (autofinancement), soit par recours à l'endettement. On distingue deux formes d'endettement : l'endettement bancaire classique et l'endettement sur le marché. L'activité sur le marché monétaire et sur les marchés financiers s'est développée ces dernières années.**

## 1 Le financement interne

### 1. L'autofinancement

Le financement est interne si les agents économiques possèdent les ressources pour financer leurs opérations d'investissement et de gestion courante. Pour une entreprise, l'autofinancement provient de la marge brute d'autofinancement (MBA) dégagée qui est constituée de la part des bénéfices non distribués mise en réserve, des dotations aux amortissements et des provisions pour charges à venir.

### 2. Les agents à capacité de financement

Les ménages sont, au niveau global, les agents qui disposent le plus de capacité de financement : leur capacité d'épargne excède leur besoin de financement.

### 3. Les agents à besoin de financement

Les entreprises qui ne disposent pas d'une marge brute d'autofinancement suffisante doivent s'endetter, soit en recourant à l'emprunt auprès d'un établissement de crédit, soit en émettant des titres qui seront directement souscrits par les apporteurs de capitaux. Les titres se négocient en ce cas sur des marchés spécialisés, monétaires ou financiers. Les établissements de crédit ou l'État recourent aussi à ce type de financement externe par les marchés.

## 2 Le financement externe direct par le marché

### 1. Le financement à court terme sur le marché monétaire

Le marché monétaire européen est constitué du marché interbancaire (réservé aux agents financiers) et du marché des titres de créances négociables où tous les agents peuvent intervenir en émettant, en souscrivant ou en s'échangeant des titres de créances.

#### a) Le marché interbancaire

Il s'agit d'un marché réservé à la Banque centrale européenne (BCE), aux banques centrales nationales, aux établissements de crédit ou spécialisés, et aux trésors publics.

#### b) Le marché des titres de créances négociables

C'est un compartiment ouvert du marché monétaire. Tous les agents y ont accès, résidents ou non résidents. Les titres négociés sont des titres à échéance courte ou moyenne.

### 2. Le financement à long terme sur le marché financier

Le marché financier est le marché où s'échangent les titres à longue échéance (actions, obligations).

#### a) Le marché primaire et le marché secondaire

Le marché primaire est celui sur lequel les titres sont émis et achetés pour la première fois. Sur le marché secondaire, les souscripteurs ont la possibilité de revendre les titres avant l'échéance à un cours qui est fonction de l'offre et de la demande.

#### b) L'émission et la souscription d'actions

Les actions sont des titres qui représentent une part du capital d'une société. Elles sont la propriété des associés. Il existe différentes catégories d'actions : selon leurs formes, elles donnent droit à une part des bénéfices (dividendes) et/ou des droits de vote aux assemblées générales d'actionnaires.

#### c) L'émission et la souscription d'obligations

Une obligation est un titre de créance à long terme. Le titre constate un prêt fait par un agent créancier à un débiteur. Une obligation donne droit au remboursement du capital prêté et à un intérêt.

Il existe plusieurs catégories d'obligations (à taux fixe, variable, remboursable en actions, etc.). Le Trésor public émet souvent des emprunts obligataires qui ont l'avantage d'offrir la garantie de l'État.

## 3 Le financement externe indirect (ou intermédié)

### 1. L'intermédiation bancaire classique

Les banques sont l'intermédiaire classique entre les agents non financiers à capacité de financement et ceux qui ont des besoins de financement. Une banque dispose en permanence de dépôts à vue ou à court terme excédentaires. Elle en utilise une fraction pour octroyer des prêts à moyen ou long terme.

### 2. L'intermédiation bancaire de marché

Les banques apportent désormais des capitaux aux agents à besoin de financement en utilisant le marché : elles souscrivent les titres qu'ils ont émis sur le marché monétaire ou sur le marché financier.

### 3. Les crédits des institutions financières non bancaires

#### a) Les établissements spécialisés non bancaires

Certains établissements sont spécialisés dans l'attribution de crédits spécifiques (exemple : prêts immobiliers). Les sociétés de crédit-bail sont assimilées à des établissements de crédit. Elles ne consentent pas de crédit mais aident les industriels en achetant leur bien d'investissement et en le leur louant.

#### b) Les OPCVM

Les organismes de placements en valeurs mobilières (OPCVM) sont constitués des sociétés d'investissement à capital variable (SICAV) et des fonds communs de placements (FCP). Acquéreurs de titres sur les marchés monétaires et financiers, les OPCVM concurrencent directement les banques en finançant l'économie.

# 19 LE MARCHÉ FINANCIER

**Les titres de créances à échéance longue sont émis et revendus sur le marché financier. Le marché primaire procure les capitaux aux agents qui en ont besoin ; le marché secondaire garantit aux souscripteurs de pouvoir revendre leur créance avant l'échéance.**

## 1 Le marché financier primaire

### 1. La justification du marché primaire

Lorsqu'une organisation (entreprise, État, collectivité territoriale) a besoin d'investir, elle peut se procurer des ressources propres à long terme en émettant des actions (ou titres assimilés : certificats d'investissement, titres participatifs) ou des obligations sur le marché primaire. Il s'agit de l'apport de capitaux nouveaux (actions) ou d'emprunts (obligations) représentés par des titres, souscrits par les agents à capacité de financement sur le marché primaire.

### 2. Le financement des grandes entreprises

Depuis 2005, la Bourse de Paris dispose d'une liste unique de valeurs mobilières cotées : Eurolist. C'est un marché réglementé : les entreprises qui désirent y accéder doivent satisfaire à des conditions d'information et de transparence identiques.

Le règlement des titres se fait généralement au comptant. Les très grandes entreprises ont toutefois la possibilité de régler ou de remettre les titres en fin de mois sur le service à règlement différé (SRD).

### 3. Un marché pour les PME

Pour les PME qui ne satisfont pas aux conditions d'accès d'Eurolist, un autre marché, moins réglementé, existe : Alternext.

## 2 Le marché financier secondaire

### 1. La Bourse des valeurs

#### a) La définition

Les titres sont échangés sur la Bourse des valeurs par des intermédiaires financiers. Le prix du titre (cours) dépend de l'offre et de la demande : il ne correspond pas nécessairement à la valeur réelle de la firme. Il présente des occasions de plus-values ou de moins-values entre la valeur d'achat et celle de revente du titre.

#### b) Les fonctions de la Bourse des valeurs

Si la revente des valeurs avant l'échéance de l'emprunt (pour une obligation) ou la fin de la société (pour une action) n'était pas possible, les investisseurs seraient en nombre limité. L'intérêt d'un titre réside dans la possibilité de gains par sa revente à tout moment.

Le marché secondaire des titres « d'occasion » permet au marché primaire des titres « neufs » d'exister. Il n'apporte pas, en revanche, de capitaux nouveaux : seul le nom du possesseur du titre change, sans effet sur le capital ou l'emprunt de l'émetteur.

### 2. La liquidité des titres

L'activité, c'est-à-dire le nombre d'offres et de demandes d'un titre, indique la facilité avec laquelle il est possible de se procurer de la liquidité en revendant son titre. La liquidité d'un titre rassure les investisseurs et facilite l'émission de titres nouveaux destinés à financer la croissance des sociétés et la réalisation d'investissements.

### 3. L'évaluation des actifs

#### a) Les anticipations des cours

L'activité d'un titre dépend des anticipations de profits, de la perspective de dividendes. Une société qui ne réalise pas de bénéfices est peu attractive pour les investisseurs. À l'inverse, les perspectives de croissance d'une société, par exemple dans le domaine des nouvelles technologies de l'information et de la communication, incitent à l'achat du titre et font espérer la réalisation de plus-values.

#### b) Les variations des cours

Le marché boursier est un marché spéculatif. Les investisseurs courent deux types de risques : le risque global d'une évolution défavorable des cours (le risque du marché) et le risque lié au titre.

Le risque du titre s'élimine en diversifiant son portefeuille de titres, pour se prémunir d'un « accident » affectant une valeur : les autres valeurs compensent.

Concernant le risque du marché, les analyses théoriques montrent que celui-ci est imprévisible et que de grandes variations peuvent survenir. Le comportement mimétique des agents (des ventes en période de baisse, des achats en période de hausse) amplifie souvent les fluctuations initiales du marché.

#### c) La notion de capitalisation boursière

La capitalisation boursière d'une société se calcule en multipliant le nombre de titres émis par son prix sur le marché financier. C'est le marché qui détermine la valeur boursière des entreprises cotées. Il ne faut pas confondre la capitalisation boursière et la valeur réelle d'une entreprise (déterminée par expertise) qui peut être très différente.

## 3 Les autres marchés de la Bourse de Paris

### 1. Le marché à terme international de France

Le MATIF est un compartiment très spécialisé de la Bourse de Paris. C'est un marché à terme, c'est-à-dire qu'il est possible d'acheter des contrats dont le règlement n'interviendra qu'à une date ultérieure fixée (le terme). Ce marché est réservé aux grandes sociétés ou banques qui l'utilisent pour y faire des opérations de « couverture » contre les évolutions des taux d'intérêt ou du cours des matières premières.

### 2. Le marché des options négociables de Paris

Le MONEP est un autre compartiment « technique » : les titres négociés sont des options, c'est-à-dire des droits d'acquérir (ou de vendre) des valeurs à un cours déterminé.

# 20 LES INSTITUTIONS FINANCIÈRES BANCAIRES

**Les institutions financières deviennent complémentaires des marchés financiers organisés. Marchés et institutions constituent le système financier dans son ensemble.**

## 1 La spécificité de l'activité bancaire

### 1. La définition de l'établissement de crédit

Les établissements de crédit sont toutes les personnes morales qui effectuent à titre de profession habituelle des opérations de banque. Celles-ci consistent à recevoir des fonds du public, à effectuer des opérations de crédit et à mettre à la disposition de la clientèle des moyens de paiement.

### 2. La création de monnaie par l'établissement de crédit

L'opération de prêt d'un établissement de crédit correspond à une opération de création monétaire lorsque l'établissement crédite le compte de son client par un simple jeu d'écritures, sans nécessairement de dépôts d'épargnants à sa disposition. L'avoir inscrit sur le compte du client est par nature de la monnaie scripturale. La banque a donc créé, de fait, de la monnaie. Il y aura destruction de monnaie lorsque le prêt sera remboursé. La création de monnaie par les banques commerciales est contrôlée par l'intervention des banques centrales.

### 3. Le contrôle du crédit par les autorités monétaires

#### a) Le refinancement des établissements de crédit

La banque centrale dispose du monopole d'émission des billets. Pour faire face aux retraits de leurs clients et aux sorties de monnaie scripturale au profit d'autres banques (par virements, chèques, etc.), les banques doivent se procurer de la liquidité auprès de l'institut d'émission. La banque centrale offre régulièrement de la monnaie sur le marché interbancaire à un prix qui est le taux directeur du marché.

#### b) Les réserves obligatoires

Pour les opérations de refinancement, les banques commerciales disposent d'un compte ouvert auprès de la banque centrale nationale dont elles dépendent. La banque centrale peut les obliger à garder sur ce compte une fraction des crédits qu'elles accordent. Ces dépôts, non rémunérés, constituent les réserves obligatoires.

#### c) L'influence du taux directeur sur le coût du crédit

Un taux directeur élevé renchérit de fait le coût du refinancement pour les banques qui en répercutent le coût sur les emprunteurs. Une politique de taux élevé signifie que la banque centrale désire restreindre le volume de crédits octroyés à l'économie (pour éviter l'inflation). Un taux faible signifie que les banques peuvent financer la croissance ou en faciliter la reprise en cas de circonstances exceptionnelles.

**EXEMPLE**

L'abaissement régulier du taux directeur de la Banque centrale européenne (BCE) au début de l'année 2009 répondait à une volonté de relancer l'activité économique après la crise financière.

## 2 La complémentarité des institutions financières et du marché

### 1. La réduction des imperfections et défaillances du marché

#### a) La diminution des coûts de transaction

Les agents non financiers ont, *a priori*, une connaissance imparfaite des marchés et des opportunités. Acquérir les informations prend du temps et c'est une opération coûteuse. Les institutions financières, au contraire, gèrent des informations économiques. Elles conservent en mémoire toutes les informations acquises et bénéficient du savoir-faire sur les marchés financiers. Elles en font bénéficier les apporteurs de capitaux en leur indiquant, à moindre coût, les opportunités d'investissement.

#### b) La limitation des conséquences de l'asymétrie d'information

Dans le domaine financier, l'objet d'une transaction porte sur la réalisation d'un projet que l'emprunteur envisage de faire financer. L'information n'est ni parfaite, ni symétrique. L'emprunteur connaît le projet, sa rentabilité, ses risques. Le prêteur potentiel l'ignore et peut craindre que le prix ne reflète pas les risques réels ou que l'emprunteur utilise l'information privilégiée qu'il détient à son détriment (exemples : dissimulation de résultats, d'évolutions futures connues des seuls « initiés »).

La réalisation des transactions par un professionnel limite le risque d'asymétrie d'information.

### 2. L'évolution des institutions financières bancaires

#### a) La mobiliérisation

Les banques acquièrent des titres de créances directement sur le marché financier ou sur le compartiment des titres de créances négociables (TCN) du marché monétaire. Les valeurs mobilières acquises gonflent l'actif des banques. Les banques émettent elles-mêmes des titres à courte échéance, négociables : les certificats de dépôt. L'importance des valeurs mobilières dans le bilan des banques caractérise le phénomène de mobiliérisation des bilans.

#### b) La marchéisation

L'activité des établissements de crédit sur le marché entraîne des conséquences pour le refinancement. Désormais, une part de celui-ci peut s'effectuer en vendant des titres de créances. Le taux du marché des titres négociés tend à se substituer au taux directeur de la banque centrale pour déterminer les conditions des prêts. Cette influence du marché sur le taux des prêts bancaires s'appelle la marchéisation.

# 21 LA GLOBALISATION FINANCIÈRE

**La globalisation financière résulte d'une longue évolution du marché international des capitaux vers la libéralisation, qui est quasi-totale dans les années 1980. Les dernières entraves sont levées avec la déréglementation, le décloisonnement des marchés et la désintermédiation.**

## 1 Les caractéristiques de la globalisation financière

### 1. La suppression des obstacles à la libre circulation des capitaux

La finance est globale quand le marché des capitaux internationaux est «traité comme un tout» (H. Bourguinat). Les produits financiers sont mobiles d'un marché à un autre, avec des coûts de transaction faibles. Trois conditions sont nécessaires à la globalisation : les 3 D.

#### a) La déréglementation

La déréglementation est l'ensemble des mesures qui ont, dans les années 1980, atténué ou supprimé les dispositions susceptibles de freiner les flux de capitaux au niveau international. La circulation des capitaux s'affranchit du contrôle des États.

**EXEMPLES**

La suppression du contrôle des changes qui limitait les transferts de devises d'un pays à un autre ; l'assouplissement de la fiscalité.

#### b) Le décloisonnement

Les agents financiers et non financiers ont la possibilité de passer facilement d'un marché à un autre. Le décloisonnement des marchés résulte de l'ouverture des marchés nationaux aux capitaux étrangers. L'éclatement des compartiments résulte aussi de réformes nationales.

**EXEMPLE**

En France, la réforme de 1985-1986 a ouvert le marché monétaire aux agents non financiers. Il était auparavant réservé aux banques.

#### c) La désintermédiation par la titrisation

La désintermédiation consiste à permettre aux agents non financiers (entreprises, administrations et particuliers) d'intervenir directement sur les marchés financiers sans recourir à des intermédiaires. La désintermédiation s'effectue par la titrisation des créances.

La banque transfère une partie de ses prêts à une entité juridiquement distincte : un fonds commun de créances (FCC). Le FCC émet en contrepartie des parts de capital qui sont souscrites par des investisseurs internationaux. Le risque des créances cédées est supporté par le FCC et ses souscripteurs, et non plus par la banque qui a ouvert le crédit.

### 2. Le recours aux nouvelles technologies

La globalisation s'accompagne de l'informatisation des opérations bancaires, abolissant les frontières des transactions internationales. L'information est diffusée immédiatement et les mouvements sont réalisés par des réseaux informatiques, sans délai ni coût importants, 24 heures sur 24. Les flux de capitaux en sont facilités.

### 3. Les flux financiers internationaux

La répartition de l'épargne est devenue mondiale. En France, l'ouverture des marchés boursiers nationaux aux investisseurs étrangers permet de financer 50 % des emprunts publics. 46 % de la valeur des titres en Bourse est apportée par des agents non résidents.

Ce financement provient souvent de fonds souverains, ou fonds de réserves publiques. Ce sont des fonds de placements financiers détenus par un État. Ils gèrent et investissent l'épargne nationale.

**EXEMPLE**

Le premier fonds souverain, par l'importance des capitaux gérés (875 milliards de dollars), est le fonds des Émirats arabes unis : Abu Dhabi Investment Authority (ADIA).

## 2 Les effets attendus de la globalisation financière

### 1. L'accélération de la croissance mondiale

#### a) L'amélioration de l'allocation des ressources financières

On attend de la globalisation qu'elle améliore la capacité du système financier à allouer les ressources. Les investisseurs disposent d'une information générale sur les marchés. Les placements devraient normalement s'orienter vers les secteurs et les pays les plus dynamiques, en particulier les pays émergents.

#### b) Le rattrapage des pays en développement

L'apport de capitaux internationaux est favorable à la croissance des économies en développement qui contribue pour 50 % à la croissance économique mondiale. Ces pays ont recours, pour leur financement, à des titres d'emprunts en monnaie locale. Cela développe leurs marchés financiers et rend les placements attractifs pour les investisseurs. Les capitaux nouveaux devraient permettre de combler le retard de développement.

### 2. De nouveaux instruments de protection contre les risques

L'intégration financière transfrontière renforce le risque qu'un événement éloigné se propage au niveau mondial.

**EXEMPLE**

Une hausse des taux d'intérêt dans les pays en développement pour attirer les capitaux pourrait, par un effet de contagion, provoquer une hausse généralisée des taux mondiaux et assécher le crédit.

Pour s'assurer contre ces risques, de nouveaux contrats financiers sont apparus. Ils sont réalisés, pour la plupart, à l'aide de techniques utilisant les marchés à terme et les marchés d'options négociables.

La globalisation a favorisé l'émergence de ces innovations financières destinées à réaliser des opérations qui doivent être *in fine* sans gain ni perte pour les agents dont l'objectif n'est pas la spéculation.

# 22 LES RISQUES FINANCIERS



**➔ Les marchés financiers génèrent des risques spécifiques. La globalisation financière fait émerger un risque de crises mondiales qui peuvent perturber durablement l'activité économique.**

## 1 Les catégories de risques

### 1. Les risques des transactions financières

#### a) Le risque de liquidité

Le placement doit être facilement convertible en monnaie, c'est-à-dire être liquide.

S'il a un besoin de trésorerie, l'investisseur doit pouvoir récupérer rapidement sa mise pour ne pas risquer d'être insolvable.

#### b) Le risque de contrepartie

Le risque de contrepartie est le risque de défaut de paiement du débiteur. Le risque de défaillance de l'emprunteur est limité par la présence d'agences de notation (agences de rating) qui indiquent le niveau de risque de certains titres achetés par les investisseurs.

#### c) Le risque de revenu

La baisse du revenu résulte des variations des cours boursiers. Deux types de risques existent sur les marchés financiers :

- le risque du titre correspond à l'imprévisibilité du sens et de l'ampleur des variations du prix d'une valeur. Il peut fluctuer, à la hausse ou à la baisse, en fonction de l'offre et de la demande spécifiques au titre ;
- le risque du marché résulte de la tendance de l'ensemble des valeurs. Celle-ci se mesure par un indice (exemple : le CAC 40 du marché de Paris).

La possession d'un portefeuille contenant plusieurs valeurs diversifiées limite le risque du titre. En moyenne, les fluctuations se compensent et le risque lié aux évolutions erratiques d'un titre est annulé. Le seul risque qui subsiste pour l'investisseur est le risque de la tendance générale du marché.

### 2. Le risque de mimétisme des agents

Au lieu d'avoir un comportement rationnel, les agents semblent simplement suivre la tendance, ce qui peut faire douter de la qualité de leurs décisions.

Ils achètent en période de hausse et, réciproquement, vendent en période de baisse, ce qui amplifie les variations des cours.

### 3. Le risque moral

La titrisation sépare les établissements qui ouvrent un crédit et ceux qui, à la suite du transfert des créances, supportent le risque de défaillance.

L'établissement qui ouvre le crédit a tendance à accorder les prêts avec moins de rigueur. C'est un risque moral : il accroît le nombre de créances douteuses sur le marché.

## 2 L'accroissement des risques par la globalisation

### 1. L'instabilité du système financier

#### a) La survenance de crises

L'origine d'une crise est généralement exogène au système financier, c'est-à-dire qu'elle trouve sa cause dans un choc extérieur.

**EXEMPLE**

Aux États-Unis, des prêts immobiliers à risque (*subprimes*) ont été accordés aux ménages à faible revenu. Le crédit était garanti par une hypothèque prise sur le bien acheté. La hausse des prix de l'immobilier permettait ce type de prêts. Quand la conjoncture s'est retournée en 2007 sur le marché de l'immobilier, la valeur des maisons a baissé et les taux ont augmenté, rendant difficiles les remboursements. De nombreux débiteurs ont été défaillants.

#### b) La propagation des crises

Le transfert des créances à des fonds communs déplace le risque mais ne l'élimine pas. En cas de défaillance des débiteurs, ce sont les investisseurs qui ont acquis les parts du fonds commun de créances (FCC) qui supportent le risque d'impayé.

**EXEMPLE**

Dans la crise dite « des *subprimes* », les premiers investisseurs exposés ont été les banques américaines et européennes. Les pertes qu'elles ont subies ont diminué la confiance des agents dans l'ensemble des institutions bancaires. Les dépôts se sont raréfiés alors que les banques devaient satisfaire des demandes de retraits.

### 2. Le ralentissement de l'activité économique

#### a) L'interdépendance entre sphères financière et réelle

Des phénomènes non financiers (exemple : crise de l'immobilier) affectent les marchés financiers (exemple : marché des parts de FCC). À leur tour, ces derniers peuvent conduire les banques à limiter les crédits et freiner ainsi la croissance. Il y a interdépendance entre la sphère de la finance et la sphère réelle des échanges, de l'investissement et de l'emploi.

#### b) Les canaux de transmission des risques

En cas de perte de confiance dans le système bancaire, les agents à capacité de financement restreignent leurs dépôts. Pour faire face au manque de liquidité, les banques sont obligées de vendre des actions, ce qui fait baisser leur niveau de richesse et chuter les cours des valeurs sur les marchés financiers. C'est l'effet de richesse.

La diminution des dépôts limite les crédits bancaires. Les investissements des entreprises sont donc différés et la croissance de l'activité économique est ralentie. Dans les cas les plus graves, la crise peut se transformer en récession, caractérisée par la baisse du PIB, la chute des prix et le chômage.

# 23 LA SITUATION ÉCONOMIQUE

**L'observation de la situation économique relève d'institutions nationales et internationales. On distingue l'observation de la conjoncture et l'observation des évolutions structurelles.**

## 1 L'observation de la situation économique

### 1. Les institutions nationales

#### a) L'INSEE

L'Institut national de la statistique et des études économiques (INSEE) réalise des études sur l'économie nationale : conjoncture, étude des grands équilibres économiques et financiers, analyse par secteur d'activité économique.

L'INSEE mesure les principaux indicateurs. Il effectue des prévisions sur l'évolution de l'économie française à court terme et propose des projections sur les évolutions à moyen et long terme.

#### b) L'OFCE

L'Observatoire français des conjonctures économiques (OFCE) est un centre de recherche et de prévisions économiques créé en 1981. Son rôle est d'étudier la conjoncture de l'économie française et d'établir des prévisions économiques à court, moyen et long terme.

#### c) Le Conseil d'analyse économique

Le Conseil d'analyse économique est rattaché au Premier ministre. Il a pour mission d'éclairer les choix du gouvernement en matière économique en confrontant les points de vue et les analyses.

### 2. Les institutions internationales

#### a) La Banque centrale européenne (BCE)

La BCE est la banque centrale des pays de la zone euro. Elle collecte les informations statistiques nécessaires à l'accomplissement de ses missions auprès des autorités nationales compétentes, mais aussi directement auprès des agents économiques.

#### b) L'OCDE

L'Organisation de coopération et de développement économiques (OCDE) regroupe 30 pays développés. Elle analyse et prévoit les évolutions économiques concernant les échanges, l'environnement, l'agriculture, la technologie, la fiscalité, etc. Elle étudie également les changements qui affectent la société.

#### c) Le Fonds monétaire international (FMI)

Le FMI publie des données sur la politique économique et financière des 185 États membres. Il fournit également des informations sur l'évolution de la situation économique et financière pour aider les investisseurs et faciliter le fonctionnement des marchés.

## 2 L'analyse de la situation économique

### 1. Le champ d'action

L'analyse de la situation économique peut porter sur le court terme (moins de 1 an). Elle constitue alors le champ d'action de la politique conjoncturelle.

Lorsque la portée de l'analyse est supérieure à 1 an, c'est-à-dire le long terme, elle entre dans le champ d'action de la politique structurelle.

### 2. Les indicateurs

#### a) Les indicateurs conjoncturels

Les évolutions conjoncturelles correspondent aux variations de l'activité économique à court terme avec des déséquilibres temporaires repérés par différents indicateurs : taux de croissance du PIB, taux d'inflation, taux de chômage et solde de la balance des transactions courantes.

#### b) Les indicateurs structurels

Les indicateurs structurels reflètent le fonctionnement en profondeur d'une économie. Ils varient suivant les priorités des gouvernants. L'Union européenne les a regroupés en six domaines : le contexte économique général, l'emploi, l'innovation et la recherche, la réforme économique, la cohésion sociale ainsi que l'environnement.

## 3 L'appréciation par les agents

### 1. Les déséquilibres économiques

Un déséquilibre reflète le décalage qui existe sur un marché donné entre l'offre et la demande. On distingue les déséquilibres entre :

- l'offre et la demande de biens et services qui entraînent des changements de prix et des répercussions sur le pouvoir d'achat des ménages ;
- l'offre et la demande de travail qui sont créateurs de chômage avec des conséquences sur le revenu des ménages.

Un déséquilibre peut aussi provenir de décisions prises par les pouvoirs publics en matière de finances publiques qui ont des répercussions sur la répartition des revenus et du patrimoine des ménages.

### 2. Le comportement des agents économiques

Les agents économiques réagissent en temps réel aux évolutions de la situation économique aux niveaux national, européen et mondial. Tous les changements qui risquent d'entraîner des conséquences sur leurs ressources disponibles ont une influence sur leurs comportements et leurs décisions.

#### a) L'appréciation de la situation par les ménages

Les ménages réagissent aux évolutions des prix en adaptant leur comportement. Les modifications qui touchent leur revenu disponible les obligent à arbitrer entre consommation et épargne.

#### b) Les conséquences pour les entreprises

Les entreprises doivent en permanence anticiper les décisions des ménages en matière de consommation. Elles utilisent pour cela les informations statistiques fournies par les organismes nationaux et internationaux. Elles mettent aussi en place des études spécifiques (enquête d'opinion, panel de consommation, étude de notoriété) pour suivre les comportements des consommateurs et l'évolution des tendances de consommation.

# 24 LES POLITIQUES ÉCONOMIQUES



**Les politiques économiques regroupent l'ensemble des moyens mis en œuvre par les pouvoirs publics pour atteindre d'une part des objectifs liés à la conjoncture et, d'autre part, des objectifs touchant aux structures de l'économie. De plus en plus, les politiques économiques doivent être coordonnées au niveau international, en particulier pour les États membres de l'Union européenne.**

## 1 La notion de politique économique

### 1. Définition de la politique économique

Le fonctionnement normal du marché ne permet pas toujours d'aboutir à une situation d'équilibre satisfaisante. Cette limite à la régulation par le marché justifie la mise en œuvre d'une politique économique par l'État.

La politique économique désigne l'ensemble des mesures prises par les pouvoirs publics pour atteindre les grands équilibres économiques, pour modifier l'affectation des ressources et pour redistribuer le revenu national.

### 2. Le schéma des politiques économiques

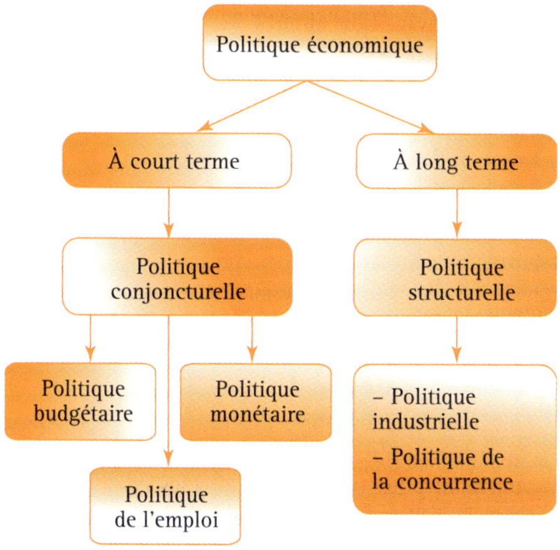


### 3. Les objectifs de la politique économique

#### a) La croissance du PIB

La croissance du PIB est l'objectif principal de la politique économique. L'État cherche à promouvoir une croissance économique forte et durable qui contribue au bien-être de la population et au plein-emploi.

#### b) Le plein-emploi

Le rôle de l'État est de favoriser la création d'emplois directement ou indirectement pour atteindre le plein-emploi.

En situation de plein-emploi, le chômage est à niveau minimal incompressible qui correspond à la durée entre la fin d'un travail et le début d'un nouveau.

#### c) La stabilité des prix

L'État cherche à garantir le pouvoir d'achat des agents économiques en luttant contre l'inflation.

Il recherche la stabilité des prix car toute augmentation importante des prix constitue une source de déséquilibre qui compromet la croissance.

#### d) L'équilibre des échanges extérieurs

L'équilibre des échanges extérieurs signifie que les exportations permettent de couvrir les importations. Il est mesuré par le solde de la balance commerciale. Une balance déficitaire correspond à une croissance économique déséquilibrée qui se traduit par une augmentation des importations au détriment de la production nationale.

#### e) La finalité sociale de la politique économique

La politique économique a également une finalité sociale avec la lutte contre la pauvreté et l'exclusion sociale, contre l'inégalité hommes-femmes au travail, contre les discriminations à l'embauche.

## 2 Les instruments des politiques économiques

### 1. Les composantes de la politique économique

La politique économique se compose d'une dimension conjoncturelle et d'une dimension structurelle.

#### a) La politique conjoncturelle

La conjoncture correspond au bulletin de santé au jour le jour de l'économie. La politique économique conjoncturelle vise à corriger les déséquilibres macroéconomiques qui apparaissent à court terme.

Elle se compose de deux domaines d'action principaux : la politique budgétaire et la politique monétaire. La politique de l'emploi peut être considérée comme une troisième composante pour toutes les actions sur le marché du travail menées à court terme.

#### b) La politique structurelle

La politique économique structurelle est une politique sur le long terme visant à modifier durablement la structure de l'économie (la politique industrielle, le fonctionnement de la concurrence, etc.).

Elle peut avoir comme conséquence de modifier les institutions et les comportements des agents économiques.

#### c) La distinction entre les deux politiques

La distinction entre politique conjoncturelle et politique structurelle est souvent floue car les deux sont liées. Une politique systématiquement conjoncturelle a des conséquences structurelles et une politique structurelle impose souvent des mesures conjoncturelles.

**EXEMPLE**

La création de contrats précaires pour faire baisser les statistiques du chômage a conduit à une modification structurelle du marché du travail sur le long terme.

# 24 LES POLITIQUES ÉCONOMIQUES (suite)

### 2. Les instruments de la politique conjoncturelle

#### a) La politique budgétaire

La politique budgétaire consiste à utiliser certains instruments budgétaires (dépenses publiques, endettement public, prélèvements fiscaux) pour influer sur la conjoncture économique.

#### b) La politique monétaire

La politique monétaire a pour objectif d'assurer la stabilité de la valeur de la monnaie.
Le contrôle de la quantité de monnaie en circulation dans l'économie permet de réguler les mouvements de prix.

### 3. Les instruments de la politique structurelle

La politique structurelle porte sur des domaines traditionnels tels que :
- l'industrie ;
- l'aménagement du territoire ;
- le soutien à l'innovation.

Elle intègre aussi toutes les actions en faveur du développement durable.
Elle s'appuie sur des moyens juridiques (exemple : normes) et financiers (exemples : subventions, allégements fiscaux).

### 4. Les outils de contrôle des politiques économiques

Des indicateurs permettent de contrôler que la politique économique atteint ses objectifs.

| Objectifs | Outils de contrôle |
|---|---|
| Une croissance économique forte et durable | Le taux de croissance du PIB |
| La création d'emplois directement ou indirectement | Le taux de chômage en % de la population active |
| La stabilité des prix pour garantir le pouvoir d'achat | Le taux d'inflation |
| L'équilibre des comptes extérieurs | Le solde de la balance des paiements en % du PIB |

## 3 L'interaction des politiques économiques

### 1. Les contraintes internationales

La mondialisation des échanges a conduit à une ouverture des économies et par voie de conséquence à la transmission d'un pays à l'autre des effets des politiques internes.
Chaque État ne peut donc mener une politique économique indépendamment, sans se soucier de son efficacité au regard des actions engagées par ses partenaires économiques.
Les dérèglements de l'économie mondiale avec la crise financière de 2008-2009, les déficits accumulés du budget américain, les aléas des mouvements de prix des matières premières, etc., ont convaincu les gouvernements de la nécessité d'une réelle coordination des politiques économiques.

### 2. L'appartenance à l'UE

#### a) L'appartenance à l'UE et à la zone euro

La politique économique de la France se trouve depuis de nombreuses années encadrée par son adhésion à l'UE et à la monnaie unique.
Chaque pays de la zone euro s'est engagé vis-à-vis de ses partenaires à respecter un certain nombre de critères économiques qui restreignent sa liberté d'action en matière de politique économique. Ces critères font l'objet du Pacte de stabilité et de croissance (PSC). Il s'agit de :
- la stabilité des prix ;
- la maîtrise du déficit public qui doit être inférieur à 3 % du PIB annuel ;
- la maîtrise de la dette publique qui doit être inférieure à 60 % du PIB annuel.

Ces critères ont été temporairement assouplis pour permettre aux États membres de mettre en place des plans de relance de leur économie nationale et de faire face à la crise financière de 2008-2009.

#### b) La solidarité entre les pays membres

La politique régionale de l'Europe est basée sur la solidarité financière. Elle aboutit au transfert de plus de 35 % du budget de l'Union, des États membres les plus riches vers les régions présentant des handicaps sociaux ou économiques.

### 3. La coordination des politiques économiques mondiales

Pour coordonner leurs politiques économiques, certains organismes internationaux, tels le FMI et l'OMC, mettent en place des processus de décisions conjoints pour définir les grandes orientations de la politique économique au niveau mondial.

#### a) L'action du FMI

Le Fonds monétaire international (FMI) est chargé d'assurer la stabilité du système monétaire et financier international pour rendre possibles les échanges entre les pays. Le FMI poursuit les objectifs suivants :
- la stabilité économique et la prévention des crises ;
- la résolution des crises ;
- la croissance ;
- la réduction de la pauvreté.

#### b) L'action de l'OMC

L'Organisation mondiale du commerce (OMC) agit indirectement sur la politique économique des États. Elle permet aux gouvernements membres de résoudre les problèmes commerciaux auxquels ils sont mutuellement confrontés.
L'OMC édicte des règles que doivent prendre en compte les politiques économiques des États adhérents dans le domaine de la libéralisation des échanges commerciaux et de la protection des consommateurs et de l'environnement.

# 25 LA POLITIQUE CONJONCTURELLE

**Les objectifs conjoncturels concernent la recherche de l'équilibre en matière de croissance, d'emploi, de prix et d'échanges commerciaux. Les instruments utilisés sont la politique budgétaire et la politique monétaire.**

## 1 Les objectifs de la politique conjoncturelle

### 1. Le carré magique de Kaldor

#### a) L'élaboration du carré magique

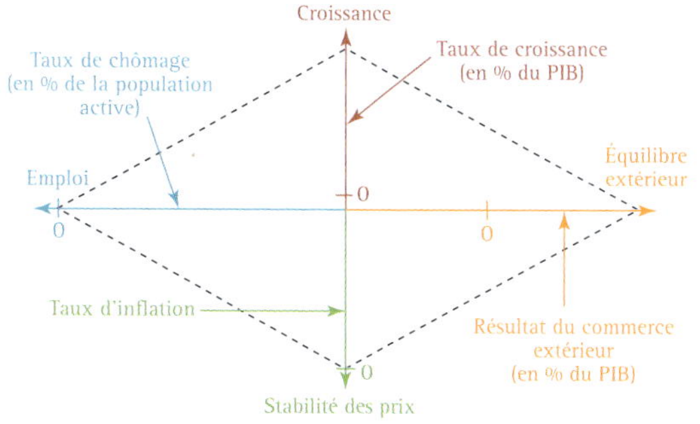


---- Tracé du carré magique

Le carré magique de l'économiste britannique N. Kaldor représente graphiquement la situation conjoncturelle idéale d'un pays à un moment donné : un taux de croissance le plus élevé possible, un commerce extérieur excédentaire, une situation proche du plein-emploi, un taux d'inflation le plus faible possible.

#### b) L'interprétation du carré magique

Le carré de Kaldor est qualifié de magique car il est impossible d'atteindre simultanément les quatre objectifs. L'observation de la surface réelle du quadrilatère d'un pays montre les priorités de sa politique économique. Ainsi, une déformation vers le sud-est caractérise des objectifs de stabilité des prix et d'excédent commercial au détriment de la croissance et du plein-emploi.

### 2. Les liens entre les objectifs de la politique conjoncturelle

#### a) Le dilemme entre inflation et chômage

L'économiste néo-zélandais A. W. Phillips a constaté une relation décroissante entre l'augmentation des salaires et l'augmentation du chômage. Cette relation s'explique par le fait qu'à partir d'un certain niveau de chômage, les salariés sont en position de faiblesse pour obtenir des augmentations de salaires des entreprises.

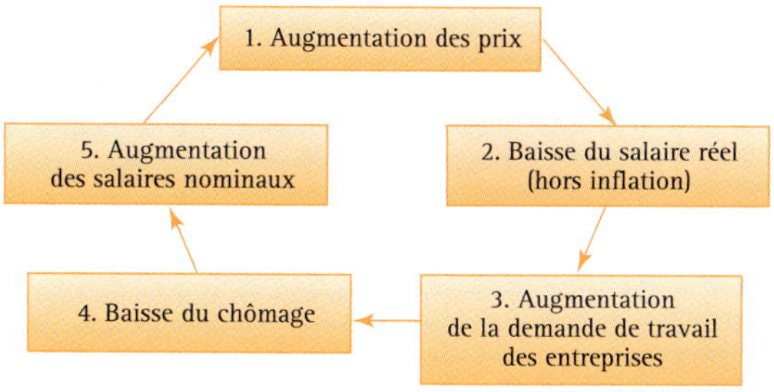


Compte tenu de la relation étroite entre la progression des salaires nominaux et l'inflation, les pouvoirs publics doivent choisir entre la lutte contre le chômage au prix d'une augmentation de l'inflation et la lutte contre l'inflation avec comme conséquence l'augmentation du chômage.

#### b) La relation entre croissance et emploi

En période de forte croissance, comme pendant les Trente Glorieuses (1945-1975), on observe une corrélation entre la croissance et l'emploi. Plus la croissance du PIB est élevée, plus les créations d'emplois sont importantes. Toute politique en faveur de la croissance aboutit à des créations d'emplois qui elles-mêmes entraînent la distribution de revenus supplémentaires.

### 3. Le choix d'une politique conjoncturelle

#### a) La politique de relance

La politique de relance, d'inspiration keynésienne, privilégie les objectifs de stimulation de la croissance et de lutte contre le chômage. Les moyens utilisés pour atteindre ces objectifs sont tout d'abord une politique budgétaire visant à soutenir la demande globale au prix d'un éventuel déficit, mais aussi une politique monétaire expansionniste favorisant l'offre de monnaie.

#### b) La politique de rigueur

La politique de rigueur privilégie quant à elle la lutte contre l'inflation, l'assainissement financier et la réduction du déficit extérieur. La politique budgétaire recherche l'équilibre et la limitation des dépenses publiques. La politique monétaire se concentre sur la stabilité des prix.

## 2 La politique budgétaire

### 1. La mise en œuvre d'une politique budgétaire

#### a) Le principe de la politique budgétaire

La politique budgétaire regroupe l'ensemble des mesures qui utilise les dépenses publiques ou les recettes fiscales pour agir sur l'activité économique.

Pour J. M. Keynes, l'intervention de l'État dans l'économie doit compenser les dysfonctionnements du marché. En intervenant sur la demande de consommation par un accroissement des dépenses publiques, l'État favorise la croissance.

#### b) Le mécanisme de la politique budgétaire

Il s'agit de stimuler une croissance trop faible. L'État peut décider de réduire les impôts, d'augmenter ses dépenses ou les deux. Le mécanisme obéit au principe du multiplicateur keynésien :

- l'augmentation des revenus des ménages et des entreprises entraîne une demande supplémentaire de biens et services de consommation et de production ;
- pour faire face aux ventes supplémentaires, les entreprises investissent, ce qui entraîne des créations d'emplois ;
- l'augmentation de l'emploi entraîne un accroissement des revenus distribués aux agents économiques ;

# 25 LA POLITIQUE CONJONCTURELLE (suite)

– ces revenus supplémentaires conduisent à leur tour à un accroissement de la consommation.

### 2. Les limites de la politique budgétaire

#### a) La désincitation au travail et à l'épargne

L'économiste A. Laffer considère qu'un taux d'imposition trop élevé incite les ménages et les entreprises à réduire leurs activités de travail au profit des loisirs. Plus la pression fiscale augmente, plus les recettes fiscales de l'État augmentent, mais au-delà d'un certain seuil elles finissent par diminuer.
Face à l'augmentation des prélèvements obligatoires, les investisseurs renoncent à investir car leurs gains sont en grande partie amputés par l'impôt.
L'analyse d'A. Laffer peut être représentée par une courbe en cloche :

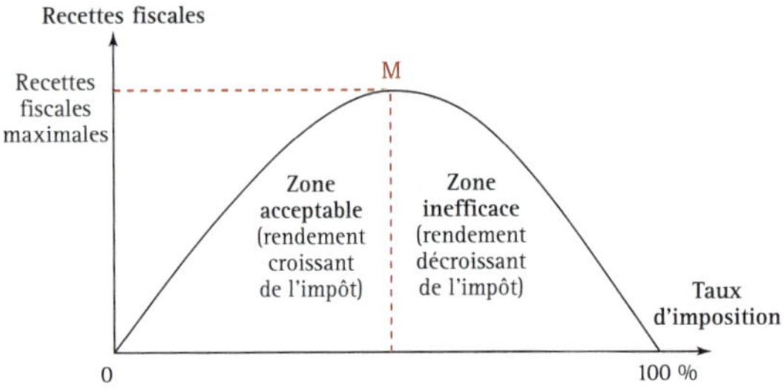


#### b) La fuite des capitaux ou expatriation fiscale

La fuite des capitaux consiste pour une personne ou une entreprise à changer légalement de résidence fiscale afin de trouver un pays ou une zone économique offrant une fiscalité relativement plus favorable. Certains de ces pays ou zones sont qualifiés de paradis fiscaux.
L'expatriation fiscale a des conséquences négatives pour les États qui subissent une baisse de recettes fiscales. Elle fait peser un poids plus lourd sur ceux qui n'échappent pas à l'impôt.

#### c) L'effet d'éviction

Lorsque l'État a recours à l'emprunt pour financer le déficit des finances publiques, il s'adresse au marché des capitaux. Il entre alors en concurrence avec les entreprises privées qui empruntent des capitaux pour financer leurs investissements.
Les entreprises n'obtiennent pas ces prêts du fait du besoin de financement élevé des États : ce phénomène est qualifié d'effet d'éviction.

#### d) La condition de soutenabilité

Chaque État de la zone euro peut mener une politique budgétaire dans la limite où le déficit et la dette publique restent en dessous des seuils fixés respectivement à 3 % et à 60 % de son PIB.
Pour financer le déficit par l'emprunt, les recettes doivent couvrir les dépenses à long terme. Une succession de déficits alourdit la dette de l'État et provoque un effet « boule de neige » : la charge d'intérêt de la dette augmente le déficit qui accroît l'endettement de l'État, et ainsi de suite.

## 3 La politique monétaire

### 1. Les principes de la politique monétaire

#### a) La définition de la politique monétaire

La politique monétaire regroupe les mesures qui concernent les conditions du financement de l'économie. Elle est mise en œuvre par la banque centrale du pays.
Dans la zone euro, la politique monétaire est décidée à l'échelle européenne par la Banque centrale européenne. La BCE est totalement indépendante et est entièrement protégée de toute intervention politique. Mais en l'absence d'un gouvernement économique de l'Europe, elle décide d'une seule politique monétaire qui ne correspond pas nécessairement aux besoins de seize pays différents.

#### b) L'objectif de stabilité des prix

Le principal objectif est la lutte contre l'inflation. La hausse des prix a pour origine une trop grande quantité de monnaie en circulation dans l'économie. La politique monétaire vise donc à contrôler la quantité de liquidité disponible pour les agents économiques en déterminant la norme de progression de la masse monétaire.

### 2. La mise en œuvre de la politique monétaire

#### a) Le principe du taux d'intérêt

L'instrument privilégié d'une banque centrale est le taux d'intérêt à court terme. En augmentant ce taux, elle contraint les banques à augmenter les taux de crédit qu'elles accordent à leurs clients. Cette augmentation freine le recours à l'emprunt des ménages et des entreprises et limite l'inflation, même au prix d'un ralentissement de la croissance économique.

#### b) L'*open market*

Pour agir sur le taux d'intérêt, la banque centrale intervient directement sur le marché monétaire (ou *open market*) en injectant ou retirant des liquidités pour faire varier le taux d'intérêt et donc freiner ou favoriser le financement de l'activité économique.

#### c) Le financement des banques

Elle peut également agir sur les taux d'intérêt directeurs des prêts qu'elle accorde aux banques lorsque celles-ci ont un besoin urgent d'argent. Les banques répercutent alors ce coût aux clients qui viennent leur emprunter de l'argent.
La BCE agit enfin en imposant aux banques de constituer des réserves obligatoires pour se prémunir d'une éventuelle crise du crédit.

## 4 La politique de l'emploi

La politique de l'emploi a pour objectif de rapprocher l'offre et la demande de travail afin d'atteindre le plein-emploi. Elle comporte un volet quantitatif (exemple : aides à la création d'emplois) pour susciter davantage d'offres d'emploi de la part des entreprises. Elle présente également un volet qualitatif (exemple : soutien à la formation) car le chômage provient en partie du décalage entre les postes proposés et la qualification des demandeurs d'emploi.

# 26 LA POLITIQUE STRUCTURELLE

**La politique structurelle vise à améliorer le fonctionnement des marchés pour favoriser la croissance et la compétitivité des économies nationales. Dans l'Union européenne, la mise en œuvre de la politique structurelle relève des États membres tout en s'inscrivant dans le cadre de la stratégie de Lisbonne.**

## 1 Le cadre institutionnel

### 1. Les décisions communautaires

Dans l'Union européenne, la politique structurelle s'appuie sur les décisions communautaires prises dans les domaines de la politique de la concurrence, de la politique industrielle, de la politique agricole, de la politique de l'environnement et de la politique sociale.
Toutes ces politiques sont coordonnées par les grandes orientations de politique économique (GOPE). Les GOPE visent à créer les conditions d'une amélioration de la croissance et de l'emploi pour garantir la stabilité économique.

### 2. La stratégie de Lisbonne

#### a) Le contenu

La stratégie de Lisbonne désigne l'axe principal de la politique économique de l'Union européenne entre 2000 et 2010.
Définie par le Conseil européen de Lisbonne en 2000, elle consiste à faire de l'Union européenne « l'économie de la connaissance la plus compétitive et la plus dynamique du monde d'ici à 2010, capable d'une croissance économique durable accompagnée d'une amélioration quantitative et qualitative de l'emploi et d'une plus grande cohésion sociale ».
Elle comporte quatre domaines d'action prioritaires : la connaissance (éducation, recherche et innovation), l'exploitation du potentiel des entreprises, l'augmentation des possibilités d'emploi et la mise en place d'une politique énergétique.

#### b) Le rôle des États membres

La mise en œuvre de la stratégie de Lisbonne est de la responsabilité des États membres. La Commission européenne analyse les performances de chaque État et fait des recommandations si l'État membre concerné doit encore renforcer ou accélérer ses efforts dans un domaine.

### 3. La politique de cohésion européenne

#### a) Les principes

Une partie de la politique structurelle est conduite directement au niveau communautaire : il s'agit de la politique de cohésion. Celle-ci vise à réduire les écarts de développement entre les régions de l'Union par un transfert de ressources des régions les plus riches vers les plus démunies.
Elle s'appuie sur les principes de solidarité et de proximité pour favoriser la cohésion économique, sociale et territoriale de l'Union.

#### b) Les objectifs

L'objectif de convergence consiste à aider les régions en retard de développement (dont le PIB est inférieur à 75 % de la moyenne communautaire).
L'objectif de compétitivité régionale vise à renforcer la compétitivité et l'attractivité des régions ainsi que l'emploi.
La coopération territoriale européenne promeut un développement harmonieux et équilibré de l'Union.

## 2 Les principales orientations

### 1. L'amélioration du fonctionnement des marchés

#### a) La politique de concurrence

La politique de concurrence de l'UE garantit que la concurrence n'est pas faussée dans le marché intérieur en veillant à ce que des règles similaires s'appliquent à l'ensemble des entreprises qui y opèrent.
L'UE a mis en place un ensemble de règles visant à condamner, mais aussi à prévenir, les comportements anticoncurrentiels des entreprises comme l'entente (pour contrôler les prix ou se répartir les marchés) ou l'abus de position dominante (de la part d'une entreprise leader qui cherche à exclure ses concurrents du marché).

#### b) La mise en place d'organes de régulation

Au niveau européen et au niveau français, des organes de régulation des marchés ont été mis en place. En France, il s'agit d'autorités administratives indépendantes des pouvoirs publics comme des entreprises du secteur concerné. Ces organismes accompagnent essentiellement des secteurs d'activité engagés dans un processus de déréglementation et d'ouverture à la concurrence.
Au niveau européen, il s'agit d'agences communautaires qui remplissent une tâche de nature technique, scientifique ou de gestion bien spécifique.

**EXEMPLE**
L'Agence européenne de la sécurité aérienne.

### 2. L'adaptation des économies européennes

Depuis 2005, la stratégie définie à Lisbonne a été simplifiée. Elle ne comporte plus que deux grands objectifs : un taux d'investissement dans la recherche et le développement égal à 3 % du PIB européen et un taux d'emploi de 70 %.
Il s'agit des deux objectifs jugés indispensables pour adapter les économies européennes à la mondialisation.

### 3. L'Europe sociale

L'Europe sociale désigne l'ensemble des politiques sociales de l'UE qui traitent de l'emploi, des conditions de travail et de la protection sociale. Quatre grands domaines concentrent les réalisations de l'UE en matière d'Europe sociale :
- la libre circulation des travailleurs et la coordination des régimes de sécurité sociale ;
- la protection des droits individuels et collectifs sur le lieu de travail ;
- la lutte contre les discriminations et pour l'égalité de traitement des hommes et des femmes au travail.

# 27 LES ENJEUX DE LA RÉGULATION DU COMMERCE MONDIAL

**La libéralisation et l'augmentation des échanges conduisent en principe à des gains mutuels pour les pays participants. Cependant, des comportements opportunistes et protectionnistes peuvent se développer. L'organisation du commerce mondial consiste à les empêcher en fixant des règles communes.**

## 1 Les effets positifs du commerce mondial

### 1. La stimulation de la concurrence

#### a) La loyauté des pratiques

Le but du libre-échange est de promouvoir une concurrence ouverte et loyale sur de larges marchés. Les règles du commerce mondial combattent toute mesure de discrimination à l'échange et visent à éliminer les pratiques déloyales (exemples : *dumping*, subventions).

#### b) La compétitivité des industries

La compétitivité est, au niveau mondial comme au niveau national, une condition de survie pour les entreprises. Une firme non compétitive en prix disparaît face à ses concurrents.

#### c) Les gains de productivité

La compétitivité impose aux firmes de réaliser des gains de productivité. La productivité est un facteur de croissance de la production et la recherche de moyens pour réaliser les gains de productivité suscite des efforts d'innovation.

### 2. La convergence des rémunérations

Les écarts de salaires sont encore très importants entre les nations.

**EXEMPLE**

Un travailleur mexicain gagne environ 2 € l'heure tandis que le salaire horaire moyen d'un salarié aux États-Unis excède 15 €.

Le libre-échange favorise la convergence des rémunérations. L'ouverture des pays sous-développés aux capitaux des nations industrielles permet aux entreprises de réaliser des investissements qui augmentent la productivité des salariés, leurs salaires et leur qualification. Le libre-échange permet donc le développement des pays les plus pauvres.

### 3. Le rattrapage des pays les moins avancés

De nombreux pays en retard de développement par rapport aux pays industriels modifient leur stratégie. D'un développement autocentré qui consiste à partir de ses propres ressources pour produire pour le marché national, les pays dits émergents ou en transition, se tournent vers une stratégie de promotion des exportations. L'organisation du commerce mondial doit inciter les pays industriels à ouvrir leurs marchés aux exportations de ces pays dont l'industrie n'a pas encore atteint le stade du décollage industriel et qui comptent de nombreuses industries naissantes.

## 2 Les entraves au libre-échange

### 1. Le risque du « passager clandestin »

L'attitude du « passager clandestin » consiste, pour un pays, à bénéficier d'un accord sans en respecter les règles. Une nation, à titre individuel, peut chercher à profiter des avantages que représente l'ouverture des marchés pour ses exportations, tout en protégeant son économie en érigeant des barrières pour limiter ses importations.

### 2. Les formes de la protection

#### a) Les barrières tarifaires

Il s'agit de taxes prélevées sur les produits en provenance de l'étranger lors de leur passage en douane. Les droits de douane augmentent les prix des produits importés, ce qui permet aux produits nationaux de rester compétitifs. Les tarifs douaniers ont le mérite d'être visibles.

#### b) Les barrières non tarifaires

Dans le cas des contingentements (ou quotas), un pays limite la quantité d'une catégorie de biens qu'il importe. À l'opposé, les restrictions volontaires d'exportations consistent, pour un pays, à accepter de limiter la quantité de marchandises qu'il exporte.
Le protectionnisme déguisé correspond aux normes de sécurité, techniques, sanitaires, etc., qui assurent souvent une protection efficace des industries nationales.
Enfin, les aides directes à un secteur économique (subventions publiques) visent à pallier le manque de compétitivité d'un secteur ou d'une entreprise sur les marchés internationaux.

## 3 La coordination internationale

Pour organiser les relations internationales et éviter le phénomène du passager clandestin, les nations ont créé des institutions où sont débattus les grands problèmes économiques mondiaux.

### 1. L'OCDE

Créée en 1960, l'Organisation de coopération et de développement économiques regroupe les 30 pays les plus riches et représente un lieu de rencontre et de discussion, en particulier sur la mondialisation.

### 2. La CNUCED

Depuis 1964, le but de la Conférence des Nations unies pour le commerce et le développement est d'aider les pays en développement à tirer le meilleur parti des possibilités du commerce et des investissements pour s'intégrer dans l'économie mondiale.

### 3. L'OMC

Créée en 1995, l'Organisation mondiale du commerce fournit un cadre institutionnel aux accords sur le commerce et les tarifs douaniers. Le traité fondateur est l'accord du GATT (1947). Il est né d'une volonté de paix entre les États, après le repli des nations des années 1930. L'OMC organise des négociations entre ses 153 pays membres et leur sert de lieu d'arbitrage pour assurer le bon fonctionnement du commerce international.

# 28 L'ORGANISATION MONDIALE DU COMMERCE

**Créée en 1995, l'Organisation mondiale du commerce (OMC) offre un cadre pour les négociations multilatérales relatives au commerce mondial. Il en émane des règles qui ont pour objectif principal le libre-échange entre les nations.**

## 1 Les fondements de l'organisation

### 1. Les objectifs

#### a) Le libéralisme

L'institution de l'actuelle OMC (1995) est le prolongement du GATT. Cet accord résulte de la volonté des peuples, au lendemain de la Seconde Guerre mondiale, de promouvoir la liberté du commerce entre les nations. L'OMC continue dans cette voie et défend le libéralisme qui repose sur une concurrence loyale.

#### b) L'équité

La règle de base prône un commerce ouvert, équitable entre les membres. En particulier, les échanges doivent s'effectuer sans discrimination ni préférence, c'est-à-dire sans privilégier les relations entre un pays et un autre (ou avec un groupe de pays).

### 2. Le champ d'application

Les domaines du commerce se répartissent en trois grands accords.

L'accord général sur les tarifs douaniers et le commerce (GATT) est l'accord fondateur sur les marchandises. Il avait pour but, en 1947, d'éliminer progressivement les mesures protectionnistes. Il y est parvenu, même s'il subsiste encore des entraves au commerce. L'accord originel demeure le cœur du système actuel.

L'accord général sur le commerce des services (AGCS) est un accord complémentaire relatif au commerce des services : transports, télécommunication, etc.

L'accord sur les droits de la propriété intellectuelle concernant le commerce (ADPIC) vise à protéger les marques, les brevets, etc.

### 3. Le contrôle des politiques

Les politiques commerciales des États membres de l'OMC font l'objet d'un examen, à intervalles réguliers, pour s'assurer que les règles sont bien respectées. Cet examen est réalisé tous les 2 ans pour l'Union européenne, les États-Unis et le Japon.

### 4. L'organe de règlement des différends

L'OMC est dotée d'un organe de règlement des différends (ORD) pour régler les litiges commerciaux entre les pays membres. Quand un pays considère que son partenaire viole les accords, les parties sont consultées par l'ORD et un groupe spécial (experts, représentants des pays) est créé. Des sanctions peuvent être prononcées en cas de non-respect des règles après injonction.

## 2 Les principales clauses de l'OMC

### 1. La clause de la nation la plus favorisée

La clause de «la nation la plus favorisée» impose au pays qui consent un avantage à l'un de ses partenaires commerciaux d'étendre cette mesure à tous ses partenaires.

### 2. L'interdiction de la vente déloyale à bas prix

La vente déloyale à bas prix (*dumping*) est une technique qui consiste à exporter à un prix inférieur au prix national du pays exportateur pour accroître les parts de marché. Le *dumping* contrevient aux principes de la concurrence loyale.

### 3. La clause de sauvegarde

En cas d'urgence, un pays peut restreindre, temporairement, les importations d'un produit qui cause ou menace de causer un dommage (exemple : pertes d'emplois).

## 3 Les négociations commerciales multilatérales

### 1. Le multilatéralisme

Le multilatéralisme signifie que les gouvernements doivent s'entendre pour négocier ensemble des règles valables pour tous. Des décisions prises collectivement prévaudront automatiquement sur les décisions nationales. L'OMC veille à ce que les décisions soient fondées sur un large consensus.

### 2. L'objet des négociations

#### a) La baisse des droits de douane

L'instauration de droits de douane à l'importation est la barrière la plus importante aux échanges commerciaux. Les négociations de l'OMC ont ramené le taux des droits perçus sur les produits industriels à moins de 5 %.

#### b) L'élimination des obstacles non tarifaires

Le but de l'OMC est de supprimer les barrières quantitatives comme le contingentement qui font obstacle au libre-échange. Les autres mesures (procédures administratives, normes) doivent aussi être allégées pour favoriser la liberté du commerce.

### 3. Les cycles de négociation (*rounds*)

#### a) Les principaux cycles achevés

Le cycle des «négociations Kennedy» (1964-1967) a réduit les droits de douane sur les produits industriels de 35%.

Les négociations de Tokyo (1973-1979) ont consacré une nouvelle baisse tarifaire de 34% sur les produits industriels et un consensus a été adopté concernant les obstacles non tarifaires.

Le cycle d'Uruguay (1986-1994) a abouti à la création de l'OMC.

#### b) Le programme de Doha pour le développement

Lors de la conférence ministérielle de Doha (Qatar), en 2001, les membres de l'OMC ont ouvert un nouveau cycle de négociations portant sur les questions spécifiques aux pays en développement.

Les pays en développement (PED) bénéficient d'un «traitement spécial et différencié» : ils sont, par exemple, autorisés à copier et à distribuer des médicaments.

# 29 LES LIMITES DE LA GOUVERNANCE MONDIALE

**L'OMC a pour mission de renforcer la libéralisation des échanges et tente de l'étendre à des biens et des services qui relèvent de nouveaux domaines. Le consensus mondial émerge difficilement, d'autant plus que les négociations multilatérales doivent tenir compte d'accords régionaux ou bilatéraux entre les membres.**

La notion de gouvernance est une expression récente. Il s'agit de réfléchir à la façon dont l'économie mondiale est gouvernée en l'absence d'un gouvernement mondial. En effet, les nations sont autonomes, mais interdépendantes. On s'intéresse donc à la façon dont sont définies et appliquées les règles collectives.

## 1 La transversalité des thèmes abordés

### 1. L'environnement

Certaines mesures nationales, de nature environnementale, ont un impact direct sur le libre-échange.

**EXEMPLE**

Les États-Unis ont décidé d'interdire les importations de produits à base de thon pêché par du matériel qui ne correspond pas aux normes américaines de protection des dauphins.

L'OMC considère que des dispositions unilatérales prises par un pays, même pour protéger les animaux ou les ressources naturelles, contreviennent aux règles multilatérales du commerce.

### 2. Les normes du travail

Des produits font l'objet d'un commerce alors qu'ils sont fabriqués dans des conditions de travail contraires aux règles de l'Organisation internationale du travail (travail des enfants, absence de syndicalisation, etc.). L'OMC travaille avec l'OIT pour édicter des règles communes.

### 3. La libéralisation des services

La libéralisation des services définis dans l'Accord général sur le commerce des services (AGCS) recouvre un vaste domaine qui va de la banque au tourisme, en passant par les services publics (santé, éducation). L'enjeu est considérable car les services tirent l'économie mondiale.

### 4. L'ouverture des marchés agricoles

Les pays exportateurs de produits agricoles, Australie et Brésil en tête, demandent le démantèlement des subventions à l'agriculture. L'Europe et le Japon, au contraire, militent pour leur maintien ; ils défendent le principe de multifonctionnalité selon lequel l'agriculture fournit des services et des produits qui vont au-delà des denrées agricoles (exemple : espaces verts).

### 5. Les échanges intrafirmes

Les échanges entre filiales, ou entre filiales et sociétés mères de firmes multinationales, représentent près du tiers des échanges. Ces flux échappent, pour le moment, à la gouvernance de l'OMC.

### 6. Le commerce des produits numériques dématérialisés

Des produits (livres électroniques, morceaux de musique, vidéos, etc.) font l'objet de relations transnationales par voie électronique ; c'est un mode de diffusion et d'échanges qui nécessite de nouvelles règles.

### 7. La propriété intellectuelle

Les États-Unis souhaitent renforcer la protection de la propriété intellectuelle. Les pays en développement, Inde en tête, s'y opposent, estimant que c'est un moyen, pour les pays développés, de faire du protectionnisme déguisé.

### 8. La culture

La France désire maintenir sa politique de soutien aux activités culturelles, en particulier les quotas et les subventions accordées au secteur audiovisuel, le prix unique du livre, etc., au nom de la protection de la diversité culturelle. Les États-Unis ne reconnaissent pas cette « exception culturelle », selon laquelle les biens culturels ne sont pas des biens comme les autres ; ils en réclament la suppression.

## 2 Les accords régionaux

### 1. La multiplicité des accords régionaux

Pratiquement tous les pays adhèrent à une union douanière, une zone de libre-échange ou un accord bilatéral. Au sein d'une union douanière, les échanges sont libres et la protection douanière uniforme.

**EXEMPLES**

L'Union européenne et le MERCOSUR (marché commun d'Amérique du Sud) sont des unions douanières.

À l'intérieur d'une zone de libre-échange, le commerce est libre et chaque pays conserve la liberté de fixer ses droits de douane.

**EXEMPLES**

Accord de libre-échange nord-américain (ALENA), Association des nations de l'Asie du Sud-Est (ASEAN).

Un accord bilatéral est conclu entre deux pays.

**EXEMPLE**

L'accord commercial de rapprochement économique entre l'Australie et la Nouvelle-Zélande.

### 2. L'enjeu pour la gouvernance mondiale

Les accords bilatéraux entre pays ou le développement de zones régionales de commerce sont, en principe, en contradiction avec le principe de l'égalité de traitement entre toutes les nations et constituent une autre limite à la gouvernance mondiale par l'OMC.

Des arrangements régionaux contreviennent aux règles de l'OMC, par exemple en érigeant des tarifs douaniers communs autour de la zone.

Cependant, certains accords ne créent pas d'obstacles au commerce avec les autres pays. Ils renforcent au contraire le libre-échange en facilitant les échanges intrazone et préparent la négociation d'accords multilatéraux.

# 30 LA COOPÉRATION INTERNATIONALE : UNE OFFRE DE BIENS PUBLICS MONDIAUX

**→ La mondialisation fait prendre conscience de besoins globaux qui ne sont pas satisfaits par le marché. L'absence d'un gouvernement mondial pour produire les biens publics qui pallieraient cette insuffisance du marché implique qu'ils soient produits et gérés grâce à la coopération des États.**

## 1 L'émergence de la notion de bien public mondial

### 1. La dimension internationale

Ch. Kindleberger (1986) définit les biens publics mondiaux comme « l'ensemble des biens accessibles à tous les États qui n'ont pas nécessairement un intérêt individuel à les produire ».
La définition souligne deux aspects. D'une part, l'intérêt tiré du bien dépasse le cadre des frontières nationales. D'autre part, il appartient aux puissances publiques de produire les biens qui concourent au bien-être mondial.

### 2. La dimension intergénérationnelle

Les biens publics mondiaux ont une portée intergénérationnelle. Ainsi, les mesures visant à limiter l'accumulation des gaz à effet de serre bénéficient à la génération présente et aux générations futures. Il en est de même de la biodiversité, de l'éradication des pandémies, de la stabilité climatique, de la stabilité financière et commerciale.

## 2 Les caractéristiques des biens publics mondiaux

Un bien public mondial est un bien dont la consommation est collective au niveau international. Le bien public mondial est pur s'il satisfait aux deux conditions de non-exclusion et de non-rivalité énoncées par P. Samuelson (1954).

### 1. La non-exclusion

L'acquisition d'un bien marchand exclut ceux qui ne l'ont pas acheté de sa consommation. Au contraire, un bien public ne fait pas l'objet d'une appropriation individuelle : il n'y a aucune exclusion et le financement du bien est assuré par des fonds publics.

EXEMPLE

La stabilité climatique n'a pas de prix de marché et bénéficie à tous les habitants de la planète.

### 2. La non-rivalité

La consommation du bien par les habitants d'un pays ne réduit pas la consommation du bien qui en est faite dans les autres États. Il n'y a aucune rivalité pour la détention du bien.

EXEMPLE

La consommation d'informations publiques produites par des campagnes destinées à éradiquer des pandémies (sida, variole) ne limite pas l'usage de ces mêmes informations par d'autres nations. L'information est libre et abondante.

### 3. Les biens publics impurs

La notion de bien public s'étend à des biens dits « impurs », où l'une des deux caractéristiques fait défaut.

#### a) Les biens de club : non-rivalité et exclusion

Les biens de club s'utilisent sans rivalité mais leur accès est limité par un prix d'entrée (exclusion). Il faut adhérer à un groupement et s'acquitter d'un droit pour en bénéficier.

EXEMPLES

Canal de Suez, de Panamá.

#### b) Les biens communs : non-exclusion et rivalité

Les biens communs sont gratuits (non-exclusion) mais s'épuisent quand ils sont consommés. Le problème à résoudre est celui de leur surexploitation et de la rivalité qui en résulte pour s'approprier la ressource gratuite en l'absence d'un marché. La gestion publique des ressources corrige les anomalies du marché sans remettre en cause la liberté du commerce.

EXEMPLE

La surexploitation des forêts, sans respecter le temps de reboisement, satisfait l'intérêt individuel de l'exploitant forestier, mais compromet l'équilibre écologique à long terme.

## 3 La production de biens publics mondiaux

### 1. La production par un fournisseur hégémonique

#### a) Le principe

Un État (ou un groupement d'États) peut être à l'origine de la fourniture du bien public mondial.

EXEMPLE

Les États-Unis ont été à l'origine du système monétaire international de Bretton Woods, en 1945. Ils ont aussi favorisé les premières négociations du GATT pour libéraliser le commerce mondial.

#### b) Les limites de la production hégémonique

La production du bien public par un producteur dominant est soumise à des conditions qui en font un cas limité :
- la stabilité de l'État ;
- la capacité à fournir le bien public ;
- la volonté politique d'être le producteur unique ;
- la supériorité des bénéfices retirés de l'opération par rapport aux coûts engagés.

### 2. La production par la coopération internationale

#### a) Le phénomène du « passager clandestin »

La théorie économique montre que la production d'un bien public mondial par un pays qui n'est pas de taille hégémonique n'est pas rationnelle. La production du bien par un seul pays profiterait à l'ensemble de la collectivité. Or, il est impossible d'en faire payer le prix. Aucun État n'a donc intérêt à le produire de manière

# 30 LA COOPÉRATION INTERNATIONALE : UNE OFFRE DE BIENS PUBLICS MONDIAUX

individuelle. Chaque nation a, au contraire, intérêt à adopter un comportement de « passager clandestin », c'est-à-dire à attendre l'initiative des autres pour en profiter.
Dans ces conditions, le bien public mondial risque de n'être jamais produit. C'est un échec du marché puisque le comportement individuel des agents ne parvient pas à maximiser le bien-être mondial.

### b) L'échec des États

La difficulté à produire un bien public mondial signale aussi un échec des États car les décisions à prendre concernent les gouvernements.
Une autorité publique supranationale doit donc se substituer au marché et aux États individuels pour réaliser l'allocation optimale des ressources. Faute d'un gouvernement unique mondial, il revient à la coopération internationale d'organiser la production et la gestion du bien public.

## 4 Les modalités de gestion du bien public mondial

### 1. Le recours à des institutions internationales

Les nombreuses organisations internationales (Organisation mondiale du commerce, de la santé, Conseil de sécurité de l'ONU, Organisation internationale du travail, etc.) fournissent un cadre de réflexion débouchant sur des traités générateurs d'obligations juridiques, des protocoles actant des résolutions communes, ou des communiqués annonçant des mesures d'urgence.

**EXEMPLE**

Face à la crise financière déclenchée en 2007, le groupe des 20 pays les plus riches du monde (G20), réuni à Londres en avril 2009, a rappelé que la prospérité mondiale était « un bien indivisible ». Les États se sont engagés à accorder 1 100 milliards de dollars pour soutenir le crédit, la croissance et l'emploi. Le communiqué prévoit un renforcement de la supervision financière, une réforme du Fonds monétaire international et de la Banque mondiale pour fonder « un nouvel ordre économique mondial ».

### 2. Les mesures contraignantes

Des mesures fiscales sont parfois utilisées pour contraindre les auteurs d'externalités négatives à supporter dans leurs coûts une partie du coût social qu'ils font supporter à la collectivité.

**EXEMPLE**

Pour compenser le coût de l'instabilité économique due à la spéculation, l'économiste J. Tobin propose de taxer les transactions financières.

### 3. Les incitations et l'instauration de marchés adaptés

L'introduction d'un droit ou permis peut permettre de réaliser la production du bien public mondial en utilisant les mécanismes du marché. Ainsi, le protocole de Kyoto comporte des objectifs de réduction des émissions de gaz à effet de serre. Les États et les entreprises ont la possibilité d'échanger des permis d'émission sur un marché. Le dépassement de leurs objectifs devient coûteux, ce qui les incite à respecter leurs engagements.

**EXEMPLE**

Le Japon a un objectif de réduction de 6 % de ses émissions de $CO_2$ entre 2008 et 2012. En 2007, il a négocié avec la Hongrie pour lui acheter des « droits » et tenir ainsi ses engagements.

## 5 Les limites de la coopération internationale

### 1. La nécessité de nouvelles régulations

Les États ne peuvent pas traiter individuellement d'importantes questions mondiales. Par ailleurs, les institutions traditionnelles (Fonds monétaire international, Organisation mondiale du commerce) semblent en crise : contestation par les organisations non gouvernementales, longueur des discussions de l'OMC, nécessaire rénovation du FMI pour gérer la crise financière mondiale, etc.
La mondialisation fait apparaître la nécessité de nouvelles régulations. La gouvernance mondiale suggère la création de nouvelles institutions supranationales. Par exemple, la création d'une organisation mondiale de l'environnement. Pour le moment, la seule solution à la question d'une « gouvernance mondiale » réside dans les discussions multilatérales et la coopération.

### 2. La conciliation des intérêts particuliers

La coopération nécessite de s'accorder sur les finalités et le partage des responsabilités, ce qui suppose de hiérarchiser les priorités. La multiplicité des acteurs rend l'ordre des priorités difficile à établir. Les discussions sont souvent longues et complexes avant d'aboutir à un accord satisfaisant pour l'ensemble des parties.

### 3. Le financement des actions

Le financement du bien public est assuré par le budget des États. La répartition des charges entre les États dépend des modes de contribution et des négociations multilatérales. Deux méthodes sont possibles : une contribution proportionnelle à la taille ou au poids économique de chaque État ou une contribution différenciée en fonction de l'avantage retiré de la réalisation de l'objectif.

**EXEMPLE**

Les États-Unis ont justifié leur retrait du protocole de Kyoto par des raisons économiques, la répartition du financement entre les signataires leur semblant désavantageuse.

## exercice 1 La rationalité des agents économiques

On propose un jeu à deux étudiants, A et B : on met à la disposition de A 100 euros avec pour seule obligation de partager cette somme avec B, qui peut accepter ou refuser l'offre. Si B accepte, les deux étudiants partent avec leurs gains respectifs ; s'il refuse, personne n'obtient rien. La théorie économique nous enseigne que chaque individu agit dans son propre intérêt. Selon ce principe, le joueur A devrait offrir le minimum (1 euro) à B, qui devrait accepter car il s'agit pour lui d'un gain positif, supérieur à zéro. Le test effectué montre que A offre presque toujours plus que 1 euro : il est plus généreux que ne le postule la théorie. Quant à B, il refuse systématiquement toute offre qu'il estime insuffisante et préfère tout perdre (en faisant aussi perdre A qu'il punit). L'actualité économique quotidienne abonde en situations similaires. Par exemple, des salariés licenciés qui refusent des primes conséquentes et préfèrent choisir de s'opposer à leur entreprise, quoi qu'il leur en coûte.

### ENTRAÎNEZ-VOUS

**1.** Pourquoi A n'offre-t-il pas 1 euro dans la réalité ? Que pense-t-il ?

**2.** À votre avis, le comportement de B est-il rationnel ?

CORRIGÉS p. 42

## exercice 2 Les revenus primaires

L'essentiel de la production de richesses, quelle qu'en soit la provenance, se transforme en revenus primaires destinés à l'ensemble de la population. Lorsqu'on parle de revenus primaires, on pense avant tout à ceux qui sont issus du travail, et plus rarement à ceux tirés du patrimoine.

*Journaléco*, mars 2008.

### ENTRAÎNEZ-VOUS

**1.** Comment s'organise la distribution primaire des revenus ?

**2.** Donnez des exemples de revenus primaires touchés par les agents économiques.

CORRIGÉS p. 42

## exercice 3 La dématérialisation de la monnaie

Au Moyen Âge, la monnaie ne représentait pas une valeur ; elle était une valeur, une marchandise, puis elle est progressivement devenue un instrument de mesure. Aujourd'hui, la monnaie tend à se dématérialiser, à ne devenir qu'un pur signe, comme en témoignent la croissance rapide de la part des transactions en monnaie scripturale au détriment de la part des échanges en monnaies fiduciaire et métallique et le développement récent de la monnaie électronique. La disparition du franc au profit de l'euro masquerait-elle la disparition de la monnaie comme élément matériel ?

http://classes.bnf.fr/franc/pistes/theme5.htm.

### ENTRAÎNEZ-VOUS

**1.** Présentez les principales caractéristiques des différentes formes de la monnaie.

**2.** Expliquez la notion de monnaie dématérialisée.

CORRIGÉS p. 42

# exercices

## exercice 4

***A. Sen, prix Nobel d'économie 1998, a été choisi par Nicolas Sarkozy pour réfléchir sur le changement des instruments de mesure de la croissance.***

**Pourquoi avoir accepté une telle mission ?**

C'est une idée brillante que de vouloir mettre en place de nouveaux instruments de mesure. En effet, le produit intérieur brut (PIB), utilisé pour calculer la croissance, ne permet pas de comprendre comment la vie des individus est impactée par l'économie. Il ne s'agit donc pas d'un simple exercice statistique mais d'une tentative de rendre compte des conditions réelles de vie dans chaque pays. […]

**Un indice de développement humain (IDH) […] existe déjà…**

Oui, je suis bien placé pour le savoir puisque j'ai dirigé l'équipe qui l'a créé pour le compte du Programme des Nations unies pour le développement en 1990. Cet indice est encore utile et permet de se rendre compte qu'une puissance économique comme les États-Unis se situe derrière la Suède et le Canada en raison, notamment, de l'absence de couverture médicale universelle. Reste que l'IDH a été conçu et réfléchi pour les pays en voie de développement. Les critères retenus, comme l'espérance de vie, ne sont pas fondamentaux dans les pays déjà développés comme la France. Il faut donc réfléchir à un nouvel indice qui explique pourquoi certaines personnes dans les pays riches ne voient pas leurs conditions de vie s'améliorer lorsque le PIB augmente. Il faut donc réfléchir à de nouveaux critères comme par exemple le taux de chômage. Mais c'est une question complexe à laquelle il n'existe pas de solution facile.

Propos recueillis par Alexandre Sulzer, 20Minutes.fr, 8 janvier 2008.

### ENTRAÎNEZ-VOUS

1. Rappelez les critères utilisés pour établir l'IDH.
2. Quelles critiques sont faites à l'utilisation du PIB comme indicateur du développement ?
3. À quelle problématique la définition de nouveaux indicateurs de croissance doit-elle répondre ?

CORRIGÉS p. 4

## exercice 5 L'empreinte écologique

***L'empreinte écologique ne tient pas compte de l'évolution technologique, ses résultats pourraient donc être remis en question du jour au lendemain.***

Le modèle se base sur la société actuelle, avec ses connaissances actuelles, pour ses estimations. L'histoire nous montre cependant que le développement technologique s'accompagne presque systématiquement d'une pression accrue sur les ressources naturelles, même quand il s'agit d'une amélioration de l'efficacité de transformation entre ressources naturelles et service rendu.

http://www.agir21.org/critiques.html.

### ENTRAÎNEZ-VOUS

1. Comment détermine-t-on l'empreinte écologique ?
2. Pourquoi l'évolution technologique remet-elle en question le modèle de l'empreinte écologique ?

CORRIGÉS p. 4

## exercice 6 La première crise planétaire

***À propos de la crise financière qui a commencé en 2007, Pierre-Cyrille Hautcœur, prix du meilleur jeune économiste en 2003, livre ses impressions d'économiste et d'historien.***

**La récession peut-elle virer à la Grande Dépression ?**

On ne peut pas comparer la récession actuelle à la Grande Dépression. À l'époque, la chute du PIB était vertigineuse. Entre 1929 et 1933, la baisse a été de l'ordre de 25 % pour l'Allemagne ou les États-Unis, et beaucoup de pays n'ont retrouvé leur niveau de production de 1929 qu'à la veille de la guerre. On est loin des – 2 % prévus en 2009 dans la zone euro. Mais cette crise est plus aiguë, plus grave et plus longue que les crises qui ont eu lieu depuis la Seconde Guerre mondiale. […]

**A-t-on déjà vu historiquement autant de plans de sauvetage ?**

La principale leçon de la Grande Dépression, leçon comprise par le président de la Réserve fédérale, Ben Bernanke, c'est qu'il ne faut pas laisser tomber les banques. En effet, l'effondrement de quelques grands établissements pourrait avoir un effet domino sur tout le système bancaire. Les aides adoptées actuellement [par les États] sont sans précédent. Pour l'instant, ce sont des prêts, ou des prises de participation à leur capital, pas des dons. Cela dit, les États-Unis prennent des risques, car en cas de pertes importantes, ce seront les contribuables qui régleront la note.

Propos recueillis par Christian Losson, *Libération*, 28 janvier 2009.

### ENTRAÎNEZ-VOUS

**1.** Pourquoi ne faut-il pas « laisser tomber les banques » ?

**2.** Commentez la dernière phrase : « en cas de pertes importantes, ce seront les contribuables qui régleront la note ».

**3.** En prenant appui sur le texte, expliquez comment une crise d'origine financière peut affecter l'ensemble de l'économie réelle.

CORRIGÉS p. 43

## exercice 7 Les biens publics mondiaux

Qu'il soit question de l'effet de serre […] ou des grandes campagnes d'éradication de maladies endémiques comme la variole ou le sida, les dommages à combattre et les solutions à apporter dépendent de stocks s'accumulant en longue période. Pour le réchauffement climatique, par exemple, c'est parce que les gaz à effet de serre se sont accumulés par le passé que les flux nouveaux sont particulièrement dangereux. En sens inverse interviennent les stocks de capital (technique ou humain), les stocks biologiques ou génétiques, ou encore les réserves de crédibilité pour les systèmes monétaires. Les dommages ou les bénéfices se manifestant le plus souvent par accumulation lente et parfois irréversible, la gestion de ces biens publics est particulièrement délicate en raison de ces décalages temporels importants. En matière biologique, par exemple, la disparition actuelle d'une espèce peut très bien avoir une incidence future sur l'équilibre du biotope sans commune mesure avec son impact immédiat. La gestion de ces biens publics doit donc prendre en compte non seulement l'intérêt de la génération présente, mais aussi celui des générations futures.

Henri Bourguinat, « Quand les biens "publics" deviennent "globaux" », *Sociétal*, n° 39, 1er trimestre 2003.

### ENTRAÎNEZ-VOUS

**1.** Quelles sont les caractéristiques d'un bien public mondial ?

**2.** Quelle caractéristique des biens publics mondiaux le professeur Henri Bourguinat met-il en évidence dans cet article ?

CORRIGÉS p. 43

# corrigés

## exercice 1 page 39

**1.** La théorie économique classique postule que les individus sont égoïstes et cherchent à maximiser leur profit. En réalité, A offrira certainement plus que 1 euro car il se méfie des représailles. B peut estimer qu'il est trop avare, se sentir blessé par une offre humiliante et la rejeter. En ce cas, B perd 1 euro, somme minime. Il a la satisfaction de faire perdre 99 euros à A.

**2.** B est rationnel, mais il intègre d'autres paramètres que les prix. Les agents économiques sont des êtres complexes et répondent à des réactions humaines. La décision de B est ici une réaction à l'injustice. A anticipe cette réaction et en tient compte pour proposer son offre. Ce cas d'économie expérimentale pointe une des failles de l'économie : c'est une science humaine, or le comportement des hommes est complexe à analyser.

## exercice 2 page 39

**1.** Les revenus primaires correspondent à des revenus issus de l'activité productive et de la propriété. Ils ont pour origine la valeur ajoutée créée par les agents économiques. Il s'agit principalement des salaires perçus par les personnels et des bénéfices des entreprises.
La répartition primaire des revenus organise la distribution de richesses aux agents économiques ayant contribué à leur création, c'est-à-dire les ménages, les entreprises et les administrations publiques.

**2.** Exemples de revenus primaires touchés par les agents économiques :
- les ménages perçoivent une rémunération du travail sous la forme de : salaires, traitements, gages, soldes, revenus des entrepreneurs individuels ; ils encaissent également des revenus issus de la propriété de leur patrimoine : loyers, dividendes, intérêts ;
- les entreprises disposent des profits non distribués aux actionnaires dont une partie, l'excédent brut d'exploitation (EBE), sert à financer leurs investissements. Les apporteurs de capitaux (associés, actionnaires) reçoivent leur part des profits distribués sous forme de dividendes ;
- les administrations participent à la distribution des revenus primaires en encaissant la TVA, des droits de douane, la taxe professionnelle, l'impôt sur le revenu des personnes physiques et l'impôt sur les sociétés.

## exercice 3 page 39

**1.** Les différentes formes de la monnaie sont les suivantes :
- la monnaie marchandise (sel, thé, coquillage, bétail, etc.), qui est la première forme de monnaie qui se substitue au troc. Un bien est utilisé pour payer l'achat d'un autre bien ;
- la monnaie métallique : or, argent, cuivre ;
- la monnaie fiduciaire, qui comporte la monnaie divisionnaire (les pièces) et les billets ;
- la monnaie scripturale, constituée par les dépôts à vue auprès des banques ;
- la monnaie électronique ou monnaie dématérialisée (porte-monnaie électronique, carte de paiement, TIP, etc.).

**2.** L'augmentation des échanges économiques et l'importance croissante prise par la monnaie scripturale entraînent une dématérialisation de la monnaie qui signifie que la monnaie devient immatérielle. Les anciennes monnaies disposaient d'un support matériel (métal, papier, etc.), ce qui n'est plus le cas de la monnaie scripturale, qui correspond à une simple écriture sur un compte bancaire. Dans un premier temps, la monnaie fiduciaire s'est substituée progressivement aux pièces. Puis la monnaie scripturale a, à son tour, réduit le poids de la monnaie divisionnaire et fiduciaire dans les échanges. Le développement de la carte bancaire, du porte-monnaie électronique et des virements bancaires amplifie encore le phénomène de dématérialisation monétaire.

## exercice 4 page 40

**1.** L'IDH est l'indicateur mis au point par le Programme des Nations unies pour le développement (PNUD) qui permet de classer l'ensemble des pays à partir d'un indice agrégé reflétant trois dimensions : le bien-être matériel (*via* le PIB par habitant), la santé (*via* l'espérance de vie à la naissance) et l'éducation (*via* le taux de scolarisation et le taux d'alphabétisation des adultes).

**2.** Le PIB ne prend en compte ni l'utilité réelle ni les conditions dans lesquelles sont produites les richesses. Ainsi, il ne donne aucune place aux enjeux écologiques de la croissance.
Le PIB est utilisé afin de refléter l'état d'une société. Or, la comptabilité nationale ne permet pas de rendre parfaitement compte de cet état des choses puisqu'elle ne tient pas compte des activités dites «non monétaires» comme le travail domestique ou le bénévolat, bien que ces activités soient créatrices de richesses sociales. On ne comptabilise pas non plus les activités destructrices de richesses dont

les coûts ne sont pas directement monétaires, tels les dégâts causés à l'environnement ou à l'homme.

**3.** L'IDH est un instrument peu adapté pour mesurer les inégalités au sein des pays développés. Les critères retenus témoignent d'une vision du développement fondé en particulier sur l'éducation, la santé et l'espérance de vie, qui ne reflète pas vraiment les différences de niveau de vie entre les groupes sociaux d'un pays comme la France.
La définition de nouveaux indicateurs de croissance doit permettre d'expliquer pourquoi certaines personnes dans les pays riches ne voient pas leurs conditions de vie s'améliorer lorsque le PIB augmente.

### exercice 5 page 40

**1.** L'empreinte écologique est une estimation de la superficie dont la Terre a besoin pour subvenir à nos besoins, sans épuisement des ressources. Notre empreinte écologique permet de mesurer notre influence directe sur la nature. Nous prenons à la planète des ressources naturelles, non seulement pour nous nourrir, mais aussi pour nous déplacer, nous loger ou gérer nos déchets.
Pour une seule personne vivant en Europe, la Terre a besoin en moyenne de 10 terrains de foot pour subvenir à ses besoins sans épuisement des ressources. La moyenne mondiale est d'environ 5 terrains de foot par personne. En hectares, il y a environ 1,8 ha disponible par habitant sur Terre alors que nous consommons aujourd'hui quelque 2,3 ha par habitant. Cela veut dire que nous sommes en train d'épuiser les ressources naturelles.

**2.** Historiquement, l'évolution technologique permet d'améliorer les performances des machines. Pour limiter notre empreinte écologique, en particulier pour réduire notre consommation d'énergie, il faudrait utiliser une machine plus efficace pour les mêmes prestations.
Ainsi, le secteur des transports est le principal responsable de l'augmentation de notre consommation d'énergie, malgré l'augmentation du rendement des moteurs, simplement parce que nous voulons rouler plus longtemps dans des voitures plus confortables. De même, le nombre de voitures augmente, en particulier si elles deviennent de plus en plus efficaces.

### exercice 6 page 41

**1.** Laisser tomber les banques reviendrait à mettre en péril l'ensemble de l'activité économique. Si tous les déposants décident de retirer leurs capitaux au même moment, la banque est incapable de faire face aux retraits et les agents manquent de disponibilités pour acheter. C'est une crise de liquidité.
De plus, les banques financent l'activité économique des entreprises. Leur chute entraînerait automatiquement, par un effet domino, la disparition d'entreprises et donc d'emplois. C'est ce qui s'est passé dans les années 1930.

**2.** Cette phrase souligne que si les banques ne remboursent pas les prêts consentis par les États, ceux-ci auront avancé des crédits irrécouvrables. Le budget des États étant financé principalement par l'impôt et les taxes, la facture devra *in fine* être réglée par les contribuables.

**3.** La sphère de l'économie réelle et la sphère de l'économie financière sont liées. Les échanges et l'emploi constituent l'activité économique réelle. Leur perturbation par une crise d'origine financière risque d'entraîner une grave récession économique (baisse des prix et chômage).
Lors du retournement de conjoncture de 2007, les placements réalisés par les établissements financiers internationaux (banques, compagnies d'assurance, fonds de pension) se sont révélés catastrophiques. L'opacité des mécanismes financiers n'avait pas permis de voir que les placements reposaient sur des créances hypothécaires douteuses. Le risque de disparition des établissements investisseurs a déstabilisé l'ensemble des marchés financiers. Les États ont adopté des plans de relance de façon concertée.
Pour les économistes classiques et néoclassiques, la monnaie est un « voile » qui n'affecte pas les transactions. L'exemple de la crise des *subprimes* montre qu'en réalité, la monnaie n'est pas neutre : des phénomènes monétaires peuvent affecter durablement l'économie réelle.

### exercice 7 page 41

**1.** Un bien public mondial possède les caractéristiques des biens publics : la non-exclusion et la non-rivalité. Il s'agit de biens publics accessibles à tous au niveau international. Les États doivent se coordonner pour organiser la production du bien public à l'échelle mondiale.

**2.** L'auteur souligne la dimension intergénérationnelle du bien public mondial. Les investissements publics actuels bénéficieront aussi aux générations futures ; à l'inverse, le non-investissement dans la production d'un bien public est susceptible de compromettre l'équilibre à long terme.
C'est le cas des mesures de maintien de la biodiversité, des changements de mode de production visant à limiter les émissions de gaz à effet de serre, des dépenses de santé publique et des efforts faits pour maintenir la stabilité du système économique et financier mondial.

# DROIT

## Cours



**Pour réviser le cours :**

**50 QCM de Droit**

# 1 L'ACCÈS À L'EMPLOI

**Les principes communautaires et constitutionnels affirment le droit d'accès à une activité professionnelle qui peut prendre différentes formes.**

## 1 Les principes

En matière d'accès à l'emploi, les principes communautaires et constitutionnels sont primordiaux, sachant que le droit d'obtenir un emploi est à concilier avec la liberté d'entreprendre.

### 1. Les principes communautaires

Le traité de l'Union européenne consacre un certain nombre de libertés communautaires fondamentales. Ce sont les éléments essentiels du marché intérieur caractérisé par l'abolition, entre les États membres, des obstacles à la libre circulation des hommes, des marchandises, des services et des capitaux, et à la liberté d'établissement.

#### a) La liberté de circulation

La liberté de circulation des personnes est la reconnaissance à tout citoyen de l'Union européenne du droit de chercher et d'obtenir un emploi, sans discrimination liée à la nationalité, et de circuler et séjourner librement sur le territoire des États membres.

#### b) La liberté d'entreprendre

Elle figure dans la Charte des droits fondamentaux de l'Union européenne, qui précise : « La liberté d'entreprise est reconnue conformément au droit communautaire et aux législations et pratiques nationales. »

#### c) La liberté d'établissement

Les personnes juridiques ont la faculté de s'établir dans l'un quelconque des États membres pour y exercer leur activité. La liberté d'établissement implique le droit d'accéder à toute activité indépendante non salariée (commerciale, industrielle, artisanale ou libérale), et de l'exercer, ainsi que le droit de créer et gérer une entreprise en vue d'exercer une activité professionnelle permanente dans tout État membre aux conditions prévues pour les ressortissants de cet État.

#### d) Le droit à l'emploi

Il s'agit d'un droit proclamé tant au niveau national que communautaire affirmant que la société doit garantir à chaque citoyen la sécurité économique et la participation effective à l'activité commune. Il reste cependant en construction. Le nombre de chômeurs en témoigne.

### 2. Les principes constitutionnels

Le préambule de la Constitution de 1946, auquel renvoie celui de la Constitution de 1958, a consacré pour la première fois des droits sociaux, comme le droit au travail, le droit syndical et le droit de grève. Le Conseil constitutionnel cherche à les concilier avec d'autres libertés de valeur identique, telles que la liberté du travail, la liberté d'entreprendre, voire de choisir ses collaborateurs pour l'employeur.

S'il existe un droit du travail, le principe d'un droit au travail est à relativiser dans des économies où l'on peut favoriser l'emploi sans pouvoir le garantir à tous.

## 2 Le choix d'un régime juridique de travail

Le choix d'une activité professionnelle entraîne l'application d'un régime juridique. Quel que soit le régime, l'accès à l'activité est encadré par le législateur. Chaque régime confère des droits et assujettit à des obligations.

### 1. Les critères du choix d'un régime

Les personnes désireuses d'accéder à l'emploi doivent faire leur choix d'activité professionnelle en fonction de critères qui doivent être mûrement réfléchis. Il peut s'agir en effet de travailler en toute indépendance ou au contraire dans le cadre d'un lien de subordination.

Les personnes désireuses d'accéder à l'emploi doivent aussi s'interroger sur leurs propres motivations en termes de rémunération, de stabilité professionnelle, de durée de leur engagement, d'étendue de leur protection sociale, de risques encourus et de responsabilité. Une fois ces motivations déterminées, elles peuvent opter pour l'un des régimes juridiques du travail.

### 2. Les différents régimes juridiques de travail

#### a) Le salarié de droit privé

Travailler dans le cadre d'un lien de subordination juridique à l'égard d'un employeur privé, revient à opter pour le régime juridique du salarié de droit privé. Le lien de subordination est caractérisé par l'exécution d'un travail sous l'autorité d'un employeur qui a le pouvoir de donner des ordres et des directives, d'en contrôler l'exécution et de sanctionner les manquements de son subordonné.

#### b) Le fonctionnaire

Il travaille dans le cadre d'un lien de subordination juridique à l'égard d'un employeur public.

#### c) Le travailleur indépendant

Travailler dans un contexte d'indépendance consiste à opter pour des professions telles que commerçant ou membre d'une profession libérale.

### 3. Des déontologies différentes

La déontologie recouvre un ensemble de règles que se donne une profession. Il s'agit d'un véritable droit professionnel qui traduit la demande de contrôle émanant, d'une part, de la société qui veut se protéger contre des pratiques désordonnées et, d'autre part, de la profession qui a besoin d'afficher une garantie de qualité.

#### a) Le service de l'intérêt de l'entreprise

À l'origine, la déontologie a été créée par les professions libérales mais on constate son extension, voire sa généralisation, aux autres régimes soucieux d'améliorer leur fonctionnement et donc leur image. Elle se traduit par des chartes professionnelles et des codes de bonne conduite.

#### b) Le service de l'intérêt général

Pour les fonctionnaires, la déontologie prend la forme d'une réglementation liée à leur statut, dont le contrôle est assuré par l'État.

# 2 LE RÉGIME JURIDIQUE DU SALARIÉ

**En adoptant le régime juridique du salarié, l'individu travaille dans un contexte de subordination juridique à un employeur privé. Le droit du recrutement est très réglementé, permettant à l'employeur et au salarié d'opter pour diverses formes de contrat de travail, dans le respect des droits et des obligations de chacun.**

## 1 Le droit du recrutement

L'employeur est libre de recruter tout salarié de son choix dès lors qu'il se conforme à la réglementation en vigueur, protectrice des salariés.

### 1. L'égalité de traitement

#### a) La publication d'une offre d'emploi

En cas de recrutement extérieur à l'entreprise, l'employeur doit publier une offre d'emploi datée, rédigée en français, correspondant à un emploi disponible, sans limite d'âge, ni fausses allégations.

#### b) La non-discrimination

L'employeur ne peut écarter un candidat en raison de son âge, son sexe, ses mœurs, sa situation de famille, sa race, sa religion, ses opinions politiques ou syndicales. Toute discrimination est passible de sanction.

### 2. Le respect des libertés individuelles

L'employeur doit utiliser des méthodes de recrutement loyales et les porter à la connaissance du candidat. L'objectif est de concilier les prérogatives légitimes de l'entreprise avec le respect des libertés individuelles des candidats à l'emploi.
Les questions posées par l'employeur doivent être en lien direct avec le poste à pourvoir et les aptitudes professionnelles du candidat. Ce dernier, quant à lui, doit répondre avec loyauté aux questions qui lui sont posées.

## 2 Les différents contrats de travail

### 1. Le contrat de travail à durée indéterminée (CDI)

Si l'on exclut les conditions relatives à la période d'essai, ce contrat est conclu pour un temps dont les parties n'ont pas fixé le terme dès l'origine de leurs rapports. L'une ou l'autre des parties peut y mettre fin à tout moment sous réserve du respect d'un préavis réciproque. Ce contrat ne prend fin que par la démission, le licenciement ou le départ à la retraite du salarié.

### 2. Le contrat de travail à durée déterminée (CDD)

#### a) Définition

Le CDD est un contrat conclu entre un employeur et un salarié pour un temps fixé à l'avance. Une date, la survenance d'un événement ou l'achèvement d'un travail précis peuvent, par exemple, fixer cette limite. La tâche précise et temporaire pour laquelle il est conclu ne peut être liée à l'activité normale de l'entreprise. Le CDD est un contrat écrit qui doit mentionner obligatoirement les tâches pour lesquelles il est conclu, le terme du contrat, la rémunération et la convention collective applicable.

#### b) Les cas de recours

Les cas de recours sont les suivants : remplacement d'un salarié absent pour maladie, accroissement temporaire d'activité, accomplissement d'une tâche occasionnelle, emplois saisonniers ou pour lesquels il n'est pas d'usage de recourir aux CDI (exemples : activités du spectacle, hôtellerie-restauration).

#### c) La durée

Le CDD peut être renouvelé une fois pour une durée éventuellement supérieure à celle de la période initiale, sans excéder 18 mois, sauf cas particuliers.

**EXEMPLE**

Un contrat de 8 mois peut être renouvelé sans excéder 10 mois.

En cas de remplacement d'un salarié absent, le CDD est conclu avec un terme imprécis et sa durée maximale correspond à la réalisation de l'objet pour lequel il a été conclu.

#### d) Les droits des salariés

Pendant la durée du contrat, le salarié a les mêmes droits et avantages que les autres salariés titulaires d'un CDI de l'entreprise. Si à la fin du CDD, le salarié n'est pas embauché définitivement par l'entreprise, il a droit à une indemnité (10 % du montant de la rémunération brute perçue pendant la durée du contrat) destinée à compenser la précarité de sa situation. Si les relations contractuelles se poursuivent après le terme prévu, le contrat devient à durée indéterminée.

### 3. Le contrat de travail temporaire (CTT)

#### a) Définition

Le CTT, ou contrat de mission, est conclu entre une agence d'intérim et un salarié, l'intérimaire. L'agence d'intérim embauche et rémunère l'intérimaire et le met à la disposition provisoire et sous le contrôle de l'entreprise utilisatrice.

#### b) Les deux contrats

Il existe deux contrats : un contrat de travail liant l'intérimaire à l'agence d'intérim et un contrat de prestation de services entre l'agence d'intérim et l'entreprise utilisatrice.

#### c) Les cas de recours

L'entreprise ne peut faire appel à un intérimaire que pour l'accomplissement d'une tâche précise et temporaire, « la mission », et seulement dans certains cas : le remplacement d'un salarié en cas d'absence, de suspension de son contrat de travail, d'attente de la suppression définitive du poste du salarié ayant quitté définitivement l'entreprise ou en cas d'attente de l'entrée en service d'un salarié recruté par CDI afin de pourvoir le poste vacant. Il peut aussi s'agir de répondre à un accroissement temporaire de l'activité de l'entreprise. Enfin, le CTT est utilisé pour les emplois saisonniers ou pour lesquels il n'est pas d'usage de recourir à un CDI. Le motif doit être inscrit dans le contrat.

# 2 LE RÉGIME JURIDIQUE DU SALARIÉ (suite)

### d) Les règles

Le contrat comporte un terme fixé et sa durée maximale, renouvellement compris, ne peut excéder 18 mois. La rémunération ne peut être inférieure à celle que percevrait, dans la même entreprise, un salarié embauché avec un CDI, de qualification équivalente et occupant les mêmes fonctions. À l'issue de chaque mission, une indemnité, dont l'objectif est de compenser la précarité de cette situation, est versée au salarié (10 % de la rémunération totale brute perçue au cours de la mission). Si, après le terme convenu au contrat, le salarié continue de travailler dans l'entreprise utilisatrice, le contrat de travail temporaire est requalifié en CDI.

## 4. Les autres formes de contrats

### a) Le contrat de travail à temps partiel

Ce contrat prévoit une durée de travail inférieure à la durée légale ou conventionnelle. Obligatoirement écrit, il peut être à durée déterminée ou indéterminée.

**EXEMPLE**

20 heures par mois.

### b) Le contrat de professionnalisation

Il a pour objectif de favoriser l'insertion ou la réinsertion professionnelle par l'acquisition d'une qualification et est accessible à tous les jeunes de 16 à 25 ans ainsi qu'aux demandeurs d'emploi âgés de 26 ans et plus sous la forme d'un CDD ou d'un CDI. Il est d'une durée minimale de 6 à 12 mois, pouvant être allongée à 24 mois pour les personnes sorties du système scolaire sans qualification professionnelle. L'employeur s'engage à assurer une formation mise en œuvre par son entreprise ou un organisme de formation.

### c) Les autres contrats

D'autres contrats incitent les entreprises à embaucher ou permettent à des demandeurs d'emploi de suivre une formation.

**EXEMPLE**

Contrat d'apprentissage.

## 3 Les droits et les obligations des salariés

### 1. Les droits

La règle de droit confère au salarié un socle minimal de droits que l'employeur doit respecter.

Ces droits sont la contrepartie des obligations de l'employeur qui fournit au salarié le travail convenu et en vérifie la bonne exécution, moyennant rémunération. En outre, le salarié a le droit au respect de sa vie personnelle et de ne pas subir de discrimination, ni de harcèlement moral ou sexuel.

**EXEMPLE**

L'égalité hommes-femmes implique le droit à l'égalité des salaires selon le principe « à travail égal, salaire égal ».

### 2. Les obligations

Le salarié doit respecter un certain nombre d'obligations inhérentes au lien de subordination qui le rattache à l'employeur. Il doit bien sûr exécuter le travail qui lui est confié avec conscience professionnelle, en respectant les directives qui lui ont été données ainsi que les dispositions contenues dans le règlement intérieur. Il doit aussi se garder de se livrer à des actes de concurrence vis-à-vis de son employeur.

## 4 Les clauses contractuelles

L'employeur peut imposer un certain nombre de clauses contractuelles dont le but est de favoriser l'adaptation des salariés et de l'entreprise à l'évolution du contexte économique.

### 1. La clause de mobilité

#### a) Définition

Cette clause autorise l'employeur, sous certaines conditions, à modifier le lieu de travail du salarié durant l'exécution du contrat de travail, à condition de ne pas révéler de la part de l'employeur un abus de droit. Elle doit être inscrite dans le contrat de travail du salarié.

#### b) Les conditions de validité

Pour être licite, la clause de mobilité doit respecter plusieurs critères :

- être prévue dans l'intérêt de l'entreprise, c'est-à-dire être indispensable à la protection des intérêts de l'entreprise et être proportionnée au but recherché, compte tenu de l'emploi occupé par le salarié ;
- ne pas aboutir à modifier la rémunération du salarié auquel, par ailleurs, un délai raisonnable doit être accordé entre l'annonce de la mutation et sa prise d'effet ;
- comporter une zone géographique précise ne pouvant être modifiée unilatéralement par l'employeur.

### 2. La clause de non-concurrence

#### a) Définition

En signant cette clause, le salarié s'interdit, lorsqu'il quitte l'entreprise, d'exercer certaines activités pouvant nuire à son ancien employeur. Contenue dans le contrat de travail, elle est souvent conclue avec des salariés en contact avec les clients de l'entreprise. L'employeur entend ainsi se protéger d'un éventuel détournement de sa clientèle.

#### b) Les conditions de validité

Pour être valable, cette clause doit à la fois protéger les intérêts légitimes de l'entreprise et respecter la liberté de travailler du salarié. Elle doit donc réunir quatre conditions cumulatives :

- être inscrite dans le contrat de travail signé par le salarié et tenir compte des spécificités de son emploi ;
- être indispensable à la protection des intérêts légitimes de l'entreprise ;
- être limitée dans le temps et dans l'espace ;
- fixer l'obligation pour l'employeur de verser au salarié, après la rupture du contrat, une contrepartie financière « non dérisoire » pour indemniser le salarié dont les possibilités d'exercer un autre emploi sont limitées.

# 3 LE RÉGIME JURIDIQUE DU FONCTIONNAIRE



**Le fonctionnaire exerce sa fonction de façon subordonnée à un employeur public avec vocation de remplir une mission de service public pour servir l'intérêt général.**

Un fonctionnaire est une personne employée et nommée par une personne publique dans un emploi permanent et titularisée à son poste dans un grade de la hiérarchie administrative. Contrairement aux personnels du secteur privé, sa situation n'est pas régie par un contrat. La loi et le règlement organisent le statut de fonctionnaire.

## 1 L'accès à la fonction publique

Pour être fonctionnaire, il convient d'avoir la nationalité française ou celle d'un autre pays de l'Union européenne sous certaines conditions, de jouir de ses droits civiques, d'être en situation régulière au regard du service national.

### 1. Le concours de recrutement

Le concours est le principal mode de recrutement des fonctionnaires : près de 90 % des agents civils de l'État sont recrutés par concours. Prévu par la loi, le recrutement par voie de concours garantit à tous les citoyens l'égalité d'accès à la fonction publique.

### 2. Les emplois de la fonction publique

Les fonctionnaires ont des statuts juridiques différents selon qu'ils appartiennent à la fonction publique d'État, territoriale ou hospitalière.
Les fonctionnaires d'État appartiennent à des corps rassemblant l'ensemble des fonctionnaires soumis au même déroulement de carrière.
Les emplois sont répartis en trois catégories, suivant le niveau de recrutement et les responsabilités à assurer. Le niveau d'études requis varie selon la catégorie du concours concerné.
Les fonctionnaires sont titulaires d'un grade divisé en échelons. Le parcours professionnel des personnels titulaires se déroule selon une logique d'avancement et de promotion, variable selon les statuts.

## 2 Les droits des fonctionnaires

### 1. Le droit à la protection juridique ou fonctionnelle

L'État doit protéger ses fonctionnaires contre tous les agissements dont ils pourraient être victimes dans l'exercice de leurs fonctions.

### 2. La liberté d'opinion

Les fonctionnaires bénéficient d'une liberté d'opinion et d'expression limitée seulement par leurs obligations de neutralité et d'objectivité puisqu'ils représentent l'État. Ils sont libres dans leurs opinions politiques, religieuses, etc.

### 3. Le droit de grève et syndical

Les fonctionnaires peuvent librement créer des organisations syndicales, y adhérer et y exercer des mandats. Ils ont le droit de grève, qui est cependant très réglementé.

### 4. Le droit à la formation et à la rémunération

Les fonctionnaires ont droit à la formation professionnelle et, « après service fait », à une rémunération leur permettant de percevoir à ce titre un traitement accompagné le cas échéant de primes.

### 5. Le droit à la carrière et la garantie de l'emploi

Les fonctionnaires ont la possibilité d'accomplir une carrière et le droit à la continuité dans l'emploi.

## 3 Les obligations des fonctionnaires

Le fonctionnaire exerce auprès de son administration des missions de service public. Dans ce cadre, l'agent doit se soumettre à des obligations statutaires qui relèvent soit de l'exercice même de ses fonctions, soit du comportement qu'il doit adopter en toutes circonstances vis-à-vis de l'usager, de sa hiérarchie, de son employeur. La méconnaissance ou le manquement à ces obligations est de nature à entraîner des sanctions disciplinaires civiles ou pénales.

### 1. L'obligation générale de servir

Les fonctionnaires sont au service de l'intérêt général.

### 2. L'obligation de réserve

Les fonctionnaires sont tenus au devoir de réserve qui les contraint à observer une certaine retenue dans l'expression de leurs opinions, notamment politiques.

### 3. L'obligation de discrétion et le secret professionnel

La discrétion professionnelle interdit aux fonctionnaires de divulguer des faits, des informations ou des documents dont ils ont connaissance dans l'exercice ou à l'occasion de l'exercice de leurs fonctions. Cette obligation a pour objectif de garantir le fonctionnement de l'administration en empêchant la divulgation d'informations relatives au service.
Le secret professionnel vise à empêcher la révélation d'informations ayant un caractère professionnel et secret, dont les agents publics peuvent être dépositaires, du fait de leur profession ou de leurs fonctions.

### 4. L'obligation d'obéissance hiérarchique

Lorsqu'il est en service, le fonctionnaire est placé sous l'autorité d'un supérieur hiérarchique auquel il doit obéissance en exécutant les tâches qui lui sont confiées conformément aux directives reçues. Le refus d'obéissance doit être motivé et manifestement lié à l'illégalité d'un ordre donné. Il n'appartient pas au fonctionnaire de se prononcer sur l'opportunité d'une démarche ou d'une décision.

### 5. L'obligation d'information du public

Le fonctionnaire a le devoir de satisfaire aux demandes d'information du public dans le respect des dispositions législatives et réglementaires sur le libre accès aux documents administratifs.

# 4 LE RÉGIME JURIDIQUE DU TRAVAILLEUR INDÉPENDANT

**Le travailleur indépendant est une personne physique exerçant une activité intellectuelle, commerciale ou libérale, dans le cadre d'un contrat d'entreprise et non dans le cadre d'un contrat de travail.**

## 1 Les conditions d'accès

### 1. Les caractéristiques du régime

Le travailleur indépendant gère son activité librement, en accord avec ses clients en dehors de tout lien de subordination avec un employeur. Il est généralement propriétaire de ses instruments de travail et exerce à son profit une activité professionnelle dont il supporte les risques.

Sa rémunération se fait sous forme d'honoraires qu'il fixe librement et il paie ses charges sociales à l'Urssaf.

### 2. Le cas des commerçants et des professions libérales

#### a) Les commerçants

L'activité commerciale est réalisée par un commerçant individuel ou par une société. Pour être commerçant, toute personne physique ou morale doit :

- réaliser des actes de commerce qui se distinguent en actes de commerce par nature (exemple : opérations de banque), actes accomplis pour l'exercice du commerce (exemple : achat d'une camionnette de livraison) et actes de commerce par la forme (exemple : lettre de change) ;
- réaliser ces actes de commerce de façon répétée pour pouvoir en vivre, en agissant pour son propre compte, en son nom personnel (le vendeur salarié au contraire travaille pour le compte de son employeur).

#### b) Les professions libérales

L'activité professionnelle est considérée comme libérale dès qu'elle n'est pas assimilée à une activité salariée et qu'elle ne relève pas des secteurs de l'artisanat, du commerce, de l'industrie et de l'agriculture.

**EXEMPLES**

Architecte, vétérinaire, avocat, expert-comptable.

Il est possible d'exercer une activité libérale à la suite d'une nomination par l'autorité publique (exemple : notaire) ou en relevant d'un ordre professionnel (exemple : pharmacien).

### 3. La déclaration d'existence

Les travailleurs indépendants doivent déclarer l'existence de leur activité en procédant à une démarche obligatoire s'effectuant en un même lieu, en une seule fois, avec un dossier unique auprès du Centre de formalités des entreprises (CFE) compétent. Le CFE permet en effet de remplir l'ensemble des formalités administratives, fiscales et sociales et les transmet ensuite aux différents organismes concernés (caisses de protection sociale, centre des impôts, etc.).

Pour les commerçants, le CFE compétent est celui de la chambre de commerce et d'industrie. Pour les professions libérales, la déclaration d'existence se fait auprès du CFE de l'Urssaf du lieu d'activité.

## 2 Les restrictions d'accès à la profession

### 1. Les restrictions dans le cas des commerçants

#### a) Les restrictions liées à la personne : les incompatibilités

En principe, toute personne peut devenir commerçante. Cependant, les incapables (exemples : mineurs, certains majeurs en raison de l'altération de leurs facultés mentales) ne peuvent exercer cette profession.

Certains commerces sont réglementés et nécessitent une autorisation préalable (exemple : activité de spectacle) ou un diplôme (exemple : pharmacien). Certaines professions sont incompatibles avec l'exercice du commerce (exemples : fonctionnaires, notaires, huissiers).

Les étrangers peuvent être commerçants en France s'ils sont ressortissants d'un État de l'Union européenne. Les autres doivent être titulaires d'une carte de séjour temporaire autorisant l'exercice d'une activité commerciale.

#### b) Les restrictions liées à l'activité : les interdictions

Les personnes qui ont été condamnées à certaines peines (exemples : condamnation pour crime, vol, escroquerie, abus de confiance) se voient interdire l'exercice d'une profession commerciale.

### 2. Les restrictions dans le cas des professions libérales

Les professions libérales sont soumises à des exigences de nationalité, de compétence et de probité. Il existe un certain nombre d'incompatibilités professionnelles en liaison notamment avec les activités commerciales. Les activités commerciales sont interdites aux officiers ministériels (notaires, huissiers) et aux avocats.

### 3. La justification des restrictions d'accès

Ces restrictions ont pour but, selon les cas :

- de contrôler et d'organiser la profession concernée en s'assurant des aptitudes requises ;
- d'écarter les personnes ne présentant pas les garanties morales nécessaires, afin d'assurer la moralité du commerce.

Les mineurs et les incapables majeurs ne peuvent exercer le commerce car cette activité comporte des risques financiers.

Pour les professions libérales, l'objectif est aussi de protéger leur indépendance par rapport à l'esprit de profit étroitement lié à l'activité commerciale.

## 3 Les droits et les obligations du travailleur indépendant

Le travailleur indépendant peut se prévaloir de la législation le concernant et adhérer à un centre de gestion. Le commerçant doit s'immatriculer auprès du registre du commerce et des sociétés et le professionnel libéral auprès de son ordre professionnel. Le travailleur indépendant doit informer et conseiller au mieux ses clients et tenir une comptabilité professionnelle.

# 5 L'ADAPTATION À L'EMPLOI PAR LA FORMATION



**La formation professionnelle a pour objectif d'assurer l'employabilité des salariés ainsi que l'adaptation à leur emploi. De nombreux dispositifs doivent être mis en place entraînant des droits et des obligations pour les salariés et les employeurs.**

## 1 Les dispositifs de formation

### 1. Le plan de formation

Ce document écrit et annuel regroupe toutes les formations retenues par l'employeur dans l'intérêt de l'entreprise. Il s'agit d'actions d'adaptation au poste de travail qui peuvent être :
- liées à l'évolution ou au maintien dans l'emploi dans l'entreprise et exécutées sur le temps de travail ;
- liées au développement des compétences et réalisées en dehors du temps de travail.

L'employeur peut planifier, après consultation des représentants du personnel, un certain nombre de formations dans l'année ou sur une période plus longue. Il lui incombe également de financer la formation et de maintenir la rémunération et la protection sociale du salarié en formation.

### 2. Le droit individuel à la formation (DIF)

Le DIF permet aux salariés de se constituer un crédit d'heures de formation. L'initiative d'utiliser les droits à formation ainsi acquis appartient au salarié qui est libre d'utiliser ou non son droit. La mise en œuvre du DIF requiert l'accord de l'employeur sur le choix de l'action de formation qui a généralement lieu hors du temps de travail.

Après un licenciement ou une démission, les heures de formation liées au DIF et non utilisées par le salarié sont considérées comme valides. En accord avec le nouvel employeur, le salarié peut utiliser son DIF dans les 2 années suivant l'embauche.

### 3. Le congé individuel de formation (CIF)

Le CIF est le droit de s'absenter de son poste de travail pour suivre une formation de son choix. Pour en bénéficier, le salarié doit remplir certaines conditions et présenter sa demande à l'employeur, selon une procédure déterminée. Les actions de formation doivent permettre aux salariés de changer d'activité, de profession, de s'ouvrir plus largement à la culture et à la vie sociale, ou d'accéder à un niveau supérieur de qualification.

### 4. La validation des acquis de l'expérience (VAE)

La VAE permet aux salariés de faire reconnaître leur expérience, professionnelle ou non, afin d'obtenir un diplôme, un titre ou un certificat de qualification professionnelle. Le salarié rassemble toutes les preuves de ses acquis (anciens diplômes, bulletins de salaire, attestations de travail, comptes rendus d'entretien d'évaluation, documents professionnels, etc.), puis remet son dossier à l'organisme chargé de la validation.

### 5. Les périodes de professionnalisation

Elles visent le maintien dans l'emploi de salariés en CDI rencontrant des difficultés particulières, grâce à des actions de formation.

## 2 La mise en œuvre de la formation

### 1. Les droits et obligations du salarié

#### a) Le droit à la formation

Le salarié est en droit d'attendre de l'employeur qu'il assure son adaptation à son poste de travail tout au long de sa vie professionnelle. La loi du 4 mai 2004 « relative à la formation professionnelle tout au long de la vie » réaffirme le droit des salariés à bénéficier des formations nécessaires. Le temps de formation est considéré comme du temps de travail effectif et donne lieu au maintien de la rémunération.

#### b) L'obligation de se former

Si l'employeur le propose et que l'intérêt de l'entreprise l'exige, les salariés sont contraints de se former et encourent une mesure de licenciement en cas de refus non légitime.

### 2. Les obligations de l'employeur

#### a) L'objectif des formations

Le Code du travail impose aux employeurs d'« assurer l'adaptation de leurs salariés à leur poste de travail et de veiller au maintien de leur capacité à occuper un emploi, au regard notamment de l'évolution des emplois, des technologies et des organisations ». L'objectif est de faire face, par exemple, à l'entrée de nouvelles technologies dans l'entreprise.

En cas de suppression d'emploi, l'employeur a l'obligation de reclasser les salariés concernés pour assurer leur adaptation au nouvel emploi, par le biais d'une formation adéquate et suffisante. La formation peut être organisée en interne ou chez un prestataire extérieur.

Un employeur qui néglige la formation de ses salariés commet une faute pouvant le conduire devant les tribunaux.

**EXEMPLE**

Un employeur peut être amené à verser des dommages et intérêts au salarié qui n'aurait pas été suffisamment formé.

#### b) La participation au financement

L'employeur doit verser une contribution obligatoire fixée à 0,55 % de la masse salariale dans les entreprises de moins de 10 salariés, 1,05 % de la masse salariale dans les entreprises de 10 à 19 salariés et 1,60 % de la masse salariale dans les entreprises de 20 salariés et plus. Rien ne l'empêche de contribuer davantage.

### 3. L'obligation de négocier

Dans le cadre de la négociation collective, le droit oblige les partenaires sociaux à se réunir tous les 3 ans au moins pour négocier les objectifs et les moyens de la formation professionnelle des salariés.

# 6 LA MODIFICATION DE LA RELATION DE TRAVAIL

**➔ La relation de travail prévue initialement peut évoluer dans le temps en fonction d'un certain nombre d'événements. Le droit intervient pour assurer la protection du salarié et du fonctionnaire dans ce contexte.**

## 1 La modification des éléments du contrat de travail

### 1. Le changement des conditions de travail

Le chef d'entreprise peut décider de modifier unilatéralement les conditions de travail qui n'ont pas fait l'objet d'un accord contractuel.

**EXEMPLES**

Changement de planning, affectation à un poste équivalent.

Si la modification, qui s'apprécie de façon objective, est peu importante, le refus du salarié d'accepter ce simple aménagement constitue une faute. Le salarié s'expose, en cas de refus, à un licenciement, en principe pour faute grave.

### 2. La modification du contrat de travail

À l'inverse, lorsque la modification porte sur un élément essentiel prévu dans le contrat, l'employeur doit solliciter l'accord du salarié.

**EXEMPLES**

La fonction, la rémunération, les horaires (passage d'un horaire de jour à un horaire de nuit, par exemple), le lieu de travail sont considérés comme essentiels au moment de la conclusion du contrat de travail.

Les modifications essentielles doivent obligatoirement reposer sur un motif économique. Soit le salarié accepte la modification et le contrat se poursuit après signature d'un avenant. Soit il la refuse, ce qui ne constitue pas une faute. Si l'employeur maintient sa décision, le salarié est licencié pour motif économique.
Le salarié peut contester cette mesure en saisissant le conseil de prud'hommes. Si le juge considère que la modification ne repose pas sur un motif économique, le licenciement sera qualifié d'abusif. L'employeur devra alors verser au salarié une indemnité de licenciement abusif.

### 3. La continuité du contrat de travail lors du transfert de l'entreprise

En cas de modification dans la situation juridique de l'employeur (exemples : succession, cession de l'entreprise), les contrats de travail doivent être maintenus en vertu de l'article 1224-1 du Code du travail.

#### a) Les conditions du maintien des contrats de travail

Le principe du maintien des contrats de travail s'applique, selon la jurisprudence, à tout transfert d'une entité économique qui conserve son identité et dont l'activité est poursuivie ou reprise.
Tous les actes de transfert liant les employeurs successifs, à titre gratuit ou onéreux, entraînent le maintien des contrats en cours.
La même activité doit être poursuivie même si elle a connu une interruption temporaire. Mais si le cessionnaire modifie, ne serait-ce que partiellement, l'activité de l'entreprise, il gère une nouvelle entité économique et peut se dégager de la charge des contrats de travail conclus par son prédécesseur.

#### b) Les effets du maintien des contrats de travail

Les contrats de travail en cours au jour de la modification sont transmis de plein droit au nouvel employeur. Ils subsistent dans les mêmes conditions (exemples : même salaire, même ancienneté) avec le nouvel employeur qui est garant des sommes dues aux salariés par l'ancien employeur. Le nouvel employeur doit conserver les salariés. Il peut aussi les licencier ou leur proposer une modification de leurs contrats s'il justifie d'un motif économique.

## 2 La recherche d'adaptation ou de reclassement du salarié

L'employeur a une obligation de formation et d'adaptation du salarié à son poste de travail pour assurer son reclassement. En effet, le licenciement économique d'un salarié ne peut intervenir que si son reclassement est impossible, c'est-à-dire si aucun poste correspondant à ses compétences n'est disponible dans la société.

### 1. Les propositions de reclassement

Avant de commencer la procédure de licenciement, l'employeur est tenu de tout mettre en œuvre pour former et adapter le salarié à l'évolution de son emploi. Le cas échéant, il doit chercher à le reclasser dans l'entreprise ou dans le groupe auquel elle appartient dans un emploi relevant de la même catégorie que celui qu'il occupe ou sur un emploi équivalent ou, à défaut et avec l'accord exprès du salarié, sur un emploi d'une catégorie inférieure.

### 2. La localisation de l'activité

La jurisprudence a peu à peu défini le périmètre de l'obligation de reclassement. Elle s'étend à toutes les entreprises du groupe, même celles établies à l'étranger dès lors qu'une permutation est possible.
Si l'employeur ne peut se soustraire à l'obligation de reclassement, il peut toutefois limiter ses recherches de solution si le salarié lui fait part de restrictions géographiques.

## 3 La situation des fonctionnaires

Pour optimiser le fonctionnement des services publics, les fonctionnaires sont soumis à l'autorité hiérarchique qui organise leur service et peut favoriser leur mobilité. Les fonctionnaires bénéficient cependant de la garantie fondamentale de leur carrière, entraînant la séparation de leur grade et de leur emploi, ce qui empêche leur licenciement en cas de suppression d'emploi.
En outre, le fonctionnaire est titulaire de son grade et l'employeur public doit lui fournir une affectation correspondant à ce grade, accompagnée le cas échéant d'une formation pour prise de poste.

# 7 LA REPRÉSENTATION DU PERSONNEL

➔ **Les représentants du personnel jouent un rôle très important dans le cadre de l'adaptation de l'entreprise et de ses salariés face aux évolutions de l'activité professionnelle.**

## 1 Les instances représentatives du personnel (IRP)

### 1. Les délégués du personnel (DP)

Ils sont élus pour 4 ans parmi les salariés des entreprises où sont employés au moins 11 salariés. Leur nombre varie de 1 à 9.
Ils veillent à l'application de la réglementation du travail et présentent à l'employeur les réclamations individuelles ou collectives du personnel. Ils lui transmettent ces réclamations lors d'une réunion mensuelle. Les DP sont aussi consultés sur les conditions de travail et l'emploi dans l'entreprise et peuvent émettre avis et propositions.

### 2. Le comité d'entreprise (CE)

L'élection tous les 4 ans des membres du comité d'entreprise se fait dans les entreprises comptant au moins 50 salariés. Le CE rassemble une fois par mois l'employeur, qui en est le président, et des salariés élus.

#### a) Une fonction économique

Le CE a un rôle consultatif sur la gestion de l'entreprise, il est consulté sur l'emploi et les conditions de travail dans l'entreprise (exemple : durée du travail). L'employeur doit fournir au CE des informations (exemple : rapport d'activité de l'entreprise). Le CE doit de plus être informé et consulté préalablement à tout projet de restructuration ou de mesures risquant de modifier les conditions de travail ou d'emploi dans l'entreprise. Le CE fait des propositions pour améliorer les conditions de vie et de travail dans l'entreprise.

#### b) Une fonction sociale

Le CE assure une fonction sociale et contrôle la gestion des activités sociales et culturelles instituées dans l'entreprise au bénéfice des salariés et de leurs familles. Il gère certaines activités (exemples : bibliothèque, centres de vacances, clubs sportifs).

### 3. Les délégués syndicaux (DS)

Le délégué syndical, désigné par un syndicat, représente celui-ci auprès de l'employeur pour lui exprimer des revendications et défendre l'intérêt des membres du syndicat. Le délégué syndical peut également représenter un salarié devant le conseil de prud'hommes.

### 4. La délégation unique du personnel (DUP)

Pour alléger et simplifier la représentation du personnel dans les PME, toute entreprise de 50 à 200 salariés peut mettre en place « la délégation unique du personnel » qui, élue pour 2 ans, joue à la fois le rôle des délégués du personnel et celui du CE.

## 2 Les droits des IRP

### 1. Les moyens matériels

Les IRP disposent d'une liberté de déplacement dans ou hors l'entreprise dans le cadre d'un crédit d'heures par mois considéré comme temps de travail.
Le CE dispose d'une subvention de fonctionnement égale à 0,2 % de la masse salariale brute, d'une contribution de l'entreprise pour les activités sociales et culturelles et d'un local aménagé.

### 2. Le droit à l'information et à la consultation

Les représentants du personnel sont régulièrement informés, voire consultés, sur l'évolution de la marche de l'entreprise et des emplois.

## 3 La gestion prévisionnelle de l'emploi et des compétences (GPEC)

### 1. L'objectif

Le but est d'adopter une gestion anticipative et préventive des ressources humaines prenant en compte les contraintes de l'environnement et les choix stratégiques de l'entreprise.
Tous les 3 ans, les partenaires sociaux doivent se rencontrer dans tout établissement de 150 personnes ou tout groupe de plus de 300 salariés. Les négociations portent sur les modalités d'information et de consultation du comité d'entreprise, sur la stratégie de l'entreprise et ses effets prévisibles sur l'emploi et sur les salariés.
Les partenaires sociaux doivent mettre en place un dispositif de GPEC prévoyant des mesures de formation, de VAE, de bilan de compétences et d'accompagnement de la mobilité des salariés.

### 2. Le dispositif

Un volet détecte en amont les ajustements possibles relatifs à l'évolution des métiers, des emplois, des compétences, des effectifs. Un volet individuel prévoit le développement des capacités d'évolution et de l'employabilité de chaque salarié.

## 4 Le plan de sauvegarde de l'emploi

Le PSE tente de résoudre une situation conjoncturelle difficile que l'entreprise n'a pu anticiper. Il est destiné à éviter les licenciements ou à en limiter le nombre et à faciliter le reclassement du personnel.
L'employeur élabore un programme avec le CE ou les DP afin de déterminer les mesures de reclassement, l'échelonnement et l'ordre des licenciements.
Dans les entreprises de 50 salariés et plus, un plan de sauvegarde de l'emploi est obligatoire pour tout projet de licenciement économique visant 10 salariés ou plus sur une même période de 30 jours.
Dans les PME de moins de 50 salariés, tout projet de licenciement de 10 salariés ou plus nécessite la mise en œuvre de mesures destinées à éviter les licenciements envisagés ou à en limiter le nombre. L'employeur est tenu de réunir et consulter les DP.

# 8 LA RUPTURE DE LA RELATION DE TRAVAIL

**L'adaptation de l'emploi aux évolutions professionnelles peut se traduire par une rupture du contrat de travail. Dans ce cas, le législateur encadre la protection des salariés.**

## 1 Les cas de rupture de la relation de travail par l'employeur

### 1. Le licenciement pour motif économique

#### a) Définition

Ce licenciement est effectué par l'employeur pour un ou plusieurs motifs non inhérents à la personne du salarié, résultant d'une suppression ou d'une transformation d'emploi, d'une modification refusée par le salarié d'un élément essentiel du contrat de travail, consécutives notamment à des difficultés économiques ou à des mutations technologiques. La cause économique doit être réelle et sérieuse, mettant l'employeur dans l'impossibilité de conserver le salarié.

#### b) Les mesures protectrices

Le législateur impose aux employeurs d'adapter les salariés à l'évolution de leurs emplois et de les reclasser au sein de l'entreprise. S'il ne peut proposer de reclassement sérieux, l'employeur devra prouver cette impossibilité. À défaut, le licenciement sera considéré comme sans cause réelle et sérieuse.

En outre, un plan de sauvegarde de l'emploi (PSE) doit être établi dans les entreprises d'au moins 50 salariés lorsque l'effectif à licencier porte sur 10 salariés au moins sur 30 jours. Le PSE a pour but de limiter le nombre de licenciements et de reclasser les salariés concernés sur des postes équivalents.

La consultation des instances représentatives du personnel est prévue par la loi pour les licenciements importants en nombre. Des réunions sont prévues avec les DP, voire avec le CE.

### 2. Le licenciement pour motif personnel

#### a) Le licenciement pour faute

Il tient à la personne du salarié. Il doit être fondé sur un motif réel, c'est-à-dire objectif, les faits étant vérifiables, et sérieux, c'est-à-dire reposant sur des griefs suffisamment graves pour rendre impossible la poursuite du contrat. Il existe plusieurs degrés de gravité de la faute.

#### b) Le licenciement en l'absence de faute

L'employeur peut reprocher au salarié une insuffisance professionnelle ou de ses résultats. Ce reproche doit reposer sur des faits concrets, établis par l'employeur (exemple : manque d'efficacité dans l'atteinte des objectifs fixés).

Les faits allégués par l'employeur doivent être vérifiables pour éviter tout risque d'arbitraire.

## 2 La rupture de la relation de travail par le salarié

Le salarié peut décider de quitter son poste en donnant sa démission. Il doit manifester une volonté libre, sérieuse et sans équivoque de quitter définitivement son emploi. Il ne doit pas y avoir été contraint par un comportement fautif de l'employeur.

## 3 Les dispositifs de protection du salarié licencié

### 1. Le respect du contradictoire à travers l'énonciation de la cause

Le projet de licenciement doit donner lieu à l'envoi en recommandé d'une lettre de convocation à un entretien préalable. Cette lettre doit informer le salarié de la mesure que l'employeur envisage de prendre à son encontre. Elle doit mentionner l'objet, la date, l'heure et le lieu de l'entretien ainsi que la faculté de se faire assister par une personne appartenant au personnel de l'entreprise.

Lors de l'entretien préalable au licenciement, l'employeur indique au salarié les motifs précis justifiant la mesure qu'il envisage de prendre. Le salarié s'explique sur les faits et le débat est contradictoire.

L'employeur dont la décision est prise doit adresser au salarié la mesure de licenciement par lettre recommandée avec accusé de réception. La date de présentation de la lettre marque le point de départ du délai de préavis. La lettre doit contenir le ou les motifs du licenciement, car en cas de litige, les juges en apprécieront la portée.

### 2. Le délai de préavis

Le salarié licencié a le droit de bénéficier d'un délai de préavis sauf s'il a commis une faute grave ou lourde. Il s'agit de la période qui sépare la notification du licenciement de la cessation effective du travail. L'objectif est d'atténuer l'effet immédiat de la rupture. La durée du préavis dépend de l'ancienneté du salarié dans l'entreprise.

### 3. Le versement d'indemnités

Le salarié licencié, justifiant d'un an d'ancienneté et n'ayant pas commis de faute grave ou lourde, a le droit de bénéficier d'une indemnité de licenciement destinée à compenser son préjudice. Cette indemnité est la même qu'il s'agisse d'un licenciement pour motif personnel ou pour motif économique. Elle s'élève à 1/5 de salaire mensuel par année d'ancienneté. À partir de 10 ans d'ancienneté, elle est augmentée de 2/15 par année.

Le salarié doit en outre percevoir une indemnité compensatrice de congés payés, sauf en cas de licenciement pour faute lourde.

## 4 La protection supranationale du salarié

La relation de travail est aussi protégée aux niveaux international et communautaire. Elle l'est de plus en plus au niveau européen avec la mise en place progressive d'un droit social européen.

**EXEMPLE**

La convention de l'Organisation internationale du travail du 22 juin 1982 dispose que « tout licenciement doit être motivé ».

# 9 L'ÉVOLUTION DE LA RELATION DE TRAVAIL PAR LE DROIT NÉGOCIÉ

**➔ Le droit du travail français évolue vers un droit négocié par les partenaires sociaux. Le législateur intervient pour lui donner force de loi. La négociation collective entre les représentants des employeurs et des salariés porte sur les conditions de travail, la formation professionnelle et les garanties sociales.**

## 1 Les acteurs de la négociation collective

### 1. Les représentants des employeurs

Les employeurs peuvent participer aux négociations de façon isolée ou par l'intermédiaire de leurs groupements d'employeurs.

**EXEMPLES**

Le Mouvement des entreprises de France (MEDEF), la Confédération générale des petites et moyennes entreprises (CGPME).

### 2. Les représentants des salariés

#### a) Les syndicats représentatifs

Un syndicat est représentatif par son influence et son activité au profit d'un nombre significatif d'adhérents. Il se trouve le mieux placé pour représenter les intérêts des salariés et exprimer au mieux leurs aspirations. La loi du 20 août 2008 portant rénovation de la démocratie sociale a bouleversé la notion de représentativité syndicale.

Pour être représentatifs dans l'entreprise, les syndicats doivent satisfaire à sept critères de représentativité :
- respect des valeurs républicaines (exemple : garantie de la liberté d'opinion) ;
- indépendance vis-à-vis de l'employeur ;
- transparence financière ;
- ancienneté d'au moins 2 ans ;
- audience suffisante (au moins 10 % des suffrages exprimés au premier tour des élections professionnelles) ;
- influence caractérisée par l'activité et l'expérience ;
- effectifs suffisants d'adhérents et de cotisations.

#### b) Les prérogatives des syndicats représentatifs

Les syndicats représentatifs peuvent désigner un délégué syndical pour négocier au sein de l'entreprise. Ils peuvent conclure des conventions collectives, des accords d'intéressement et de participation, exercer des actions individuelles en justice, etc.

Dans les entreprises de plus de 1 000 salariés, ils bénéficient d'un local propre lorsqu'ils ont créé une section syndicale.

#### c) Le représentant de la section syndicale (RSS)

La loi de 2008 a créé ce nouvel interlocuteur dans l'entreprise dont la fonction est d'animer la section syndicale. Il s'agit de permettre aux syndicats n'ayant pas encore fait la preuve de leur représentativité d'être présents dans l'entreprise.

Un syndicat représentatif peut désigner un délégué syndical, tandis que celui qui ne l'est pas peut désigner un RSS. Il peut ainsi espérer obtenir aux élections professionnelles suivantes les résultats lui permettant d'être reconnu comme représentatif.

Le RSS bénéficie des mêmes prérogatives que le délégué syndical (liberté de déplacement, distribution de tracts, etc.).

#### d) Le cas des entreprises dépourvues de délégués syndicaux

Dans ce cas, l'employeur peut conclure des accords collectifs avec un représentant du personnel (membre élu du comité d'entreprise ou délégué du personnel) ou, à défaut, un salarié mandaté par une organisation syndicale.

## 2 L'objet des négociations

Les textes négociés peuvent contenir des dispositions plus favorables aux salariés que les lois et règlements. On distingue la convention collective conclue entre les partenaires sociaux, traitant de l'ensemble des conditions d'emploi, de travail et des garanties sociales, et l'accord collectif qui ne traite que d'un ou plusieurs sujets déterminés dans cet ensemble (exemple : accord salarial).

## 3 Les niveaux de négociation

### 1. La hiérarchie entre les niveaux

Chaque convention ou accord précise son champ d'application géographique, qui peut être national, régional ou départemental. Ces textes peuvent être conclus à trois niveaux.

#### a) Le niveau interprofessionnel

À ce niveau sont signés des accords nationaux interprofessionnels (ANI) visant à couvrir tous les secteurs d'activité et tous les emplois au niveau national, pour traiter des problèmes sociaux communs à tous les secteurs d'activité.

**EXEMPLE**

L'ANI de 2008 sur « la modernisation du marché du travail » introduit la rupture conventionnelle du contrat de travail, le CDD à objet défini, l'allongement de la période d'essai.

#### b) Le niveau de la branche

Il s'agit de conventions régissant les conditions de travail de tout un secteur d'activité (exemple : accord de branche de la chimie). Le Code du travail impose une négociation annuelle sur les salaires, une négociation triennale sur la formation, l'égalité professionnelle, la gestion de l'emploi et des compétences et le handicap, et une négociation quinquennale sur les classifications professionnelles.

#### c) Le niveau de l'entreprise, de l'établissement ou du groupe

Il s'agit d'adapter les règles du Code du travail aux spécificités de l'entreprise.

#### d) Le rôle des différents niveaux

Chaque niveau joue un rôle différent :

# 9 L'ÉVOLUTION DE LA RELATION DE TRAVAIL PAR LE DROIT NÉGOCIÉ (suite)

- les ANI assurent la cohérence d'ensemble des différents niveaux de négociation ;
- la branche joue un rôle structurant d'encadrement et d'impulsion de la négociation d'entreprise à travers l'existence de règles communes à la profession (exemples : salaires minima, classifications) ;
- la négociation d'entreprise permet la mise en œuvre des solutions tenant compte des caractéristiques et des besoins de chaque entreprise et de ses salariés.

### 2. Le principe de faveur

Selon ce principe fondamental, il est toujours possible de déroger à une règle hiérarchiquement supérieure, pourvu que ce soit dans un sens favorable aux salariés. Le but est de leur assurer une protection maximale. Une convention d'un rang hiérarchique inférieur peut améliorer les dispositions prévues par une convention d'un rang hiérarchique supérieur.
Le principe de faveur commande, en cas de conflits de normes, d'appliquer non la plus haute mais la plus avantageuse pour le salarié.

### 3. Les accords dérogatoires

Le principe de faveur, qui organise la relation entre les différents niveaux de normes conventionnelles, est de plus en plus remis en cause. Ainsi, il est possible de conclure des accords d'entreprise qui dérogent aux conventions et accords de niveau supérieur (exemple : accord de branche) même si cette dérogation est défavorable aux salariés, à moins que la convention supérieure ne l'interdise.

## 4 Les procédures d'adoption

### 1. Le principe majoritaire

Le principe majoritaire est introduit à tous les niveaux (entreprise, branche, interprofession) depuis le 1er janvier 2009.
Dans les entreprises pourvues de délégués syndicaux, tout accord collectif doit, pour être valide, avoir été signé par un ou des syndicats représentatifs ayant recueilli au moins 30 % des suffrages exprimés au premier tour des élections professionnelles, et ne pas faire l'objet de l'opposition de syndicats ayant recueilli une majorité de suffrages. Le principe majoritaire prend donc deux formes.

### 2. La majorité d'engagement

Une convention ou un accord ne peut entrer en vigueur que s'il est signé par une ou plusieurs organisations syndicales représentant la majorité des salariés.

### 3. La majorité d'opposition

Un accord est valable bien que signé par une seule organisation syndicale dès lors qu'il ne fait pas l'objet d'une opposition de la majorité des organisations syndicales représentatives dans le champ de l'accord ou d'organisations syndicales représentant la majorité des salariés.

## 5 Le rôle grandissant de la négociation collective

### 1. L'enjeu principal

Le droit négocié par les partenaires sociaux se développe car il est plus adapté aux relations sociales et aux particularités et contraintes des entreprises. La négociation collective permet d'adapter les règles du Code du travail aux réalités des entreprises dès lors qu'elle tient compte des spécificités de chaque secteur concerné.
Chaque branche ou entreprise a des besoins spécifiques, ce qui ne permet pas l'application d'un droit du travail rigide commun à toutes les entreprises. Donc, si la loi prévoit un minimum applicable à tous les salariés, la négociation collective en permet des aménagements par branches, acteurs ou entreprises.

### 2. L'intervention de l'État

Deux procédures permettent d'améliorer les conditions de travail de tous les salariés, à partir des acquis sociaux d'une entreprise ou d'une branche déterminée. L'État intervient en effet pour donner force de loi à des textes élaborés par les partenaires sociaux.

#### a) L'extension

Le ministre du Travail peut décider d'appliquer des conventions à des entreprises non signataires à l'origine qui en deviennent alors bénéficiaires. Il donne ainsi force de loi à des textes élaborés par les partenaires sociaux, au niveau d'une entreprise ou d'une branche, pour améliorer les conditions de travail de tous les salariés. La procédure d'extension, décidée par le ministre du Travail, rend l'accord négocié et conclu applicable à tous les employeurs d'une profession ou d'une région.

#### b) L'élargissement

La procédure d'élargissement, décidée par le ministre du Travail, rend le texte applicable à des entreprises d'un secteur territorial ou professionnel différent.

### 3. Les conséquences

#### a) La diffusion d'avancées sociales

La négociation collective contribue à des avancées sociales en accordant des avantages à des salariés qui se diffusent dans d'autres branches et finissent par être entérinés par le législateur. Elle permet de pallier les lenteurs et rigidités de la loi.

#### b) Les risques du droit négocié

La tendance du droit légal à céder le pas au droit négocié présente des risques compte tenu de la faible présence des syndicats dans les entreprises et de la recherche constante de flexibilité de celles-ci.
Un phénomène de flexicurité (contraction de « flexibilité » et « sécurité ») se développe qui est censé allier la flexibilité des entreprises à la sécurité des salariés. Les contenus qui y sont liés sont de plus en plus négociés par les employeurs et les salariés (exemple : la durée du travail).

# 10 LE CHOIX D'UNE STRUCTURE JURIDIQUE

**La création d'une organisation nécessite de lui donner une structure juridique afin de lui permettre d'effectuer des opérations juridiques.**

## 1 Les organisations à finalité lucrative

### 1. L'entreprise individuelle

C'est une entreprise qui se constitue sans création d'une structure juridique dotée de la personnalité morale. Elle n'existe pas indépendamment de la personne physique qui la possède, c'est-à-dire de l'entrepreneur individuel. Ne pouvant agir en son nom propre, elle n'est pas sujet de droit. Elle est adaptée si les risques sont peu importants et les investissements limités.

Le patrimoine de l'entreprise individuelle se confond avec celui de l'entrepreneur. En vertu du principe de l'unicité du patrimoine, c'est sur l'entrepreneur et sur son patrimoine que repose la responsabilité de sa gestion. L'entrepreneur agit en son nom propre et engage l'ensemble de ses biens. Il est indéfiniment responsable des dettes sociales sur l'ensemble de son patrimoine, même s'il a la possibilité de protéger son habitation principale des poursuites de créanciers.

L'entreprise individuelle offre une grande simplicité de constitution (formalités simples et peu coûteuses par une simple inscription au registre du commerce et des sociétés), de fonctionnement et de liberté d'action du chef d'entreprise.

L'entreprise individuelle est donc une structure adaptée aux petites entreprises mais elle devient inadaptée lorsque celles-ci se développent.

### 2. Les sociétés

L'entreprise sociétaire, ou société, est une personne morale créée par un contrat (les statuts) entre plusieurs personnes (les associés), dont elle se distingue.

#### a) Les sociétés de capitaux

Ces sociétés, comme la société anonyme (SA), sont constituées en considération des capitaux apportés sous forme d'actions qui sont, en principe, librement négociables. Les associés ne sont pas commerçants et répondent des pertes sociales dans la limite de leurs apports.

La SA est la forme idéale pour les projets nécessitant des capitaux importants. Elle réunit des associés qui peuvent être très nombreux et ne se connaissent pas nécessairement. Ceux-ci sont responsables à la hauteur de leurs apports et peuvent, en principe, vendre librement leurs actions.

#### b) Les sociétés de personnes

Dans ces sociétés, comme la société en nom collectif (SNC), la personnalité des associés est essentielle : elles reposent sur un fort *intuitu personae*. Les associés y répondent personnellement des dettes d'exploitation en cas de défaillance de la société. Leur responsabilité est indéfinie et solidaire : chaque associé est tenu de la totalité des dettes non payées par la société.

#### c) Les sociétés hybrides

Dans ces sociétés, comme la société à responsabilité limitée (SARL), il existe un certain *intuitu personae*. La cession de parts n'est pas libre, mais la responsabilité des associés est limitée à leurs apports.

### 3. Les sociétés coopératives

Ces groupements à objet civil ou commercial ont un but lucratif. Ils permettent de diminuer les frais généraux en mettant en commun certains moyens de production ou les coûts à l'achat par rapport au circuit commercial traditionnel.

Mais les coopératives ne partagent pas les bénéfices. Le personnel est associé au capital et à la prise de décision. Le principe est celui d'une voix par associé.

## 2 Les organisations à finalité non lucrative

Il s'agit des associations, groupements réunissant plusieurs personnes qui poursuivent un but non lucratif, à vocation sociale, culturelle, sportive, humanitaire, etc. La personne morale fonctionne grâce à l'activité de ses membres, aux cotisations qu'ils acquittent et éventuellement à des aides externes.

Les adhérents ne se distribuent pas de bénéfices. Toutefois, la gestion commune de leurs projets permet parfois de réaliser des économies.

## 3 La frontière étroite entre organisations à but lucratif et à but non lucratif

### 1. Une classification incertaine

Des personnes morales aux objets différents sont actuellement regroupées dans la catégorie unique des sociétés. Or les unes tendent au partage des bénéfices et les autres à la simple réalisation d'économies. La recherche d'économies est donc le domaine commun à l'association et à la société. Les associations peuvent aussi exercer des activités qui relèvent traditionnellement du secteur commercial, et donc du monde des entreprises.

**EXEMPLES**

Une clinique, une maison de retraite, un club de sport peuvent être exploités aussi bien par une société que par une association.

Certaines associations réalisent un chiffre d'affaires considérable et emploient des centaines de salariés. Elles se différencient des sociétés par la « philosophie » de leurs membres. Une association peut donc être redevable de la TVA et de l'impôt sur les sociétés.

### 2. Le groupement d'intérêt économique (GIE)

Sa finalité est d'améliorer les conditions de fonctionnement des entreprises qui le créent en mettant des moyens en commun.

Un GIE doit permettre à ses membres de faire des économies sans avoir pour finalité de leur redistribuer des bénéfices.

# 11 LES CRITÈRES DE CHOIX D'UNE STRUCTURE

➔ Le choix d'une structure juridique dépend des motivations du créateur de l'organisation.

## 1 Le choix de la structure en fonction des motivations patrimoniales et matrimoniales

### 1. Le patrimoine de l'entrepreneur individuel

L'entreprise et l'entrepreneur sont confondus : profit et responsabilité sont liés à la personne de l'entrepreneur qui doit accepter de prendre des risques puisqu'il engage son patrimoine afin de garantir ses dettes professionnelles. Le législateur, conscient des problèmes posés à l'entrepreneur individuel, a tempéré le principe de l'engagement sans limite de l'entrepreneur individuel : les lois de 1994, 2003 et 2008 permettent à l'entrepreneur de « protéger » ses biens personnels des créanciers.

### 2. Le patrimoine des associés

En principe, les sociétés commerciales de capitaux (SA, SAS) et la SARL ou l'EURL sont des structures qui permettent aux associés de n'engager leur patrimoine qu'à hauteur de leurs apports. Cependant, les banquiers demandent généralement une garantie sur les biens personnels des associés pour l'octroi d'un prêt. Cette pratique amoindrit la portée du principe.

### 3. La protection des biens du couple

#### a) Le régime de la communauté réduite aux acquêts

Ce régime est celui des personnes qui se marient sans passer de contrat devant le notaire. Les biens acquis à titre onéreux pendant le mariage, les « acquêts », sont communs aux époux et sont donc engagés dans le cadre de l'activité professionnelle. Cette règle n'est pas valable pour les biens propres à chacun des époux (biens acquis avant le mariage).

Ce régime matrimonial est déconseillé à ceux qui veulent entreprendre seuls ou dans le cadre d'une société de personnes entraînant la responsabilité illimitée des associés.

#### b) Le régime de la séparation de biens

Ce régime est le plus adapté à la vie des affaires car il aboutit à dissocier les biens de chacun des époux : tout ce qui a été acquis par chacun, avant et pendant le mariage, lui appartient personnellement et ne peut donner lieu à saisie du fait d'une difficulté d'exploitation de l'autre membre du couple.

Le PACS (pacte civil de solidarité) aboutit aux dispositions de ce dernier régime.

## 2 Le choix de la structure en fonction des motivations sociales et fiscales

### 1. La motivation sociale

Le créateur d'entreprise peut choisir d'avoir le statut de salarié en dirigeant une société de capitaux ou en étant gérant non majoritaire d'une SARL. Il bénéficie alors des assurances sociales (maladie, maternité, accidents du travail, vieillesse) mais ne bénéficie pas de l'assurance-chômage.

Il peut à l'inverse choisir le statut de travailleur indépendant s'il exploite une entreprise individuelle, s'il est gérant associé d'une SNC ou d'une EURL, ou s'il est gérant associé majoritaire d'une SARL. Il ne bénéficie alors pas du régime général de la Sécurité sociale mais d'un régime social spécifique. Il doit cotiser à des caisses d'assurance complémentaires s'il veut obtenir un statut social satisfaisant.

Ce critère de choix n'est plus décisif car les différences entre les statuts se sont estompées : le coût des cotisations sociales est proche de celui des assurances acquittées par les travailleurs indépendants.

### 2. La motivation fiscale

L'activité professionnelle génère des profits donnant lieu à des prélèvements fiscaux. Le choix se fait entre l'imposition de la personne *via* l'impôt sur le revenu (IR) ou celle de la structure *via* l'impôt sur les sociétés (IS). L'IR vise les bénéfices réalisés selon un barème progressif, dont la tranche supérieure est actuellement fixée à 40 %. L'IS représente un prélèvement proportionnel, à hauteur de 33,33 % des bénéfices.

Il n'existe pas d'arbitrage idéal entre ces deux options car chacun doit intégrer divers paramètres : profits attendus de l'entreprise, situation personnelle et familiale.

## 3 Les motivations liées à l'organisation de l'entreprise

### 1. Le fonctionnement de l'entreprise

Le créateur optant pour les sociétés de capitaux et la SARL dispose d'un pouvoir à la hauteur de son engagement financier et des risques qu'il assume. Lors des assemblées générales, chaque associé détient une quantité de droits de vote à proportion de ses apports à la constitution du capital.

Dans les sociétés de personnes comme la SNC, la prééminence de l'*intuitu personae* entraîne la règle de l'unanimité lors des votes en assemblée générale.

Les statuts laissent de la liberté aux associés pour aménager l'organisation de leurs pouvoirs dans la société. La loi permet ainsi aux SAS de choisir librement la répartition des pouvoirs ou leur concentration entre les mains d'un seul dirigeant.

### 2. Le financement de l'entreprise

Certaines SA « rassurent » les banques en raison de l'importance de leurs capitaux propres ; elles obtiennent des crédits. À l'inverse, les petites entreprises, individuelles ou sociétaires, semblent plus fragiles et sont donc plus limitées dans la réalisation de leurs objectifs.

# 12 L'ÉVOLUTION DE LA STRUCTURE JURIDIQUE DES ORGANISATIONS

**L'objectif des organisations est généralement de croître tout en limitant les risques liés à l'activité économique et en trouvant de nouveaux partenaires. Des préoccupations patrimoniales, financières ou stratégiques sont généralement à l'origine de l'évolution de leur structure juridique.**

## 1 Le processus d'évolution des organisations

### 1. La recherche de la croissance

Toute entreprise, quelle que soit sa taille, est un jour ou l'autre tentée par le développement de son chiffre d'affaires et l'augmentation de ses parts de marché. Les stratégies de croissance des organisations peuvent prendre la forme de la croissance interne ou celle de la croissance externe.

En optant pour la croissance interne, l'entreprise souhaitant rester indépendante s'autofinance progressivement pour rester maîtresse de son évolution. Elle développe ses propres moyens de production. L'entreprise individuelle peut aussi, en cas de besoin, changer sa structure juridique si son intention est de s'étendre sur le marché.

Une entreprise qui fait le choix de la croissance externe prend le contrôle d'autres organisations ou se regroupe avec d'autres structures par le mécanisme de la fusion.

### 2. Les différentes préoccupations

#### a) Les préoccupations patrimoniales

Afin d'éviter la confusion entre son entreprise et lui, l'entrepreneur individuel peut souhaiter changer de structure juridique. Il peut adopter le statut de sociétaire ou bien d'associé dans une société de capitaux afin de protéger son patrimoine personnel des risques de son entreprise. Il en est de même pour les associés d'une société qui doivent fournir des garanties sur leurs biens personnels afin d'obtenir des crédits.

La transmission de l'entreprise individuelle à ses enfants est une autre préoccupation patrimoniale. L'adoption du statut de société peut faciliter l'opération. En effet, la cession ou la transmission des parts peut se faire totalement ou partiellement, à une ou à plusieurs personnes de son choix, sauf si une procédure d'agrément est prévue par les statuts (exemples : accord unanime des autres associés dans une SNC, approbation de la majorité des associés représentant les 3/4 du capital dans une SARL).

#### b) Les préoccupations financières

Pour se développer, l'entreprise a besoin de moyens importants. Or l'accès à des modes de financement conséquents est réservé à certaines structures.

**EXEMPLE**

L'introduction en Bourse est seulement possible pour des sociétés de capitaux importantes.

#### c) Les préoccupations stratégiques

Le droit prévoit de nombreux moyens pour accompagner les structures qui souhaitent opter pour des stratégies de croissance.

**EXEMPLES**

Techniques de filialisation, de prise de contrôle, de fusion.

## 2 Les modifications de la structure juridique

L'apport en société de l'entreprise individuelle et la modification de la forme sociale servent aussi la croissance de l'activité économique de l'organisation.

### 1. L'apport en société de l'entreprise individuelle

L'entrepreneur individuel qui veut faire grandir son entreprise doit adopter le statut de société. Pour cela, il peut apporter son fonds de commerce à la constitution du capital de la société à naître, qu'elle soit unipersonnelle s'il veut en garder le total contrôle, ou pluripersonnelle s'il s'associe à d'autres personnes. Son pouvoir dépendra de la valeur de son apport dans le capital.

### 2. La modification de la forme sociale

#### a) Le passage de l'EURL à la SARL

Une EURL (entreprise unipersonnelle à responsabilité limitée) est créée par un associé unique pour exploiter seul son activité. Mais cette structure peut être un frein à la croissance recherchée car la limitation de la responsabilité rend difficile l'obtention de financement : les banques demandent des garanties et des cautions personnelles. Si cette structure est bien adaptée pour l'entrepreneur individuel qui veut être seul maître à bord, il peut arriver que l'associé unique souhaite faire entrer d'autres personnes dans sa société en vue d'un développement ultérieur. Les nouveaux associés pourront en effet apporter des compétences nouvelles et/ou une augmentation de capital en vue de la croissance recherchée.

L'EURL n'étant pas une forme juridique à part entière, puisqu'elle est en fait une SARL constituée d'un seul associé, le passage en SARL se fait sans aucune formalité, par le simple fait de céder des parts sociales à une autre personne.

#### b) L'évolution de la SARL vers les sociétés de capitaux

Pour mener des projets d'envergure, le choix peut s'orienter vers les sociétés de capitaux : société anonyme (SA), société par actions simplifiée (SAS). Leurs structures évolutives facilitent les partenariats et apportent de la crédibilité vis-à-vis des partenaires (banquiers, clients, fournisseurs).

Ainsi, lorsque la SARL est en plein développement et qu'elle a besoin de capitaux importants, il peut s'avérer judicieux de la transformer en SA. En effet, la SA dispose d'une grande souplesse de financement puisqu'elle peut faire appel public à l'épargne et émettre divers titres sur le marché.

Lorsque la SARL compte plus de 100 associés, elle doit se transformer en SA dans un délai de 2 ans, à moins que le nombre d'associés ne redevienne inférieur ou égal à 100.

# 13 LA PRÉVENTION ET LE TRAITEMENT DES DIFFICULTÉS DE L'ENTREPRISE

**→ L'entreprise peut connaître des difficultés. La prévention est privilégiée par le droit. Le législateur se fixe trois objectifs : le redressement de l'entreprise, le maintien de l'emploi et le paiement des créanciers.**

## 1 L'évolution du droit de l'entreprise en difficulté

La question de la pérennité de l'entreprise n'a pas toujours été appréhendée de la même façon par le droit. Jusqu'en 1985, le droit était caractérisé par la volonté de punir le chef d'entreprise qui avait failli et qui devait être destitué du droit d'administrer ses biens. Le droit des faillites a évolué vers la volonté d'appréhender le plus tôt possible les difficultés de l'entreprise et de préserver ses chances de survie pour défendre les intérêts des créanciers, des salariés, des associés, de l'entrepreneur, voire de la société elle-même.

La loi de sauvegarde des entreprises du 26 juillet 2005 vise le traitement en amont des difficultés des entreprises et encourage les dirigeants à s'adresser rapidement aux tribunaux.

## 2 La prévention des difficultés

La détection précoce des difficultés et les solutions de sauvetage de l'entreprise facilitent le recours à la justice pour des chefs d'entreprise réticents à la saisir.

### 1. L'obligation de publier les comptes

La détection des difficultés suppose une transparence de l'information assurée par l'obligation de publier les comptes. C'est pourquoi les sociétés commerciales doivent déposer leurs comptes annuels, le rapport de gestion et le rapport des commissaires aux comptes au greffe du tribunal de commerce. Ils disposent d'un délai de 1 mois après l'approbation par l'assemblée générale.

### 2. Le droit et le devoir d'alerte

Le comité d'entreprise, les associés et le président du tribunal de commerce peuvent déclencher l'alerte afin d'attirer l'attention du chef d'entreprise. Pour le commissaire aux comptes, il s'agit d'un devoir.

### 3. La procédure contractuelle de conciliation

La conciliation, limitée en principe à 4 mois, permet au dirigeant de diriger et maîtriser la procédure. Aucun créancier ne peut demander l'ouverture d'une procédure de redressement ou de liquidation judiciaire, ni le président du tribunal se saisir d'office. Le dirigeant peut proposer au tribunal le nom d'un conciliateur dont la mission sera de favoriser la conclusion d'un accord amiable entre les créanciers et le débiteur pour le paiement de ses dettes.

## 3 Le traitement des difficultés

Le droit des entreprises en difficulté propose d'une part des procédures choisies par le chef d'entreprise et d'autre part des procédures subies.

### 1. Les procédures

#### a) La sauvegarde

Toute entreprise qui justifie de difficultés qu'elle n'est pas en mesure de surmonter peut être placée sous sauvegarde.

La procédure est déclenchée à l'initiative du chef d'entreprise. Elle lui permet de bénéficier de mesures prononcées par le juge qui s'imposent aux créanciers (exemples : arrêt des poursuites individuelles, suspension des échéances des dettes).

La procédure débute par une période d'observation de l'entreprise permettant de dresser l'inventaire de son patrimoine. Un plan de sauvegarde est ensuite arrêté par le tribunal, qui prévoit les mesures nécessaires au rétablissement de l'entreprise (exemples : délais de paiement, remises de dettes).

#### b) Le redressement judiciaire

La procédure de redressement judiciaire doit être mise en œuvre par toute entreprise en situation de cessation de paiements, c'est-à-dire qui ne peut pas faire face au passif exigible avec l'actif disponible. Elle permet la poursuite de l'activité de l'entreprise, avec désignation d'un ou de plusieurs administrateurs pour assister le dirigeant, le maintien de l'emploi et l'apurement du passif. Elle donne lieu à un plan de redressement arrêté par jugement à l'issue d'une période d'observation.

#### c) La liquidation judiciaire

En cas d'échec des tentatives de sauvetage, l'entreprise est conduite à la liquidation judiciaire. Cette procédure concerne les entreprises en cessation de paiements et dont le redressement est manifestement impossible. Il s'agit de mettre fin à l'activité de l'entreprise ou de vendre tous ses biens afin de rembourser les créanciers dans la mesure du possible.

### 2. Les critères de choix d'une procédure

Le choix d'une procédure dépend de différents critères :
- le niveau de difficultés atteint par l'entreprise (cessation de paiements ou pas) ;
- la confidentialité de la procédure : si un accord amiable est homologué, et donc révélé au public, il peut freiner le dirigeant dans ses relations avec les tiers. Mais certains créanciers, dont les banques, peuvent préférer cette solution en raison de la sécurité juridique que leur procure l'homologation ;
- les effets de la procédure sur la gestion du chef d'entreprise : poursuite de la gestion, désignation d'un administrateur ou remplacement par un liquidateur ;
- le rôle des créanciers : recours en revendication de biens, accords possibles pour échelonner les paiements ;
- le maintien de l'emploi : licenciements ou non ;
- l'aspect contractuel ou judiciaire : accord amiable ou jugement ;
- les risques de sanction en cas d'actes graves des dirigeants ayant conduit aux difficultés de l'entreprise.

# 14 LA PROTECTION DES CRÉANCIERS DE L'ENTREPRISE EN DIFFICULTÉ

**Le droit des entreprises en difficulté est marqué par la nécessité d'arbitrages entre des intérêts contradictoires. Véritables acteurs des procédures s'appliquant aux entreprises en difficulté, les différents créanciers possèdent des droits, dont celui du paiement de leurs créances.**

## 1 Les objectifs de la protection des créanciers

### 1. Le maintien de l'emploi

L'objectif principal du législateur en 2005 a été de renforcer les chances effectives de sauvetage de l'entreprise en favorisant l'anticipation des difficultés et leur résolution par la négociation. Il s'agit de pérenniser l'entreprise et de maintenir les emplois des salariés dans le cas des procédures de sauvegarde, de redressement et de liquidation.

### 2. Le règlement des dettes

Le paiement des créances est un des objectifs du traitement des difficultés de l'entreprise. La négociation et la finalisation d'accords avec les créanciers, en vue de l'obtention de remises de dettes, sont au cœur des procédures. Le paiement du passif s'effectue en fonction des actifs restant pour régler les dettes.

## 2 La distinction entre les créanciers

Tous les créanciers ne sont pas traités de la même façon.

### 1. Les créanciers superprivilégiés

Les salariés sont des créanciers particuliers du fait du caractère alimentaire de leur créance. La rémunération qui leur est due au titre des 60 derniers jours de travail qui précèdent le jugement d'ouverture bénéficie d'un superprivilège. C'est une créance prioritaire, qu'il s'agisse d'une procédure de sauvegarde, de redressement ou de liquidation judiciaires.
Si les fonds appartenant à l'entreprise en difficulté en permettent le paiement, les salariés doivent être payés dans les 10 jours suivant le jugement d'ouverture. Si les fonds sont insuffisants, les salaires sont pris en charge par l'Association pour la gestion du régime de garantie des créances des salariés (AGS). L'AGS devient créancier de l'entreprise et prend la place du salarié dont elle a avancé les créances pour récupérer les sommes avancées.

### 2. Les créanciers privilégiés

Il s'agit des créanciers qui peuvent, en vertu de la loi, obtenir le recouvrement de leur créance avant les autres. Le Trésor public et les organismes sociaux font partie des créanciers privilégiés car ils sont porteurs des créances de la collectivité. Leur paiement doit donc être prioritaire (exemple : les frais de justice).

### 3. Les créanciers chirographaires

Ce sont des créanciers simples, sans privilège, ni garantie, ne bénéficiant donc d'aucune priorité de paiement (exemple : les fournisseurs).

#### a) Les créanciers antérieurs à la procédure collective

Le jugement ouvrant la procédure interdit de payer toute créance née antérieurement. Il arrête les poursuites judiciaires engagées par les créanciers pour obtenir le paiement de leurs créances. En outre, les créances nées antérieurement au jugement d'ouverture et non encore payées ne peuvent pas produire d'intérêts.

#### b) Les créanciers postérieurs à la procédure collective

Les créanciers qui, avertis des difficultés de l'entreprise en situation de sauvegarde ou de redressement, continuent de travailler avec elle ont des avantages et bénéficient de garanties de paiement accrues.

**EXEMPLE**
Un fournisseur qui continue de livrer un client en cessation de paiements, lui permet de poursuivre sa production et contribue à favoriser son redressement.

Ces créanciers postérieurs bénéficient ainsi d'un traitement de faveur dans la mesure où leurs créances doivent être payées à leur échéance tandis que le paiement de toutes les autres créances nées avant le jugement d'ouverture de la procédure est suspendu jusqu'à la décision finale du tribunal.
Devenant créanciers privilégiés, ils disposent d'une priorité de paiement sur la majorité des créanciers antérieurs. Ainsi, si l'entreprise connaît une aggravation de ses difficultés rendant impossible le recouvrement de la créance à la date prévue, le créancier bénéficie d'un privilège, à mettre en œuvre le jour du règlement définitif de la situation.

## 3 Le sort des créanciers

### 1. Dans le cas de la continuation de l'entreprise

Le tribunal peut décider d'un plan de continuation ou d'un plan de redressement en prenant des mesures sur le long terme, 10 ans au maximum. Il donne ainsi des chances de survie à l'entreprise en difficulté.

**EXEMPLES**
Échelonnement des échéances ; effacement de dettes.

Les créanciers sont consultés avant l'adoption définitive des mesures, par l'intermédiaire d'un administrateur qui négocie directement avec les créanciers pour les PME ou avec des comités représentant les créanciers dans les grandes entreprises.

### 2. Dans le cas de la liquidation de l'entreprise

Il y a vente, de gré à gré ou aux enchères, de tous les éléments de l'actif de l'entreprise pour apurer son passif. Un liquidateur répartit les fonds issus de la cession des actifs entre les différents créanciers, en tenant compte de l'ordre de paiement prévu par le droit : d'abord les titulaires d'une créance privilégiée, ensuite les créanciers chirographaires, qui se partagent le reliquat en fonction des montants respectifs de leur créance.
Enfin, le tribunal constate la clôture de la liquidation et, le cas échéant, l'insuffisance d'actif.

# 15 LA CONCLUSION DES CONTRATS ENTRE PROFESSIONNELS

**Le contrat est un outil juridique essentiel dans la circulation des richesses. Il représente un élément de stabilité des relations mises en place par les entreprises dans leur activité économique. Il permet l'adaptation au contexte économique, notamment international, et sécurise les transactions entre les parties.**

## 1 La formation des contrats

### 1. Le contrat

#### a) La place du contrat

Les actes juridiques sont des manifestations de volonté d'une ou de plusieurs personnes ayant pour objectif de produire des effets de droit. La convention est un acte juridique car cet accord entre deux ou plusieurs personnes produit des effets de droit.
Le contrat est une convention entre deux ou plusieurs personnes ayant pour but de faire naître des obligations. En pratique, le terme « contrat » désigne plutôt le document et la « convention » le contenu du contrat, c'est-à-dire ce à quoi les signataires se sont engagés.

#### b) Le rôle du contrat entre professionnels

Pour l'entreprise, le contrat est le mode d'organisation de ses rapports avec tous ses partenaires. Par cette convention, elle s'oblige envers une ou plusieurs autres entreprises à donner (transférer la propriété), à faire ou à ne pas faire quelque chose (exemples : s'équiper, approvisionner).

### 2. Les conditions de validité des contrats

#### a) Le consentement

Le consentement doit être libre et non vicié. Les vices du consentement sont :
- l'erreur : croyance fausse au sujet d'un élément du contrat ;
- le dol : manœuvre frauduleuse destinée à tromper une personne pour l'amener à contracter ;
- la violence : contrainte physique ou morale.

#### b) La capacité des parties

Les parties doivent être capables pour conclure un contrat. La capacité comprend :
- la capacité de jouissance qui consiste en l'aptitude à être titulaire de droits (exemple : droit de propriété) ;
- la capacité d'exercice qui est l'aptitude à exercer ces droits (exemple : vendre son bien).

Sont considérées comme incapables les personnes qui sont dans l'incapacité de passer des contrats ou ne peuvent être commerçants en raison de leur jeune âge (moins de 18 ans) ou de l'altération de leurs facultés personnelles. Toutes ces personnes ont interdiction soit d'exercer temporairement le commerce, soit de diriger une société (exemples : personne condamnée à une sanction pénale pour crime, délit ; fraude entraînant la liquidation d'une entreprise).

#### c) L'objet

L'objet du contrat est l'opération juridique voulue par les parties. Il doit exister, être certain, c'est-à-dire déterminé et déterminable, possible et licite, c'est-à-dire conforme à la loi et aux bonnes mœurs.

#### d) La cause

La cause est la raison qui a poussé les contractants à s'engager. Elle doit exister et être licite.

### 3. La portée des engagements contractuels

Le contrat a force de loi entre les parties, c'est-à-dire qu'il s'impose à elles comme la loi s'impose aux citoyens. La force obligatoire du contrat et le respect de la parole donnée sont indispensables pour sécuriser le commerce. Le contrat n'a d'effet qu'entre les parties. Sauf exceptions, il n'engage pas les tiers, qui, cependant, ne peuvent pas totalement ignorer son existence.

## 2 Les particularités des contrats professionnels

### 1. L'équilibre des obligations

Le contrat doit être exécuté de bonne foi, ce qui se traduit entre professionnels par l'obligation de loyauté réciproque. La déloyauté consiste, par exemple, à ne pas avertir l'autre partie alors qu'on a décidé de rompre.
Les contrats types favorisent l'équilibre des prestations et aident à l'égalité des parties en standardisant les relations juridiques car ils sont totalement ou partiellement élaborés avant la négociation.

### 2. La volonté des parties en cas de rapport déséquilibré

La liberté de négociation en matière contractuelle est souvent illusoire en raison des déséquilibres du rapport de force entre les parties. En effet, les contractants professionnels sont réputés avoir négocié librement les conditions de leur accord ; mais en pratique, tout dépend de la position du client et des intérêts financiers en jeu.
En cas de litige, il convient de se demander si les parties ont voulu l'accord conclu et si elles étaient aptes à le vouloir. Il faut ensuite s'interroger sur le contenu du contrat en recherchant ce que les parties ont voulu et pourquoi elles l'ont voulu. Il s'agit ainsi de rétablir entre les parties l'égalité trop souvent rompue par la supériorité technique ou économique de l'une d'elles.
Le contenu des contrats doit être recherché dans ce que les parties ont voulu plus que dans la lettre du contrat. Les parties ne doivent pas faire preuve de malice en se retranchant derrière une application à la lettre de la convention ou au contraire en profitant des lacunes du contrat.

### 3. La détermination du prix

Le prix se définit comme la somme d'argent que l'un des contractants doit payer à l'autre en contrepartie d'un bien ou d'un service. Le prix de la vente doit être déterminé et désigné par les parties. À défaut le contrat n'existe pas.
Aucune des parties ne devant être soumise à l'arbitraire de l'autre, le prix, même s'il n'est pas fixé le jour du contrat, doit être déterminable et dépendre d'éléments objectifs.

# 16 LA NÉGOCIATION D'ACCORDS ENTRE PROFESSIONNELS

**La conclusion d'un contrat est souvent précédée d'une longue période de négociation ponctuée d'accords préparatoires. Les professionnels peuvent se faire représenter pendant cette période en utilisant la technique de la représentation juridique.**

## 1 La période précontractuelle

Cette période se caractérise par la liberté d'aller jusqu'au contrat ou d'y renoncer. Un contrat entre professionnels met souvent en jeu des intérêts considérables et ne se signe pas sur un coup de tête. Au contraire, il est la plupart du temps précédé d'une longue période de négociation qui est ponctuée de nombreux actes préparatoires.

### 1. Les pourparlers

Ils représentent la phase préliminaire de discussion durant laquelle les clauses du contrat envisagé sont étudiées. Les parties ne sont pas encore engagées et sont encore libres de se dédire.

Les pourparlers peuvent se terminer à l'amiable ou donner lieu à un contentieux. Le cas échéant, celui qui a commis une faute dans la rupture des pourparlers est obligé de la réparer.

### 2. La promesse unilatérale de contrat

Il s'agit de la convention par laquelle une personne, le promettant, consent à une autre personne, le bénéficiaire, la faculté d'acheter ou de vendre un bien à un prix déterminé ou déterminable.

Le promettant s'engage à conclure le contrat envers le bénéficiaire à des conditions prédéterminées, notamment le prix.

Le bénéficiaire accepte les termes de l'offre qui lui est faite sans être encore engagé à signer le contrat. Il dispose d'un délai, qui correspond à la durée de la promesse, pour se décider et faire connaître sa décision à son cocontractant.

**EXEMPLE**

Dans le cadre d'une promesse unilatérale de vente, le vendeur s'engage à vendre un bien au bénéficiaire de la promesse. Il s'interdit de proposer le bien à la vente à toute autre personne pendant le délai de la promesse.

Le bénéficiaire jouit d'un droit d'option :
- soit il signe le contrat et il lève l'option selon les termes prévus dans la promesse ;
- soit il y renonce. Il est généralement prévu à sa charge le versement au promettant d'une somme, l'indemnisation d'immobilisation, en contrepartie du fait que l'objet de la promesse est bloqué pendant un certain temps.

### 3. L'avant-contrat

Avant de signer le contrat définitif, les parties peuvent conclure un avant-contrat temporaire qui détermine avec précision les conditions dans lesquelles se réalisera le contrat définitif.

L'avant-contrat peut prendre la forme d'un pacte de préférence avec la promesse faite par l'une des parties à une autre qui l'accepte, de lui proposer en priorité la conclusion d'un contrat lorsque l'autre sera décidée à conclure.

**EXEMPLE**

Dans le contrat de vente, l'une des parties s'engage à acheter un bien dès que sa demande de financement aura été accordée par l'organisme de crédit.

Cet accord contient généralement une clause relative au secret et à la confidentialité, qui interdit la divulgation des informations sensibles échangées en cours de négociation. Il peut contenir aussi des clauses spécifiques aux négociations, comme une clause d'exclusivité qui interdit la conduite de négociation parallèle avec un tiers, ou une clause d'agrément qui interdit de transmettre le bénéfice du projet de contrat à un tiers sans l'autorisation du partenaire. Il peut s'agir enfin d'une clause pénale qui fixe le montant forfaitaire des pénalités dues en cas de manquement à l'une des clauses de cet avant-contrat.

## 2 Le mécanisme de la représentation

Les professionnels peuvent conclure directement des contrats ou bien se faire représenter. Les relations contractuelles entre professionnels conduisent ainsi à différencier la personne juridique qui s'engage et le signataire du contrat, ce que permet la technique de la représentation juridique.

### 1. Le pouvoir de représentation

Généralement, les professionnels négocient eux-mêmes leurs contrats ; toutefois, il leur arrive de faire intervenir un intermédiaire qui peut les représenter lors de la négociation du contrat.

L'origine du pouvoir du représentant peut être légale.

**EXEMPLE**

Le directeur général d'une société anonyme représente celle-ci dans ses rapports avec les tiers.

La représentation peut trouver aussi son origine dans un contrat, *via* la technique du mandat. Il s'agit d'un acte par lequel une personne, le mandant, donne à une autre, le mandataire, le pouvoir de faire quelque chose pour le mandant et en son nom.

Le mandant donne au mandataire les moyens d'exécuter sa mission et le rémunère sous forme d'honoraires. Il est ensuite engagé comme s'il avait traité lui-même avec les tiers qui signent avec le mandataire.

### 2. La prise de qualité du représentant

En signant le contrat, le représentant agit au nom du représenté. Il fait donc connaître à son cocontractant sa qualité d'intermédiaire. À ce titre, il doit exécuter la mission qui lui est confiée dans le respect des consignes et pouvoirs qui lui ont été donnés.

### 3. La volonté de contracter

Le professionnel qui est représenté mandate le représentant de conclure des contrats pour lui. La volonté de ce dernier doit être vérifiée tant par le représenté que par le cocontractant car il s'engage pour le représenté.

# 17 L'ANTICIPATION DES ALÉAS DE LA RELATION CONTRACTUELLE

**L'exécution des contrats entre professionnels s'échelonne dans le temps. Elle est donc soumise aux transformations du contexte économique et social. Des clauses particulières permettent d'anticiper ces évolutions et les difficultés d'exécution. Si les clauses n'atteignent pas leur objectif, l'inexécution du contrat peut être constatée.**

## 1 La loi contractuelle

### 1. Le principe de la loi contractuelle

L'article 1134 du Code civil pose le principe de la force obligatoire du contrat : « les conventions légalement formées tiennent lieu de loi à ceux qui les ont faites ». Ce principe fait du contrat la loi des parties qui entraîne une exécution de bonne foi des engagements pris, c'est-à-dire une exécution loyale et coopérative. Le contrat doit donc être respecté en tout point, sous peine de sanctions.

### 2. Les aménagements possibles

Il arrive cependant que les clauses contractuelles soient source de déséquilibre entre les parties.

#### a) L'interprétation des contrats

Le juge peut être conduit à interpréter le contrat ou certaines de ses clauses lorsqu'il est saisi pour trancher un litige dans l'exécution du contrat. Il doit rechercher la volonté commune des parties soit à travers des usages, soit en tenant compte du comportement des parties.

#### b) La restauration de l'équilibre contractuel

Le juge peut dépasser la volonté des contractants en imposant de nouvelles obligations dans l'objectif de restaurer l'équilibre contractuel au nom de la loyauté et de la solidarité. Les parties au contrat doivent chacune retirer des avantages comparables de leur engagement réciproque. Or, un certain nombre de contrats (exemple : le contrat de franchise) peuvent mettre les contractants sur un pied d'inégalité dans la mesure où il existe une dépendance économique de l'une des parties par rapport à l'autre.

## 2 L'anticipation de l'évolution des contrats

En principe, les parties ne peuvent décider de réviser les contrats qu'elles ont signés sous prétexte de l'évolution de l'environnement. Il y va en effet de la stabilité et de la sécurité juridique des engagements contractuels. Cependant, l'échelonnement dans le temps des contrats entre professionnels peut affecter la possibilité de respecter leur engagement initial compte tenu des transformations du contexte économique et social.
Diverses clauses particulières sont donc autorisées en fonction des objectifs voulus par les professionnels lors de la rédaction du contrat pour permettre aux cocontractants d'anticiper leurs éventuelles difficultés d'exécution.

### 1. Les clauses prévoyant la modification du contrat

#### a) La clause d'indexation

Lorsqu'un contrat prévoit des paiements échelonnés, les parties peuvent se protéger contre les aléas de la conjoncture économique en insérant une clause d'indexation. Celle-ci entraîne la révision automatique du prix prévu initialement en fonction d'un indice ayant un rapport direct avec l'objet du contrat ou l'activité d'une des parties.

**EXEMPLE**

Un contrat d'approvisionnement en essence indexé sur le cours du baril de pétrole.

#### b) La clause de réserve de propriété

Elle permet au vendeur d'un bien d'en conserver la propriété jusqu'au complet paiement par l'acheteur.

#### c) La clause de dédit

Elle offre aux parties la possibilité de rétracter leur consentement en s'acquittant d'une somme fixée à l'avance.

#### d) La clause de renégociation

Les parties s'accordent la possibilité de mettre fin à un contrat pour en conclure un nouveau.

### 2. Les clauses de responsabilité

#### a) Les clauses limitatives de responsabilité

Elles fixent le maximum possible des dommages-intérêts qui seront dus en cas de faute contractuelle avérée.

#### b) La clause pénale

Il s'agit d'une clause selon laquelle les parties fixent elles-mêmes, par avance et de façon forfaitaire, l'indemnité qui sera due en cas d'inexécution.

## 3 L'inexécution des contrats

La non-exécution du contrat, si elle est dommageable, entraîne la responsabilité contractuelle du contractant défaillant et l'annulation du contrat. La résolution ou la résiliation du contrat peuvent être prévues par une clause du contrat ou prononcées par le juge saisi du litige.

### 1. La résolution du contrat

Les parties à un contrat synallagmatique ont des obligations réciproques. C'est pourquoi la partie qui n'obtient pas satisfaction de son cocontractant peut demander au juge la résolution du contrat, c'est-à-dire l'anéantissement rétroactif du contrat. Les parties se retrouvent alors dans l'état antérieur au contrat (exemple : le fournisseur rembourse le client qui lui rend le bien acheté).

### 2. La résiliation du contrat

Dans le cas des contrats à exécution successive, il n'est pas possible de remettre les choses dans l'état antérieur à la conclusion du contrat. Le contrat est alors résilié, c'est-à-dire que les effets passés demeurent et le contrat ne s'applique plus à l'avenir. Par exemple, dans un contrat de bail commercial, le locataire ne peut rendre au bailleur son temps d'occupation des lieux.

# 18 LES CONTRATS CONCLUS AVEC LA PERSONNE PUBLIQUE

**Les entreprises privées sont conduites à passer des contrats avec les personnes morales de droit public. Celles-ci font appel aux procédures de marchés publics pour répondre à leurs besoins en matière industrielle, de travaux, de fournitures, de services ou de prestations intellectuelles.**

## 1 Les particularités du contrat administratif

Le contrat administratif est un contrat lié à l'exécution du service public et donc doté de caractéristiques particulières compte tenu des exigences de rigueur du service public.

### 1. La qualité des parties

Les entreprises privées peuvent conclure des contrats administratifs avec les personnes morales de droit public. Celles-ci agissent pour le compte d'un intérêt général supérieur et sont mises en place par un pouvoir politique. Il en existe plusieurs catégories : l'État (exemples : ministères, juridictions), les collectivités territoriales (régions, départements, communes) et les établissements publics (exemples : Opéra national de Paris, CNRS, universités).

### 2. Les clauses exorbitantes de droit commun

Le contrat administratif se caractérise par le fait que l'un au moins des cocontractants est une personne publique ou son représentant. Il a généralement pour but de permettre ou de faciliter le fonctionnement du service public. Dans l'intérêt général, l'administration détient des pouvoirs particuliers et unilatéraux. On parle de « pouvoirs exorbitants de droit commun » pour exprimer cette inégalité.

Une clause exorbitante est une clause qu'on ne trouve pas dans les contrats de droit privé parce qu'elle y serait illégale. Sa présence détermine le caractère administratif du contrat.

**EXEMPLE**

Modification unilatérale du contrat par la personne publique.

L'illustration la plus flagrante de ces pouvoirs exorbitants est la possibilité pour la personne publique de résilier unilatéralement le contrat administratif pour motif d'intérêt général.

## 2 La passation de marchés publics

La personne publique demandeuse de travaux, fournitures ou services et qui désire les faire exécuter par une entreprise en passant par la procédure des marchés publics est appelée « pouvoir adjudicateur ». Elle choisit l'entreprise et est donneuse d'ordre.

Les contrats administratifs sont soumis aux principes de protection des deniers publics, de lutte contre la corruption, de recherche d'efficacité, de concurrence loyale, ce qui limite les pouvoirs de la personne publique quant au choix du cocontractant.

### 1. La négociation et les marchés publics

Les marchés publics sont soumis au Code des marchés publics et obéissent à des principes fondamentaux tels que le libre accès à la commande publique, l'égalité de traitement des candidats et la transparence des procédures.

Les procédures négociées en revanche permettent à l'acheteur public de choisir le titulaire du marché après sélection des candidats et négociation des conditions avec un ou plusieurs d'entre eux.

### 2. La procédure de l'appel d'offres

Le droit des marchés publics regroupe de très nombreuses procédures d'autant plus lourdes et complexes du point de vue des modalités de publicité et de mise en concurrence que les montants concernés sont élevés. La procédure de l'appel d'offres permet l'efficacité de la commande publique et la bonne utilisation des deniers publics.

#### a) Définition

L'appel d'offres est la procédure par laquelle la personne publique choisit l'offre économiquement la plus avantageuse, sans négociation, sur la base de critères objectifs préalablement portés à la connaissance des candidats.

L'appel d'offres est dit ouvert lorsque tout candidat peut remettre une offre. Il est dit restreint lorsque seuls peuvent remettre des offres les candidats qui y ont été autorisés après sélection. Le marché est attribué par la personne responsable du marché après avis de la commission d'appel d'offres.

Les marchés sont passés sur appel d'offres quel que soit le montant du marché. L'appel d'offres n'est obligatoire que pour les marchés au-delà du seuil de 133 000 euros HT pour l'État, et de 206 000 euros HT pour les collectivités territoriales.

#### b) Les étapes de l'appel d'offres

– Le lancement de l'appel

Il suppose la rédaction d'un cahier des charges, la réalisation d'une publicité (exemple : dans un journal spécialisé national), la fixation d'un délai de réception des candidatures.

– Le choix d'une offre

Une commission examine les offres et choisit l'une d'elles en fonction des critères d'attribution : qualité, prix, critères techniques, esthétiques et fonctionnels, coût global d'utilisation, rentabilité, caractère innovant, service après-vente, assistance technique, date de livraison, etc. Ces critères doivent permettre de sélectionner l'offre économiquement la plus avantageuse. Ils ne doivent pas être discriminatoires et doivent être suffisamment précis, annoncés en amont de la procédure, être pondérés ou à défaut hiérarchisés.

– La fin de la procédure

L'adjudicateur doit publier l'avis d'attribution du marché et des informations doivent être fournies aux entreprises non retenues de manière à respecter l'obligation de transparence du Code des marchés publics.

# 19 L'ENCADREMENT DE L'OFFRE COMMERCIALE ÉLECTRONIQUE

**L'offre commerciale recourt de plus en plus à des moyens virtuels qui peuvent être très intrusifs. La vente par Internet pose le problème de l'effectivité de la protection des cocontractants et de ses limites.**

## 1 L'offre commerciale électronique

La loi sur la confiance dans l'économie numérique (LCEN) de juin 2004 définit le commerce électronique comme «l'activité économique par laquelle une personne propose ou assure à distance et par voie électronique la fourniture de biens ou de services». Le commerce électronique est l'ensemble de toutes les activités, communications et transactions exécutées par voie électronique.
L'offre commerciale électronique recouvre aussi bien l'offre de marchandises dont la livraison passe par les procédés traditionnels, que les ventes de biens fournis directement par voie électronique (exemple : logiciel téléchargeable) ou encore l'accès à des services en ligne (exemple : base de données d'informations).

## 2 La protection du cocontractant

### 1. L'enjeu de la protection

Il s'agit d'assurer le développement du commerce électronique en renforçant la confiance des consommateurs dans ce nouveau mode de transaction et en protégeant la partie au contrat jugée la plus faible. Les dispositions s'inspirent des techniques du Code de la consommation, mais elles s'appliquent le plus souvent aussi bien au bénéfice du consommateur qu'à celui du non-professionnel, c'est-à-dire celui qui acquiert un bien ou un service en dehors de son domaine professionnel.

### 2. L'effectivité de la protection

Au niveau de la législation nationale, la crainte qu'Internet ne crée un espace sans protection juridique n'est pas fondée puisque le droit de la consommation s'applique. Mais la vente par Internet efface les frontières : une multitude de droits nationaux est donc applicable et le respect du droit national par les vendeurs situés à l'étranger est difficile à garantir.

## 3 Les règles à respecter

### 1. Le respect de l'ordre public

La LCEN est la transposition de la directive européenne de juin 2000 visant à harmoniser les législations des États membres. Elle impose des obligations au vendeur et accorde des droits au consommateur.
Les dispositions d'ordre public, comme le respect des bonnes mœurs, la sécurité, la protection des mineurs, de la santé publique et des consommateurs, doivent être expressément respectées.
Dans toute offre de vente d'un bien ou de fourniture d'une prestation de services faite à distance, le professionnel est tenu d'indiquer le nom de son entreprise, ses coordonnées téléphoniques ainsi que l'adresse de son siège et, si elle est différente, celle du fabricant.
Le droit français stipule que chacun a le droit de savoir ce qu'il achète. Les cyber-acheteurs doivent pouvoir avoir accès au descriptif des caractéristiques essentielles du bien ou du service proposé, qui doit donc être clair et précis. Les notices doivent être rédigées en français. L'auteur de l'offre reste engagé par elle tant qu'elle est accessible par voie électronique.

### 2. Le respect de la vie privée

#### a) Le consentement préalable en *B to C*

La sursollicitation des internautes a conduit la LCEN à consacrer le régime de l'*opt-in* pour la prospection électronique, conformément à la directive «vie privée dans les communications électroniques». La prospection directe au moyen d'un automate d'appel, d'un télécopieur ou d'un courrier électronique est interdite si la personne sollicitée n'a pas exprimé son consentement préalable à recevoir ce type de prospection.

#### b) Le droit d'opposition en *B to B*

La Commission nationale de l'informatique et des libertés (CNIL) considère que la prospection par courrier électronique dans le cadre professionnel n'est pas soumise au consentement préalable des personnes physiques prospectées. Le professionnel peut toutefois s'opposer à toute utilisation commerciale de ses coordonnées : c'est le principe de l'*opt-out.*

### 3. L'obligation de loyauté

L'obligation de loyauté implique que toute offre en ligne doit pouvoir être clairement identifiée comme telle. Il s'agit de permettre l'identification du partenaire et des produits proposés. Les caractéristiques qualitatives et quantitatives de l'offre doivent être décrites précisément et sans équivoque.

### 4. L'obligation de transparence

#### a) Les caractéristiques de l'offre

Le cybermarchand doit préciser les services concernés, la zone géographique, la durée de l'offre, la disponibilité du bien ou du service au moment de la passation de la commande. Les conseils d'utilisation et de précaution doivent être mentionnés, ainsi que les modes de livraison.
Le prix doit être indiqué de manière claire et non ambiguë. Les taxes, les frais annexes (exemple : frais d'envoi), les réductions doivent être détaillés.

#### b) Les étapes de la conclusion du contrat

Toute offre de contrat sous forme électronique proposée par un professionnel doit comprendre les étapes à suivre pour conclure le contrat. Elle explique les moyens techniques qui permettent de corriger les erreurs commises dans la saisie des données.

#### c) Les conditions contractuelles

L'obligation légale de procéder à l'affichage électronique des conditions contractuelles renforce la transparence de l'offre et permet au consommateur d'être totalement informé avant de s'engager.

# 20 LE CONTRAT ÉLECTRONIQUE

**Dans l'univers virtuel, la formation et l'exécution des contrats se réalisent dans le cadre de règles spécifiques assurant la sécurité juridique des transactions.**

Avec l'avènement du commerce électronique, des écrits numériques proposant une offre commerciale sont échangés en nombre croissant (conditions générales de vente, bons de commande, etc.) et quotidiennement sur Internet. Il est possible d'user de la voie électronique pour « mettre à disposition des conditions contractuelles ou des informations sur des biens ou services ». Les informations demandées peuvent être transmises par courrier électronique en vue de la conclusion d'un contrat ou au cours de son exécution « si leur destinataire a accepté l'usage de ce moyen ».

## 1 La détermination du droit applicable

Les contrats sont souvent conclus *via* Internet ou un autre réseau (exemple : commande par échange de courriels) entre des personnes établies dans des États différents. Si un litige survient entre elles (exemple : défaut de livraison), la partie qui entend engager des poursuites judiciaires doit identifier le tribunal compétent et la loi qui régit le litige.

### 1. Les principes communautaires

Conformément à une directive européenne de juin 2000, l'acheteur français bénéficie pour tout site européen d'une protection identique à celle accordée par le droit français.

La loi applicable à l'activité de commerce électronique est celle de l'État sur le territoire duquel le vendeur est établi. Une personne est considérée comme établie en France dès lors qu'elle y est installée d'une manière stable et durable pour exercer effectivement son activité, quel que soit, s'agissant d'une personne morale, le lieu d'implantation de son siège social.

### 2. Les critères de compétence des tribunaux

Le critère de compétence générale est déterminé par le territoire du domicile du défendeur. Ainsi, les litiges des personnes domiciliées sur le territoire d'un État, quelle que soit leur nationalité, peuvent être jugés devant les juridictions de cet État.

La loi donne donc compétence au tribunal du lieu où l'obligation qui sert de base à l'action a été ou doit être exécutée.

#### a) La vente de marchandises et la fourniture de services

Lorsqu'il s'agit d'une vente de marchandises, le lieu d'exécution est celui où, en vertu du contrat, les marchandises ont été ou auraient dû être livrées.

En ce qui concerne la fourniture de services, le lieu d'exécution est celui où les services ont été ou auraient dû être fournis.

#### b) L'exécution en ligne

Dans l'hypothèse d'une exécution en ligne, la compétence est attribuée au juge du lieu où ont été reçues les données téléchargées, et non au juge du lieu depuis lequel elles ont été envoyées.

## 2 Les étapes du processus de formation du contrat électronique

### 1. Les obligations du vendeur

En ce qui concerne la vente par Internet, le fournisseur doit faire figurer plusieurs éléments dans son offre. Il en est ainsi des caractéristiques du bien ou service, de l'identité du vendeur, de son adresse et de son numéro de téléphone. Il doit en outre faire figurer le prix TTC du produit ou du service, les conditions générales de vente, les frais de livraison, les modalités de paiement et de livraison.

L'attention du client doit être attirée sur l'existence de son droit de rétractation, de la durée de validité de l'offre, du coût de la communication à distance utilisée si elle dépasse le tarif de base et, s'il s'agit de la fourniture continue d'un service ou d'un bien, sa durée minimale. Les conditions générales de vente doivent être accessibles et imprimables.

Le vendeur doit également informer son acheteur des étapes à suivre pour conclure le contrat (exemples : comment sélectionner les produits ou services retenus, modes de paiement proposés), des langues disponibles et des modalités de sauvegarde du contrat. Il doit présenter clairement les moyens techniques permettant de corriger des erreurs possibles lors de la saisie des données. L'acheteur doit être en mesure de distinguer les étapes de la passation de commande et la validation finale de l'achat pour ne pas être engagé sans l'avoir expressément voulu.

### 2. La vérification de la commande

Pour être valable, un contrat de vente par voie électronique doit permettre au client de vérifier en ligne le détail de sa commande (description et quantité des produits ou services) et le prix total de la facture. L'acheteur doit en effet, compte tenu de l'absence d'un échange face à face avec le vendeur et donc de conseils, disposer de la faculté de corriger d'éventuelles erreurs.

La possibilité doit lui être donnée de confirmer son achat au moyen d'un double clic.

### 3. La confirmation

Avant de confirmer son acceptation de l'offre, le consommateur doit vérifier le détail de sa commande.

Pour prévenir toute erreur de manipulation des internautes, la loi sur la confiance dans l'économie numérique prévoit que la conclusion d'un contrat électronique doit se faire, sauf exception, en deux étapes. Le contrat ne sera conclu définitivement entre les deux parties que lorsque le consommateur aura matériellement réitéré l'acceptation du contrat par le procédé du « double clic ».

# 20 LE CONTRAT ÉLECTRONIQUE (suite)

#### a) Le premier « clic » pour accepter

Le cybervendeur doit permettre à l'acheteur de vérifier le détail de sa commande et son prix total et de corriger éventuellement sa première saisie.
Dans un premier temps, le consommateur confirme la commande contenant toutes les précisions sur les produits ou services concernés, le prix total TTC, les réductions de prix éventuelles, le mode de paiement et de livraison.
Dans ces conditions, la faculté offerte au client d'accéder au récapitulatif de sa commande et, le cas échéant, de la modifier avant de la confirmer, le protège de toute erreur de manipulation.

#### b) Le second « clic » pour confirmer

Puis l'internaute confirme sa commande et valide ainsi la transaction.
Le contrat électronique n'est valablement formé que lorsque le consommateur a cliqué une deuxième fois pour confirmer sa commande. L'acceptation doit être pure, simple et sans réserve.

#### c) Une protection réservée au non-professionnel

Cet important formalisme requis pour encadrer les contrats *B to C* n'est pas nécessaire dans le cadre d'une relation *B to B* où le principe de la liberté contractuelle prime.
Échappent donc à ces obligations, les contrats de fourniture de biens et de services conclus exclusivement par échange de courriers électroniques ainsi que les contrats conclus en ligne entre professionnels.

## 3 Le paiement du contrat électronique

### 1. Le règlement

Dans le contrat classique, la signature du contrat entraîne le paiement. Dans le contrat électronique, c'est le paiement qui conditionne la formation du contrat.
Le règlement peut s'effectuer immédiatement par carte bancaire ou porte-monnaie électronique rechargeable ; dans ce cas, le paiement est irrévocable. Il peut se faire aussi de manière différée à la livraison du bien ou lors de l'exécution de la prestation. Il est alors réalisé par virement bancaire, chèque ou espèces.

### 2. Le droit et le délai de rétractation

#### a) Le cadre de la rétractation

Lorsqu'il effectue sa commande, le consommateur doit être informé de l'existence ou de l'inexistence du droit de rétractation concernant les biens et services qu'il achète.
Le consommateur dispose d'un délai de 7 jours pour se rétracter à compter de la réception de son achat pour la vente de biens et à compter de l'acceptation de l'offre pour les prestations de services. Il n'a pas à justifier de motifs ni à payer de pénalités. Les frais de retour du produit sont à sa charge.

#### b) Le remboursement

Le vendeur ou prestataire rembourse l'acheteur dans les meilleurs délais et au plus tard dans les 30 jours suivant la date de rétractation. Le vendeur est tenu de rembourser la totalité des sommes versées dans les meilleurs délais : le montant de la commande ainsi que les frais de livraison.

## 4 L'exécution du contrat électronique

### 1. Le respect des délais

Le cybercommerçant a l'obligation d'accuser réception sans délai injustifié et par voie électronique de la commande qui lui a été adressée. En pratique, un premier courriel de confirmation de commande est rapidement envoyé. Il est généralement accompagné d'une adresse électronique permettant de suivre l'avancement de la livraison.
Le vendeur est tenu d'indiquer, avant la conclusion du contrat, la date limite à laquelle il s'engage à livrer le bien ou à exécuter la prestation de service. La livraison doit se faire dans un délai maximal de 30 jours à compter du lendemain de la réception de la commande, sauf accord contraire entre les parties.
Si le fournisseur ne peut respecter ce délai, par exemple à la suite d'une rupture de stock, le client doit en être informé clairement et surtout il peut, s'il le souhaite, être remboursé dans un délai maximal de 30 jours suivant le paiement.
Toutefois, et à la seule condition que cette possibilité ait été prévue lors de la conclusion initiale du contrat, le vendeur peut lui proposer un produit ou un service à un prix équivalent.

### 2. La livraison

En cas de retard de plus de 7 jours par rapport à la date annoncée et non justifié par la force majeure, le consommateur peut dénoncer sa commande par courrier recommandé avec accusé de réception et obtenir un remboursement intégral des sommes versées dans le mois qui suit.
Au plus tard au moment de la livraison du produit ou du service, le cybervendeur doit fournir les informations relatives au service après-vente, aux garanties commerciales et aux conditions de résiliation du contrat si celui-ci est à durée indéterminée ou supérieure à 1 an.

### 3. La responsabilité du professionnel

S'il ne respecte pas ses obligations, le vendeur est responsable vis-à-vis de l'acheteur des dommages subis.
L'e-commerçant est en effet présumé responsable de plein droit de l'inexécution ou de la mauvaise exécution de la prestation, quand bien même celles-ci seraient dues à un intermédiaire de la chaîne de contrat, à charge pour lui de se retourner contre cet intermédiaire.
Le vendeur peut toutefois s'exonérer de sa responsabilité en apportant la preuve que l'inexécution ou la mauvaise exécution du contrat est imputable à l'acheteur.
Il en va de même en cas de fait imprévisible et insurmontable, de tiers étranger à la fourniture de prestations prévues, ou de force majeure.

# 21 LA PROTECTION DES DROITS D'AUTEUR DANS L'UNIVERS NUMÉRIQUE



**Dans l'univers numérique, les œuvres de l'esprit donnent naissance à des valeurs économiques nouvelles qui doivent être encouragées et protégées.**

## 1 Les droits d'auteur et l'univers numérique

### 1. La protection des œuvres de l'esprit

Le droit de la propriété littéraire et artistique reconnaît à l'auteur d'une œuvre de l'esprit l'exclusivité de la production, de la publication, de la vente et de la distribution de son œuvre.

Les droits d'auteur naissent du seul fait de la création d'une œuvre de l'esprit originale, même éphémère. Dès lors qu'elle est le reflet de l'activité créatrice propre de l'auteur, l'œuvre de l'esprit est protégée, quels que soient sa forme d'expression, son support et son mode d'extériorisation (écrit, oral, analogique, numérique...).

**EXEMPLES**

Texte littéraire reproduit dans un livre, architecture graphique d'un site Internet, musique *live*, tirage photographique, logiciel.

### 2. Les prérogatives de l'auteur

Le droit d'auteur s'acquiert du seul fait de la création, sans aucune formalité de dépôt. Il confère des droits patrimoniaux (droit de reproduction et de représentation) et un droit moral (notamment droit au respect de l'œuvre).

La protection du droit moral est perpétuelle tandis que la durée de la protection des droits patrimoniaux s'éteint 70 ans après le 1er janvier de l'année civile suivant la mort de l'auteur. L'œuvre tombe alors dans le domaine public. Elle devient librement utilisable.

L'auteur a un monopole d'exploitation sur son œuvre. Toute représentation ou reproduction intégrale ou partielle (exemples : traduction, adaptation, arrangement) réalisée sans le consentement de l'auteur ou de ses ayants droit (exemple : les héritiers) est illicite.

**EXEMPLE**

Copier une œuvre protégée et la mettre à la disposition du public *via* Internet sans l'autorisation de l'auteur est un acte de contrefaçon.

### 3. L'évolution du droit d'auteur dans l'univers numérique

#### a) Les défis du numérique

Le développement technologique augmente les possibilités de diffusion des connaissances sans pour autant garantir pleinement le respect de l'immatériel et sa protection par le droit d'auteur. L'univers numérique permet ainsi de reproduire les œuvres sur des supports performants et peu contrôlables. Il devient possible d'accéder aux œuvres en contournant le droit d'auteur et le versement des redevances qui y sont associées. Le droit moral et les droits patrimoniaux attachés au droit d'auteur se trouvent, de fait, affaiblis.

**EXEMPLE**

Les logiciels *peer to peer* (ou P2P) permettent aux internautes d'échanger des fichiers en contournant le droit d'auteur.

#### b) Le cadre juridique

Les droits communautaire et français s'efforcent de poser un cadre juridique à cette évolution.

La loi du 12 juin 2009 favorisant la diffusion et la protection de la création sur Internet a pour objectif de dissuader les internautes de télécharger illégalement des œuvres. Elle institue un système de « riposte graduée » allant de l'avertissement par courriel à la suspension de la connexion à Internet. Une autorité administrative, la Haute Autorité pour la diffusion des œuvres et la protection des droits sur Internet (Hadopi), sera chargée de la prévention du piratage.

Le Parlement européen a affirmé que l'accès à Internet d'un utilisateur ne peut être restreint sans l'intervention d'un juge.

## 2 Le droit des créations numériques

### 1. Les bases de données

#### a) Définition

Le Code de la propriété intellectuelle définit la base de données comme un « recueil d'œuvres, de données ou d'autres éléments indépendants, disposés de manière systématique ou méthodique, et individuellement accessibles par des moyens électroniques ou par tout autre moyen ».

#### b) Les particularités juridiques et leur protection

La directive européenne de 1996 qui définit le régime juridique spécifique aux bases de données a été transposée en France en juillet 1998.

Le producteur d'une base de données a pris l'initiative et le risque des investissements. Il a le droit de réagir contre les extractions ou la réutilisation par mise à disposition du public de la totalité ou d'une partie qualitativement ou quantitativement substantielle du contenu de sa base de données. La durée de cette protection est de 15 ans à compter de l'achèvement de la constitution de la base de données. Celui qui viole les droits du producteur de la base encourt des sanctions pénales et civiles.

### 2. Les sites Internet

Un site Internet est un ensemble de documents et d'applications placés sous une même autorité et accessibles par la Toile à partir d'une même adresse universelle. C'est une œuvre littéraire et artistique en raison de son architecture graphique, des textes et de la musique qu'il contient.

# 22 LA SÉCURISATION DES DONNÉES À CARACTÈRE PERSONNEL

**➔ Le développement des activités numériques favorise la collecte et le traitement de données personnelles. Les TIC démultiplient les risques d'atteinte aux libertés individuelles.**

## 1 Les données à caractère personnel

### 1. Le cadre juridique européen et national

Des directives de 1995, 1997 et 2002 assurent un niveau élevé de protection de la vie privée au sein de l'Union européenne, en harmonisant les législations sur la protection des données.
En France, la loi «Informatique et Libertés» de 1978, modifiée en 2004 pour protéger les personnes physiques à l'égard des traitements de données à caractère personnel, précise : « Constitue une donnée à caractère personnel toute information relative à une personne physique identifiée ou qui peut être identifiée, directement ou indirectement, par référence à un numéro d'identification ou à un ou plusieurs éléments qui lui sont propres.» Les données à caractère personnel permettent donc d'identifier directement ou indirectement des personnes.

**EXEMPLES**
Numéro de téléphone, adresse de messagerie électronique.

### 2. La collecte et le traitement des données

Un traitement de données consiste en la collecte, l'enregistrement, l'utilisation, la transmission, la communication et la conservation d'informations personnelles. Toute exploitation de fichiers ou bases de données, notamment les recoupements de fichiers, constitue un traitement de données.
Tout traitement automatisé d'informations personnelles doit faire l'objet d'une déclaration auprès de la CNIL préalablement à sa mise en œuvre, sous peine de sanctions.

## 2 Les règles de protection des droits de la personne

### 1. Le droit à une information préalable et claire

Tout individu dont les données sont collectées doit être informé de l'identité du responsable du fichier, de sa finalité, des destinataires des données ainsi que de ses droits d'opposition, d'accès et de rectification. Cette information doit lui être fournie clairement, quel que soit le support utilisé (exemple : questionnaire d'enquête écrit).
Ainsi, l'expéditeur d'un e-mailing doit à tout moment laisser la possibilité au destinataire de se désinscrire, de s'opposer à toute transmission des informations à des tiers (exemple : partenaires commerciaux) et de consulter et modifier les données personnelles le concernant.

### 2. Le respect du droit d'opposition

Les personnes doivent être en mesure de s'opposer à l'utilisation commerciale de leurs données, par la revente de fichiers, avant la validation d'une commande ou la signature d'un contrat. En pratique, la CNIL estime qu'une case à cocher doit désormais figurer sur tout support de collecte écrit. Lorsqu'une personne exerce son droit d'opposition, l'organisation doit en informer toutes les sociétés auxquelles elle avait déjà transmis des données concernant cette personne.

### 3. La possibilité d'exercer ses droits sur place ou à distance

Les droits d'opposition, d'accès aux données et de rectification peuvent s'exercer, après justification de son identité, sur place ou à distance.

**EXEMPLE**
Le client d'une banque peut exercer ses droits dans une agence bancaire ou par courrier postal.

L'intéressé doit obtenir une réponse dans un délai maximal de 2 mois. En cas de refus, la décision doit être motivée et indiquer les voies et délais de recours.

### 4. Les obligations du responsable de fichiers

Le responsable d'un traitement de données personnelles a de nombreuses obligations légales, comme la notification de l'existence de traitements à la CNIL avant leur mise en œuvre, la communication préalable à la personne auprès de laquelle sont recueillies des données à caractère personnel d'un certain nombre d'informations. Il doit également préserver la confidentialité des données personnelles recueillies et ne les conserver que le temps nécessaire.

## 3 Les organes de contrôle

### 1. La Commission nationale de l'informatique et des libertés

La CNIL, autorité administrative indépendante, a pour mission de protéger la vie privée et les libertés individuelles ou publiques. Elle veille au respect de la loi «Informatique et Libertés» avec missions principales de recenser les fichiers et de surveiller la sécurité des systèmes d'information en s'assurant que toutes les précautions sont prises pour empêcher la déformation et la communication à des personnes non autorisées.
La CNIL établit des normes simplifiées afin que les traitements les plus courants et les moins dangereux pour les libertés fassent l'objet de formalités allégées.

**EXEMPLE**
Déclaration préalable à un traitement sous forme de déclaration en ligne plutôt que de demande écrite d'avis.

### 2. Le correspondant Informatique et Libertés

Institué en 2004, il est désigné par le responsable du traitement des données au sein d'une organisation. Il a un rôle de conseil et de suivi de la légalité de la gestion des données à caractère personnel. Il joue également un rôle pédagogique auprès des membres de l'organisation et un rôle d'interface avec la CNIL. Une organisation dotée d'un CIL n'est pas obligée de faire une déclaration préalable des traitements ordinaires et courants.

# 23 LES DROITS DES SALARIÉS FACE AUX TIC

**➔ Le développement des TIC a des conséquences sur l'exécution du contrat de travail. L'employeur peut utiliser ces outils pour gérer les informations recueillies lors du recrutement et tout au long de l'exécution du contrat de travail.**

## 1 Les TIC, outil de contrôle des salariés

### 1. Les droits de l'employeur

L'employeur peut pratiquer une cybersurveillance dans son entreprise en contrôlant les usages des nouveaux outils technologiques par les salariés dans le respect des règles en vigueur.

#### a) La protection des intérêts de l'entreprise

L'utilisation des technologies de l'information et de la communication (TIC), en particulier d'Internet ou d'un réseau intranet par les salariés, peut être lourde de conséquences pour l'entreprise.

**EXEMPLES**

Perte de productivité, violation de la confidentialité sur la stratégie de l'entreprise, risques pour la sécurité informatique, téléchargement de contenus illégaux.

Le contrôle des courriers électroniques des salariés, des téléchargements qu'ils effectuent et des sites Internet qu'ils visitent répond ainsi généralement au souci légitime de l'employeur de protéger les intérêts de son entreprise. L'employeur cherche notamment à éviter les abus dans l'utilisation de l'ordinateur et de la messagerie électronique à des fins personnelles pendant le temps de travail. En effet, la plupart des salariés travaillant dans des bureaux ont accès à un ordinateur attribué qui leur permet de stocker des informations à caractère professionnel mais aussi à caractère personnel.

#### b) Le pouvoir de contrôle

Sont considérées comme usage à titre personnel toutes les correspondances ou visites de sites Internet ne rentrant pas dans la fonction du salarié. La limitation de cette utilisation fait partie intégrante du pouvoir de direction et de contrôle de l'employeur.

**EXEMPLE**

L'employeur peut bloquer l'accès à certains sites Internet depuis les ordinateurs de l'entreprise.

Comme pour le téléphone ou les photocopies, l'utilisation privée de la connexion Internet de l'entreprise doit rester raisonnable, le salarié étant tenu d'une obligation de loyauté vis-à-vis de son employeur. En cas d'abus, la sanction serait justifiée.

### 2. Les limites qui s'imposent à l'employeur

#### a) Le principe

Le salarié bénéficie des mesures protectrices édictées par le Code du travail, notamment en matière de libertés individuelles. Le droit de surveillance et de contrôle de l'employeur sur l'activité des salariés doit se concilier avec les libertés fondamentales des salariés.

En effet, bien que ces préoccupations paraissent légitimes à l'employeur, les salariés, à l'inverse, n'apprécient guère les restrictions à l'utilisation de leur messagerie électronique et à Internet.

#### b) La vie privée informatique

La Cour de justice de l'Union européenne et la Cour européenne des droits de l'homme reconnaissent qu'il peut y avoir du temps privé au bureau. L'employeur est soumis au secret des correspondances, et plus généralement des informations personnelles du salarié contenues dans son ordinateur, principes relevant du droit au respect de la vie privée.

La CNIL rappelle « qu'un usage raisonnable, susceptible de ne pas amoindrir les conditions d'accès professionnel au réseau et ne mettant pas en cause la productivité paraît généralement et socialement admis par la plupart des entreprises ou administrations ». L'utilisation d'Internet ou d'une messagerie électronique à but privé ne constitue donc pas une faute professionnelle, sauf si cet usage est abusif.

La jurisprudence, après la reconnaissance d'un droit à la vie privée informatique du salarié, a évolué vers un droit égal d'accès de l'employeur qui précise désormais les limites de « la vie privée informatique » du salarié pendant son temps de travail face au pouvoir de contrôle de l'employeur.

Les dossiers, fichiers et courriels du salarié sont présumés être professionnels, sauf lorsque figure la mention « personnel ». Si un fichier est identifié comme personnel, l'employeur ne peut y avoir accès qu'en présence du salarié, ou si celui-ci a été dûment contacté au préalable, ou en cas de risque ou événement particulier (exemple : intrusion d'un virus).

En outre, l'usage de la connexion Internet de l'entreprise est présumé être professionnel. Toute navigation ne peut donc pas être protégée par le droit à la vie privée du salarié.

#### c) La transparence

L'employeur doit au préalable informer les salariés de la finalité du dispositif de contrôle, de ses modalités et de la durée pendant laquelle les données de connexion sont conservées. Cette information doit être effective, compréhensible et mise à jour afin que les salariés aient une réelle connaissance du dispositif.

Les règles d'utilisation d'Internet au travail peuvent apparaître dans divers documents tels que les notes de service, le contrat de travail, la charte d'utilisation du système d'information et de communication ou encore le règlement intérieur.

**EXEMPLE**

La CNIL recommande que les modalités d'accès aux données stockées sur l'environnement informatique d'un employé absent soient préalablement définies en concertation et diffusées auprès de l'ensemble des salariés susceptibles d'être concernés, *via* une charte par exemple.

Outre l'obligation d'information, la mise en place d'outils visant la collecte de données sur l'usage fait d'Internet par les salariés doit être déclarée à la CNIL.

# 23 LES DROITS DES SALARIÉS FACE AUX TIC (suite)

#### d) La discussion collective

Le principe de discussion collective consiste à consulter au préalable les représentants du personnel (comité d'entreprise ou, à défaut, délégués du personnel) pour recueillir leur avis, sans l'exigence toutefois de recevoir leur accord.

#### e) La proportionnalité

Le principe de proportionnalité prévoit que les moyens mis en œuvre doivent être proportionnels à l'objectif visé, ce qui revient à motiver le recours à la cybersurveillance.

## 2 Les TIC, outil de gestion des salariés

Les TIC sont utilisés par les employeurs comme outils pour gérer les salariés, tant pour le recrutement que durant toute la durée du contrat. Les dispositifs d'observation des salariés se multiplient dans les entreprises, ouvrant parfois la voie à des dérives attentatoires aux libertés.

**EXEMPLES**

Caméras, écoutes téléphoniques, biométrie.

### 1. Lors du recrutement

#### a) Une finalité limitée lors du recrutement

De plus en plus d'entreprises découvrent les facilités du recrutement et de la sélection *via* Internet, devenu un outil privilégié du e-recrutement. Les personnes chargées du recrutement doivent déclarer auprès de la CNIL les traitements automatisés d'informations nominatives, préalablement à leur mise en œuvre.

En outre, les informations demandées aux candidats à l'emploi ne peuvent avoir pour finalité que d'apprécier leur capacité à occuper l'emploi proposé ou leurs aptitudes professionnelles. Ces informations doivent avoir un lien direct et nécessaire avec l'emploi proposé. Le candidat doit de son côté, répondre de bonne foi à ces demandes d'information. Il est bien sûr interdit de collecter des données relatives à l'origine raciale ou ethnique des candidats à un emploi. Par contre, il est possible de recueillir les données telles que les nom et prénom du candidat à l'emploi, sa nationalité, son lieu de naissance, son adresse.

#### b) Les droits des candidats

Les candidats, comme toutes les personnes auprès desquelles sont recueillies des données à caractère personnel, disposent du droit d'être informés du caractère obligatoire ou facultatif des réponses, des personnes destinataires des informations, de l'existence d'un droit d'accès et de rectification.

La CNIL recommande que le candidat soit informé de la durée pendant laquelle les informations le concernant seront conservées et du droit dont il dispose d'en demander, à tout moment, la suppression.

Le responsable du traitement automatisé de données concernant les candidats à un recrutement doit s'engager à prendre toutes les mesures de sécurité et de confidentialité.

### 2. La vidéosurveillance

#### a) Le droit de surveiller l'activité des salariés

Conformément à l'article L. 2323-32 du Code du travail, l'employeur a le droit de contrôler et de surveiller l'activité de son personnel durant le temps de travail. Mais il ne peut mettre en œuvre un dispositif de contrôle qui n'a pas fait l'objet, préalablement à son introduction, d'une information et d'une consultation du comité d'entreprise.

#### b) Le droit de regard de la CNIL

L'installation d'un système de vidéosurveillance relève, dans un lieu privé, de la compétence de la CNIL, car la mise en place d'enregistrements de vidéos constitue un traitement de données à caractère personnel. Une procédure d'autorisation doit être mise en place, s'il y a utilisation d'une technique biométrique.

La CNIL vérifie la proportionnalité et la pertinence du système au regard de la finalité indiquée, au moyen de divers critères : l'emplacement des caméras, leur nombre, leur orientation, leur fonctionnalité, la période de fonctionnement, l'enregistrement ou non du son, etc.

Toutefois, ces dispositions ne sont pas obligatoires si les outils de vidéosurveillance sont utilisés pour surveiller des locaux dans lesquels les salariés ne travaillent pas.

#### c) L'information

L'employeur a également l'obligation d'informer les personnes physiques susceptibles d'être filmées. Il doit mettre en place un panneau d'information à l'entrée de l'entreprise, destiné au personnel et aux personnes extérieures, tels les visiteurs.

### 3. La géolocalisation des salariés

Les entreprises doivent aussi déclarer les traitements de données à caractère personnel dont la finalité est de localiser les véhicules des salariés grâce au système GPS.

Dans un premier temps, l'employeur, en tant que responsable du traitement, doit préalablement à la mise en œuvre de son dispositif de localisation en informer ses salariés.

**EXEMPLES**

Courriers remis en main propre, note d'information sur le tableau affichage.

À défaut, la collecte de ces informations est considérée comme déloyale et le dispositif ne peut s'appliquer aux salariés. L'employeur est également tenu de le déclarer à la CNIL et il ne pourra l'activer qu'après avoir reçu le récépissé de la Commission. La CNIL apprécie la proportionnalité des moyens mis en œuvre par rapport au but poursuivi.

**EXEMPLES**

Localiser le véhicule le plus proche des clients, lutter contre le vol, surveiller l'activité des salariés.

La nature des données pouvant être collectées par l'entreprise est déterminée en fonction des finalités du traitement. L'employeur pourra ainsi collecter le nom de l'employé, le numéro de la plaque d'immatriculation, le kilométrage, les temps d'arrêt, la vitesse (la CNIL recommande à l'employeur de ne pas relever la vitesse en temps réel du véhicule mais sa vitesse moyenne).

# 24 LES NOUVELLES FORMES D'ORGANISATION DU TRAVAIL

**➔ Les technologies de l'information et de la communication induisent de nouvelles formes d'organisation du travail pouvant avoir un impact sur le régime juridique des personnes au travail.**

## 1 L'usage des TIC dans l'entreprise

### 1. Les mutations liées à Internet

Internet amplifie les mutations organisationnelles des entreprises en permettant aux salariés dans l'entreprise d'accéder à des sites extérieurs et d'échanger des mails. Si la situation n'est pas uniforme selon les entreprises, le déploiement d'Internet en leur sein incite à examiner l'équilibre entre le lien de subordination et l'expression des libertés individuelles et collectives.

### 2. Les enjeux pour le travail salarié

Le lieu d'exercice de l'emploi a connu d'importantes évolutions sous l'effet des différents moyens technologiques mis à disposition : téléphone mobile, ordinateur portable, courrier électronique, visioconférence. Les salariés de l'entreprise peuvent exercer leurs fonctions d'un lieu distant pour diverses raisons et sous diverses formes.

**EXEMPLES**

Déplacements en clientèle pour les commerciaux ou les consultants ; rédaction de rapports et mise en forme de documents à domicile ou en télécentre (télésecrétariat).

La frontière entre le temps de travail et celui passé au travail devient floue, notamment pour le salarié équipé d'un téléphone et d'un ordinateur portables par son entreprise.

## 2 Le télétravail

### 1. La définition

Selon l'Association nationale pour le développement du télétravail et de la téléformation (ANDT), le télétravail consiste à travailler à distance du donneur d'ordre (employeur ou client) au moyen des outils informatiques et de télécommunication, de la même façon et avec les mêmes résultats que si le travail était réalisé dans les locaux du donneur d'ordre.

Télétravailler n'est donc pas une nouvelle forme d'emploi, mais une manière d'exercer et d'organiser son travail à distance, à temps plein ou partiel, pour le compte d'un tiers, en utilisant les TIC (ordinateur, liaison Internet, téléphone, imprimante, fax, etc.). Le télétravail est donc une forme d'organisation et/ou de réalisation du travail dans laquelle un travail qui aurait pu être réalisé dans les locaux de l'employeur est effectué hors de ces locaux de façon régulière.

### 2. L'importance du droit négocié

Cette forme d'organisation du travail s'est développée en France dans un cadre informel jusqu'à la signature, le 19 juillet 2005, par les organisations patronales et syndicales, d'un accord interprofessionnel donnant un statut juridique aux télétravailleurs. Ce texte est la déclinaison de l'accord européen sur le télétravail du 16 juillet 2002.

### 3. L'application des règles générales du droit social

#### a) Un salarié à part entière

Le télétravailleur détient les mêmes droits individuels et collectifs que les autres salariés dans l'entreprise et il doit pouvoir communiquer avec les représentants du personnel.

La mise en place de moyens de surveillance nécessite la consultation préalable du comité d'entreprise ou, à défaut, des délégués du personnel. La charge de travail et les critères de résultats sont équivalents à ceux de travailleurs comparables dans les locaux de l'entreprise. Le télétravailleur a le même accès à la formation et aux possibilités de carrière que les autres salariés.

#### b) L'égalité de traitement

Le télétravailleur bénéficie d'une égalité de traitement par rapport aux autres travailleurs tant pour la protection de sa santé, le respect des règles de sécurité que dans la mise à disposition par l'employeur d'un équipement de travail.

En ce qui concerne la protection des données, l'employeur informe le télétravailleur de toute restriction à l'usage des équipements informatiques et des sanctions en cas de non-respect.

### 4. Les aménagements spécifiques

Le télétravail modifie le rapport au travail, qu'il soit effectué dans les locaux de l'entreprise lorsque celle-ci dispose de plusieurs implantations distinctes, en télécentre (locaux loués par l'entreprise pour le télétravail), de façon nomade (exemples : chez le client, à l'hôtel, en voiture) ou encore au domicile du salarié.

#### a) Un choix du salarié et de l'employeur

Le travail à distance doit être choisi volontairement par le salarié et l'employeur. Aussi, le fait de refuser un poste en télétravail n'est pas un motif de licenciement.

Le contrat de travail à l'embauche ou l'avenant au contrat de travail doivent prévoir le recours à cette forme d'organisation et les modalités éventuelles de réversibilité. Si le télétravail fait partie des conditions d'embauche, le salarié peut ultérieurement postuler à tout emploi vacant dans l'entreprise correspondant à sa qualification, avec une priorité d'accès à ce poste. Le salarié qui choisit de passer en télétravail bénéficie d'une période d'adaptation pendant laquelle chacune des parties peut mettre fin à cette forme d'organisation du travail après un délai de préavis préalablement défini.

#### b) Les conditions de travail

L'employeur doit fournir par écrit au télétravailleur l'ensemble des informations relatives aux conditions d'exécution de sa mission. Il est tenu de respecter la vie privée du salarié, en fixant avec lui les plages horaires durant lesquelles il peut le contacter.

# 25 L'IDENTIFICATION DU RISQUE

**La conception de la faute fondée sur le comportement de l'individu laisse progressivement la place à une responsabilité sans faute fondée sur le risque. Le droit s'est construit peu à peu avec l'apparition de nouveaux risques.**

## 1 Les fondements de la responsabilité civile

La responsabilité civile suppose un lien de cause à effet direct entre un fait dommageable et un dommage.

### 1. Le fait générateur

Le fait générateur est un fait matériel, fondé sur la faute ou sur le risque.

#### a) La faute

La faute est une défaillance de conduite, qu'elle soit volontaire ou non ou prenne la forme d'une omission. Commet une faute celui qui n'agit pas comme il devrait.

**EXEMPLE**

L'entrepreneur qui néglige la sécurité de ses employés commet une faute.

#### b) Le risque

Le risque est un événement aléatoire dont la réalisation ne dépend pas exclusivement de la volonté de l'individu et qui est susceptible de causer un dommage aux personnes et/ou aux biens.

Le risque apparaît historiquement, dans la jurisprudence puis dans la loi, pour fonder le droit à réparation dans certains domaines d'activité générant des dommages accidentels, même sans faute identifiée.

Certains risques peuvent avoir des incidences collectives : leur survenance peut provoquer un nombre important de victimes sans toutefois permettre l'identification du responsable.

**EXEMPLE**

Pollution liée à la progression des activités industrielles.

### 2. Le dommage

Le dommage, appelé aussi préjudice, est un dégât matériel ou physique causé à une chose ou une personne.

Pour pouvoir donner lieu à réparation, le dommage doit être certain, c'est-à-dire déjà subi, et direct, c'est-à-dire résultant directement du fait reproché au responsable.

Il doit être déterminé et déterminable.

Il peut être matériel (exemple : destruction d'un bien appartenant à la victime), corporel (exemples : préjudice esthétique, blessures, incapacités) ou moral (exemples : douleur provoquée par la perte d'un être cher, atteinte à la réputation).

Il existe une grande variété de dommages qui résultent de la lésion d'intérêts patrimoniaux (exemple : frais médicaux) ou extrapatrimoniaux (exemple : atteinte au respect de la vie privée) de la victime.

Le dommage est une notion évolutive.

**EXEMPLE**

Apparition du préjudice écologique avec la multiplication des catastrophes industrielles.

### 3. La réparation

Que le fait dommageable soit une faute ou la réalisation d'un risque, le droit prévoit une réparation pour celui qui subit le dommage. Elle peut être en nature pour faire disparaître le dommage (exemple : remise en état d'un bâtiment) ou par équivalent avec l'attribution de dommages et intérêts à la victime pour compenser le préjudice subi.

### 4. La distinction entre responsabilité contractuelle et responsabilité délictuelle

Quand un dommage causé à une victime résulte de l'inexécution d'un contrat, la responsabilité civile est dite « contractuelle ». S'il est causé en dehors de tout contrat, la responsabilité est dite « délictuelle ». La principale source de responsabilité délictuelle est la faute. C'est celui dont le comportement est à l'origine du dommage qui est personnellement responsable.

#### a) L'obligation de résultat inhérente à la responsabilité contractuelle

Le contrat impose un résultat : l'obligation de résultat engage le débiteur à s'exécuter en vue de parvenir à un résultat précis. Sa non-réalisation emporte l'obligation pour le débiteur de réparer le dommage, à charge pour lui de s'exonérer en prouvant l'existence d'une cause étrangère (sauf lorsque l'obligation n'est que de « moyens » pour certains professionnels).

La responsabilité contractuelle peut être engagée à quatre conditions : l'existence d'un contrat régulièrement formé, l'existence d'une faute (refus d'exécution, retard d'exécution ou mauvaise exécution), l'existence d'un dommage et l'existence d'un lien de causalité entre les deux. La preuve de la faute pèse sur le créancier.

#### b) La responsabilité délictuelle du commettant du fait de son préposé

Dans le cas de la responsabilité des employeurs du fait de leurs salariés, on parle de responsabilité « de plein droit ». La victime n'a pas à prouver la faute puisque l'employeur est présumé fautif.

L'employeur ne peut se dégager de sa responsabilité en prouvant qu'il n'a pas commis de faute, sauf en cas de cause étrangère ou si le dommage a été commis en dehors des fonctions du salarié.

## 2 L'évolution de la notion de risque

### 1. Les causes

La notion de risque a évolué avec le temps. La conception subjective de la faute, fondée sur le comportement de l'individu, a laissé peu à peu la place à une responsabilité sans faute fondée sur le risque. On a assisté au déclin de la faute et au développement de la théorie du risque.

#### a) L'évolution technologique

À partir du XIX$^{e}$ siècle, la révolution industrielle s'est accompagnée de l'essor du machinisme entraînant de nombreux accidents et occasionnant de graves dommages sans qu'ils puissent être réparés dans la mesure où aucune faute ne pouvait être reprochée à quiconque. Ce fondement conforme au système libéral favorable à la liberté d'entreprendre conduisait à favoriser ceux qui prenaient des risques, au détriment de ceux qui en subissaient les conséquences.

La faute comme fondement exclusif de la responsabilité est devenue dès lors inadaptée car la preuve est souvent difficile à rapporter.

#### b) La valorisation de la victime

L'évolution en faveur des victimes s'est opérée compte tenu de l'accroissement des activités dangereuses, lié à l'évolution technologique, et de la valorisation de la personne.

L'idée s'est développée de proposer de fonder la responsabilité civile sur la théorie du risque : c'est à la personne qui tire profit d'une activité d'assumer les risques qu'elle crée. Ainsi, le chef d'entreprise qui, par l'activité qu'il dirige, crée des risques pour les tiers doit prendre à sa charge les dommages qui pourraient en résulter. L'avantage d'un tel fondement est de permettre une mise en œuvre beaucoup plus facile de la responsabilité civile puisqu'il n'est plus nécessaire de prouver une faute.

#### c) L'apparition de la responsabilité sans faute

Progressivement, la conception de la responsabilité individuelle a été fortement remise en cause, faisant apparaître une conception nouvelle de «responsabilité sans faute». On s'attache moins à la faute, à l'origine de l'accident, à l'auteur présumé du dommage et à l'établissement de sa culpabilité, qu'à la victime et aux indemnisations qu'elle est en droit de réclamer en vertu de l'obligation de réparation.

De nombreuses lois ont instauré des régimes spéciaux de responsabilité sans faute (exemple : la pollution nucléaire).

### 2. Les risques professionnels

La loi relative aux accidents du travail du 9 avril 1898 a, la première, consacré la théorie du risque en prévoyant la responsabilité de l'employeur même en l'absence de faute de sa part. Elle permet au salarié victime d'un accident du travail de demander réparation, sans avoir à prouver la faute de son employeur. Une responsabilité sans faute accompagnée d'une réparation forfaitaire est ainsi instaurée.

Le Code pénal et la jurisprudence ont aggravé les sanctions encourues par les employeurs en cas d'accident de travail ou de maladie professionnelle, et plus particulièrement en cas de faute inexcusable reconnue dans le cas de manquement à l'obligation de sécurité due par l'employeur à ses salariés.

### 3. La responsabilité du fait des produits défectueux

#### a) L'objectif

La loi du 19 mai 1998, transposant une directive européenne de 1985, a introduit dans le Code civil la responsabilité du fait des produits défectueux. Un produit est considéré comme défectueux dès qu'il n'offre pas «la sécurité à laquelle on peut légitimement s'attendre». Le défaut du produit peut être invoqué comme cause directe du dommage.

L'objectif est d'indemniser l'utilisateur d'un produit qui s'est révélé dangereux, même en dehors de toute faute du professionnel.

La distinction entre responsabilité contractuelle et responsabilité délictuelle est écartée car on ne se préoccupe pas de la nature de la relation pouvant exister entre la victime et l'auteur du dommage. Il s'agit avant tout de faciliter la protection de la victime.

#### b) Un régime de responsabilité sans faute

La transposition en droit français de la directive communautaire de 1985 a donné naissance à une responsabilité de plein droit, indépendante de toute référence à l'existence d'un lien contractuel entre le producteur et la victime. Qu'il soit producteur, importateur ou distributeur, le professionnel est réputé responsable de tout défaut de sécurité présenté par un produit défectueux mis sur le marché.

#### c) Les conditions de mise en œuvre

La victime n'a pas à prouver la faute du producteur, mais seulement l'existence d'un défaut du produit, puis celle d'un dommage subi et, enfin, le lien de causalité entre défaut et dommage.

Le producteur pourra être mis en cause pendant 10 ans à compter de la mise en circulation du produit. La victime dispose d'un délai de 3 ans à compter de la date où elle a eu connaissance du dommage, du défaut et de l'identité du producteur, pour mettre ce dernier en cause sous peine de prescription de son action.

#### d) Les causes d'exonération

Il s'agit d'une législation protectrice du consommateur ; les moyens de défense du producteur sont donc limités, mais il peut néanmoins s'exonérer dans certaines circonstances. Tout d'abord, il peut démontrer qu'il n'a pas mis volontairement le produit en circulation ou que le produit n'était pas destiné à la vente ou à toute autre forme de distribution. En outre, il peut prouver que le défaut n'existait pas lors de la mise en circulation. La responsabilité du producteur peut également être réduite, voire supprimée, si le dommage résulte d'une faute de la victime.

Par ailleurs, le producteur n'est pas responsable s'il prouve que l'état des connaissances scientifiques et techniques au moment où il a mis le produit en circulation ne permettrait pas de déceler l'existence du défaut : c'est l'exonération du « risque de développement ». Mais le producteur redevient responsable si, en présence d'un défaut qui se révèle dans un délai de 10 ans à compter de la mise en circulation, il ne prend pas les dispositions propres à prévenir les conséquences dommageables.

# 26 L'ANTICIPATION DU RISQUE

**Face à l'apparition de nouveaux risques et à la volonté sociale d'éliminer leurs conséquences négatives, la prévention consiste à les anticiper pour les supprimer ou les réduire. Si le risque est inconnu et ne peut donc être prévenu, il faut appliquer le principe de précaution.**

## 1 La prévention des risques au travail

### 1. Le principe de prévention

Le principe de prévention consiste à anticiper et à prendre des mesures permettant d'éviter objectivement un risque, ce qui suppose sa connaissance.

La prévention passe d'abord par l'évaluation du risque. Au niveau de l'entreprise, il s'agit tant de prévenir les risques technologiques et environnementaux que d'agir pour la prévention en matière de protection de la santé du salarié au travail. Celle-ci est devenue une préoccupation majeure sous l'impulsion du droit communautaire.

**EXEMPLE**

Une directive du 12 juin 1989 impose à l'employeur « d'assurer la sécurité et la santé des travailleurs dans tous les aspects du travail » et de prendre « les mesures nécessaires pour la protection de la sécurité et de la santé des travailleurs, y compris les activités de prévention des risques professionnels », notamment en évitant les risques, en évaluant ceux qui ne peuvent être évités, en les combattant à leur source et en planifiant la prévention.

Désormais, le législateur et le juge s'attachent à construire une véritable politique de protection de la santé en milieu de travail.

**EXEMPLE**

Depuis 2008, la Cour de cassation permet aux magistrats d'exercer un contrôle préalable des décisions d'un employeur en matière d'hygiène ou de sécurité de ses salariés.

### 2. Les risques liés à la santé au travail

#### a) Les atteintes à la santé physique et mentale

Les conditions de travail peuvent comporter des risques pour la santé physique des salariés, ainsi que des risques psychosociaux. Il revient à l'employeur d'évaluer ces risques et de prendre les mesures nécessaires pour assurer et protéger la santé physique et mentale ainsi que la sécurité de ses salariés.

**EXEMPLE**

Un accord national interprofessionnel (ANI) a été conclu le 2 juillet 2008 pour lutter contre le stress lié au travail ; dépression, suicides.

#### b) Le harcèlement moral

Le harcèlement moral d'un salarié se définit ainsi comme « les agissements répétés qui ont pour objet ou pour effet une dégradation des conditions de travail susceptible de porter atteinte à ses droits et à sa dignité, d'altérer sa santé physique ou mentale ou de compromettre son avenir professionnel ».

L'employeur doit rappeler dans le règlement intérieur l'interdiction de toute pratique de harcèlement moral. Au-delà de ce rappel, il doit être un véritable acteur de la prévention du harcèlement moral dans son entreprise en planifiant des actions de sensibilisation sur le sujet ou un système d'alerte.

En cas d'échec de sa politique de prévention, l'employeur doit user de son pouvoir disciplinaire pour mettre fin au harcèlement et préserver la santé des salariés. Il doit licencier le salarié coupable de harcèlement.

Le harcèlement moral est condamné par la justice, depuis la fin des années 1980, sur le fondement de la bonne foi dans l'exécution du contrat de travail et de l'obligation de protéger la santé des travailleurs. La loi de modernisation sociale du 17 janvier 2002 a introduit la notion de harcèlement moral en droit français.

La sanction pénale du harcèlement moral est de 1 an d'emprisonnement et de 3 750 euros d'amende selon le Code du travail ou de 15 000 euros selon le Code pénal.

S'il appartient au salarié d'établir la matérialité des faits qu'il invoque, les juges doivent, quant à eux, appréhender ces faits dans leur ensemble et rechercher s'ils permettent de présumer l'existence du harcèlement allégué. Il revient alors à l'employeur d'établir qu'ils ne caractérisent pas une situation de harcèlement.

### 3. Une obligation de résultat de sécurité de l'employeur

#### a) La responsabilité de l'employeur

Une obligation de résultat de sécurité est à la charge de l'employeur.

L'employeur doit assurer à chaque travailleur le résultat attendu, c'est-à-dire la protection de sa santé au travail. En cas de défaut de résultat, c'est-à-dire en cas de dégradation de la santé causée, même seulement en partie, par le travail, l'employeur est présumé responsable d'une défaillance fautive.

L'obligation de sécurité de l'employeur est une obligation de résultat. Par conséquent, seul un cas de force majeure peut l'exonérer de sa responsabilité.

#### b) La méthodologie de la prévention

L'employeur doit repérer le risque et l'identifier pour le supprimer en le combattant à la source. Dans le cas où il ne pourrait l'éradiquer, il doit mettre en place des protections collectives et individuelles, complétées par des mesures d'information et de formation des salariés.

L'employeur doit organiser la prévention dans toutes les fonctions et tous les niveaux de son entreprise selon « les principes généraux de prévention », dont celui de l'évaluation des risques professionnels. Il doit planifier sa démarche dans des dispositions humaines, techniques et organisationnelles en vue de l'amélioration continue des situations de travail. Un décret de décembre 2008 lui impose de tenir à jour un « document unique d'évaluation des risques professionnels ».

### 4. Le rôle des autres intervenants

#### a) Le médecin du travail

La médecine du travail est une médecine exclusivement préventive qui a pour objet d'éviter toute altération de la santé des salariés du fait de leur travail. Le médecin du travail surveille l'état de santé des salariés, les conditions d'hygiène du travail et les risques de contagion.
La médecine du travail est obligatoirement organisée, sur le plan matériel et financier, par les employeurs et placée sous la surveillance des représentants du personnel. La médecine du travail bénéficie à tous les salariés, quelle que soit la taille de l'entreprise.
Le médecin du travail conseille l'employeur sur l'amélioration des conditions de vie et de travail dans l'entreprise, la sécurisation et l'adaptation des postes.

#### b) L'inspecteur du travail

Il contrôle l'application de la réglementation du travail dans tous ses aspects et contribue notamment à la prévention des risques professionnels, ainsi qu'à l'amélioration des conditions de travail et des relations sociales.

#### c) Le comité d'hygiène, de sécurité et des conditions de travail (CHSCT)

Émanation du comité d'entreprise, le CHSCT est sollicité pour tout ce qui a trait à la santé et la sécurité des salariés dans l'entreprise. Sa consultation est obligatoire, par exemple, pour la mise en place de l'élaboration du document unique d'évaluation des risques professionnels.
Constitué dans tous les établissements occupant au moins 50 salariés, il a pour mission de contribuer à la protection de la santé et de la sécurité des salariés ainsi qu'à l'amélioration des conditions de travail.

#### d) Le droit d'alerte et de retrait

Une loi de décembre 1982 a reconnu un droit d'alerte et de retrait au bénéfice du salarié qui a un motif raisonnable de penser que la situation dans laquelle il se trouve présente un danger grave et imminent pour sa vie ou sa santé.
Le droit du travail donne ainsi aux salariés un rôle dans la prévention des risques dans l'entreprise. Le droit d'alerte et de retrait leur permet notamment d'avertir l'employeur et/ou d'arrêter leur travail en cas de danger grave et imminent pour leur vie ou leur santé.
La notion de danger grave et imminent est une menace immédiate susceptible de porter atteinte à l'intégrité physique des travailleurs. Il ne s'agit pas d'un risque habituel inhérent à la nature même d'un travail reconnu dangereux.

## 2 Le principe de précaution

### 1. L'énoncé du principe

La précaution est une attitude et un principe d'action face à un risque potentiel plausible, bien qu'encore incertain d'un point de vue scientifique. Né de considérations environnementales relativement récentes, le principe de précaution est invoqué si le risque est inconnu : les incertitudes ne doivent pas retarder l'adoption des mesures préventives.
Il s'agit de guider les actes des dirigeants des organisations en renforçant l'expertise, la transparence et l'anticipation des risques de leur activité. Le principe de précaution doit permettre un bon équilibre entre l'anticipation et la prudence d'une part, le développement et l'innovation d'autre part.

**EXEMPLES**

Affaires de «la vache folle», du sang contaminé, des antennes relais de téléphonie mobile, des OGM.

Le principe de précaution oblige à mettre en œuvre des actions de prévention face à des risques dont l'existence n'est pas scientifiquement avérée, sans attendre les certitudes sur l'existence du danger, l'étendue des dommages ou les relations de causes à effet.

### 2. La valeur juridique du principe

Le principe de précaution s'impose en France *via* la Charte de l'environnement. Il s'agit d'une loi constitutionnelle de mars 2005 à laquelle renvoie le préambule de la Constitution.
Il tend à s'imposer en Europe, *via* le traité de Maastricht de 1992, dans les domaines de l'environnement, de la sécurité alimentaire et de la santé. L'Union européenne s'engage progressivement dans un processus de généralisation du principe de précaution.

## 3 L'obligation de sécurité

Le «risque sécurité» inhérent aux ventes de biens et services articule les principes de prévention et de précaution.

### 1. La précaution face au risque sécurité

Depuis 1983, il existe une obligation générale de sécurité applicable à tous les produits et à tous les services.
Le Code de la consommation définit ainsi cette obligation : «Les produits et les services doivent, dans des conditions normales d'utilisation ou dans d'autres conditions raisonnablement prévisibles par le professionnel, présenter la sécurité à laquelle on peut légitimement s'attendre et ne pas porter atteinte à la santé des personnes.»
Les produits disponibles à la vente ne doivent pas, dans des conditions normales ou prévisibles d'utilisation clairement portées à la connaissance du consommateur, présenter de dangers pour la santé ou la sécurité de celui-ci.
Les professionnels ont donc une obligation générale de sécurité concernant les produits et services qu'ils fabriquent, réalisent ou commercialisent.

### 2. La prévention du risque sécurité

Les pouvoirs publics interviennent pour réglementer ou, le cas échéant, interdire la mise sur le marché de produits et de services dangereux.
Lorsqu'un bien présente un risque sécurité, il doit être retiré du marché suivant une procédure rapide et simple.

# 27 LA COLLECTIVISATION DU RISQUE

**L'activité de l'entreprise peut générer des dommages corporels, matériels et moraux engageant sa responsabilité. La demande sociale exige davantage de sécurité et conduit à la mise en place de mécanismes de collectivisation par les assurances ou par l'État.**

## 1 L'objectivation de la responsabilité

### 1. Le développement des responsabilités objectives

On assiste au développement de l'objectivation de la responsabilité civile, c'est-à-dire que celle-ci se détache de plus en plus de toute connotation morale. L'évolution contemporaine a permis de prendre conscience des limites d'une responsabilité fondée sur la faute au profit d'une responsabilité objective détachée de l'idée de faute.

Ce recul de la faute et le passage à une responsabilité modernisée, fondée sur le risque, se tournent essentiellement vers la défense des intérêts des victimes.

### 2. Un instrument juridique au profit des victimes

C'est la volonté de protéger les victimes qui a poussé au développement de responsabilités objectives techniquement plus faciles à mettre en œuvre et permettant en principe d'obtenir plus rapidement l'indemnisation, en évitant un débat sur la faute.

La responsabilité civile consiste désormais moins en la sanction d'un comportement illicite qu'en un instrument juridique permettant à une victime d'obtenir réparation des dommages qu'elle a subis. Les manifestations de cette tendance sont perceptibles à travers le développement des lois d'indemnisation.

**EXEMPLE**

La loi du 5 juillet 1985 a été adoptée pour améliorer la situation des victimes d'accidents de la circulation. En vertu de cette loi, elles peuvent obtenir réparation des dommages subis sans avoir à prouver l'existence d'une faute imputable à l'auteur des dommages.

Le mouvement d'objectivation de la responsabilité, qui conduit à s'attacher à la réparation du dommage plutôt qu'au seul comportement du sujet responsable, nécessite d'assurer une collectivisation de la responsabilité afin de diluer la charge de l'indemnisation.

## 2 La mutualisation par les assurances

### 1. L'origine de l'assurance

L'activité d'assurance trouve son origine dans la volonté des agents économiques, individus et entreprises, de se protéger contre les aléas de l'existence, qu'il s'agisse de dommages aux biens (exemples : automobile, habitation) ou aux personnes (exemples : santé, invalidité, décès), que ceux-ci aient été causés involontairement à autrui (responsabilité civile) ou à soi-même.

### 2. Le mécanisme de l'assurance

#### a) La mutualisation

L'assurance permet le partage des risques entre une multitude de personnes : en contrepartie du paiement d'une cotisation sous la forme du versement d'une prime, chaque assuré a le droit de recevoir une indemnité en fonction de la nature et de l'importance des dommages subis en cas de sinistre ou d'accident. L'assuré bénéficie donc du droit à percevoir une indemnité en cas de réalisation du risque.

**EXEMPLE**

Un individu qui en blesse un autre accidentellement ne paiera pas lui-même les dommages et intérêts auxquels il est condamné s'il bénéficie d'une assurance responsabilité civile. Ainsi, la charge de la condamnation civile ne repose pas nécessairement sur le condamné mais sur l'assureur, et finalement sur la collectivité des assurés.

Sur le plan technique, tout assureur organise le regroupement d'un grand nombre de risques de nature semblable et la mutualisation des moyens de telle sorte que les sinistres des uns sont compensés par les cotisations versées par tous.

La mutualisation est la division de la charge des dommages entre tous. Elle permet de compenser mutuellement les risques encourus par chacun, l'assureur étant l'organisateur de cette mutualisation matérialisée par un contrat d'assurance conclu avec chaque personne assurée.

#### b) Le bien assurable

L'assurance repose sur une appréciation statistique du risque. Le bien assurable doit être soumis à un aléa, qui peut porter sur la survenance d'un événement concernant le bien (exemple : le vol) ou sur la date de réalisation d'un événement certain (exemple : le décès dans le cas de l'assurance-décès).

L'aléa est le caractère principal de tout contrat d'assurance. Il doit être suffisamment courant pour qu'on puisse calculer sa probabilité, sans être trop courant au point d'être quasi certain, car alors il ne pourrait être couvert qu'à un tarif prohibitif.

#### c) Le sinistre

Il s'agit de la réalisation du risque contre lequel on s'est prémuni. En assurance de responsabilité, c'est la réclamation de la victime qui constitue le sinistre.

#### d) La garantie

La garantie est l'engagement pris par l'assureur de couvrir le sinistre selon les termes du contrat d'assurance. Lorsque le risque se réalise, l'assureur doit payer, dans le délai convenu, l'indemnité ou la somme déterminée d'après le contrat conclu avec l'assuré.

L'assureur doit fournir de façon loyale une information complète sur le prix et le contrat préalablement à sa signature afin que l'assuré connaisse le contenu du contrat auquel il va adhérer. Il doit à ce titre attirer l'attention de l'assuré sur les exclusions possibles, c'est-à-dire les conséquences du dommage causé qui ne sont pas garanties (exemples : amendes, incendie volontaire).

### 3. Le contrat d'assurance de biens

L'assurance de biens, aussi appelée assurance de dommages, couvre l'assuré pour les dommages qu'il subit. La souscription d'une telle assurance garantit l'organisation contre les risques qui la menacent (exemples : incendie, inondation) et lui permet de transférer les conséquences qu'elle ne peut assumer seule.

### 4. Le contrat d'assurance de responsabilité

L'assurance de responsabilité couvre les dommages causés aux tiers (exemple : les clients) par une organisation. Cependant, les juges considèrent que la garantie contractuelle peut valablement être exclue d'une assurance de responsabilité.

**EXEMPLE**

Un loueur de scooters de mer installé sur une plage est assuré si son salarié blesse une personne en manipulant l'engin. En revanche, si un client est blessé en raison d'un défaut de fabrication ou d'entretien du scooter, le loueur n'est pas couvert car il s'agit d'un dommage « contractuel ».

## 3 La socialisation par la solidarité nationale

### 1. Une exigence croissante de sécurité

La société actuelle refuse la fatalité et évolue vers une exigence croissante de sécurité et la volonté de garantir la réparation. La solidarité nationale s'est donc développée pour permettre l'indemnisation de risques mal identifiés *a priori* ou dont le coût prohibitif rend difficile la couverture par le seul jeu des mécanismes classiques d'assurance. Elle répond à l'évolution des risques eux-mêmes et de leur perception.

**EXEMPLES**

Accidents médicaux, risques technologiques, menaces liées à l'environnement, à l'alimentation.

L'évolution ainsi constatée vers une plus grande « socialisation du risque » ou prise en charge du risque par la société se justifie par l'idée qu'il y a des risques dont il serait injuste de ne pas partager la charge entre les individus.

**EXEMPLES**

Indemnisation des victimes de catastrophes naturelles, d'actes terroristes ou de contamination.

### 2. Le rôle de la puissance publique

La puissance publique a souvent un rôle moteur dans l'évolution vers une socialisation accrue du risque en tant qu'acteur et régulateur face à des risques dont elle ne peut se désintéresser. Selon la logique de solidarité nationale, l'État répare les dommages qui se rattachent à l'exercice de ses compétences, même s'ils n'ont pas été causés par une personne publique.

**EXEMPLES**

Indemnisation des accidents du travail par la Sécurité sociale ; carence de l'État dans la prévention des risques liés à l'exposition des travailleurs aux poussières d'amiante.

L'intérêt général doit aussi, le cas échéant, être protégé au travers de la sanction pénale, prévue par les droits français et communautaire.

**EXEMPLE**

La loi du 2 août 2008 relative à la responsabilité environnementale renforce les sanctions encourues en cas de rejets volontaires ou involontaires dans la mer. La peine est de 15 millions d'euros en cas de faute intentionnelle. Cette loi adapte le droit national au règlement européen de décembre 2006.

### 3. Les fonds d'indemnisation

Ils représentent un système mixte combinant solidarité et assurance. Ces fonds permettent de séparer la question de la responsabilité de celle de la réparation et d'accorder prioritairement une indemnisation aux victimes.

Certains fonds répondent aux risques naturels ou sociaux, pour des dommages ne se rattachant à aucune responsabilité (exemples : calamités agricoles, aléas thérapeutiques) ou lorsque le responsable n'est pas identifié, pas assuré ou insolvable (exemples : terrorisme, victimes d'infractions pénales). D'autres fonds répondent à l'apparition de nouveaux risques de masse (exemple : indemnisation des préjudices résultant de la contamination par le VIH causée par une transfusion). L'intérêt des fonds est de permettre des financements croisés par la solidarité nationale.

**EXEMPLE**

La loi du 9 septembre 1986 crée un fonds de garantie des victimes d'actes de terrorisme pour les dommages corporels, financé par un prélèvement sur les contrats d'assurance de biens.

### 4. Le risque de dilution de la responsabilité

La socialisation accrue du risque présente des limites en termes de coûts pour la société, ainsi que le danger d'une déresponsabilisation des acteurs de l'économie.

La responsabilité civile est axée sur la réparation, ce qui peut se traduire par une dilution du concept de responsabilité. Les acteurs ne sont pas incités à réfléchir aux conséquences dommageables potentielles de leur activité ou de leur comportement. Et ce d'autant moins que la réparation est prise en charge par la collectivité.

# exercices

## exercice 1 Analyse d'une situation juridique

Mme Z. a été licenciée pour avoir envoyé une centaine de courriels personnels en deux mois depuis son lieu de travail. Elle veut contester son licenciement qu'elle juge abusif, estimant qu'il y a eu « atteinte à la vie privée ».
Elle prétend que ces courriers ont été rédigés pendant les pauses alors qu'elle mangeait à son poste de travail et qu'elle n'a pas porté atteinte au bon fonctionnement de l'entreprise.
L'employeur affirme de son côté qu'il a découvert cette correspondance en recherchant l'origine d'un virus dans le système informatique. Il soutient qu'il n'a pas ouvert les messages mais seulement constaté leur existence. Il estime qu'une dizaine de courriers électroniques par jour représentent une heure de travail négligée quotidiennement.
Mme Z. se pose quelques questions, auxquelles vous répondrez à l'aide des annexes et de vos connaissances.

### ENTRAÎNEZ-VOUS

1. Relevez les faits donnant lieu au litige.
2. Précisez le problème juridique qui se pose.
3. Qualifiez juridiquement le problème.
4. En exploitant la décision de justice et les documents fournis en annexe, dites quel enseignement on peut tirer de l'arrêt de la Cour de cassation.
5. En mobilisant vos connaissances, dites si la surveillance des correspondances électroniques des salariés par l'entreprise constitue une atteinte illicite aux libertés individuelles. Argumentez votre réponse sur le plan juridique.
6. Quelle serait l'issue d'une action en justice menée par Mme Z. ?

CORRIGÉS p. 82

### Annexe 1 : Arrêt de la Cour de cassation
***Cour de cassation, chambre sociale***
***30 mai 2007***
***N° du pourvoi : 05-43102***

La Cour de cassation, chambre sociale, a rendu l'arrêt suivant :
Sur le moyen unique :
Vu les articles 8 de la Convention européenne de sauvegarde des droits de l'homme et des libertés fondamentales, 9 du Code civil, 9 du Nouveau Code de procédure civile et L. 120-2 [L. 1121-1] du Code du travail ;
Attendu, selon l'arrêt attaqué, que M. X., engagé le 5 décembre 2001 par la société Y. en qualité de responsable de centre, a été licencié pour faute grave le 13 novembre 2002 ;
Attendu que pour juger le licenciement sans cause réelle et sérieuse, la cour d'appel a retenu que les deux messages électroniques du 16 avril 2002 adressés par M. X. à une de ses collaboratrices sur le lieu de travail ne comportant aucun élément professionnel, constituent de la correspondance privée ; qu'il n'appartient pas à l'employeur de prendre connaissance des messages personnels émis ou reçus grâce à l'outil informatique mis à la disposition du salarié pour son travail ;
Qu'en statuant ainsi, sans rechercher si les fichiers ouverts sur le matériel mis à sa disposition par l'employeur avaient été identifiés comme personnels par le salarié, la cour d'appel n'a pas donné de base légale à sa décision ;
PAR CES MOTIFS :
CASSE ET ANNULE, dans toutes ses dispositions, l'arrêt rendu le 21 avril 2005, entre les parties, par la cour d'appel de Versailles ;
remet, en conséquence, la cause et les parties dans l'état où elles se trouvaient avant ledit arrêt et, pour être fait droit, les renvoie devant la cour d'appel de Versailles, autrement composée ;
Condamne M. X. aux dépens ; [...]

### Annexe 2 : Le droit de contrôle de l'employeur

Le salarié ayant été licencié pour faute grave, la Cour de cassation a confirmé cette sanction (cass. soc. du 14.03.00, pourvoi n° Z 98-42090). Elle a jugé que « l'employeur a le droit de contrôler et de surveiller l'activité de ses salariés pendant le temps de travail » y compris par un dispositif non destiné à cette fin et que « seul l'emploi du procédé clandestin de surveillance est illicite ». En revanche, dans une autre affaire, un employeur avait installé un système de surveillance à l'insu des salariés. Plusieurs licenciements étaient alors intervenus, fondés sur les résultats de ce contrôle. Le juge, dans un arrêt de principe, a considéré qu'un employeur ne pouvait pas licencier un salarié en se fondant sur des preuves obtenues grâce à un système de surveillance, alors que l'intéressé n'en avait pas été averti (cass. soc. du 10.12.97, n° 95-42.661, X c/ Carrefour).

Extrait de *Le Particulier*, n° 948.



## exercice 2 Analyse d'un document juridique

***Un employeur peut-il décider de baisser les salaires ? Comme vient de le décider Hertz, diminuer la rémunération des salariés « en attendant la reprise », c'est légal. Mais à condition de respecter une procédure très encadrée.***

### Baisser le salaire est légal

Baisser le salaire peut être une solution à court terme pour tenter d'amortir la crise ou constituer une alternative à des licenciements. Si le salarié est fondé à refuser une telle mesure, aucun texte n'interdit à l'employeur de baisser un salaire à condition que le SMIC ou les minima conventionnels soient respectés. La baisse peut prendre diverses formes : réduction du salaire fixe, de la part variable ou augmentation de la durée de travail à salaire constant. La réduction de salaire peut concerner de manière uniforme ou non les différentes catégories de salariés. De fait, beaucoup d'entreprises commencent par réduire les bonus des cadres supérieurs ou plafonnent les variables des commerciaux, mesures apparaissant socialement plus correctes, avant d'envisager une réduction des rémunérations de l'ensemble du personnel. Pour faire accepter cette mesure radicale, la baisse de salaire s'accompagne souvent d'un accord collectif prévoyant le maintien de l'emploi ou d'une promesse de « retour à meilleure fortune », le retour à la rémunération antérieure étant conditionné à l'amélioration des résultats de l'entreprise. [...]

De plus, une baisse de salaire doit être gérée avec une extrême prudence. Car le refus des salariés expose non seulement à la mise en œuvre d'un plan de sauvegarde de l'emploi (PSE) mais aussi à la perte potentielle du savoir-faire des salariés les plus qualifiés, qui refuseront la baisse sachant qu'ils retrouveront facilement un emploi. [...]

### Une procédure très encadrée

En France (contrairement à de nombreux pays !), l'employeur ne peut imposer une baisse de salaire. Pour diminuer un élément de salaire contractualisé, l'employeur doit, après avoir informé et consulté le comité d'entreprise (CE), respecter une procédure longue et complexe prévue par l'article L. 1222-6 du Code du travail. Chaque salarié doit être informé par lettre recommandée avec accusé de réception de la réduction de salaire envisagée et de son motif économique. Le salarié dispose alors d'un mois pour répondre. S'il accepte la proposition de façon non équivoque, un avenant au contrat de travail est signé. S'il la refuse, soit l'employeur renonce à la baisse de salaire, soit il engage une procédure de licenciement économique. Quelle que soit la date de la réponse du salarié, le licenciement ne peut être engagé qu'une fois le délai d'un mois écoulé. [...]

Marijke Granier-Guillemare,
*L'Entreprise.com*, 14 mai 2009.

### ENTRAÎNEZ-VOUS

**1.** Analysez le document.

**2.** Quels principes sont ainsi remis en cause avec la crise économique ?

CORRIGÉS p.82

# corrigés

## exercice 1 page 80

**1. Le contexte**

**Les acteurs :** Mme Z., salariée, et son employeur.

**Les faits :** Mme Z. est salariée d'une entreprise et a été licenciée par son employeur pour avoir entretenu une correspondance personnelle par mail sur son temps de travail.

**2. Le problème juridique**

Un employeur peut-il licencier un salarié au motif qu'il s'est consacré à de la correspondance privée sur son temps de travail ?

**3. La qualification juridique**

Il s'agit de savoir si la surveillance par l'entreprise des correspondances électroniques de ses salariés constitue une atteinte illicite aux libertés individuelles.

**4. Exploitation de la décision de justice et exposé des règles**

**– L'enseignement de l'arrêt de la Cour de cassation en date du 30 mai 2007**

Le problème qui se pose à la Cour est de savoir si les messages du salarié constituent de la correspondance privée dont l'employeur ne peut prendre connaissance ou si les fichiers pouvaient être consultés par l'employeur.

La limite soulevée par la Cour est de savoir si ces fichiers avaient été identifiés comme personnels. Cette décision laisse comprendre que si les fichiers sont identifiés comme personnels, l'employeur ne peut en prendre connaissance, alors que dans le cas contraire, l'employeur peut les considérer comme professionnels, et donc contrôlables.

**– Les règles de droit**

L'employeur est en droit de contrôler et surveiller l'activité de ses salariés pendant le temps de travail, à condition que les salariés aient été avertis de l'existence d'un système de surveillance.

Afin d'éviter les abus, il existe des limites à l'utilisation par le salarié de l'ordinateur à des fins personnelles. Dans le même temps, l'employeur est soumis au secret des correspondances, et plus généralement des informations personnelles du salarié contenues dans l'ordinateur. Ces principes relèvent du droit au respect de la vie privée.

Doivent être considérées comme usage à titre personnel toutes les correspondances ou visites de sites Internet ne rentrant pas dans la fonction du salarié. La limitation de cette utilisation fait donc partie intégrante du pouvoir de direction et de contrôle de l'employeur.

Cependant, la CNIL estime « qu'un usage raisonnable, susceptible de ne pas amoindrir les conditions d'accès professionnel au réseau et ne mettant pas en cause la productivité paraît généralement et socialement admis par la plupart des entreprises ou administrations ».

Il faut donc préciser que l'utilisation d'Internet ou des messageries électroniques à but privé ne constitue pas une faute professionnelle en tant que telle, sauf si cet usage est abusif.

**5.** Dans les circonstances relatées ici, le problème de la vie privée ne peut être soulevé dans la mesure où l'employeur n'a fait que constater l'existence de ces mails sans les ouvrir. Il est probable que les juges écartent l'atteinte à la vie privée car les messages n'ont pas été ouverts par l'employeur. De plus, il ne s'agit pas d'une utilisation occasionnelle de la messagerie à des fins personnelles. En l'espèce, l'employeur pouvait reprocher à la salariée « la fréquence et l'importance en volume de telles communications ». Le licenciement semble pleinement justifié.

**6.** Si on se limite aux éléments rapportés, Mme Z. serait probablement déboutée de sa demande. Dans l'entreprise et pendant le temps de travail, le salarié est soumis à l'autorité de l'employeur. Il ne fait donc pas ce qu'il veut et doit obéir à des ordres et à des directives. Alors qu'*a priori* l'employeur n'a pas à intervenir dans la vie personnelle du salarié, il en a le pouvoir, même si celui-ci est réglementé, dans sa vie professionnelle.

## exercice 2 page 81

**1.** Cet extrait d'article de presse est issu de *L'Entreprise* du 14 mai 2009.

- **Les faits :** la société Hertz vient de décider de diminuer la rémunération des salariés « en attendant la reprise ».
- **Le problème de droit :** existe-t-il une possibilité de baisser la rémunération des salariés dans le contexte particulier de la crise économique ?
- **L'analyse :** la rémunération du salarié est un élément du contrat de travail, et à ce titre, elle est un des trois critères nécessaires à la conclusion d'un contrat de travail (un travail effectif pour le compte et au profit d'un employeur, une rémunération, un lien de subordination juridique).
- **Le sens et la portée de la règle de droit :** si le salaire est modifié par l'employeur, il y a modification du contrat de travail qui ne peut être imposée unilatéralement par l'employeur.
- **La solution proposée :** un employeur ne peut modifier à la baisse la rémunération de salariés qu'avec leur accord et en respectant une stricte procédure rappelée dans le document.

**2.** Les principes remis en cause sont l'intangibilité des conventions signées entre les parties et l'impossibilité de remettre en cause le salaire, élément essentiel du contrat de travail.

# PRÉSENTATION DE L'ÉPREUVE

## Comment se présente l'épreuve d'Économie-Droit au BTS ?

### 1 Objectifs, durée et coefficient

L'épreuve d'Économie-Droit du BTS se décompose en deux parties indépendantes : une partie juridique et une partie économique. Chaque partie est notée de 0 à 20. La note finale est obtenue en calculant la moyenne des deux notes, arrondie au point entier supérieur.
Cette épreuve écrite vise à évaluer vos compétences économiques et juridiques, ainsi que votre capacité à les mobiliser pour analyser une ou plusieurs situations juridiques et économiques.

▶ **Chaque partie de l'épreuve dure 2 heures et se voit appliquer un coefficient 1.**

### 2 La forme de l'épreuve

En Droit comme en Économie, le sujet se présente sous la forme d'un dossier documentaire. Votre analyse de la situation décrite et de son contexte est guidée par des questions qui vous permettent de mobiliser vos connaissances et de mettre en œuvre vos compétences.

**EXEMPLES**

En Droit, vous devez être capable, entre autres, d'identifier les différents régimes juridiques d'exercice de l'activité professionnelle et leurs effets dans une situation donnée et d'analyser les difficultés d'une entreprise et de caractériser la procédure à mettre en œuvre ou à préconiser.
En Économie, vous devez notamment savoir apprécier la situation d'un pays ou d'une région en termes de niveau de vie et de développement et exploiter une note de conjoncture.

Vous devez rédiger des réponses précises et argumentées et utiliser le vocabulaire juridique ou économique approprié.
L'épreuve de Droit évalue plus particulièrement votre capacité à :
- analyser une situation juridique dans un contexte précis, à partir d'un ensemble de documents ;
- procéder à la qualification juridique d'une situation, en raisonnant et argumentant en termes juridiques.

L'épreuve d'Économie évalue votre capacité à :
- analyser une situation à l'aide des mécanismes et des théories économiques ;
- synthétiser une documentation économique ;
- construire une argumentation cohérente.

## Les conseils génériques à garder à l'esprit

Aborder le sujet avec méthode et respecter quelques règles pratiques peut faire gagner beaucoup de points. Souvenez-vous qu'il est toujours tenu compte de la pertinence de votre analyse, de la rigueur de votre démarche, de l'exactitude de vos connaissances et de la logique de votre raisonnement.

### 1 Soyez précis dans vos réponses

Prenez connaissance des questions et réfléchissez-y avant de commencer la lecture des documents proposés. Cette lecture permet d'éclairer la réflexion, mais elle n'apporte pas toutes les réponses. Le danger est de paraphraser des documents qui ne couvrent pas tout le sujet de l'étude proposée.
Analysez le sujet en repérant les mots clés et la consigne.
Prêtez toute votre attention aux verbes directeurs qui seront utilisés :
- *déterminer* = délimiter de façon précise ;
- *dégager* = retrouver un raisonnement ;
- *expliquer* = mettre en évidence ;
- *analyser* = examiner en décomposant ;
- *qualifier* = faire apparaître les traits caractéristiques.

Vous pouvez constituer un répertoire définissant les principales consignes pour faciliter l'acquisition des compétences méthodologiques exigées dans cette épreuve.

EXEMPLE

Entre la description pure entraînée par les verbes « définir » ou « exposer » et la prise de position engendrée par les verbes « critiquer » ou « discuter », le degré d'implication personnelle varie considérablement.

Mettez ensuite en évidence la problématique juridique ou économique soulevée par le cas, puis répondez de façon précise, justifiée et argumentée aux questions.

### 2 Soyez attentif à la gestion du temps

Vous disposez de 2 heures pour chacune des parties. Si vous pouvez choisir l'ordre dans lequel les parties seront traitées, il est préférable de commencer par celle où vous vous sentez le plus en confiance.

Plutôt que de vous précipiter sur la première question ou sur celle qui paraît la plus facile, consacrez quelques minutes à repérer les caractéristiques du sujet.

De plus, pour réussir l'épreuve, n'hésitez pas à vous entraîner.

## Les méthodologies de droit à utiliser lors de l'épreuve

### 1 L'analyse de documents juridiques

Il peut s'agir d'articles juridiques, de textes réglementaires, de décisions de justice, de contrats, etc.

Il convient de rappeler le titre, la source, la date et le type de document étudié.

Une analyse structurée de documents juridiques fait apparaître :
- les faits ;
- le problème de droit ;
- les éléments de droit positif (règles juridiques) qui s'appliquent à cette situation, leur sens et leur portée ;
- la solution proposée.

#### a) L'analyse du sens et de la portée d'une décision de justice

Une décision de justice peut vous être fournie dans le dossier documentaire. Il faut expliciter son sens et sa portée dans le contexte proposé pour en retirer des éléments de réponse à la question qui vous est posée. Votre travail préparatoire doit être organisé de la manière suivante.

Titre : Analyse de la décision de ... en date du ...

1. Les faits : quelle est l'histoire qui donne lieu au litige ? Quels sont les intervenants ?
2. La procédure : qui est à l'origine de la procédure ? Qui la subit ? Devant quelle juridiction ?
3. Le problème de droit : quelle est la nature du problème juridique qui oppose les parties ?
4. L'argumentation des parties :
   - Quelles sont les prétentions :
     • du demandeur (1er degré) ?
     • de l'appelant (cour d'appel) ?
     • du demandeur au pourvoi (Cour de cassation) ?
   - Quelles sont les prétentions :
     • du défendeur (1er degré) ?
     • de l'intimé (cour d'appel) ?
     • du défendeur au pourvoi (Cour de cassation) ?
5. La décision : en quoi consiste le jugement ou l'arrêt ? Qui est condamné ? À quoi ?
6. L'analyse de la décision : quel est son sens ? Comment la juridiction justifie-t-elle sa décision ?

#### b) L'analyse d'un contrat

Un contrat peut vous être fourni dans la documentation jointe. Vous pouvez en retirer des éléments de réponse à la question qui vous est posée. Pour l'analyser et comprendre son sens, votre réflexion doit être organisée de la manière suivante.

1. Nature et caractéristiques :
   - la nature du contrat : de quel type de contrat s'agit-il ? de vente ? de location ? de travail ?
   - les caractéristiques du contrat : synallagmatique ? à exécution successive ?
2. Le contenu du contrat :
   - les parties : qui est le vendeur ? Qui est l'acheteur ? Qui est le salarié ? Qui est l'employeur ?
   - l'objet du contrat : en quoi consiste la prestation à fournir ?
   - les obligations des parties.
3. Le domaine de droit concerné
4. Les clauses particulières du contrat
5. Les réponses aux questions posées dans le sujet

## 2 La qualification juridique d'une situation contextualisée

Le dossier documentaire présente une situation juridique contextualisée. Il faut donc intégrer le contexte de la situation dans la réflexion et qualifier cette situation sur le plan juridique.

L'opération de qualification juridique consiste à rattacher la problématique concrète, c'est-à-dire les faits relevés, à une catégorie juridique abstraite afin d'en tirer des conclusions quant aux règles de droit applicables. La qualification juridique permet d'appliquer au cas particulier (1) la règle de droit (2) afin de proposer une solution (3).

1. La situation
   - les acteurs et les faits : il s'agit de les rappeler de manière neutre, tels qu'ils sont donnés dans le contexte. Il ne faut pas mêler à ces faits des éléments de droit, et encore moins des solutions ;
   - le problème de droit : il convient d'identifier la problématique soulevée par la situation proposée ;
   - la qualification juridique : il s'agit de traduire en termes juridiques la situation.
2. La règle de droit
   Il faut se référer au droit positif qui est l'ensemble des règles juridiques institutionnelles, c'est-à-dire en vigueur actuellement sur les territoires français et européen. Les sources peuvent être variées : Constitution, lois, règlements, directives et règlements communautaires, jurisprudence nationale et communautaire. Il convient d'énoncer les règles qui peuvent s'appliquer pour apporter une ou des réponses au cas.
3. La solution juridique
   Cette phase s'attache à tirer les conséquences de l'analyse précédente par une déclinaison logique des règles de droit à appliquer. C'est l'étape de la vraie démonstration juridique. Il s'agit de rapprocher les faits, juridiquement qualifiés, des règles de droit qui leur sont applicables. On parle de « syllogisme juridique ». Il convient de faire preuve de logique : on a d'une part la proposition mineure des faits, à laquelle il faut confronter une proposition majeure, la règle de droit, afin d'en tirer la conclusion qui sera la solution.

# Les méthodologies d'économie à utiliser lors de l'épreuve

## 1 L'exploitation d'une documentation économique

L'exploitation d'une documentation économique (texte, graphique, tableau) constitue la base du travail demandé lors de l'épreuve.

Pour un tableau ou un graphique, il est important d'identifier son titre, l'unité ou les unités retenues, la signification de ses axes ou de ses lignes/colonnes, son échelle, sa légende, sa source et sa date.

Les données sont à retraiter par des calculs et des regroupements sont à effectuer pour :
- faciliter l'interprétation du document ;
- réaliser des comparaisons dans le temps ou dans l'espace.

À partir de l'identification et du retraitement des données, vous allez ensuite :
- dégager les informations et tendances générales ;
- sélectionner uniquement les éléments en rapport avec le travail demandé ;
- résumer en une phrase l'information principale du document puis la compléter à l'aide des informations jugées utiles.

## 2 L'exploitation d'un texte économique

Le travail méthodologique d'exploitation d'un texte économique nécessite de découvrir la nature du travail à effectuer avant d'analyser le texte :

- le repérage du travail à faire commence par l'identification des caractéristiques du texte (titre, source, date, auteur et structure du texte) et se poursuit par l'analyse des questions. Les consignes sont principalement définies par des verbes dont le sens doit être correctement interprété (*identifiez, montrez, expliquez*, etc.) ;
- l'analyse du texte suppose, dans un premier temps, de comprendre l'idée générale du texte et sa structure. Le plus souvent, un texte économique est organisé en paragraphes au sein desquels vous matérialiserez (en les soulignant ou en les annotant) les éléments directement en relation avec chacune des questions.

## 3 La synthèse de documents

La synthèse s'appuie sur l'exploitation d'une documentation économique.

Trois objectifs différents peuvent être attendus de vous selon le sujet posé :

- répondre à une question précise ;
- respecter le cadre d'un thème délimité par une phrase ou un court texte ;
- faire ressortir l'idée principale si aucune consigne n'est fournie.

La démarche de synthèse se déroule en trois étapes.

**1.** L'analyse des documents :
- rechercher l'idée maîtresse de chaque document ;
- créer des rubriques pour identifier les informations (exemples : description du fait, historique, aspect théorique, causes, conséquences, solutions).

**2.** La comparaison des documents :
- distinguer les informations de même nature, celles qui diffèrent et celles qui se complètent ;
- classer les informations au besoin en numérotant vos idées et en les regroupant suivant leur logique.

L'objectif est d'éviter les répétitions pour la rédaction finale de la synthèse.

**3.** La rédaction de la synthèse :
- élaborer un plan en faisant apparaître l'enchaînement des paragraphes définis par des titres et des sous-titres ;
- rédiger une courte introduction pour annoncer le thème et le plan de la synthèse en réponse à la question : de quoi parle-t-on ?
- restituer l'essentiel des propos contenus dans les documents sans y ajouter de connaissances ni d'idées personnelles ;
- faire une transition entre les différentes parties ;
- conclure en portant un regard d'ensemble sur les documents : la conclusion de la synthèse ne doit pas comporter d'ouverture sur un sujet plus vaste.

La synthèse est à rédiger directement sur la feuille d'examen.

# MANAGEMENT DES ENTREPRISES





**Pour réviser le cours :**

**50 QCM de Management des entreprises**

# 1 ENTREPRENDRE : LA LOGIQUE ENTREPRENEURIALE

**Dans une économie de marché, les entreprises sont au cœur du système productif. Toutes les politiques industrielles tendent à favoriser la création d'entreprise car cette dernière est considérée comme le meilleur moyen pour soutenir l'activité d'un pays et diminuer le chômage.**
**Toutes les études et démarches de l'entrepreneur pour aboutir à la création d'entreprise sont désignées sous le terme « entrepreneuriat ». La logique d'anticipation et d'innovation de l'entrepreneur dans sa recherche d'opportunités et sa prise de risques inhérentes au projet de création d'entreprise est qualifiée de « logique entrepreneuriale ».**

## 1 L'entrepreneur

### 1. L'esprit d'entreprise

Tout entrepreneur est animé par un esprit d'entreprise qui va l'amener à rechercher de nouvelles opportunités sur le marché et à prendre des risques pour les saisir.
Notre compréhension de l'entrepreneur doit beaucoup aux travaux de l'économiste autrichien J. Schumpeter (1883-1950), qui a montré que ce dernier était au centre du développement économique car il était celui qui prenait des risques pour innover et donc pour créer de nouvelles opportunités sur le marché. Les innovations, en déstabilisant le marché, engendrent une destruction créatrice qui, selon l'économiste, permet le renouvellement du tissu productif et assure la croissance de l'économie à long terme.

**EXEMPLE**
La mise sur le marché des baladeurs MP3 a précipité le déclin des lecteurs de CD portables mais a redonné un nouveau souffle au marché des baladeurs en créant une nouvelle demande.

### 2. Les caractéristiques des entrepreneurs

Tous les entrepreneurs ne se ressemblent pas ; cependant, ils partagent certaines caractéristiques :
- dynamique et motivé, l'entrepreneur a un besoin de réalisation ;
- indépendant, il n'aime pas se plier à l'autorité ;
- intuitif, créatif et opportuniste, il cherche à innover ;
- persévérant et travailleur, il se passionne pour son projet.

En conséquence, être un entrepreneur suppose d'avoir :
- la capacité de repérer les opportunités et de réunir les ressources nécessaires pour les exploiter ;
- la volonté de prendre des risques pour concrétiser ses idées ;
- les compétences pour bâtir un projet et le mener à bien ;
- la détermination nécessaire pour créer son propre emploi.

**EXEMPLES**
On peut manifester son sens de l'entrepreneuriat en créant son entreprise comme Francis Bouygues ou en développant une entreprise familiale comme Édouard Michelin.

## 2 La création d'entreprise

L'entrepreneur ne sera reconnu comme tel que lorsque son projet de création d'entreprise aura abouti. Cependant, malgré les aides et les incitations, cela reste un projet risqué puisque, au bout de 5 ans, seules la moitié des entreprises créées sont toujours en activité et plus de 87 % d'entre elles n'ont pas de salarié.

### 1. Les différentes formes de création d'entreprise

On distingue deux types de création.

**a) La création absolue ou pure**
Cette création d'entreprise est l'expression la plus simple de l'entrepreneuriat. Elle désigne l'exploitation d'une activité nouvelle qui n'a jamais été exercée au même endroit par une autre entreprise.

**b) La reprise**
On parle de « création par reprise » lorsqu'il y a reprise de tout ou partie des moyens de production d'une autre entreprise ou rachat d'un fonds de commerce.

### 2. Le processus entrepreneurial

Compte tenu des aléas du projet entrepreneurial, il importe d'étudier avec soin son processus :

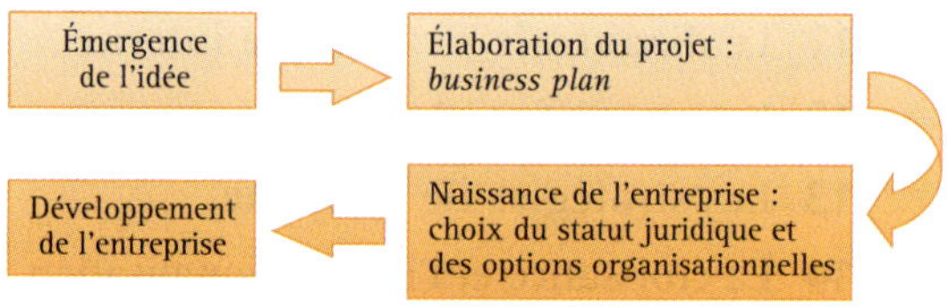


**a) L'émergence de l'idée innovante**
Le projet de création d'entreprise démarre avec l'émergence de l'idée innovante chez l'entrepreneur. On distingue quatre grandes sources d'idées :
- l'expérience : l'entrepreneur connaît déjà le secteur dans lequel il souhaite développer son projet pour y avoir travaillé ou l'avoir étudié ;

**EXEMPLE**
Parmi les cinq nouveaux chefs consacrés trois étoiles par le guide Michelin 2007, on compte seulement une femme : Anne-Sophie Pic.
Une troisième étoile qu'elle conquiert 10 ans à peine après avoir repris les commandes aux fourneaux de la maison Pic à Valence, où son père et son grand-père avaient, en leur temps, reçu eux aussi cette distinction suprême de la gastronomie, et qui en fait la seule femme chef trois étoiles actuellement en France, et la quatrième depuis 1933.

- l'observation : l'idée innovante résulte de l'analyse du marché et d'une observation attentive des nouveaux produits et concepts qui se développent dans d'autres pays ;

**EXEMPLE**
Les sociétés de livraison de pizzas à domicile existaient depuis fort longtemps aux États-Unis quand Spizza 30 débuta son activité, pionnière en France en 1988.

- l'opportunité : l'entrepreneur répond à un nouveau besoin des consommateurs lié à une évolution de l'environnement;

**EXEMPLE**

Une nouvelle législation entraîne la création d'un nouveau marché : le contrôle technique obligatoire des véhicules a généré de nombreuses opportunités de création de centres de contrôle.

- l'innovation : elle peut prendre la forme de nouveaux produits, de nouvelles méthodes de production, de nouvelles formes d'organisation du travail ou de nouvelles matières premières.

Quelle que soit l'origine de l'idée, il faudra la valider au regard des compétences de l'entrepreneur et des caractéristiques de l'environnement de la future entreprise.

### b) Le *business plan*

Afin d'élaborer son projet, l'entrepreneur va devoir réaliser un *business plan* (plan d'affaires). Celui-ci doit lui permettre de mesurer les risques liés au projet et d'en confirmer la viabilité, notamment dans le domaine financier. En outre, le *business plan* constitue un outil de communication indispensable face aux banquiers et aux investisseurs.

Le plan se construit en deux temps :
- l'étude des opportunités du marché, ou étude de marché, permet :
  - de définir les caractéristiques des produits ou des services,
  - de préciser les besoins auxquels ils répondent,
  - de cerner la clientèle visée,
  - de fixer les prix de vente prévisionnels,
  - de choisir les modes de distribution et de communication les plus adaptés,
  - d'étudier la concurrence,
  - de choisir un lieu d'implantation.

  À l'issue de l'étude de marché, l'entrepreneur doit être en mesure de définir son plan de marchéage : politiques de produit, de prix, de communication et de distribution;
- l'étude des besoins de financement, ou plan de financement : le plan de financement initial est la première étape de l'analyse financière. Il consiste à déterminer les besoins et les ressources initiaux de l'entreprise. Le projet de création d'entreprise ne sera viable que si l'entrepreneur est en mesure d'équilibrer les besoins et les ressources pour démarrer son activité :

| Besoins | Ressources |
| --- | --- |
| – Frais d'établissement<br>– Investissements initiaux : terrains, locaux, matériel, véhicules, etc.<br>– Besoins liés à l'exploitation : stocks, trésorerie, etc. | – Apports du créateur<br>– Apports des associés ou actionnaires<br>– Autres ressources : subventions, emprunts bancaires, etc. |

### c) Le statut juridique et les options organisationnelles

Pour que l'entreprise puisse voir le jour en toute légalité, il importe de choisir un statut juridique. Aucune structure juridique n'est idéale : l'entrepreneur doit déterminer celle qui correspond le mieux à ses objectifs.

Le premier choix se fait entre :
- l'entreprise individuelle : solution simple et peu onéreuse adoptée par la plupart des commerces et des activités artisanales ;
- la société : solution plus formelle et plus onéreuse, elle limite la responsabilité du chef d'entreprise quant aux dettes de l'entreprise.

De nombreux critères entrent dans le choix d'un statut juridique. Nous retiendrons les suivants :
- l'activité : certaines activités sont réglementées et limitent les formes juridiques possibles ;

**EXEMPLE**

Les débits de tabac doivent obligatoirement être exploités en entreprise individuelle ou en société en nom collectif.

- la volonté de s'associer ou de rester indépendant ;
- les frais de constitution et de fonctionnement : la société est plus onéreuse que l'entreprise individuelle ;
- l'étendue de la responsabilité patrimoniale : constituer une société limite la responsabilité du chef d'entreprise ;
- le régime d'imposition des bénéfices ;
- la recherche de capitaux : la création d'une société peut être indispensable pour permettre aux investisseurs de prendre part au capital.

Une fois le statut juridique déterminé, il faut mettre en place l'organisation des activités.

Dans une entreprise individuelle, cette organisation est simplifiée puisque l'entrepreneur, complètement autonome, prend seul les décisions. Cette organisation simplifiée peut également concerner certaines sociétés comme les EURL et les nombreuses entreprises créées sans salarié, soit 87 % d'entre elles.

Cependant, le plus souvent, dans une société, la direction de l'entreprise est confiée à un ou plusieurs gérants nommés parmi les associés ou en dehors d'eux. Le fonctionnement de l'entreprise requiert alors des mécanismes de coordination. L'entrepreneur devra faire des choix organisationnels tels que :
- l'internalisation ou l'externalisation de certaines tâches, la comptabilité par exemple ;
- le recrutement ou le licenciement de personnel selon les besoins spécifiques et le volume d'activité attendu ou réel ;
- la définition d'un organigramme, de procédures ;
- etc.

# 2 GÉRER : LA LOGIQUE MANAGÉRIALE

**Dès le démarrage de l'activité et pour assurer le développement de l'entreprise, l'entrepreneur va devoir endosser un nouveau rôle, celui de « manager » ou gestionnaire. Il adopte alors une logique managériale de gestion des ressources, des contraintes et des compétences pour assurer la pérennité de son entreprise.**
**La logique managériale se distingue de la logique entrepreneuriale car c'est une logique de gestion des ressources existantes et non une logique d'accroissement des ressources de l'entreprise.**

## 1 Le manager

D'après H. Mintzberg, le manager est un individu responsable d'une organisation ou d'un sous-ensemble de celle-ci.
Tout manager est investi d'une autorité formelle liée au statut qui lui est attribué.

### 1. Le rôle du manager

Notre compréhension du rôle de manager doit beaucoup aux travaux du théoricien français du management, H. Fayol (1841-1925).
Les travaux de Fayol amènent à définir le rôle du manager en cinq points :
- planifier : fixer les buts et les objectifs, bâtir les stratégies appropriées pour accroître la rentabilité et l'efficacité de l'entreprise ;
- organiser : optimiser l'utilisation des ressources humaines, matérielles et technologiques dont dispose l'entreprise ;
- commander : diriger les hommes ;
- coordonner : harmoniser les tâches pour atteindre un objectif commun ;
- contrôler : vérifier les résultats obtenus et prendre les mesures correctives qui s'imposent.

En s'appuyant sur le système d'information de l'entreprise, le manager doit donc diriger et gérer celle-ci rationnellement. Dans le cadre d'un projet de création ou de reprise d'entreprise, il commencera par structurer ou restructurer l'entreprise : il mettra en place (ou optimisera, dans le cadre d'une reprise) l'organisation de la production et de la distribution, assurera ou supervisera la gestion administrative et financière, recrutera des collaborateurs, etc.

### 2. Les compétences managériales

Pour tenir son rôle, le manager doit développer certaines compétences en matière :
- d'orientation : il doit savoir identifier les priorités sans se laisser déborder par les détails et sans perdre de vue les objectifs poursuivis ;
- de conduite de l'action : il doit maîtriser l'organisation, la délégation des responsabilités, la coordination et le contrôle des tâches au sein de son équipe ;
- de gestion d'équipe : il doit savoir choisir, motiver et encadrer ses collaborateurs.

Le manager agit avec raison, applique des méthodes et des normes de gestion pour limiter la prise de risque et assurer la pérennité de l'entreprise.

## 2 La complémentarité des logiques entrepreneuriale et managériale

Dans la pratique, logiques entrepreneuriale et managériale sont complémentaires. En effet, la survie de l'entreprise repose à la fois sur sa bonne gestion mais également sur sa capacité à s'adapter et à innover pour sauvegarder sa place sur le marché. L'entrepreneur devra donc apprendre à gérer l'entreprise et le manager devra apprendre à innover pour pouvoir intégrer les nouveaux projets dans les processus existants.
Diriger et gérer une entreprise, c'est prendre à la fois :
- des décisions opérationnelles, courantes et répétitives, suivant une logique managériale ;

**EXEMPLE**
La décision de réapprovisionner le stock de marchandises est une décision opérationnelle.

- des décisions stratégiques, uniques et lourdes de conséquence, faisant appel à une logique entrepreneuriale.

**EXEMPLE**
La décision d'investir dans un nouveau local est une décision stratégique.

### 1. L'entrepreneur-manager

Dés le démarrage de l'activité, l'entrepreneur doit pratiquer tous les métiers : la production, le commercial, les finances et l'administration, sans perdre de vue la stratégie.
Il doit planifier, hiérarchiser, formaliser et appliquer des méthodes et des normes de gestion, ce qui n'est pas toujours aisé pour un individu dont la vocation est la prise de risques et la recherche d'opportunités.
Certains entrepreneurs ne deviennent jamais de bons managers car cela implique de passer d'un fonctionnement intuitif et rapide à une façon d'agir plus rationnelle et mesurée.

### 2. Le manager-entrepreneur

Pour faire face à la concurrence, l'entreprise doit constamment innover tant en termes de produits, de services ou de procédés qu'en termes d'organisation ou de distribution.
Le manager, dans sa gestion de l'entreprise, va devoir intégrer ces innovations tout en se préoccupant de maintenir et d'améliorer le rendement des activités existantes.
Pour faire face à l'évolution rapide de l'environnement de l'entreprise, les managers doivent donc développer des compétences entrepreneuriales de recherche d'opportunités et de prise de risque. Ils doivent apprendre à prendre des décisions rapides et à en accepter la rationalité limitée. Enfin, l'intégration de nouvelles activités aux opérations existantes les amène à redéfinir sans cesse des processus innovants.

# 3 LES FINALITÉS DE L'ENTREPRISE



**Les finalités de l'entreprise traduisent sa raison d'être. Elles reflètent les aspirations de son ou ses créateurs et lui apportent sa légitimité. Les finalités de l'entreprise sont influencées par les valeurs partagées par la communauté humaine qui la constitue, les statuts et l'histoire de l'entreprise, les attentes du personnel et les contraintes imposées par l'environnement.**

**EXEMPLE**

Certaines entreprises ont d'abord des finalités financières et doivent dégager des profits pour rémunérer leurs actionnaires. D'autres ont avant tout des finalités sociales et veulent assurer le bien-être de leurs salariés. D'autres encore ont des finalités sociétales prédominantes et souhaitent préserver l'environnement.

## 1 Les finalités financières

L'analyse microéconomique traditionnelle ne trouvait à l'entreprise que des finalités financières : la maximisation du profit, la minimisation des coûts, la création de richesse, etc. Si cette analyse paraît aujourd'hui réductrice, les finalités financières ne peuvent être écartées car, dans une économie de marché, la pérennité de l'entreprise dépend de sa capacité à dégager des profits, c'est-à-dire des revenus résultant de l'excédent des produits sur les charges.
L'obtention de profits apparaît donc comme une finalité commune à toutes les entreprises car elle constitue leur principal moyen de survie. Elle ne revêt toutefois pas le même degré de prépondérance dans toutes les entreprises.

**EXEMPLES**

Une entreprise privée appartenant à de nombreux actionnaires se devra de réaliser des bénéfices pour être en mesure de distribuer des dividendes alors qu'une entreprise publique aura pour finalité première la production de services publics. De même, les entreprises coopératives ont pour principale finalité de servir au mieux leurs sociétaires.

## 2 Les autres finalités de l'entreprise

L'économiste P. Drucker (1909-2005) a montré que la recherche du profit n'est pas une fin en soi pour l'entreprise. Il fait figure de pionnier en affirmant que le but premier de l'entreprise est de créer, maintenir et développer une clientèle. Ceci maîtrisé, le profit n'est plus une cause mais un effet de l'excellence du management.
Les finalités propres de l'entreprise résultent de la satisfaction des acteurs qui interviennent dans son fonctionnement (les parties prenantes). Elles peuvent donc être de différents types : économiques, sociales, environnementales ou sociétales.

### 1. Les finalités économiques

L'entreprise a pour finalités économiques de produire des biens et des services destinés à être vendus sur un marché dans la perspective de créer, maintenir et développer une clientèle.
Certaines entreprises ajoutent à ces finalités le souci de ne pas produire de biens inutiles, nocifs ou dangereux pour l'homme ou pour l'environnement en allant au-delà des obligations légales en matière de sécurité.

### 2. Les finalités sociales

Toutes les politiques en faveur de la création d'entreprise mettent en avant les finalités sociales des entreprises : créer un ou plusieurs emplois et assurer des revenus aux employés, mais également participer à la formation continue. Les finalités sociales peuvent également se décliner en termes de biens et services offerts à la clientèle sans discrimination.

**EXEMPLE**

La Banque postale ouvre des comptes à ses clients sans minimum de dépôt ni conditions de ressources, pour que chacun puisse bénéficier d'un compte bancaire.

### 3. Les finalités environnementales

De plus en plus d'entreprises mettent en avant leurs finalités environnementales, qui se traduisent par des modes de production préservant l'environnement et les ressources naturelles et garantissant la qualité et la sécurité des produits aux consommateurs.

**EXEMPLE**

La marque Patagonia n'emploie que du coton biologique au lieu de celui cultivé avec des pesticides.

### 4. Les finalités sociétales

Toutes les entreprises ont indirectement des finalités sociétales puisqu'elles améliorent la société en finançant par l'impôt le développement économique, en participant à la formation des jeunes, en finançant la recherche, etc. De plus, certaines entreprises créent et financent des fondations d'entreprises pour faire avancer des causes spécifiques.

## 3 La responsabilité sociétale de l'entreprise (RSE)

Selon le livre vert de la Commission européenne de 2001, la responsabilité sociale des entreprises est l'intégration volontaire des préoccupations sociales et écologiques des entreprises à leurs activités commerciales et leurs relations avec les salariés, les consommateurs et les collectivités locales.
Il s'agit pour l'entreprise de décliner les principes du développement durable à son échelle : satisfaire les besoins présents tout en permettant aux générations futures de satisfaire les leurs.
La prise en compte de la RSE va se traduire dans l'entreprise par la mise en place de dispositifs visant à :
- réduire l'impact de ses activités sur l'environnement, la santé et la sécurité ;
- valoriser ses employés au travers d'une politique sociale adaptée ;
- multiplier ses engagements citoyens (politiques de mécénat, de recherche, etc.).

# 4 LE MANAGEMENT DE L'ENTREPRISE

**Une fois les raisons d'être de l'entreprise finalisées, il va falloir mobiliser les hommes autour d'objectifs concrets et accessibles.**

EXEMPLE

Si, par exemple, la finalité première d'une entreprise est la maximisation du profit, il faudra fixer des objectifs concrets tels que réaliser un chiffre d'affaires d'un million d'euros pour mobiliser les hommes autour d'objectifs communs et cohérents avec la finalité de l'entreprise.

**Le management va permettre d'assurer la cohérence entre finalités, objectifs et mécanismes de coordination et d'organisation de l'entreprise. Il peut être défini comme l'ensemble des techniques de gestion de l'entreprise mises en œuvre pour conduire l'action des individus afin d'atteindre un objectif commun.**

## 1 Les séquences du management

Quelle que soit la forme de l'entreprise (privée, publique, mutuelle ou coopérative), le management consiste à mettre en œuvre quatre séquences distinctes :

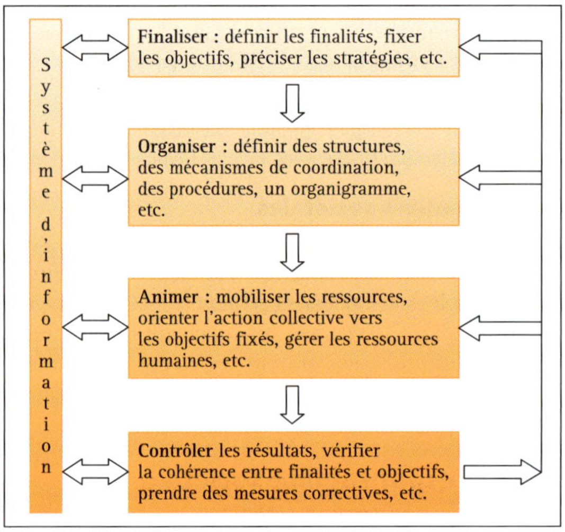


D'après J.-P. Helfer, M. Kalika et J. Orsoni, *Management – Stratégie et Organisation*, 6e édition, Éditions Vuibert, 2006.

## 2 Les managements stratégique et opérationnel

Le management permet donc à l'entreprise de fonctionner car, d'une part, il donne du sens à son action (finalisation) ; d'autre part, il permet de mettre en cohérence les objectifs individuels des acteurs de l'entreprise avec les objectifs de celle-ci (animation) et, enfin, en fixant des règles et des procédures (organisation), il garantit son fonctionnement quotidien.

Le management permet aux dirigeants d'articuler la dimension entrepreneuriale que nécessite le développement de l'entreprise et la dimension managériale qui prévaut pour sa gestion, grâce au caractère indissociable de ses deux composantes : la stratégie et l'organisation.

### 1. Le management stratégique

Le management stratégique concerne la gestion à long terme de l'entreprise. Il consiste à prendre des décisions qui vont permettre à cette dernière de saisir les opportunités offertes par son environnement, d'agir sur celui-ci et d'atteindre des objectifs stratégiques entraînant des changements importants au sein de l'organisation.

EXEMPLES

La création de nouvelles activités, le développement de nouveaux produits, la délocalisation des zones de production, etc., sont du domaine du management stratégique.

Les techniques mises en œuvre dans la pratique du management stratégique seront celles de l'analyse de la concurrence et du secteur, de la recherche de parts de marché, de la recherche et du développement, etc.

### 2. Le management opérationnel

Le management opérationnel est celui du court terme, des opérations courantes. Il concerne la gestion de l'ensemble des processus propres à l'entreprise. Il s'agit d'optimiser l'usage des ressources et des compétences de l'entreprise pour s'adapter aux changements imposés par l'environnement à moindre coût.

EXEMPLES

La mise en place d'une gestion des stocks informatisée, la réorganisation des ateliers de production, la réduction de la consommation d'énergie, etc., sont du domaine du management opérationnel.

Les techniques mises en œuvre dans la pratique du management opérationnel seront celles de l'analyse des coûts, des ressources, des compétences, des procédures, du métier, etc.

### 3. L'interdépendance

Managements stratégique et opérationnel sont étroitement imbriqués car toute décision stratégique aura une mise en œuvre opérationnelle.

EXEMPLE

Le succès d'une fusion – décision stratégique – dépend avant tout de la capacité des équipes à s'adapter à une nouvelle culture, de nouvelles procédures, un nouvel organigramme et relève donc du domaine du management opérationnel.

On peut schématiser l'interdépendance des deux dimensions :
- la dimension stratégique, tournée vers l'environnement, permet de définir les stratégies de l'entreprise ;
- la dimension opérationnelle, orientée vers l'organisation et l'entreprise elle-même, permet de mettre en œuvre ces stratégies.

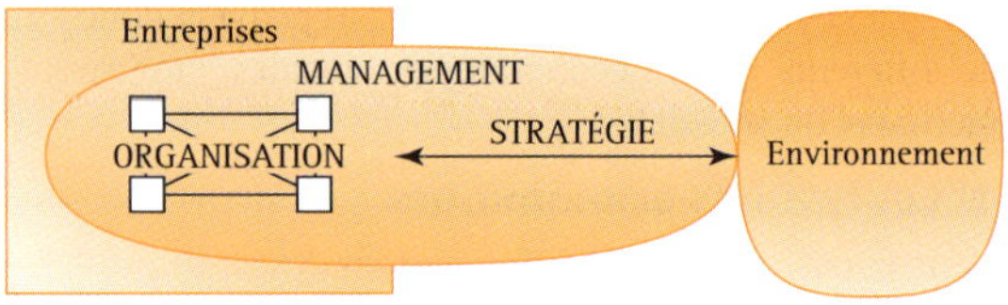


J.-P. Helfer, M. Kalika et J. Orsoni, *Management – Stratégie et Organisation*, 6e édition, Éditions Vuibert, 2006.

# 5 LA PERFORMANCE

**Après avoir défini des finalités puis fixé des objectifs à l'entreprise, il est indispensable de vérifier en permanence si ces objectifs sont atteints et si les résultats obtenus satisfont aux finalités de l'entreprise. C'est pour cela que le contrôle des résultats et son corollaire, l'évaluation de la performance, s'inscrivent dans le processus de management.**

## 1 L'évaluation de la performance

L'évaluation de la performance permet de comparer les résultats obtenus avec les objectifs initiaux et de mettre en évidence des écarts significatifs. Elle est aussi à l'origine du déclenchement d'actions correctives qui permettent d'assurer à court terme la régulation du fonctionnement de l'entreprise.

### 1. Les critères de performance

L'évaluation de la performance s'apprécie sur la base de critères d'évaluation pertinents, c'est-à-dire de grandeurs de référence pour quantifier ou qualifier la performance. Un critère de performance se définit comme un instrument quantitatif donnant une indication sur la performance d'une organisation, d'un processus ou d'un résultat spécifique.

**EXEMPLES**

Nombre de visites, chiffre d'affaires réalisé, montant du panier moyen, calcul de coûts, marge, résultats.

Ces critères s'expriment en chiffres, ratios, indices ou pourcentages. De très nombreux critères permettent d'apprécier les performances d'une division, d'un projet ou d'une entreprise. Leur degré de pertinence varie selon le contexte et les objectifs poursuivis.

### 2. La mesure de la performance

La performance se mesure au travers de deux notions : l'efficacité, qui sanctionne le niveau des résultats atteints par rapport aux objectifs fixés, et l'efficience, qui mesure le résultat obtenu par rapport aux ressources utilisées.

**EXEMPLE**

Pour mesurer la performance d'un atelier de production en termes d'efficacité, on retient comme critère la quantité produite mensuellement avec un objectif de 1 000 unités par mois. Si, à la fin d'un mois, la mesure de la quantité produite est de 800 unités, on constate un retard de production de 200 unités, que l'on peut qualifier de « sous-performance ».

### 3. Les indicateurs de performance

Les indicateurs de performance sont des facteurs influençant de façon significative la performance de l'entreprise. Leur observation régulière permet d'alerter les dirigeants de l'entreprise sur l'évolution de l'activité. Si celle-ci s'éloigne des prévisions, les managers décident de mettre en place des actions correctives.

On distingue trois catégories d'indicateurs :

- les indicateurs de moyens mesurent la consommation des moyens nécessaires à l'activité ;

**EXEMPLES**

Quantité de matières premières, délais d'approvisionnement.

- les indicateurs de résultats mesurent le niveau de réalisation des objectifs quantitatifs et qualitatifs ;

**EXEMPLES**

Chiffre d'affaires, marge, degré de satisfaction de la clientèle.

- les indicateurs d'environnement qui peuvent être internes (indicateurs managériaux d'évaluation du climat social : taux d'absentéisme, taux de rotation du personnel, etc.) ou externes (part de marché, positionnement par rapport aux concurrents, etc.).

## 2 Les tableaux de bord

La performance s'évalue principalement avec un outil : le tableau de bord. Les tableaux de bord regroupent les données pertinentes pour les managers aux différents niveaux hiérarchiques et fournissent de façon permanente les écarts entre les objectifs fixés et leur réalisation. Ils constituent également un bon outil de communication entre les responsables des divisions opérationnelles et la direction générale.

### 1. Le tableau de bord de gestion

Le développement de l'informatique offre la possibilité de traiter et de diffuser l'information à moindre coût.

**EXEMPLE**

Construction d'un tableau de bord de gestion :

1. Identifier les points clés de l'activité à surveiller pour piloter l'entreprise et prévenir les difficultés — Exemple : suivre et évaluer l'activité des commerciaux

⇓

2. Fixer les objectifs et sélectionner les indicateurs pertinents — Exemple : déterminer un budget donc une performance attendue pour chaque indicateur économique retenu (CA, marges, remises, etc.)

⇓

3. Bâtir puis mettre à jour le tableau de bord

⇓

| Nom du commercial : .................. | | | Mois : .................................. | | |
|---|---|---|---|---|---|
| **Indicateur** | **Budget** | **Réalisé** | **Écart : réel – prévisionnel** | **Réalisé N-1** | **Écart N/N-1** |
| Chiffre d'affaires | | | | | |
| Marge brute | | | | | |
| Montant des remises | | | | | |
| Marge nette | | | | | |
| Nbre de visites | | | | | |

### 2. Le tableau de bord prospectif

Dans les années 1990, deux économistes, R. Kaplan et D. Norton, ont développé le concept de « tableau de bord prospectif ». L'idée principale est qu'il est nécessaire d'intégrer au tableau de bord des indicateurs non financiers pour lui permettre de suivre également la mise en œuvre de la stratégie de l'entreprise. Il est donc nécessaire d'intégrer au tableau de bord quatre points principaux de contrôle et d'évaluation – la satisfaction du client, l'efficacité opérationnelle, le moral des salariés et les résultats financiers – pour donner une dimension globale du pilotage de l'entreprise.

# 6 LES DÉCISIONS ET LE PROCESSUS DE DÉCISION

**Diriger une entreprise consiste essentiellement à exercer ou à déléguer un pouvoir de décision. La décision est un acte volontaire, d'un ou de plusieurs décideurs, qui conduit à un choix entre plusieurs solutions possibles, compte tenu d'un ou de plusieurs critères d'évaluation, et qui apporte une réponse à un problème donné. La décision est l'aboutissement d'un cheminement ou processus de réflexion : le processus décisionnel.**

## 1 Les décisions

Les décisions sont inhérentes au management de l'entreprise car elles sont préalables à toute détermination d'objectifs et à toute action portant sur la mise en œuvre des ressources. En conséquence, des milliers de décisions sont prises quotidiennement dans les entreprises à tous les niveaux hiérarchiques et dans tous les domaines d'activité.

### 1. La notion de décision

Pour prendre une décision, le décideur s'appuie sur les informations et les connaissances dont il dispose en fonction des objectifs poursuivis par l'entreprise. Plusieurs théories se sont succédé pour décrire et expliquer le comportement du décideur.

#### a) La théorie du décideur rationnel

Cette théorie, inspirée du modèle économique classique, a été élaborée dans les années 1920. Elle repose sur l'hypothèse que l'entrepreneur est un décideur unique et rationnel. Selon M. Allais, économiste français qui a obtenu le prix Nobel d'économie en 1988, « un homme est réputé rationnel lorsque a) il poursuit des fins cohérentes avec elles-mêmes ; b) il emploie des moyens appropriés aux fins poursuivies ».

Dans ce cadre, le décideur recherche donc la maximisation du profit et la minimisation des coûts, c'est-à-dire la solution optimale dans un environnement certain. Ses décisions s'appuient sur des informations parfaites qui lui permettent d'appréhender l'ensemble des solutions.

#### b) La théorie de la rationalité limitée

Dès 1955, H. Simon, économiste américain, prix Nobel en 1978, a montré que les décideurs ont des limites physiques et intellectuelles et ne peuvent envisager toutes les solutions. Leur rationalité est limitée par les contraintes de temps, de budget, d'information, de raisonnement, etc.

Si le décideur recherche la solution optimale, il est le plus souvent contraint d'adopter une solution simplement satisfaisante compte tenu des informations dont il dispose et de sa capacité à comprendre la situation à laquelle il se trouve confronté.

### 2. La diversité des décisions

L'étude de la diversité des décisions met en évidence le fait que les décisions présentent des contenus, induisent des effets sur l'activité et l'entreprise et s'appuient sur des processus qui diffèrent selon leur degré de répétitivité, leur horizon temporel, le domaine de gestion dans lequel elles s'exercent et le niveau hiérarchique où elles sont prises.

Dès 1965, I. Ansoff distingue trois types de décisions dans l'entreprise :

| Type de décision / Caractéristiques | Stratégique | D'organisation | Opérationnelle |
|---|---|---|---|
| Horizon temporel | Long terme | Moyen terme | Court terme |
| Niveau hiérarchique | Direction générale | Directions fonctionnelles | Chefs de service ou chefs d'atelier |
| Domaine de gestion | Stratégie : relation de l'organisation avec son environnement | Gestion : gestion des ressources humaines, financières, etc., de l'organisation | Exploitation : utilisation des ressources pour assurer le fonctionnement de l'organisation |
| Répétitivité | Décision unique | Répétition éventuelle | Répétition fréquente |
| Exemples | Absorption d'un fournisseur, lancement d'une nouvelle gamme de produits | Recrutement d'une équipe de commerciaux, lancement d'un nouveau produit | Réapprovisionnement des stocks, établissement d'un plan de tournée, expédition, facturation |

## 2 Le processus de décision

Le processus décisionnel est un processus complexe qui peut se décomposer en plusieurs étapes allant de l'identification du problème au choix d'une solution satisfaisante et à l'évaluation de son efficacité.

### 1. Les étapes du processus décisionnel

Dès les années 1950, H. Simon a proposé un schéma explicatif de ce processus sous le nom de « modèle IMC ». Ces travaux constituent le socle de la plupart des modèles de décomposition du processus de prise de décision :

**I (Intelligence) :**
phase d'analyse et de compréhension du problème à l'aide de l'information disponible

↓

**M (Modélisation) :**
phase de conception des solutions en tenant compte des risques et des opportunités

↓

**C (Choix) :**
phase de sélection de la solution qui semble la meilleure compte tenu des diverses contraintes

Cependant, dans une perspective managériale, le processus de décision ne peut s'arrêter au choix de la solution et doit se poursuivre par la mise en œuvre des choix et le contrôle des effets de la décision :

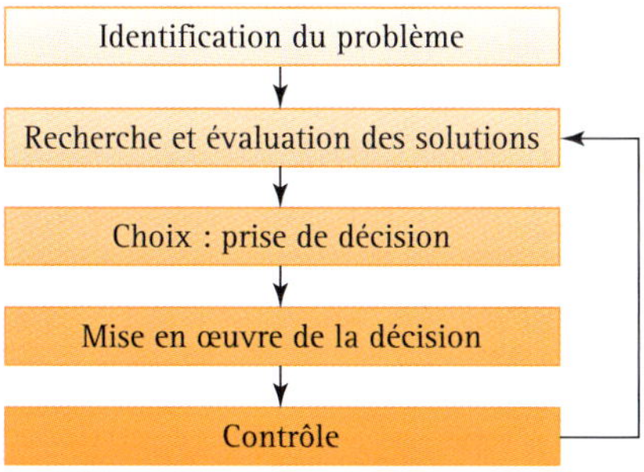


L'analyse du processus décisionnel montre alors comment les logiques entrepreneuriale et managériale peuvent s'articuler dans une même entreprise : la logique entrepreneuriale de prise de risques et de recherche de solutions s'impose dans les trois premières phases du processus décisionnel alors que la mise en œuvre de la décision et le contrôle des résultats s'appuient sur une logique managériale de gestion des ressources.

## 2. Les facteurs de contingence

Des facteurs de contingence tels que la structure de l'entreprise, le niveau de rationalité et la nature de la décision influencent la prise de décision et déterminent sensiblement le choix des solutions adoptées.

### a) La structure de l'entreprise

La structure de l'entreprise traduit ses principes d'organisation et d'exercice du pouvoir de décision.

Schématiquement, le pouvoir de décision peut être détenu par un petit nombre de dirigeants au sommet de la hiérarchie, il s'agit alors d'une structure centralisée, ou, au contraire, être réparti au sein des divisions opérationnelles, il s'agit, dans ce cas, d'une structure décentralisée :

- une structure centralisée favorise la cohérence des décisions car elles sont prises par un petit nombre de décideurs, mais l'efficacité des solutions est réduite du fait du manque de concertation avec la base écartée du processus ;
- une structure décentralisée permet une meilleure pertinence des décisions, prises par des décideurs proches des problèmes à résoudre et mises en œuvre par des salariés plus impliqués, mais ces décisions risquent de s'écarter rapidement de l'objectif commun, ce qui nécessite la mise en place de procédures de contrôle efficaces.

### b) Le niveau de rationalité de la décision

La prise de décision est soumise à des contraintes économiques, temporelles et techniques, tant internes qu'externes, qui limitent le niveau de rationalité de la décision.

On distingue six types de contraintes :

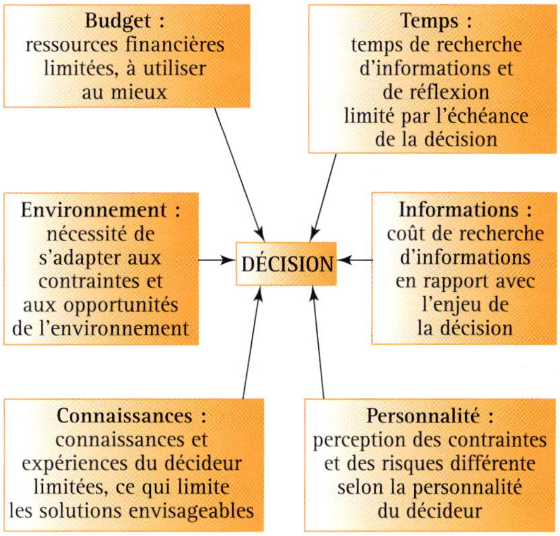


### c) La nature de la décision

La nature de la décision influence également la prise de décisions :

- les décisions stratégiques, difficilement réversibles, s'inscrivent dans un processus décisionnel long afin de réduire le taux de risque et d'incertitude ;
- les décisions opérationnelles courantes s'inscrivent dans des processus décisionnels courts, voire automatisés.

**EXEMPLE**

Les commandes de pièces sur les chaînes de fabrication automobiles sont entièrement gérées par ordinateur et transmises automatiquement aux fournisseurs.

# 7 LES STYLES DE DIRECTION

**Les dirigeants exercent leur pouvoir avec un certain style qui résulte d'une combinaison de leur personnalité, de leurs orientations et du contexte dans lequel ils agissent. Le style de direction est un facteur de contingence qui influence fortement le processus décisionnel et détermine sensiblement le choix des solutions adoptées.**

## 1 La diversité des styles de direction

Il existe de nombreux critères pour caractériser un style de direction. Nous en retiendrons toutefois deux principaux.

### 1. Les relations entre managers et subordonnés

En menant une étude approfondie des relations existantes entre managers et subordonnés dans de nombreuses entreprises, R. Likert, psychologue américain (1903-1981), a isolé quatre styles de direction :

| Styles / Caractéristiques | Autoritaire | Paternaliste | Consultatif | Participatif |
|---|---|---|---|---|
| Confiance accordée | Aucune | Confiance condescendante | Grande confiance mais sous contrôle | Confiance totale |
| Communication | Faible, toujours descendante | Faible, surtout descendante | Modérée, ascendante et descendante | Intense, ascendante, descendante et horizontale |
| Niveau de prise de décision | Au sommet de la hiérarchie | Au niveau de la direction générale et des directions opérationnelles | Au niveau de la direction générale et des directions opérationnelles | À tous les niveaux hiérarchiques |
| Participation aux décisions | Aucune | Suggestions | Consultation | Participation large |

D'après J.-P. Helfer, M. Kalika et J. Orsoni, *Management – Stratégie et Organisation*, 6e édition, Éditions Vuibert, 2006.

À l'issue de l'étude, le style participatif apparaît comme le plus efficace car il est source de motivation des hommes. Cependant, il peut également limiter la cohérence des décisions.

### 2. L'orientation donnée à l'action

L'activité des managers repose sur deux dimensions complémentaires : la dimension technique ou de production et la dimension humaine ou relationnelle.

R. Blake et J. S. Mouton ont caractérisé cinq styles de direction selon l'intérêt porté par le dirigeant à la production (abscisses) et aux relations humaines (ordonnées) :

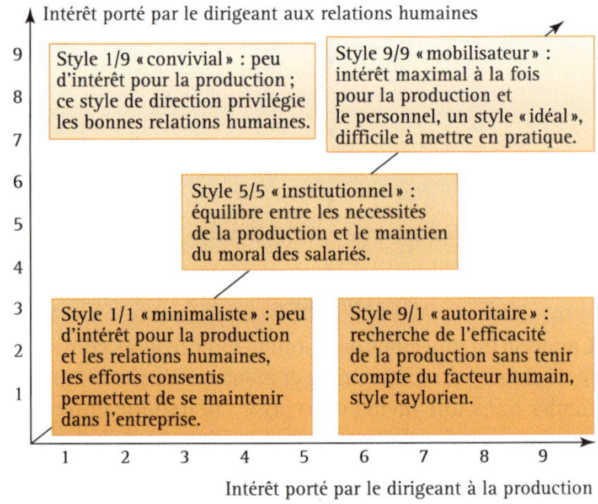


D'après R. Blake et J. S. Mouton, *La Troisième dimension du management*, Éditions d'Organisation, 1975.

## 2 Le choix d'un style de direction

Dans une même entreprise peuvent se côtoyer différents styles de direction en fonction des domaines, des personnes, des périodes, des opportunités ou des contraintes de l'environnement. Il n'existe donc pas de style de direction « idéal ». Le choix d'un style de direction se fait en fonction de trois séries d'influence : celle du leader, celle des subordonnés et celle du contexte.

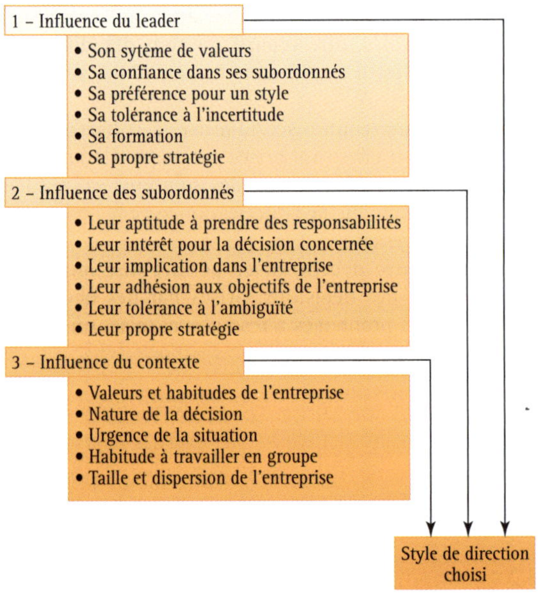


D'après J.-P. Helfer, M. Kalika et J. Orsoni, *Management – Stratégie et Organisation*, 6e édition, Éditions Vuibert, 2006.

# 8 LES PARTIES PRENANTES ET LES CONTRE-POUVOIRS

**Le fonctionnement de toute entreprise est source de conflits de pouvoir car il repose, en interne, sur des individus et des groupes, les salariés, qui ont des objectifs propres et rarement concordants, et, en externe, sur les agents économiques, consommateurs, clients, fournisseurs, actionnaires, administrations, etc., qui agissent également en fonction de leurs propres objectifs. La nature des relations qui se nouent entre les acteurs au sein de l'entreprise et avec les partenaires extérieurs influence de façon déterminante son mode de gouvernance. Le dirigeant doit en permanence arbitrer entre les attentes des différentes parties prenantes, qui peuvent constituer autant de contre-pouvoirs.**

## 1 Les parties prenantes internes

L'expression «parties prenantes» fait référence à la volonté de chacun des acteurs de bénéficier d'une fraction de la valeur ajoutée produite par l'entreprise.
Les premiers bénéficiaires de la répartition de la valeur ajoutée sont les salariés au travers des salaires.

### 1. Les salariés et leurs représentants

#### a) Les salariés

Les salariés constituent le capital humain essentiel à l'activité et au développement de l'entreprise et donc, de fait, un contre-pouvoir puisque les objectifs de l'entreprise ne peuvent être atteints sans leur participation active, alors même que leurs objectifs personnels divergent parfois des objectifs communs.
Pour défendre leurs intérêts, les salariés s'appuient sur leurs élus :
- les délégués du personnel dans tous les établissements de plus de 10 salariés ;
- le comité d'entreprise, obligatoire dans les entreprises de plus de 50 salariés.

#### b) Les syndicats

Les syndicats représentent un contre-pouvoir à la fois interne, grâce aux représentants syndicaux de l'entreprise, et externe, au niveau national. Selon les termes du Code du travail, ils sont seuls habilités à représenter les salariés dans le cadre des négociations collectives des conditions générales de travail. Leur contre-pouvoir s'exprime souvent de façon conflictuelle (grève, etc.).

### 2. Les relations de pouvoir dans l'entreprise

Les dirigeants doivent en permanence arbitrer entre les objectifs des salariés et l'objectif commun. Ceci amène les économistes R. Cyert et J. March à montrer que les objectifs poursuivis par l'entreprise ne seront donc pas rationnels, mais représentent le meilleur compromis possible entre les objectifs des diverses coalitions d'individus qui la composent.
Ces coalitions d'individus ayant des buts différents, elles doivent négocier entre elles, ce qui conduit aux prises de décisions.
Pour éclairer le jeu de pouvoirs et contre-pouvoirs dans l'entreprise, M. Crozier, sociologue français, montre que, dans l'entreprise, tout le monde peut avoir du pouvoir car il est le produit de relations, négociations et confrontations dont l'issue reste toujours incertaine.

## 2 Les parties prenantes externes

### 1. Les consommateurs et les clients

L'intérêt des clients et des consommateurs, acheter au meilleur prix, est parfois contradictoire avec celui de l'entreprise, qui consiste à fixer des prix qui lui permettent de réaliser des profits et de satisfaire ainsi à ses objectifs de rentabilité.
Les consommateurs et les clients de l'entreprise exercent deux types de contre-pouvoir : actif par le biais des associations de consommateurs et passif en faisant jouer la concurrence sur les prix.

### 2. Les acteurs de la société civile

L'État et les administrations prélèvent une part de la valeur ajoutée de l'entreprise en impôts, taxes et cotisations diverses. Mais c'est au travers des lois et des règlements qu'ils exercent une contrainte collective et donc un contre-pouvoir.
En outre, la société civile impose à l'entreprise d'être socialement responsable, c'est-à-dire de se soucier de sa rentabilité et de sa croissance, mais également de ses impacts environnementaux et sociaux.

### 3. Les actionnaires

Les actionnaires sont les propriétaires de l'entreprise, si elle a la forme d'une société de capitaux, qui ont délégué leur pouvoir de décision.

#### a) La gouvernance de l'entreprise

La gouvernance constitue un mode d'arbitrage entre les intérêts contradictoires des différentes parties prenantes et, en particulier, entre les actionnaires et les dirigeants.
Lorsque l'entrepreneur est l'unique ou le principal propriétaire de l'entreprise, les problèmes de gouvernance n'existent pas.
Mais dès lors qu'il existe une séparation entre les propriétaires et les dirigeants salariés, se pose la question de la pratique du pouvoir compte tenu des divergences d'intérêts qui peuvent exister entre eux.
On distingue deux modèles de gouvernance :
- la gouvernance managériale laisse aux dirigeants la plus grande part du pouvoir ;
- la gouvernance actionnariale se traduit par un contrôle direct de l'entreprise par les actionnaires et s'impose depuis les années 1980.

#### b) Les enjeux liés aux intérêts des actionnaires

Les actionnaires exercent leur contre-pouvoir au sein des assemblées générales et des conseils d'administration. Ils suivent les nominations des dirigeants, leur rémunération, l'orientation stratégique de l'organisation, etc. Ceux-ci devront donc exercer leur pouvoir de gestion en tenant compte du contre-pouvoir des actionnaires et en assurant une rentabilité minimale des capitaux pour satisfaire à leurs exigences de dividendes.

# 9 LA DÉMARCHE STRATÉGIQUE

**La stratégie permet à une entreprise d'atteindre ses finalités et ses objectifs. Elle doit être définie au niveau global puis se décliner sur chacun des domaines d'activité de l'entreprise. L'utilisation des outils d'analyse stratégique, une planification et un contrôle appropriés assureront le succès de la démarche stratégique. Cela étant, il faudra également tenir compte des aspects contingents, inhérents à toute stratégie, comme la taille, le métier et le type d'entreprise concerné.**

## 1 La notion de stratégie d'entreprise

### 1. Une stratégie d'entreprise en accord avec sa finalité et ses objectifs

La stratégie est l'ensemble des opérations coordonnées menées pour réaliser une finalité.
La démarche stratégique doit donc prendre appui sur les finalités de l'entreprise.
Ces finalités sont traduites par des objectifs stratégiques à long terme qui concernent les orientations importantes définies par les dirigeants. Les cadres de l'entreprise vont ensuite définir des objectifs tactiques à moyen terme qui seront réalisés par chaque service. Enfin, les objectifs opérationnels à court terme permettront aux exécutants de réaliser les objectifs tactiques.

### 2. Une stratégie en cohérence avec le(s) métier(s) de l'entreprise

Le métier est le savoir-faire, l'habileté, les compétences acquises dans l'exercice d'une profession. Les entreprises peuvent avoir plusieurs métiers. Il est toutefois utile de se référer au métier de base en rapport avec l'activité principale et avec les compétences que l'entreprise maîtrise le mieux. La démarche stratégique, pour être couronnée de succès, doit fixer les objectifs qui permettront de valoriser au mieux les compétences que l'entreprise peut déployer dans le cadre de son métier.

### 3. Une stratégie qui se décline dans les DAS de l'entreprise

Les entreprises peuvent avoir différentes activités demandant des compétences distinctes. Un domaine d'activité stratégique (DAS) est un sous-ensemble d'une entreprise auquel il est possible d'allouer ou de retirer des ressources de manière autonome. Une entreprise peut intervenir sur plusieurs DAS. Sa stratégie d'ensemble doit se décliner par domaines d'activités pour être plus efficace.
La segmentation stratégique permet de définir les différents domaines d'activités stratégiques de l'entreprise en divisant les activités de l'entreprise en segments homogènes (ou DAS) régis par des facteurs clés de succès identiques. Cette segmentation stratégique ne doit pas être confondue avec la segmentation marketing, dont le but est de définir des groupes de consommateurs ayant des besoins différents à assouvir et auxquels va s'adresser le marketing mix de l'entreprise.

**EXEMPLE**

Une entreprise dont le métier est la vente automobile peut avoir deux DAS différents : la commercialisation de véhicules neufs et de véhicules d'occasion et, pour chacun de ces DAS, les segments marketing ciblés peuvent être les entreprises, les administrations et les particuliers.

## 2 Les différentes facettes de la stratégie d'entreprise

### 1. La stratégie délibérée ou émergente

La définition de la stratégie peut résulter d'un choix délibéré. Les dirigeants vont alors planifier les actions à mettre en œuvre pour mener à bien leur stratégie. Elle peut aussi se construire de façon moins rationnelle, plus informelle, en fonction des événements qui affectent l'activité de l'entreprise. La stratégie «émerge» alors des activités de l'entreprise. Dans la réalité, la stratégie résulte souvent d'une combinaison des deux : une démarche planifiée et une stratégie émergente.

### 2. Les stratégies de domaine et globale

#### a) Les stratégies de domaine

Les stratégies de domaine (*business strategies*) commencent par le choix des DAS qui permettent d'exploiter au mieux les facteurs clés de succès (FCS) sur lesquels l'entreprise peut s'appuyer.
Ces FCS au sein du DAS sont des points forts sur lesquels l'entreprise peut compter pour obtenir un avantage concurrentiel comme, par exemple :
- un bon rapport qualité/prix ;
- des ressources et des compétences particulières ;
- un effet d'expérience ou un avantage technologique ;
- une bonne capacité d'innovation ou un capital marque ;
- un réseau de distribution performant.

Ensuite, les stratégies de domaines permettent de définir si l'entreprise adoptera sur son DAS une politique de minimisation des coûts, si elle se différenciera en offrant des avantages uniques aux consommateurs ou si elle se focalisera sur un produit ou un marché donné.

#### b) La stratégie globale

Quand les DAS sont fixés, la stratégie d'entreprise (*corporate strategy*) détermine au niveau global si cette dernière doit se spécialiser ou se diversifier et si elle doit externaliser ou intégrer ses activités.

## 3 Les outils d'analyse stratégique

### 1. L'apport du modèle LCAG

Learned, Christensen, Andreus et Guth ont mis en place un processus d'analyse interne et externe de l'entreprise connu sous le sigle «LCAG» du nom de ses auteurs. Ce modèle fournit un cadre général pour l'analyse stratégique :

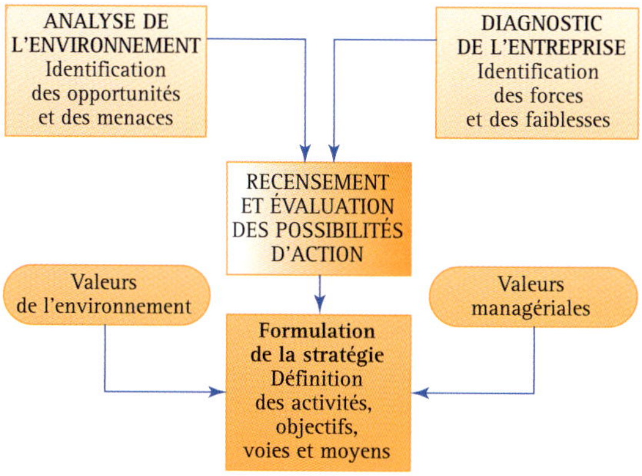


Le modèle LCAG comporte deux axes d'analyse :

- l'analyse externe identifie les opportunités et les menaces présentes dans l'environnement de l'entreprise ainsi que les valeurs de l'environnement dans lequel évolue cette dernière ;
- l'analyse interne révèle les forces et les faiblesses de l'entreprise ainsi que les valeurs sur lesquelles les dirigeants veulent s'appuyer.

Le modèle LCAG montre que la prise en compte de ces deux analyses, interne et externe, permet de recenser les possibilités d'action qui conduiront à la formulation d'une stratégie efficiente en fonction du contexte de l'entreprise et de son environnement.

### 2. L'apport de l'analyse FFOM (forces, faiblesses, opportunités, menaces)

Cette matrice reprend les deux axes du modèle LCAG :

| | Interne | Externe |
|---|---|---|
| Bon | FORCES | OPPORTUNITÉS |
| Mauvais | FAIBLESSES | MENACES |

L'analyse FFOM est un outil simple permettant de réaliser :

- l'analyse externe qui conduit à l'identification des opportunités et des menaces. Elle permet d'identifier les actions qui permettent de s'adapter à l'environnement dans lequel évolue l'entreprise ;
- l'analyse interne qui permet de réaliser un diagnostic de l'entreprise à partir de ses principales forces et faiblesses et donc d'identifier les FCS. Il permet aussi de cerner les faiblesses de l'organisation et de mener une stratégie qui permettra de les limiter pour ne pas se faire devancer par les concurrents.

La matrice FFOM constitue un outil simple et performant pour déterminer une démarche stratégique adaptée aux caractéristiques de l'entreprise et à celles de son environnement.

## 4 La planification et le contrôle de la stratégie adaptée

### 1. La démarche de planification

Pour garantir le succès de leur démarche stratégique, beaucoup d'entreprises mettent en place une planification qui peut suivre le schéma suivant :

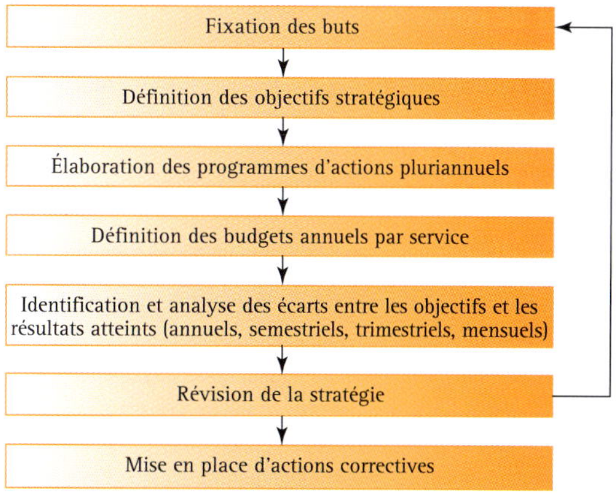


### 2. Le contrôle de la planification

Les programmes d'actions fixent les performances à réaliser. Ils sont chiffrés sur plusieurs années et le plus souvent établis par fonctions (commerciale, ressources humaines, production, etc.).

**EXEMPLE**

Si le but de l'entreprise est d'être plus compétitive, l'objectif pourra être de réduire le coût de production. Les programmes d'actions vont donc inclure des investissements en biens de production, en formation, etc.

Après l'établissement des programmes d'actions, le plan est annualisé sous la forme de budgets qui déterminent les ressources allouées par service.

Les performances sont contrôlées chaque année, chaque semestre ou chaque trimestre et les écarts sont analysés pour envisager des actions correctives.

## 5 L'aspect contingent de la démarche stratégique

Une démarche stratégique ne peut être un processus identique pour toutes les entreprises. La démarche stratégique varie selon différents critères :

- la taille de l'entreprise : une planification formulée sur un horizon de plusieurs années est courante dans les grandes entreprises mais pas dans les PME ;
- le type d'entreprise : une entreprise multiactivité doit adopter une stratégie globale ainsi qu'une stratégie au niveau de chaque domaine d'activité alors qu'elles seront confondues pour une entreprise monoactivité ;
- le métier sur lequel l'entreprise a décidé de déployer ses compétences de façon à s'appuyer sur les savoir-faire et les compétences pour obtenir un avantage concurrentiel sur le marché ;
- les étapes du cycle de vie de l'entreprise : par exemple, la stratégie en phase de lancement de l'entreprise doit être axée sur les investissement à réaliser alors qu'en phase de déclin, elle aura comme priorité de proposer une nouvelle offre commerciale pour maintenir l'activité.

# 10 LE DIAGNOSTIC STRATÉGIQUE EXTERNE

**Le diagnostic stratégique doit s'appuyer sur l'étude de la situation externe de l'entreprise. Cette analyse permet de cerner les influences de l'environnement et la position concurrentielle de l'entreprise sur son marché. Pour mener à bien cette analyse, les études de marché sont un outil incontournable. Elles permettent de connaître les tendances de l'offre, de la demande et les évolutions de l'environnement.**

## 1 Le diagnostic de l'environnement

### 1. Un environnement porteur d'opportunités et de contraintes

L'environnement offre à l'entreprise l'opportunité de profiter de l'émergence de nouveaux produits à commercialiser et de nouveaux marchés à exploiter.

Toutefois, les entreprises doivent aussi faire face à des menaces environnementales. Celles-ci peuvent venir de l'évolution des technologies, de celle des mentalités des consommateurs ou encore des concurrents. Bâtir une stratégie qui transforme les menaces de l'environnement en opportunités en s'appuyant sur ses facteurs clés de succès est un gage d'efficacité et de pérennité.

### 2. La prise en compte du macroenvironnement

Le macroenvironnement est l'environnement global de l'entreprise. Il inclut toutes les influences qu'elle subit aux niveaux national et international. La méthode PESTEL est un outil de diagnostic qui analyse l'environnement global en répartissant ses influences en six grandes catégories : politiques, économiques, socioculturelles, technologiques, écologiques et légales. Elle a pour but d'établir une *check-list* permettant d'identifier et de hiérarchiser les éléments de l'environnement susceptibles d'affecter de façon durable l'activité de l'entreprise.

### 3. La prise en compte du microenvironnement

Le microenvironnement de l'entreprise est constitué par ses partenaires sur le marché. Il est formé d'acteurs comme les fournisseurs, les clients, les concurrents, les administrations, les pouvoirs publics et les groupes de pression (par exemple, des associations de consommateurs). Le diagnostic stratégique doit s'intéresser à l'étude des concurrents et des clients mais aussi à celle des autres acteurs du microenvironnement car tous peuvent avoir une influence sur son activité.

Par exemple, en ce qui concerne les fournisseurs, la connaissance de leur nombre, de leur taille et de leur pouvoir permettra de faire les bons choix dans ce domaine en assurant la sécurité et la régularité des approvisionnements au meilleur coût.

## 2 Le diagnostic concurrentiel

L'entreprise est rarement seule sur son marché. C'est pourquoi il est indispensable qu'elle tienne compte des forces concurrentielles et des groupes stratégiques présents sur son marché de façon à pouvoir déterminer sa position concurrentielle.

### 1. Le diagnostic des forces concurrentielles du secteur

Selon l'analyse de M. Porter, cinq forces agissent sur la position concurrentielle d'une entreprise.

#### a) L'intensité de la concurrence

L'entreprise doit analyser les éléments qui intensifient la concurrence sur son marché, comme le degré de concentration (plus les concurrents seront concentrés et donc importants, plus la concurrence sera vive) ou les possibilités de croissance du marché (sur un marché en stagnation, la bataille concurrentielle risque d'être plus rude que sur un marché en croissance).

#### b) L'influence des nouveaux entrants potentiels

L'entreprise a intérêt à limiter les possibilités d'accès au marché de nouveaux entrants potentiels grâce à des barrières à l'entrée comme, par exemple, des brevets déposés par l'entreprise pour protéger ses produits. De cette façon, elle limitera la concurrence.

#### c) L'influence des produits de substitution ou de remplacement

Ces produits répondent aux mêmes besoins que ceux de l'entreprise. Ils pourraient donc attirer les clients de l'entreprise et lui faire perdre une partie de son marché. Toutefois, le niveau de concurrence que représentent ces produits dépend de leur degré de substituabilité à ceux de l'entreprise.

**EXEMPLE**

Pour une entreprise qui propose des produits de haute qualité, avec une technologie ou une image de marque forte qui fidélise la clientèle, la substitution de nouveaux produits sera plus difficile.

#### d) Le pouvoir de négociation des fournisseurs

Les fournisseurs pourront imposer leur volonté à l'entreprise en fonction de leur puissance, de leur taille et donc de leur influence.

**EXEMPLE**

Les fournisseurs ayant une exclusivité, un monopole d'approvisionnement, de fabrication ou de distribution peuvent imposer leurs conditions sur le marché.

#### e) Le pouvoir de négociation des clients

Les clients, en fonction de leur importance, pourront obtenir des prix bas, d'excellentes conditions commerciales et de meilleurs délais de règlement.

**EXEMPLE**

Les entreprises de la grande distribution qui ont constitué de puissantes centrales d'achats réussissent à imposer à leurs fournisseurs des prix et des conditions de règlement draconiens.

### 2. Le diagnostic des groupes stratégiques présents sur le marché

Un groupe stratégique est un ensemble d'entreprises qui

se considèrent comme concurrentes mais qui ont entre elles des rapports de faible rivalité. Il s'agit de sous-ensembles d'un secteur dans lesquels les entreprises suivent la même stratégie. Ces groupes stratégiques se forment souvent à cause de barrières à la mobilité comme :
- des besoins en capitaux, des brevets, des dépenses de communication ou des contraintes technologiques qui rendent l'entrée sur le marché difficile pour les entreprises qui ne font pas partie du groupe stratégique ;
- des immobilisations spécifiques ou des craintes pour l'image de marque qui engendreraient des coûts de sortie pour les entreprises qui voudraient sortir du marché.

Le diagnostic stratégique doit interroger sur l'existence de groupes stratégiques sur le marché et sur la position de l'entreprise par rapport à ces groupes.

### 3. Le diagnostic de la position concurrentielle des produits

La vie d'un produit passe par quatre phases : son lancement, sa croissance, sa maturité et son déclin. Le diagnostic stratégique cerne la phase dans laquelle se situent les produits de l'entreprise de façon à adopter la stratégie appropriée aux événements qui interviennent tout au long de la vie des produits.

Durant la phase de lancement, la concurrence est peu soutenue mais les décisions stratégiques doivent permettre de réaliser les investissements nécessaires à la mise sur le marché du produit (dépenses commerciales, technologiques, marketing, etc.). Durant la phase de croissance, de nouveaux concurrents arrivent aussi sur le marché, attirés par ses possibilités de croissance, et les décisions stratégiques doivent donc permettre de limiter l'arrivée de nouveaux entrants ou de donner à l'entreprise les moyens de résister. Durant la phase de maturité, le rythme des ventes se ralentit et la concurrence est plus vive. Seule une stratégie qui permet de mettre en place de nouveaux produits pour préparer la relève permettra à l'entreprise de survivre à la phase de déclin.

## 3 L'étude du marché

Les diagnostics de l'environnement et de la concurrence sont pris en compte dans les études de marché que mène l'entreprise. En effet, ils font partie intégrante des différentes dimensions de l'étude de marché que sont la demande, l'offre, la distribution et la technologie.

### 1. Les dimensions de l'étude du marché

#### a) Le diagnostic de la demande

Avant d'entamer toute démarche commerciale, il est indispensable de cerner l'importance du marché potentiel, qui comprend les consommateurs actuels et les non-consommateurs relatifs (ceux qui ne consomment pas actuellement le produit mais qui sont susceptibles de devenir un jour des consommateurs effectifs).

Le diagnostic stratégique doit analyser les indicateurs quantitatifs de la demande comme les quantités vendues (ventes en volume) et le chiffre d'affaire (ventes en valeur). Leur étude doit être complétée par celle des indicateurs qualitatifs de la demande, comme la fidélité et la satisfaction des clients. L'analyse des besoins et du comportement du consommateur est aussi indispensable pour cerner les motivations, les attentes, les critères de choix et le processus de décision du consommateur.

#### b) Le diagnostic de l'offre

L'étude de l'offre permet de connaître les entreprises concurrentes et les produits présents sur le marché.

Elle doit aboutir à déterminer la place de l'entreprise par rapport aux concurrents au niveau de sa part de marché, de son positionnement, de sa notoriété, etc.

#### c) Le diagnostic de la distribution

Les relations avec les distributeurs déterminent les choix à effectuer pour créer, développer, animer et assurer le suivi du réseau de distribution de l'entreprise. Le diagnostic stratégique doit analyser la pertinence des canaux de distribution choisis par l'entreprise pour permettre l'ajout ou la suppression de distributeurs, en fonction des objectifs de cette dernière (couverture du marché, délai de livraison, prestations au client, etc.).

#### d) Le diagnostic de la technologie

La technologie a une importance croissante dans le diagnostic stratégique du fait des constantes innovations dans ce domaine qui transforment l'environnement dans son ensemble.

La technologie au niveau des produits comme des processus et des procédés de fabrication est un élément différenciateur durable pour une entreprise. Cette dernière doit donc connaître, le plus précisément possible, les forces et les faiblesses de son patrimoine technologique et de celui de ses concurrents et partenaires. Cela lui permettra de faire de la technologie un élément différenciateur des concurrents ou, *a minima*, de respecter les exigences minimales du marché dans ce domaine.

### 2. La synthèse : l'étude de marché

L'étude de marché synthétise l'ensemble des éléments analysés par l'entreprise sur son marché afin de prendre des décisions efficientes. Elle permet d'avoir les informations clés sur :
- le marché, ses grandes tendances et son potentiel ;
- la demande pour cerner les typologies de clients, leurs besoins, leurs attentes et leur comportement d'achat ;
- l'offre pour cerner les concurrents, leurs forces, leurs faiblesses et la position concurrentielle de l'entreprise ;
- l'environnement, ses évolutions au niveau des consommateurs, de la technologie, de la distribution, etc.

L'information issue des études de marché est indispensable avant même la création de l'entreprise pour valider le projet de création. Puis, durant la vie de l'entreprise, elle est incontournable avant le lancement de toute innovation ou quand l'entreprise envisage de se lancer sur un nouveau marché, tout particulièrement lorsqu'il se situe à l'étranger.

# 11 LE DIAGNOSTIC STRATÉGIQUE INTERNE

**Le diagnostic stratégique interne a pour objectif d'analyser le fonctionnement interne de l'entreprise. Il s'agit de cerner son potentiel (ses ressources matérielles, humaines, financières, commerciales, immatérielles, organisationnelles et en recherche et développement) et de vérifier que l'entreprise a les compétences qui, combinées à ces ressources, lui assureront un avantage concurrentiel.**

## 1 La prise en compte de la chaîne de création de valeur

L'analyse de la chaîne de création de valeur permet de comprendre le fonctionnement interne de l'entreprise. Elle mettra notamment en évidence les activités sources d'un avantage concurrentiel.

### 1. L'analyse de la chaîne de valeur

La chaîne de valeur, proposée par M. Porter, identifie les différentes activités de l'entreprise :

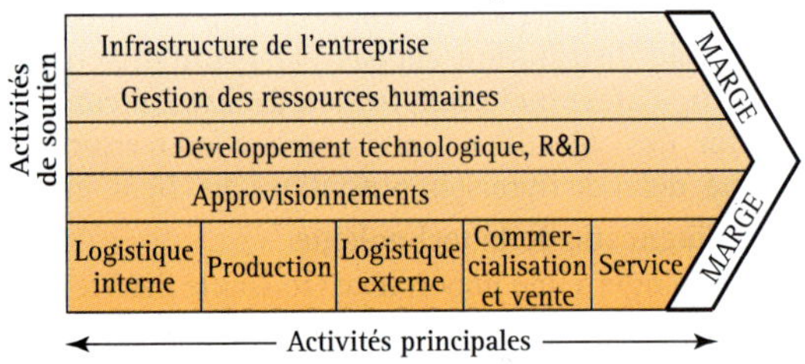


Deux types d'activités participent à la création de valeur dans l'entreprise :
- les activités principales (ou fonctions opérationnelles), directement créatrices de valeur : la logistique, la production, la commercialisation et les services qui permettent un accroissement de la valeur de l'offre (SAV, installation, financement, etc.) ;
- les activités de support (ou fonctions support) qui permettent aux premières de fonctionner : les approvisionnements, la recherche et développement, la gestion des ressources humaines (recrutement, formation, rémunération, plan de carrière, etc.) et l'infrastructure (comptabilité, gestion, système d'information).

### 2. Le diagnostic de la chaîne de valeur

Le diagnostic stratégique permet de repérer les actions à mener au niveau des différentes activités de façon à avoir une chaîne de valeur plus efficiente que celles des concurrents. Il met en évidence les activités clés de l'entreprise qui permettent d'avoir un avantage au niveau des coûts ou de se différencier de manière à acquérir un avantage concurrentiel.

Le diagnostic de la chaîne de valeur permet d'identifier :
- au sein de chaque activité, les facteurs clés de succès à l'origine d'un avantage concurrentiel ;
- les activités qui ne créent pas de valeur et qui pourraient être externalisées ;

**EXEMPLE**

Une mauvaise logistique provoque une perte de chiffre d'affaires et donne une mauvaise image de l'entreprise.

- les complémentarités entre activités : les différentes activités de l'entreprise sont interdépendantes le long de la chaîne de valeur, ce qui nécessite une bonne gestion des liens entre ces activités.

## 2 Le diagnostic du potentiel de l'entreprise

Le potentiel de l'entreprise aux niveaux technologique, humain, financier et organisationnel influence de manière déterminante sa capacité à assurer sa position concurrentielle. Le diagnostic stratégique doit analyser à la fois le potentiel lui-même et sa flexibilité.

### 1. Les ressources humaines

Les ressources humaines constituent la principale ressource d'une entreprise car ce sont les qualités d'un personnel performant et motivé qui peuvent faire la différence entre deux organisations concurrentes.

Le diagnostic stratégique doit analyser :
- le potentiel en termes de quantité et qualité du personnel ;
- la pyramide des âges, sachant qu'un effectif jeune est moins coûteux, plus dynamique et mieux formé, mais également plus revendicatif.

### 2. Les ressources financières

Le diagnostic stratégique doit également porter sur les ressources financières actuelles de l'entreprise ainsi que sur sa capacité à accéder à des ressources nouvelles, en envisageant les possibilités :
- d'autofinancement : le moyen de financement le moins cher et préservant l'autonomie de l'entreprise ;
- de financement par augmentation de capital ;
- de cessions d'actif ;
- de financement grâce à l'emprunt dans certaines limites (l'objectif est d'éviter un endettement excessif).

### 3. Les ressources matérielles et immatérielles

Les décisions d'investissement sont déterminantes, dès la création de l'entreprise, car elles conditionnent sa survie et sa croissance. Le diagnostic doit vérifier leur bien-fondé au niveau des investissements :
- matériels (les locaux, le matériel et l'outillage) ;
- immatériels (les efforts en recherche et développement, la maîtrise des technologies nouvelles, les structures organisationnelles et commerciales, etc.).

## 3 Le diagnostic des compétences

### 1. La notion de compétence

La notion de compétence émerge dès le milieu des années 1980, face à celle de qualification, marquant l'apparition d'une nouvelle logique de plus en plus éloignée du taylorisme. En effet, la notion de qualification renvoie au modèle du « poste de travail » défini par rapport aux tâches à effectuer sur un poste. Les qualités humaines ne sont jamais identifiées directement et pour elles-mêmes

mais uniquement par l'intermédiaire des capacités requises pour un poste ou un emploi.
La « logique compétence » qualifie les individus et réseaux d'individus en fonction des qualités professionnelles qu'ils ont acquises tout au long de leur carrière et qu'ils mettent en œuvre dans différentes situations de travail.

### 2. Les compétences individuelles

Les compétences individuelles sont la capacité d'une personne à comprendre et interpréter des problèmes professionnels dans un contexte spécifique de manière à y apporter une solution. Il s'agit donc de connaissances en action. Les compétences individuelles permettent au salarié d'être plus performant en combinant divers facteurs :
- le « savoir agir » (le savoir, le savoir-faire et le savoir être) ;
- le « pouvoir agir », qui dépend des possibilités de prise de responsabilités ;
- le « vouloir agir » qui dépend de la motivation de l'individu.

### 3. Les compétences collectives

Les compétences collectives sont la manière dont l'organisation utilise l'ensemble des savoirs et savoir-faire collectifs. Elles se forgent dans l'expérience et se construisent dans le temps.
Ces compétences sont influencées par :
- la qualité de circulation de l'information ;
- la coopération et la communication des connaissances et du savoir-faire au sein du personnel.

L'ensemble des technologies, des compétences, de l'expérience et des savoir-faire maîtrisés vont former le domaine de compétence de l'organisation.

### 4. Les compétences managériales

Les compétences managériales constituent la capacité à mobiliser, à animer et à motiver les hommes autour d'une stratégie. Leur développement permet une utilisation pertinente des compétences individuelles et collectives présentes dans l'entreprise.

### 5. Les compétences spécifiques et transversales

#### a) La théorie des ressources et compétences

La théorie des ressources et compétences de E. Penrose analyse l'entreprise comme un ensemble de ressources :
- tangibles : équipements, ressources financières et humaines ;
- intangibles : réputation, image, savoirs, savoir-faire du personnel, savoirs organisationnel et managérial et ressources technologiques.

Ces ressources, associées à des compétences, permettent l'accroissement des profits à long terme. La stratégie a pour objectif d'obtenir un avantage concurrentiel en adaptant ses ressources et compétences internes aux caractéristiques de l'environnement.
Dans cette optique, la prise en compte de l'environnement de l'entreprise devient prioritaire : il s'agit d'en saisir les opportunités et d'en transformer les contraintes en atouts dans le but de façonner un contexte concurrentiel qui soit favorable à l'entreprise. Elle modèle ainsi son environnement plus qu'elle ne le subit.

#### b) Le développement de compétences spécifiques et transversales

L'entreprise doit développer des compétences spécifiques et transversales. Le diagnostic stratégique doit analyser :
- les compétences spécifiques liées aux métiers de l'entreprise (la maîtrise d'une technologie particulière, son savoir-faire, sa capacité d'innovation) ;
- les compétences transversales assurant à l'entreprise la maîtrise de ses processus internes (circulation de l'information dans l'entreprise, mise en place d'une norme qualité) et externes (ceux qui lient l'entreprise à ses partenaires tant au niveau de l'approvisionnement que de la distribution).

## 4 Le repérage des compétences fondamentales

### 1. La notion de compétence fondamentale

Les compétences fondamentales, issues d'un apprentissage organisationnel intégrant des ressources et des compétences individuelles, permettent d'acquérir un avantage concurrentiel. G. Hamel et C. K. Prahalad définissent les « compétences fondamentales » de l'entreprise (*core competencies*) comme les aptitudes essentielles, techniques et organisationnelles qu'elle doit développer pour obtenir un avantage compétitif.
Ce sont les « compétences clés » (technologie, savoir-faire, communication) que l'entreprise doit avoir car elles sont à l'origine des facteurs clés de succès qui lui permettront de détenir un avantage concurrentiel.

### 2. L'identification d'une compétence fondamentale

Selon C. K. Prahalad et G. Hamel, trois critères permettent de repérer les compétences fondamentales :
- elles permettent d'accéder à une grande variété de marchés ;
- elles contribuent de manière déterminante à la valeur des produits offerts sur le marché ;
- elles sont difficilement copiables ou accessibles aux concurrents.

L'apprentissage collectif de l'organisation permet de forger des compétences clés ou fondamentales, principalement en agissant sur la coordination des compétences de production et sur la prise en compte des nouveaux courants technologiques.
Ce n'est qu'en associant ses ressources et ses compétences que l'entreprise pourra développer une compétence fondamentale capable de lui assurer un avantage concurrentiel. Elle devra alors le conserver en :
- limitant le *turn-over* de son personnel ;
- protégeant ses compétences fondamentales de façon à dissuader les entreprises concurrentes de les acquérir ou de les développer ;
- favorisant leur développement au sein de l'entreprise.

# 12 LES STRATÉGIES GLOBALES

**La stratégie globale de l'entreprise (*corporate strategy*) détermine les orientations stratégiques générales les plus opportunes. Elle permet notamment de répondre aux deux questions suivantes : l'entreprise doit-elle se spécialiser ou se diversifier? Doit-elle opter pour une stratégie d'externalisation de ses activités ou, au contraire, les intégrer?**

## 1 Les stratégies de spécialisation ou de diversification

### 1. La stratégie de spécialisation

#### a) Le choix d'une stratégie de spécialisation

Cette stratégie consiste, pour l'entreprise, à se focaliser sur un seul domaine d'activité afin d'en avoir la maîtrise. Elle permet donc à cette dernière de se spécialiser sur le métier dans lequel elle a un bon niveau d'expérience et de compétence pour s'assurer un avantage concurrentiel décisif.

La stratégie de spécialisation sur un métier est souvent choisie par des PME disposant d'un important savoir-faire dans un domaine d'activité donné.

#### b) Les raisons de la spécialisation

Une entreprise peut chercher à se spécialiser quand :

- elle a mis au point un produit innovant ayant des caractéristiques uniques pour le consommateur. Elle peut chercher à centrer toute son activité sur sa commercialisation. Toutefois, cette stratégie comporte le risque, pour l'entreprise, d'être copiée par les concurrents et de perdre son leadership sur le marché. Elle peut aussi être dépassée si elle ne prépare pas la relève avec de nouveaux produits répondant aux attentes des consommateurs lorsque son produit phare arrive en phase de déclin;
- elle cherche à s'implanter sur une niche : ce créneau de marché concerne des besoins très spécifiques et il est souvent délaissé par la concurrence car la clientèle est réduite. Toutefois, si cette niche représente l'intégralité de l'activité de l'entreprise, cette stratégie présente un risque en cas de changement de la demande.

### 2. La stratégie de diversification

#### a) Le choix de la diversification

D'après I. Ansoff, la diversification implique une évolution de l'entreprise en termes de produit, de marché et de technologie. Elle se différencie d'une simple expansion qui serait orientée vers la même industrie ou vers des secteurs caractérisés par des produits ou des missions similaires à ceux de l'entreprise. Elle implique un changement de domaine d'activité stratégique et donc la prise en compte d'un nouvel ensemble de facteurs clés de succès.

Pour réussir une stratégie de diversification, il faut que l'entreprise soit capable :

- de maîtriser la technologie de sa nouvelle activité;
- d'adopter la communication pertinente;
- de s'introduire dans les réseaux de distribution adaptés.

C'est donc une stratégie qui présente des risques financiers, technologiques, commerciaux et humains puisqu'elle nécessite d'acquérir de nouvelles compétences et de former et d'impliquer le personnel de l'entreprise.

#### b) Les raisons de la diversification

Les entreprises peuvent chercher à se diversifier pour :

- améliorer leur rentabilité en investissant dans des secteurs plus rentables;
- limiter les risques en se constituant un portefeuille d'activités qui leur permettra de mieux gérer le cycle de vie des produits en s'orientant vers de nouvelles activités avant le déclin de ces derniers.

#### c) Les types de diversification

L'entreprise peut opter pour différents types de diversification :

- la diversification technique permet de développer de nouvelles activités ayant des synergies entre elles de manière à pouvoir proposer aux clients une offre transversale composée de différents produits;

**EXEMPLE**

Une compagnie aérienne peut se diversifier dans l'hôtellerie pour proposer un produit complet à ses clients composé du billet d'avion et de la location d'une chambre d'hôtel.

- la diversification commerciale peut passer par :
  - une diversification géographique quand l'entreprise sort de son marché et cible une autre région du monde dans laquelle les facteurs clés de succès sont différents,
  - une diversification dans sa filière d'activité suite à une intégration verticale des activités en amont ou en aval. La constitution d'une filière peut avoir comme objectif de sécuriser les approvisionnements (intégration vers l'amont) ou de s'assurer une gestion plus performante de la distribution (intégration vers l'aval);

**EXEMPLE**

Lorsqu'une compagnie pétrolière prend à sa charge à la fois les activités d'extraction, de raffinage, de transport et de commercialisation, elle se diversifie dans l'ensemble de la filière.

- la diversification conglomérale se traduit par une rupture totale des liens avec le secteur sur lequel l'entreprise était présente, tant au point de vue de la technologie et du produit que du marché. C'est le cas, par exemple, lors du rachat d'une entreprise particulièrement rentable par une autre entreprise qui a des ressources financières à placer.

## 2 Les stratégies d'externalisation ou d'intégration

### 1. La stratégie d'externalisation

#### a) Le choix de l'externalisation

L'externalisation a pour objectif de s'associer avec d'autres entreprises de façon à faire faire à l'extérieur certaines activités.

Les entreprises avec lesquelles des relations sont nouées gardent leur autonomie juridique, même si elles peuvent tomber sous une réelle dépendance économique. En effet, bien qu'elle sauvegarde l'autonomie juridique, l'externalisation peut conduire à une réelle dépendance économique ou commerciale, surtout lorsqu'il s'agit d'une grande entreprise qui fait appel à une PME pour externaliser une partie de son activité.

Les modalités de mise en place de ces associations peuvent être diverses. Il est en effet possible de passer un contrat de sous-traitance, de franchise ou de concession, de créer un groupement d'intérêt économique (GIE) ou encore de constituer des filiales communes.

### b) Les raisons de l'externalisation

Plusieurs raisons peuvent pousser une entreprise à opter pour une stratégie d'externalisation. Il peut s'agir :

- de bénéficier des services de spécialistes en confiant à des entreprises plus spécialisées certaines activités jugées non essentielles pour la compétitivité de l'entreprise ;

**EXEMPLE**

Une entreprise confie à un sous-traitant son activité informatique ou de maintenance ou encore sa comptabilité.

- de chercher à flexibiliser l'activité en cas de variation d'activité de l'entreprise ;

**EXEMPLE**

Une entreprise qui a une activité saisonnière peut, lors d'un pic d'activité, recourir à des sous-traitants pour augmenter ses capacités de production. Ce peut être le cas pour un chocolatier qui, pour répondre à l'augmentation de la demande avant Pâques et Noël, confie le surplus de production à un partenaire extérieur.

- de se recentrer sur son métier de base et de rester rentable en confiant les autres activités à des partenaires extérieurs.

**EXEMPLE**

Une entreprise dont le métier de base est l'agroalimentaire et qui s'est diversifiée dans d'autres domaines, comme l'habillement, peut vouloir se recentrer sur son métier de base à la suite de problèmes d'organisation ou de manque de compétences. Elle confiera alors ses activités dans l'habillement à des partenaires extérieurs et se recentrera sur son métier de base, l'agroalimentaire, dans lequel elle a le plus d'expérience et de compétences.

L'externalisation n'est pas sans risque pour l'entreprise à différents niveaux :

- il peut y avoir une perte du contrôle des opérations et de connaissances fondamentales ;
- la maîtrise des informations peut s'en trouver affectée du fait de la perte de leur confidentialité ;
- le partenaire externe choisi peut se révéler moins fiable que prévu, voire disparaître ;
- l'opération peut ne pas être très réversible si l'entreprise souhaite « réinternaliser » (ou backsourcer) l'activité.

## 2. La stratégie d'intégration

### a) Le choix d'une stratégie d'intégration

Opter pour une stratégie d'intégration consiste, pour l'entreprise, à opérer une activité en son sein au lieu de la faire faire à l'extérieur.

La stratégie d'intégration conduit à un regroupement d'entreprises qui fait perdre son autonomie juridique à l'une d'entre elles, voire provoque sa disparition.

Contrairement aux stratégies d'externalisation qui laissent subsister juridiquement les entreprises antérieures en formant des associations où les partenaires gardent une relative indépendance, les stratégies d'intégration entraînent, en général, la disparition de certaines entreprises ou leur prise de contrôle financier. L'intégration est souvent réalisée par la fusion de deux entreprises.

### b) Les raisons de l'intégration

La stratégie d'intégration peut être motivée par différentes raisons. Il peut s'agir pour l'entreprise :

- de s'assurer la régularité et la fiabilité des approvisionnements au meilleur rapport qualité/prix. Dans ce cas, elle cherchera à intégrer ses fournisseurs ;
- de s'assurer une commercialisation plus efficiente de ses produits et qui véhicule l'image souhaitée par l'entreprise. Dans ce cas, elle cherchera à intégrer ses distributeurs ;
- de limiter le nombre d'intermédiaires en amont ou en aval pour intégrer leurs profits et contrôler la filière.

La stratégie d'intégration est donc souvent motivée par des raisons liées à la sécurité, la fiabilité et la rentabilité des moyens d'approvisionnement et de distribution.

### c) La mise en œuvre d'une stratégie d'intégration

L'intégration est mise en place pour créer une association plus ou moins poussée :

- elle est totale quand toutes les activités sont maîtrisées par la même entreprise. Il y a alors formation d'une filière (une compagnie pétrolière intègre les activités de recherche de pétrole, d'extraction, de raffinage et de distribution) ;
- elle peut se situer en amont : l'intégration vise ici les fournisseurs ;
- elle peut se situer en aval : l'intégration vise alors les commercialisateurs.

# 13 LES STRATÉGIES DE DOMAINE

**Les stratégies de domaine (*business strategies*) portent sur le choix des domaines d'activités stratégiques. Elles sont essentielles car elles déterminent les combinaisons d'armes concurrentielles sur lesquelles l'entreprise va s'appuyer. Elles définissent notamment les avantages concurrentiels à utiliser au sein de chaque domaine d'activité. Ces avantages concurrentiels sont décisifs s'ils sont durables, c'est-à-dire s'ils ne peuvent être copiés ou érodés par l'action des concurrents et si l'évolution de l'environnement économique ne les rend pas obsolètes. Trois stratégies de domaine sont envisageables : la domination par les coûts, la différenciation et la focalisation.**

## 1 La stratégie de domination par les coûts

### 1. Le choix d'une stratégie de domination par les coûts

La stratégie de domination par les coûts consiste à devenir le fabricant ayant les coûts les plus faibles. L'objectif de l'entreprise est de conquérir le marché par de meilleurs prix tout en étant très rentable.

Cette stratégie conduit souvent à une production ou à une distribution de masse en grande série de façon à atteindre la taille suffisante ou taille critique. Cette dernière permettra, en effet, de générer des économies d'échelle et de bénéficier d'effets d'expérience.

### 2. Les moyens pour dominer par les coûts

#### a) La recherche de la taille critique

Pour mener à bien une stratégie de domination par les coûts, l'entreprise doit tenter d'atteindre sa taille critique. Cette dernière constitue la dimension minimale qu'elle doit avoir pour s'introduire, survivre ou se développer sur un marché. On parle aussi de « masse critique » ou de « seuil dimensionnel ». Si la taille critique n'est pas atteinte, l'entreprise n'a pratiquement aucune chance de succès sur ce marché puisqu'elle ne pourra accéder aux technologies ou aux actions commerciales nécessaires pour réussir.

#### b) La recherche d'économies d'échelle

L'entreprise réalise des économies d'échelle lorsqu'elle parvient à diminuer son coût de production unitaire du fait de l'augmentation de la quantité produite ou distribuée. Ce phénomène s'explique par la répartition des charges fixes sur un nombre d'unités produites ou distribuées plus grand. En diminuant son coût de revient unitaire, l'entreprise améliore sa rentabilité et donc ses chances de succès. Elle sera par conséquent en meilleure position pour se confronter à ses concurrents et les dominer grâce à ses coûts plus faibles.

Les économies d'échelle se font souvent grâce à des synergies obtenues quand la complémentarité ou la coopération entre plusieurs ressources permet une plus grande efficacité. En effet, l'entreprise est plus qu'une juxtaposition de ressources, elle est un ensemble cohérent où les différents potentiels sont interdépendants et doivent se combiner, se compléter.

En mettant en œuvre toutes les synergies possibles, l'entreprise améliore son efficacité, sa rentabilité et sa compétitivité.

#### c) L'apport de l'effet d'expérience

L'expérience représente les compétences et les connaissances acquises par une pratique prolongée d'une activité donnée. Dans une entreprise, l'effet d'expérience se traduit par le fait que la pratique engendre des mécanismes et des savoir-faire qui permettent de déjouer certains pièges et d'acquérir plus de dextérité. L'effet d'expérience permet d'améliorer la productivité de l'entreprise grâce à une meilleure habileté, une meilleure formation des salariés, des technologies, du matériel et une organisation du travail plus efficients.

### 3. Les limites de la domination par les coûts

La stratégie de domination par les coûts a ses limites car :

- elle provoque une contre-attaque des concurrents qui chercheront à leur tour à réduire leurs coûts ;
- elle n'est, en général, pas applicable par toutes les entreprises du secteur. En effet, toutes les entreprises n'ont pas l'expérience suffisante ou les ressources nécessaires pour mettre en place des investissements permettant d'accéder à des moyens performants et d'atteindre la taille critique indispensable à la domination par les coûts ;
- de plus, ce n'est pas parce que les coûts sont abaissés que le prix va l'être et que le consommateur peut en profiter. Dans certains cas, l'entreprise peut profiter de la rationalisation de ses coûts pour augmenter ses marges et accroître son bénéfice.

## 2 La stratégie de différenciation

### 1. Le choix d'une stratégie de différenciation

#### a) Qu'est-ce que la stratégie de différenciation ?

La stratégie de différenciation consiste à proposer aux clients des produits et des services ayant des caractéristiques différentes, mieux adaptées aux besoins, que celles qu'offrent les concurrents. Cela peut souvent permettre de demander un supplément de prix.

Cette stratégie permet à une entreprise de faire face à la concurrence en se basant sur les caractéristiques de ses produits. Par exemple, grâce à des innovations techniques ou commerciales, les produits peuvent avoir des caractères distinctifs par rapport à ceux des concurrents. Ils donneront donc une bonne position concurrentielle à l'entreprise, qui sera également moins menacée par les produits de substitution.

#### b) Les objectifs stratégiques de la différenciation

La différenciation a un effet d'attraction de la clientèle vers le produit ou la gamme de produits de l'entreprise. Elle permet une communication spécifique en fonction du segment de clientèle visé. Par ailleurs, elle limite la concurrence. Dans le meilleur des cas, quand l'entreprise produit et/ou commercialise un produit issu d'une innovation qu'elle a brevetée, elle peut avoir un monopole temporaire sur le marché. Dans les autres cas, la différenciation va rendre les comparaisons directes avec les concurrents plus difficiles et mettre en valeur le produit de l'entreprise.

### 2. Les différents types de différenciation

Une entreprise peut différencier ses produits par rapport à ceux de la concurrence de différentes manières :
- par la marque (exemples : produits pharmaceutiques, produits de luxe) ;
- par les caractéristiques techniques du produit (exemple : une innovation technique qui confère des performances particulières) ;
- par les services liés au produit (exemples : les garanties, le SAV) ;
- par le conditionnement (exemple : la mise en place d'un packaging plus pratique) ;
- par les actions commerciales (exemple : un mode de distribution ou de communication spécifique aux produits de l'entreprise).

Plusieurs de ces éléments ou la totalité d'entre eux peuvent être utilisés conjointement pour se renforcer mutuellement et dégager des synergies.

### 3. Les limites de la différenciation

La stratégie de différenciation connaît certaines limites :
- la différenciation doit être suffisamment évidente pour convaincre les clients potentiels d'y adhérer et d'accepter de payer un supplément de prix. Selon les marchés, ce n'est pas toujours possible ;
- une entreprise peut être contrainte d'offrir un produit différencié au même prix que ceux des concurrents dans la mesure où les consommateurs ne sont pas prêts à payer un supplément de prix pour ce type de produit. La différenciation lui permettra alors de garder ses parts de marché, mais pas d'obtenir un supplément de prix.

## 3 La stratégie de focalisation

### 1. Le choix de la stratégie de focalisation

La stratégie de focalisation présentée par M. Porter en 1980 consiste à éviter la confrontation directe avec les entreprises déjà présentes sur l'ensemble du marché en se focalisant sur un marché spécifique ou sur une zone géographique étroite.

Cette stratégie peut s'avérer être la moins coûteuse et la moins risquée pour un nouvel entrant sur un marché car elle réduit les coûts d'entrée et les risques de représailles des entreprises déjà présentes. En effet, en montrant des ambitions limitées, le nouvel entrant peut ne pas déclencher de réactions adverses agressives.

**EXEMPLE**

L'entreprise Benetton a mis en œuvre une stratégie de focalisation pour pénétrer le marché de la restauration rapide grâce à sa filiale Autogrill. Autogrill s'est, au départ, contenté de déployer ses restaurants exclusivement le long des principales autoroutes françaises. Ce marché de petite taille n'intéressait pas les grandes entreprises de la restauration rapide en France.

La stratégie est optimisée par rapport à un segment très particulier.

L'entreprise cherche à avoir un avantage concurrentiel sur ce segment à défaut de pouvoir l'avoir sur l'ensemble du secteur.

### 2. Les formes de focalisation possibles

#### a) La focalisation sur un marché

La focalisation peut avoir lieu sur un marché spécifique. Il s'agit alors de s'intéresser à un segment du marché sur lequel la clientèle a des besoins spécifiques que l'entreprise pourra satisfaire mieux que ses concurrents du fait de sa maîtrise des facteurs clés de succès liés.

**EXEMPLE**

Une entreprise du secteur automobile ayant les compétences nécessaires peut se focaliser sur le segment des véhicules spécialisés pour les personnes à mobilité réduite ou sur celui des véhicules sans permis (comme Microcar).

#### b) La focalisation géographique

La focalisation géographique consiste à se concentrer sur une localisation géographique très spécifique. En ne s'intéressant qu'à un certain nombre de zones géographiques, une entreprise peut s'implanter sur un marché sans se confronter directement aux grandes entreprises en place. Cela lui permet de se protéger de la concurrence, en proposant une offre très différenciée.

La zone géographique peut être choisie en fonction de critères comme sa qualité esthétique (essentielle pour les activités touristiques, par exemple), les activités qui s'y trouvent (proximité des fournisseurs, réseau de sous-traitants, etc.), la qualité de l'environnement ou la proximité culturelle et linguistique. Le choix peut aussi prendre en compte l'image forte que peut véhiculer la zone géographique d'implantation choisie.

**EXEMPLE**

Certains lieux sont adaptés au haut de gamme, comme les Champs-Élysées à Paris, d'autres à une certaine catégorie de produits, comme la Provence pour les senteurs florales telles que celles de la lavande.

# 15 LA STRUCTURE DE L'ENTREPRISE

**➔ Pour mettre en œuvre sa stratégie, l'entreprise doit s'appuyer sur une structure solide et en cohérence avec son environnement. La structure est traditionnellement schématisée dans un organigramme. Mais cette représentation est insuffisante pour illustrer les mécanismes de coordination et de contrôle.**

## 1 La notion de structure

### 1. Définition

La structure est une combinaison d'éléments et de mécanismes qui visent à répartir, coordonner et contrôler les activités de l'entreprise afin d'atteindre avec efficacité et efficience les objectifs stratégiques.
La structuration organisationnelle est l'action du manager qui permet de développer ou de modifier la structure.

### 2. L'organigramme

L'organigramme est une représentation schématique de la structure, de ses membres et de leurs fonctions. Il met en évidence les liens hiérarchiques et fonctionnels qui les relient.
Un lien hiérarchique représente un rapport d'autorité entre un subordonné et son supérieur. Un lien fonctionnel indique un rapport lié à l'exécution de certaines tâches qui met deux membres de l'entreprise en relation.

## 2 Les caractéristiques de la structure

### 1. La division du travail

À partir du moment où dans une entreprise, les tâches se répètent et nécessitent plusieurs personnes, la division du travail s'impose. On distingue :
- la division verticale qui détermine le nombre de lignes hiérarchiques. C'est la hauteur de l'organigramme ;
- la division horizontale qui détermine le nombre de fonctions ou de services. C'est la largeur de l'organigramme.

### 2. Les mécanismes de coordination

La coordination des activités doit permettre aux composantes de l'entreprise d'agir en cohérence. H. Mintzberg a mis en évidence six formes de coordination.

#### a) L'ajustement mutuel

Ce mécanisme permet à des salariés de se consulter directement sans passer par un supérieur hiérarchique. Il est dominant dans les entreprises naissantes et de petite taille.

#### b) La supervision directe

Elle intervient dans une structure hiérarchisée : un supérieur donne des ordres à son ou ses subordonnés et contrôle la réalisation des tâches. Dans cette forme de coordination, l'information est essentiellement descendante.

#### c) La standardisation

Quand la structure continue de grandir, il faut rationaliser l'organisation, ce qui conduit à standardiser le travail. Quatre formes de coordination par la standardisation existent :
- la standardisation des résultats consiste à définir précisément les performances à réaliser ou les caractéristiques du produit à réaliser ;
- la standardisation des procédés consiste à définir avec précision les tâches à réaliser ainsi que leur succession. Cette forme de coordination permet de formaliser les méthodes de travail ;
- la standardisation des qualifications consiste à s'appuyer sur le savoir-faire, les compétences acquises grâce à des formations ;
- la standardisation des normes consiste à s'appuyer sur un système de valeurs pour organiser le travail. Cette forme de coordination se trouve souvent dans des organisations non marchandes.

### 3. La décentralisation

La décentralisation est un processus par lequel le pouvoir détenu par le sommet hiérarchique est réparti en différentes unités. Chaque unité fonctionne alors comme un centre de profit autonome.
Le succès de la décentralisation exige la mise en place de procédures de contrôle qui soient vérifiées et respectées. Cette centralisation du contrôle est indispensable pour préserver l'unité de l'entreprise et conserver une communication homogène.

## 3 Les structures classiques

### 1. La structure simple

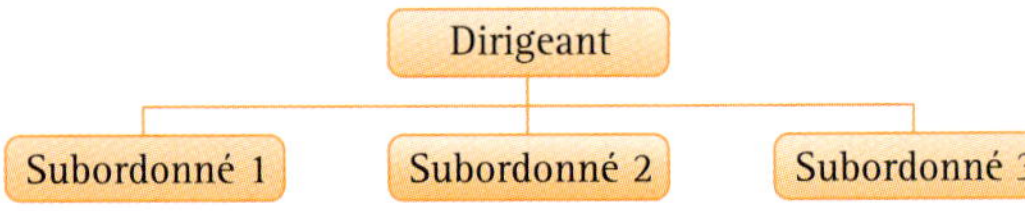


La structure simple correspond à des entreprises de petite taille dans lesquelles le dirigeant s'entoure d'une équipe de salariés motivés et réactifs. Dans cette structure, le salarié n'a qu'un seul supérieur. Cette structure s'avère vite insuffisante quand l'entreprise grandit car le dirigeant ne peut centraliser tous les pouvoirs.

### 2. La structure fonctionnelle

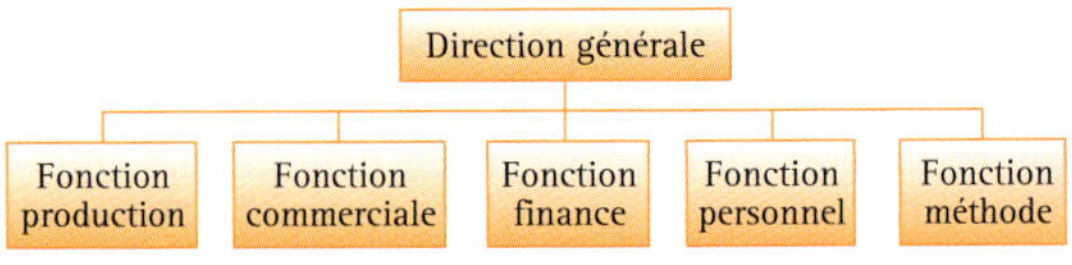


La structure fonctionnelle correspond à des entreprises développant une seule activité. Elle permet une spécialisation de l'entreprise par fonction.

### 3. La structure divisionnelle

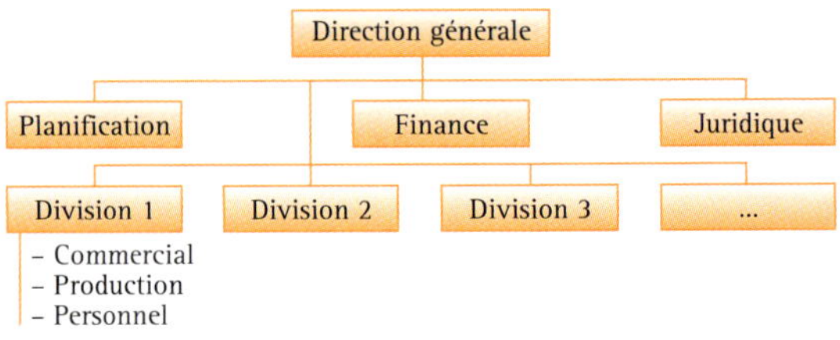

Quand l'entreprise développe plusieurs activités (stratégie de diversification) ou s'étend géographiquement (stratégie d'internationalisation), elle met en place une structure divisionnelle. Les critères de définition des divisions sont le plus souvent l'activité ou la zone géographique. La direction peut s'étoffer de services en charge de fonctions globales (finances, juridique) ou stratégiques (planification).

**EXEMPLE**

Siemens a réparti ses activités en trois divisions : énergie, santé, transport.

### 4. La structure matricielle

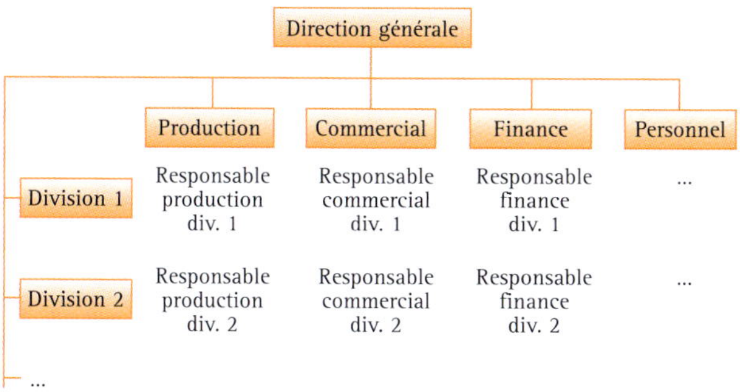


La structure matricielle découpe l'activité selon deux ou trois critères (fonction, géographie, activité, projet). Elle donne à l'entreprise une souplesse de fonctionnement. La structure matricielle fait dépendre un salarié d'au moins deux supérieurs.

## 4 Les configurations structurelles

H. Mintzberg propose une représentation de la structure d'entreprise comme un assemblage de différents composants. Il appelle ces combinaisons des « configurations structurelles ».

### 1. Les composants de la configuration structurelle

H. Mintzberg identifie cinq composants de la configuration structurelle :

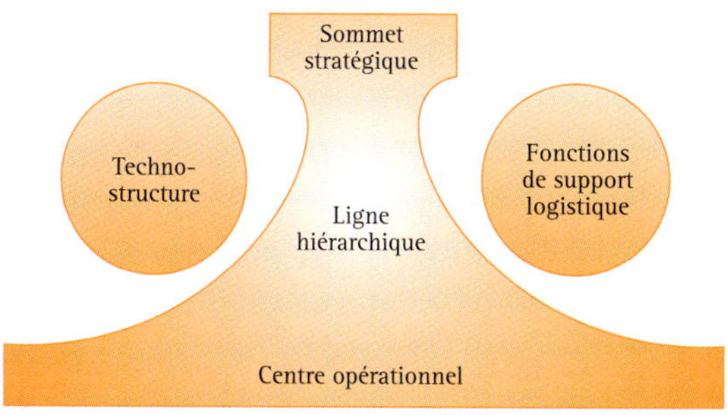


Le sommet stratégique détermine la stratégie, fixe les objectifs et contrôle l'exécution. Il est composé de l'équipe dirigeante.

La ligne hiérarchique relie la direction générale aux agents opérationnels. Elle part des cadres dirigeants pour descendre aux agents de maîtrise.

Le centre opérationnel est composé des ouvriers, des employés qui exécutent le travail de production et de commercialisation.

La technostructure aide l'organisation en standardisant les procédures et en élaborant études, analyses et conseils.

La fonction de support logistique offre les services permettant au centre opérationnel de fonctionner (transport, informatique, courrier).

### 2. La typologie des configurations structurelles

Afin de prendre en compte différents facteurs qui agissent sur la structure, H. Mintzberg met en évidence cinq configurations structurelles.

#### a) La configuration simple

Elle convient à la PME dont le patron assume l'ensemble des fonctions à responsabilité. La supervision directe est la forme dominante de coordination.

#### b) La configuration mécaniste

Elle apparaît quand la rationalisation du travail devient nécessaire (entreprise industrielle). On assiste à une standardisation qui s'opère par les procédés grâce à une technostructure émergente.

#### c) La configuration professionnelle

On la trouve dans les organisations où l'activité dépend des compétences professionnelles de ses membres (cabinet d'avocats, d'expertise comptable, hôpital, etc.). La standardisation par les qualifications est forte.

#### d) La configuration divisionnelle

Elle caractérise les entreprises diversifiées. La coordination repose sur la standardisation par les résultats.

#### e) La configuration adhocratique (ou organisation innovante)

Elle est capable de s'adapter aux contraintes engendrées par la complexité des tâches à effectuer. Ce type de configuration convient aux entreprises dont l'environnement est incertain et instable. L'ajustement mutuel y est prédominant. C'est la configuration de la start-up, de l'entreprise réalisant des productions à l'unité ou de l'entreprise recourant à des technologies de pointe. Les entreprises ayant adopté ce type de configuration ont généralement peu de niveaux hiérarchiques. L'organigramme est plutôt plat. L'autocontrôle est préféré au contrôle. Les cadres, en raison de leur expertise, ont des fonctions de coordination horizontale.

Une structure matricielle est de type adhocratique.

**EXEMPLE**

Google est une configuration adhocratique. Son organigramme est assez plat. Le niveau de qualification des salariés est très élevé, ce qui leur confère la capacité à évoluer dans un environnement complexe.

# 16 LES FACTEURS DE CONTINGENCE

**La structure d'une entreprise n'est pas déterminée à l'avance, ni définitivement. De nombreux éléments viennent en permanence la modifier : ce sont les facteurs de contingence.**

## 1 L'influence de l'environnement sur la structure

### 1. Structure mécanique et structure organique

Lorsque la concurrence s'accentue, que les clients deviennent plus exigeants et nécessitent une plus grande réactivité, que la pression des fournisseurs se renforce, l'entreprise doit adapter sa structure pour intégrer ces variables multiples et complexes.

Deux auteurs, T. K. Burns et G. M. Stalker, ont mis en évidence deux types de structures en lien avec l'environnement :

- la structure mécanique repose sur une forte division du travail. La hiérarchie est très présente. La communication s'appuie sur un ensemble de règles précises et respectées. Les décisions sont centralisées. Ce type de structure convient à un environnement stable et certain ;
- la structure organique repose sur une organisation flexible et redéfinie en permanence. La direction s'efface devant la réalisation des projets. La communication est peu formalisée et horizontale. Les décisions sont fortement décentralisées. Les entreprises ayant une telle structure sont très réactives et savent s'adapter à un environnement complexe.

### 2. Intégration et différenciation

P. R. Lawrence et J. W. Lorsch ont prolongé cette analyse en montrant que dans un environnement stable, les entreprises optent pour l'intégration de leur structure, c'est-à-dire qu'elles centralisent les décisions sur le sommet stratégique.

Inversement, quand l'incertitude augmente, les entreprises ont tendance à différencier leur structure. Elles découpent alors la structure en entités autonomes afin de rendre chaque élément plus apte à affronter les changements.

## 2 L'influence de la stratégie sur la structure

Ce sont les travaux d'A. D. Chandler qui ont mis en évidence l'influence de la stratégie sur les structures.

Quand l'entreprise exploite un unique domaine d'activité stratégique (DAS), elle adopte une stratégie de spécialisation. Sa structure est simple ou de type fonctionnel.

En revanche, quand l'entreprise opte pour une stratégie de diversification en exploitant plusieurs DAS, sa structure évolue vers des formes divisionnelles ou matricielles.

## 3 L'influence du système technique sur la structure

J. Woodward montre que la structure d'une entreprise est conditionnée par le système de production utilisé pour réaliser le produit. Elle distingue trois systèmes :

- le système de production unitaire ou en petite unité (exemple : la construction d'un immeuble par une entreprise de BTP) favorise les structures souples et réactives de type organiques ;
- le système de production en série (exemple : la fabrication d'écrans LCD) est routinier. Il entraîne des structures mécanistes ;
- le système de production en continu (exemple : la coulée continue d'acier) suppose des structures mixtes capables de standardiser fortement le travail tout en restant souples pour réagir rapidement aux imprévus sans mettre en danger la production.

## 4 Les autres facteurs d'influence

### 1. La taille

Quand l'entreprise est de petite taille (moins de 500 employés), elle peut fonctionner avec un faible degré de spécialisation et de division du travail. L'ajustement mutuel est la forme de coordination la plus courante. Les procédures de travail sont réduites. Les structures sont simples.

Quand la taille augmente, le dirigeant ne peut plus conserver une structure simple et un lien direct avec ses salariés. Il embauche des responsables par fonction.

Plus la taille augmente, plus les activités se diversifient, s'autonomisent et tendent vers une structure divisionnelle ou matricielle.

### 2. La culture

Les travaux conduits par G. Hofstede montrent que la culture d'un pays induit des comportements qui, à leur tour, déterminent la structure de l'entreprise. Deux critères sont retenus pour définir quatre structures types :

- le contrôle de l'incertitude : selon les cultures, les entreprises éprouvent un besoin plus ou moins fort de maîtriser leur environnement. Ce besoin est fort dans les pays européens ;
- la distance hiérarchique : le respect de la hiérarchie ou de la tradition est plus marqué dans la culture européenne (respect du chef, vouvoiement).

Ainsi, en France, on trouve davantage de structures pyramidales et fonctionnelles. À l'inverse, dans les pays anglo-saxons, les structures sont plus flexibles.

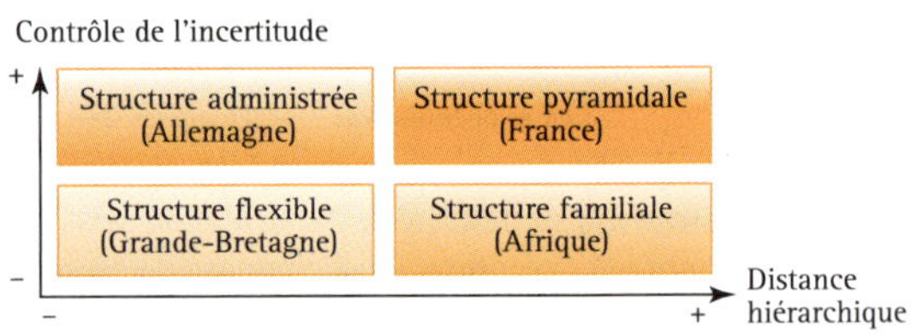

# 17 LES CONFIGURATIONS FLEXIBLES



**Les mutations de l'environnement obligent les entreprises à adapter en permanence leur structure, à tel point que le changement est devenu la norme. Les configurations deviennent flexibles, ce qui déplace les frontières de l'entreprise.**

## 1 Les reconfigurations structurelles

### 1. Les facteurs de changement structurel

Les raisons qui obligent une entreprise à faire évoluer sa structure peuvent être regroupées en quatre ensembles.

#### a) L'instabilité des marchés

L'instabilité des marchés oblige l'entreprise à revoir les produits qu'elle offre. Certaines activités disparaissent, d'autres montent en puissance. Des marchés sont saturés, obligeant l'entreprise à diversifier son activité. La structure suit ce mouvement.

#### b) Les innovations technologiques

Classiquement, les innovations technologiques sont à l'origine de nouveaux produits. Mais elles peuvent également faire émerger de nouveaux circuits de distribution.

**EXEMPLE**

Le développement de la vente sur Internet oblige les entreprises à revoir leur structure dans la mesure où l'accueil des clients et la fonction logistique prennent une dimension stratégique.

Les innovations peuvent aussi porter sur les processus de fabrication et l'organisation interne.

**EXEMPLE**

Le développement des systèmes d'information a, d'une part, fait émerger un nouveau service chargé de sa gestion et, d'autre part, modifié la façon de travailler de l'ensemble des services.

#### c) L'individualisation de la demande

Les demandes des clients évoluent vers davantage d'individualisation. L'entreprise doit s'organiser afin d'écouter le client (veille économique) et répondre plus rapidement que le concurrent à ses attentes.

**EXEMPLE**

Face à une demande de consommation de proximité, la grande distribution fait évoluer ses implantations vers les surfaces commerciales de taille moyenne au détriment de l'hypermarché.

#### d) Les exigences des parties prenantes

Les parties prenantes internes (salariés et actionnaires) constituent de véritables contre-pouvoirs que les dirigeants ne peuvent ignorer.

Les parties prenantes externes (clients, associations de consommateurs, groupes de pression, médias et fournisseurs) obligent l'entreprise à être plus réactive (pour répondre aux attentes des clients) et plus flexible.

Face à ces pressions, les entreprises doivent adopter des structures organiques (au sens de T. K. Burns et G. M. Stalker) ou adhocratiques (au sens de H. Mintzberg).

### 2. La logique de processus

#### a) Les caractéristiques du processus

La logique de processus est la réponse permettant d'adapter la structure à son environnement. Elle conduit le dirigeant à revoir l'ensemble de son organisation. M. Hammer et J. Champy traduisent cette tendance à travers la notion de reconfiguration (en anglais, *reengineering*).

En recomposant l'entreprise en processus, le dirigeant apporte un supplément de valeur à l'ensemble. Il s'agit en effet de renoncer au cloisonnement fonctionnel pour organiser l'activité en processus qui répondent aux besoins des clients.

Un processus est défini en ces termes par la norme ISO 9000 : « un ensemble d'activités corrélées et interactives qui transforment des éléments d'entrées (*input*) en éléments de sorties (*output*) ».

**EXEMPLE**

Dans une structure fonctionnelle, la demande d'un client peut passer par cinq services cloisonnés : commercial, gestion du stock et livraison, financement, facturation, après-vente. Dans une logique de processus, le client est en relation avec un seul interlocuteur qui gère l'ensemble de l'opération, depuis le démarchage commercial jusqu'au SAV.

Les configurations organisées en processus ont en commun : une organisation transversale (en processus), un nombre de niveaux hiérarchiques réduit et une coordination renforcée des tâches.

#### b) L'impact sur la structure

La logique de processus conduit à d'importants changements dans la structure :

- les salariés intégrés dans les processus sont responsabilisés dans la mesure où les postes sont interdépendants. La rémunération est conditionnée aux performances ;
- la réponse aux attentes des clients est plus efficace car les informations sont plus accessibles et leur traitement est plus rapide ;
- la culture d'entreprise évolue car une grande capacité d'adaptation de l'ensemble des salariés est nécessaire.

### 3. La configuration en projet

#### a) La définition du projet

La configuration en projet est une variante de la structure en processus. Le projet est un processus réalisé de façon unique.

**EXEMPLE**

Un chantier naval construit un paquebot de croisière. Il s'agit d'un projet : le produit réalisé est unique. Ce projet va mobiliser une multitude d'équipes au service de la satisfaction du client.

#### b) Le fonctionnement d'une structure en projet

Le projet peut être intégré dans les fonctions existantes mais pour être vraiment performant, il doit être sorti de la structure afin de donner aux équipes une réelle autonomie.

# 17 LES CONFIGURATIONS FLEXIBLES (suite)

Pour qu'une structure en projet fonctionne, il faut que les conditions suivantes soient remplies :
- l'opération doit avoir un caractère exceptionnel ;
- l'opération nécessite la coopération des opérateurs fonctionnels (acteurs métier) ;
- le mode projet réduit les coûts et les risques ;
- des délais stricts sont respectés à chaque étape du projet. C'est en particulier le cas lors de la réalisation de travaux publics dans le cadre de marchés publics. Les conventions passées prévoient des échéances précises et des pénalités en cas de retards.

## 2 Les nouvelles frontières de l'entreprise

### 1. Les enjeux de la redéfinition des frontières

Les incertitudes de l'environnement et la recherche de l'efficacité obligent les entreprises à retravailler en permanence sur leur chaîne de valeur. Elles doivent alors s'interroger sur leur cœur de métier et son éventuel déplacement. Elles peuvent être conduites à externaliser les activités non stratégiques en nouant des partenariats.

### 2. La mise en œuvre

Pour mettre en œuvre ces nouvelles configurations, deux voies principales sont envisagées : la réduction de l'intégration verticale et la réduction de la diversification.

#### a) La réduction de l'intégration verticale

L'entreprise développe la sous-traitance et les partenariats avec les fournisseurs. Elle externalise toutes ses activités non stratégiques (maintenance, paye, marketing, etc.). Les entreprises mettent en œuvre de nombreuses techniques de partenariats : sous-traitance simple, sous-traitance gigogne, création de coentreprise (joint-venture).

**EXEMPLE**

Danone se recentre sur les produits liés à la santé (produits laitiers, eaux minérales) en abandonnant les emballages et les biscuits. La firme s'implante en Asie en s'associant avec des entreprises locales.

L'externalisation des services devient si forte que l'on parle parfois d'entreprise virtuelle ou modulaire.

**EXEMPLES**

Si eBay est une société dans le siège social se trouve physiquement à San José aux États-Unis, son activité est virtuelle car réalisée grâce aux milliers d'ordinateurs de ses clients qui effectuent quotidiennement des opérations d'achats et de ventes sur la plate-forme.

L'entreprise Nike est essentiellement centrée sur la distribution d'articles de sport. Toute la production est réalisée par des entreprises indépendantes qui fonctionnent comme des modules autonomes.

#### b) La réduction de la diversification

La mondialisation intensifie la concurrence. La préservation de la compétitivité oblige de grandes entreprises conglomérales à se « respécialiser » en cédant des activités sans lien avec l'activité stratégique.

#### c) L'intégration des TIC

La réussite de ces entreprises repose sur des systèmes d'information performants qui accélèrent la circulation de l'information entre les salariés et qui renforcent les liens entre l'entreprise et ses partenaires.
Cette intégration croissante des technologies de l'information et de la communication contribue à alléger les structures et à rendre les frontières de l'entreprise de plus en plus floues.

### 3. L'entreprise réseau

#### a) Les caractéristiques

L'entreprise réseau rassemble plusieurs entreprises ou entités interdépendantes ayant chacune une compétence spécifique et qui vont intervenir de façon unique ou récurrente sur un processus global.

**EXEMPLES**

Les structures suivantes s'apparentent à des entreprises en réseau :
- l'entreprise étendue comme Airbus dans laquelle les sous-traitants sont directement associés à la conception et à la fabrication ;
- l'entreprise modulaire comme Whirlpool ou Nike ;
- l'entreprise virtuelle comme eBay.

Cette représentation est en rupture avec le schéma classique de l'entreprise intégrée dans laquelle l'ensemble des étapes, depuis la conception du produit jusqu'à sa distribution, est assuré par la même entité.

#### b) Le fonctionnement

Le réseau est constitué de multiples membres : les fournisseurs, les transporteurs, les distributeurs, les financeurs mais aussi d'anciens salariés qui réalisent des missions spécifiques (*outsourcing*) ou les collectivités locales. Les clients sont également intégrés au réseau.
Tous ces membres partagent leurs informations afin de réaliser un projet commun. Mais ils ne sont pas dépendants d'un seul partenaire. Ils conservent la liberté de réaliser d'autres transactions avec d'autres entreprises ou d'autres réseaux.

**EXEMPLE**

La construction d'un Airbus repose sur un réseau d'entreprises qui travaillent en étroite collaboration :
- les sous-traitants qui fabriquent les différentes pièces de l'avion ;
- les transporteurs qui convoient les pièces ;
- les ateliers qui assurent l'assemblage des composants ;
- le client qui est intégré pour finaliser les aménagements intérieurs spécifiques.

# 18 LE CHANGEMENT STRUCTUREL

**Face aux évolutions de l'environnement et aux réorientations stratégiques, les dirigeants d'entreprise doivent conduire le changement efficacement. Ils doivent identifier les résistances de la part des salariés qui y sont confrontés et les dépasser.**

## 1 La notion de changement structurel

### 1. Définition

Le changement structurel est un processus par lequel la structure d'une entreprise dans sa globalité ou dans quelques caractères est modifiée pour atteindre un niveau de performance meilleur. Dans le contexte économique actuel, les changements de stratégies étant plus fréquents, ils entraînent les changements structurels.

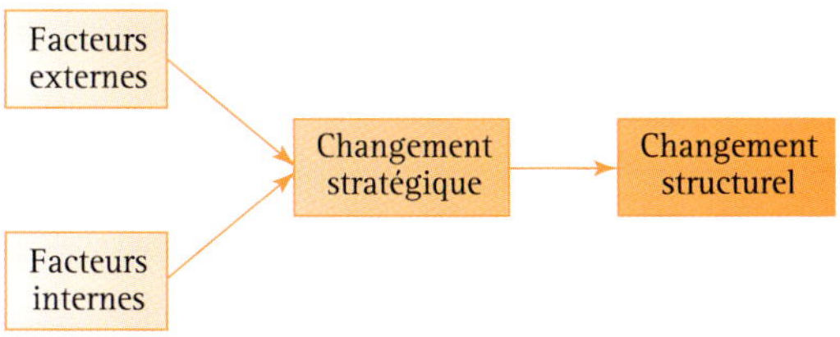


### 2. Les caractéristiques du changement structurel

Plusieurs critères peuvent être retenus pour caractériser un changement structurel.

#### a) Le rythme du changement

Le rythme du changement permet de distinguer le changement rapide, souvent décidé dans une situation de crise, et le changement progressif.

#### b) La volonté de changement

Le degré de volonté de changement oppose le changement voulu par les dirigeants et le changement subi.

#### c) L'ampleur du changement

L'ampleur du changement sépare le changement majeur, concernant l'ensemble de l'organisation, et le changement mineur, portant sur quelques activités.

**EXEMPLE**

La Banque populaire et la Caisse d'épargne vont fusionner leurs deux structures. Ce changement stratégique est provoqué par la crise financière et les problèmes de leur filiale commune, Natexis. Cette opération entraîne la formation d'une nouvelle équipe dirigeante et à terme un rapprochement des réseaux. Ce changement structurel est rapide, subi et majeur.

### 3. La conduite du changement

Pour réussir, le changement doit passer par trois phases principales selon Kurt Lewin.

#### a) La phase de dégel

Le dégel est la phase de prise de conscience au cours de laquelle les dirigeants réalisent la nécessité du changement.

#### b) La phase de mouvement

Le mouvement est la phase de réalisation du changement structurel. Il convient de faire accepter le changement aux différents acteurs et de limiter les résistances qui peuvent apparaître.

#### c) La phase d'enracinement

L'enracinement est la phase d'intégration du changement par les acteurs qui doivent retrouver un nouveau mode de fonctionnement dans des structures nouvelles.

## 2 Les phases de croissance et les crises des structures

Quand les entreprises grandissent, elles passent par des phases successives de croissance et de crises. À chaque phase correspond un changement structurel. Ces étapes ont été décrites par L. E. Greiner.

### 1. La phase entrepreneuriale

L'entreprise qui démarre est centrée sur la production et la commercialisation. L'organisation du travail est faible et essentiellement centrée sur le dirigeant. La coordination repose sur l'ajustement mutuel. La structure est simple.

Progressivement, le manque de méthodes et d'organisation engendre les premières tensions : c'est la crise de *leadership*.

### 2. La phase collective

La mise en place de procédures plus rationnelles donne à l'entreprise davantage d'efficacité. L'organisation du travail reste centralisée et la supervision directe est dominante. Une structure fonctionnelle se développe.

Pourtant, le contrôle trop centralisé et l'absence de délégation font naître un besoin d'autonomie chez les subordonnés. C'est la seconde crise.

### 3. La phase de décentralisation

Elle apparaît avec l'expansion des marchés de l'entreprise. Le dirigeant a décentralisé les responsabilités. La standardisation par les résultats est la forme dominante de coordination. La structure est fonctionnelle (si l'entreprise est spécialisée) ou divisionnelle (diversification).

Le danger à ce stade est l'excès d'autonomie donnée aux unités décentralisées. Une reprise en main par le sommet stratégique est nécessaire. C'est la crise du contrôle.

**EXEMPLE**

Le groupe international d'audit Altran était composé d'une multitude de consultants ou de PME qui maîtrisaient la relation avec les clients. Cette autonomie a fait perdre à Altran la relation directe avec le client. Altran a décidé de recentraliser ces différentes unités afin de mieux contrôler son image et son action.

### 4. La phase de coordination

L'activité est désormais mieux contrôlée. Les services fonctionnels se renforcent tout en contrôlant l'action

# 18 LE CHANGEMENT STRUCTUREL (suite)

des divisions. La structure reste divisionnelle avec un état-major renforcé (structure *staff and line*).
Mais le formalisme engendre un risque bureaucratique (excès de paperasserie). C'est la quatrième crise.

### 5. La phase de collaboration

Avec l'introduction de systèmes d'information performants, la crise bureaucratique est vaincue. L'entreprise met en place des processus qui facilitent la coordination entre les membres des équipes de travail. Le management devient plus flexible. La polyvalence est recherchée. La structure devient matricielle ou par projet. On trouve à cette phase des configurations adhocratiques.
Mais cette organisation est très exigeante pour les salariés et la pression exercée sur les cadres engendre une saturation psychologique. C'est la crise du renouveau.

### 6. La phase d'externalisation

L'entreprise choisit d'externaliser les activités non stratégiques et de se recentrer sur son cœur de métier. Les structures en réseau émergent alors.

**EXEMPLE**

Le constructeur d'avions Airbus a choisi une configuration en réseau avec une multitude de sous-traitants qui alimentent directement la chaîne de montage.

## 3 Les résistances au changement

### 1. La résistance des acteurs

Face aux changements structurels, l'entreprise est confrontée aux résistances des dirigeants et des salariés.

**EXEMPLE**

Les difficultés de la fusion entre Alcatel et Lucent sont en grande partie liées aux résistances des deux dirigeants face à la nécessaire intégration des deux structures.

#### a) Les causes de la résistance

On peut identifier trois grandes familles de résistances :
- la peur de l'inconnu : l'acteur ne voit pas où il va ;
- la peur de perdre des acquis ;
- la conviction que le changement n'est pas bénéfique à l'entreprise.

Selon le sociologue français M. Crozier, cette résistance au changement est normale. Il montre que le changement, en modifiant la situation des acteurs, engendre de l'inquiétude (la peur de perdre les acquis) et modifie les stratégies individuelles. Les acteurs élaborent des stratégies à partir des contraintes qu'ils perçoivent et des enjeux de pouvoir.

**EXEMPLE**

Quand Gaz de France et Suez se regroupent, la crainte des cadres de GDF est de voir leur fonction fusionner avec le poste équivalent chez Suez. Ils vont développer des stratégies personnelles afin de préserver le statut acquis avant la fusion.

#### b) L'impact de la culture d'entreprise

Si les résistances sont le plus souvent inhérentes aux acteurs (salariés ou dirigeants), on peut admettre que la culture d'entreprise peut également constituer un facteur supplémentaire de résistance.
Une culture ouverte à l'innovation va facilement intégrer les changements organisationnels.
Une culture plus traditionnelle peut constituer un frein au changement.

### 2. Les phases de la résistance au changement

Face au changement, un acteur passe généralement par cinq phases successives :
- l'acteur rejette le changement qui perturbe trop la situation acquise ;
- l'acteur admet ensuite le changement mais essaye de l'adapter pour qu'il perturbe le moins possible ses habitudes ;
- l'acteur comprend que le changement est inévitable, ce qui le déprime ;
- l'acteur accepte le changement avec regret. C'est le syndrome du « c'était mieux avant » ;
- le groupe de salariés qui a déjà intégré le changement aide l'acteur à faire de même et à en voir les côtés positifs.

### 3. Les solutions à la résistance

Il existe différentes techniques permettant de réduire les résistances, qui sont à utiliser en fonction des causes ayant engendré ces résistances.

#### a) L'information

Si les résistances proviennent d'un manque de communication, la solution repose sur l'information afin de réduire les malentendus. Pour que cette technique réussisse, elle suppose que les salariés fassent confiance aux dirigeants.

#### b) La participation

L'entreprise peut également intégrer davantage les salariés au processus de changement soit par la participation directe (si le niveau de formation des salariés le permet), soit par un accompagnement psychologique (si les résistances engendrent une angoisse croissante des salariés). Ces techniques sont longues et coûteuses.

#### c) La négociation

Si la résistance émane d'un groupe de salariés qui agit en puissant contre-pouvoir (action syndicale, par exemple), la solution repose sur la négociation et la recherche d'une entente.

#### d) La contrainte

Restent enfin des techniques plus radicales qui utilisent la contrainte et la menace. Ces techniques peuvent en cas d'échec faire perdre sa crédibilité à leur auteur et entraîner une radicalisation de la résistance.

# 19 LA GESTION PRÉVISIONNELLE DES EMPLOIS ET DES COMPÉTENCES



**➔ La gestion prévisionnelle des emplois et des compétences (GPEC) permet de mobiliser les ressources humaines pour mener à bien la stratégie de l'entreprise et faire face aux mutations de l'environnement.**

## 1 Les finalités de la GPEC

### 1. La réalisation des objectifs stratégiques

Les ressources humaines comprennent l'ensemble du personnel (l'effectif) et de ses compétences. L'homme est au cœur de l'entreprise et de son succès ; il s'agit d'une ressource clé pour la réalisation des objectifs stratégiques.

La gestion prévisionnelle des emplois et des compétences consiste à détecter les nouveaux besoins induits par les choix stratégiques et à mettre en œuvre les politiques adaptées pour assurer l'adéquation entre les besoins et les ressources. En effet, une stratégie d'intégration s'appuie sur les ressources humaines internes et parfois des recrutements, alors qu'une orientation vers une stratégie d'externalisation peut conduire à des réductions d'effectif.

**EXEMPLE**

Shell, comprenant que les ressources mondiales en pétrole arriveront à épuisement d'ici un demi-siècle, a adopté une stratégie de diversification dans les nouvelles sources d'énergie. L'entreprise mobilise depuis 10 ans ses ressources humaines pour la recherche d'énergies non fossiles afin d'acquérir de nouvelles compétences.

### 2. L'avantage concurrentiel

Les ressources humaines sont déterminantes pour différencier les entreprises concurrentes. Le développement des compétences est un vecteur de productivité très important, source d'avantages concurrentiels durables pour l'entreprise.

### 3. L'anticipation des changements de l'environnement

La méthode PESTEL montre que l'entreprise affronte des changements aux niveaux politique, économique, socioculturel, technologique, écologique et légal. La GPEC prévoit ces changements et leur impact sur l'emploi et les compétences nécessaires au bon fonctionnement de l'entreprise.

Elle renforce l'employabilité des salariés à faible niveau de qualification et du personnel fragilisé par les changements de l'environnement. Elle prévoit les moyens d'éviter les mesures de licenciement économique par des dispositifs de reclassement des salariés, de mobilité et de formation.

**EXEMPLE**

Carrefour a signé un accord de GPEC dont l'un des objectifs est d'anticiper les conséquences sur le plan social des futures évolutions techniques, conjoncturelles et structurelles.

### 4. L'obligation légale

Pour inciter à la mise en place d'une GPEC, la loi de cohésion sociale du 18 janvier 2005, dite loi Borloo, crée une obligation, pour les entreprises de 300 salariés et plus, de négocier tous les 3 ans, même si elles n'aboutissent pas à un accord. La négociation de l'accord de GPEC doit envisager les actions pour favoriser la mobilité interne, la gestion de carrière, la formation professionnelle, l'accompagnement des salariés, la gestion des fins de carrière.

## 2 Les outils de la GPEC

### 1. La pyramide des âges

La pyramide des âges est un mode de représentation graphique de la répartition du personnel d'une entreprise par tranche d'âge et par sexe à un instant donné. C'est un outil indispensable à la gestion prévisionnelle des emplois et des compétences car il permet de visualiser si l'on dispose des bonnes personnes au bon moment. La pyramide des âges permet d'anticiper les évolutions au niveau du recrutement, de la formation ou des réductions d'effectif.

**EXEMPLE**

À la BNP, l'effectif est composé en grande partie de baby-boomers qui partiront à la retraite dans les années 2010. La GPEC met en place des actions pour éviter la perte massive de compétences lors du départ de ces salariés et pour assurer la relève par un effectif jeune et dynamique.

### 2. Le bilan social

Le bilan social est un document comptable établi dans toute entreprise de plus de 300 salariés. Il propose des indicateurs sociaux chiffrés permettant d'établir des priorités d'action dans les domaines suivants : emploi, rémunération, hygiène et sécurité, conditions de travail, formation, relations professionnelles, conditions de vie dans l'entreprise.

### 3. Le référentiel de compétences

Le référentiel de compétences présente la cartographie des métiers en leur associant une liste de compétences et le niveau de maîtrise requis. C'est une aide pour la GPEC car il permet de vérifier si l'entreprise a les compétences pour assurer son avenir. Il cerne les compétences de l'entreprise sur les métiers qui vont disparaître, les métiers en émergence, les métiers stratégiques.

## 3 La mise en œuvre de la GPEC

La mise en œuvre de la GPEC suit les trois étapes du processus de décision présentées par H. A. Simon dans le modèle IMC, abréviation de : intelligence (diagnostic des besoins présents et futurs), modélisation (analyse des écarts), choix (actions RH à mettre en œuvre).

# 19 LA GESTION PRÉVISIONNELLE DES EMPLOIS ET DES COMPÉTENCES (suite)

## 1. Le diagnostic et l'analyse des écarts

Un diagnostic est nécessaire pour évaluer les besoins et vérifier que les ressources humaines de l'entreprise permettent la mise en œuvre de sa stratégie et la réalisation de ses objectifs. Ce diagnostic doit analyser les besoins en termes quantitatifs (emplois) et qualitatifs (compétences) en fonction de la stratégie adoptée par l'entreprise. Ensuite, l'analyse des écarts entre les ressources humaines de l'entreprise et ses besoins permet d'envisager des actions adaptées.

## 2. Les actions quantitatives

Les actions quantitatives de gestion des ressources humaines permettent d'anticiper les besoins en ressources humaines de façon que l'entreprise ait l'effectif nécessaire au bon moment et au bon endroit.

### a) Le recrutement

Les actions de recrutement consistent à augmenter l'effectif, mais également à rechercher de nouvelles compétences, en recourant à du personnel déjà dans l'entreprise (recrutement interne) ou par l'embauche d'un personnel extérieur (recrutement externe).

**EXEMPLE**

Le Train pour l'emploi et l'égalité des chances de La Poste s'arrête dans les gares pour informer et recevoir en entretien des candidats de tous horizons et de tous niveaux. L'entreprise a reçu en 2009 le label Top Employeurs qui distingue les entreprises qui ont su développer les talents au sein de leur organisation.

### b) La réduction d'effectif

La réduction d'effectif consiste à diminuer la quantité du personnel de l'entreprise par des licenciements, des départs à la retraite, des départs volontaires. Elle permet de faire face à l'évolution d'un secteur, d'un métier ou de la stratégie.
La GPEC consiste aussi à accompagner toute politique de réduction d'effectif de procédures favorisant le dialogue et la justice sociale.

**EXEMPLE**

La stratégie de Total l'amène à réduire ses effectifs de plus de 555 postes de façon prévisionnelle en 2009 dans les secteurs du raffinage et de la pétrochimie. Un accord de GPEC devrait permettre d'éviter des effets néfastes sur le climat social alors que l'entreprise a réalisé des bénéfices de près de 14 milliards d'euros en 2008.

### c) L'impartition

L'impartition consiste à « faire faire » à l'extérieur, à externaliser des activités de l'entreprise, par exemple sous la forme de la sous-traitance.
L'accord de GPEC doit prévoir les conditions de sa mise en œuvre, mais aussi l'accompagnement nécessaire pour limiter ses effets néfastes sur le climat social de l'entreprise.

**EXEMPLE**

L'externalisation des services informatiques s'explique par la recherche d'un personnel externe spécialisé, flexible, à un coût avantageux.

## 3. Les actions qualitatives

Les dispositifs de GPEC doivent inscrire le développement des compétences des salariés au cœur de leurs actions car le manque de compétence est un handicap source de démotivation, pour les salariés qui sont dépassés par les évolutions de leur métier.

### a) La formation

La formation est l'outil majeur de développement de compétences nouvelles. L'entreprise est légalement obligée d'affecter au moins 1,6 % de sa masse salariale aux dépenses de formation. Dans le cadre du DIF (droit individuel à la formation), chaque salarié a droit à 20 heures de formation par an.
Pour développer des compétences clés et obtenir un avantage concurrentiel, l'entreprise doit aller au-delà des obligations légales et mettre en place une politique d'investissement en formation.

**EXEMPLE**

Le groupe Evialis, spécialiste de la nutrition-santé animale, a signé un accord de GPEC, dénommé « Cap compétences », qui vise à développer le capital humain, en particulier par le renforcement des actions de formation.

### b) La mobilité

La mobilité est un changement de situation du personnel. Il peut s'agir de mobilité géographique (changement de lieu de travail), de mobilité professionnelle (changement de métier), ou de mobilité sectorielle (changement de secteur d'activité). Alliée à la formation, elle permet aux salariés d'acquérir des expériences sources de nouvelles compétences.
La GPEC favorise la mobilité de façon à mettre en valeur les compétences présentes dans l'entreprise et à mieux les répartir.

**EXEMPLE**

L'accord de GPEC de Carrefour prévoit que les salariés en parcours de mobilité bénéficieront d'un accompagnement individualisé avec des programmes de formation, d'intégration dans la nouvelle fonction et des mesures d'accompagnement à la mobilité géographique.

### c) Le partage des savoirs

Les compétences détenues par chaque salarié contribuent à forger les compétences collectives, le savoir-faire de l'entreprise, à condition qu'elles soient répertoriées et que leur transfert des salariés les plus expérimentés vers les moins expérimentés soit favorisé.
L'accord de GPEC définit les modalités de transfert des compétences, particulièrement entre les générations. La mixité des équipes contribue au développement des compétences de tous les salariés.

**EXEMPLE**

L'accord de GPEC de Schneider Electric privilégie des modalités de travail permettant le transfert des compétences entre les générations, notamment à travers les contrats d'apprentissage et le tutorat.

# 20 LA FLEXIBILITÉ DES RESSOURCES HUMAINES



**La flexibilité permet de s'adapter au contexte socio-économique et aux aléas de l'activité. Ses sources sont internes et externes à l'entreprise.**

## 1 Les enjeux de la flexibilité

### 1. S'adapter au contexte socio-économique

Dans un contexte instable, l'entreprise doit anticiper et adapter ses ressources aux évolutions du microenvironnement comme du macroenvironnement. Celles-ci peuvent être rapides et radicales et seules les entreprises flexibles peuvent s'y adapter rapidement et efficacement.

**EXEMPLES**

Au niveau du microenvironnement, le contexte de crise économique soumet les entreprises à une concurrence très vive qui peut conduire à rechercher des contrats de travail plus flexibles.
Au niveau du macro-environnement, la baisse du pouvoir d'achat amplifie les creux d'activité imposant plus de souplesse du temps de travail.

### 2. Faire face aux aléas de l'activité

La flexibilité permet d'adapter les effectifs en fonction de l'intensité de l'activité. L'entreprise peut être soumise à des pics d'activité de façon plus ou moins régulière. Le recours à des horaires et à des contrats flexibles, à un personnel polyvalent lui permet de répondre plus facilement à ces variations.
La flexibilisation de l'activité améliore donc la compétitivité de l'entreprise.

## 2 Les limites de la flexibilité

La flexibilité comporte aussi des limites (conditions de travail stressantes et anxiogènes, charge de travail excessive) qui nuisent à la santé, la motivation, l'épanouissement et l'implication des salariés.
Le risque pour l'entreprise est d'avoir un personnel moins stable, des conflits sociaux et une détérioration du climat social conduisant à la baisse des performances des ressources humaines et donc de l'entreprise dans son ensemble. L'accord de GPEC peut constituer un « garde-fou » pour la flexibilité.

## 3 Les sources de flexibilité

### 1. Les sources externes de flexibilité

La flexibilité peut être recherchée dans le recours à des partenaires extérieurs, comme dans le cas de la sous-traitance.
La sous-traitance de capacité permet d'augmenter les quantités produites en cas de pic d'activité. Quant à la sous-traitance de spécialité, elle permet de bénéficier des compétences spécifiques du sous-traitant.

**EXEMPLE**

Les constructeurs automobiles reportent l'effet de leur baisse d'activité en période de crise sur leurs sous-traitants qui, comme Valéo, sont contraints de mettre au chômage technique leurs salariés.

### 2. Les sources internes de flexibilité

#### a) Le temps de travail

Le temps de travail peut être flexibilisé par le recours aux heures supplémentaires ou à l'annualisation du temps de travail. La GPEC prévoit les modalités de flexibilisation du temps de travail en veillant à ce qu'elle ne nuise pas à la santé et à la motivation des salariés.

#### b) Les rémunérations

L'individualisation est un mode de rémunération flexible permettant de moduler le salaire en fonction de la performance, du mérite, de l'implication, de l'expérience et des résultats de chacun. Elle permet d'associer le salarié, de le motiver et de le pousser à travailler davantage.
Les accords de GPEC prévoient les conditions de la flexibilisation des rémunérations, tout en garantissant aux salariés un mode de rétribution juste et équitable.

**EXEMPLE**

L'accord salarial 2008 des Autoroutes du sud de la France (ASF) comprend un volet sur l'individualisation d'une partie des rémunérations des salariés. Lors de la négociation, l'objectif était de clarifier les critères d'attribution des augmentations individuelles.

#### c) Les contrats de travail

Le recours aux contrats de travail précaires, comme le contrat à durée déterminée (CDD) et l'intérim, constitue une source de flexibilité. La GPEC doit contribuer à éviter les dérives qui sont source de démotivation pour le personnel.

**EXEMPLE**

En période de crise, les TPE (très petites entreprises, employant moins de 10 salariés) recourent deux fois plus aux contrats précaires que les entreprises de plus de 10 salariés. 41,5 % des salariés employés par une TPE travaillent en CDD, à temps partiel ou en contrat aidé.

#### d) La polyvalence

La polyvalence est la capacité du personnel à occuper plusieurs postes. Source interne de flexibilité qualitative, elle rend l'organisation du travail plus souple. Lorsque plusieurs personnes peuvent occuper différents postes, il est possible de réorganiser facilement les équipes en fonction des fluctuations des commandes, des congés ou des absences du personnel. La formation, incluse dans l'accord de GPEC, permet de développer la polyvalence.

**EXEMPLE**

Dans l'industrie automobile, le travail à la chaîne faisant appel à des ouvriers spécialisés est de plus en plus souvent accompagné d'îlots de fabrication confiés à des équipes de travailleurs polyvalents.

# 21 LA MOTIVATION ET L'IMPLICATION DES SALARIÉS

**La motivation est un mécanisme complexe qui doit permettre l'implication du salarié, au service de la performance de l'entreprise. Elle repose sur des facteurs individuels mais aussi collectifs, au premier rang desquels se trouve la culture de l'entreprise.**

## 1 La motivation au travail

### 1. Définition et enjeux de la motivation

La motivation est un ensemble d'actions intériorisées qui vont déterminer un comportement et inciter la personne à agir. Elle est propre à chaque individu.

La motivation est déterminée par des facteurs personnels (besoin d'argent, recherche de reconnaissance) ou collectifs (culture de l'entreprise, climat social, environnement socio-économique, etc.).

La compréhension des facteurs de motivation est essentielle pour les dirigeants car elle détermine la performance de l'entreprise. Un salarié motivé va tout mettre en œuvre pour atteindre un objectif (efficacité) et améliorer sa productivité (efficience). Il contribue ainsi au succès de son entreprise.

### 2. Les approches théoriques de la motivation

#### a) La hiérarchie des besoins

Un individu va d'abord être motivé par le désir de satisfaire des besoins personnels. A. Maslow a hiérarchisé ces besoins :

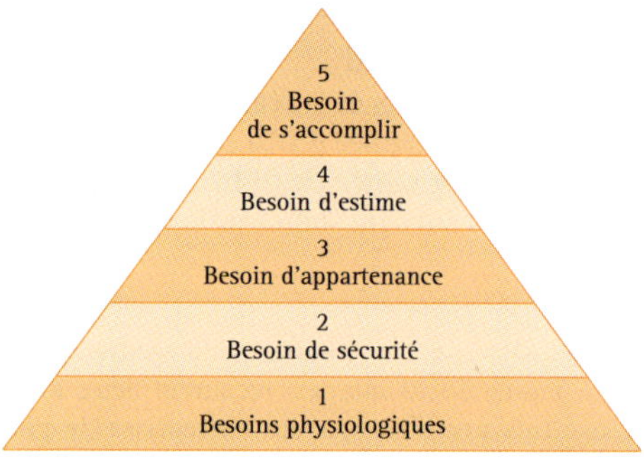


L'aspiration à satisfaire le besoin de rang 2 n'est envisageable que si le besoin de rang 1 est satisfait. Dans cette logique, le manager qui souhaite renforcer le sentiment d'appartenance des salariés à l'entreprise doit d'abord s'assurer que leurs besoins physiologiques et de sécurité sont satisfaits.

#### b) L'analyse bifactorielle

F. I. Herzberg a également étudié les facteurs qui agissent sur la motivation. Il distingue deux ensembles de facteurs :

- les facteurs extérieurs ou facteurs d'hygiène : leur présence engendre un mécontentement qui empêche la motivation ;

**EXEMPLES**

De mauvaises conditions de travail, un mauvais climat social, des rapports avec les supérieurs trop tendus, un niveau de salaire trop bas.

- les facteurs valorisants génèrent la satisfaction du salarié et contribuent à sa motivation.

**EXEMPLES**

La reconnaissance du travail réalisé, la responsabilisation du salarié, les perspectives d'avancement.

#### c) La théorie des attentes

V. Vroom montre que la motivation résulte de la combinaison de trois facteurs :

attente × instrumentalité × valence.

L'attente répond à la question « suis-je capable de faire le travail que l'on attend de moi ? ».

L'instrumentalité répond à la question « ce travail sera-t-il récompensé ? ».

La valence répond à la question « la récompense est-elle à la hauteur de l'effort que j'ai accompli ? ».

Un salarié motivé répond positivement à ces trois questions. Si une des réponses est nulle, cela signifie qu'il est démotivé.

**EXEMPLES**

Si on confie à un salarié un travail qu'il ne sait pas faire (attente = 0), il sera démotivé.

Si on propose à un salarié de compenser ses heures supplémentaires par des jours de récupération alors qu'il attend davantage de salaire (valence = 0), il ne sera pas motivé.

#### d) La théorie de l'équité

Dans la continuité des travaux de V. Vroom, J. S. Adams explique qu'un individu détermine un ratio entre ce qu'il retire de son travail (le salaire) et l'effort qu'il fournit pour obtenir ce résultat. Si son score est égal à celui des membres de son groupe, il sera motivé car il aura le sentiment d'une rétribution équitable. Si les scores sont inégaux, il sera démotivé car il aura le sentiment de ne pas être payé pour le travail accompli ou il n'aura plus la même perception du travail effectué.

### 3. Les instruments au service de la motivation

Ils peuvent être liés à la personne mais aussi à la relation entre le salarié et le groupe auquel il appartient.

#### a) Les instruments financiers

Dans la logique des travaux de F. W. Taylor, on trouve la rémunération. Si la détermination du salaire repose le plus souvent sur des grilles de rémunération négociées, il peut exister une part variable. Cette part est déterminée par les performances (salaire au rendement) mais elle comprend aussi des éléments périphériques directs (prime de rendement, prime liée à la performance individuelle) ou indirects (intéressement, participation).

#### b) Les instruments portant sur l'environnement de travail

Il existe aussi des facteurs de motivation qui vont améliorer l'environnement de travail et montrer au salarié l'intérêt qu'on lui porte. On trouve parmi ces instruments : la gestion des compétences (formation, perspectives de carrière) et l'aménagement du travail (polyvalence, enrichissement des tâches).

### c) Les instruments collectifs de motivation

Ils sont liés au climat social : qualité des relations de travail entre pairs et entre supérieurs et subordonnés.
Ils dépendent également de la communication interne de l'entreprise et de sa culture. Les valeurs qu'elle promeut peuvent être source de motivation pour les salariés.

## 2 La culture d'entreprise

C'est un élément déterminant pour créer une motivation collective au sein de l'entreprise.

### 1. Définition et enjeux de la culture d'entreprise

#### a) Définition

La culture d'entreprise peut se définir comme un ensemble cohérent d'attitudes communes à toutes les parties prenantes internes. Ces attitudes sont en partie déterminées par une histoire.
Elle repose sur des valeurs partagées. Elle permet de fédérer les personnes autour des objectifs communs.
La culture se construit progressivement. C'est un processus dynamique d'apprentissage.

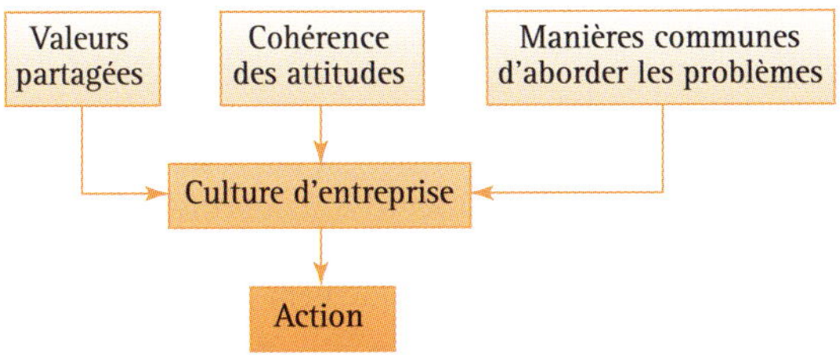


#### b) Les enjeux de la culture d'entreprise

La culture d'entreprise apparaît comme un moyen de « faire vivre ensemble » une communauté de personnes. Les intérêts de ces parties prenantes peuvent être divergents. Des conflits naissent parfois de ces divergences. La culture d'entreprise, en s'appuyant sur des valeurs fortes, sur des traditions et des règles, doit contribuer à réguler ces conflits et à apaiser les divergences.
C'est le sens des travaux de J. March et R. Cyert. Ces auteurs ont montré que les individus ayant des intérêts différents se coalisent pour les défendre. Les objectifs de l'organisation résultent de la capacité à négocier entre ces coalitions d'individus et à trouver un compromis satisfaisant pour tous. Une culture forte contribue à la réconciliation.

#### c) Les signes culturels

La culture d'entreprise est visible à travers différents signes :
- les mythes : histoires et anecdotes qui circulent dans l'entreprise ;
- les héros : ce sont les fondateurs, les dirigeants ou les salariés qui servent de référence parce qu'ils ont sauvé ou développé l'entreprise ;
- les tabous : ce sont des situations, des événements qu'il ne faut jamais évoquer dans l'entreprise ;
- les symboles : ce sont des signes chargés d'informations culturelles. Ce sont des éléments de communication interne et externe ;
- les rites : ce sont des actes et comportements répétitifs destinés aux membres de l'entreprise. Ils servent à fixer la culture de l'entreprise et à développer le sentiment d'appartenance.

### 2. Les déterminants de la culture d'entreprise

Une véritable culture d'entreprise n'est pas spontanée. Elle se construit dans le temps et s'appuie sur une multitude de variables.

#### a) Les variables externes

La culture d'entreprise est imprégnée de la culture nationale, c'est-à-dire de l'ensemble des valeurs et des croyances autour desquelles se retrouve la grande majorité de la population d'un pays. Ce sont ces valeurs qui forment l'identité individuelle (relation avec soi-même) et l'identité collective.

**EXEMPLE**

La culture française est traversée par deux tendances paradoxales :
- la recherche d'un grand formalisme : centralisation des décisions, règles, recours au droit ;
- la recherche du désordre sous-tendu dans la notion de débrouillardise.

La seconde variable externe est la culture du métier. Chaque profession possède des valeurs, des savoirs, des règles propres. Ces cultures professionnelles sont un facteur d'identité fort.

#### b) Les variables internes

On peut mettre en évidence trois grandes familles :
- l'histoire de l'entreprise permet de dégager des tendances ou des valeurs profondes de l'entreprise. Elle prend appui sur les hommes marquants de l'entreprise, ses structures, les grandes dates et les relations de l'entreprise avec l'environnement ;
- le système de valeurs de l'entreprise correspond à un mode de pensée, à un ensemble de croyances qui guide le personnel de l'entreprise ;
- les dirigeants marquent l'évolution de l'entreprise par leur action.

### 3. Les limites de la culture d'entreprise

L'évolution de la situation économique peut remettre en cause l'efficacité de la culture d'entreprise comme instrument d'implication des salariés.
La montée de la précarité interroge sur le sentiment d'appartenance et l'implication de salariés qui savent dès leur embauche qu'ils ne resteront pas dans l'entreprise.
Des opérations de fusion d'entreprises ont été mises en difficulté en raison de l'incompatibilité des cultures d'entreprises (exemple : Alcan et Péchiney dans l'aluminium). Les résistances au changement sont si importantes qu'il devient impossible de construire un système de valeurs communes.

# 22 L'ORGANISATION DE LA PRODUCTION

**➔ Les choix stratégiques visent à créer de la valeur et nécessitent une organisation efficace de la production. C'est le rôle du système de production mis en place par l'entreprise.**

## 1 Le système de production

### 1. Définition

Le système de production est un ensemble d'éléments matériels (équipement, matières), immatériels (brevets) et humains relié par des flux (physiques ou d'informations) permettant la conception et la fabrication de produits (biens ou services) répondant aux attentes des clients.

### 2. L'articulation avec les autres composants

Le système de production est en relation avec les autres composants de l'entreprise :
- le système d'approvisionnement pour disposer « juste à temps » des matières nécessaires pour réaliser la production ;
- le système de gestion des ressources humaines pour disposer de salariés en nombre suffisant et ayant les compétences requises ;
- le système commercial pour concevoir et mettre en fabrication les produits répondant aux attentes des clients.

### 3. Les modes d'organisation de la production

Plusieurs critères permettent de caractériser l'organisation de la production :
- le processus technique distingue l'organisation de la production en continu, c'est-à-dire que le processus ne peut être interrompu sans détruire le produit (exemple : haut-fourneau fabriquant de l'acier), ou en discontinu ;
- la quantité produite permet de séparer la production à l'unité (exemple : un immeuble), en petite série (exemple : des Airbus A380) ou en grande série (exemple : des automobiles) ;
- la contrainte exercée par le client et la politique de gestion des stocks ont également une incidence sur l'organisation de la production. On oppose la production en flux tendus (la commande du client déclenche la production et les stocks sont minimaux) et la production en flux poussés (la production est stockée puis vendue).

## 2 Les relations entre stratégie et production

### 1. Les objectifs d'une organisation efficace de la production

#### a) L'efficience

Elle permet d'atteindre les objectifs stratégiques en respectant les moyens mis à disposition. Pour atteindre cet objectif, le responsable de la production doit minimiser les coûts. Le premier coût que l'on cherche à réduire est celui du travail. L'organisation scientifique du travail s'inscrit pleinement dans cette démarche. Mais la réduction des coûts peut être plus globale (élimination de tous les gaspillages) et continue : on parle de « *lean management* ».

#### b) La qualité

Cette démarche bénéficie à l'activité (moins de pertes et de gaspillage), à l'image de l'entreprise, à l'organisation de la production (moins de pannes, de rupture de stocks) et aux salariés, plus impliqués dans le processus de fabrication.

#### c) La flexibilité

Elle est essentielle pour répondre aux attentes des consommateurs qui exigent des produits de plus en plus différenciés. Le développement de l'automatisation et des techniques de production assistée par ordinateur facilite la réalisation de cet objectif.

### 2. L'impact de la croissance de l'entreprise

On observe différentes étapes dans la croissance de l'entreprise. À chaque étape correspondent une stratégie et une organisation de la production dominante. Ainsi l'entreprise artisanale repose sur l'omniprésence de son dirigeant fondateur et son intervention à tous les niveaux de la production.
En grandissant, l'entreprise doit recruter des salariés et rationaliser son organisation productive. La production doit se standardiser et favoriser la fabrication en série.
Enfin, l'entreprise est aujourd'hui contrainte par des impératifs sociétaux. Elle doit modifier son appareil de production pour être écologiquement responsable.

### 3. L'impact des options stratégiques

Le choix de la stratégie est directement lié à la préservation et au développement de l'avantage concurrentiel. L'entreprise doit en permanence s'interroger sur ses domaines d'activité stratégique (DAS) pour adapter ensuite son système de production.

#### a) Domination par les coûts ou différenciation

Quand l'entreprise spécialisée choisit de développer une domination par les coûts, elle va s'efforcer de réaliser des productions en série. En effet, cette standardisation permet de réduire les coûts de production.
À l'inverse, le choix de la différenciation oblige l'entreprise à modifier régulièrement ses produits. Sa production doit donc privilégier des petites séries et une grande flexibilité pour pouvoir modifier la fabrication.

#### b) Externalisation ou intégration

L'entreprise qui choisit d'externaliser une grande partie de ses activités productives va limiter celles qu'elle conserve en interne, souvent réduites à l'assemblage. En revanche, elle devra mettre en place un système de contrôle de ses différents fournisseurs et sous-traitants pour garantir la qualité.
À l'opposé, une entreprise qui choisit d'intégrer ses activités contrôle en interne l'ensemble de sa production, depuis l'approvisionnement en matières premières jusqu'au produit fini.

# 23 LES ENJEUX ET LES MODALITÉS DES POLITIQUES D'INNOVATION



**L'innovation est au cœur du processus de création de valeur. Elle est essentielle pour optimiser les ressources de l'entreprise.**

## 1 Les enjeux de la politique d'innovation

### 1. Les caractéristiques de la politique d'innovation

La politique d'innovation consiste à mobiliser l'ensemble des ressources techniques (recherche et développement) et humaines (management des compétences) afin d'introduire efficacement sur le marché de nouveaux produits (biens ou services) ou de nouveaux procédés.

#### a) L'environnement

Pour réussir, la politique d'innovation a besoin d'un environnement interne ouvert sur la nouveauté, d'une recherche fondamentale dynamique et d'infrastructures performantes.

#### b) La distinction entre invention et innovation

L'invention est une réponse technique nouvelle apportée à une situation nouvelle ou à un problème rencontré. Elle nécessite une protection assurée par les brevets.

L'innovation est un processus par lequel une invention va se transformer en produit, en service ou en procédé et engendrer une création supplémentaire de valeur.

#### c) La typologie des innovations

J. A. Schumpeter a identifié cinq types d'innovations :

| Type d'innovation | Forme d'innovation | Exemple |
|---|---|---|
| Innovation produit | Création d'un produit nouveau | Les alicaments |
| Innovation marché | Découverte d'un débouché nouveau | La vente sur Internet |
| Innovation de procédé de production | Nouvelle organisation de la production | La robotisation d'une chaîne de fabrication |
| Innovation organisationnelle | Nouvelle organisation du travail | Les équipes polyvalentes dans un atelier |
| Innovation énergie | Nouvelle énergie ou matière première | L'énergie éolienne |

### 2. Les enjeux économiques

L'innovation est le premier moyen permettant à l'entreprise de conserver son avantage concurrentiel.

Dans un environnement fortement concurrentiel, l'innovation permet de produire en plus grande quantité et de réduire les coûts de production. Les marges supplémentaires ainsi réalisées financent la R&D.

Dans un environnement moins concurrentiel, l'entreprise dégage des marges supplémentaires en augmentant plus librement ses prix, ce qui contribue également au financement de la R&D.

Lorsque l'entreprise est spécialisée, l'innovation permet de créer un effet de volume en réalisant des économies d'échelle. En effet, les innovations accélèrent l'effet d'expérience. L'avantage ainsi créé permet à l'entreprise de conserver en permanence une technologie d'avance.

**EXEMPLE**

L'Oréal a construit son avantage en s'appuyant sur une recherche et développement performante qui lui permet d'avoir une innovation d'avance sur ses concurrents.

Lorsque l'entreprise pratique la différenciation, l'innovation est le moyen d'apporter la réponse attendue par le client.

**EXEMPLE**

Seb invente la friteuse sans huile, ce qui lui permet de renforcer sa position dans le petit électroménager. C'est une innovation produit.

### 3. Les enjeux sociétaux

Les parties prenantes exercent sur les entreprises des pressions croissantes afin qu'elles adoptent une démarche de responsabilité sociale (RSE) :

- les clients réclament des produits écologiquement sains avec un bon rapport qualité/prix ;
- les pouvoirs publics introduisent des règles contraignantes (exemples : taxe carbone, malus écologique et autres réglementations issues de la mise en œuvre du Grenelle de l'environnement) ;
- les ONG développent des stratégies de confrontation (exemple : Greenpeace) ou de collaboration.

L'innovation constitue la réponse aux attentes légitimes de ces partenaires tout en contribuant à la réduction des coûts de production. Elle permet également de passer d'une démarche de RSE subie à une démarche volontaire.

**EXEMPLE**

Lafarge développe des bétons répondant aux attentes décoratives des clients tout en consommant moins d'énergie lors de leur fabrication.

## 2 Les modalités de l'innovation

### 1. La veille technologique

#### a) Définition

La veille technologique est l'activité constituée par l'ensemble des techniques permettant la collecte, l'analyse, la diffusion et l'exploitation des informations indispensables à l'entreprise pour affronter ses concurrents et développer ses compétences métiers. Elle se situe en amont du processus d'innovation.

#### b) Les objectifs

La veille technologique cherche d'abord à comprendre l'émergence des produits futurs et leurs fonctions.

**EXEMPLE**

Les fabricants de téléphones mobiles ont dû anticiper les besoins des consommateurs dans le domaine du multimédia et adapter leurs produits en conséquence.

# 23 LES ENJEUX ET LES MODALITÉS DES POLITIQUES D'INNOVATION (suite)

Elle permet ensuit d'identifier les innovations des concurrents et leur potentiel, en collaboration avec les services de veille concurrentielle. La veille technologique alimente les décideurs stratégiques en identifiant les entreprises qui conduisent des stratégies proches. Enfin elle évalue les techniques nouvelles et leur rythme d'évolution.

### c) Les sources d'information

L'efficacité de la veille technologique repose sur la capacité de l'entreprise à collecter des informations. Ces informations peuvent être librement accessibles : quotidiens, magazines professionnels, conférences, salons, foires, banques de données sur Internet, etc.

Les informations peuvent également être fermées et provenir des clients, des fournisseurs, des sous-traitants, de visites chez les concurrents ou d'achats de produits et d'échantillons.

Il existe aussi une forme illégale de veille : l'espionnage industriel.

## 2. La recherche et développement (R&D)

La recherche et développement est l'ensemble des processus permettant de transformer une invention en une innovation techniquement et commercialement exploitable.

Dans l'entreprise, elle s'appuie sur l'ensemble des recherches réalisées à différents niveaux :

- la recherche fondamentale s'efforce de faire avancer la connaissance scientifique. Elle est réalisée par des chercheurs, le plus souvent au sein d'organismes publics (CNRS, INSERM, INRA...) ;
- la recherche appliquée permet de transformer les résultats de la recherche fondamentale en applications.

**EXEMPLE**

La technologie du laser est issue de la recherche fondamentale sur l'amplification de la lumière. Elle donne naissance à de multiples innovations dans les domaines médical, musical, etc.

Dès que la R&D a inventé un produit ou une technique nouvelle, il faut protéger l'invention afin de préserver l'avantage concurrentiel qui doit potentiellement en découler. Il faut également limiter les risques de contrefaçon. C'est la fonction du dépôt de brevet et d'une façon plus globale de la protection industrielle.

## 3. La qualité

La démarche qualité se définit comme un processus qui permet à l'entreprise de répondre aux attentes du client (rapport qualité/prix) en produisant le bien ou le service à un coût économiquement acceptable.

La qualité prend différentes dimensions :

- les caractéristiques intrinsèques du produit : on dit qu'un produit est de bonne qualité quand ses composants sont eux-mêmes de qualité ;
- la satisfaction des attentes du client : un produit de qualité répond à ses préoccupations du moment ;
- le respect de normes définies en interne ou en externe : un produit certifié ISO répond à des normes strictes.

### a) Le contrôle *a posteriori*

À l'origine, la démarche qualité est née du besoin croissant de garantir aux clients un produit répondant à ses attentes en réduisant les effets dévastateurs de la non-qualité (perte de clients, surcoût lié au gaspillage, détérioration de l'image). Cette première démarche reposait le plus souvent sur un contrôle *a posteriori* de la qualité.

### b) L'intégration en amont de la production

Progressivement, la démarche qualité a associé d'autres acteurs en amont : services chargés de la conception des produits en liaison avec les services commerciaux chargés de la relation clients. C'est la période du règne des « cinq zéros » : zéro défaut, zéro stock, zéro panne, zéro papier, zéro délai.

Cette démarche a connu un nouvel essor dans les années 1970 avec le développement des cercles de qualité. Elle permet de faire travailler ensemble des salariés qui ne se seraient jamais rencontrés autrement et de préparer ainsi les nouvelles organisations de la production (exemple : équipes polyvalentes).

### c) La certification

Enfin, la démarche qualité est sortie de l'entreprise, toujours sous la pression des exigences du client et d'un besoin de « certitude » accrue sur le produit offert. Des normes internationales se sont développées (exemple : normes ISO) et des organismes sont chargés de les mettre en œuvre dans les entreprises (exemple : AFNOR). Ils auditent le fonctionnement de l'entreprise, mettent en place des procédures de travail et délivrent finalement la certification.

### d) La qualité totale

Aujourd'hui, on parle de TQM (*Total Quality Management*) pour qualifier l'ensemble des procédures de qualité qui intègrent également le management.

## 4. Les partenariats technologiques

L'entreprise peut construire sa propre recherche et développement et en assurer la protection. Mais ce processus est long et incertain. C'est la raison pour laquelle elle opte parfois pour des partenariats avec d'autres organisations.

Au niveau de la recherche fondamentale, l'entreprise peut collaborer avec un centre de recherche.

**EXEMPLE**

Dans le domaine médical, laboratoires publics et entreprises pharmaceutiques collaborent fréquemment pour développer des médicaments.

Deux entreprises peuvent également décider de collaborer pour permettre une innovation. Elles vont alors créer une coentreprise. Les exemples sont nombreux dans le domaine des technologies de la communication.

# 24 LE MANAGEMENT DES CONNAISSANCES

**➔ Le rôle des dirigeants est de mettre en réseau les savoirs des salariés pour permettre à chacun d'enrichir l'ensemble en faisant de l'entreprise une organisation apprenante.**

## 1 Les fondements du management des connaissances

### 1. Définitions

Le management des connaissances (en anglais, *knowledge management*) est un processus qui vise à exploiter les compétences en créant une culture de l'apprentissage. Ce processus s'appuie sur la capacité des acteurs à accumuler des connaissances et à les partager systématiquement pour faire progresser toute l'organisation.
Ces connaissances peuvent être individuelles (attachées à une personne) ou collectives (partagées par un ensemble de personnes). Elles peuvent être fondées sur les études (la formation) ou la pratique (expérience). Elles peuvent être explicites (formalisées dans un document, une procédure) ou tacites (expériences ou savoir-faire non formalisés).

### 2. Les niveaux d'apprentissage

On distingue trois niveaux d'apprentissage. L'apprentissage individuel repose sur la formation individuelle. L'apprentissage du groupe repose sur la réalisation de projets par des équipes de travail. L'apprentissage global apparaît quand toute l'entreprise devient apprenante : elle met en place des structures et une culture qui permettent la capitalisation et le partage des compétences.

### 3. Les enjeux

#### a) L'enjeu organisationnel

Le management des connaissances nécessite un système d'information performant. Mais il faut également que l'information collectée et mémorisée soit exploitée et diffusée.

#### b) L'enjeu humain

Le management des connaissances exige l'implication de tous les membres de l'entreprise et un niveau de confiance qui permette le partage.

#### c) L'enjeu culturel

Le management des connaissances ne peut se développer que dans une entreprise dont la culture est ouverte à l'écoute et à l'échange. Cela suppose que les dirigeants en soient les premiers animateurs.

#### d) L'enjeu concurrentiel

Le management des connaissances permet de dégager des compétences uniques sur lesquelles l'entreprise peut s'appuyer pour construire son avantage concurrentiel.

## 2 Les modalités du management des connaissances

### 1. La matrice SECI

I. Nonaka et H. Takeuchi ont montré comment la connaissance implicite détenue par un individu est progressivement partagée par le groupe et devient explicite. Ce processus engendre une «spirale des connaissances» qui permet à l'entreprise de devenir apprenante par appropriations successives.

| | Connaissances individuelles | Connaissances collectives |
|---|---|---|
| Connaissance tacite | 1. Socialisation du savoir tacite (partage sur le lieu de travail, apprentissage) | 2. Externalisation du savoir tacite au savoir explicite (modélisation des savoirs qui les rend transmissibles) |
| Connaissance explicite | 4. Intériorisation du savoir explicite au savoir tacite à un niveau plus élevé (organisation apprenante) | 3. Combinaison des savoirs explicites (gestion électronique documentaire, réseaux des connaissances) |

### 2. Les outils du management des connaissances

Les pratiques sont multiples. Elles ont en commun d'utiliser abondamment les technologies de l'information. On peut cependant identifier trois ensembles :
- la rationalisation de l'organisation de l'information existante pour la rendre plus pertinente et plus performante ;
- l'organisation de la diffusion des connaissances à partir des bases de données enrichies et jusqu'alors dispersées afin de mettre en commun des pratiques ;

**EXEMPLE**
Les logiciels *help desk* (centre d'assistance) permettent aux utilisateurs de disposer d'une assistance pour gérer des problèmes informatiques. Cette base s'enrichit des incidents qui lui sont soumis.

- le partage des connaissances qui s'appuie sur des outils de travail collaboratif. Ces outils permettent à des groupes distants d'échanger et de construire ensemble des connaissances. On aboutit alors à l'émergence de communautés de pratiques.

### 3. Les limites du management des connaissances

La compétence technique fait parfois défaut aux décideurs qui, par ailleurs, renoncent difficilement au contrôle de l'information, souvent associée au pouvoir. Ensuite, le risque existe de réduire le management des connaissances à la collecte et au stockage de l'information, en oubliant le partage. De plus, il faut accepter la «pédagogie de l'erreur» pour progresser. Or ce type de pratique est coûteux et chronophage, ce qui dissuade les acteurs. Enfin, la démarche s'inscrit dans une nouvelle relation entre employeurs et salariés fondée sur la réciprocité des intérêts (investissement personnel du salarié contre formation et valorisation des compétences). Cette conception est peu compatible avec la précarisation du marché du travail.

# 25 LES BESOINS DE FINANCEMENT DE L'ENTREPRISE

**Pour garantir sa pérennité, l'entreprise doit trouver les financements nécessaires à la mise en œuvre de sa stratégie et à la poursuite de ses activités. On distingue les besoins de financement liés au cycle d'investissement et ceux liés au cycle d'exploitation.**

## 1 Le financement du cycle d'investissement

### 1. Le cycle d'investissement

L'investissement représente l'acquisition par l'entreprise de biens durables (locaux, machines, véhicules...) dans le but d'en retirer un profit futur. Les investissements engagent donc l'entreprise pendant une longue période et le cycle d'investissement est un cycle long qui accompagne le développement de l'entreprise. Pour préserver l'équilibre financier, le cycle d'investissement doit être financé par des ressources financières à long terme.

**EXEMPLE**

Dès la création de sa pizzeria, M. Pepino a dû acquérir un four, une chambre froide et du matériel de cuisson. Pour les financer, il a complété son apport personnel par un emprunt bancaire sur 5 ans.

### 2. L'impact des stratégies sur le cycle d'investissement

Au cours de la vie de l'entreprise, le rythme et l'importance des investissements dépendront des stratégies mises en œuvre.

Les stratégies de focalisation ou de spécialisation, sans accroissement d'activité, ne nécessitent souvent que des investissements de remplacement lorsque les équipements sont obsolètes ou insuffisamment performants.

Les stratégies de diversification, de domination par les coûts et de croissance interne, imposent des investissements de modernisation ou de capacité importants et à un rythme soutenu.

Les stratégies de croissance externe ou d'internationalisation exigent souvent des investissements financiers ponctuels mais importants (acquisitions, prises de participation, etc.).

**EXEMPLE**

Poursuivant une stratégie de domination par les coûts et donc un objectif d'économies d'échelle, Michelin investit 350 millions de dollars sur 4 ans pour agrandir et moderniser ses unités de Caroline du Sud (États-Unis).

### 3. Le fonds de roulement (FR)

Les capitaux employés pour financer les investissements sont indisponibles durant de longues périodes. On inscrit donc les investissements à l'actif du bilan de l'entreprise comme « immobilisations ». Pour garantir son équilibre financier, l'entreprise doit financer ses investissements par des ressources financières à long terme (capitaux propres, emprunts...) que l'on inscrit au passif du bilan comme « capitaux permanents ».

Le calcul du fonds de roulement (FR) permet de vérifier que l'équilibre financier est réalisé :

FR = Capitaux permanents – Actifs immobilisés

Si le résultat est négatif, l'équilibre financier n'est pas respecté, ce qui fragilise l'entreprise.

L'entreprise doit s'assurer de l'adéquation entre la stratégie choisie et les ressources financières dont elle dispose ou peut disposer préalablement à toute mise en œuvre.

## 2 Le financement du cycle d'exploitation

### 1. Le cycle d'exploitation

Le cycle d'exploitation comprend l'ensemble des opérations successives réalisées entre l'achat et la vente (achat, stockage, production, distribution, vente). C'est en général un cycle court.

Entre le paiement des achats et des charges et l'encaissement des ventes, l'entreprise doit disposer d'une réserve suffisante pour financer son cycle d'exploitation.

### 2. Le besoin en fonds de roulement (BFR)

Le cycle d'exploitation fait apparaître des besoins mais également des ressources de financement :

- le montant et la durée du stockage représentent une charge d'exploitation importante à financer ;
- le montant et la durée des créances clients consécutives aux délais de paiement que l'entreprise accorde à ses clients engendrent des besoins de financement de courte durée mais constamment renouvelés ;
- le montant et la durée des dettes fournisseurs consécutives aux délais de paiement que les fournisseurs accordent à l'entreprise constituent une ressource de financement de courte durée mais récurrente.

La différence entre les besoins liés aux stocks et aux créances clients et les ressources provenant des dettes aux fournisseurs détermine le besoin de financement lié au cycle d'exploitation ou besoin en fonds de roulement.

**EXEMPLE**

La société Distrivert dispose de stocks pour faire face à 80 jours d'activité et ses clients la règlent à 60 jours. Le cycle d'exploitation total est donc de 140 jours. Cependant, ses fournisseurs lui accordent un délai de paiement de 30 jours. Son BFR est donc équivalent à 110 jours de chiffre d'affaires moyen.

### 3. L'impact des stratégies sur le BFR

Les besoins de financement du cycle d'exploitation évoluent le plus souvent proportionnellement à l'activité : lorsque le chiffre d'affaires augmente, le BFR augmente également. Toutes les stratégies ayant un impact sur l'activité de l'entreprise ont donc un impact sur le BFR. Les stratégies de croissance vont entraîner une augmentation du BFR. Les stratégies de diversification peuvent en modifier la structure puisque chaque activité aura un cycle d'exploitation propre et donc des besoins spécifiques.

# 26 LES MODES DE FINANCEMENT DE L'ENTREPRISE

**Pour fonctionner et se développer, l'entreprise a de multiples besoins de financement. Elle doit choisir ses modes de financement selon la nature des besoins, ressources à long terme pour financer les investissements et ressources à court terme pour financer l'exploitation, en tenant compte du risque et du coût.**

## 1 Les modes de financement des investissements

Le cycle d'investissement est un cycle long qui nécessite des ressources financières stables. Pour satisfaire ces besoins, l'entreprise doit choisir entre les financements internes (autofinancement, augmentation de capital) et les financements externes (emprunts, crédit-bail).

### 1. L'autofinancement

L'autofinancement est la capacité de l'entreprise à générer des capitaux grâce à son activité. C'est un mode de financement interne des investissements qui utilise les fonds propres résultant de la politique de répartition du résultat et qui préserve l'indépendance financière de l'entreprise. Il est cependant limité par l'activité et se constitue au détriment de la distribution de dividendes.

### 2. L'augmentation de capital

L'augmentation de capital permet de trouver des ressources supplémentaires grâce à l'émission d'actions ou de parts sociales nouvelles. S'il est fait appel aux actionnaires d'origine, il s'agit d'une ressource interne, mais si l'augmentation se fait grâce à de nouveaux associés, on peut la considérer comme une ressource externe.

### 3. L'emprunt

Les emprunts mettent en relation l'entreprise et un ou des prêteurs (banques, établissements de crédit). L'entreprise s'engage à rembourser le capital mis à sa disposition en une ou plusieurs échéances fixées contractuellement et à verser une rémunération périodique : les intérêts. Les prêteurs analysent la situation financière de l'entreprise avant de consentir un emprunt et d'en fixer le montant ; ils exigent souvent des garanties.

### 4. Le crédit-bail

L'entreprise qui a besoin d'un bien durable peut renoncer à l'acheter elle-même et faire appel au crédit-bail. Ce mode de financement n'apparaît pas au bilan de l'entreprise.

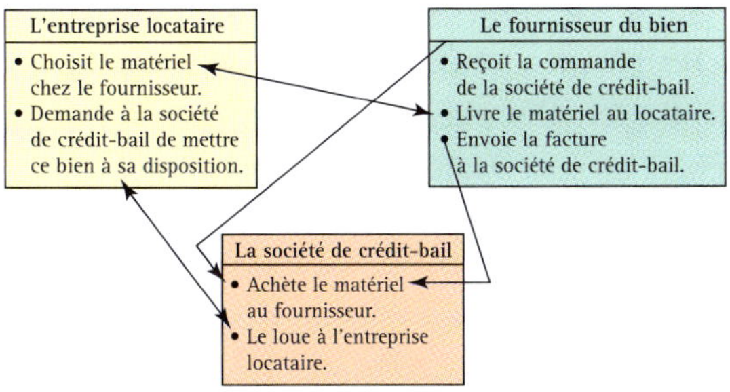


| Mode de financement | Niveau de risque | Coût |
|---|---|---|
| Autofinancement | Peu risqué, stable et non remboursable | Coût apparent nul mais coût d'opportunité |
| Augmentation de capital | Peu risqué, sauf dilution du capital et impact sur la gouvernance | Coût maîtrisé car l'entreprise ajuste chaque année le montant des dividendes versés |
| Emprunt | Risque de perte d'indépendance financière | Coût élevé et variable selon les taux d'intérêt |
| Crédit-bail | Peu risqué mais limité à certains investissements | Coût des loyers élevé |

## 2 Les modes de financement de l'exploitation

L'entreprise doit pouvoir avancer l'argent pour faire face aux dépenses issues de son cycle d'exploitation avant d'espérer encaisser le produit de ses ventes. Elle doit normalement financer son besoin en fonds de roulement grâce à ses ressources internes issues du fonds de roulement. Cependant, le fonds de roulement est souvent insuffisant et l'entreprise doit faire appel à des financements à court terme.

### 1. Les concours bancaires

Les concours bancaires désignent l'ensemble des crédits accordés par des banques à court terme : facilités de caisse pour les décalages passagers, crédits relais pour faire face aux besoins exceptionnels, lignes de crédits pour faire face aux variations du BFR et autres crédits à moins d'un an.

### 2. Le crédit interentreprises

En fonction de leur puissance de négociation, les entreprises obtiennent des délais de paiement de leurs fournisseurs (le crédit fournisseurs) plus ou moins importants qui leur permettent de financer une partie du BFR. La loi de modernisation de l'économie du 4 août 2008 limite le délai accordé à 60 jours à compter de la date d'émission de la facture.

| Mode de financement | Niveau de risque | Coût |
|---|---|---|
| Concours bancaires | Risque de dépendance financière | Coût très élevé (agios) |
| Crédit inter-entreprises | - Dépendance vis-à-vis des fournisseurs<br>- Risque client pour le fournisseur | - Coût très faible<br>- Perte de l'escompte dont le client bénéficie parfois lorsqu'il paye comptant |

# exercices

## exercice 1 Le choix d'une stratégie adaptée

**Une filiale pour mieux rationaliser les dépenses consacrées par La Poste à sa flotte automobile**
Didier Négiar, directeur des services partagés au sein du groupe La Poste, dont fait partie Véhiposte, filiale chargée de la gestion de la flotte automobile, détaille ses projets en la matière.

Deuxième flotte automobile de l'Hexagone derrière l'État avec 52 000 véhicules, La Poste a opté depuis 2007 pour l'externalisation. Le groupe a ainsi créé Véhiposte, filiale dédiée à la location et chargée de gérer la flotte. Objectif affiché : rationaliser les coûts et améliorer la qualité de service. « Outil de production essentiel pour le groupe », près de deux véhicules sur trois étant dédiés à la distribution du courrier et du colis, la flotte automobile est en effet l'un des principaux postes de dépenses. En intégrant les services complémentaires comme l'assurance, la gestion de la sinistralité et la fourniture de carburant, le budget global consacré en 2008 par La Poste à sa flotte automobile devrait dépasser les 350 millions d'euros. Un enjeu donc important pour renforcer les bons résultats financiers du groupe.

**Pourquoi le groupe La Poste a-t-il décidé d'externaliser la gestion de sa flotte et de la confier à une filiale ?**
Dans le cadre du plan stratégique « Performance et Confiance », La Poste a souhaité mettre l'accent sur l'amélioration des performances des services partagés. La formule magique, c'est de permettre aux quatre métiers du groupe (Courrier, Colis-Express, Banque postale et Enseigne) de se focaliser sur leur cœur de métier. Tout le reste est mis à part avec comme mission de devenir des spécialistes dans le domaine. C'est le cas de l'ensemble de la gestion de la flotte pour laquelle il a été décidé de créer une filiale. Cela nous permet d'accumuler des savoir-faire et des compétences spécifiques, de réaliser des économies d'échelle importantes en packageant les services mais aussi de mieux gérer les problèmes opérationnels comme le financement, la maintenance ou la revente de véhicules.

**Comment cette organisation fonctionne-t-elle ?**
Véhiposte est une filiale dédiée à la location. Elle loue les véhicules aux différentes entités de La Poste et en assure tous les services. C'est une structure légère, de taille volontairement compacte pour être compétitive, qui fait également appel à trois prestataires externes. Elle fonctionne dans le cadre d'une relation interne prestataire-clients avec 18 entités du groupe. Véhiposte doit donc répondre à leurs besoins en termes de coûts mais aussi en termes de qualité de service. Nous faisons régulièrement des benchmark prix et des enquêtes de satisfaction auprès des clients et des utilisateurs. Les détails techniques (caractéristiques des véhicules, mode de facturation, reporting...) sont réglés avec chaque entité cliente. Avec le métier Courrier, qui est notre principal client, les échanges sont quotidiens et portent sur tous les sujets relatifs à la flotte : il s'agit d'un véritable partenariat. Sur le plan stratégique, les grandes orientations sont quant à elles prises en dialogue avec la direction du groupe.

**Parmi ces grandes orientations, La Poste souhaite s'équiper en véhicules propres.**
Dès 2003, La Poste s'est engagée dans une politique de développement durable avec l'acquisition de huit voitures électriques nouvelle génération. Deux ans après, le test est concluant et nous avons lancé, à la demande du Courrier, une consultation européenne portant sur 500 véhicules électriques à l'issue de laquelle deux associations de constructeurs ont été retenues. Il ne s'agit que d'une première étape : en cas de succès, un plan d'équipement à grande échelle est prévu. Les besoins du groupe sont importants, nous estimons le potentiel à au moins 10 000 véhicules. La Poste a également lancé une consultation européenne pour la livraison de 300 quads électriques dès le début 2009 puis 3 000 d'ici à 2012 si l'expérience est concluante. L'objectif est de réduire nos émissions de $CO_2$ pour être un moteur en matière de développement durable.

Propos recueillis par Jérôme Marin, www.LaTribune.fr, 29 mai 2008.

### ENTRAÎNEZ-VOUS

**1.** Présentez l'objectif du plan stratégique « Performance et Confiance » de La Poste.

**2.** Pourquoi le groupe La Poste a-t-il décidé d'externaliser la gestion de sa flotte ?

**3.** Présentez la manière dont La Poste a mené à bien sa stratégie d'externalisation.

CORRIGÉS p. 13

## exercice 2 Le développement et la croissance de l'entreprise

### Annexe 1 – Elles courent, elles courent, les gazelles

Les PME sont sur le devant de la scène. Il y a 2 ans, le gouvernement a créé de toutes pièces un statut spécifique : l'entreprise de croissance, joliment baptisée « gazelle ». […] Les gazelles symbolisent aussi une certaine catégorie de PME. […] « Ce sont des entreprises françaises de 20 à 250 salariés qui ont connu une croissance de leur masse salariale de plus de 15 % durant les deux derniers exercices », expliquait Renaud Dutreil […] lors d'une soirée de célébration des gazelles. Un an auparavant, le ministre des PME a voulu mettre l'accent sur ces sociétés en pleine croissance. En effet, ces futures pépites de l'économie française ne sont pas légion. Sur 2,5 millions d'entreprises recensées par l'INSEE dans notre pays, seules 5 000 ont atteint le cap de 250 salariés, d'après les statistiques du ministère des PME. Insuffisant. Pour les aider à passer ce cap, Renaud Dutreil a donc pris le taureau par les cornes et créé un statut spécifique, la PME de croissance. […]

Stéphanie Fontana-Bérard,
*Chef d'entreprise Magazine*, n° 19, 1er juin 2007.

### Annexe 2 – Les freins à la croissance des PME

Mais qui sont les gazelles, ces championnes économiques de demain ? […] La plupart d'entre elles ont fait preuve d'originalité et d'innovation pour se démarquer de leurs concurrents et rafler des parts de marché.

Ces PME, dont la croissance est souvent fulgurante, ont besoin d'être épaulées. Sans quoi la chute risque d'être rapide et brutale. Le danger qui les guette ? Le défaut de financement. Confrontées à une montée rapide de leurs charges, nombre de ces gazelles doivent puiser dans leur fonds de roulement pour faire face à la hausse de leur carnet de commandes. D'où ce paradoxe : parce que la croissance coûte cher, certaines entreprises, pour faire face à leurs charges, sont contraintes de freiner leur développement ! C'est justement pour remédier à cette situation que le nouveau statut de PME de croissance a vu le jour. […] Concrètement, le dispositif inventé par le ministre des PME donne droit à toute une batterie d'avantages fiscaux et sociaux. Au premier rang desquels figure un gel de l'impôt sur les sociétés permettant de neutraliser la pression fiscale durant la période de croissance. « Cette mesure permet aux petites entreprises de réinvestir leurs économies fiscales en créant des emplois ou en modernisant leurs équipements », argumente Jean-Marc Durand, d'Osée. Depuis 2006, quelque 6 000 PME hexagonales ont pu profiter de ce coup de pouce fiscal.

Stéphanie Fontana-Bérard,
*Chef d'entreprise Magazine*, n° 19, 1er juin 2007.

**ENTRAÎNEZ-VOUS**

**1.** **Présentez les critères de sélection des « gazelles » et montrez leur importance dans l'économie.**

**2.** **Mettez en évidence les facteurs de croissance des PME.**

**3.** **Présentez les freins à la croissance des PME. Pensez-vous que ces derniers soient les mêmes que ceux des grandes entreprises ?**

CORRIGÉS p. 131

## exercice 3 Le financement des entreprises

[Le groupe pharmaceutique] Pfizer a annoncé avoir 29 créanciers pour lui apporter la totalité des 22,5 milliards de dollars de prêts dont il a besoin afin d'acquérir Wyeth pour un montant de 68 milliards de dollars.

*AOF*, 13 mars 2009.

**ENTRAÎNEZ-VOUS**

**1.** **Repérez la stratégie choisie par le groupe Pfizer.**

**2.** **Identifiez les investissements liés à cette stratégie et qualifiez les besoins de financement associés.**

**3.** **Présentez les avantages et les contraintes des modes de financement retenus.**

CORRIGÉS p. 131

# exercices

## exercice 4 L'intérêt d'une GPEC

***Air France : accord triennal de gestion prévisionnelle de l'emploi Personnel Sol 2006-2009***

Dotée aujourd'hui d'une flotte récente et moderne, moins consommatrice en carburant, d'un réseau qui permet d'offrir à ses clients une combinabilité de tarifs avec un large choix de destinations, proposant une qualité de services en adaptation permanente aux attentes de ses clients, Air France possède tous les atouts pour poursuivre sa stratégie industrielle de leader mondial dans son activité.
Elle doit pour cela affronter une concurrence sans cesse plus aguerrie, qu'elle provienne, en Europe même, des compagnies *low cost* ou du TGV, des compagnies américaines, ou des compagnies asiatiques.

Conscients de ces enjeux et de la nécessité de maintenir la compétitivité de l'entreprise par une adaptation permanente aux attentes des clients, aux mutations technologiques et aux contraintes économiques, les parties signataires conviennent d'élaborer par cet accord des dispositifs permettant d'anticiper les conséquences de ces évolutions.
En effet, les mutations, quelles qu'elles soient, sont susceptibles de générer des changements structurels profonds dans la définition et l'exercice de nos métiers. Nous allons devoir adapter nos processus, acquérir les compétences nécessaires à la maîtrise et la mise en œuvre de nouveaux outils et redéployer les ressources internes sur les métiers et les lieux en croissance.

http://www.anact.fr/portal/pls/portal/docs/1/222322.PDF

**ENTRAÎNEZ-VOUS**

**1.** Montrez les défis auxquels doit faire face Air France.

**2.** Mettez en évidence les objectifs de la signature d'un accord de GPEC.

CORRIGÉS p. 1

## exercice 5 La structure de l'entreprise

La SAS TCMB est spécialisée dans la rénovation de bâtiments depuis 1975. Elle est dirigée depuis sa création par Henri Garbarek ; son effectif est passé de 4 à 67 salariés. Le DG continue à assurer le développement commercial et contrôle la réalisation des chantiers en s'appuyant sur 5 chefs de chantier.
Il s'est adjoint un responsable administratif et financier et un responsable des approvisionnements. Des conflits internes ont montré la nécessité de faire évoluer la structure car il devient difficile au DG de contrôler toutes les décisions et de répondre en temps réel aux salariés.
Henri Garbarek a reçu récemment de nombreuses demandes de ses clients concernant des installations photovoltaïques. Comme il ne dispose pas des ressources pour mettre en œuvre sa propre R&D, il a contacté un laboratoire de recherche situé dans la technopole voisine. Une coentreprise a été créée.
Il envisage par ailleurs de créer une division Énergie (en complément des divisions Rénovation et Ravalement) dotée d'un responsable (promotion d'un chef de travaux) et de mettre en place une démarche qualité en recrutant un qualiticien qui lui sera directement rattaché car la pression des clients rend cette démarche indispensable. Un directeur commercial viendra le décharger. Le directeur administratif et financier a obtenu la création d'un poste de responsable des ressources humaines sous son autorité, auquel un employé sera rattaché.

**ENTRAÎNEZ-VOUS**

**1.** Caractérisez la structure de l'entreprise TCMB. Indiquez les modes de coordination, le degré de centralisation et le degré de division du travail.

**2.** Caractérisez le système de production de l'entreprise.

**3.** Comment la politique d'innovation est-elle mise en œuvre par le dirigeant ?

**4.** Identifiez les facteurs qui obligent le DG à faire évoluer la structure de TCMB.

**5.** Représentez la nouvelle structure de TCMB. Qualifiez-la et montrez en quoi elle répond aux difficultés rencontrées par la société.

CORRIGÉS p. 1

# corrigés



**exercice 1** page 128

**1.** L'objectif du plan stratégique «Performance et Confiance» de La Poste est de rationaliser les coûts tout en améliorant la qualité des services partagés. Il s'agit d'améliorer la performance des quatre métiers de La Poste en se focalisant sur le cœur de métier de l'entreprise.

**2.** Le groupe La Poste a décidé d'externaliser tout ce qui ne concerne pas son cœur de métier. La gestion de sa flotte a ainsi été externalisée au sein d'une filiale, Véhiposte. Cette stratégie traduit la volonté de La Poste de se recentrer sur son cœur de métier et de limiter les coûts.
Grâce à cette stratégie, chacun des quatre métiers du groupe, à savoir le Courrier, le Colis-Express, la Banque postale et Enseigne, pourront se centrer sur leur cœur de métier, tout en bénéficiant des services de spécialistes pour les activités périphériques comme la gestion de la flotte. Ainsi, non seulement chaque métier pourra bénéficier des compétences de ces entreprises spécialisées, mais en plus, d'importantes économies d'échelle pourront être réalisées.

**3.** Pour mener à bien la stratégie d'externalisation de sa flotte, La Poste a créé une filiale, Véhiposte, de manière à mettre en place un réseau d'entreprises ayant une véritable relation de partenariat. Véhiposte concentre les compétences spécifiques et le savoir-faire en matière de gestion de la flotte (gestion, location, maintenance, revente des véhicules, etc.) de façon à améliorer la qualité du service rendu et à devenir un spécialiste en la matière. Elle permet ainsi à chaque métier du groupe de ne plus s'occuper de la gestion de sa flotte et de l'externaliser auprès d'un spécialiste. En effet, Véhiposte devient la filiale spécialisée dans la location de véhicules aux différentes entités du groupe et assure les services liés de façon à laisser chaque entité se centrer sur son cœur de métier.

**exercice 2** page 129

**1.** Pour être sélectionnée en tant que «gazelle», une entreprise doit répondre à différents critères :
- être une entreprise française ;
- avoir entre 20 et 250 salariés ;
- avoir connu une croissance de sa masse salariale supérieure à 15 % sur ses deux derniers exercices.

L'importance des «gazelle» dans l'économie est encore trop faible en France. En effet, sur les 2,5 millions de PME reférencées par l'INSEE, seules 5 000 ont atteint ces seuils.

**2.** Les facteurs de croissance des PME tiennent principalement à leur dynamisme, à leur capacité d'innovation et à leur aptitude à se démarquer des concurrents.

**3.** Les freins à la croissance des PME concernent essentiellement leurs problèmes de financement qui entravent leur capacité à croître. En effet, en cas de croissance, l'entreprise a besoin de fonds pour investir et embaucher. Or, les PME peinent à trouver ces capitaux.
Le cas est souvent différent pour les grandes entreprises qui ont des moyens financiers plus importants et qui peuvent plus facilement faire appel aux banques. En effet, les banques ont plus de mal à prêter de l'argent à des PME peu connues et qui apportent peu de garanties par rapport aux grandes entreprises.

**exercice 3** page 129

**1.** Pfizer a choisi une stratégie de croissance externe par l'acquisition de l'entreprise Wyeth.

**2.** Les investissements nécessaires à la mise en œuvre de cette stratégie s'élèvent à 68 milliards de dollars. Pfizer doit donc trouver des ressources financières importantes et stables pour financer cet investissement.

**3.** Pfizer a retenu deux modes de financement pour financer son investissement. En effet, l'entreprise ne recherche que 22,5 milliards de dollars de prêts, cela signifie qu'elle dispose en interne des ressources financières pour compléter ce financement à hauteur des 68 milliards nécessaires. L'autofinancement présente les avantages d'être stable, non remboursable et d'un coût réduit au coût d'opportunité. En revanche, il est limité et dans ce cas ne suffit pas à financer tout le projet. Le recours aux prêteurs, donc aux ressources externes, présente comme avantage de préserver une partie des ressources internes, mais il dégrade l'indépendance financière de l'entreprise et engendre un coût financier élevé.

**exercice 4** page 130

**1.** Air France doit faire face à de nombreux défis provenant de son microenvironnement (la concurrence de plus en plus vive), tout comme de son macroenvironnement (les évolutions technologiques, le prix des carburants, la situation économique).

**2.** L'accord de GPEC permet d'établir un dialogue social avec les partenaires sociaux dans l'entreprise de façon à prévoir les conséquences sur l'emploi de ces défis.

Ces défis peuvent faire évoluer la stratégie de l'entreprise et provoquer des changements structurels profonds. La GPEC permet d'anticiper les besoins humains nouveaux et de s'y adapter. Elle prévoit les compétences nécessaires et les mesures d'adaptation (formation, développement de la polyvalence) à mettre en œuvre. C'est une démarche qui permet d'anticiper le changement de façon à adapter l'emploi aux variations de l'environnement et de la stratégie de l'entreprise.

**exercice 5 page 130**

**1.** La structure de l'entreprise TCMB est de type fonctionnel avec une direction et trois fonctions rattachées.
Le mode de coordination est la supervision directe. Le dirigeant exerce en effet un contrôle sur les chantiers.
La centralisation est importante. La prise de décision repose sur le dirigeant.

**2.** La société TCMB réalise des travaux de rénovation et de ravalement de façades. Chaque chantier est spécifique. La production est donc réalisée à l'unité. Elle est effectuée à la demande du client et réalisée en discontinu.

**3.** Un travail de veille en relation avec les clients a permis au dirigeant d'identifier un nouveau besoin. La politique d'innovation qui en découle s'appuie sur un partenariat avec un laboratoire de recherche. Une démarche qualité est également engagée avec le recrutement d'un qualiticien.

**4.** Les facteurs qui obligent l'entreprise à faire évoluer sa structure sont internes :
- difficultés liées à la centralisation excessive des décisions : le dirigeant ne peut plus tout contrôler. Il devient nécessaire de déléguer ;
- conflits internes reflétant cette situation.

Il existe également des facteurs externes :
- montée d'une nouvelle demande des clients pour les installations solaires ;
- demande d'une démarche qualité.

**5.** La nouvelle structure de TCMB s'apparente désormais à une structure divisionnelle dans laquelle trois divisions par activités ont été créées.
La création d'une fonction de responsable commercial permet de décharger le dirigeant.
La création du qualiticien et d'un responsable Énergie répond aux attentes du marché et des clients.

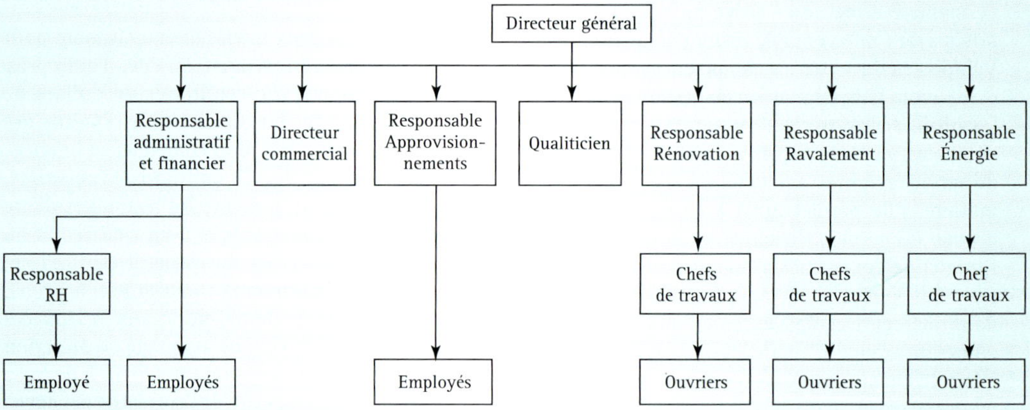

# PRÉSENTATION DE L'ÉPREUVE



## Comment se présente l'épreuve de Management des entreprises au BTS ?

### 1 Objectifs, durée et coefficient

L'épreuve vise à évaluer les savoirs et les compétences acquis au cours des deux années de formation. Elle permet de vérifier votre capacité à les mobiliser pour analyser des pratiques de management des entreprises. C'est une épreuve écrite.

► **L'épreuve dure 3 heures et se voit appliquer un coefficient 1.**

### 2 Les critères d'évaluation

L'épreuve vise à évaluer vos capacités à :
- analyser le fonctionnement, les modes de management, les choix stratégiques et opérationnels, la structure de l'entreprise à l'aide des outils pertinents ;
- identifier, expliciter et caractériser le ou les problèmes de management et établir un diagnostic (ou une partie de diagnostic) pour préparer la prise de décision ;
- proposer des solutions pertinentes et envisager leur mise en œuvre dans le contexte présenté ;
- argumenter vos analyses et vos propositions.

### 3 La forme de l'épreuve

Le sujet est composé de trois parties :
- la description d'une situation contextualisée qui présente une ou des entreprises ainsi que leur environnement et une situation de management ;
- une série de questions qui permet d'analyser la situation, identifier le problème de management et proposer des solutions ;
- un dossier documentaire composé de documents ressources.

## Les conseils pour réussir l'épreuve

Pour réussir l'épreuve de Management des entreprises, vous devez :
- utiliser vos connaissances et les mettre au service de la résolution d'un problème de management ;
- recourir à des outils de management appropriés ;
- exploiter les ressources documentaires pour résoudre le problème qui vous est soumis ;
- reformuler les questions pour mieux en comprendre la portée et dégager les notions de référence ;
- adopter une démarche en trois temps :
  - analyser la situation ;
  - identifier le problème de management ;
  - apporter des solutions.

Il convient donc d'éviter les pièges suivants :
- exposer toutes vos connaissances des notions et des théories sans faire le lien avec le problème de management ;
- faire un inventaire d'outils de management ;
- paraphraser les ressources documentaires sans les replacer dans leur contexte ;
- passer trop rapidement à la phase de rédaction sans avoir perçu la globalité de la situation.

# La méthodologie de résolution d'un cas de management

## 1 Lire attentivement la situation de management

La description de la situation doit vous permettre d'identifier la nature de l'entreprise à étudier et de situer son environnement. Vous devez également repérer le problème de management que vous aurez à résoudre.
Les questions doivent alors vous guider dans l'analyse du cas de management. Il faut repérer le fil conducteur, c'est-à-dire identifier la cohérence existant entre les questions.

## 2 Lire le dossier documentaire de façon approfondie

Vous devez effectuer une lecture guidée des différents documents. Pour cela, vous devez extraire les informations utiles des documents fournis.
Vous pouvez réaliser au brouillon un tableau qui peut prendre la forme suivante :

| | Idée principale | Informations utiles pour comprendre... | | |
|---|---|---|---|---|
| | | ... le contexte | ... le problème | ... les solutions |
| Doc. 1 | | | | |
| Doc. 2 | | | | |
| ... | | | | |

## 3 Mobiliser ses connaissances

Les connaissances acquises au cours des deux années doivent être mises en perspective avec le cas de management qui vous est soumis. Il s'agit d'exposer vos connaissances en relation avec le contexte du cas. Outre les savoirs, vous devez également mobiliser les outils d'analyse et les mettre en œuvre lors du traitement des questions.

**EXEMPLE**

Pour répondre à la question «*Réalisez un diagnostic externe de l'entreprise.*», vous devez recourir à vos connaissances sur les objectifs du diagnostic. Il s'agit dans ce cas de repérer les opportunités et les menaces de l'environnement. Vous devez également utiliser les techniques d'analyse telles que la méthode PESTEL et les forces concurrentielles de Porter.

Notez au brouillon les notions et les outils d'analyse que vous pensez devoir utiliser.

## 4 Répondre aux questions

Le problème de management est désormais clair : vous l'avez identifié et vous avez les éléments de solutions à apporter. Vous devez maintenant associer vos connaissances, les outils et les documents pour répondre aux questions.
En reprenant les questions, vous devez construire votre réponse à partir des informations collectées dans les étapes préparatoires. Ce travail est à réaliser au brouillon.
Vous devez vous assurer de la cohérence de la démarche :

Contexte de l'entreprise ⇨ Problème(s) de management ⇨ Solutions au(x) problème(s) de management

## 5 Rédiger ses réponses

Vos réponse doivent être rédigées et construites. La rédaction des réponses se fait directement sur la copie à partir de l'ensemble des notes prises lors des étapes précédentes.
Relisez-vous pour corriger les fautes d'orthographe et de grammaire.

# MANAGEMENT DES UNITÉS COMMERCIALES





---

**Pour réviser le cours :**

**25 QCM de Management des unités commerciales**

**Pour s'entraîner à l'épreuve :**

Les sujets d'examen et leurs corrigés sur le site Internet www.nathan.fr/reflexe

# 1 L'ORGANISATION DE L'UNITÉ COMMERCIALE

**Un magasin d'articles de sport, une agence bancaire, un centre d'appels entrants ou un hypermarché sont des exemples d'unités commerciales. Pour fonctionner avec efficacité, ces unités se fixent des objectifs précis, mettent en œuvre différents principes d'organisation du travail et choisissent une structure adaptée au modèle organisationnel retenu.**

## 1 L'unité commerciale

### 1. La notion d'organisation

Une organisation est un groupement d'individus qui agissent ensemble pour atteindre un but déterminé.

EXEMPLE

Une entreprise est une organisation qui poursuit un but lucratif.

Pour fonctionner et atteindre les objectifs qu'elle s'est fixés, l'organisation choisit une structure et se dote d'un système de communication.

### 2. La notion d'unité

Une unité est un groupe d'individus chargés d'accomplir une mission commune. Elle est placée sous la responsabilité d'un manageur qui l'anime, organise le travail et met en place des actions pour la faire progresser.

EXEMPLE

Un service après-vente est une unité. Ses membres ont pour mission générale d'assurer la satisfaction et la fidélisation des clients.

### 3. La notion d'unité commerciale

Une unité commerciale est un lieu de vente de produits et/ou de services accueillant une clientèle de particuliers ou d'entreprises, en face-à-face ou à distance (par téléphone ou *via* Internet).
Son personnel comprend des commerciaux sédentaires.

## 2 La définition d'objectifs clairs et pertinents

### 1. La formulation des objectifs

Des objectifs correctement formulés sont exprimés à l'aide d'un critère précis (exemple : panier moyen) et sont mesurables et fixés dans le temps (à 3 mois, à 6 mois, etc.). Ils sont également raisonnables et doivent pouvoir être atteints par les équipes, tout en étant également suffisamment ambitieux pour stimuler les salariés. Ils sont par ailleurs réalistes et correspondent au potentiel du marché et de la zone de chalandise. Enfin, ils sont individualisés et tiennent compte des possibilités et des difficultés de chaque collaborateur.

### 2. Les différents types d'objectifs

#### a) Les objectifs de l'unité

Les objectifs collectifs portent sur les résultats ou le fonctionnement de l'unité.

EXEMPLES

Pendant la première semaine de soldes, « écouler au moins 80 % du stock de pantalons femmes de la collection été » est un objectif de résultat.
« Être plus efficace dans les activités hors vente pour consacrer plus de temps au conseil client et à la vente » est un objectif de fonctionnement.

#### b) Les objectifs des vendeurs

Les objectifs individuels sont différenciés selon les vendeurs. Ils tiennent compte de leur expérience, de leur compétence et de leurs résultats antérieurs. Ils peuvent être quantitatifs ou qualitatifs.

EXEMPLE

Pour un vendeur :
- accroître ses ventes de 10 % pour la semaine 26 est un objectif quantitatif ;
- améliorer son argumentation est un objectif qualitatif.

### 3. Les méthodes de détermination des objectifs

Selon le degré d'autonomie accordé à l'unité et le style de management des responsables, il existe deux manières opposées de déterminer les objectifs, l'une autoritaire, l'autre participative.

#### a) La méthode autoritaire

Les objectifs sont imposés aux vendeurs, sans concertation. Cela les infantilise et peut entraîner leur démotivation, notamment si ces objectifs sont trop élevés.

#### b) La méthode participative

Les objectifs individuels sont déterminés avec la participation des vendeurs, dans le respect de la politique commerciale de l'unité. Ainsi, ils sont mieux adaptés aux vendeurs et mieux acceptés par ces derniers. Leur motivation est également plus forte. Les relations avec le supérieur hiérarchique direct en sont améliorées.

#### c) La démarche utilisée dans la méthode participative

L'utilisation de cette méthode nécessite une préparation et une analyse préalable de l'activité du vendeur par les deux parties (vendeur et manageur), puis une confrontation des objectifs envisagés par l'un et par l'autre au cours d'un entretien. Après discussion, le manageur décide des objectifs attribués au collaborateur.

## 3 Le choix d'un modèle organisationnel efficace

De nombreux modèles organisationnels ont été proposés.

### 1. La réflexion originelle

Au début du XX<sup>e</sup> siècle, l'essor des grandes industries et la nécessité de rationaliser la production ont été à l'origine d'un mouvement de réflexion scientifique et managériale sur les organisations, dominé par trois penseurs : Frederick W. Taylor (1856-1915), Henri Fayol (1841-1925) et Max Weber (1864-1920).

a) Les apports de F. W. Taylor

F. W. Taylor a préconisé la division du travail, la spécialisation, la standardisation des tâches et la valorisation individuelle pour augmenter l'efficacité des travailleurs dans les organisations.

b) Les apports de H. Fayol

H. Fayol a défini la fonction de direction par cinq missions : planifier, organiser, commander, coordonner et contrôler.

c) Les apports de M. Weber

M. Weber s'est intéressé à l'autorité des directeurs et aux formes du pouvoir dans les organisations. Il a défini un modèle bureaucratique d'administration des organisations fonctionnant avec des règles claires et universelles.

Ces penseurs ont conduit les grandes organisations à se structurer en pyramides, à considérer les salariés comme de simples exécutants et à privilégier la spécialisation des tâches et les procédures dans le seul but d'améliorer la productivité.

### 2. La prise en compte du facteur humain dans l'organisation

Après 1930, une nouvelle approche, fondée sur les relations humaines, a vu le jour. Elle s'est appuyée sur les travaux d'Elton Mayo (1880-1949), de Kurt Lewin (1890-1947), d'Abraham Maslow (1908-1970) et de Douglas McGregor (1906-1964). Elle influence encore aujourd'hui l'organisation des entreprises.

a) Les apports de E. Mayo

E. Mayo a montré l'influence du groupe et de la qualité des relations régnant au sein de celui-ci sur le comportement des salariés et sur leur productivité.

b) Les apports de K. Lewin

K. Lewin a montré l'importance des échanges au sein du groupe sur l'implication de ses membres.

c) Les apports de A. Maslow

A. Maslow a montré que les salariés étaient plus productifs si leurs aspirations profondes étaient prises en compte.

d) Les apports de D. McGregor

D. McGregor a proposé de responsabiliser les salariés et de leur laisser prendre des initiatives.

### 3. Les tendances actuelles

Les unités changent leur organisation pour être plus performantes et réactives.

a) La réduction du nombre de niveaux hiérarchiques

Les unités de certains réseaux se voient dotées d'une plus large autonomie et l'ensemble évolue vers un mode d'organisation interne moins hiérarchique. Le nombre de niveaux d'encadrement diminue.

b) La responsabilisation du personnel

Les managers intermédiaires ont plus de responsabilités. Leur rôle est défini par des missions et des compétences. Le personnel n'est plus spécialisé mais devient polyvalent.

c) Une plus grande coopération entre les salariés

Les salariés sont interdépendants et travaillent en étroite collaboration.

Des procédures visant à accélérer l'échange et le traitement des informations sont mises en place.

## 4 Le choix d'une structure adaptée

### 1. Les éléments constitutifs d'une structure

La structure d'une unité organise la répartition des pouvoirs, des responsabilités et des activités, établit des règles et des procédures et coordonne le tout afin d'atteindre les objectifs fixés.

Elle est plus ou moins complexe, plus ou moins souple et dépend de nombreux facteurs (ancienneté, taille, activité, environnement de l'unité, etc.). Elle n'est pas statique et évolue dans le temps.

### 2. Les structures classiques

a) Les différentes structures

Les structures classiques pyramidales suivent les principes d'organisation scientifique du travail. Elles spécialisent les activités par fonctions, par zones géographiques ou par produits. Les responsabilités sont clairement définies. L'information circule par la voie hiérarchique.

b) Les limites

Ces différentes structures existent encore couramment et peuvent sembler rationnelles mais, pour un certain nombre de manageurs, elles sont inefficaces : lenteur de la circulation des informations, déformation ou rétention des informations aux niveaux intermédiaires, absence de flexibilité, etc.

### 3. Les structures innovantes

Les structures innovantes répondent en partie au besoin de flexibilité des unités et aux pressions exercées sur celles-ci par l'environnement.

a) La structure nivelée

Dans ce type de structure, le nombre de niveaux hiérarchiques est réduit. Les manageurs sont libres de définir les moyens nécessaires et les actions à mener, dans le cadre d'une stratégie donnée.

b) La structure par pôles

Certaines unités sont organisées en pôles et utilisent leurs collaborateurs indifféremment sur l'un ou l'autre, au gré des besoins, ce qui nécessite d'avoir un personnel polyvalent.

c) La structure en réseau « interne »

D'autres structures partagent l'organisation en groupes autonomes et interdépendants. Ceux-ci sont mis en concurrence interne. Ils se créent et disparaissent au gré de l'évolution des marchés et de leurs performances.

d) La structure en réseau « externe »

D'autres unités donnent la priorité à leur métier principal et sous-traitent les activités périphériques.

**EXEMPLE**

Une société d'assurances qui se concentre sur la souscription des contrats et externalise la gestion des sinistres.

# 2 LE COMPORTEMENT DES INDIVIDUS AU TRAVAIL

**Inciter les salariés à adopter le comportement adéquat face aux situations qui se présentent ne va pas de soi. En effet, celui-ci est déterminé par de nombreux facteurs qu'un manageur doit connaître pour l'orienter conformément à l'image et aux valeurs de l'entreprise.**

## 1 Le comportement professionnel

### 1. L'importance du comportement dans les unités

L'efficacité et la qualité du travail accompli par les salariés dépendent à la fois de leurs compétences professionnelles, de leur capacité à mobiliser leurs connaissances mais aussi de leur comportement au travail.
Un salarié peut très bien posséder le bagage technique attendu, maîtriser les savoir-faire requis et pourtant se révéler être un piètre performeur. Pourquoi ? Tout simplement parce qu'il ne sait pas réagir de manière adaptée face aux situations qui se présentent.

**EXEMPLE**
Un client mécontent se présente pour faire une réclamation. Le vendeur ne cherche pas à le comprendre et lui répond de manière très sèche. Il n'apporte aucune solution à son problème.

Cet exemple montre toute l'importance du comportement dans la qualité des relations commerciales.

### 2. La notion de comportement

Dans les fiches de poste décrivant les métiers des unités commerciales, les comportements attendus des employés sont cités sous forme de « savoir être ».

**EXEMPLE**
Un manageur doit avoir le sens des responsabilités, être autonome, savoir travailler en équipe, etc.

Ainsi, le comportement est la façon dont un salarié doit agir dans son unité, face aux circonstances et aux personnes.
Généralement, ce comportement est codifié et fait l'objet d'un apprentissage.

**EXEMPLE**
Chez Nature et Découvertes, les vendeurs sont formés pour apprendre à repérer les différents profils de clients et à adopter le bon comportement face à eux.

### 3. Les avantages et les limites du comportement codifié

#### a) Les avantages

Le salarié sait ce qu'il doit dire ou faire dans une situation donnée et de quelle façon.

**EXEMPLE**
Face à une objection type d'un client, le vendeur sait qu'il doit formuler telle réponse de telle manière.

Le salarié se sent plus à l'aise dans son travail. Ses relations avec les autres en sont facilitées. Il est plus efficace.

#### b) Les limites

Dans une situation prévue, le salarié ne peut prendre aucune initiative.

**EXEMPLE**
Un télévendeur ne peut s'écarter du script téléphonique.

## 2 Les facteurs explicatifs du comportement

### 1. Les ressources personnelles du salarié

#### a) La personnalité

Elle est façonnée par l'hérédité de l'individu, par son environnement familial, culturel et social et par ses expériences. Elle se compose de plusieurs caractéristiques telles que l'extraversion, la stabilité émotionnelle, l'agressivité, etc. Elle influe sur le comportement du salarié.

**EXEMPLE**
Un salarié impulsif risque de perdre son calme face à un client de mauvaise foi.

#### b) Les besoins

Les salariés cherchent à satisfaire par le travail un certain nombre de besoins.
Il existe de nombreuses classifications des besoins, dont la plus connue est celle d'Abraham Maslow (1954), qui classe les besoins en cinq familles.

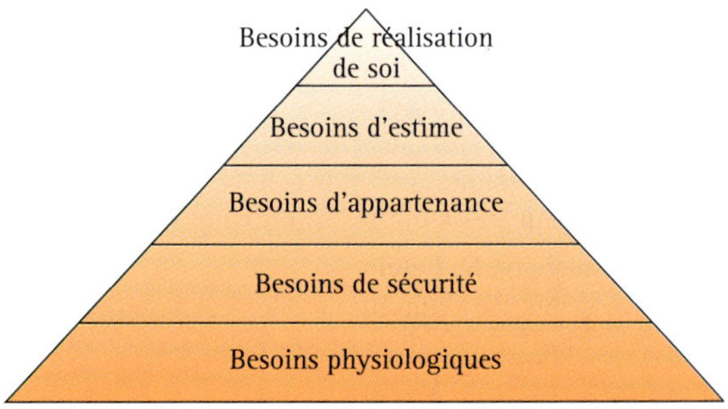


A. Maslow hiérarchise ces besoins et considère qu'un individu ne cherchera à satisfaire un besoin de niveau supérieur que si le besoin de niveau inférieur est satisfait.

**EXEMPLE**
Un individu gagnant très bien sa vie ne cherchera pas à obtenir plus d'argent mais plus de considération.

#### c) Les motivations

Les besoins créent chez les individus des tensions, appelées « motivations », qui les poussent à agir. Une classification intéressante des motivations est proposée par Frédérick Herzberg (1966), qui distingue deux catégories de facteurs :
- ceux liés à l'environnement du travail : le salaire, les avantages en nature, les conditions de travail, la stabilité de l'emploi, les horaires, etc. ;
- ceux liés au contenu du travail : l'intérêt du travail, la diversité des tâches et des missions, les responsabilités, l'autonomie, la participation aux décisions, etc.

#### d) Les attitudes

Ce sont des prédispositions ou des opinions, favorables ou défavorables, qui incitent le salarié à agir dans un sens prédéterminé. Elles sont le fruit de son passé et de ses expériences et sont relativement stables.

### 2. L'appartenance à un groupe

#### a) L'influence de l'équipe

Un salarié qui appartient à une unité commerciale peut être en même temps membre du comité d'entreprise, de l'amicale, d'un groupe de projet, etc.
Le ou les groupes auxquels il appartient influencent son comportement avec les autres et notamment avec ses collègues. Si une équipe est très soudée, on observera des comportements d'entraide entre ses membres.
Si, au contraire, le groupe manque de cohésion, les comportements seront individualistes, l'esprit de coopération fera défaut, ce qui nuira à l'efficacité collective.

#### b) L'influence de membres de l'équipe

Certains membres de l'équipe, par leur personnalité, jouent un rôle positif ou négatif sur le comportement de leurs collègues.

**EXEMPLE**

La présence d'un collègue acariâtre ou très critique à l'égard de tout et de tous pourra entraîner des réactions hostiles, voire agressives, au sein de l'équipe.

#### c) L'influence du manageur d'équipe

La personnalité et le style de management du responsable de l'équipe influent également sur le comportement des salariés.

**EXEMPLE**

Un manageur très autoritaire risque de se heurter à des comportements agressifs.

### 3. La culture de l'unité

#### a) Les éléments constitutifs d'une culture d'entreprise

Toute unité fonctionne selon un mode de pensée et d'action qui lui est propre. Elle crée, au cours de son histoire, des habitudes communes et transmet à son personnel tout un ensemble de règles, valeurs, attitudes, codes et symboles qui caractérisent sa culture.

#### b) L'influence sur les comportements

Lorsque la culture est suffisamment ancrée et acceptée par le personnel, elle influe de manière positive sur les comportements en mobilisant les énergies. Elle joue aussi un rôle fédérateur.

#### c) Les limites

Une culture trop forte conduit à un excès de conformisme et constitue un frein à la créativité et aux changements.

## 3 Les moyens d'action du manageur pour influencer les comportements

Le manageur d'équipe dispose de toute une palette d'outils pour mesurer la satisfaction de ses commerciaux, les motiver et influencer leurs comportements. Ces moyens ne sont pas forcément très onéreux.

### 1. La mesure de la satisfaction des salariés

Dans un certain nombre d'unités, des enquêtes internes ou des baromètres de satisfaction sont réalisés afin d'évaluer et d'analyser le moral des salariés. Les critères mesurés portent sur la participation aux décisions, l'accessibilité des manageurs, la reconnaissance, la qualité des relations au sein des équipes, la politique salariale, les conditions de travail, etc.
L'analyse de ces indicateurs par le manageur lui permet de proposer et de mettre en place des actions de motivation adaptées.

### 2. Le projet d'entreprise

#### a) L'exploitation d'un projet existant

S'il existe un programme en interne pour mobiliser le personnel, le manageur a intérêt à l'exploiter au niveau de son équipe. Cela peut être un bon support d'animation et de fédération.

#### b) L'élaboration d'un projet d'équipe

Le manageur peut aussi, dans le respect de la politique commerciale de l'unité, et en accord avec sa direction, élaborer un projet pour développer l'esprit d'équipe et favoriser des comportements d'entraide.

### 3. Les autres actions de motivation

#### a) Offrir de la formation

Face à une concurrence agressive et à des clients de plus en plus exigeants, l'entreprise a besoin de conseillers commerciaux plus efficaces et les vendeurs ont besoin de développer leurs compétences. La formation est donc un bon moyen de satisfaire les objectifs des deux parties. C'est aussi un excellent outil de motivation.

#### b) Écouter ses salariés et les soutenir

Les vendeurs ont besoin d'exprimer leurs préoccupations et d'être associés à la recherche de solutions. Le manageur doit être suffisamment disponible et à l'écoute pour percevoir leurs difficultés, les encourager, les aider et les défendre, si nécessaire, face à la hiérarchie ou aux autres services de l'unité.

#### c) Les impliquer dans la vie de l'unité

Les salariés ont besoin également d'être associés à la vie de leur unité, de comprendre le but des actions commerciales en cours ou encore de s'approprier les avantages des nouveaux produits ou services. C'est essentiellement par l'organisation de rencontres, de réunions participatives ou par la diffusion d'informations que ces besoins pourront être satisfaits.

#### d) Leur donner de la reconnaissance

Les salariés attendent une reconnaissance de leur hiérarchie pour les efforts accomplis et les résultats obtenus. Le manageur a intérêt à user aussi souvent que possible des félicitations. Il peut aussi valoriser les meilleurs en leur donnant de nouvelles responsabilités ou en leur proposant une promotion.

# 3 LE MANAGEMENT

**Face aux évolutions des marchés et de l'environnement, l'unité commerciale a besoin d'un management particulièrement efficace.**

## 1 Le management

### 1. Les définitions

#### a) Un concept relativement récent

Le management recouvre toute une série de pratiques élaborées pour organiser la production et gérer les ressources humaines. Son origine remonte au début du siècle dernier.

Actuellement, on distingue deux niveaux de management : le management stratégique et le management opérationnel.

#### b) Le management stratégique

Le manageur stratégique est avant tout celui qui anticipe et qui a une vision des orientations à donner à l'entreprise pour lui assurer un avenir pérenne et florissant. Il participe aussi à la définition des politiques marketing, financière et de gestion des ressources humaines.

Le management stratégique est exercé par la direction de l'entreprise.

#### c) Le management opérationnel

Le manageur opérationnel est chargé de mettre en place et de faire appliquer la politique commerciale décidée par la direction, dans le respect des contraintes données. Il est aussi celui qui conduit l'équipe, qui l'anime, qui organise ses activités et qui la fait progresser.

Le management opérationnel est exercé par celui qui gère une unité au quotidien.

**EXEMPLES**

Un responsable d'agence commerciale ou un manageur de rayon sont des manageurs opérationnels.

### 2. Les enjeux du management

Le management est porteur d'enjeux multiples.

#### a) Agencer les activités

Il s'agit d'abord de combiner les différentes activités les unes par rapport aux autres de façon à atteindre un certain résultat.

Une technique, appelée « management par processus », permet de gérer efficacement toute une suite d'activités de leur point de départ à leur fin.

**EXEMPLE**

L'expédition en 24 heures chrono d'un produit au domicile d'un client résulte d'un processus transformant la commande d'un client en une livraison rapide.

#### b) Responsabiliser les salariés

Il convient ensuite de mobiliser les salariés dans la recherche de performances collectives et de les inciter à agir ensemble de manière responsable. Cette responsabilisation collective nécessite un management par la confiance plutôt que par le contrôle. Les salariés doivent pouvoir prendre des initiatives.

#### c) Obtenir l'adhésion des salariés

Enfin, il est nécessaire de faire adhérer les salariés aux objectifs et à la politique de l'entreprise. C'est en leur transmettant les valeurs de l'organisation et en leur expliquant ce qui est important, ce qui est recommandé et quels efforts il faut accomplir que l'on peut y parvenir.

## 2 Les méthodes du management

Elles sont nombreuses. Le manageur en choisit une en fonction de ce qu'il est, de ce que sont ses collaborateurs et du contexte dans lequel il agit.

### 1. Les différents styles de management

#### a) Le style autoritaire

Quand un problème se pose au manageur, celui-ci en détermine seul les causes et les solutions possibles. Il retient l'une de ces solutions sans consulter ses collaborateurs, puis leur communique sa décision afin de la faire exécuter.

#### b) Le style participatif

Quand un problème surgit, le manageur réunit son équipe et la fait réfléchir sur les différentes causes et solutions envisageables. Il la laisse libre de décider, dans un cadre précis ou sous réserve que soient respectées certaines contraintes.

#### c) Les styles intermédiaires

Entre ces deux styles opposés, le manageur choisit une variante accordant plus ou moins de place au pouvoir de décision du dirigeant ou à l'implication des salariés.

**EXEMPLE**

Un manageur peut laisser s'exprimer ses collaborateurs sur un problème donné mais se réserver la prise de décision finale.

### 2. Les facteurs de choix d'un style de management

#### a) Les convictions et la personnalité du manageur

Compte tenu de son expérience et de ses connaissances, le manageur a en lui un certain nombre de convictions qui l'amènent à préférer un style donné.

**EXEMPLE**

Un manageur, confronté dans le passé à un conflit très dur avec ses salariés pour avoir voulu imposer un changement d'organisation, est maintenant convaincu qu'il faut associer les salariés aux décisions qui les concernent directement.

De même, sa personnalité l'incline à choisir un style plutôt qu'un autre.

#### b) Les attentes et la personnalité des membres de l'équipe

Les membres de l'équipe peuvent s'attendre à ce que le manageur adopte un certain style de management.

**EXEMPLE**

Les salariés peuvent avoir eu l'habitude d'être considérés comme de simples exécutants. Leur demander de prendre des initiatives pourrait les désorienter.

La personnalité des salariés influence également le choix d'un style de management.

**EXEMPLE**

Avec des salariés confiants et autonomes, le manageur adoptera plutôt un style participatif.

#### c) Le contexte

Le manageur n'est pas totalement libre de choisir le style le plus adapté au salarié ou celui qui lui convient le mieux. Il doit aussi tenir compte des valeurs et des habitudes en usage dans l'unité commerciale et se conformer au style préconisé. Par ailleurs, la nature du problème à résoudre et le temps imparti pour le traiter conditionnent également le style à adopter.

## 3 L'exercice du pouvoir et les différentes théories du leadership

L'exercice du pouvoir est au cœur des relations entre manageurs, collaborateurs et subordonnés.

### 1. Les définitions

#### a) Le pouvoir

C'est la capacité d'un individu à influencer les idées et les comportements d'autres personnes.

#### b) L'autorité

L'autorité légale est une forme de pouvoir, basée sur la fonction occupée dans la hiérarchie.

**EXEMPLE**

L'autorité légale du directeur de magasin sur ses employés.

L'autorité naturelle est la capacité d'un individu à réagir spontanément avec autorité face à une situation donnée.

#### c) Le leadership

Le leadership est la capacité d'un individu à entraîner la mobilisation volontaire d'autres personnes sur des objectifs fixés ou un projet donné.
Cette aptitude associée à un style de management participatif permet au manageur d'agir efficacement sur le travail et le comportement de ses collaborateurs.

### 2. Les différentes théories du leadership

Il y a quatre approches du leadership.

#### a) L'approche basée sur les caractéristiques personnelles du dirigeant

Des recherches montrent que les dirigeants dotés de leadership ont en commun une intelligence doublée d'une grande confiance en eux, qui leur donne le goût du risque et la capacité à prendre des initiatives.
D'autres travaux effectués par R. R. Blake et J. S. Mouton montrent que les manageurs dotés de leadership savent concilier deux attitudes à l'égard de leurs subordonnés : l'une axée sur le travail, l'autre sur la relation.

#### b) L'approche basée sur les caractéristiques personnelles des salariés

P. Hersey et K. Blanchard ont enrichi le modèle précédent et préconisent un style de leadership adapté à la maturité psychologique et professionnelle du salarié.

**EXEMPLE**

Un salarié ayant une maturité moyennement faible, c'est-à-dire ayant une faible maîtrise des exigences de son métier, mais étant motivé pour travailler, aura besoin d'un leadership centré à la fois sur le travail (outils, formation) et sur la relation (encouragements, soutien).

#### c) L'approche basée sur les rapports d'influence entre les acteurs

Selon cette approche, un manageur acquiert de l'influence sur ses collaborateurs et subordonnés s'il sait se montrer ouvert et compréhensif envers eux et s'il accepte lui-même de se laisser influencer par eux.

#### d) Le leadership en avenir incertain

Face à un avenir incertain, les salariés ont plus que jamais besoin de leaders charismatiques pour les rassurer, donner un sens à leur travail et les convaincre d'adhérer aux changements en cours.
Le manageur charismatique est admiré par les salariés. Il constitue la référence qu'il faut imiter et suivre.

## 4 La prise de décision

Elle est au cœur de la conduite des organisations. Elle constitue une manifestation de l'exercice du pouvoir.

### 1. La notion de décision

#### a) La définition

Prendre une décision, c'est effectuer un choix entre plusieurs possibilités.

#### b) Les niveaux de décision

Au niveau de la direction générale, les décisions prises sont stratégiques.

**EXEMPLE**

Choix d'une nouvelle activité de l'entreprise.

Au niveau de l'encadrement, les décisions sont tactiques.

**EXEMPLE**

Organisation de la réimplantation d'un univers.

Au niveau des subordonnés, les décisions sont opérationnelles.

**EXEMPLE**

Décision de remplacer un produit en rupture par un autre produit que l'on a en stock.

### 2. Le processus de décision

La prise de décision suit une démarche rationnelle.
Elle commence par l'identification précise du problème, puis se poursuit par une phase de réflexion et de comparaison entre les différents choix possibles. Cette dernière doit aboutir au choix d'une solution pertinente et adaptée, acceptable pour les exécutants. La solution est ensuite mise en œuvre et contrôlée, afin d'en apprécier la validité et d'opérer les éventuels ajustements nécessaires.

# 4 LE MANAGEUR DE L'UNITÉ COMMERCIALE

**Le manageur d'une unité commerciale exerce des missions variées dans cinq domaines de compétences : le management d'une équipe, le pilotage d'un centre de profit, la relation client, la gestion de l'offre de produits et de services et la conduite de projets. Il a besoin pour réussir de mobiliser un certain nombre d'outils et de savoir-faire.**

## 1 Les missions du manageur

### 1. Le management de l'équipe

#### a) Donner une direction

Le manageur doit commencer par donner un sens général à son action et à celle de ses équipiers.

**EXEMPLE**

« Un seul mot d'ordre pour notre équipe : le respect du client ! »

#### b) Organiser le travail de l'équipe

Il définit ensuite les rôles et les missions de l'équipe et les répartit entre ses membres en prenant en compte leurs compétences et les complémentarités éventuelles.

Il pratique la délégation et donne à certains salariés le pouvoir d'agir si nécessaire.

#### c) Fixer des objectifs et contrôler

Le manageur traduit ensuite la direction générale en objectifs, qu'il formule à l'aide d'indicateurs précis afin de faciliter son contrôle sur ses subordonnés.

Il s'assure de la bonne exécution des activités.

S'il y a défaillance, il cherche à en comprendre les raisons.

#### d) Prendre des décisions

En cas d'écarts, le manageur prend des décisions correctrices.

**EXEMPLE**

Décision de former à l'argumentation un vendeur qui n'atteint pas ses objectifs.

Il prend aussi quotidiennement des décisions courantes dans le cadre du fonctionnement normal de l'équipe et des décisions urgentes imposées par les événements.

**EXEMPLES**

Organisation des horaires hebdomadaires de l'équipe.
Décision de remplacer une caissière absente.

#### e) Communiquer

Le manageur doit partager les informations utiles. La diffusion orale (en réunion ou lors d'un entretien) est préférable aux écrits.

Il doit aussi transmettre avec enthousiasme les valeurs et les défis de l'unité de façon à mobiliser son équipe.

#### f) Faire « grandir » son équipe

Le manageur a pour mission d'aider son équipe à progresser en compétences et en comportement. C'est par l'écoute, le soutien individualisé, la confiance et la proposition soit de formations, soit de perspectives d'évolution au sein de l'unité qu'il peut y parvenir.

### 2. Le pilotage d'un centre de profit

Le manageur assure le fonctionnement courant de l'unité.

#### a) Suivre le cycle d'exploitation de l'unité

Le manageur suit les opérations du cycle d'exploitation (achat, stockage, vente, règlement).

Il vérifie que les charges sont maîtrisées, que les ventes sont conformes aux objectifs et que l'activité est rentable.

#### b) Prévenir et gérer les risques

Il veille également au bon fonctionnement des équipements ainsi qu'à la sécurité des biens et des personnes. Il traite les incidents éventuels en appliquant les procédures prévues.

#### c) Assurer la gestion prévisionnelle

Dans les unités laissant une assez large place à l'autonomie du manageur, celui-ci évalue les performances collectives et individuelles à l'aide de différents outils statistiques puis formule des prévisions réalistes et argumentées qu'il traduit dans des budgets.

### 3. La relation avec la clientèle

Le manageur doit aussi être capable de vendre, d'assurer une qualité de service à la clientèle et de maintenir ou développer le portefeuille clients de l'unité.

### 4. La gestion de l'offre de produits et de services

Le manageur est chargé de constituer un assortiment adapté à la clientèle, de contrôler les prix, de gérer les approvisionnements, de mettre en valeur l'espace de vente et de dynamiser la vente de ses produits.

### 5. La conduite de projets

Le manageur peut être amené à proposer des projets, à les définir et à les conduire.

## 2 Les outils du manageur

### 1. Les indicateurs sociaux

#### a) Leur présentation

Ils figurent dans le bilan social ou le tableau de bord social de l'unité.

Ils peuvent être exprimés sous forme de données brutes ou de ratios.

**EXEMPLES**

Données brutes : nombre d'accidents du travail, de départs volontaires, de licenciements, d'absents pour maladie.
Ratios : taux d'absentéisme, taux de *turn-over*, part des dépenses de formation dans les charges de personnel.

#### b) Leur utilité

Les indicateurs sociaux sont révélateurs du climat social de l'unité. Ils renseignent à la fois sur la qualité du management et sur la satisfaction des salariés au travail. Non satisfaisants, ils doivent inciter le manageur à réagir.

## 2. Les tableaux de bord commerciaux

EXEMPLE

Tableau de bord d'un magasin de luminaires

| Familles de produits | Quantités vendues N-1 | Quantités vendues N | Évolution des quantités | Objectif quantité N | Écart sur objectif | Taux de marge N-1 | Taux de marge N | Évolution du taux de marge | Etc. |
|---|---|---|---|---|---|---|---|---|---|
| Luminaires suspendus | | | | | | | | | |
| Luminaires sur pied | | | | | | | | | |
| Lampes de chevet | | | | | | | | | |
| Lampes de bureau | | | | | | | | | |
| Etc. | | | | | | | | | |
| Total | | | | | | | | | |

### a) Leur présentation

Les tableaux de bord rassemblent des données brutes élémentaires issues du système d'informations commerciales de l'unité, ainsi que des données agrégées en un nombre limité d'indicateurs.

### b) Leur utilité

Le tableau de bord commercial montre les performances réalisées et les écarts éventuels entre celles-ci et les chiffres prévisionnels.

Son analyse collective et la recherche en commun de solutions ou d'améliorations en font un outil de dialogue et d'implication des salariés dans la vie de leur unité.

## 3. Les budgets

### a) Leur présentation

Le budget est un tableau qui rassemble les flux monétaires prévisionnels par périodes (mois, trimestre, semestre, année), pour un ensemble d'activités donné (ventes, achats, charges, investissements, trésorerie).

### b) Leur utilité

Le budget est un outil de prévision, établi après concertation entre le manageur et son responsable hiérarchique.

Mais il constitue aussi un outil de responsabilisation et de pilotage. En effet, le manageur doit respecter les prévisions de ventes et de dépenses qu'il contient, suivre régulièrement leur évolution et intervenir en cas d'écart.

## 4. Les outils d'aide à la décision

### a) La recherche des causes d'un problème

Pour identifier les causes d'un problème, le manageur peut utiliser la méthode d'Ishikawa. Celle-ci classe les causes en cinq catégories : le milieu, le matériel, la matière, la méthode et la main-d'œuvre.

EXEMPLE

Un chef de rayon observe une démarque très importante dans son rayon. Il cherchera à identifier les causes liées à la méthode (exemple : mauvaise tenue des rayons), celles liées au matériel (exemple : absence de matériel antivol), etc.

### b) La prise de décision en avenir incertain

L'avenir est incertain si le manageur n'a aucune idée de la probabilité de réalisation des divers événements susceptibles de jouer sur le résultat final de la décision.

EXEMPLE

Un manageur de rayon envisage une action promotionnelle sur un produit. Trois décisions sont possibles : baisser son prix de vente unitaire, faire une offre groupée et organiser un jeu. Le résultat de chacune de ces actions sera influencé par les actions menées par les concurrents (événements), qui peuvent soit contre-attaquer en baissant leur prix, soit faire davantage de publicité, soit ne pas réagir.

Dans ce cas, le manageur peut élaborer une matrice dans laquelle il associe chaque décision possible à chaque événement. Pour chaque combinaison obtenue, il estime la perte ou le gain lié(e). Il effectue ensuite son choix de façon à obtenir le gain le plus élevé (stratégie optimiste) ou à minimiser le risque de perte (stratégie prudente).

### c) La prise de décision en avenir aléatoire

L'avenir est aléatoire si le manageur peut associer une probabilité de réalisation à chaque événement.

EXEMPLE (suite)

Matrice des gains :

| Événements : actions des concurrents | Probabilités | Décisions possibles | | |
|---|---|---|---|---|
| | | Baisse de prix | Offre groupée | Jeu |
| Baisse de prix | 0,6 | 17 | 16 | 10 |
| Publicité | 0,2 | 18 | 19 | 13 |
| Aucune action | 0,2 | 27 | 25 | 14 |

Dans ce cas, le manageur calcule l'espérance mathématique de gain et retient la décision pour laquelle l'espérance de gain est la plus grande.

EXEMPLE (suite)

Pour la baisse de prix, l'espérance de gain est égale à :
$(0,6 \times 17) + (0,2 \times 18) + (0,2 \times 27) = 19,2$.
Pour l'offre groupée, l'espérance de gain est de 18,4.
Pour le jeu, l'espérance de gain est de 11,4.
La première décision est donc la plus efficace.

## 5. L'organisation de l'activité personnelle

Le manageur mal organisé est peu efficace dans son travail. Il se laisse déborder par les tâches urgentes au détriment de tâches plus essentielles. Il risque de commettre des erreurs et manque de disponibilité pour son équipe. Il est conseillé de hiérarchiser chaque jour les tâches par ordre d'urgence et de priorité et de se fixer un temps pour les réaliser. Le manageur doit aussi veiller à garder des plages libres dans la journée pour traiter les imprévus et se réserver des moments calmes pour réfléchir ou faire avancer un projet.

Enfin, il ne doit pas hésiter à déléguer pour se rendre plus disponible.

# 5 LE CONTEXTE RÉGLEMENTAIRE

**Différentes sources de droit fixent les obligations et les droits des employeurs et des salariés dans l'unité commerciale. Il appartient au manageur d'équipe de veiller à leur bonne compréhension et à leur stricte application.**

## 1 Rappels sur les principales sources écrites de droit du travail

### 1. Le Code du travail

Il rassemble tous les textes de lois et les règlements régissant les relations et l'organisation du travail.

### 2. Les conventions et les accords

#### a) Les conventions collectives

Ce sont des accords conclus par les représentants des employeurs et les syndicats représentatifs des salariés au niveau d'une branche professionnelle. Ils complètent et améliorent les dispositions générales du Code du travail concernant les conditions salariales, de travail et les garanties sociales.

#### b) Les accords

Ils complètent la loi ou la convention collective. Ils peuvent concerner plusieurs branches professionnelles mais ne portent que sur un thème bien précis.

**EXEMPLE**

Accord interprofessionnel sur les horaires de nuit.

### 3. Le règlement intérieur

Il est élaboré par l'employeur et s'applique à tous les salariés. Il comporte des règles relatives à l'hygiène et à la sécurité, à la discipline et à la protection des salariés.

### 4. Le contrat de travail

Le contrat de travail lie deux personnes : le salarié et l'employeur. L'un met son activité à la disposition de l'autre, moyennant un salaire. Un lien de subordination existe entre les deux.

#### a) La conclusion du contrat de travail

Elle est soumise aux règles du droit commun concernant les conditions de validité des contrats (sur le fond et sur la forme) et les règles de nullité.

#### b) Le contenu du contrat de travail

Les clauses incluses dans le contrat de travail précisent le type et la durée du contrat, la nature du poste occupé, les engagements du salarié, la durée du travail, la rémunération, les congés payés, la période d'essai, etc. Elles ne peuvent être moins favorables que les dispositions prévues par la loi, les conventions et les accords collectifs.

## 2 La durée du travail

### 1. Le principe

La durée légale du travail est de 35 heures par semaine (soit 1 607 heures par an). Elle s'applique à la plupart des unités commerciales et des salariés.
Des heures supplémentaires peuvent être effectuées au-delà de cette durée.

### 2. Les heures supplémentaires

#### a) La loi sur le travail, l'emploi et le pouvoir d'achat (dite loi « TEPA »)

Depuis le 1er octobre 2007, la rémunération des heures supplémentaires effectuées à la demande de l'employeur n'est pas imposable et est exonérée partiellement de charges sociales (loi du 21 août 2007).

#### b) Les salariés concernés

Tous les salariés sont concernés, quels que soient leur secteur d'activité et leur statut.
Pour les salariés dont le temps de travail est un horaire hebdomadaire, toute heure effectuée au-delà de la durée applicable à l'unité est considérée comme une heure supplémentaire.
Pour les salariés en forfait annuel (exemple : les cadres), dont la durée de travail est exprimée en nombre d'heures annuel (exemple : 1 607 heures) ou en nombre de jours de travail par an (exemple : 218 jours), tout temps de travail accompli au-delà du forfait bénéficie des avantages de la loi « TEPA ».

### 3. Les repos quotidien et hebdomadaire

#### a) Le principe

Le salarié a droit au minimum à 11 heures de repos par jour et au repos dominical (article L. 221-5 du Code du travail).

#### b) Les dérogations au repos dominical

Il existe cependant des dérogations. Elles concernent les commerces de denrées périssables (ouverture le dimanche matin), les hôtels, les restaurants, les débits de boissons, la culture (journaux, musées, etc.) ainsi que les unités commerciales situées dans des zones touristiques et ayant une activité saisonnière. Les commerces de détail peuvent aussi ouvrir cinq dimanches par an sur dérogation municipale ou préfectorale.
Par ailleurs, la loi Chatel (3 janvier 2008) autorise les magasins d'ameublement à ouvrir le dimanche.

## 3 L'organisation et l'aménagement du temps de travail

### 1. La modulation

#### a) Le principe

Dans les unités soumises à une activité irrégulière, les horaires hebdomadaires varient selon les semaines et se compensent pour correspondre en moyenne à l'horaire hebdomadaire normal applicable à l'unité.

**EXEMPLE**

Soit une unité dans laquelle les salariés travaillent sur une base annuelle de 1 607 heures et sont soumis à la modulation annuelle. En période de forte activité, ces salariés travaillent 41 heures ; en période de faible activité, ils travaillent 29 heures. Ces horaires se compensent dans l'année pour donner, en moyenne, une durée hebdomadaire de travail de 35 heures.

#### b) Les conditions à respecter

Pendant les périodes de forte activité, le salarié ne doit pas travailler plus de 10 heures par jour, plus de 48 heures par semaine et plus de 44 heures en moyenne sur 12 semaines consécutives.

### 2. Le travail de nuit

Il est effectué entre 21 h et 6 h. Son recours doit être exceptionnel et avoir fait l'objet d'un accord collectif particulier ou d'une autorisation de l'inspection du travail. Il donne droit au salarié à des compensations sous forme de repos et sous forme financière.

### 3. Les congés

#### a) Les droits aux congés payés

Tout salarié a droit à 2,5 jours ouvrables de congés payés par mois effectivement travaillé pendant une période de référence qui court du 1er juin de l'année précédente au 31 mai de l'année en cours.

#### b) Le calcul de l'indemnité de congés payés

Pendant ses congés, le salarié reçoit une indemnité de congés payés. Deux règles de calcul sont utilisées :
- règle 1 : salaire identique à celui que le salarié aurait perçu s'il avait travaillé ;
- règle 2 : indemnité égale au dixième du salaire brut total perçu pendant la période de référence.

La formule la plus favorable au salarié est retenue.

### 4. Le compte épargne temps

Il permet au salarié de cumuler les jours de congés ou de repos non pris (exemples : congés payés, RTT) ou de se constituer une épargne en argent (loi du 31 mars 2005). Il est mis en place dans le cadre d'une convention ou d'un accord collectif.
Le salarié peut bénéficier, grâce à ce dispositif, d'un complément de rémunération immédiate ou différée (alimentation d'un plan d'épargne entreprise, d'un plan d'épargne retraite, etc.).

### 5. La réduction du temps de travail (RTT)

#### a) Le principe

Dans les entreprises dont l'horaire normal excède la durée légale du travail, les salariés bénéficient d'une réduction du temps de travail accordée sous forme de jours de congés supplémentaires.
Le salarié qui n'utilise pas ses jours de RTT peut demander à son employeur de lui en racheter une partie ou la totalité (lois du 31 mars 2005 et du 8 février 2008). Les négociations de rachat se font individuellement. Elles concernent toutes les RTT non encore prises par les salariés fin 2007 et celles acquises postérieurement jusqu'à la fin de l'année 2009.

#### b) Les différentes situations de rachat

Les rémunérations des jours de RTT rachetés varient selon la date d'acquisition des droits, l'existence ou non d'un compte épargne temps et la base de travail (hebdomadaire ou forfaitaire).

**EXEMPLE**

Un salarié qui dispose d'un compte épargne temps peut demander le paiement des RTT accumulées dans ce dernier. Mais il n'aura aucune majoration de salaire.

## 4 La rupture du contrat de travail

Le contrat de travail peut être rompu à l'initiative du salarié (démission), de l'employeur (licenciement individuel pour motif personnel réel et sérieux ou licenciement économique) ou décidé d'un commun accord par les deux parties (rupture amiable). Concernant le licenciement, une procédure spécifique doit être respectée.
Concernant la rupture amiable, le projet de loi sur la modernisation du marché du travail présenté le 21 mars 2008 formalise le dispositif (procédure précise à respecter) et prévoit d'indemniser le salarié (ce qui n'était pas le cas auparavant).

## 5 La représentation du personnel

Les salariés ont des représentants chargés de défendre leurs droits collectifs et individuels.

### 1. Les délégués du personnel

Ce sont les représentants des salariés, élus pour 2 ans, dans les unités de plus de 10 salariés. Ils s'assurent du respect des droits des salariés et transmettent à l'employeur leurs demandes et leurs réclamations.

### 2. Le comité d'entreprise (CE)

Il existe dans les unités de 50 salariés et plus. Il intervient dans le domaine social et culturel et est consulté pour toutes les décisions importantes qui affectent la vie économique de l'unité.

### 3. Le comité d'hygiène, de sécurité et des conditions de travail (CHSCT)

Il existe dans les unités de 50 salariés et plus. Il est chargé d'améliorer les conditions de travail et de sécurité des salariés.

### 4. Les syndicats et les délégués syndicaux

Les syndicats sont chargés d'étudier et de défendre les droits des personnes visées par leurs statuts.
Les délégués syndicaux sont présents dans les entreprises de 50 salariés et plus et désignés par les sections syndicales présentes dans l'unité. Ils sont chargés de représenter leur syndicat auprès de l'employeur et de transmettre les revendications syndicales.

## 6 Les conflits

Ils peuvent opposer l'employeur à un salarié (conflit individuel) ou à un groupe de salariés (conflit collectif).
Les conflits individuels sont, selon leur nature, soit de la compétence des représentants du personnel, soit de celle de l'inspecteur du travail ou du conseil de prud'hommes.

**EXEMPLE**

Une sanction disciplinaire injustifiée est du ressort des prud'hommes.

Les conflits collectifs (exemple : grève) se règlent à l'amiable ou à l'aide d'une procédure légale de résolution (conciliation, médiation, arbitrage).

# 6 L'ÉQUIPE COMMERCIALE

**L'équipe commerciale occupe une place importante dans la structure de l'unité commerciale. Les emplois y sont très divers.**
**L'équipe est organisée de manière à répartir au mieux les compétences et les responsabilités. Ses contours et ses métiers font l'objet d'adaptations permanentes, dans le respect de la réglementation du travail et des contrats.**

## 1 La définition et la place de l'équipe dans la structure

### 1. La définition de l'équipe commerciale

L'équipe commerciale ne comprend pas seulement les commerciaux. Elle inclut toutes les personnes en contact avec la clientèle.

**EXEMPLE**

Le téléacteur d'un centre d'appels fait partie de l'équipe commerciale.

### 2. La place de l'équipe dans la structure

Dans une unité commerciale, l'équipe commerciale représente un poids important dans l'effectif et occupe une place prépondérante dans l'organigramme.

**EXEMPLE**

Organigramme d'un hypermarché indépendant :

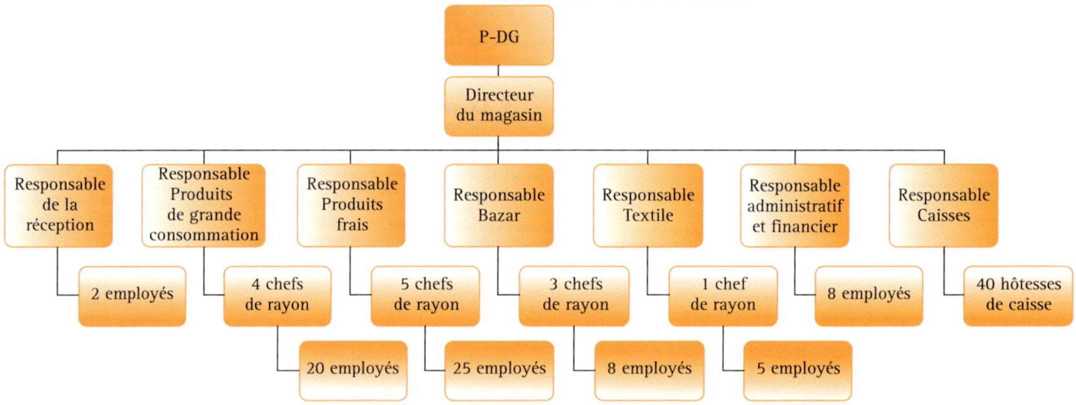


Dans cet hypermarché, 86 % du personnel est en contact avec la clientèle.

### 3. La typologie des emplois commerciaux

Les secteurs du commerce, de la grande distribution, des banques, des assurances et des services proposent une grande diversité de métiers. Ils offrent de réelles opportunités aux jeunes diplômés du commerce en termes d'emplois et de perspectives d'évolution.

**EXEMPLE**

Les banques ont recruté près de 180000 personnes depuis 2003. Elles auront encore des besoins importants dans les années à venir pour faire face au phénomène du «papy-boom».

#### a) Les métiers du commerce et de la distribution

L'employé libre-service (ELS) range les rayons, fait le réassort et présente les produits de manière attractive.

Le vendeur-conseil sédentaire accueille les clients, les guide, encaisse ou enregistre les ventes, met les articles en rayon et passe les commandes.

Le manageur de rayon anime une équipe et organise le travail. Il met en valeur et dynamise l'offre.

#### b) Les métiers de la banque

Le téléconseiller en appels entrants accueille les clients au téléphone, les écoute, détecte leurs besoins et répond à leurs demandes.

Le chargé d'accueil est le premier contact avec le client dans l'agence. Il assure les opérations de caisse et gère le stock des moyens de paiement.

Le conseiller de clientèle en agence découvre les besoins du client, les analyse et fait des propositions personnalisées. Il vend et suit les dossiers des clients.

#### c) Les métiers des assurances

Le commercial généraliste en agence détecte les besoins du client, les analyse, évalue les risques et propose des solutions adaptées. Le manageur commercial gère et dynamise son activité commerciale. De plus, il anime une équipe qu'il est chargé de faire progresser.

## 2 L'organisation de l'équipe

L'organisation de l'équipe sur le terrain vise à optimiser le fonctionnement de l'unité tout en assurant le meilleur service à la clientèle.

### 1. L'organisation de l'équipe sur le terrain

#### a) La structure par zones

Dans les unités commercialisant un assortiment de produits homogènes et/ou peu techniques, les vendeurs sont affectés à une zone du magasin.

**EXEMPLE**

Dans une grande surface d'habillement, les vendeurs sont répartis en trois zones : la zone femmes, la zone hommes et la zone enfants.

Cette organisation responsabilise les vendeurs sur leur zone et facilite l'évaluation des résultats.

#### b) La structure par produits

Dans les unités commercialisant des produits techniques et/ou un assortiment de produits très hétérogènes, les vendeurs peuvent être spécialisés par familles de produits.

EXEMPLE

Dans une grande surface de produits électroniques grand public, des vendeurs sont spécialisés en téléphonie, d'autres en micro-informatique.

Ils ont ainsi une connaissance pointue des caractéristiques de leurs produits et sont mieux à même de conseiller leurs clients.

#### c) La structure par clients

Dans les unités ayant une clientèle hétérogène, les vendeurs sont spécialisés par clients.

EXEMPLE

Dans les banques ou les assurances, des commerciaux sont chargés des particuliers, d'autres ont à gérer un portefeuille de clients professionnels.

Les vendeurs peuvent ainsi développer une connaissance approfondie du comportement de leur clientèle et des produits et services spécifiques qui leur sont destinés. Ils sont plus proches de leurs clients et plus efficaces.

### 2. La taille de l'équipe

#### a) La notion de taille optimale

La taille de l'équipe est optimale si elle permet le fonctionnement normal de l'unité, l'atteinte des objectifs et le respect du budget des charges.

Les salariés doivent être en nombre suffisant pour assurer l'ensemble des activités « hors vente » (déballage, rangement, présentation des produits, etc.) et de vente.

Les salaires et charges sociales ne doivent toutefois pas excéder le montant budgété.

#### b) L'adaptation de la taille de l'équipe

Le manageur peut avoir besoin d'augmenter ou de diminuer la taille de l'équipe pour mieux répondre aux impératifs commerciaux actuels ou futurs.

EXEMPLE

La période des soldes arrive avec son flot de tâches et de clients à gérer. Le manageur peut avoir besoin de personnel supplémentaire.

Dans le cas d'un réajustement, le manageur a le choix entre plusieurs options : réorganiser le travail de l'équipe, recourir aux heures supplémentaires, recruter, etc. Il doit le faire en respectant les contraintes du droit du travail.

## 3 La typologie des contrats de travail

Il existe deux grandes catégories de contrats de travail : les contrats à durée indéterminée (CDI) et ceux à durée déterminée (CDD).

Le choix d'un contrat dépend à la fois des besoins de l'unité commerciale et des aspirations du salarié.

### 1. Le contrat de travail à durée indéterminée

C'est le contrat de travail de droit commun.

Il n'est pas nécessairement écrit, mais il est toutefois fortement conseillé de le rédiger. Le CDI comporte une période d'essai pendant laquelle l'employeur et le salarié sont libres de rompre le contrat. Au-delà de cette période, le salarié peut démissionner et l'employeur peut le licencier, mais une procédure stricte doit alors être suivie.

### 2. Le contrat de travail à durée déterminée

Le CDD est un contrat dont l'utilisation est très réglementée.

#### a) Les cas de recours au CDD

Ils sont au nombre de trois :
- en cas d'emploi saisonnier ou temporaire (exemples : restauration, hôtellerie) ;
- lors d'une augmentation momentanée de l'activité ;
- en remplacement d'un salarié absent.

#### b) Les obligations à respecter

La loi impose un contrat écrit et des conditions de forme très strictes. Des mentions doivent obligatoirement être spécifiées dans le contrat : motif de recours au CDD, date d'échéance ou terme minimal, etc.

Le CDD comporte une période d'essai. Il cesse de plein droit à la fin du terme prévu. Il ne peut être rompu avant son terme, sauf dans quelques cas précisés par la loi (faute grave ou force majeure). Une indemnité de fin de contrat est versée au terme du contrat, sauf pour un emploi saisonnier ou s'il y a eu rupture anticipée.

### 3. Les catégories particulières de CDI ou de CDD

#### a) Le contrat de travail à temps partiel

Il peut être à durée déterminée ou indéterminée. Il est obligatoirement écrit.

En principe, la durée stipulée est mensuelle (exemple : 120 heures par mois) ou hebdomadaire. Elle est inférieure à la durée légale ou conventionnelle.

#### b) Le contrat de travail temporaire

Ce contrat est légalement proche du CDD. En cas de besoin ponctuel de renfort et/ou pour une mission de courte durée, l'unité commerciale peut faire appel à une entreprise de travail temporaire. Celle-ci recrute le salarié, le met à disposition de l'unité et gère toutes les formalités administratives (URSSAF, paie, etc.).

#### c) Les contrats en alternance

Les unités peuvent recourir à des jeunes ayant choisi une formation en alternance, qu'ils soient en contrat d'apprentissage ou en contrat de professionnalisation. Ces deux contrats sont réservés aux jeunes de 16 à 25 ans. Le premier contrat est un CDD dont la durée est de 2 ou 3 ans selon le diplôme préparé. Le second contrat (CDD ou CDI) a une durée de 6 à 12 mois.

### 4. Les évolutions attendues en matière de contrats de travail

Outre la disparition du contrat nouvelle embauche (contrat réservé aux très petites entreprises) et la formalisation de la rupture conventionnelle, le projet de loi sur la modernisation du travail prévoit aussi une période d'essai plus longue, renouvelable une fois et stipulée par écrit dans le contrat. La durée de la période d'essai serait de 1 à 2 mois pour les employés, de 2 à 3 mois pour les techniciens et les agents de maîtrise, de 3 à 4 mois pour les cadres.

# 7 L'ORGANISATION DU TRAVAIL DE L'ÉQUIPE COMMERCIALE



**Un des rôles du manageur est d'organiser le travail de l'équipe. Cela passe par une définition précise des missions de chacun, par la répartition des tâches au sein de l'équipe, par la pratique de la délégation et par la planification et le suivi des activités.**

## 1 La définition des missions

### 1. Qu'est-ce qu'une mission ?

#### a) Les missions principales liées à un métier

Les missions expriment ce que l'équipe et les salariés doivent faire pour atteindre les résultats escomptés, quelle contribution est exigée d'eux et quelles responsabilités leur sont confiées.

#### b) Les activités et les tâches liées aux missions

Remplir une mission, c'est accomplir un certain nombre d'activités et de tâches pour atteindre un objectif donné.

**EXEMPLE**

Les activités d'un vendeur-conseil sédentaire liées à la mission de gestion courante du rayon sont l'étiquetage, la vérification des prix affichés et du balisage, etc.

### 2. Pourquoi définir les missions ?

#### a) Pour guider l'équipe

Il arrive que les membres d'une équipe aient l'impression de bien travailler et que, pourtant, ils n'atteignent pas les résultats escomptés. Une définition trop floue des missions peut en être la cause. Les responsabilités, les activités et les tâches à accomplir doivent donc être définies avec précision. C'est au manageur de transmettre clairement ce contenu ainsi que les consignes et procédures à suivre pour réussir les missions.

#### b) Pour assurer une couverture efficace de l'ensemble des tâches et des missions

Il arrive aussi que certaines tâches soient accomplies par plusieurs personnes à la fois et que d'autres ne soient pas couvertes. Cela a des répercussions sur l'efficacité du travail, sur les performances obtenues et peut entraîner des tensions dans l'équipe. Il incombe donc au manageur de définir précisément la répartition des activités et des responsabilités dans le groupe.

## 2 L'analyse et la répartition des missions et des tâches

### 1. Les critères de répartition

Le manageur évalue d'abord l'ensemble des activités à accomplir ainsi que le nombre d'heures de travail que cela représente.
Puis il distribue les rôles en prenant en compte le nombre d'équipiers, leurs contrats horaires et leurs compétences.

### 2. Le tableau de répartition des tâches (TRT)

Le TRT est à la fois un outil de planification des tâches et un outil d'analyse et de contrôle. Il se présente comme un tableau à double entrée indiquant en lignes les activités à réaliser et en colonnes les membres de l'équipe.

**EXEMPLE**

TRT dans une petite agence bancaire :

| | | Temps passé par semaine par chaque salarié (en heures) | | | | Temps passé par tâche |
|---|---|---|---|---|---|---|
| Activités | Tâches | Chargé d'accueil | Chargé de clientèle 1 | Chargé de clientèle 2 | Chef d'agence | |
| Accueil, conseil | Accueil en face-à-face | 5 | 5 | 6 | 5 | 21 |
| | Opérations de caisse | 25 | 5 | 7 | 3 | 40 |
| Etc. | | | | | | |

#### a) La construction du TRT

Le manageur collecte les temps à affecter aux différentes activités dans les fiches de poste (si elles existent). Il peut aussi exploiter les résultats issus d'une enquête individuelle ou du dépouillement des feuilles d'autopointage remises au personnel pendant une période donnée.

#### b) L'utilisation du TRT

Une fois élaboré, le TRT guide l'équipe dans son travail. Néanmoins, le manageur doit l'analyser régulièrement afin de repérer les éventuels dysfonctionnements : les tâches mal couvertes, les pertes de temps, les compétences non utilisées, et le faire évoluer si nécessaire.

#### c) L'évolution du TRT

Le manageur peut décider d'organiser différemment les activités et de les répartir autrement dans le temps. S'il le fait, c'est en prenant l'avis des personnes intéressées.

## 3 La délégation

La délégation est une pratique qui consiste pour le manageur à confier la réalisation de l'une de ses missions à l'un de ses collaborateurs.

### 1. Les avantages de la délégation

#### a) Pour l'unité

La délégation favorise la diffusion des compétences au sein de l'équipe et rend celle-ci plus polyvalente. En cas d'absence du manageur, les missions essentielles sont couvertes. Le fonctionnement de l'unité est ainsi garanti.

#### b) Pour le manageur

Le manageur a plus de temps à consacrer aux activités et aux missions qu'il est seul à pouvoir assumer (analyse de l'activité, des projets en cours). Il est aussi plus disponible pour son personnel et perçoit mieux ses difficultés.

#### c) Pour le collaborateur

Le collaborateur élargit ses compétences. Il est responsabilisé. Il se sent digne de la confiance de son manageur et valorisé. Sa motivation s'en trouve renforcée.

### 2. Les difficultés de la délégation

Déléguer n'est pas si facile. Sans une confiance réciproque entre le manageur et son collaborateur, il n'y a pas de délégation possible.

### a) Les freins liés au manageur

Ils tiennent à la personnalité du manageur.

**EXEMPLE**

Un manageur naturellement autoritaire et peu enclin à faire confiance aux autres aura du mal à déléguer.

En déléguant, le manageur peut craindre de perdre une partie de son pouvoir ou de perdre du temps à former son collaborateur.

### b) Les freins liés au collaborateur

Le collaborateur peut ne pas avoir envie de prendre des responsabilités ou craindre de les assumer. Il peut aussi ne pas avoir les compétences requises.

## 3. Les conditions de réussite de la délégation

Quelques règles sont à suivre pour que la délégation soit efficace.

### a) Accepter de déléguer

Le manageur doit accepter que le collaborateur agisse différemment et qu'il commette des erreurs.

### b) Respecter la volonté du collaborateur

Le collaborateur a le droit de refuser une délégation.

### c) Proposer une mission valorisante

Le manageur ne doit pas se décharger des tâches les plus ingrates ou les moins intéressantes. Il doit, au contraire, déléguer des missions valorisantes et intéressantes.

### d) Fixer les objectifs et un cadre

La délégation doit être utile. Un but et un cadre (budget, moyens et outils de contrôle) sont fixés.

### e) Contrôler

Le manageur doit vérifier régulièrement, à l'aide d'indicateurs, l'évolution vers l'objectif et la qualité du travail effectué. En cas d'écart ou d'erreur, il corrige son collaborateur, de manière à le faire progresser.

## 4. Les modes de délégation

Il existe différents modes de délégation, variables selon la compétence du salarié, la complexité de la mission et le degré de confiance accordé.

### a) La délégation très encadrée

Un objectif est fixé, un budget et des moyens sont alloués, une démarche est imposée. Si un problème survient, le délégant décide. Il exerce un contrôle étroit sur les tâches confiées au délégataire.

### b) La délégation participative

Une finalité et un budget sont fixés. Le délégant et le délégataire discutent des moyens et de la méthode appropriés pour atteindre l'objectif. S'il doit y avoir prise de décision, elle peut être collective.

### c) La délégation large

Le délégataire, très autonome et compétent, prend l'ensemble des décisions relatives à sa mission. Le délégant n'intervient qu'en tant que conseil.

# 4 La planification et le suivi des activités

Organiser le travail, c'est aussi planifier, ordonnancer et contrôler.

## 1. Les plannings

### a) Les différents plannings

Le manageur élabore différents plannings pour les horaires hebdomadaires collectifs, les congés et les opérations commerciales.

**EXEMPLE**

Planning horaire collectif dans un supermarché :

| Salariés | Lundi | Mardi | Mercredi | Jeudi | Vendredi | Samedi | Dimanche |
|---|---|---|---|---|---|---|---|
| Sandra (35 h) | 6 h - 13 h | Repos | 13 h - 20 h | Repos | 6 h - 13 h | 6 h - 14 h | 7 h - 13 h |
| Brigitte (35 h) | Repos | 6 h - 13 h | 6 h - 13 h | 6 h - 13 h | 13 h - 20 h | 14 h - 21 h | Repos |
| [...] | | | | | | | |

### b) Les contraintes

L'élaboration d'un planning prend en compte des contraintes de fonctionnement (horaires d'ouverture, de livraison, importance des flux clients à gérer, effectifs, etc.), des contraintes réglementaires (durée du travail, jours de congé, temps de pause, amplitude horaire à respecter entre deux prises de poste, etc.) et les contraintes des salariés (absences, formation, etc.).

## 2. L'ordonnancement des tâches

Il consiste à déterminer l'ordre dans lequel les différentes tâches d'une mission ou d'un projet doivent être réalisées et la durée optimale d'exécution de l'ensemble. Il existe plusieurs méthodes d'ordonnancement. Le diagramme de Henry L. Gantt est le plus aisé à utiliser.

### a) La présentation du diagramme de Gantt

Le diagramme de Gantt est un planning de répartition des tâches dans le temps.

**EXEMPLE**

| | Jour 1 | Jour 2 | Jour 3 | Jour 4 | Jour 5 |
|---|---|---|---|---|---|
| Tâche A | | | | | |
| Tâche B | | | | | |
| Tâche C | | | | | |
| Tâche D | | | | | |

La mission comporte 4 tâches dont 3 peuvent être menées en parallèle. Il existe toutefois des contraintes d'antériorité. Ainsi, la tâche A doit précéder la tâche B. La mission dure au minimum 5 jours.

### b) La construction du diagramme de Gantt

Elle se déroule en plusieurs étapes :

- la détermination des tâches et de leurs durées ;
- la recherche des antériorités et de l'enchaînement des différentes opérations ;
- le repérage des tâches qui peuvent être réalisées simultanément ;
- la construction du graphique à l'aide d'un logiciel (traitement de texte, tableur ou gestion de projet).

## 3. Les documents de suivi

Le manageur peut également utiliser ces outils de planification comme outils de suivi. Il peut compléter son contrôle par le recours à des *check-lists* ou fiches de pointage afin de s'assurer qu'aucune tâche n'a été oubliée.

# 8 LES ENJEUX ET LES TECHNIQUES D'ANIMATION DE L'ÉQUIPE COMMERCIALE



**L'animation est un des axes forts du travail du manageur. Elle vise essentiellement à favoriser la cohésion d'équipe. Elle demande au manageur de réelles qualités humaines et nécessite le recours à diverses techniques.**

## 1 Les enjeux de l'animation

### 1. Le développement de l'esprit d'équipe

Les membres de l'équipe doivent être unis et solidaires afin de pouvoir travailler sereinement et efficacement. Le manageur renforce l'esprit d'équipe en favorisant des échanges basés sur la confiance et le respect réciproque et en veillant à accorder la même attention à chacun. Il développe l'entraide en mettant en place des actions collectives mobilisatrices ou en développant des pratiques telles que le tutorat. Enfin, il veille à apaiser les tensions éventuelles entre les salariés.

### 2. La création d'une image positive en interne

Les salariés qui ont une bonne image de leur unité et éprouvent une certaine fierté à en faire partie sont les premiers ambassadeurs de leur enseigne auprès de leurs clients et de leur entourage. L'animateur est un maillon essentiel dans la diffusion de cette image. Il exploite les actions de communication menées en interne et utilise tous les moyens à sa disposition pour attirer l'attention de ses collègues sur les aspects positifs de l'enseigne.

### 3. Le renforcement de l'adhésion aux finalités de l'unité

Pour avancer, le manageur a besoin de l'adhésion de toute son équipe. Il l'obtient à condition d'être capable de donner un sens à l'action collective et de mobiliser son équipe sur des enjeux porteurs.
S'il perçoit dans l'équipe quelques résistances, il s'efforce de faire preuve de conviction et de trouver les arguments appropriés.

## 2 Les techniques de renforcement de la cohésion de l'équipe

Le renforcement de la cohésion de l'équipe passe d'abord par une analyse des relations existantes entre les individus qui la composent.

### 1. L'analyse des relations entre les membres d'un groupe

#### a) La description de la méthode

Le psychologue Jacob L. Moreno a élaboré une méthode, la sociométrie, qui permet d'étudier la fréquence et la nature des relations qui se tissent dans un groupe.

#### b) L'élaboration du sociogramme

Le sociogramme est un graphique permettant de visualiser les échanges entre les membres d'un groupe.
Il se construit à partir de l'observation de ceux-ci au cours d'une période donnée.

**EXEMPLE**

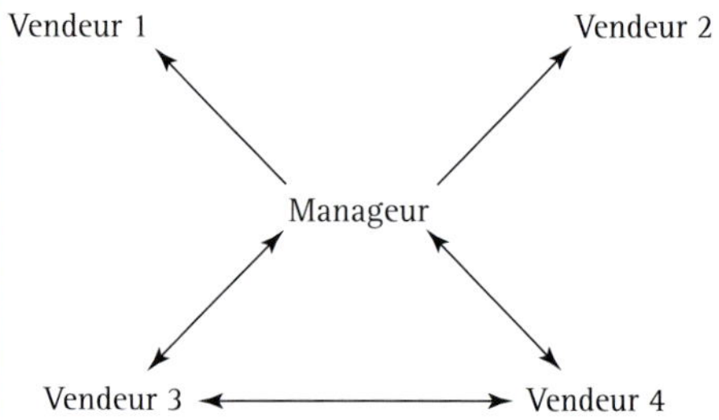


Les flèches matérialisent les échanges entre les personnes.

#### c) L'analyse du sociogramme

L'analyse du sociogramme soulève de multiples questions :
- Le manageur communique-t-il de manière équitable avec tous ses équipiers ?
- Les salariés échangent-ils fréquemment des informations avec leurs collègues ?
- Certains salariés sont-ils isolés ? Pourquoi ?

L'analyse permet de mesurer le degré de cohésion de l'équipe.

**EXEMPLE (suite)**

L'observation du sociogramme montre que le manageur communique avec tous ses vendeurs. Les vendeurs 3 et 4 communiquent largement entre eux et avec leur manageur. Les vendeurs 1 et 2 ne communiquent ni avec leur manageur ni avec leurs collègues.
Il y a un déséquilibre dans les échanges. L'équipe ne semble pas soudée.

#### d) L'amélioration de la cohésion d'équipe

Un déséquilibre observé dans les échanges peut conduire le manageur à renforcer la cohésion d'équipe.
De même, la mise en évidence de tensions ou de conflits au sein de l'équipe doit inciter le manageur à prendre des dispositions pour prévenir ou gérer ces derniers.

### 2. Les actions de renforcement de la cohésion d'équipe

#### a) Pour améliorer la qualité et la fréquence des échanges entre collègues

Des actions ou un projet communs incitent les salariés à travailler davantage en partenariat.
Des réunions plus fréquentes ou plus participatives renforcent aussi les relations et améliorent leur qualité.
Enfin, l'organisation d'événements conviviaux, de challenges ou de rencontres entre collègues à l'extérieur de l'unité contribue à fédérer ces derniers.

#### b) Pour améliorer la qualité et la fréquence des échanges entre le manageur et son équipe

Si le manageur est trop autoritaire, il peut changer progressivement son style de management et d'animation en incitant ses collègues à s'exprimer davantage.
S'il veut encourager des comportements d'entraide, il doit d'abord montrer l'exemple et être lui-même solidaire de ses collègues, en cas de difficultés rencontrées par ceux-ci.

Enfin, il doit s'employer à créer et à entretenir un bon climat de travail.

### c) Pour prévenir les conflits

Le manageur doit s'efforcer d'être impartial et équitable dans ses relations avec autrui et dans ses jugements. Tout favoritisme est à proscrire.
Il doit aussi rester à l'écoute des motifs d'insatisfaction des salariés et leur apporter des solutions.

## 3. La gestion des conflits individuels

Une gestion efficace des conflits passe d'abord par le repérage des sources de conflit et des personnes à l'origine des troubles.

### a) Les raisons des conflits

Les raisons d'entrer en conflit avec l'un de ses collègues ne manquent pas : une augmentation individuelle accordée à un salarié qui semble injustifiée ou disproportionnée, un désaccord sur un problème, un salarié «tire-au-flanc», etc. Ces motifs créent des tensions qui peuvent aboutir à des malentendus, des oppositions entre collègues, voire des conflits ouverts.

### b) L'identification des personnes à l'origine des tensions dans l'équipe

Certains salariés, de par leur personnalité et leur attitude, sont la source même des tensions.
Des salariés trop autoritaires, tyranniques, manipulateurs, très critiques, impulsifs ou coléreux peuvent avoir une influence néfaste sur le climat de travail de l'unité. Il importe donc que le manageur diminue leur pouvoir de nuisance en adoptant l'attitude adéquate.

### c) Les bonnes attitudes face à un conflit

Elles varient selon la nature et la gravité du conflit, la personnalité des protagonistes et le tempérament du manageur.
Face à de petites tensions, le mieux est de ne pas intervenir ou d'utiliser l'humour pour détendre l'atmosphère.
Face à un conflit plus sérieux, il est conseillé d'intervenir «à froid», lorsque les personnes se sont calmées. Le manageur recherche alors avec les protagonistes un compromis capable de les satisfaire.

### d) Les mauvaises attitudes face à un conflit

Trois attitudes sont déconseillées dans la résolution des conflits :
- ne pas intervenir du tout alors que la situation est très envenimée : dans ce cas, le manageur passe pour quelqu'un de laxiste ;
- laisser croire à chacun qu'il a raison et que l'on est de son côté : cette attitude décrédibilise le manageur et fait perdre la confiance que l'on peut avoir en lui ;
- intervenir de manière très autoritaire et «trancher dans le vif» : cette attitude peut aggraver la situation.

# 3 Les techniques de reconstruction d'équipe

Ces techniques sont utilisées exceptionnellement, dans des cas particuliers, pour ressouder l'équipe.

## 1. Les cas d'utilisation

Différentes raisons peuvent justifier le recours à ces techniques.
Les relations entre le manageur et ses collaborateurs se sont dégradées, le climat de travail est détestable. L'équipe est démobilisée. Des changements d'organisation, de nouvelles procédures de travail ou des projets importants attendent l'équipe et la déstabilisent.

## 2. L'organisation d'un séminaire de *team building*

### a) Le principe

La méthode consiste à réunir une quinzaine de personnes en dehors de l'unité, dans un endroit calme et agréable, et à recourir à l'emploi de différentes techniques empruntées à la psychologie et au coaching collectif.

### b) Le choix d'une approche

Selon le degré de maturité du groupe (cas 1 : les salariés se connaissent, cas 2 : ils ne se connaissent pas), les organisateurs choisissent plutôt une approche psychologique (cas 1) ou ludique (cas 2) ou combinent les deux.

**EXEMPLES**

Approche psychologique : découverte de soi, découverte de l'autre, état des relations entre soi et les autres dans le groupe.
Approche ludique : randonnée, moments de détente, jeux, quizz, ateliers de création (peinture, sculpture, cuisine, etc.).

### c) L'évaluation panoramique (360°)

Avant le déroulement du séminaire, il est recommandé aux participants de se faire évaluer par leur entourage professionnel et de conserver leurs résultats pour le séminaire.

### d) Le déroulement du séminaire

Généralement, un séminaire de *team building* dure 2 jours.
Le premier jour peut être consacré à l'analyse des résultats de l'évaluation panoramique ou/et à des tests de personnalité. Le but est de mieux se connaître, de comprendre les modes de fonctionnement de chacun et de se positionner par rapport au groupe.
Le second jour vise à apprendre à travailler ensemble plus efficacement. Différents jeux peuvent être organisés. Ils sont le prétexte à une réflexion collective sur les valeurs et les règles du bon fonctionnement d'une équipe qui doit déboucher sur un plan d'actions.

### e) Le suivi du séminaire

Une synthèse du travail accompli et des engagements pris par l'équipe est rédigée et transmise aux participants.
Ceux-ci sont invités à mettre en application rapidement les mesures collectives décidées ensemble lors du séminaire.
Quelques mois plus tard, un bilan sur les valeurs et les nouvelles règles mises en pratique est effectué.

# 9 L'ANIMATION PAR LES RÉUNIONS



**➔ Les réunions sont un moyen privilégié d'animation de l'équipe.**

## 1 Les différents types de réunions

### 1. Selon la périodicité et la fréquence des rencontres

On distingue les réunions journalières, les réunions hebdomadaires et les réunions mensuelles :

- les réunions journalières sont brèves (d'une durée de 10 minutes à un quart d'heure). Dans les unités commerciales, elles ont souvent lieu debout. Elles visent à transmettre les chiffres et les faits marquants de la veille ainsi que les objectifs du jour ;
- les réunions hebdomadaires ou mensuelles durent en général 1 à 2 heures. Elles sont destinées à faire le bilan des performances de la période précédente et à analyser et résoudre les problèmes rencontrés.

### 2. Selon l'objet de la réunion

#### a) Les réunions d'information

Elles visent à informer les participants (réunion d'information descendante) ou le responsable hiérarchique (réunion d'information ascendante).

#### b) Les réunions de travail

Elles sont destinées à faire réfléchir ensemble des salariés concernés par un même problème ou un même dysfonctionnement. Elles peuvent être reconduites jusqu'à ce qu'une solution satisfaisante soit trouvée et qu'un plan d'actions soit décidé.

#### c) Les réunions de créativité

Elles sont organisées dans le cadre d'un projet de développement de l'unité commerciale. L'utilisation de techniques de créativité est recommandée pour favoriser une large production d'idées de la part des participants (*brainstorming*, association d'idées, etc.).

#### d) Les réunions de formation

Elles visent à faire acquérir au personnel de nouvelles connaissances et/ou compétences liées à leur métier ou à leur permettre de s'adapter aux nouvelles technologies ou aux nouvelles procédures mises en place dans l'unité.

**EXEMPLE**

Formation à l'utilisation d'un nouveau logiciel de gestion de la relation client.

### 3. Selon la localisation des participants

#### a) La réunion traditionnelle

Les participants peuvent être rassemblés en un même lieu. Les échanges s'effectuent en face-à-face. C'est le cas le plus fréquent.
Mais ils peuvent aussi être dispersés géographiquement. La réunion se fait alors à distance.

#### b) La téléconférence

C'est une réunion téléphonique à distance. L'organisateur choisit un prestataire qui attribue une ligne téléphonique commune (« salle virtuelle ») et donne un code d'accès à chaque participant. Pour une séance de travail efficace, un nombre limité de participants (une dizaine) et un équipement de bonne qualité sont nécessaires.

#### c) La Web conférence

Ce mode de réunion à distance allie le téléphone, l'ordinateur, une Webcam et nécessite le recours à un logiciel spécialisé. Il permet aux participants d'échanger des documents tout en se parlant et en se voyant.

#### d) La visioconférence

Ce mode de réunion à distance combine un terminal de visioconférence dans une salle dédiée et un écran de télévision. L'organisateur fait appel à un prestataire qui loue ses services de connexion et les facture au temps passé. Ce mode de réunion coûteux est réservé à des réunions importantes.

## 2 La préparation d'une réunion

L'animateur prépare et organise la rencontre en tenant compte du type de réunion. Une préparation rigoureuse est nécessaire pour que la réunion soit efficace. Les règles suivantes s'appliquent aussi bien à la réunion traditionnelle qu'à la réunion à distance.

### 1. Une réflexion préalable sur l'utilité de la réunion

Il ne s'agit pas de faire perdre leur temps aux participants. Le manageur doit donc se demander si l'organisation de la réunion est réellement utile. Si celle-ci se justifie, le manageur en détermine l'objet (information, décision à prendre, etc.).

### 2. La préparation d'un ordre du jour

Une réflexion sur le contenu et les différents points à aborder est nécessaire. Elle débouche sur la rédaction d'un ordre du jour. Celui-ci indique les thèmes qui seront abordés lors de la réunion, l'ordre dans lequel ils seront traités et leur durée. Il doit être transmis dans un délai suffisant avant la réunion pour permettre aux participants de s'y préparer.

### 3. L'organisation matérielle

Elle consiste à déterminer les personnes concernées par l'objet et le thème de la réunion, à choisir le mode de réunion (en salle, par téléphone, etc. ), à fixer une date et un horaire, à réserver une salle ainsi que le matériel nécessaire (rétroprojecteur, vidéoprojecteur, etc.) ou à contacter un prestataire (de téléconférence, de visioconférence, etc.), à prévoir la disposition de la salle (en U, en salle de classe, autour d'une table, etc.), à rédiger et envoyer les convocations et à préparer tous les supports écrits et visuels utiles (tableaux, graphiques, transparents, diapositives, etc.).

## 3 Le déroulement d'une réunion traditionnelle

### 1. L'introduction

Elle commence par quelques mots de bienvenue, l'accueil des participants et une présentation de l'animateur et des personnes présentes (dans le cas où celles-ci ne se connaissent pas et ne sont pas très nombreuses).

### 2. La présentation de la réunion

Elle consiste à rappeler l'objet de la réunion et les thèmes qui seront abordés. Si des interventions sont prévues, le nom et la fonction des intervenants sont cités et la durée des interventions et des pauses est précisée.

### 3. Le suivi de l'ordre du jour

L'animateur veille au bon déroulement de l'ordre du jour et de chaque intervention. Il s'assure que les temps sont respectés et que les différents thèmes sont bien traités.

### 4. La distribution de la parole aux participants

L'animateur favorise la circulation de la parole entre tous les participants et les laisse exprimer librement leurs idées. Il les note par écrit pour une exploitation ultérieure, sans les commenter.

### 5. L'exploitation des idées émises

À la fin de chaque thème, l'animateur rassemble toutes les idées et propositions et les trie. Il approfondit éventuellement certains propos, reformule clairement ce qui a été exprimé et dégage avec netteté les points d'accord et de désaccord, et les conclusions partielles.

### 6. La conclusion

L'animateur fait la synthèse des résultats obtenus, propose une conclusion conforme aux opinions des participants, s'assure que celle-ci est bien comprise et confirme sur un ton affirmatif. Il clôt la séance en remerciant les personnes pour leur participation.

### 7. Quelques règles spécifiques à respecter pour les réunions à distance

La conduite d'une réunion à distance est beaucoup plus rigide que celle d'une réunion traditionnelle. L'animateur ne peut se permettre aucun écart par rapport au cadre fixé, chaque minute d'intervention étant facturée par le prestataire.
C'est ainsi que l'horaire et l'ordre de passage des intervenants sont des contraintes impératives. L'environnement doit être silencieux et les interruptions intempestives sont fortement déconseillées.

## 4 Le suivi d'une réunion

### 1. La rédaction d'un compte-rendu

Le compte-rendu est utile pour conserver une trace écrite du contenu des échanges et des décisions prises. Il sert à informer les participants et les absents. Il est établi par le rapporteur de séance.
C'est un document synthétique, clair et concis, qui suit l'ordre du jour et peut être présenté sous forme de tableau. Il est transmis dans les jours qui suivent la réunion.

### 2. Le suivi des décisions

Il importe de vérifier que les informations données ont bien été prises en compte et que les décisions adoptées sont bien mises en œuvre.

## 5 L'animation d'une réunion

### 1. Les rôles de l'animateur

L'animateur donne des informations.
Il encadre : il donne les règles et invite chacun à s'exprimer.
Il arbitre : il répartit équitablement le temps de parole entre les participants, gère les tensions et relance ou recentre les discussions.
Il écoute et observe.

### 2. Les qualités de l'animateur

L'animateur est rigoureux et sait gérer le temps.
Il est dynamique et favorise les échanges.
Il gère ses émotions, garde son calme et ne perd pas de vue les objectifs de la réunion et l'ordre du jour.
Il fait preuve de psychologie : il sait reconnaître les différentes personnalités qui composent le groupe, décoder leurs comportements et s'y adapter.

### 3. Les techniques d'animation

L'animateur utilise différentes techniques d'animation.

#### a) La reformulation

Il s'assure que les propos tenus sont bien compris en les reformulant d'une manière simple et claire.

#### b) Le questionnement

Il utilise un questionnement approprié pour relancer le débat ou approfondir le thème en cours.

#### c) Les synthèses

Il synthétise la position globale du groupe après chaque point de l'ordre du jour.

#### d) La dynamique des échanges

Il est attentif à la dynamique de groupe. Il veille à ce que les échanges soient constructifs et le rythme rapide. Il sollicite tout le monde. Chacun doit devenir acteur des débats. Si les participants sont passifs ou silencieux, il relance la discussion.
Il observe aussi la dynamique interpersonnelle, les tensions ou les alliances qui se nouent et repère les changements d'attitude afin d'adapter la sienne.

### 4. La prise en compte des différentes personnalités dans un groupe

L'animateur qui a une certaine expérience de la conduite de réunion sait comment faire parler un timide ou contrôler un bavard et comment gérer les perturbateurs (celui qui critique toutes les propositions, celui qui sait toujours tout, etc.). Prendre en compte ces différents profils lui permet d'être plus efficace.

# 10 LA CONSTITUTION ET L'ÉVOLUTION DE L'ÉQUIPE COMMERCIALE

**Les performances d'une unité résultent en partie de la taille et de la qualification de ses effectifs. C'est pourquoi le manageur vérifie périodiquement si son équipe est suffisamment nombreuse et compétente pour atteindre les objectifs et faire face aux évolutions du marché et de l'environnement.**

## 1 Le diagnostic quantitatif et qualitatif des besoins

### 1. La méthode employée par la direction des ressources humaines (DRH)

#### a) Le principe

Cette méthode consiste à observer la situation actuelle et à envisager les facteurs d'évolution de l'équipe sur une période de 1 à 3 ans, de manière à déterminer les besoins futurs en personnel et en compétences.
Cette projection conduit à des ajustements : suppressions, créations de postes, formations, promotions, etc.

#### b) L'analyse de la situation actuelle

Elle porte d'abord sur la taille des effectifs : sont-ils suffisants ? Permettent-ils une couverture satisfaisante des activités ?
Elle porte ensuite sur la répartition des salariés par postes, par âges et par anciennetés et sur les compétences existantes au sein des équipes : les commerciaux sont-ils en nombre suffisant ? Quel est le nombre de départs à la retraite prévu dans les années à venir ? Les compétences existantes sont-elles bien déployées ?

#### c) La prise en compte des facteurs d'évolution

L'unité est contrainte d'adapter la taille et la composition de ses effectifs aux changements pressentis.
Les mutations technologiques ou réglementaires, les perspectives d'évolution du marché, la stratégie générale du groupe, les objectifs à atteindre, les prochains départs sont autant de facteurs à prendre en compte pour évaluer correctement l'ampleur des besoins.

**EXEMPLE**

Compte tenu de ces différents facteurs, Carrefour a prévu d'embaucher en 2007 près de 9 000 salariés.

#### d) Les actions d'adaptation

Ces différents changements peuvent nécessiter de recruter de nouvelles compétences ou de remettre à niveau les salariés actuels par des actions de formation. Mais ils peuvent aussi se traduire par une réduction des effectifs ou par des actions favorisant une plus grande mobilité interne géographique ou professionnelle.

### 2. La méthode employée par le manageur d'équipe

#### a) L'analyse de la situation actuelle

Le manageur d'équipe compare d'abord la quantité de travail produite par son équipe à celle qui devrait être fournie en théorie pour atteindre les objectifs, de façon à vérifier si les moyens humains attribués sont suffisants.

**EXEMPLE**

Pour réaliser les objectifs de vente, le manageur aurait besoin d'un volume horaire hebdomadaire de 175 heures. Il ne dispose que de 140 heures. En théorie, il aurait besoin d'un vendeur supplémentaire à temps complet.

Il vérifie également que l'ensemble des activités, et notamment les tâches clés, est bien couvert par son personnel, de manière à garantir le fonctionnement normal de l'unité.

#### b) L'utilisation d'indicateurs et de ratios

Le manageur d'unité dispose de différents indicateurs et ratios pour apprécier ses besoins en personnel.
Il doit d'abord anticiper les départs et prendre en compte les demandes de mutation ou de promotion.
Il peut ensuite analyser le rapport entre les charges de personnel et le chiffre d'affaires HT de son unité et le comparer au même ratio établi pour l'ensemble des unités du réseau pour vérifier s'il a ou non les moyens de recruter du personnel.

**EXEMPLE**

Dans une unité, les rémunérations du personnel représentent 15 % de son chiffre d'affaires HT. Or, la norme tolérée dans le réseau est de 20 %. Le manageur dispose donc d'une marge de manœuvre qu'il peut utiliser soit sous forme d'heures supplémentaires, soit sous forme de création de poste.

De même, il peut exploiter les ratios de productivité horaire ou de productivité par employé.

**EXEMPLE**

La productivité d'un employé est de 1 365 € par semaine. Elle devrait être de 1 500 €. Le manageur doit commencer par rechercher les causes de cette faible productivité. Si celle-ci est due à un manque de personnel, peut-être envisagera-t-il de recruter.

#### c) La prise en compte des événements de l'unité

Le manageur d'unité doit aussi prendre en compte toute une série d'événements tels qu'un surcroît saisonnier d'activité, l'organisation d'une opération commerciale, les soldes, l'agrandissement ou la transformation de l'unité ou bien encore l'absence prolongée de certains salariés (maladie, accident) pour évaluer ses besoins en personnel temporaire ou permanent.

#### d) Les ajustements

Si la taille de l'équipe est insuffisante, le manageur peut faire une demande argumentée de personnel supplémentaire auprès de sa direction.
Si des activités sont mal couvertes, il peut soit prendre la décision de former l'un de ses équipiers, soit, si son budget le lui permet, recruter une personne compétente pour les prendre en charge.

## 2 Les enjeux et les coûts du recrutement

### 1. Les enjeux

#### a) Les bénéfices escomptés

Faire un bon recrutement, c'est trouver la personne

ayant non seulement le profil recherché mais aussi la volonté de s'impliquer dans la vie de l'entreprise et d'adhérer à sa culture.

Le bon recrutement peut permettre une intégration plus facile du candidat et se traduire par un retour rapide de l'investissement effectué.

Il dote l'équipe d'un élément de valeur, qui contribuera, avec elle, à son bon fonctionnement et aux performances attendues.

### b) Les conséquences d'un mauvais recrutement

Le mauvais recrutement a de multiples conséquences.

Il a d'abord des répercussions sur le fonctionnement de l'unité et sur le travail en équipe et il représente un coût important.

Il contribue aussi à dévaloriser l'image de l'unité auprès des clients.

Enfin, il est préjudiciable, d'un point de vue psychologique, au salarié qui a subi à la fois une épreuve et un échec.

## 2. Le coût d'un recrutement

### a) Les dépenses liées au processus de recrutement

La recherche des candidats occasionne des dépenses. Passer une annonce dans la presse ou sur Internet a un coût.

**EXEMPLE**

Une annonce de recrutement sur le Web coûte en moyenne 500 €, mais peut coûter cinq à dix fois moins cher qu'une annonce dans la presse.

La sélection des candidats est également coûteuse. Il faut rémunérer le recruteur pendant les entretiens ou payer, le cas échéant, les intervenants extérieurs (psychologues, cabinets de recrutement, etc.).

**EXEMPLE**

Un cabinet de recrutement se rémunère en prélevant un pourcentage sur la rémunération brute du salarié (entre 15 et 25 %).

### b) Les dépenses liées à l'intégration et à la montée en compétences du candidat

L'intégration du candidat nécessite souvent une période de formation, coûteuse pour l'unité.

Pendant cette période, le nouveau salarié est improductif, il contribue peu à la réalisation du chiffre d'affaires. Il perçoit néanmoins un salaire. Il n'est donc pas rentable.

Durant les mois qui suivent la période d'intégration, la nouvelle recrue continue à être formée et à coûter de l'argent à l'unité. Néanmoins, elle monte progressivement en compétences et finit par devenir rentable.

# 3 Le processus de recrutement

Compte tenu des enjeux et du coût du recrutement, celui-ci doit suivre une démarche rigoureuse, balisée par plusieurs étapes.

## 1. L'analyse du poste à pourvoir

### a) La mission et les activités

Le recruteur définit d'abord la mission (la responsabilité) du poste. Puis il liste les activités et les classe en fonction de leur importance.

**EXEMPLE**

La mission d'un manageur d'unité est d'inciter son équipe à être performante. Ses activités sont, entre autres, l'animation et l'organisation de l'équipe commerciale.

### b) Les compétences professionnelles

Le recruteur précise ensuite les compétences professionnelles (savoirs théoriques, pratiques, savoir-faire, « savoir être ») et la qualification requises.

Il indique également les objectifs à atteindre et les contraintes à respecter.

### c) Les autres éléments caractéristiques du poste

Enfin, le recruteur situe le poste dans l'organigramme de l'unité commerciale et décrit les liaisons avec les autres services ou avec le réseau. Il fixe le niveau de rémunération et les autres éléments périphériques du poste (avantages annexes, outils et méthodes de travail, procédures, possibilités d'évolution, etc.).

L'analyse du poste permet de définir le profil du poste, c'est-à-dire l'ensemble des exigences nécessaires pour occuper le poste : connaissances, aptitudes, capacités, compétences et qualités.

## 2. La définition du profil du candidat

### a) La formation et l'expérience

Le besoin d'un salarié rapidement opérationnel impose de demander une expérience minimale.

Par ailleurs, certains postes nécessitent une formation spécialisée ou une expérience dans un secteur d'activité proche. Pour un même poste, ces exigences peuvent varier selon les unités.

**EXEMPLE**

Pour embaucher un vendeur chez un bijoutier traditionnel, le recruteur peut exiger un Bac professionnel commerce, option bijouterie, une connaissance des métaux et des pierres précieuses ou une expérience de plusieurs mois dans la bijouterie. Par contre, un hypermarché n'exigera pas ce profil pour un(e) employé(e) en bijouterie.

### b) Les qualités du candidat

Les qualités recherchées chez un candidat sont directement liées aux missions à effectuer.

Pour un même métier, elles varient cependant selon la nature des produits à vendre et le positionnement de l'enseigne.

**EXEMPLE**

Pour un manageur de rayon Vêtements femmes dans un grand magasin (exemple : les Galeries Lafayette ou le Printemps), le distributeur exigera un excellent relationnel et une sensibilité particulière à l'univers de la mode.

## 3. Le choix d'un mode de recrutement

L'unité a le choix de recruter en interne ou en externe.

# 10 LA CONSTITUTION ET L'ÉVOLUTION DE L'ÉQUIPE COMMERCIALE (suite)

Dans le second cas, elle a intérêt à privilégier d'abord les sources de recrutement les plus proches et les moins onéreuses.

### a) Le recrutement en interne

Afin de diminuer les coûts et le temps du recrutement, certaines unités privilégient d'abord la recherche de candidats en interne, en diffusant leurs annonces en ligne, sur le réseau intranet, ou par voie d'affichage interne.

**EXEMPLE**

La Banque Postale offre chaque année 1 500 postes de conseillers clientèle et les propose d'abord à ses salariés (ceux qui travaillent au guichet, au siège ou les facteurs).

Ce mode de recrutement est un excellent moyen de répondre au besoin d'évolution ou de mobilité de certains salariés et de les fidéliser. Il nécessite néanmoins un effort particulier de formation et d'accompagnement.

**EXEMPLE (suite)**

La Banque Postale a créé des centres de formation dans chaque région pour les employés souhaitant évoluer et se former au métier de conseiller clientèle en banque.

### b) Le recrutement par cooptation

Un autre moyen peu onéreux de recruter des candidats consiste à utiliser le réseau relationnel de ses salariés. En effet, ceux-ci sont les mieux à même de proposer des candidats qui correspondent au profil recherché, au poste à pourvoir et à l'esprit de l'unité.
Le candidat coopté subira ensuite, comme tout autre candidat, un ou plusieurs entretiens et tests de sélection.

### c) Le recrutement de clients

Certaines unités choisissent de diffuser leurs offres d'emploi par un affichage à l'entrée des points de vente ou laissent à la disposition de leurs clients des fiches de recrutement.
Ce mode de recrutement, peu onéreux, est relativement efficace. Il renforce la proximité de l'enseigne avec sa clientèle et montre l'insertion de l'unité dans son environnement local.

### d) L'exploitation des liens avec les établissements de formation

Les unités emploient de nombreux stagiaires, qu'elles peuvent tester en situation réelle et décider d'embaucher en cas de besoin.
Elles peuvent aussi exploiter leurs relations avec les écoles, véritables pourvoyeurs de candidats potentiels. Elles peuvent enfin participer aux nombreux forums organisés par les écoles pour expliquer leurs activités, présenter leurs métiers et leurs offres d'emploi.

### e) Le recrutement en ligne ou par SMS

Pour gagner du temps et toucher plus facilement les jeunes, cibles privilégiées des recrutements dans les unités commerciales, certains recruteurs diffusent directement leurs annonces soit sur le site institutionnel du réseau, dans la rubrique « Ressources humaines », soit sur des sites Internet spécialisés, ou les envoient sur le téléphone mobile des candidats potentiels.

**EXEMPLES**

BNP Paribas diffuse des offres d'emploi sur le site « recrutement.bnpparibas.com » et offre la possibilité de s'abonner aux flux RSS (*Really Simple Syndication*) pour recevoir en temps réel toute nouvelle offre.
« Cadreemploi » ou « Monster » sont des sites Internet spécialisés dans le recrutement.
H & M, réseau de magasins de prêt-à-porter, envoie aux candidats qui ont choisi l'option « SMS » des offres d'emploi ciblées, sur leur mobile.

### f) La publication d'annonces dans la presse

L'annonce offre de nombreux avantages. Tout d'abord, elle procure à court terme un nombre élevé de réponses.

**EXEMPLE**

Si l'annonce est bien rédigée, 80 % des réponses parviennent dans les 10 jours.

Elle permet par ailleurs de toucher un large public et donc d'attirer de très nombreux candidats, au profil intéressant, à condition toutefois qu'elle soit correctement formulée et présentée. Elle reste néanmoins coûteuse, même si un certain nombre de supports de presse ont baissé leurs tarifs, en réaction aux prix compétitifs pratiqués par les sites Internet de recrutement.

**EXEMPLE**

Une annonce dans la presse nationale, de dimensions 8 × 10 cm, coûte environ 2 000 € alors qu'une annonce sur Internet coûte quatre fois moins cher.

## 4. La première sélection des candidatures

Un manageur qui doit traiter de très nombreuses candidatures a besoin de s'organiser pour pouvoir les trier rapidement et efficacement.

### a) Le tri des CV

Le manageur doit se fixer quelques critères pertinents d'aide au choix des CV. Ceux-ci sont le plus souvent les diplômes, les compétences ou le(s) secteur(s) d'activité dans le(s)quel(s) le candidat a déjà exercé. Les critères retenus ne doivent pas être discriminants. Une loi du 6 mars 2006 impose aux entreprises de plus de 50 salariés le recrutement sur la base de CV anonymes ne comprenant ni le nom du candidat, ni son âge, ni son sexe, ni les dates d'obtention de ses diplômes ou de ses expériences en entreprise.

### b) L'entretien téléphonique

L'appel téléphonique des candidats peut être un autre moyen de filtrer les candidatures et de vérifier si elles correspondent au profil recherché. Il permet d'obtenir des précisions sur le CV, de vérifier la motivation du candidat et d'obtenir des références pour vérifier ses affirmations.
Si un candidat ne convient manifestement pas, il est conseillé de le lui dire dès la fin de l'entretien.

### c) L'entretien collectif

C'est un moyen utilisé par les unités qui ont besoin d'étoffer rapidement leurs équipes de plusieurs commerciaux juniors.

L'entretien collectif permet de tester les connaissances des candidats sur l'unité commerciale et d'observer leur comportement au sein d'un groupe.
Il montre rapidement les profils intéressants à convoquer à un entretien individuel plus approfondi.

### d) La présélection sur la base des aptitudes

Certaines unités qui ont des besoins de recrutement massifs pour certaines catégories de personnel utilisent les tests d'aptitude pour vérifier l'habileté des candidats à effectuer certaines tâches.

**EXEMPLES**

Ikea et Auchan utilisent cette méthode pour recruter des employés en libre-service (ELS).

Outre sa rapidité, cette méthode donne sa chance à tout individu, qu'il ait une qualification ou non.

## 5. L'entretien de recrutement

Après avoir choisi quelques candidatures intéressantes, le manageur convoque les candidats à un entretien. Son but est surtout de déceler leurs motivations.
Afin de limiter le caractère subjectif de l'entretien, il est conseillé de poser des questions sur des faits objectifs et vérifiables. Il est également recommandé soit de faire intervenir d'autres personnes lors de l'entretien (par exemple, le DRH ou le directeur de l'unité), soit d'organiser, pour le même candidat, plusieurs entretiens avec des personnes différentes.

## 6. Les tests de recrutement

Afin de mieux appréhender la personnalité, l'intelligence ou les aptitudes du candidat, différents tests peuvent être pratiqués. Interprétés correctement et avec prudence, ils peuvent aider le recruteur à affiner son jugement.

### a) Les tests de personnalité

Ils sont utilisés pour découvrir les différents aspects de la personnalité. Le candidat est-il plutôt extraverti ou introverti ? Est-il créatif ou pas ? Etc.

**EXEMPLES**

Les tests les plus utilisés en recrutement sont le Papi, le performanSe et le Sosie.

### b) Les tests d'intelligence

Ils permettent d'observer la capacité du candidat à réagir rationnellement face à une situation donnée et mesurent son niveau d'intelligence.

**EXEMPLES**

Le test des dominos, le D « 70 », le test de mémoire visuelle.

### c) Les tests d'intelligence émotionnelle

Ils mesurent la capacité du candidat à gérer ses émotions et à entretenir de bonnes relations avec les autres. Ils commencent à être utilisés en France par quelques enseignes.

**EXEMPLES**

Yves Rocher ou Accor utilisent le test du BarOn EQ-I (*Emotional Quotient Inventory*).

### d) Les mises en situation ou jeux de rôles

Le candidat est mis en situation.

**EXEMPLE**

Appel d'un client mécontent pour une réclamation.

Le recruteur observe le comportement et les réactions du candidat. Il vérifie l'existence ou non de certaines aptitudes ou de certains savoir-faire.

## 7. L'évaluation des candidatures et le choix d'un candidat

Les différentes informations collectées dans les CV, les lettres de motivation ainsi qu'au cours des entretiens ou issues de l'analyse des tests sont croisées. Leur analyse permet de sélectionner le candidat le plus proche du profil idéal.
Une fois le candidat choisi, il convient de l'informer rapidement. Un contrat de travail doit être rédigé et signé par les deux parties. Toutes les démarches administratives liées à son embauche doivent par ailleurs être accomplies (déclarations à l'URSSAF, à l'inspection du travail, etc.).

## 8. La période d'essai et l'intégration du candidat

Durant la période d'essai, dont la durée varie selon le poste et le contrat de travail, il est important de réussir l'intégration du candidat. Celle-ci peut combiner différents moyens.

### a) L'implication des collègues de l'équipe

Il est nécessaire de prévenir toute l'équipe de l'arrivée du nouveau collègue et de prendre le temps de l'accueillir et de lui expliquer le fonctionnement de l'unité. Il est également utile de lui faire visiter les locaux et de le présenter à tout le personnel.

### b) Une formation alternant théorie et terrain

Une formation théorique est généralement dispensée à la nouvelle recrue. Elle peut porter sur les produits et les services de l'unité, le marché, la concurrence et les procédures de fonctionnement. Elle donne au nouveau salarié les bases indispensables pour débuter.
La mise en application des connaissances sur le terrain vient compléter utilement cette formation théorique.

### c) Un tuteur

Un tuteur peut être désigné pour accompagner la nouvelle recrue sur le terrain.
Il s'agit souvent d'un salarié expérimenté qui a la charge de la former aux bases du métier et de la suivre dans son évolution.

### d) Des rencontres régulières

Des rencontres fréquentes avec le manageur sont utiles pour vérifier que le nouveau salarié se sent à l'aise à son poste, dans sa nouvelle équipe et qu'il est bien fait pour ce métier.

**EXEMPLE**

Le manageur peut demander, lors de l'une de ces rencontres, de citer deux points d'étonnement et deux points d'amélioration identifiés par le nouveau salarié.

# 11 L'ÉVALUATION DU POTENTIEL DE L'ÉQUIPE COMMERCIALE

**Tous les moyens mis en œuvre par les unités commerciales pour améliorer la relation client sont vains si le personnel manque de motivation et d'efficacité. Il faut donc évaluer périodiquement la valeur professionnelle des salariés afin de la développer, si nécessaire. L'utilisation de différents outils d'appréciation est conseillée dans ce cadre.**

## 1 L'entretien d'évaluation

### 1. Les enjeux

#### a) Un moment stressant et crucial

L'entretien d'évaluation peut avoir lieu une ou deux fois par an, selon les unités.

C'est un moment stressant pour les deux parties. L'évalué peut redouter que cet échange ne comporte une part d'arbitraire. L'évaluateur sait qu'il faudra évoquer les points insatisfaisants ou refuser certaines demandes de ses salariés, tout en restant positif et courtois.

C'est aussi un moment important car il est porteur de nombreux enjeux.

#### b) Les enjeux pour l'évalué

L'évalué attend de cet entretien soit une augmentation de son salaire, soit une reconnaissance de ses mérites (nouvelles responsabilités, modification de poste, formation, etc.). Il espère aussi pouvoir s'exprimer librement sur son métier, ses difficultés, sur le fonctionnement de l'unité et souhaite être écouté.

#### c) Les enjeux pour l'évaluateur

De son côté, l'évaluateur attend de cet entretien un véritable échange afin de repérer les axes de progrès et les besoins du salarié pour le rendre plus efficace dans ses missions actuelles.

Il cherche aussi à fixer les objectifs de la période à venir, en les adaptant le mieux possible à l'évalué.

Enfin, il souhaite repérer les salariés les plus doués afin de pouvoir leur déléguer certaines missions.

### 2. Les techniques d'entretien

#### a) L'évaluation basée sur la seule opinion de l'évaluateur (évaluation pyramidale)

C'est la forme la plus fréquemment utilisée dans les unités commerciales. Généralement, l'entretien est mené par le supérieur direct et dure entre 1 heure et 1 heure et demie. C'est un moment d'écoute et d'échange qui doit s'appuyer sur des données objectives et connues de l'évalué : chiffre d'affaires, quantités vendues, marge commerciale et compétences comportementales et professionnelles.

#### b) L'évaluation basée sur l'avis des autres (évaluation panoramique)

Cette technique est moins courante.

L'évaluation peut utiliser les résultats d'une enquête menée auprès des collègues et des clients, sur les compétences et le comportement du vendeur.

L'outil est efficace, à condition que règne un climat de confiance au sein de l'unité.

L'entretien peut aussi s'appuyer sur les résultats d'une visite mystère réalisée pour vérifier le respect des consignes et la qualité globale de service au client. Les critères d'appréciation sont des points d'observation concrets.

EXEMPLE
Le vendeur sourit, remercie le client, etc.

#### c) L'exploitation des résultats

Les résultats sont exploités lors de l'entretien individuel. L'analyse en commun des résultats permet de faire prendre conscience au salarié des progrès à accomplir. Elle apporte en outre à l'évaluateur un éclairage sur le salarié, parfois différent de celui qu'il avait, et lui permet de compléter ou de moduler son appréciation.

### 3. La préparation de l'entretien d'évaluation

#### a) La préparation matérielle

Il faut commencer par fixer une date et un horaire. La date doit être communiquée assez tôt pour que l'évalué puisse préparer son entretien.

Un endroit calme pour mener l'entretien est conseillé.

#### b) La collecte des informations pour préparer l'entretien

Le travail de préparation se fait par les deux parties. Chacun recherche et collecte les différents éléments caractéristiques de la période de travail du salarié, dans différents supports : tableau de bord du vendeur, comptes-rendus d'entretiens précédents, résultats des enquêtes auprès des collègues ou comptes-rendus des visites mystères. Deux documents peuvent ensuite être préparés : le guide d'entretien et la grille d'évaluation.

#### c) Le guide d'entretien

Il indique les différents points à aborder au cours de l'entretien pour en faire un véritable échange : bilan de la période, compétences acquises, progrès à faire et comportements professionnel et personnel.

#### d) La grille d'évaluation

Elle peut être remplie par les deux parties avant l'entretien et comporte différents renseignements : les résultats obtenus, les réussites, les échecs, les difficultés et les solutions mises en œuvre.

### 4. Le déroulement de l'entretien du point de vue de l'évaluateur

#### a) Créer les conditions d'un échange constructif

Si une préparation sérieuse est l'une des clés d'un entretien réussi, il faut aussi que l'évaluateur laisse s'exprimer le plus possible son interlocuteur et qu'il pratique l'écoute active. C'est en posant des questions ouvertes, en utilisant la reformulation et en montrant son intérêt pour les propos tenus qu'il peut y parvenir.

#### b) Rappeler les règles de l'échange

En début d'entretien, l'évaluateur a intérêt à rappeler les motifs de l'entretien, les effets attendus, le temps et le déroulement de la rencontre.

#### c) Laisser le salarié évalué s'exprimer

Il est préférable de donner d'abord la parole à l'évalué

en lui demandant d'exposer son bilan et de s'exprimer sur ses réussites et ses difficultés.

### d) Donner une appréciation globale puis détaillée

Il est conseillé de commencer par donner une appréciation générale sur le bilan de la période écoulée.
Il faut ensuite dresser un bilan des points positifs, puis continuer par les points d'insatisfaction. L'idéal est de laisser s'exprimer le salarié sur les défaillances observées, puis de lui expliquer clairement ce qu'il faut changer.

EXEMPLE

« Je remarque une progression de vos ventes de plus de quatre points au cours des six derniers mois. Cependant, j'observe aussi une dégradation de deux points de la marge globale de votre rayon... »

### e) Proposer un plan d'actions

L'entretien doit aboutir à la fixation de nouveaux objectifs, quantitatifs et qualitatifs, et à l'attribution d'un certain nombre de moyens (formation, coaching, etc.).
Des engagements peuvent être pris (nouvelles attributions, changement de poste, etc.).

### f) Rédiger une synthèse

Il est conseillé de rédiger ou de remplir le document préétabli pour consigner les points positifs, les axes de progrès et les engagements pris.

EXEMPLE

| Synthèse de l'entretien d'évaluation | | |
|---|---|---|
| Nom :<br>Prénom :<br>Poste actuel :<br>Ancienneté dans le poste : | | Période d'activité :<br><br>Date de l'entretien : |
| | Points positifs<br>Évolutions constatées | Progrès<br>à réaliser |
| Résultats | | |
| Comportement | | |
| Compétences professionnelles | | |
| Nouveaux objectifs :<br><br>Moyens attribués :<br><br>Date du prochain entretien de suivi :<br>Signatures | | |

## 2 L'entretien professionnel

L'entretien professionnel est plus qu'un moyen d'évaluation. C'est un outil de développement des compétences.

### 1. Les objectifs

Tout salarié travaillant depuis au moins 2 ans dans une entreprise peut bénéficier d'un entretien professionnel. Celui-ci permet de faire le point sur son parcours professionnel dans l'unité ainsi que sur les compétences acquises et celles restant à développer pour le poste actuel. Il permet également de repérer ses besoins de formation pour un projet professionnel éventuel.

### 2. Les bénéfices attendus

#### a) Pour le salarié

Celui-ci bénéficie d'un plan de formation individualisé qui l'aide à se perfectionner et à se réaliser dans son métier. Il devient plus autonome. Il est aussi plus facilement employable.

#### b) Pour le manageur

Celui-ci noue avec ses salariés des liens plus étroits car il leur offre la possibilité d'exprimer et de réaliser certains souhaits de formation et de développement professionnel. Il contribue ainsi à les motiver, à les responsabiliser et à les fidéliser.

## 3 Le bilan de carrière

Il concerne tout salarié en situation de travail qui s'interroge sur son avenir professionnel. Il répond à la fois au besoin de progression professionnelle du salarié et au besoin d'optimisation du potentiel humain des unités commerciales.

### 1. Les objectifs

Le responsable d'unité peut décider d'utiliser cet outil d'analyse au profit d'un de ses salariés pour l'aider à construire ou à clarifier son projet professionnel.
Le bilan de carrière est réalisé en externe par un consultant. Son coût varie entre 2 500 et 15 000 € pour un cadre. Il nécessite en général une vingtaine d'heures de consultation et de tests.

### 2. Les étapes

Le bilan commence par une analyse psychologique fondée sur les résultats de tests graphologiques et de tests de la personnalité.
Il se poursuit par une étude approfondie du parcours professionnel, des compétences et des motivations du salarié concerné.
Une synthèse de tous ces éléments permet ensuite de définir un projet professionnel adapté et de construire un plan d'actions à 3 ou 6 mois.

### 3. Les avantages

#### a) Pour le salarié

Le bilan de carrière permet au salarié d'évaluer ce qu'il vaut professionnellement. Il connaît mieux ses compétences, ses atouts et ses motivations. Il peut donc mieux identifier ses besoins de formation et d'évolution au sein de l'unité. Il peut même parfois découvrir de nouveaux horizons professionnels qu'il n'imaginait pas avant de faire ce bilan.

#### b) Pour l'unité

Le bilan de carrière permet de vérifier si un collaborateur est apte à occuper le nouveau poste qu'on lui destine. C'est donc un outil d'aide à la décision dans le cadre des promotions internes.
Il permet aussi d'engager un dialogue constructif avec le collaborateur sur un projet mûrement réfléchi et de vérifier s'il peut coïncider avec les desseins de l'unité.

# 12 LA VALORISATION DU POTENTIEL DE L'ÉQUIPE COMMERCIALE



**➔ La valorisation du potentiel humain passe par la formation et l'utilisation de différentes techniques d'accompagnement, de motivation et de stimulation.**

## 1 La formation

### 1. Les dispositifs de formation prévus par la loi

Les salariés peuvent bénéficier de formations tout au long de leur parcours professionnel, que ce soit pendant leur temps de travail ou en dehors.
La loi prévoit plusieurs dispositifs de formation.

#### a) La validation des acquis de l'expérience (VAE – loi du 17 janvier 2002)

Toute personne active, salariée ou non, rémunérée ou non, ayant au moins 3 années d'expérience professionnelle ou bénévole, peut faire valider ses compétences et demander l'obtention de tout ou partie d'un diplôme ou d'un titre professionnel.

**EXEMPLE**

Un manageur de rayon au chômage, sans qualification et ayant exercé son métier plus de 3 ans, peut demander à l'ANPE de l'inscrire dans le processus de validation qui lui permettra d'obtenir le diplôme du BTS MUC.

#### b) Le droit individuel à la formation (DIF – loi du 4 mai 2004)

Le salarié en contrat à durée indéterminée, ayant au moins 1 an d'ancienneté, bénéficie de 20 heures de formation par an, qu'il peut cumuler sur 6 ans.
La formation a lieu hors du temps de travail. Elle peut se dérouler en partie dans le temps de travail si un accord ou une convention le prévoit.

#### c) La période de professionnalisation (loi du 4 mai 2004)

Elle comporte des actions de formation théorique et pratique, organisées en partie ou totalement en dehors du temps de travail. Elle concerne surtout les salariés ayant 20 années d'expérience professionnelle ou âgés d'au moins 45 ans et dont la qualification est devenue inadaptée face aux évolutions technologiques.

### 2. Les différents types de formation

#### a) Les objectifs des actions de formation

Les actions de formation des salariés visent à les aider à :
- acquérir, entretenir ou développer leurs connaissances et leurs compétences ;
- s'adapter aux évolutions des métiers et des technologies ;
- obtenir une qualification plus élevée.

Elles concernent aussi bien les jeunes recrues que les plus anciens.

#### b) Le choix d'une formation interne ou externe

Certaines unités délèguent la mission de formateur à leurs salariés les plus compétents dans leur domaine. Ce choix se justifie par des raisons économiques. Il se révèle efficace si le formateur a de réelles qualités de pédagogue et s'il dispose d'une décharge horaire pour préparer ses sessions de formation.

D'autres unités ont leur propre école de formation et fournissent à leurs salariés une formation adaptée aux besoins de l'unité.

**EXEMPLES**

Écoles de vente des groupes Auchan et Decathlon.

Ces écoles complètent efficacement la formation des jeunes embauchés et développent une culture forte de l'unité.
D'autres unités préfèrent recourir à des formateurs externes pour des besoins de formation plus spécifiques.

#### c) La formation à distance

L'utilisation de ce mode d'apprentissage se développe progressivement dans les entreprises et représente actuellement environ un quart de leurs dépenses de formation.
Sa composante la plus prisée est le *e-learning*, qui permet de transmettre aux salariés des connaissances *via* le réseau Internet ou intranet de l'entreprise.
C'est un moyen souple d'utilisation, permettant de former de nombreux salariés dispersés sur plusieurs sites. Il nécessite, néanmoins l'achat d'outils de *e-learning*. Il est efficace, à condition que les salariés aient une démarche volontaire d'autoformation. Il n'est cependant pas adapté pour développer le sentiment d'appartenance à l'unité.

#### d) La formation en salle

La formation en salle est encore largement utilisée dans les unités.
Elle est plus adaptée à certains modules de formation (exemples : vente, management) et peut nécessiter le déplacement des formés. Elle convient mieux à des effectifs peu dispersés géographiquement. Elle permet de créer une dynamique de groupe et renforce le sentiment d'appartenance (dans le cas où les formés appartiennent à la même unité ou au même réseau). Elle est cependant plus coûteuse.

#### e) La formation mixte

La formation mixte combine une part de formation à distance et une part de formation en salle. Elle permet d'optimiser l'efficacité des actions de formation.

**EXEMPLE**

Un module de formation aux techniques de base en management peut très bien comprendre une partie en salle (jeux de rôles, simulations) et une partie en *e-learning* (exercices, cas).

### 3. L'organisation des actions de formation

#### a) Le plan de formation de l'unité

C'est un document contractuel prévisionnel qui présente les objectifs de formation, les actions planifiées dans le temps et les ressources financières allouées. Il lie tous les acteurs concernés : DRH, service de formation, stagiaires, etc. Il est issu d'une réflexion sur les compétences et savoir-faire à faire acquérir aux salariés pour améliorer les performances de l'unité.

#### b) Le plan de formation d'un salarié

Il s'inscrit dans le cadre du plan de formation de l'unité.

Son élaboration comporte plusieurs étapes :
- repérage des besoins individuels du salarié grâce à diverses sources d'information (exemples : l'entretien d'évaluation, l'entretien professionnel) ;
- réflexion sur les axes prioritaires de la formation du salarié ;
- choix des modules et des modes de formation les plus adaptés au salarié ;
- fixation d'un calendrier.

#### c) Le bilan des actions de formation

Il est important de mesurer les résultats des actions de formation. Différents moyens de contrôle peuvent être mis en œuvre, à la fin de la formation, puis dans les semaines, voire les mois qui suivent. Le bilan peut prendre appui sur les résultats d'un questionnaire de satisfaction remis aux stagiaires à la fin d'une session et sur des tests réalisés en situation ou sous forme de QCM.

## 2 L'accompagnement individuel

L'accompagnement individuel (encore appelé « coaching individuel ») constitue une manière très personnalisée de former un salarié et de l'aider à changer son comportement, à développer une compétence ou à trouver ses propres solutions face aux difficultés rencontrées.

### 1. La démarche

Lorsque le manageur identifie chez un collaborateur un comportement inadapté ou un savoir-faire mal maîtrisé, il peut décider de lui faire suivre une session de coaching. Celle-ci mobilise deux acteurs, le coach et le coaché, et suit une démarche en trois points.

#### a) L'observation

Dans un premier temps, le coach réalise l'action sous l'observation du coaché, qui analyse ensuite la situation.

**EXEMPLE**

Le coaché s'y prend mal face à un client mécontent. Le coach lui montre comment gérer l'insatisfaction du client.

#### b) L'action

Dans un deuxième temps, le coaché réalise à son tour l'action sous le regard de son coach. La situation est ensuite analysée. Deux hypothèses sont alors possibles :
- soit le salarié a accompli correctement sa tâche : il est donc considéré comme capable de la mener en toute autonomie ;
- soit il maîtrise encore mal la façon de procéder et il faut recommencer le processus.

#### c) Le contrôle

Lorsque le salarié a acquis le savoir-faire ou le comportement attendu, le coach met en place un système de suivi pour s'assurer que ce dernier continue à respecter les consignes.

### 2. Les effets attendus

#### a) Les bénéfices

Le coaching est bénéfique à la fois pour le coach, pour le coaché et pour l'unité.

Le coach est valorisé. Son savoir-faire est reconnu.
Le coaché progresse dans son métier. Plus à l'aise, il travaille plus efficacement. Il devient plus autonome et plus responsable. Des relations de coopération s'instaurent entre le coach et le coaché.
L'unité obtient de meilleures performances.

#### b) Les conditions de réussite

Afin que le coaching soit efficace, le coach doit être volontaire pour cette mission et avoir des qualités de pédagogue. Du temps doit lui être accordé pour se consacrer à cette tâche.
De son côté, le coaché doit avoir envie de progresser et ne pas percevoir ces séances comme une contrainte ni comme une sanction. Un contrôle *a posteriori* est nécessaire.

## 3 Les techniques de stimulation non financière

Pour dynamiser leurs équipes, les unités ont recours à différentes opérations de stimulation (ou *incentives*).

### 1. Le concours de vente

Il peut être organisé, à l'initiative du manageur, quand les ventes d'un produit sont en baisse ou lorsque ses vendeurs ont pris du retard dans l'atteinte des objectifs. Le concours pousse les salariés à fournir des efforts supplémentaires pendant quelques jours ou quelques semaines pour atteindre un objectif ponctuel.

### 2. Le challenge

Le challenge consiste à pousser les commerciaux des différentes unités à atteindre un certain niveau de performance (exprimé en chiffre d'affaires ou en marge) sur un produit ou une famille de produits donnés, pendant un temps déterminé. Les efforts des salariés sont récompensés par des dotations individuelles ou collectives : chèques-cadeaux, voyages, remise de trophées lors de conventions annuelles, primes, etc.
Le challenge vise à créer une dynamique entre les différentes équipes commerciales d'un réseau et à valoriser l'image de l'unité (en interne mais aussi en externe). Il permet également de renforcer l'esprit d'équipe et de favoriser l'esprit de compétition entre les équipes.

### 3. Les événements conviviaux à l'extérieur de l'unité

Grandioses ou modestes, ils sont organisés dans un même but : récompenser les équipes, leur redonner du tonus tout en réactivant le sentiment d'appartenance. Ils se présentent sous différentes formes, variables selon la dimension des unités, le budget alloué et les objectifs recherchés.
Ils sont proposés à l'initiative du manageur pour son équipe (exemples : balade, randonnée, repas entre collègues) ou décidés par la direction au profit de l'ensemble des équipes (exemples : séminaires, conventions, jeux d'entreprise).

# 13 LA RÉMUNÉRATION DE L'ÉQUIPE COMMERCIALE



**→ Un système de rémunération bien conçu motive les salariés. Même si le manageur d'équipe n'intervient pas dans l'élaboration de celui-ci, il doit néanmoins en expliquer le fonctionnement et l'intérêt.**

## 1 Les enjeux du système de rémunération

Ils sont importants pour l'unité et pour les salariés.

### 1. Les enjeux pour l'unité

**a) La paix sociale**

Un système de rémunération équitable permet de limiter les risques de conflits entre salariés.

**b) Une fidélisation accrue du personnel**

Un système de rémunération motivant fidélise les bons collaborateurs et limite le *turn-over*.

**c) Un atout pour recruter**

Un système de rémunération attractif attire les candidatures de personnes diplômées et qualifiées.

**d) Des clients plus satisfaits**

Un système de rémunération bien conçu a un impact sur le professionnalisme des vendeurs et donc sur la qualité du service aux clients et sur l'image de l'enseigne.

**e) Une charge importante à contenir**

Les charges de personnel représentent un coût important pour l'unité.
Elles doivent rester dans des limites acceptables pour ne pas grever la rentabilité de l'unité.

### 2. Les enjeux pour les salariés

**a) La prise en compte des besoins vitaux**

Les salariés ont besoin d'un salaire minimal pour vivre. La loi et les conventions collectives fixent les seuils minimaux de salaires.

**EXEMPLE**

Au 1er janvier 2008, le SMIC mensuel brut est de 1 280,07 € (base : 35 heures).

**b) La reconnaissance**

Outre le minimum vital, les salariés attendent un salaire correct, stable, équitable et qui rémunère leur mérite.

## 2 Les composantes du système de rémunération

Dans les unités commerciales, les systèmes de rémunération combinent un salaire, comprenant une partie fixe et une partie variable, avec des dispositifs d'épargne salariale (participation, intéressement, etc.) et divers éléments annexes (prévoyance, chèques-cadeaux, etc.).
Le dosage de ces différentes composantes prend en compte, à des degrés divers, plusieurs objectifs : rassurer, stimuler, impliquer et fidéliser.

### 1. La partie fixe du salaire

**a) Pour rémunérer la tenue de poste**

Le salaire fixe rémunère la tenue de poste et les compétences. Il est fixé en fonction des diplômes, du niveau de qualification et de l'ancienneté dans le poste.

**b) Pour garantir un niveau de revenu stable**

Les performances des vendeurs sont fortement soumises aux aléas conjoncturels. Il importe donc de rassurer les salariés en leur garantissant un revenu minimal stable, même si la conjoncture est défavorable.

**c) Pour assurer l'équité**

Pour des postes équivalents, à qualification et ancienneté égales et pour un même niveau de responsabilités, les salariés doivent percevoir un même salaire fixe. C'est une condition indispensable pour éviter les tensions entre collègues et maintenir la cohésion dans l'équipe.

### 2. La partie variable du salaire

**a) Pour motiver l'équipe**

Bon nombre d'unités commerciales accordent une prime d'équipe si les résultats collectifs atteignent ou dépassent les objectifs fixés au groupe. Ce système a le mérite de renforcer l'esprit d'équipe et de favoriser l'entraide. Il incite les vendeurs les plus performants à stimuler leurs collègues pour obtenir la prime.

**b) Pour motiver les salariés les plus performants**

La partie variable du salaire intègre généralement une prime individuelle ou un bonus variable, accordés en cas de dépassement des objectifs individuels.
Ce système motive les plus performants mais peut créer des écarts importants de salaires dans l'équipe et décourager les vendeurs les moins expérimentés.

### 3. Les évolutions observées dans les salaires

**a) Les augmentations de salaires**

La masse salariale représentant un poste de dépenses très important pour les employeurs, ceux-ci ont tendance à limiter le plus possible la progression générale des salaires.
Néanmoins, lorsqu'une marge de manœuvre existe, les augmentations individuelles sont privilégiées plutôt que les augmentations générales.

**b) L'évolution du dosage entre la partie fixe et la partie variable du salaire**

La tendance est à l'évolution de la partie variable. La catégorie des cadres est la plus concernée par cette évolution, leur salaire comprenant un plus fort taux de variable.
L'augmentation de la part variable collective est une autre tendance de fond observée dans les unités commerciales qui privilégient les primes d'équipe plutôt que les primes individuelles.

## 3 Les dispositifs d'épargne salariale

Ils sont nombreux et de plus en plus présents dans les systèmes de rémunération des salariés.

**EXEMPLE**

En 2007, un peu plus de 8 millions de salariés en France bénéficiaient d'un produit d'épargne salariale.

Plusieurs lois récentes ont contribué à leur développement. La loi du 30 décembre 2006 sur l'actionnariat salarié, la participation et l'intéressement renforce encore ces dispositifs.

### 1. La participation

#### a) Le principe

Elle est obligatoire dans les entreprises de plus de 50 salariés. Les sommes versées au titre de la participation sont bloquées pendant 5 ans et exonérées d'impôt sur le revenu. Il existe cependant de nombreuses possibilités de déblocage anticipé et exceptionnel.

#### b) Les évolutions

Pour étendre la participation dans les entreprises de moins de 50 salariés, la loi du 30 décembre 2006 impose aux branches de négocier, dans un délai de 3 ans, des accords de participation que les entreprises concernées pourront accepter ou non.

### 2. L'intéressement

Il est facultatif et concerne les sommes versées aux salariés en fonction des résultats de l'unité. Ces dernières sont disponibles immédiatement et fiscalisées.
La loi du 30 décembre 2006 prévoit la possibilité pour l'employeur de verser un supplément d'intéressement (dans la limite globale de 20 % de la masse salariale) si les performances sont très satisfaisantes.

### 3. L'actionnariat salarié

Les salariés peuvent obtenir des actions de leur entreprise avec l'aide de celle-ci. La loi du 30 décembre 2006 prévoit en effet la possibilité pour l'employeur d'attribuer des actions gratuites aux salariés sous certaines conditions.

### 4. Le plan d'épargne entreprise (PEE)

Il est facultatif et mis en place après accord collectif. Il permet de gérer avantageusement, grâce à des placements diversifiés en valeurs mobilières, les fonds de la participation, les primes d'intéressement, les versements volontaires du salarié et l'abondement de l'employeur.

### 5. L'abondement

C'est une somme versée par l'employeur au salarié sur son PEE, proportionnellement aux versements de ce dernier. La loi en limite le montant à 8 % du plafond annuel de Sécurité sociale (soit, en 2008, 2 662 €).

### 6. Le plan d'épargne retraite collectif (PERCO)

Seules les entreprises ayant déjà un PEE peuvent proposer un PERCO à leurs salariés. Il est alimenté de la même manière que le PEE. L'abondement de l'employeur est limité à trois fois les versements du salarié et à 16 % du plafond annuel de Sécurité sociale (soit, en 2008, 5 324 €). Au terme du plan, le salarié perçoit une rente ou un capital.

## 4 Les avantages sociaux

Les employeurs peuvent prendre en charge totalement ou partiellement des cotisations de prévoyance ou de mutuelle. Ils peuvent aussi distribuer des chèques (chèques-restaurant, chèques emploi service universel, chèques-cadeaux, etc.). Les sommes versées sont exonérées de charges sociales. Elles apportent un gain réel de pouvoir d'achat aux salariés les plus modestes.
L'ensemble de ces dispositifs complète le système et contribue à motiver et à fidéliser les salariés.

## 5 Le calcul de la rémunération

### 1. Le salaire brut

#### a) Ses composantes

Il comprend le salaire de base auquel s'ajoutent les heures supplémentaires et les primes soumises à cotisations. Il sert de base au calcul des cotisations sociales.

#### b) Le calcul des heures supplémentaires

Les heures supplémentaires effectuées en sus de la durée légale de travail sont majorées de 25 % pour les 8 premières heures et de 50 % au-delà.

### 2. Le calcul des cotisations

#### a) Le principe

Les cotisations comprennent une part salariale et une part patronale.
Certaines d'entre elles se calculent sur le plafond de Sécurité sociale (exemple : vieillesse). Au 1er janvier 2008, ce plafond était de 2 773 €.
D'autres se calculent sur la totalité du salaire (exemples : maladie, invalidité, maternité).

**EXEMPLE**

Salaire brut mensuel d'un salarié : 3 480 €.
Taux de cotisation salariale vieillesse plafonnée : 6,65 %, montant de la cotisation : 6,65 % × 2 773 = 184,40 €.
Taux de cotisation maladie, invalidité, vieillesse déplafonnée : 0,85 %.
Montant de la cotisation : 0,85 % × 3 480 = 29,58 €.
Pour les salaires inférieurs au plafond, les cotisations sont calculées sur le salaire brut.

Les taux des cotisations sont disponibles sur le site de l'URSSAF (www.urssaf.fr).

#### b) Les nouveautés

La loi sur le travail, l'emploi et le pouvoir d'achat, entrée en application le 1er octobre 2007, prévoit un allègement des cotisations pour les heures supplémentaires et les heures complémentaires (heures effectuées par les salariés à temps partiel au-delà de leur horaire prévu au contrat).
La réduction des cotisations salariales est de 21,5 % au maximum. Elle est forfaitaire pour les cotisations patronales (0,50 € par heure supplémentaire ou 1,50 € par heure pour les très petites entreprises de 20 salariés au plus).

### 3. Le net à payer

C'est le salaire réellement perçu par le salarié.

### 4. Le coût réel pour l'employeur

C'est le salaire brut augmenté des cotisations patronales.

# exercices



## exercice 1 Évaluer les droits à congés payés d'un salarié

Le salarié Franck Michel a été embauché le 1er octobre 2007.

### ENTRAÎNEZ-VOUS

**À combien de jours de congés payés a-t-il droit pour l'été 2008 ?**

CORRIGÉS p. 16

## exercice 2 Ajuster la taille de l'équipe

Un supermarché a réalisé en 2007 un chiffre d'affaires de 12 000 K€ avec un effectif de 35 personnes.
Les charges (hors achats) de ce supermarché représentent 16 % de son chiffre d'affaires.
Les charges de personnel sont évaluées à la moitié de ces charges.
Des travaux d'agrandissement viennent de s'achever.
Le chiffre d'affaires doit augmenter de 15 % en 2008.

### ENTRAÎNEZ-VOUS

**Calculez le nombre théorique supplémentaire d'employés à recruter pour faire face à l'accroissement d'activité, dans l'hypothèse où on garde le taux actuel de charges de personnel.**

CORRIGÉS p. 1

## exercice 3 Réaménager le planning horaire hebdomadaire de l'équipe

L'effectif d'un magasin comprend un gérant et cinq vendeurs.
Le planning établi initialement pour la semaine 20 est le suivant :

| | Lundi | Mardi | Mercredi | Jeudi | Vendredi | Samedi | Total heures prévues dans les contrats (2) |
|---|---|---|---|---|---|---|---|
| Marie | Formation | Formation | 7 h | Congé hebdo | 7 h | 7 h | 35 h |
| Mélissa | 7 h | Congé hebdo | 7 h | 7 h | 7 h | 7 h | 35 h |
| Bruno | 7 h | 7 h | 7 h | Congé hebdo | 7 h | 7 h | 35 h |
| Jawad | Congé hebdo | 7 h | 7 h | 7 h | 7 h | 7 h | 35 h |
| Aurélie | 7 h | 7 h | Congé hebdo | 7 h | 7 h | 7 h | 35 h |
| **Total heures effectuées (1)** | **21 h** | **21 h** | **28 h** | **21 h** | **35 h** | **35 h** | **175 h (2) / 161 h (1)** |

Bruno vient de se blesser. Il devrait être absent les trois premiers jours de la semaine 20. Le planning doit donc être aménagé. Quelques contraintes sont à prendre en compte dans ce cadre :
- chaque employé a droit à un jour de congé ouvrable dans la semaine ;
- l'affluence de la clientèle est la suivante :
  - faible le lundi, le mardi et le jeudi,
  - forte le mercredi,
  - très forte le vendredi et le samedi ;
- le gérant est au siège social le mercredi de la semaine 20 ;
- un vendeur effectue au moins 4 heures dans une journée et au plus 10 heures.

### ENTRAÎNEZ-VOUS

**Proposez un réaménagement de ce planning.**

CORRIGÉS p. 1

## exercice 4 Calculer le salaire mensuel net d'un salarié

Le salaire mensuel brut d'un vendeur est de 1 280,07 € (SMIC, base : 35 heures par semaine).
Les cotisations sociales salariales représentent 13,74 % du salaire brut.
Les cotisations sociales patronales représentent 12,88 % du salaire brut.
La CSG et la CRDS à la charge du salarié représentent 8 % de 97 % de son salaire brut.

### ENTRAÎNEZ-VOUS

**1.** Calculez le montant mensuel des cotisations sociales salariales.
**2.** Calculez le montant mensuel des contributions sociales salariales (CSG et CRDS).
**3.** Déterminez le salaire net mensuel du vendeur (ou net à payer).
**4.** Calculez le coût réel mensuel du vendeur pour l'employeur.

CORRIGÉS p. 169

## exercice 5 Calculer la réduction de cotisations salariales sur les heures supplémentaires

Soit un salarié à temps plein (base : 35 heures), rémunéré 10 € de l'heure (salaire horaire brut), ayant effectué 10 heures supplémentaires au cours du mois.
Les heures supplémentaires sont rémunérées à 25 % pour les 8 premières heures et à 50 % au-delà.
Le taux de cotisations sociales est de 13,74 %, celui des contributions sociales est de 8 % (calculé sur 97 % du salaire brut).
La loi sur le pouvoir d'achat allège la part salariale des cotisations sociales dues sur les heures supplémentaires.
Le calcul de la réduction s'effectue en deux temps :
- taux de réduction : il est égal au rapport entre le total des cotisations et contributions sociales prises en compte et la rémunération totale brute (heures supplémentaires comprises). Il ne doit pas excéder 21,50 % ;
- montant de la réduction : il est égal à la rémunération des heures supplémentaires multipliée par le taux de réduction.

### ENTRAÎNEZ-VOUS

**1.** Calculez la rémunération totale brute du salarié.
**2.** Calculez le taux de réduction.
**3.** Calculez le montant de la réduction de cotisations salariales.
**4.** Déterminez le salaire mensuel net du salarié.

CORRIGÉS p. 169

# corrigés

## exercice 1 page 166

Les droits aux congés payés se calculent sur une période de référence allant du 1er juin de l'année précédente au 31 mai de l'année en cours. Ils sont évalués à 2,5 jours ouvrables par mois effectivement travaillé :
- nombre de mois effectivement travaillés par Franck Michel au cours de la période de référence : 8 mois ;
- droits acquis : 8 × 2,5 jours = 20 jours ouvrables de congés payés.

## exercice 2 page 166

- Montant des charges de personnel en 2007 : (12 000 × 16 %)/2 = 960 K€.
- Montant moyen des charges de personnel par personne employée : 960/35 = 27,429 K€ = 27 429 € par salarié.
- Montant du chiffre d'affaires supplémentaire en 2008 : 12 000 × 0,15 = 1 800 K€.

Charges supplémentaires de personnel (dans l'hypothèse où on garde le taux actuel de charges de personnel) :
Chiffre d'affaires supplémentaires × Taux actuel de charges de personnel =1 800 × 8 % = 144 K€.
Nombre théorique d'employés supplémentaires en 2008 : 144/27,429 = 5 employés.

## exercice 3 page 166

Planning hebdomadaire collectif de la semaine 20, sans la présence de Bruno et sans réaménagement.

| | Lundi | Mardi | Mercredi | Jeudi | Vendredi | Samedi | Total heures prévues dans les contrats (2) |
|---|---|---|---|---|---|---|---|
| Marie | Formation | Formation | 7 h | Congé hebdo | 7 h | 7 h | 35 h |
| Mélissa | 7 h | Congé hebdo | 7 h | 7 h | 7 h | 7 h | 35 h |
| Bruno | Absent | Absent | Absent | Congé hebdo | 7 h | 7 h | 35 h |
| Jawad | Congé hebdo | 7 h | 7 h | 7 h | 7 h | 7 h | 35 h |
| Aurélie | 7 h | 7 h | Congé hebdo | 7 h | 7 h | 7 h | 35 h |
| **Total heures effectuées (1)** | **14 h** | **14 h** | **21 h** | **21 h** | **35 h** | **35 h** | **175 h (2) / 140 h (1)** |

Ce tableau montre un déficit de 21 h par rapport au planning initial.
Total des heures prévues dans les contrats avec Bruno – total des heures prévues dans les contrats sans Bruno = 161 – 140 = 21.

Lundi et mardi, il n'y aurait que deux vendeurs présents au magasin au lieu de quatre habituellement. Mais comme ce sont deux jours de faible affluence, il n'est pas utile de chercher une solution.
Mercredi, trois vendeurs seraient présents au lieu de quatre habituellement. Or, c'est un jour de forte activité. Il faut donc trouver une solution.

**Proposition 1 : réaménagement du planning de la semaine 20**

| | Lundi | Mardi | Mercredi | Jeudi | Vendredi | Samedi | Total heures prévues dans les contrats (2) |
|---|---|---|---|---|---|---|---|
| Marie | Formation | Formation | 7 h | Congé hebdo | 7 h | 7 h | 35 h |
| Mélissa | 7 h | Congé hebdo | 7 h | 7 h | 7 h | 7 h | 35 h |
| Bruno | Absent | Absent | Absent | Congé hebdo | 7 h | 7 h | 35 h |
| Jawad | Congé hebdo | 7 h | 7 h | 7 h | 7 h | 7 h | 35 h |
| Aurélie | 7 h | 7 h | 7 h | Congé hebdo | 7 h | 7 h | 35 h |
| **Total heures effectuées (1)** | **14 h** | **14 h** | **28 h** | **14 h** | **35 h** | **35 h** | **175 h (2) / 140 h (1)** |

Une première solution consiste à demander à Aurélie de déplacer son jour de congé hebdomadaire du mercredi au jeudi. Si elle ne peut pas, alors une autre solution consiste à demander à Mélissa et à Jawad de faire 10 heures le mercredi et 4 h le jeudi.

**Proposition 2 : réaménagement du planning de la semaine 20**

| | Lundi | Mardi | Mercredi | Jeudi | Vendredi | Samedi | Total heures prévues dans les contrats (2) |
|---|---|---|---|---|---|---|---|
| Marie | Formation | Formation | 7 h | Congé hebdo | 7 h | 7 h | 35 h |
| Mélissa | 7 h | Congé hebdo | 10 h | 4 h | 7 h | 7 h | 35 h |
| Bruno | Absent | Absent | Absent | Congé hebdo | 7 h | 7 h | 35 h |
| Jawad | Congé hebdo | 7 h | 10 h | 4 h | 7 h | 7 h | 35 h |
| Aurélie | 7 h | 7 h | Congé hebdo | 7 h | 7 h | 7 h | 35 h |
| **Total heures effectuées (1)** | **14 h** | **14 h** | **27 h** | **15 h** | **35 h** | **35 h** | **175 h (2) / 140 h (1)** |

Les contraintes horaires journalières sont respectées et l'on récupère ainsi un vendeur un jour de forte affluence.

## exercice 4 page 167

Le salaire est inférieur au plafond de la Sécurité sociale. Les cotisations se calculent donc sur le salaire brut.

**1.** Montant mensuel des cotisations sociales salariales : 1 280,07 × 13,74 % = 175,88 €.

**2.** Montant mensuel des contributions sociales salariales (CSG et CRDS) :
1 280,07 × 97 % × 8 % = 99,33 €.

**3.** Salaire net mensuel du vendeur :
1 280,07 – 175,88 – 99,33 = 1 004,86 €.

**4.** Montant mensuel des cotisations patronales :
1 280,07 × 12,88 % = 164,87 €.
Coût réel mensuel du vendeur pour l'employeur :
1 280,07 + 164,87 = 1 444,94 €.

## exercice 5 page 167

**1.** Le nombre d'heures effectuées dans le mois est de :
(35 × 52)/12 = 151,67 heures.
Les heures supplémentaires effectuées au-delà de la durée mensuelle de 151,67 heures sont majorées de 25 % pour les 8 premières et de 50 % pour les suivantes.
La rémunération brute des heures supplémentaires est donc de :
(10 × 1,25 × 8) + (10 × 1,50 × 2) = 100 + 30
= 130 €.
Le montant mensuel de la rémunération totale brute est de :
(10 × 151,67) + (10 × 1,25 × 8) + (10 × 1,50 × 2)
= 1 646,70 €.

**2.** Le montant mensuel des cotisations et contributions sociales est de :
(13,74 % × 1 646,70) + (8 % × 97 % × 1 646,70)
= 226,26 + 127,78
= 354,04 €.
Le taux de réduction est de :
(354,04/1 646,70) × 100 = 21,50 %.
Il correspond au taux maximum de la réduction.

**3.** Le montant de la réduction de cotisations salariales est égal à : 21,50 % × 130 = 27,95 €.

**4.** Le montant réel des cotisations et contributions dues par le salarié est de :
354,04 – 27,95 = 326,09 €.
Le net à payer du salarié est de :
1 646,70 – 326,09 = 1 320,61 €.

# GESTION DES UNITÉS COMMERCIALES





**Pour réviser le cours :**

**Pour s'entraîner à l'épreuve :**

Les sujets d'examen et leurs corrigés sur le site Internet www.nathan.fr/reflexe

# 1 LE CYCLE D'EXPLOITATION ET LE BFRE DE L'UNITÉ COMMERCIALE

**➔ Une unité commerciale achète pour vendre à une clientèle sur un point de vente donné. Cette dernière doit y trouver des produits en nombre suffisant et de qualité pour satisfaire ses attentes.**

## 1 Le cycle d'exploitation d'une unité commerciale

L'activité de l'unité commerciale l'amène à réaliser régulièrement des opérations récurrentes, d'où la notion de cycle d'exploitation. Ce dernier est aussi défini comme la durée qui s'écoule entre l'achat des marchandises nécessaires à l'activité et l'encaissement des ventes liées.

### 1. Le commerce des marchandises

L'unité achète des marchandises en quantités suffisantes et constitue un stock pour proposer à sa clientèle un assortiment approprié et supporter les variations de la demande. Ces marchandises seront ensuite vendues plus ou moins rapidement selon leur nature.

### 2. L'agence de services

L'agence commerciale qui propose des services achète des fournitures qu'elle intègre dans sa prestation. Ses stocks demeurent faibles si elle achète ces fournitures après la commande du client.

## 2 Le besoin en fonds de roulement d'exploitation (BFRE)

### 1. Le financement du stock

L'unité commerciale engage des dépenses pour acheter des marchandises qui sont stockées le temps de leur revente. Ces sommes ne seront récupérées que lors de l'encaissement des ventes ou des prestations. Plus vite l'unité commerciale vend la marchandise qu'elle a achetée, plus vite elle récupère le montant de son achat.

### 2. Le délai de règlement des clients

Cependant, l'unité commerciale peut consentir à ses clients des paiements différés (en une ou plusieurs fois) ou des crédits (créances clients) pour les clients professionnels (paiements à *x* jours fin de mois). Elle doit donc être capable d'attendre leur règlement.

### 3. Le report de paiement des fournisseurs

Par ailleurs, l'unité peut aussi bénéficier d'un report du règlement de ses propres factures grâce à un crédit accordé par ses fournisseurs.

### 4. La détermination du besoin en fonds de roulement d'exploitation (BFRE)

#### a) La définition

Le besoin en fonds de roulement d'exploitation correspond au financement des stocks et au décalage de trésorerie dû aux délais de règlement des clients non compensés par les délais de règlement des fournisseurs.

Le BFRE se calcule grâce à la formule suivante :
Stocks HT + Créances d'exploitation TTC – Avances et acomptes TTC versés sur commandes – Dettes d'exploitation TTC – Avances et acomptes TTC reçus sur commandes en cours

#### b) Le BFRE est positif

Le BFRE est positif si les dettes fournisseurs ne couvrent pas totalement les stocks et les créances d'exploitation. L'unité commerciale a dans ce cas un besoin de financement.

| | |
|---|---|
| Stocks | Dettes fournisseurs |
| Créances clients | BFRE positif |

#### c) Le BFRE est négatif

S'il est négatif, il y a absence de besoin. L'unité commerciale dispose alors d'une capacité de financement.

| | |
|---|---|
| Stocks | Dettes fournisseurs |
| Créances clients | |
| BFRE négatif | |

**EXEMPLE**

Le grossiste Sorel présente les comptes suivants en millions d'euros : un stock de 2,626, des créances clients de 1,617 et des dettes fournisseurs qui s'élèvent à 6,983.
Le BFRE est égal à : 2,626 + 1,617 – 6,983 = – 2,74.

Le besoin en fonds de roulement d'exploitation peut être évalué en valeur monétaire ou en nombre de jours. En effet, les stocks, les créances clients et les dettes fournisseurs étant estimés en jours, on peut en déduire la durée en jours du BFRE.

**EXEMPLE**

Un magasin de jouets obtient un crédit moyen de ses fournisseurs de 45 jours et sa durée de stockage est de 60 jours. Comme ses clients paient comptant, le besoin en fonds de roulement d'exploitation est de : 60 + 0 – 45 = 15 jours.

## 3 L'intervention du manageur sur le BFRE

### 1. Minimiser le BFRE

Le rôle du manageur consiste à minimiser le BFRE. Il peut soit réduire les durées de stockage (augmentation de la rotation des stocks), soit allonger le délai de règlement des fournisseurs, soit réduire le délai de recouvrement des créances sur les clients.

### 2. Prévoir le BFRE

Toute variation du chiffre d'affaires ou des conditions d'exploitation se traduit par une variation du stock, des achats, du montant des créances clients et des dettes fournisseurs, et donc du BFRE.
Le manageur doit savoir adapter ses ressources à la variation.

# 2 LA FACTURATION DANS L'UNITÉ COMMERCIALE



**La facture constate par écrit les conditions d'achat ou de vente de marchandises. Elle doit comporter certaines mentions obligatoires. Son émission s'accompagne d'un paiement comptant ou différé.**

## 1 Les règles d'établissement d'une facture

### 1. Les conditions d'émission obligatoires d'une facture

La facture est obligatoire pour les opérations réalisées entre professionnels. L'original de la facture, établie en double exemplaire, est remis au client.

Pour les ventes de marchandises d'un professionnel à un particulier, l'émission d'une facture n'est obligatoire qu'à la demande du client et pour les ventes à distance. Dans les autres cas, le professionnel remet généralement un ticket de caisse à l'acheteur, qui lui sert de reçu.

Pour les prestations de services réalisées pour des particuliers, il est nécessaire d'établir une note dès lors que le prix est supérieur à 15,24 € TTC, quand le client en fait la demande ou pour certains travaux immobiliers.

### 2. Les mentions obligatoires

Doivent figurer sur la facture :

| En tête de la facture | Dans le corps de la facture |
|---|---|
| ① Identification du fournisseur + n° d'immatriculation au registre du commerce + forme juridique et capital social (si société)<br>② Identification du client<br>③ Intitulé et n° de facture<br>④ Date d'émission de la facture | ⑤ Dénomination précise des biens vendus<br>⑥ Quantités vendues<br>⑦ Prix unitaires HT<br>⑧ Réductions accordées<br>⑨ Majorations (TVA, transport, emballages, etc.)<br>⑩ Montant total TTC<br>⑪ Date de règlement |

Les conditions générales de vente, rappelant les obligations respectives de l'acheteur et du vendeur, figurent en général au verso de la facture.

### 3. Les réductions accordées sur les prix

#### a) Les réductions commerciales

Le vendeur peut consentir certaines réductions sur le montant brut HT de la facture :
- un rabais pour défaut sur la marchandise ou dédommagement ;
- une remise pour récompenser la fidélité du client ou ses achats en grande quantité ;
- une ristourne portant sur des achats réalisés pendant une période déterminée.

#### b) Les réductions financières

Un escompte est une réduction financière accordée en cas de paiement à une date antérieure à celle prévue dans les conditions générales de vente.

**Modèle de facture**

Librairie-papeterie RB ①
78 rue d'Arras
62400 BÉTHUNE
Tél. : xxxxxxxx
Fax : xxxxxxxx
RC 367 106 341 à Béthune

Facture n° FC13058 ③

Doit
SEPIA ②
BÉTHUNE
29/10/N ④

| Désignation ⑤ | Quantité ⑥ | Prix brut HT ⑦ | Montant brut HT |
|---|---|---|---|
| Manuel MGUC N782091 | 24 | 26,00 | 624,00 |
| | | ⑧ Remise 20 % | 124,80 |
| | | Net commercial HT | 499,20 |
| | | Escompte 2 % | 9,98 |
| | | Net financier HT | 489,22 |
| | | ⑨ TVA 19,60 % | 95,89 |
| | | ⑩ Montant net TTC | **585,11** |

Paiement pour le 30/11/N ⑪

## 2 Les factures d'avoir

### 1. L'origine d'une facture d'avoir

Quand une erreur survient lors de l'édition de la facture initiale ou dans la livraison, l'unité commerciale décide soit de refaire la facture, soit de corriger la facture initiale par une facture d'avoir.

L'erreur peut porter sur la quantité de marchandises ou sur leur nature ou provenir d'omissions sur le prix facturé.

### 2. Les caractéristiques d'une facture d'avoir

La facture d'avoir qui corrige l'erreur commise doit prendre en considération toutes les réductions ou majorations dans des conditions identiques à celles de la facture initiale. Un rabais supplémentaire peut être accordé pour dédommagement. Le client réglera alors le montant net de la facture initiale moins le montant net de la facture d'avoir.

L'unité commerciale peut aussi prévoir, dans ses conditions générales de vente aux particuliers, que le montant acquitté ne donne pas lieu à un remboursement mais à une note d'avoir, c'est-à-dire à un crédit à valoir sur un prochain achat.

# 3 LE FINANCEMENT DU CYCLE D'EXPLOITATION ET LES RELATIONS AVEC LES BANQUES



**L'unité commerciale doit trouver des fonds pour financer son besoin en fonds de roulement d'exploitation ou des décalages dans sa trésorerie. La banque, qui est un de ses partenaires privilégiés, contribue à son développement et peut l'accompagner dans le financement de son cycle d'exploitation.**

## 1 Les différents modes de règlement de la clientèle

### 1. Pour la clientèle particulière

#### a) Le règlement au comptant

Le client acquitte sa facture en la réglant au comptant en espèces, par chèque, par virement ou prélèvement, par carte bancaire à débit immédiat ou par titre interbancaire de paiement (TIP), qui est un chèque préimprimé par le vendeur.

Il peut aussi utiliser une carte privative (Pass ou Accord, par exemple) ou accréditive (American Express). La provision doit exister au moment de la signature pour le chèque, au moment du débit pour la carte, le virement et le prélèvement.

Une unité commerciale peut refuser un paiement par chèque ou fixer un montant minimal d'achats pour ce mode de règlement et exiger un règlement en espèces si elle en avise la clientèle par affichage.

#### b) Le règlement à crédit

Un client peut souhaiter régler ses achats à crédit soit en souscrivant un crédit proposé par un organisme partenaire de l'unité commerciale, soit avec une carte bancaire à débit différé, soit en utilisant l'option crédit de sa carte accréditive.

#### c) Le cas des arrhes et de l'acompte

La distinction entre les deux termes est essentielle.

Les arrhes permettent de réserver un achat sans engagement définitif. En cas d'annulation de la part du client, celui-ci perd ses arrhes. Un commerçant qui ne peut plus fournir le produit demandé doit rembourser au client le double des arrhes perçues (article 1590 du Code civil).

L'acompte sert d'engagement ferme pour les deux parties et interdit toute possibilité de dédit. Le client qui se rétracte peut être condamné à des dommages et intérêts, pouvant aller jusqu'au montant de la vente. L'unité commerciale défaillante, faute de mettre tout en œuvre pour honorer le contrat, doit rembourser les sommes perçues et indemniser le client pour le préjudice subi.

### 2. Pour la clientèle professionnelle

Le professionnel peut régler sa facture au comptant (avec escompte), à crédit (paiement à $x$ jours fin de mois) ou par l'intermédiaire d'un effet de commerce. Il existe deux types d'effets de commerce.

#### a) La lettre de change

Le vendeur (le tireur ou créancier) donne l'ordre à l'acheteur (le tiré ou débiteur) de régler à une date convenue (l'échéance) la somme déterminée à un bénéficiaire nominalement désigné ou au porteur de la lettre de change. Par son acceptation de la lettre, le tiré se reconnaît débiteur vis-à-vis du bénéficiaire. La lettre de change relevé (LCR) est un effet de commerce dématérialisé établi, non sur support papier, mais sous forme d'enregistrements informatiques.

#### b) Le billet à ordre

Le débiteur s'engage envers son créancier à payer le montant d'une facture à une certaine échéance.

## 2 La monnaie virtuelle

Les règlements par carte bancaire représentent des paiements en monnaie virtuelle. Toutefois, outre la carte bancaire, le particulier dispose aujourd'hui du porte-monnaie électronique, utilisable pour le paiement de petites sommes.

### 1. Le porte-monnaie électronique

Plus connu sous le nom « Monéo », le porte-monnaie électronique est une carte bancaire prépayée dans laquelle le particulier a chargé un montant de monnaie par l'intermédiaire d'un terminal disponible à sa banque ou chez certains commerçants. Il peut, grâce à ce porte-monnaie, payer ses achats au fur et à mesure en présentant sa carte chez le commerçant.

### 2. Les terminaux de point de vente (TPV)

Pour accepter les cartes de paiement, le commerçant doit s'équiper d'un terminal de point de vente (TPV) relié en permanence à sa banque et au serveur d'autorisation électronique. L'usage du paiement par carte s'avère plus sûr qu'un chèque mais le commerçant doit verser à la banque une commission (0,5 à 2 % selon le montant des transactions).

## 3 Le financement du cycle d'exploitation

### 1. L'ajustement non bancaire

L'ajustement non bancaire permet de financer les déficits actuels par les excédents passés (épargne de l'entreprise) ou par l'appel au crédit auprès des fournisseurs ou auprès d'entreprises disposant d'une trésorerie excédentaire.

### 2. Les ajustements bancaires ou financiers

#### a) Les crédits de trésorerie

L'unité commerciale sollicite des facilités de caisse ou des découverts auprès de sa banque pour des décalages à court terme de sa trésorerie.

#### b) Les crédits de campagne

Pour financer un décalage de trésorerie qui porte sur un gros montant pour une durée allant souvent de 7 à 9 mois, l'unité commerciale peut solliciter de sa banque un crédit de campagne soit lors d'un approvisionnement massif avec une fabrication et des ventes régulières, soit en cas d'approvisionnement et de fabrication réguliers suivis de ventes massives.

Ce concours bancaire permet de combler un décalage de trésorerie découlant du cycle d'exploitation qui porte sur de gros montants pour une durée de 7 à 9 mois.

### 3. La mobilisation des effets de commerce

#### a) L'escompte d'un effet de commerce

L'unité commerciale peut accorder un délai de paiement à un client qui réglera par effet de commerce à échéance. Or, elle a besoin de fonds rapidement et dispose en portefeuille de cet effet. Elle le remet à l'escompte en cédant ses créances à sa banque, qui créditera aussitôt son compte du montant dû, sous déduction des intérêts et commissions (agios). L'avance de trésorerie est consentie pour une durée (généralement inférieure à 1 an) qui sépare l'opération d'escompte de l'échéance de chacun des effets.

On calcule le montant de l'escompte E par la formule :

$$E = \frac{Ctn}{360}$$

avec C = la valeur nominale de l'effet, t = le taux d'intérêt et n la durée en jours de l'escompte.

Le montant V versé à l'unité commerciale est égal au montant dû, C, diminué du montant de l'escompte et des agios versés à la banque.

**EXEMPLE**

L'unité commerciale Gosnay escompte une traite d'une valeur nominale C de 2 000 € signée le 29/08/N et venant à échéance le 28/12/N. Elle remet à l'escompte la traite à 90 jours avant l'échéance à un taux de 6 % l'an :

$$E = \frac{2\,000 \times 0{,}06 \times 90}{360} = 30 \text{ €}$$

$$V = 2\,000 - 30 = 1\,970 \text{ €}$$

La banque versera 1 970 € moins les agios, qu'elle prélèvera selon ses conditions bancaires.

#### b) L'endossement d'un effet de commerce

L'unité commerciale peut endosser un effet de commerce en portefeuille au profit d'un fournisseur désigné. Endosser un effet, c'est le transmettre en signant au dos et en ajoutant la mention « Payez à l'ordre de... ». Le fournisseur qui reçoit la lettre endossée peut aussi l'endosser pour payer lui-même un fournisseur et ainsi de suite. Tous ceux qui ont tiré, accepté, endossé ou avalisé un effet de commerce sont tenus solidairement envers le porteur. Le dernier porteur de l'effet a le droit d'agir contre toutes ces personnes sans être astreint à observer l'ordre des signatures.

### 4. La cession de créances commerciales : la « loi Dailly »

Elle permet le financement des créances matérialisées par des factures cédées à la banque par l'entreprise qui a besoin de crédit à court terme. La banque, devenant propriétaire des créances, verse leur montant à l'entreprise cédante, diminué du coût du crédit. La banque est ensuite remboursée par le débiteur de chaque facture ou créance.

### 5. Les dates d'opération et de valeur

#### a) Les définitions

Un chèque émis ou reçu à une date ne signifie pas que la provision correspondante est versée ou retirée du compte. C'est pour cette raison qu'apparaissent, sur la plupart des relevés de compte, une date d'opération et une date de valeur.

La date de valeur correspond à la date à partir de laquelle l'opération effectuée sur un compte bancaire est prise en compte, que ce soit au débit ou au crédit de ce compte. Cette date ne coïncide pas forcément avec la date d'opération, date à laquelle a été enregistrée en comptabilité l'opération de retrait, de paiement ou de dépôt.

#### b) Le mode de fonctionnement

Une opération au crédit est inscrite en compte à une date de valeur postérieure à la date de l'opération alors qu'une opération au débit est inscrite en compte à une date de valeur antérieure à la date de l'opération.

**EXEMPLE**

Un chèque déposé le 8 sera crédité en valeur le 10 et un chèque présenté en compte le 8 sera débité en valeur le 7.

## 4 Le recouvrement des créances

### 1. Le chèque sans provision

#### a) L'action de l'émetteur

Le bénéficiaire d'un chèque sans provision dispose de garanties et de moyens d'action pour préserver ses intérêts. La banque de l'émetteur est tenue d'honorer les deux catégories de chèques sans provision suivantes :

- ceux d'une valeur inférieure ou égale à 15 €, présentés moins d'un mois après leur date d'émission ;
- ceux dont l'émission a été favorisée par une faute grave du banquier (exemple : remise de chéquiers à un client interdit bancaire).

#### b) L'action du bénéficiaire

Une procédure simple et gratuite pour le bénéficiaire permet de récupérer le montant du chèque directement auprès de l'émetteur. Le bénéficiaire doit commencer par transmettre à l'émetteur du chèque, soit par huissier, soit par lettre recommandée avec accusé de réception, le certificat de non-paiement obligatoirement envoyé par la banque après une deuxième présentation infructueuse. Cet acte vaut commandement de payer. À défaut de règlement du chèque dans un délai de 15 jours, l'huissier délivre un titre exécutoire qui autorise le bénéficiaire à engager toutes les voies de recouvrement forcé (comme les saisies) pour récupérer sa créance. Les frais de procédure sont à la charge de l'émetteur.

### 2. L'affacturage

L'affacturage, ou *factoring*, est, pour une unité commerciale qui dispose d'un gros volume de créances, le recours à une entreprise spécialisée, le *factor*, pour recouvrer des créances impayées, moyennant une commission.

# 4 LA TENUE DES STOCKS ET LA GESTION DES APPROVISIONNEMENTS DANS L'UNITÉ COMMERCIALE

**➔ Pour satisfaire la demande de ses clients, l'unité commerciale accepte de détenir un stock. Ce dernier génère un coût lié à l'immobilisation du capital investi, à son entretien, sa conservation et à sa gestion. En tant que bien, il doit être valorisé à sa juste valeur avec un suivi attentif de la part du manageur.**

## 1 Le stock

### 1. La définition

Le stock est l'ensemble des biens qui interviennent dans le cycle d'exploitation pour être vendus en l'état ou intégrés au processus de production à venir ou en cours. Le stockage est une opération intermédiaire entre l'achat et la vente de marchandises.

### 2. Les objectifs et les contraintes liés

Détenir un stock permet de se protéger contre les variations de consommation et les variations des délais de réapprovisionnement auprès des fournisseurs.
Le stock est générateur de coûts. Le manageur doit estimer sa valeur et le contrôler par un inventaire régulier. L'approvisionnement de ce stock doit pallier les ruptures sans imposer à l'unité commerciale de supporter un stock excessif.

## 2 La tenue des stocks

Les stocks, évalués en montants HT, sont tenus au moyen d'une fiche de stock selon deux principaux modèles.

**EXEMPLE**

Le rayon « Épicerie sèche » qui commercialise du riz conditionné en paquets de 1 kg dispose le 1er mars en stock (donc en tant que stock initial) de 60 kg à 2,90 € le kg. Il achète le 3 mars 120 kg à 2,35 € le kg et le 20 mars 60 kg à 3 € le kg. Il en vend 80 kg le 15 mars et 90 kg le 25 mars.
On dresse la fiche de stock à la fin du mois de mars.

### 1. La valorisation du stock par la méthode du coût moyen unitaire pondéré (CMUP)

Le stock est valorisé à chaque entrée en réalisant une moyenne pondérée de sa valeur totale par les quantités totales :

$$\text{CMUP} = \frac{\text{Stock total en valeur}}{\text{Stock total en quantité}}$$

$$= \frac{\text{Stock initial + Achats en valeur}}{\text{Stock initial + Achats en quantité}}$$

**EXEMPLE (suite)**

**Fiche de stock**

| Date | Libellé | Entrée | | | Sortie | | | Stock | | |
|---|---|---|---|---|---|---|---|---|---|---|
| | | Q | PU | Valeur | Q | PU | Valeur | Q | PU | Valeur |
| 1er mars | Stock initial | | | | | | | 60 | 2,90 | 174,00 |
| 3 mars | Achats | 120 | 2,35 | 282,0 | | | | 180 | 2,53[1] | 455,40 |
| 15 mars | Ventes | | | | 80 | 2,53 | 202,4 | 100 | 2,53 | 253,00 |
| 20 mars | Achats | 60 | 3,00 | 180,0 | | | | 160 | 2,71[2] | 433,60 |
| 25 mars | Ventes | | | | 90 | 2,71 | 243,9 | **70** | **2,71** | **189,70** |

$$(1)\ \text{CMUP} = \frac{174 + 282}{60 + 120} = 2{,}53$$

$$(2)\ \text{CMUP} = \frac{253 + 180}{100 + 60} = 2{,}71$$

### 2. La valorisation du stock par la méthode du premier entré-premier sorti (PEPS)

Cette méthode consiste à vendre les quantités par ordre d'arrivée. Les plus anciennes sont vendues en premier et valorisées à leur coût d'entrée.

**EXEMPLE (suite)**

**Fiche de stock**

| Date | Libellé | Entrée | | | Sortie | | | Stock | | |
|---|---|---|---|---|---|---|---|---|---|---|
| | | Q | PU | Valeur | Q | PU | Valeur | Q | PU | Valeur |
| 1er mars | Stock initial | | | | | | | 60 | 2,90 | 174,00 |
| 3 mars | Achats | 120 | 2,35 | 282,0 | | | | 60<br>120 | 2,90<br>2,35 | 174,00<br>282,00 |
| 15 mars | Ventes | | | | 60<br>20 | 2,90[1]<br>2,35[2] | 174,00<br>47,00 | 100 | 2,35 | 235,00 |
| 20 mars | Achats | 60 | 3,00 | 180,0 | | | | 100<br>60 | 2,35<br>3,00 | 235,00<br>180,00 |
| 25 mars | Ventes | | | | 90 | 2,35 | 211,5<br>0 | **10[3]**<br>**60** | **2,35**<br>**3,00** | **23,50**<br>**180,00** |

(1) On sort d'abord les 60 kg achetés en premier à 2,90 € le kg.
(2) Pour sortir 80 kg, on complète avec 20 kg à 2,35 € le kg.
(3) Il reste 10 kg à 2,35 € le kg et 60 kg à 3 € le kg.

On remarquera que si les quantités en stock sont évidemment identiques (70 kg), la valeur du stock final est différente : 189,70 € selon la méthode CMUP et 203,50 € (23,50 + 180,00) selon la méthode PEPS.

## 3 Les coûts induits du stock

Le stock génère différents coûts.

### 1. Le coût de possession

Le coût de possession est lié aux frais financiers et frais de magasinage dus à la détention du stock.
Le coût de possession (CP) est égal au taux de possession T (coût de possession ramené à 1 € de stock, obtenu en divisant le coût total des frais par le stock moyen) multiplié par la valeur du stock moyen, soit :

$$\text{CP} = \frac{\text{T} \times \text{C}}{2\text{N}}$$

avec :
T = le taux de possession ;
C = la consommation de la période ;
N = le nombre de commandes sur la période.

**EXEMPLE**

Une unité commerciale a une consommation annuelle de 12 000 € avec un taux de possession estimé à 16 % du stock moyen et une commande passée par mois. Le coût de possession s'élève, pour une commande mensuelle, à :

$$\frac{0{,}16 \times 12\,000}{2 \times 1} = 960\ €$$

$$\frac{0{,}16 \times 12\,000}{2 \times 4} = 240\ €$$ pour 4 commandes, etc.

### 2. Le coût de passation

Chaque commande supporte un coût de passation lié au fait de passer cette commande. Plus on passe de commandes, plus il est élevé.

**EXEMPLE (suite)**

La même unité commerciale a un coût de passation d'une commande de 60 €.

### 3. Le coût total de gestion du stock

Il est égal à la somme du coût de possession et du coût de passation des commandes.

**EXEMPLE (suite)**

Le coût total de gestion du stock pour l'unité commerciale évoquée plus haut est égal à :
960 + 60 = 1 020 € par mois.

## 4 La gestion des approvisionnements dans l'unité commerciale

### 1. Les différents niveaux de stock

#### a) Le stock minimum

C'est la quantité en stock nécessaire pour satisfaire la demande pendant le délai normal de livraison. Il correspond au niveau sous lequel le stock ne doit jamais descendre au risque d'être en rupture dans l'attente de la prochaine livraison.

#### b) Le stock de sécurité

C'est la quantité nécessaire pour faire face à des aléas divers, comme une augmentation passagère de la consommation pendant le délai normal de livraison et/ou un retard dans un délai de livraison ou les deux à la fois.

#### c) Le stock d'alerte

Le stock d'alerte (ou point de commande) est le niveau du stock à partir duquel il faut passer une commande pour ne pas être en rupture de stock. Il sera donc égal à :

stock minimum + stock de sécurité

Pour déclencher une commande, l'unité commerciale doit donc prendre en compte les différents niveaux atteints par ses stocks.

#### d) Le stock moyen (SM)

Il est égal à la moyenne du stock initial (SI) et du stock final (SF) de la période :

$$SM = \frac{\text{Stock initial} + \text{Stock final}}{2}$$

$$SM = \frac{C}{2N}$$

avec :
C = la consommation de la période ;
N = le nombre de commandes passées dans la période.

### 2. La gestion des commandes

#### a) Le cas où la demande est régulière

L'unité commerciale passe une commande quand son stock d'alerte atteint un niveau déterminé au préalable.

Si la demande est régulière, il est possible de calculer la quantité optimale à commander (Q) à chaque livraison et d'en déduire le nombre de commandes N, égal à la cadence optimale de commandes, par les formules suivantes :

$$Q = \sqrt{\frac{2CL}{UT}} \;;\; N = \frac{C}{Q}$$

avec :
C = la consommation annuelle en quantité ;
L = le coût de passation d'une commande ;
U = le prix unitaire du produit en stock ;
T = le taux du coût de possession du stock.

**EXEMPLE**

L'entreprise Super Dog a relevé les données suivantes :
- le coût de passation L d'une commande est de 15 € et le coût de possession du stock T est estimé à 20 % du stock moyen ;
- la consommation annuelle C est évaluée à 8 000 unités au coût unitaire U de 50 €.

La quantité optimale à commander sera donc de :

$$Q = \sqrt{\frac{2 \times 8\,000 \times 15}{50 \times 0{,}20}} = 155 \text{ unités}$$

$$N = \frac{8\,000}{155} = 52 \text{ commandes}$$

Si la demande est régulière, soit 8 000/12 = 667 unités par mois environ, l'unité commerciale commandera 155 unités toutes les semaines (30 jours/667 × 155 = 7 jours).

#### b) Le cas où la demande est irrégulière

Lorsque la consommation est irrégulière, Q reste identique mais les dates de réapprovisionnement varieront en fonction des consommations effectives.

### 3. La gestion par exception

La gestion des stocks nécessite un suivi pour identifier les éléments du stock qui ont une rotation rapide et ceux pour lesquels elle est plus lente.
Deux méthodes permettent de rationaliser le suivi du stock.

#### a) La méthode « 20 – 80 »

Cette méthode considère que :
- 20 % des références représentent 80 % des achats : elles seront donc inventoriées de manière périodique et feront l'objet d'une surveillance fine en termes de coût et de délais d'approvisionnement ;
- 80 % des références génèrent 20 % des achats : elles seront donc gérées de façon plus sommaire.

#### b) La méthode « ABC »

Cette méthode indique que :
- 10 % des références qui constituent 60 % des achats nécessitent de réaliser un inventaire périodique ;
- 40 % des références qui représentent 30 % des achats permettent à l'unité commerciale de mettre en place une gestion moins systématique de ses stocks ;
- 50 % des références qui équivalent à 10 % des achats admettent une intervention occasionnelle du gestionnaire.

**EXEMPLE**

Soit le relevé, en pourcentages, des quantités vendues de 7 produits :

| Produits | % des articles vendus en quantité(1) | Cumul (en %) | % des articles vendus en quantité | % des articles vendus en CA(2) | % des articles vendus en CA |
|---|---|---|---|---|---|
| P1 | 12,97 | 12,97 | 10 % | 50,92 | 60 % |
| P2 | 0,91 | 13,88 | | 10,49 | |
| P3 | 5,55 | 19,43 | 40 % | 18,20 | 30 % |
| P4 | 3,38 | 22,81 | | 5,15 | |
| P5 | 1,51 | 24,32 | | 3,82 | |
| P6 | 20,18 | 44,50 | | 3,73 | |
| P7 | 55,50 | 100,00 | 50 % | 7,69 | 10 % |
| | | | 100,00 | 100,00 | |

(1) 12,97 + 0,91 = 13,88 %, (P1 + P2) sensiblement égal à 10 %. 5,55 + 3,38 + 1,51 + 20,18 = 30,62 %, (P3 + P4 + P5 + P6) sensiblement égal à 40 %. Le reste, 55,50 % (P7), représente 50 %.

(2) 50,92 + 10,49 = 61,41 % sensiblement égal à 60 %. 18,20 + 5,15 + 3,82 + 3,73 = 30,90 %, sensiblement égal à 30 %.

On retrouve approximativement les classes « ABC » pour ces 7 produits.

## 4. Le contrôle des stocks

### a) La démarque

Réaliser un inventaire physique des stocks permet de vérifier l'inventaire théorique de la fiche de stock et de dégager les éventuels écarts.

On identifie ainsi la démarque (différence entre les quantités physiques et théoriques), qui se décompose en démarque connue et démarque inconnue.

La démarque connue est due aux erreurs identifiées comme la casse, les rebuts invendables, les marchandises volées et identifiées lors d'un cambriolage, etc.

Par différence avec la démarque connue, on peut ainsi évaluer la démarque inconnue, résultant de vols, d'erreurs involontaires du personnel aux caisses, etc.

**EXEMPLE**

Le stock final théorique est évalué à 119 unités.

L'inventaire physique dénombre 100 unités en stock. La démarque connue relevée est de 14 unités.

La démarque s'élève donc à : 119 – 100 = 19 unités. On peut alors chiffrer la démarque inconnue à : 19 – 14 = 5 unités.

### b) La rotation des stocks

Le contrôle des stocks permet de calculer la rotation des stocks, qui se définit comme la vitesse du renouvellement des marchandises en stock.

Elle s'apprécie en nombre de jours et se calcule par un ratio (r) :

$$r = \frac{\text{Stock moyen} \times 360}{\text{Coût d'achat des marchandises vendues}}$$

$$= \frac{\text{Stock moyen} \times 360}{\text{Stock initial + Achats HT – Stock final}}$$

### c) La rotation des stocks et le besoin de financement du stock

Si le stock est vendu avant d'avoir été payé, il dégage du chiffre d'affaires avant que ne soient réglés les achats ayant servi à le constituer.

Le besoin de financement du stock dépend donc de sa vitesse de rotation.

### d) Le taux de rotation et la rentabilité

Plus vite on vend les stocks et plus vite les ventes qui dégagent une marge commerciale rentabilisent les fonds immobilisés.

# 5 LA GESTION DE L'OFFRE ET LE CALCUL DU PRIX DE VENTE DANS L'UNITÉ COMMERCIALE



**L'unité commerciale doit établir son prix de vente en ajoutant une marge au prix d'achat des marchandises. Elle est parfois amenée à calculer au préalable un coût de revient si elle produit elle-même.**

## 1 Le calcul d'un coût de revient par la méthode des coûts complets

Une unité commerciale comprend des centres principaux qui constituent les fonctions essentielles de son activité (approvisionnement, production, distribution) et des fonctions auxiliaires qui apportent leur contribution aux centres principaux (administration, entretien, etc.).
Le calcul du coût de revient détermine le volume des charges d'un produit ou d'un service, en supprimant les charges des centres auxiliaires que l'on ajoute aux charges des centres principaux.

### 1. La définition des charges

#### a) Les charges directes

Ces charges peuvent être affectées sans calcul aux centres principaux : charges de personnel, charges de production, etc.

#### b) Les charges indirectes

Certaines charges communes à tous les centres doivent subir un traitement pour être imputées aux centres principaux : charges de personnel administratif, d'accueil, charges locatives, etc.

### 2. La répartition des charges indirectes

#### a) La répartition primaire

La répartition primaire présente la répartition des charges indirectes dans les différents centres d'une entreprise pour un produit ou un service donné.

EXEMPLE

Une entreprise qui fabrique des ULM envisage la production de 100 ULM pour l'année. L'activité se divise en 5 centres : 3 principaux et 2 auxiliaires.
La comptabilité répartit les charges indirectes pour la fabrication des 100 ULM entre chacun des centres :

| | Centres auxiliaires | | Centres principaux | | |
|---|---|---|---|---|---|
| | Prestations annexes | Gestion des bâtiments | Approvi-sion-nement | Produc-tion | Distri-bution |
| Totaux primaires | 22868 | 38112 | 30890 | 76910 | 45049 |

#### b) La répartition secondaire

La répartition secondaire élimine les charges indirectes des centres auxiliaires pour les imputer aux centres principaux selon des clés de répartition définies au préalable.
Ces dernières sont soit des unités d'œuvre (m², m³, kg, etc.), soit des valeurs monétaires en euros appelées « taux de frais » (100 € de chiffre d'affaires, d'achat, etc.).

EXEMPLE (suite)

On obtient ici en répartissant les charges indirectes de manière arbitraire pour la fabrication des 100 ULM :

| | Centres auxiliaires | | Centres principaux | | |
|---|---|---|---|---|---|
| | Prestations annexes | Gestion des bâtiments | Approvi-sionnement | Produc-tion | Distribu-tion |
| Répartition primaire | 22868 | 38112 | 30890 | 76910 | 45049 |
| Répartition secondaire<br>- Prestations annexes<br>- Adminis-tration | - 100 %<br> | 20 %<br>- 100 % | 10 %<br>14,25 % | 20 %<br>50 % | 50 %<br>35,75 % |
| Répartition secondaire<br>- Prestations annexes<br>- Adminis-tration | - 22868[1] | 4574[1]<br>42686[2] | 2287[1]<br>6098[2] | 4574[1]<br>21343[2] | 11434[1]<br>15245[2] |
| Répartition secondaire | 0 | | 39275 | 102827 | 71728 |

(1) On supprime les 22868 € (selon le pourcentage mentionné plus haut et identifié par expérience) du centre auxiliaire pour les répartir entre les autres centres.
(2) On supprime ensuite les nouvelles charges du 2e centre auxiliaire (38112 + 4574 = 42686 €), que l'on répartit entre les centres principaux.

### 3. Le calcul du coût de revient

Le coût de revient est la somme des charges directes et des charges indirectes relatives au centre.
Pour calculer le coût de revient d'un produit ou d'un service, on reporte à chaque centre principal ses charges directes et indirectes respectives.
Enfin, on calcule le coût de revient par le cheminement suivant :
Coût d'approvisionnement = Coût d'achat + Charges indirectes d'approvisionnement
Coût de production = Coût d'approvisionnement + Charges directes et indirectes de production
Coût de revient = Coût de production + Coût de distribution

EXEMPLE (suite)

Charges directes pour un ULM :
- 1 moteur : 164,64 € pièce
- 10 m² de plastique : 30,49 € le m²
- 1 hélice : 15,24 € pièce
- 30 mètres de tube : 9,76 € le mètre
- autres approvisionnements : 137,20 €

Charges directes pour 100 ULM :
- personnel de vente : 18903,70 € par an
- 6 employés à l'atelier : 1219,59 € par mois et par employé

**Fiche de coût de revient**

| | | Unité | Qté | PU | Total pour 100 ULM |
|---|---|---|---|---|---|
| Approvisionnement | Moteur | | 100 | 164,64 | 16 464,00 |
| | Plastique | | 1 000 | 30,49 | 30 490,00 |
| | Tube | | 3 000 | 9,76 | 29 280,00 |
| | Hélice | | 100 | 15,24 | 1 524,00 |
| | Autres approvisionnements | | | | 13 720,00 |
| | Charges indirectes[1] | | | | 39 275,00 |
| Coût d'achat | | | | | 130 753,00 |
| Production | Employés | | 6 | 1 219,59 | 87 810,48[2] |
| | Charges indirectes[1] | | | | 102 827,00 |
| Coût de production | | | | | 321 390,48[3] |
| Distribution | Salaire | | | | 18 903,70 |
| | Charges indirectes[1] | | | | 71 728,00 |
| Coût de distribution | | | | | 90 631,70 |
| Coût de revient | | | | | 412 022,18 |

(1) Valeurs reprises dans le tableau de la répartition secondaire.
(2) 1 219,59 × 12 × 6 = 87 810,48
(3) 130 753 + 87 810,48 + 102 827 = 321 390,48
(4) 321 390,48 + 90 631,70 = 412 022,18
Le coût de revient de 100 ULM s'élève à 412 022,18 €, soit 4 120,22 € à l'unité.

## 2 La détermination du prix de vente

### 1. Les indicateurs utiles

#### a) La marge commerciale et le résultat

La marge commerciale est la différence entre le prix de vente HT du produit et son prix d'achat HT.
Le résultat, quant à lui, est la différence entre son prix de vente et son coût de revient.

**EXEMPLE (suite)**

L'ULM est vendu au prix public de 4 573,47 € HT.

$$\text{Marge commerciale unitaire} = 4\,573{,}47 - \frac{130\,753{,}00}{100} = 3\,265{,}94\ €$$

$$\text{Résultat} = \frac{457\,347 - 412\,022{,}18}{100} = 453{,}25\ €$$

#### b) Les taux relatifs au calcul de la marge

Le taux de marge (Tm) permet d'ajouter une marge au prix d'achat HT pour trouver le prix de vente HT.

$$\text{Tm} = \frac{\text{Marge commerciale} \times 100}{\text{Prix d'achat HT}}$$

**EXEMPLE**

Si le taux de marge est de 20 %, le prix d'achat est de 100 % et le prix de vente de 120 %.

Le taux de marque (TM) permet de déterminer une marge lorsqu'on a fixé au préalable le prix de vente HT.

$$\text{TM} = \frac{\text{Marge commerciale} \times 100}{\text{Prix de vente HT}}$$

**EXEMPLE**

Si le taux de marque d'un produit est de 30 %, son prix d'achat représente 70 % et son prix de vente HT 100 %.

#### c) Le calcul du prix de vente TTC

Dans l'unité commerciale, on applique un coefficient multiplicateur k au prix d'achat pour calculer rapidement le prix de vente TTC :

$$k = \frac{\text{PV TTC}}{\text{PA HT}}$$

**EXEMPLE 1**

Soient un PV HT de 12 380 € et un PA HT de 7 720 €. Le taux de TVA se situe à 19,60 %.
Marge = 12 380 − 7 720 = 4 660 €
PV TTC = 12 380 × 1,196 = 14 806,48 €

$$\text{Tm} = \frac{4\,660 \times 100}{7\,720} = 60{,}36\,\%$$

$$\text{TM} = \frac{4\,660 \times 100}{12\,380} = 37{,}64\,\%$$

$$k = \frac{14\,806{,}48}{7\,720} = 1{,}92$$

Un manageur calculera directement le PV TTC en multipliant 7 720 € par 1,92.

**EXEMPLE 2**

Soit un PV HT de 9,88 € avec un taux de marge de 30 %.
PA HT = (9,88 × 100)/130 = 7,60 (la base 100 % est le prix d'achat).
Marge = 9,88 − 7,60 = 2,28 €
TM = (2,28 × 100)/9,88 = 23,08 %

**EXEMPLE 3**

Soit un PA HT de 75 €. Le TM est de 30 % du PV HT et le PA HT représente 70 % du PV (la base 100 % est le prix de vente).
PV HT = (75 × 100)/70 = 107,14 €
Marge = 107,14 − 75 = 32,14 €

### 2. La prise en compte des critères du marché

#### a) La fixation des prix de vente à partir des coûts

On applique un taux de marge au prix de revient du produit pour définir une marge et obtenir le prix de vente.

**EXEMPLE**

Si le coût de revient est de 150 € et qu'on pratique une marge de 20 %, soit 30 €, le prix de vente sera de 180 €, auquel on ajoutera le taux de TVA légal.

Cette méthode présente certaines limites :
- le prix de vente n'est pas forcément le prix accepté par le client ;
- cette méthode ne tient pas compte du prix de vente proposé par la concurrence ;
- le prix de revient évolue en fonction des quantités : plus on produit, plus on réduit les charges fixes.

#### b) La fixation du prix de vente en fonction de la concurrence

Le manageur peut situer son prix de vente au-dessus, au même niveau ou en dessous du prix de la concurrence selon sa stratégie de prix et de positionnement de ses produits.

Cette méthode présente aussi des limites :

- l'unité commerciale méconnaît le coût de revient du concurrent de référence. S'aligner sur son prix de vente présente un risque au niveau de la rentabilité ;
- elle ignore si les concurrents bénéficient ou non de réductions obtenues de leurs fournisseurs.

### c) La fixation du prix de vente en fonction de la demande

Cette méthode consiste à déterminer un prix de vente acceptable pour le client, de déduire la marge souhaitée et d'adapter le prix de revient en le négociant avec le fournisseur (coût cible).

Elle a l'inconvénient d'imposer au fournisseur une forte pression sur les coûts.

### d) La fixation du prix de vente en fonction du prix psychologique

Le prix de vente est fixé en fonction du prix que le client est prêt à payer au regard du rapport qualité-prix.

On fournit une hiérarchie de prix et le pourcentage le plus élevé d'acheteurs correspond au prix psychologique.

Cette méthode présente certaines limites :

- le client interrogé qui n'achète pas le produit n'émet pas forcément un avis sincère ;
- il n'a pas souvent une idée précise du prix du nouveau produit ;
- le prix d'acceptabilité ne tient pas compte de l'objectif de rentabilité du produit.

### e) La fixation du prix par le *yield management*

Le prix de vente est fixé selon la variation de la demande. Quand la demande est faible, on baisse le prix ; quand elle est forte, on l'augmente.

**EXEMPLE**

On utilise le *yield management* dans les services comme les transports aérien, ferroviaire, autoroutier, etc., dont l'activité subit de fortes variations saisonnières. Des prix attractifs en période creuse augmentent la demande ; des prix élevés pratiqués en période forte la réduisent.

### f) La fixation du prix selon l'élasticité de la demande par rapport au prix

La quantité demandée varie selon le prix. Le coefficient d'élasticité $e_p$ permet de situer l'évolution de la demande au regard de la variation du prix de vente :

$$e_p = \frac{\text{\% de variation de la demande}}{\text{\% de variation du prix}} = \frac{\dfrac{D_2 - D_1}{D_1}}{\dfrac{P_2 - P_1}{P_1}}$$

avec :

$D_1$ = la quantité vendue avant la modification de prix

$D_2$ = la quantité vendue après la modification de prix

$P_1$ = l'ancien prix

$P_2$ = le nouveau prix

- Si $e_p < 1$, la demande est peu élastique ou inélastique : une variation du prix entraîne une variation plus faible de la quantité demandée.
- Si $e_p > 1$, la demande est très élastique : une variation du prix entraîne une variation plus élevée de la quantité demandée.
- Si $e_p = 1$, la demande a une élasticité égale à 1 : la demande est élastique car les variations du prix et de la quantité demandée sont exactement les mêmes.
- Si $e_p = -1$, cela signifie que la demande est élastique mais qu'elle augmente dans la même proportion qu'une baisse de prix et *vice versa*.

Le manageur peut ainsi fixer le prix en connaissant les incidences que celui-ci peut avoir sur le niveau de la demande.

**EXEMPLE**

Une unité commerciale, souhaitant connaître l'élasticité-prix de la demande dans son secteur d'activité, envisage les scénarii suivants :

- premier scénario : elle fait passer le prix de vente d'un produit A de 40 € à 50 €. Elle constate que les quantités de produit A vendues passent de 1 000 à 1 100.

$$e_p = \frac{\dfrac{1\,100 - 1\,000}{1\,000}}{\dfrac{50 - 40}{40}} = \frac{0{,}1}{0{,}25} = 0{,}4$$

La demande est inélastique. Une augmentation du prix ne bloque pas les ventes de A mais les ralentit.

- deuxième scénario : elle fait passer le prix d'un produit B de 80 € à 100 €.

Les quantités vendues de B passent alors de 500 à 375.

$$e_p = \frac{\dfrac{375 - 500}{500}}{\dfrac{100 - 80}{80}} = \frac{-0{,}25}{0{,}25} = -1$$

La demande est élastique. Une augmentation du prix fait diminuer les quantités vendues dans la même proportion.

GESTION DES UNITÉS COMMERCIALES

# 6 LE COMPTE DE RÉSULTAT DE L'UNITÉ COMMERCIALE ET SON ANALYSE

**L'unité commerciale doit connaître le résultat dégagé par son activité et, à partir d'indicateurs, se comparer aux membres de son réseau, à ses concurrents et à l'ensemble de la profession.**

## 1 Le compte de résultat

Fourni en fin d'exercice, le compte de résultat mesure les flux au cours d'une période donnée. Il permet de dégager le résultat (perte ou bénéfice) de l'unité commerciale.

### 1. Les produits

Les flux générant une augmentation des richesses s'appellent les produits et se décomposent en différentes catégories.

#### a) Les produits d'exploitation

Ils comprennent le chiffre d'affaires HT et les autres produits d'exploitation comme les ristournes de fin d'année (RFA).

#### b) Les produits financiers

Il s'agit des intérêts de placement, des soldes de trésorerie rémunérés et des escomptes obtenus.

#### c) Les produits exceptionnels

Ces produits relèvent des opérations de cession d'immobilisations (plus-values) ou d'opérations externes à l'exploitation.

### 2. Les charges

Les flux générant une diminution des richesses de l'unité commerciale s'appellent les charges et se décomposent aussi en différentes catégories.

#### a) Les charges d'exploitation

Ce sont les charges engagées pour l'exploitation. Les principales charges sont liées aux achats, aux factures envers les tiers (charges externes) et au personnel.
On y trouve également les impôts et taxes, les dotations aux amortissements et provisions, qui sont des charges concernant la dépréciation des immobilisations ou des créances.

#### b) Les charges financières

Il s'agit des intérêts d'emprunts et des escomptes accordés.

#### c) Les charges exceptionnelles

Elles concernent les charges liées à la cession des immobilisations (moins-values) et celles non liées à l'exploitation (amendes, etc.).

#### d) Les charges spécifiques

Selon le type d'entreprise, d'autres charges supplémentaires peuvent grever le résultat net.
Une société paie l'impôt sur les sociétés et l'inscrit en charges.
Si l'entreprise emploie au moins 50 salariés, elle leur distribue une participation sur les bénéfices réalisés, qui est aussi une charge.

### 3. La présentation du compte de résultat

EXEMPLE

Modèle de compte de résultat de l'année N (en milliers d'euros)

| CHARGES (hors taxes) | N | PRODUITS (hors taxes) | N |
|---|---|---|---|
| **Charges d'exploitation** | | **Produits d'exploitation** | |
| Achats de marchandises | 1 430,26 | Ventes de marchandises | 4 128,60 |
| Variation de stocks | – 170,00 | Production vendue | 0 |
| Achats de matières premières | 810,00 | Sous-total A : chiffre d'affaires net | 4 128,60 |
| Variation de stocks | 80,00 | Production stockée | |
| Autres achats et charges externes | 100,00 | Production immobilisée | |
| Impôts, taxes et versements assimilés | 40,00 | Subventions d'exploitation | |
| Salaires et traitements et charges sociales | 800,00 | Autres produits | |
| Dotations aux amortissements et aux provisions | 320,00 | | |
| Autres charges | | Sous-total B | 0 |
| Total I | 3 410,26 | Total I (A + B) | 4 128,60 |
| **Charges financières II** | 140,48 | **Produits financiers II** | 85,00 |
| **Charges exceptionnelles III** | 0 | **Produits exceptionnels III** | 0 |
| Participation des salariés IV | 50,00 | | |
| Impôts sur les bénéfices V | 200,00 | | |
| Total des charges (I + II + III + IV + V) | 3 800,74 | Total des produits (I + II + III) | 4 213,60 |
| Solde créditeur : bénéfice | 412,86 | Solde débiteur : perte | 0 |
| TOTAL GÉNÉRAL | 4 213,60 | TOTAL GÉNÉRAL | 4 213,60 |

## 2 L'analyse du compte de résultat

### 1. Les soldes intermédiaires de gestion (SIG)

Les soldes intermédiaires de gestion décomposent le résultat net (bénéfice ou perte) pour l'expliquer.
Dans tous les cas, on effectue le calcul suivant : Produits – Charges

#### a) Les soldes intermédiaires relatifs à l'exploitation

| Produits | | Charges | | SIG |
|---|---|---|---|---|
| Ventes de marchandises HT | – | Coût d'achat des marchandises vendues (achats de marchandises ± variation de stocks) | = | Marge commerciale (MC) |
| Production vendue (biens et services) + Production stockée (ou déstockée) + Production immobilisée | | | = | Production de l'exercice |

| | | | | |
|---|---|---|---|---|
| Marge commerciale + Production | – | Consommation en provenance des tiers (services extérieurs + achats et variations de stocks autres que les marchandises) | = | Valeur ajoutée (VA) |
| VA + Subventions d'exploitation | – | Impôts et taxes + Charges totales de personnel | = | Excédent brut d'exploitation (EBE) ou insuffisance (IBE) |
| EBE (ou IBE) + Autres produits d'exploitation | – | Autres charges d'exploitation + Dotations aux amortissements et provisions d'exploitation | = | Résultat d'exploitation (RE) |

### b) Les soldes intermédiaires après l'incidence des opérations liées au financement

Résultat courant (RC) = RE ± Résultat financier (produits financiers – Charges financières)

### c) Les soldes intermédiaires après l'incidence des opérations exceptionnelles

Résultat net (RN) = RC ± Résultat exceptionnel (produits exceptionnels – charges exceptionnelles) – Charges spécifiques

**EXEMPLE (suite)**

À partir du précédent compte de résultat, on reconstitue le résultat net (412,86 €) par les SIG.

MC = 4 128,60 – (1 430,26 – 170) = 2 868,34

Production de l'exercice = 0

VA = 0 + 2 868,34 – (810 + 80 + 100) = 1 878,34

EBE = 1 878,34 – 40 – 800 = 1 038,34

RE = 1 038,34 – 320 = 718,34 = 4 128,60 – 3 410,26

RC = 718,34 + (85 – 140,48) = 662,86

RN = 662,86 + 0 – 50 – 200 = 412,86

| | | | | | |
|---|---|---|---|---|---|
| Ventes 4 128,60 | CAMV = 1 430,26 – 70 | Consommation en provenance des tiers = 810 + 80 + 100 | Impôts et taxes Charges de personnel = 40 + 80 | Dotations aux amortissements = 320 | Résultat financier = 85 – 140,48 |
| | Marge commerciale = 2 868,34 | Valeur ajoutée = 1 878,34 | EBE = 1 038,34 | Résultat d'exploitation = 3 410,26 | Impôt sur les bénéfices Participation = 85 + 140,48 |
| | | | | | Résultat net = 412,86 |

## 2. Les principaux ratios

Un ratio est un rapport de deux valeurs. Les ratios choisis avec pertinence par rapport à l'activité seront comparés à ceux proposés par les syndicats professionnels, les organismes bancaires, le réseau, etc., qui diffusent des indicateurs de référence pour la profession. Ils mesurent aussi l'évolution de l'activité par rapport à l'année précédente.

### a) Les ratios d'activité

Les ratios d'activité apprécient l'évolution de l'activité d'une année sur l'autre :

$$\text{Évolution du CA} = \frac{\text{CA HT}_{N} - \text{CA HT}_{N-1}}{\text{CA HT}_{N-1}}$$

ou de la valeur ajoutée $= \dfrac{VA_{N} - VA_{N-1}}{VA_{N-1}}$

### b) Les ratios d'exploitation

Les ratios d'exploitation évaluent la marge que l'activité commerciale génère :

$$\frac{\text{MC}}{\text{CA HT}}$$

### c) Les ratios de profitabilité

Les ratios de profitabilité mesurent la capacité de l'entreprise à générer, par le chiffre d'affaires, des profits selon les différents soldes intermédiaires de gestion :

$$\frac{\text{EBE}}{\text{CA HT}}$$

Ce ratio détermine la part que représente le résultat obtenu par rapport au chiffre d'affaires après paiement de tous les tiers et avant celui des impôts et taxes et du personnel.

$$\frac{\text{RE}}{\text{CA HT}}$$

Ce ratio détermine la part que représente le résultat obtenu par rapport au chiffre d'affaires après paiement de toutes les charges nécessaires à l'exploitation.

$$\frac{\text{RN}}{\text{CA HT}}$$

Ce ratio détermine la part que représente le résultat net obtenu par rapport au chiffre d'affaires après paiement de toutes les charges de l'entreprise.

**EXEMPLE (suite)**

MC = 2 868,34

2 868,34/4 128,60 = 0,69, soit 69 %.

EBE = 1 038,34

1 038,34/4 128,6 = 0,25, soit 25 %.

RE = 718,34

718,34/4 128,6 = 0,17, soit 17 %.

RN = 412,86

412,86/4 128,6 = 0,10, soit 10 %.

En moyenne, une marchandise vendue 100 € HT rapporte une marge de 69 €, un résultat après paiement des charges dues aux tiers et au personnel de 25 €, 17 € après déduction de toutes les charges propres à l'exploitation et 10 €, toutes charges considérées.

Une analyse permet de comparer l'unité commerciale aux membres de son réseau ou de sa profession. Une comparaison avec les années précédentes permet de comprendre son évolution dans le temps.

### d) Les ratios de rendement

Les ratios de rendement déterminent la productivité de l'unité commerciale en fonction de sa dimension ou de son effectif :

$$\frac{\text{CA HT}}{\text{Nombre de personnes employées}}$$

$$\frac{\text{CA HT}}{\text{Nombre de m}^2\text{ de surface de vente}}$$

Ces ratios sont particulièrement utiles au manageur qui peut situer la productivité de son personnel ou de son unité commerciale par rapport au réseau ou à la profession.

### e) Les ratios de rentabilité

Ils permettent d'évaluer le poids des charges de personnel par rapport à la richesse dégagée par l'exploitation :

$$\frac{\text{Charges de personnel}}{\text{VA}}$$

## 3 La capacité d'autofinancement (CAF)

La capacité d'autofinancement, appelée aussi « cash-flow » ou « marge brute d'autofinancement » (MBA), détermine l'aptitude de l'unité commerciale à dégager ses propres ressources pour financer un investissement ou rémunérer les capitaux investis.

Pour définir la CAF, il faut donc prendre en compte uniquement les charges décaissées et les produits encaissés.

La CAF diffère aussi du résultat net de l'entreprise car elle ne tient pas compte des produits et des charges calculés.

### 1. La notion de charges et de produits calculés

Pour calculer la CAF, il faut corriger le résultat net de l'exercice en y ajoutant le total des charges calculées qui ont été prises en compte et en le diminuant du total des produits calculés qui ont été ajoutés.

#### a) Les charges calculées

Il s'agit des dotations aux amortissements qui constatent une dépréciation (usure) d'un élément de l'actif et des dotations aux provisions qui anticipent une perte à venir (créance douteuse, baisse du cours d'un titre).

Ces dotations n'ont pas entraîné de dépense de la part de l'entreprise.

#### b) Les produits calculés

Ils correspondent aux reprises sur amortissements et provisions qui, en annulant un amortissement ou une provision antérieure, ne constituent pas une recette réelle pour l'entreprise.

### 2. L'élimination des opérations de cession

Il ne faut pas tenir compte des opérations qui ont une incidence sur la trésorerie de l'entreprise et qui ne sont pas liées à la gestion courante comme d'éventuels profits réalisés lors de la cession d'un élément de l'actif. Il faut alors déduire du résultat net le produit de cession de l'élément d'actif cédé et y ajouter le montant de la valeur comptable nette de l'élément d'actif cédé, ce qui revient à déduire les plus ou moins-values de cession.

### 3. La capacité d'autofinancement

Elle correspond au résultat net auquel on ajoute les charges non décaissées et dont on déduit les produits non encaissés.

CAF = Résultat net + Dotations aux amortissements et provisions – Reprises sur amortissements – Plus ou moins-values sur cessions

**EXEMPLE**

Le compte de résultat de l'entreprise Héraclès présente un résultat net de 93 000 € et des dotations aux amortissements et provisions de 32 000 €. Elle a cédé, au cours de l'exercice, une immobilisation pour 20 000 € qu'elle avait acquise pour 15 000 €.

Plus-value de cession = 20 000 – 15 000 = 5 000 €

La CAF s'élève à : 93 000 + 32 000 – 5 000 = 120 000 €.

# 7 LES ÉLÉMENTS DU TABLEAU DE BORD DE L'UNITÉ COMMERCIALE



**Le manageur doit suivre l'activité de l'unité commerciale en comparant les réalisations aux objectifs pour analyser les écarts survenus. Le tableau de bord lui permet de contrôler régulièrement l'activité. Le calcul du seuil de rentabilité permet ensuite de déterminer le volume d'activité capable d'absorber les charges et de dégager le résultat souhaité.**

## 1 La conception du tableau de bord

### 1. Les objectifs et le format du tableau de bord

Le manageur conçoit des tableaux de bord pertinents suivant ses besoins, eux-mêmes liés à l'activité de son unité commerciale. Il peut vouloir contrôler en valeur ou en volume le chiffre d'affaires, l'état des stocks, les approvisionnements, la marge par rayon, par produit, par secteur, etc.

Un tableau de bord comprend toujours une colonne « prévisions » (objectifs), une colonne « réalisations » et une colonne « écart » (prévisions – réalisations).

Le manageur peut aussi établir un tableau de bord par période et cumulé.

### 2. Les tableaux de bord intermédiaires

#### a) Le tableau de bord des ventes

Ce tableau de bord contrôle, période par période, les ventes (chiffre d'affaires) prévisionnelles et réalisées pour identifier les écarts constatés. Associé au tableau de bord des achats et des stocks, il permet de dégager les marges générées par l'unité commerciale. Il couvre généralement les écarts par rayon, par produit, par unité commerciale et pour un réseau.

**EXEMPLE**

| | CA prévu | CA réel | Cumul CA prévu | Cumul CA réel | Écart sur CA |
|---|---|---|---|---|---|
| Rayon 1 | | | | | |
| Rayon 2 | | | | | |
| [...] | | | | | |
| Total magasin | | | | | |

#### b) Le tableau de bord des stocks et des achats

Ce tableau de bord facilite le contrôle du niveau des stocks et des achats.

Prenant en compte le stock initial de la période, il contrôle le stock en fin de période en intégrant les achats effectués.

**EXEMPLE**

| Mois de janvier | | | | | | | | |
|---|---|---|---|---|---|---|---|---|
| | Stock de départ | Achats | Démarque connue | Ventes | Stock final prévu | Stock final réel | Écart sur stock | Écart sur achats |
| Rayon 1 | | | | | | | | |
| Rayon 2 | | | | | | | | |
| [...] | | | | | | | | |
| Total | | | | | | | | |

#### c) Le tableau de bord des charges

Le manageur doit régulièrement contrôler le montant des charges. Il décide rarement des salaires mais peut contrôler certaines charges comme les communications téléphoniques, les fournitures, les heures supplémentaires autorisées, etc.

| Mois de janvier | | | | | | |
|---|---|---|---|---|---|---|
| | Charges prévues | Charges réelles | Cumul prévu | Cumul réel | Écart | Cumul écart |
| Rayon 1 | | | | | | |
| Rayon 2 | | | | | | |
| [...] | | | | | | |
| Total magasin | | | | | | |

#### d) Le tableau de bord centralisateur

Un tableau de bord centralisateur permet de contrôler les éléments essentiels de l'activité : le chiffre d'affaires, les achats, les stocks et la marge.

| Résultats de l'unité pour le mois de janvier | | | | | | |
|---|---|---|---|---|---|---|
| | Prévu | Réel | Cumul prévu | Cumul réel | Écart réel | Cumul écart |
| Chiffre d'affaires | | | | | | |
| Stock initial | | | | | | |
| Achats | | | | | | |
| Stock final | | | | | | |
| Marge | | | | | | |
| Taux de marge | | | | | | |

### 3. Les indicateurs significatifs d'un tableau de bord

#### a) La sélection des indicateurs

Il revient au manageur ou au réseau de sélectionner les indicateurs de performance les plus pertinents et de les comparer à ceux des années précédentes.

Un tableau de bord doit être facilement exploitable aussi bien par le manageur que par ses collaborateurs à qui il sera présenté. Précis et actualisé, il doit rapidement permettre des actions correctrices.

#### b) Les principaux indicateurs de performance

La conception du tableau de bord permet de mettre en avant des indicateurs de performance utiles au manageur d'une équipe commerciale selon les besoins spécifiques de son activité :

# 7 LES ÉLÉMENTS DU TABLEAU DE BORD DE L'UNITÉ COMMERCIALE (suite)

Rendement au mètre linéaire

$$= \frac{\text{CA}}{\text{Nombre de mètres linéaires}}$$

$$\text{Panier moyen} = \frac{\text{CA}}{\text{Nombre de clients}}$$

Productivité par employé

$$= \frac{\text{CA}}{\text{Nombre d'employés}}$$

Nombre horaire de clients

$$= \frac{\text{Nombre de clients}}{\text{Nombre d'heures d'ouverture au public}}$$

## 4. Le compte de résultat différentiel

Le compte de résultat différentiel scinde les charges en deux catégories : les charges variables et les charges fixes.

### a) Les charges variables

Les charges variables sont les charges proportionnelles au chiffre d'affaires. Si le chiffre d'affaires augmente, elles s'accroissent ; si le chiffre d'affaires diminue, elles décroissent.

**EXEMPLE**

Les vendeurs sont rémunérés sur la base d'un commissionnement de 5 %. Quand les ventes sont de 1 000 000 €, leur commission est de 50 000 €. Elle passe à 55 000 € si les ventes s'élèvent à 1 100 000 € ou à 45 000 € si les ventes sont de 900 000 €.

### b) Le coût variable

Le coût variable comprend le coût d'achat des marchandises vendues (achats + variation de stocks) plus les charges variables.

**EXEMPLE**

Le compte de résultat de l'unité commerciale Gervaise présente les chiffres suivants en euros :
- achats de marchandises : 200 000 ;
- variation de stocks : + 25 000.

La comptabilité estime le volume des charges variables à 130 000 €.
Le coût variable s'élève à :
200 000 + 25 000 + 130 000 = 355 000 €.

### c) Les charges fixes

Contrairement aux charges variables, les charges fixes sont indépendantes du chiffre d'affaires et restent stables. Cependant, elles varient par palier quand l'évolution du chiffre d'affaires est telle qu'elle exige de reconsidérer leur volume.

**EXEMPLE**

Une unité commerciale réalise un chiffre d'affaires de 3 000 000 € et emploie 2 vendeurs rémunérés chacun par un salaire brut de 1 600 €.
Grâce au dynamisme du réseau, le chiffre d'affaires de l'unité commerciale a progressé de 20 %. La direction envisage l'embauche d'un vendeur supplémentaire pour améliorer le service à la clientèle.
Les charges fixes passeront alors d'un palier de :
$1\,600 \times 2 = 3\,200$ €
à un palier de $1\,600 \times 3 = 4\,800$ €.

### d) La marge sur coût variable (MCV)

La marge sur coût variable est la marge dégagée par le chiffre d'affaires après déduction du coût variable :
Marge sur coût variable = Chiffre d'affaires – Coût variable
Comme le coût variable est un pourcentage du chiffre d'affaires, la marge sur coût variable est également un pourcentage du chiffre d'affaires.

**EXEMPLE**

En reprenant l'unité commerciale Gervaise, si le chiffre d'affaires atteint 750 000 €, la marge sur coût variable s'élève à : 750 000 – 355 000 = 395 000 €.

Le coût variable représente : $\frac{355\,000 \times 100}{750\,000} = 47{,}33\,\%$ du chiffre d'affaires. La marge sur coût variable est donc égale à : 100 % – 47,33 % = 52,67 % du chiffre d'affaires.

### e) Le résultat net

Le résultat net correspond à la marge sur coût variable moins les charges fixes. Il peut aussi être apprécié en pourcentage du chiffre d'affaires :
Résultat net = Marge sur coût variable – Charges fixes

**EXEMPLE (suite)**

L'unité commerciale Gervaise supporte 200 000 € de charges fixes.
Le résultat net est donc égal à : 395 000 – 200 000 = 195 000 €

et représente : $\frac{195\,000 \times 100}{750\,000} = 26\,\%$ du chiffre d'affaires.

### f) Le compte de résultat différentiel

Le compte de résultat différentiel représente l'activité selon le volume des charges fixes et du coût variable en pourcentage du chiffre d'affaires.

| | | |
|---|---|---|
| Chiffre d'affaires | | 100 % |
| – Coût variable | | x % |
| = Marge sur coût variable | | (100 – x) % = y % |
| – Charges fixes | | CF |
| = Résultat net | | y % – CF = z % |

**EXEMPLE (suite)**

Si on établit le compte de résultat différentiel de l'unité commerciale Gervaise :

| | | |
|---|---|---|
| Chiffre d'affaires | 750 000 | 100,00 % |
| – Coût variable | 355 000 | 47,33 % |
| = Marge sur coût variable | 395 000 | 52,67 % |
| – Charges fixes | 200 000 | – |
| = Résultat net | 195 000 | 26,00 % |

On en conclut que lorsque l'on vend 100 €, l'unité commerciale dépense 47,33 € en charges variables et gagne 26 € de résultat net pour un volume de charges fixes de 200 000 €.
Si l'on vend 200 €, l'unité commerciale dépense alors 94,66 € en charges variables et gagne 52 €.

Si la marge sur coût variable est supérieure aux charges fixes, le résultat net est positif. Dans le cas contraire, le résultat net est négatif.

Par ailleurs, toute variation des charges fixes ou du pourcentage de coût variable entraîne une modification du résultat net.

**EXEMPLE (suite)**

L'unité commerciale Gervaise entrevoit une progression de ses charges fixes de 20 000 €. Le montant des charges fixes sera donc de 220 000 €.
Le résultat net peut alors être estimé à :
395 000 – 220 000 = 175 000 €.
Puis, suite à une rationalisation du processus d'exploitation, elle envisage une baisse en pourcentage du coût variable à 45 %.
Le résultat net peut alors être estimé à :
Marge sur coût variable = 750 000 – (45 % × 750 000)
= 412 500 €
Résultat net = 412 500 – 220 000 = 192 500 €

## 2 Le seuil de rentabilité (SR)

Sachant que chaque fois que l'on vend 100 €, on gagne x € de résultat net, le seuil de rentabilité consiste à calculer le chiffre d'affaires minimal à réaliser pour obtenir un résultat nul, c'est-à-dire pour que la marge sur coût variable soit égale au montant des charges fixes. C'est le seuil à partir duquel l'entreprise ou le produit va être rentable.

### 1. Le calcul du seuil de rentabilité

On établit le compte de résultat différentiel pour calculer le seuil de rentabilité :

| | | |
|---|---|---|
| Seuil de rentabilité | | 100 % |
| – Coût variable | | x % |
| = Marge sur coût variable | | (100 – x) % = y % |
| – Charges fixes | | CF |
| = Résultat net | | y % – CF = z % |

Comme on connaît les pourcentages du chiffre d'affaires que représentent le coût variable et la marge sur coût variable ainsi que le montant des charges fixes, on peut calculer le seuil de rentabilité (SR) grâce à la formule suivante :

$$SR = \frac{\text{Charges fixes} \times 100}{\text{Pourcentage de la marge sur coût variable}}$$

**EXEMPLE (suite)**

En reprenant l'unité commerciale Gervaise :
Marge sur coût variable = 52,67 % du chiffre d'affaires
Charges fixes = 200 000 €

$$SR = \frac{200\,000 \times 100}{52{,}67} = 379\,722{,}80\ €$$

Si on représente le compte de résultat différentiel :

| | | |
|---|---|---|
| Seuil de rentabilité | 379 722,80 | 100,00 % |
| – Coût variable | 179 722,80 (1) | 47,33 % |
| = Marge sur coût variable | 200 000 | 52,67 % |
| – Charges fixes | 200 000 | – |
| = Résultat net | 0 | 0 |

(1) 379 722,80 × 47,33 %

Le montant de la marge sur coût variable est bien égal au montant des charges fixes soit 200 000 €, et le résultat net est nul.

### 2. Le point mort (PM)

Le point mort indique la date à laquelle le seuil de rentabilité est atteint pendant la période d'activité.
Il s'agit en fait de comparer le chiffre d'affaires annuel par rapport au seuil de rentabilité :

$$PM = \frac{360 \times SR}{CA}$$

**EXEMPLE (suite)**

Pour l'unité commerciale Gervaise, si on calcule le point mort :

$$PM = \frac{360 \times 379\,722{,}80}{750\,000} = 182{,}26,\ \text{soit au } 183^{e} \text{ jour.}$$

Le seuil de rentabilité de 379 722,80 € sera atteint le 183ᵉ jour de l'année.
On peut effectuer ce calcul en se basant sur une année de 360 jours ou de 330 si l'unité commerciale ferme au mois d'août :

$$PM = \frac{330 \times 379\,722{,}80}{750\,000} = 167 \text{ jours d'activité}$$

Le manageur devra tenir compte des variations saisonnières de l'activité et appliquer les coefficients saisonniers pour ajuster ses prévisions périodiques d'activité et aboutir à un résultat plus juste concernant le point mort.

### 3. La représentation graphique du seuil de rentabilité et du point mort

Il est possible de représenter le seuil de rentabilité et le point mort dans un graphe.

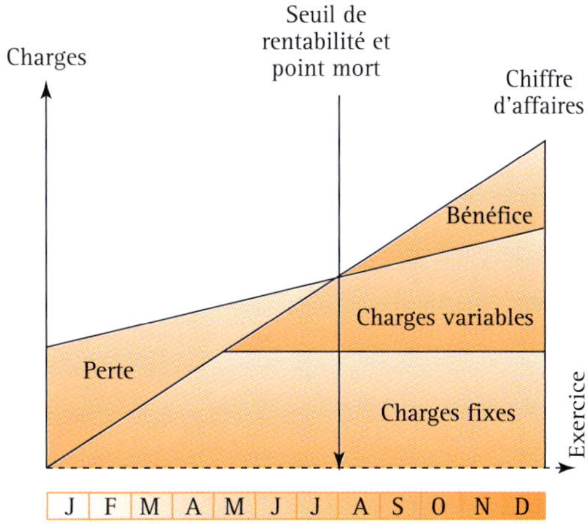

# 8 L'ANALYSE DU BILAN DE L'UNITÉ COMMERCIALE

**Toute entité économique détient un patrimoine composé de biens et de dettes contractées pour les acquérir. Son bilan récapitule ce patrimoine.**
**L'entreprise doit analyser chaque année la manière dont elle a financé ses biens et déterminer si elle peut faire face au financement de son besoin en fonds de roulement d'exploitation et hors exploitation. Par ailleurs, elle utilisera des ratios pour se situer par rapport à ses concurrents, à la profession, etc.**

## 1 La présentation du bilan comptable

Le bilan comptable est composé de deux grandes parties : le passif, qui reprend les dettes (ressources), et l'actif, qui détaille les biens détenus (emplois).
La différence entre l'actif et le passif constitue le résultat net.

### 1. Le passif

#### a) Les capitaux propres

Les capitaux propres comprennent le capital dû aux apporteurs de capitaux, les réserves (part obligatoire de bénéfice non distribué), le report à nouveau (perte sur les exercices précédents) et le résultat net du compte de résultat.

#### b) Les provisions pour risques et charges

Il s'agit des provisions pour créances douteuses ou dépréciation de stocks et d'autres types de provisions passées par l'entreprise pour assurer des charges lourdes qu'elle ne pourrait financer sur un seul exercice comptable.

#### c) Les emprunts ou dettes financières

L'entreprise recourt à des emprunts auprès de la banque pour acquérir des biens ou à des concours bancaires pour financer des décalages de trésorerie ou un éventuel découvert.

#### d) Les dettes

Elles comprennent les dettes d'exploitation (fournisseurs) et les dettes hors exploitation auprès des organismes sociaux ou de l'État (dettes fiscales et sociales).

### 2. L'actif

Il reprend l'ensemble des biens de l'entreprise.

#### a) L'actif immobilisé

L'actif immobilisé comprend les immobilisations incorporelles (brevets, fonds commercial, etc.), les immobilisations corporelles (constructions, mobilier de bureau, agencements et installations, etc.) et les immobilisations financières (titres de participation, prêts, dépôts et cautionnements).

#### b) L'actif circulant

On y trouve les différents stocks (matières premières, fournitures, marchandises, etc.), les créances et les disponibilités (banque et caisse). Y figurent également les valeurs mobilières de placement qui, contrairement aux titres de participation, sont des titres détenus en faible quantité.

#### c) L'actif brut et l'actif net

Tous les biens sont inscrits à l'actif pour leur valeur d'acquisition.
Certains subissent des dépréciations constatées annuellement par les dotations inscrites au compte de résultat. Leur cumul est enregistré au bilan sous la rubrique « Amortissements et provisions ».
C'est pourquoi l'actif présente trois colonnes :
- une colonne « Actif brut » indique la valeur brute d'origine ;
- une colonne reprend les amortissements et provisions pratiqués depuis l'acquisition de l'immobilisation ;
- une colonne « Actif net » indique la valeur nette du bien, soit la valeur brute moins les amortissements ou les provisions pratiqués.

### 3. La représentation simplifiée du bilan

Le total en valeurs nettes de l'actif est toujours égal au total du passif.
C'est le résultat net qui permet d'équilibrer les montants nets.

**EXEMPLE**

**Bilan comptable de l'entreprise Caldor pour l'année N (en milliers d'euros)**

| Actif | | | | Passif | |
|---|---|---|---|---|---|
| | Brut | Amort. & prov. | Net | | Net |
| Actif immobilisé | 102 000 | 33 000 | 69 000 | Capitaux propres dont résultat net | 90 000 |
| Actif circulant<br>Stocks<br>Créances<br>Disponibilités | <br>94 000<br>118 000<br>15 000 | <br>500<br>10 000<br> | <br>93 500<br>108 000<br>15 000 | Emprunts*<br>Dettes | 32 000<br>163 500 |
| Total actif circulant | 227 000 | 10 500 | 216 500 | | |
| Total actif | 329 000 | 43 500 | 285 500 | Total passif | 285 500 |

* Dont 3 500 € de concours bancaires courants et soldes créditeurs de banque.

Le bilan comptable est peu utile au manageur qui souhaite plutôt savoir si le financement du cycle d'exploitation est correctement assuré. Il est plus pertinent de disposer du bilan fonctionnel.

## 2 Le bilan fonctionnel

Le bilan fonctionnel, condensé du bilan comptable, détermine les éléments liés à un cycle court et répétitif (éléments circulants) ou liés à un cycle long (éléments stables). Il met en avant la trésorerie nette dégagée par l'exercice.

### 1. Les éléments stables

#### a) L'actif stable

L'actif stable comprend les éléments de l'actif immobilisé. Ceux-ci sont évalués en valeurs brutes.

### b) Le passif stable

Le passif stable, qui correspond aux ressources disponibles sur plusieurs exercices, comprend les capitaux propres et les emprunts, desquels on aura déduit les concours bancaires repris dans la trésorerie.

Comme l'ensemble du passif est en valeurs nettes et l'actif stable est en valeurs brutes, il faut, pour maintenir l'équilibre « actif = passif », reprendre les amortissements et provisions inscrits à l'actif immobilisé.

On inclut ensuite au passif stable les provisions pour risques et charges.

Passif stable = Capitaux propres + Provisions pour risques et charges + Amortissements et provisions + Emprunts – Concours bancaires

### c) Le passif circulant

Le passif circulant correspond aux dettes d'exploitation et hors exploitation.

### d) L'actif circulant

L'actif circulant reprend l'actif circulant du bilan comptable duquel on aura retranché les disponibilités.

### e) La trésorerie nette

On a ainsi extrait tous les éléments de trésorerie constitués des concours bancaires inclus aux dettes financières et des disponibilités de l'actif circulant.

On peut maintenant faire figurer la trésorerie soit au passif si elle est négative, soit à l'actif si elle est positive.

Trésorerie positive = disponibilités

Trésorerie négative = concours bancaires

### f) La présentation d'un bilan fonctionnel

**EXEMPLE (suite)**

Bilan fonctionnel de Caldor à partir de son bilan comptable

| Actif | N | Passif | N |
|---|---|---|---|
| **Actif stable** | 102 000 | **Passif stable** | |
| | | – Capitaux propres | 90 000 |
| | | – Amortissements et provisions | 43 500 <br> 32 000 |
| | | – Emprunts – concours bancaires | – 3 500 |
| **Actif circulant** | | **Passif circulant** | |
| – Stocks | 94 000 | – Dettes fournisseurs | 163 500 |
| – Créances clients | 118 000 | | |
| **Trésorerie positive** | 15 000 | **Trésorerie négative** | 3 500 |
| **Total actif** | 329 000 | **Total passif** | 329 000 |

## 2. L'analyse du bilan fonctionnel

### a) Le fonds de roulement

Le fonds de roulement correspond à l'excédent du passif stable par rapport à l'actif stable.

FDR = Passif stable – Actif stable

**EXEMPLE (suite)**

Pour Caldor, le fonds de roulement est égal à : 162 000 – 102 000 = 60 000 €.

### b) Le besoin en fonds de roulement (BFR)

Le besoin en fonds de roulement représente l'actif circulant non financé par le passif stable.

BFR = Stocks + Créances clients + Autres créances – Dettes fournisseurs – Autres dettes
= Actif circulant – Passif circulant

**EXEMPLE (suite)**

Pour Caldor, le besoin en fonds de roulement s'élève à : 212 000 – 163 500 = 48 500 €.

### c) La trésorerie nette

La trésorerie nette est la différence entre le fonds de roulement et le besoin en fonds de roulement.

Trésorerie nette = Fonds de roulement – Besoin en fonds de roulement

Si le fonds de roulement est supérieur au besoin en fonds de roulement, la trésorerie nette est excédentaire (trésorerie positive). Dans le cas contraire, elle est déficitaire (trésorerie négative).

**EXEMPLE (suite)**

Pour Caldor, la trésorerie nette est égale à : FDR – BFR = 60 000 – 48 500 = 11 500 €.

## 3. Les ratios de bilan fonctionnel

Le bilan fonctionnel peut être analysé au moyen de ratios, qui sont comparés à ceux de la profession, du réseau et à ceux des années antérieures.

### a) Les ratios d'indépendance financière

Le ratio de fonds de roulement est égal à :

$$\frac{\text{Capitaux stables}}{\text{Immobilisations brutes}}$$

Il doit être au moins égal à 1, au risque de voir les dettes à court terme financer des immobilisations.

$$\text{Ratio de trésorerie} = \frac{\text{Actif circulant}}{\text{Dettes}}$$

Il s'agit de comparer l'actif circulant aux dettes. Si ce ratio est égal à 1, l'actif circulant couvre les dettes à court terme.

### b) Le ratio de rentabilité financière

$$\text{Rentabilité des capitaux investis} = \frac{\text{Résultat net}}{\text{Capitaux propres}}$$

Il permet aux investisseurs de connaître combien rapporte le capital investi.

### c) Le ratio d'autonomie financière

$$\text{Ratio d'autonomie financière} = \frac{\text{Capitaux propres}}{\text{Capitaux stables}}$$

Ce ratio permet de voir si l'entreprise peut emprunter sans mettre en danger son indépendance financière.

### d) Le ratio de solvabilité à court terme

Ratio de solvabilité à court terme

$$\frac{\text{Créances + Trésorerie nette}}{\text{Dettes}}$$

Il permet de voir si la trésorerie disponible (donc l'actif circulant hors stocks) est en mesure de régler les dettes à court terme.

# 9 LA GESTION DES INVESTISSEMENTS DE L'UNITÉ COMMERCIALE

**Investir, c'est mobiliser un capital pour en tirer des profits sur plusieurs années. La décision d'investir s'appuie sur des critères d'appréciation précis.**

## 1 Les différentes catégories d'investissements

### 1. Les investissements par nature

On retrouve dans les investissements par nature les biens immatériels ou incorporels, les biens matériels ou corporels et les immobilisations financières.

### 2. Les investissements par objectifs

#### a) Les investissements de renouvellement

L'unité commerciale investit pour remplacer une immobilisation vieillissante ou obsolète et techniquement dépassée.

#### b) Les investissements de capacité

L'unité commerciale investit pour satisfaire une demande croissante.

#### c) Les investissements de productivité

Ils concernent des investissements dont la technologie permet d'augmenter les quantités produites.

## 2 La complexité de la décision d'investir

L'entreprise qui investit doit en peser les risques car un échec financier peut mettre en péril l'ensemble de l'entreprise avec des conséquences humaines : angoisse, stress, licenciements, etc.

### 1. Une valeur monétaire variable

La valeur d'une monnaie varie dans le temps avec l'inflation.

**EXEMPLE**

Un euro 2006 n'est pas égal à un euro 2007 si le taux d'inflation est de 2 % : 1 € en 2006 = 0,98 € en 2007.

Par ailleurs, chaque euro détenu pourrait être investi aussitôt dans un placement qui rapporterait un intérêt.

**EXEMPLE**

À 2 %, 1 € en 2006 rapporte 1,02 € en 2007.

L'investisseur doit gagner avec l'investissement autant que s'il plaçait ses fonds, voire davantage.

#### a) Le taux d'actualisation

Pour étudier la valeur obtenue par un capital placé pendant plus d'une année, on applique un taux d'actualisation annuel « i % » qui, compte tenu de l'évolution de la valeur d'une unité monétaire dans le temps, permet de calculer les intérêts générés par les fonds investis après n années, que l'on ajoutera ensuite au capital initial.
Si la période n'est pas l'année n, il faut modifier le taux pour le faire correspondre proportionnellement au nombre de périodes. On utilise un taux proportionnel $i_p$ et un nombre de périodes p :

$$i_p = \frac{i}{p}\ \% \text{ avec } n \times p \text{ périodes de placement}$$

où n est le nombre d'années et p le nombre de périodes dans l'année.

Tableau de correspondance entre taux proportionnel et périodes

| Période | Taux d'intérêt i/p | Nombre de périodes n × p | Exemple Taux d'intérêt par période i/p |
|---|---|---|---|
| Année p = 1 | i/1 | 1 × n | 12 %/1 = 12 % |
| Semestre p = 2 | $i_s$ = i/2 | 2 × n | 12 %/2 = 6 % |
| Trimestre p = 4 | $i_t$ = i/4 | 4 × n | 12 %/4 = 3 % |
| Mois p = 12 | $i_m$ = i/12 | 12 × n | 12 %/12 = 1 % |

**EXEMPLE**

On dispose de 1 000 € que l'on souhaite placer sur un compte rémunéré au taux de 2 %. On peut placer 1 000 € une fois à 2 % ou 250 € chaque trimestre au taux de 0,5 %.

#### b) La valeur acquise ou capitalisation

La valeur acquise VA est le capital $V_0$ obtenu après plusieurs périodes n de placement. C'est donc la valeur « future » d'un placement.

$p_0$ → $p_n$
$V_0$ → VA

Le capital obtenu, appelé « valeur acquise » (VA), est égal à :

$$VA = V_0 + I$$

Comme un investissement est engagé pour n périodes, les intérêts dégagés chaque année portent eux-mêmes des intérêts.
On applique alors l'intérêt composé $(1 + i)^n$ au capital pour obtenir immédiatement la valeur acquise.

$$VA = V_0 \times \left(1 + \frac{i}{100}\right)^n$$

**EXEMPLE**

Un capital de 1 000 € est placé pendant 3 ans au taux d'actualisation de 3 %.

$$VA = 1\,000 \times \left(1 + \frac{3}{100}\right)^3 = 1\,000 \times (1{,}03)^3 = 1\,092{,}73 \text{ €}$$

I = 1 092,73 – 1 000 = 92,73 €

$$\text{Intérêts (I)} = \frac{V_0 in}{36\,000}$$

#### c) La valeur actuelle ou actualisation

La valeur actuelle est la valeur d'origine d'un capital dont on connaît la valeur future. C'est l'opération inverse de la valeur acquise : on repart dans le passé pour connaître la valeur antérieure d'un capital.

$p_0$ ← $p_n$
$V_0$ ← VA

$$\text{Valeur actuelle } (V_0) = VA \times (1 + i)^{-n}$$

**EXEMPLE**

Souhaitant disposer dans 2 ans de 1 000 € avec un taux d'actualisation de 2,5 %, combien doit-on placer à l'origine ?

$$V_0 = 1\,000 \times \left(1 + \frac{2{,}5}{100}\right)^{-2}$$

$$V_0 = 1\,000 \times (1{,}025)^{-2} = 951{,}81 \text{ €}$$

### d) La valeur acquise d'une suite de versements constants pendant n périodes

Quand on effectue plusieurs versements de même valeur régulièrement pendant plusieurs périodes successives, chaque versement V rapporte une valeur acquise jusqu'à la période de retrait. On calcule alors la somme VA des valeurs acquises respectives de chaque versement par la formule :

$$VA = V \times \frac{(1 + i)^n - 1}{i}$$

**EXEMPLE**

Une unité commerciale verse 12 000 € pendant 10 ans rémunérés au taux d'actualisation de 5 %. Elle obtiendra, au terme des 10 ans, un capital de :

$$VA = 12\,000 \times \frac{(1{,}05)^{10} - 1}{0{,}05} = 150\,934{,}71 \text{ €}$$

### e) La valeur actuelle d'une suite de versements constants pendant n périodes

À l'inverse, déterminer la valeur actuelle d'une suite de versements constants revient à calculer la valeur du versement unique effectué dès le début de la première année dont on connaît la valeur acquise au terme des versements.

On utilise la formule : $V_0 = V \times \frac{1 - (1 + i)^{-n}}{i}$

**EXEMPLE**

Une unité commerciale verse 45 000 € pendant 5 ans rémunérés au taux d'actualisation de 5 %. Elle disposera, au terme des 5 ans, de 248 653,40 €.

$$V_0 = 45\,000 \times \frac{1 - (1{,}05)^{-5}}{0{,}05} = 194\,826{,}45 \text{ €}$$

Elle pourrait verser cette somme aujourd'hui en une seule fois pour obtenir 248 653,40 € dans 5 ans.

## 2. Les critères entrant dans la décision d'investir

Différents critères d'appréciation d'un investissement permettent de prendre la décision d'investir ou d'y renoncer.

### a) Le flux net de trésorerie

Un investissement génère des recettes et des dépenses supplémentaires (impôts, personnel, charges de fonctionnement, loyer, etc.). Le flux net de trésorerie est la différence (le solde) dégagée à chaque période. Il doit être actualisé tout au long de la durée de l'investissement.

### b) La valeur actuelle nette (VAN)

La valeur actuelle nette d'un investissement, à la date d'acquisition $t_0$, est égale à la somme des valeurs actuelles nettes des flux nets de trésorerie liés à cet investissement :

$$VAN = \sum_{1}^{n} CF \times (1 + i)^{-n} - I$$

Le projet est rentable quand la VAN est positive, c'est-à-dire quand les profits actualisés sont supérieurs à l'investissement.

**EXEMPLE**

Pour un investissement de 800 000 €, prévu pour une durée de vie de 5 ans, on envisage les flux nets dégagés pour les différentes périodes respectivement à 110 000 €, 190 000 €, 360 000 €, 320 000 € et 230 000 €, avec un taux d'actualisation de 8 %. La VAN sera égale à :

$$VAN = \sum_{1}^{5} CF \times (1{,}08)^{-5} - 800\,000$$

$$VAN = 110\,000 \times (1{,}08)^{-1} + 190\,000 \times (1{,}08)^{-2} + 360\,000 \times (1{,}08)^{-3} + 320\,000 \times (1{,}08)^{-4} + 230\,000 \times (1{,}08)^{-5} - 800\,000$$

$$VAN = 142\,269{,}52 \text{ €}$$

### c) L'indice de profitabilité (IP)

Pour qu'un projet soit favorable, le taux que coûte l'investissement doit être inférieur au taux qu'il rapporte. Quand on ramène la valeur actuelle du projet au montant des capitaux investis, on trouve un indice de profitabilité qui doit être supérieur à 0 :

$$IP = \frac{VAN}{I}$$

$$IP = \frac{\sum_{1}^{n} CF \times (1 + i)^{-n} - 1}{I}$$

Si IP est supérieur à 0, les cash-flows actualisés sont supérieurs à l'investissement et le taux d'actualisation est donc favorable.

**EXEMPLE (suite)**

Dans notre exemple précédent, si on calcule l'indice de profitabilité :

$$IP = \frac{\sum_{1}^{5} CF \times (1{,}08)^{-5} - 800\,000}{800\,000}$$

$$IP = \frac{142\,269{,}52}{800\,000}$$

IP = 0,1778, soit 17,78 %.

Supérieur au taux d'actualisation de 8 %, l'indice de profitabilité est favorable car 1 € investi coûte 8 € et rapporte 17,78 €.

### d) Le délai de récupération du capital investi (DRCI)

Le DRCI est la date à laquelle le capital investi est récupéré par le cumul des cash-flows actualisés. Si le cumul des cash-flows périodiques est supérieur au montant de l'investissement au cours de la durée du projet, ce dernier est rentable.

**EXEMPLE (suite)**

| | Année 1 | Année 2 | Année 3 | Année 4 | Année 5 |
|---|---|---|---|---|---|
| Calcul CF | 110 000 × $(1{,}08)^{-1}$ | 190 000 × $(1{,}08)^{-2}$ | 320 000 × $(1{,}08)^{-3}$ | 360000 × $(1{,}08)^{-4}$ | 230000 × $(1{,}08)^{-5}$ |
| CF | 101 851,85 | 162 894,38 | 254 026,32 | 264 610,75 | 156 534,13 |
| Cumul CF | 101 851,85 | 264 746,23 | 518 772,55 | 783 383,30 | 939 917,43 |
| Total mois | 12 | 24 | 36 | 48 | 60 |

On obtient un cash-flow cumulé de 783 383,30 € la quatrième année et de 939 917,43 € la cinquième année. La valeur initiale de l'investissement de 800 000 € est donc atteinte lors de la cinquième année. Par extrapolation, on calcule la date d'obtention en jours de la cinquième année des 800 000 € :

$$DRCI = \frac{360 \times (800\,000 - 783\,383{,}30)}{156\,534{,}13} = 38{,}21,$$

soit le 39e jour de l'année 5.

On remarque qu'il faut réaliser : 800 000 – 783 383,30 = 16 616,70 € la cinquième année pour atteindre la valeur initiale de 800 000 €.

# 10 LE FINANCEMENT INTERNE DES INVESTISSEMENTS

**L'entreprise qui a décidé un investissement doit envisager son financement. Elle combine généralement un financement interne et un financement externe.**

## 1 Les méthodes de financement interne

### 1. L'autofinancement

L'autofinancement est le fait qu'une entreprise se finance elle-même, par ses réserves, ses amortissements, sa trésorerie ou l'utilisation de ses bénéfices.

### 2. Le désinvestissement

Le désinvestissement est la cession d'actifs corporels ou financiers pour financer de nouveaux investissements ou se désendetter. Les liquidités dégagées seront alors affectées de manière plus rentable.

### 3. L'utilisation de l'amortissement

L'amortissement concerne les immobilisations corporelles et incorporelles, sauf les terrains et les fonds commerciaux. Il est obligatoire de calculer en fin d'exercice la dépréciation d'une immobilisation en raison de l'usure liée à l'usage qui en est fait ou au temps.
Son objectif est de reconstituer un capital pour permettre le remplacement des immobilisations.

## 2 Le choix de la méthode d'amortissement

L'entreprise a le choix entre l'amortissement linéaire ou l'amortissement dégressif.

### 1. Les bases de l'amortissement

#### a) La valeur à amortir

L'amortissement se calcule sur le coût d'acquisition, qui comprend le prix d'acquisition HT quand la TVA est récupérable et les charges d'installation ou de livraison.

#### b) Le *prorata temporis*

Un bien acquis en cours d'exercice, cas assez fréquent, doit s'amortir en pratiquant un *prorata temporis*, c'est-à-dire proportionnellement au temps pendant lequel le bien a été possédé durant l'année d'acquisition.

**EXEMPLE**

Une unité commerciale a acquis un ordinateur le 01/04/N et l'exercice comptable est clôturé le 31/12/N. Elle ne pourra donc amortir le bien que sur 9 mois à partir du 01/04/N.

#### c) La dotation et l'amortissement

On distingue la dotation aux amortissements, qui est annuelle, de l'amortissement, qui est le cumul des dotations annuelles depuis l'acquisition de l'immobilisation.

#### d) La valeur nette comptable ou résiduelle

La valeur nette comptable (VNC) ou résiduelle est la valeur comptable du bien en fin d'exercice après déduction de la dotation annuelle d'amortissement ou après déduction de l'amortissement cumulé pratiqué depuis la date d'acquisition.

On ne peut amortir plus que le coût d'acquisition, aussi le total des dotations doit-il être égal à la valeur d'origine à amortir.

#### e) Les durées d'amortissement

Ces durées sont données à titre indicatif par l'administration fiscale. Une entreprise peut toutefois utiliser d'autres durées, à condition de les justifier.

| | |
|---|---|
| **Constructions** | |
| Bâtiments commerciaux | 20 à 50 ans |
| Agencements de bureaux | 10 ans |
| Agencement léger | 5 à 6 ans |
| Peintures, papiers peints | 3 à 5 ans |
| Revêtements de sol | 5 ans |
| Mobilier de magasin | 10 ans |
| Gros travaux dans des locaux | 5 à 10 ans |
| Matériel et outillage | 5 à 10 ans |
| **Matériel de bureau** | |
| Mobilier | 10 ans |
| Photocopieur | 5 ans |
| **Informatique** | |
| Ordinateur | 3 à 5 ans |
| Logiciels | 1 à 3 ans |
| **Matériel de transport** | 4 à 5 ans |

### 2. L'amortissement linéaire ou constant

L'unité commerciale applique chaque année au bien un amortissement constant à partir de sa date de mise en service.

#### a) Le calcul du taux d'amortissement linéaire ou constant

L'unité applique chaque année un pourcentage de dépréciation appelé « taux d'amortissement constant ».
Le taux d'amortissement constant se calcule en fonction de la durée présumée de vie du bien ou de la durée fournie par l'administration fiscale :

$$\text{Taux d'amortissement linéaire} = \frac{100}{n}$$

avec n = le nombre présumé d'années d'amortissement.

**EXEMPLE**

Si la durée de vie présumée du bien est de 5 ans, le taux d'amortissement linéaire est de : 100/5 = 20 %.

#### b) Le calcul de la dotation aux amortissements

On applique chaque année le taux d'amortissement au coût d'acquisition pour obtenir la dotation (ou annuité). Si on applique un *prorata temporis* la première année et la dernière année, la durée à prendre en compte est le nombre de jours (360 jours pour une année).

**EXEMPLE**

Si la valeur d'acquisition est de 10000 €, la dotation aux amortissements annuelle sur 5 ans sera de : 10000/5 = 2000 € ou 10000 × 20 % = 2 000 €.

#### c) Le tableau d'amortissement constant

Ce tableau présente la totalité des dotations aux amortissements pour la durée d'amortissement. Il permet

GESTION DES UNITÉS COMMERCIALES

de passer les écritures comptables à la fin de l'exercice et d'inscrire au bilan le cumul des amortissements pratiqués.

**EXEMPLE**

Une immobilisation achetée le 17/01/N pour 18 000 € HT a été mise en service le 20/01/N. Le taux de TVA est de 19,60 % et l'immobilisation est amortissable sur 4 années. L'exercice comptable est clos le 31/07/N.

On amortit sur le montant HT de 18 000 € au taux d'amortissement linéaire de : $\frac{100}{4}$ = 25 %.

En amortissement linéaire, on prend la date de mise en service comme date de départ. Il y a ainsi un *prorata temporis* la première année. On amortit donc 10 jours en janvier, puis 6 mois jusqu'au 31/07 (mois de 30 jours pour une année de 360 jours), soit 190 jours. Puis on pratique un amortissement sur 3 années entières. Enfin, on solde l'amortissement restant la dernière année.

| Année | VNC | Dotation | Amortissement |
|---|---|---|---|
| N | 18 000,00 | 2 375,00(1) | 2 375,00 |
| N+1 | 15 625,00(2) | 4 500,00(3) | 6 875,00 |
| N+2 | 11 125,00 | 4 500,00 | 11 375,00 |
| N+3 | 6 625,00 | 4 500,00 | 15 875,00 |
| N+4 | 2 125,00 | 2 125,00(4) | 18 000,00 |
| | | **18 000,00** | |

(1) 18 000,00 × 0,25 × 190/360 = 2 375,00
(2) 18 000,00 – 2 375,00 = 15 625,00
(3) 18 000,00 × 0,25 = 4 500,00
(4) En cinquième année, on amortit : 4 500,00 – 2 375,00 = 18 000,00 × 0,25 × [(360 – 190)/360] = 2 125,00 (ou solde de la première année).

On a donc amorti sur 5 années civiles.

## 3. L'amortissement dégressif

Une unité commerciale peut souhaiter amortir une immobilisation plus rapidement les premières années et moins les dernières années si elle estime que son usure est plus rapide en début d'utilisation.

### a) Les conditions d'application

Cette possibilité ne concerne que les immobilisations neuves à amortir sur au moins 3 années. Les véhicules de tourisme ne peuvent bénéficier de cette méthode.

### b) La détermination du taux d'amortissement dégressif

Pour trouver le taux d'amortissement dégressif, on applique au taux d'amortissement linéaire un coefficient qui dépend de la durée d'amortissement :
- 1,25 si la durée d'amortissement est de 3 ou 4 ans ;
- 1,75 si la durée d'amortissement est de 5 ou 6 ans ;
- 2,25 si la durée d'amortissement est supérieure à 6 ans.

**EXEMPLE**

Ainsi, pour une durée d'amortissement de 5 ans, le taux linéaire étant de 20 %, le taux dégressif sera de : 20 % × 1,75 = 35 %.

### c) Le calcul de la dotation aux amortissements

On applique chaque année le taux d'amortissement dégressif à la valeur résiduelle de l'immobilisation.

Or, en appliquant annuellement ce taux à la valeur résiduelle, on pourrait amortir l'immobilisation indéfiniment. On compare donc, chaque année, la dotation obtenue par l'application du taux dégressif à la dotation obtenue par l'application du taux linéaire. Pour obtenir la dotation en mode linéaire, on divise la valeur résiduelle annuelle par le nombre d'années restant à courir.

Quand la dotation linéaire est supérieure à la dotation en mode dégressif, on revient en linéaire et les dotations deviennent constantes pour pouvoir ainsi terminer l'amortissement.

**EXEMPLE**

Si le taux dégressif est de 28,125 % et qu'il reste 3 années d'amortissement, le taux linéaire est de : 100 / 3 = 33,33 %. Il devient supérieur au taux dégressif de 28,125 % et on bascule alors en linéaire.

### d) Le *prorata temporis*

Si l'immobilisation a été acquise en cours d'exercice, on applique un *prorata temporis* à partir de la date d'acquisition sur un nombre de mois entier, même si l'acquisition est en cours de mois.

Par ailleurs, le complément non encore amorti de la première année est amorti sur les autres années entières, à la différence du mode linéaire.

### e) Le tableau d'amortissement dégressif

Le tableau présente les mêmes colonnes qu'en linéaire. Pour mieux comprendre la comparaison avec la dotation linéaire, on a ajouté ici deux colonnes fictives.

**EXEMPLE**

Le 19/04/N, un grossiste acquiert une immobilisation pour 43 200 € HT, amortissable en 8 ans, dont la date de mise en service est le 31/12/N. Le taux d'amortissement est égal à : $\frac{100}{8}$ × 2,25 = 28,125 %. On applique la première année un *prorata temporis* :

Tableau d'amortissement dégressif

| | Valeur résiduelle | Dotation aux amortissements | Amortissement | Amortissement dégressif | Amortissement linéaire |
|---|---|---|---|---|---|
| N | 43 200,00 | 9 112,50(1) | 9 112,50 | 9 112,50 | 3 765,00(2) |
| N+1 | 34 087,50 | 9 587,11 | 18 699,61(3) | 9 587,11(4) | 4 869,64(5) |
| N+2 | 24 500,39 | 6 890,73 | 25 590,34 | 6 890,73 | 4 083,40 |
| N+3 | 17 609,66 | 4 952,72 | 30 543,06 | 4 952,72 | 3 521,93 |
| N+4 | 12 656,94 | 3 559,76 | 34 102,82 | 3 559,76 | 3 164,24 |
| N+5 | 9 097,18 | 3 032,39 | 37 135,21 | 2 558,58 | 3 032,39(6) |
| N+6 | 6 064,79 | 3 032,39 | 40 167,60 | 1 705,72 | 3 032,39 |
| N+7 | 3 032,39 | 3 032,39 | 43 200,00 | 852,86 | 3 032,39 |

(1) 43 200 × (100/8) × 2,25 × 9/12 = 43 200 × 0,28125 × 9/12 = 9 112,50. On prend le mois d'avril en entier, soit 9 mois d'avril à décembre N.
(2) 43 200 × 251/360 × 12,50 % = 3 765,00
(3) 9 112,50 + 9 587,11 = 18 699,61
(4) 34 087,50 × 0,28125 = 9 587,11
(5) 34 087,50/7 = 4 869,64
(6) La dotation linéaire devient supérieure à la dotation dégressive. On repasse donc en mode linéaire : on amortira la totalité sur les 3 dernières années restantes avec des dotations constantes (N+5 à N+7).

# 11 LE FINANCEMENT EXTERNE DES INVESTISSEMENTS

**L'entreprise qui ne dispose pas de fonds suffisants pour financer seule ses investissements fait appel à des capitaux externes. Elle peut aussi décider de louer une ou plusieurs immobilisations sur une longue durée.**

## 1 L'augmentation de capital

L'augmentation de capital consiste à demander aux anciens apporteurs d'augmenter leur apport financier ou à faire appel à de nouveaux partenaires. En contrepartie, l'apporteur reçoit, dans les deux cas, des actions ou des parts pour le rémunérer de son apport.

## 2 L'emprunt

Plus courant, l'entreprise sollicite un organisme pour compléter son apport interne. En recourant à l'emprunt, elle devra rembourser régulièrement en versant une fraction du capital (amortissement financier) et des intérêts sur ce dernier.

### 1. L'emprunt par amortissement constant

À chaque période, l'entreprise s'engage à rembourser l'emprunt plus les intérêts sur le capital prêté restant dû. L'amortissement constant, qui est le remboursement en parts égales du capital prêté, se calcule de la manière suivante :

$$\text{Amortissement constant} = \frac{\text{Capital emprunté}}{n}$$

avec n = le nombre de périodes de remboursement.

Intérêts = Capital emprunté × Taux d'intérêt de l'emprunt

Le tableau de remboursement de l'emprunt est fourni obligatoirement avant la signature de l'engagement avec l'organisme prêteur.

**EXEMPLE**

M. Duval souhaite acquérir un local commercial d'une valeur de 25 000 €, financé par un emprunt contracté au taux de 5 % l'an et remboursable par amortissement constant sur 4 ans.

L'organisme prêteur transmet le tableau de remboursement de l'emprunt :

| | Capital restant à amortir | Intérêts versés | Amortissements pratiqués | Annuités |
|---|---|---|---|---|
| Année 1 | 25 000 | 1 250,00(1) | 6 250(2) | 7 500,00(3) |
| Année 2 | 18 750(4) | 937,50 | 6 250 | 7 187,50 |
| Année 3 | 12 500 | 625,00 | 6 250 | 6 875,00 |
| Année 4 | 6 250 | 312,50 | 6 250 | 6 562,50 |
| | | 3 125,00 | 25 000 | 28 125,00 |

(1) 25 000 × 5 % = 1 250

(2) 25 000/4 = 6 250

(3) 1 250 + 6 250 = 7 500

(4) 25 000 – 6 250 = 18 750 ; on ne déduit que l'amortissement de l'emprunt, pas les intérêts.

M. Duval remboursera 28 125 €, dont 25 000 € de capital et 3 125 € d'intérêts.

### 2. L'emprunt par remboursement constant

L'entreprise s'engage à rembourser périodiquement l'emprunt par des remboursements constants comprenant le capital plus les intérêts sur le capital restant dû.

Pour calculer le remboursement constant R, on utilise la formule :

$$R = C \times \frac{i}{1 - (1 + i)^{-n}}$$

avec :

C = le montant de l'emprunt ;

i = le taux d'intérêt pratiqué ;

n = le nombre de remboursements.

L'usage bancaire propose un taux d'intérêt annuel. L'emprunteur préfère généralement rembourser en mensualités, trimestrialités ou semestrialités. Le taux d'intérêt et le nombre de périodes de remboursement doivent être ajustés par équivalence.

**EXEMPLE (suite)**

M. Duval souhaite voir ce que donnerait le même emprunt remboursé par remboursements constants.

Tableau d'amortissement de l'emprunt

| | Capital restant à amortir | Intérêts versés | Amortissements pratiqués | Annuités |
|---|---|---|---|---|
| Année 1 | 25 000,00 | 1 250,00(1) | 5 800,30(3) | 7 050,30(2) |
| Année 2 | 19 199,70(4) | 959,99 | 6 090,31 | 7 050,30 |
| Année 3 | 13 109,39 | 655,47 | 6 394,83 | 7 050,30 |
| Année 4 | 6 714,57 | 335,73 | 6 714,57 | 7 050,30 |
| | | 3 201,20 | 25 000,00 | 28 201,20 |

(1) 25 000 × 0,05

(2) Annuité = $25\,000 \times \frac{0{,}05}{1 - (1{,}05)^{-4}} = 7\,050{,}30$

(3) 7 050,30 – 1 250

(4) 25 000 – 5 800,30

M. Duval rembourse 28 201,20 €, dont 25 000 € de capital et 3 201,20 € d'intérêts.

Sans effectuer le tableau d'amortissement, on peut retrouver le montant des intérêts par différence entre le montant des remboursements moins le capital emprunté, soit (4 × 7 050,30) – 25 000 = 3 201,20.

M. Duval préférerait rembourser l'emprunt par semestrialités, en 4 ans, au même taux annuel.

Tableau d'amortissement de l'emprunt

| | Capital restant à amortir | Intérêts versés | Amortissements pratiqués | Semestrialités |
|---|---|---|---|---|
| Semestre 1 | 25 000,00 | 625,00 | 2 861,68 | 3 486,68(1) |
| Semestre 2 | 22 138,32 | 553,46 | 2 933,23 | 3 486,68 |
| [...] | 19 205,09 | 480,13 | 3 006,56 | 3 486,68 |
| Semestre 8 | 3 401,64 | 85,04 | 3 401,64 | 3 486,68 |
| | | 2 893,47 | 25 000,00 | 27 893,47 |

(1) $25\,000 \times \frac{0{,}025}{1 - (1{,}025)^{-8}} = 3\,486{,}68$ au taux semestriel de $\frac{5\,\%}{2} = 2{,}5\,\%$

M. Duval rembourse 27 893,47 €, dont 25 000 € de capital et 2 893,47 € d'intérêts.

Il paiera : 3 871,85 – 2 893,47 = 978,38 € d'intérêts en moins en remboursant le capital plus rapidement.

### 3. L'emprunt *in fine*

Le capital est remboursé *in fine*, c'est-à-dire en fin d'échéancier. Comme l'emprunteur ne rembourse le capital qu'à la fin, en une seule fois, les mensualités ne comprennent que des intérêts, calculés pendant toute la durée de l'emprunt sur la totalité du capital emprunté. L'emprunteur doit disposer de fonds suffisants pour rembourser le capital à la fin de l'emprunt, soit en revendant l'immobilisation concernée, soit en capitalisant les profits dégagés en parallèle.

Cette option a l'avantage de diminuer le montant des échéances mais le coût d'un emprunt *in fine* est plus élevé que celui d'un emprunt classique.

**EXEMPLE (suite)**

M. Duval souhaite évaluer son emprunt remboursé selon la formule *in fine*.

Tableau d'amortissement de l'emprunt

| | Capital restant à amortir | Intérêts versés | Amortissements pratiqués | Annuités |
|---|---|---|---|---|
| Année 1 | 25 000 | 1 250(1) | 0 | 1 250(2) |
| Année 2 | 25 000 | 1 250 | 0 | 1 250 |
| Année 3 | 25 000 | 1 250 | 0 | 1 250 |
| Année 4 | 25 000 | 1 250 | 25 000 | 26 250 |
| | | 5 000 | 25 000 | 30 000(3) |

(1) L'intérêt est calculé pendant 4 ans sur la totalité du capital emprunté.
(2) L'annuité ne comprend que les intérêts.
(3) L'emprunteur rembourse la totalité de l'emprunt avec les intérêts de la dernière année.

M. Duval paiera 5 000 € d'intérêts.

### 4. Les frais de chargement

L'organisme prêteur se couvre du défaut de remboursement par une assurance dont les primes sont ajoutées dans le montant du remboursement périodique.

Il prélève aussi, lors du montage du dossier de prêt, des frais de dossier forfaitaires. Ces sommes sont payables lors de la première échéance.

En plus du calcul du remboursement périodique, viennent donc s'ajouter ces frais dits « de chargement » que l'emprunteur doit intégrer dans son échéancier.

**EXEMPLE (suite)**

M. Duval souhaite voir ce que donne le même emprunt mais remboursé en annuités constantes avec 300 € de frais de dossier et une assurance à 1 % par euro emprunté.

Tableau d'amortissement de l'emprunt

| | Capital restant à amortir | Intérêts versés | Amortissements pratiqués | Assurance + frais de dossier | Annuités |
|---|---|---|---|---|---|
| Année 1 | 25 000,00 | 1 250,00 | 5 800,30 | 550(1) | 7 600,30(2) |
| Année 2 | 19 199,70 | 959,99 | 6 090,31 | 250 | 7 300,30 |
| Année 3 | 13 109,39 | 655,47 | 6 394,83 | 250 | 7 300,30 |
| Année 4 | 6 714,57 | 335,73 | 6 714,57 | 250 | 7 300,30 |
| | | 3 201,20 | 25 000,00 | 1 550 | 29 751,20 |

(1) 300 + (25 000 × 1 %) = 550
(2) 1 250 + 5 800,30 + 550

### 5. Le taux effectif global (TEG)

Souvent, l'emprunteur retient comme base de sélection le taux d'intérêt annuel dénommé « taux nominal d'intérêt ». Il vaut mieux s'intéresser au taux effectif global (TEG), qui est le taux d'intérêt proposé par l'organisme bancaire, comprenant les frais de dossier et d'assurance.

**EXEMPLE**

Soit un prêt d'un montant de 100 000 € sur 15 ans au taux nominal de 4,30 % avec des frais de garantie égaux à environ 1,6 % du montant du prêt (1 600 €). Ramené au montant du prêt, on aboutit à un taux effectif global (TEG) de 4,54 %, soit une augmentation du taux nominal de 0,24 %.

## 3 Le financement d'une immobilisation par la location

### 1. La location de longue durée

L'entreprise opte pour une location de longue durée d'une immobilisation. Un organisme spécialisé achète le bien et le loue, moyennant des loyers. Au terme d'un contrat de location, elle rendra le bien loué. Le bien loué n'apparaît pas en actif mais dans les charges d'exploitation.

### 2. Le crédit-bail

Le crédit-bail, ou *leasing*, est un contrat de location d'un bien professionnel à durée déterminée financé à 100 % par la location. Il donne la possibilité d'acquérir le bien loué au plus tard en fin de contrat pour un prix fixé d'avance dans ce dernier.

Le crédit-bailleur (loueur) est propriétaire juridique mais le crédit-preneur (locataire), qui doit se comporter en véritable propriétaire, conserve l'entretien du bien.

Au terme du contrat, le bien est restitué à l'établissement financier, racheté ou la location est prolongée.

Le crédit-bail procure les mêmes avantages et inconvénients que la location de longue durée mais les loyers versés qui sont repris pour partie réduisent le prix d'achat du bien.

## 4 L'autofinancement ou l'emprunt

Prendre la décision d'investir dans l'entreprise revient à savoir s'il faut autofinancer l'investissement ou solliciter le banquier pour obtenir un emprunt.

Si l'entreprise ne dispose pas de réserves de trésorerie ou si sa situation financière est précaire, elle a alors l'obligation de recourir à un financement externe. Mais le banquier n'est disposé à lui accorder un prêt que si elle recourt en partie à un financement interne.

# 12 L'ANALYSE STATISTIQUE D'UNE SÉRIE

**Une série statistique est un ensemble de valeurs prises par une variable.**
**Il faut d'abord repérer le type de variable à analyser pour étudier ensuite, à partir de différents paramètres, la situation de cette variable.**

## 1 Le vocabulaire statistique

### 1. La population

La population est l'ensemble des unités statistiques observées. Comme elle est souvent trop dense, on étudie un échantillon, qui est une partie représentative de la population.
L'étude systématique de toutes les unités de la population constitue un recensement.

### 2. Les variables qualitatives ou quantitatives

#### a) Les variables qualitatives

Une variable qualitative est une variable qui ne peut être quantifiée (le nom d'une enseigne, la catégorie socioprofessionnelle d'un client, par exemple).

#### b) Les variables quantitatives

Ces variables sont mesurables car on peut leur attribuer une valeur numérique (les ventes, le prix, les volumes achetés, par exemple).

#### c) Les variables quantitatives discrètes

Une variable est discrète si elle ne prend que des valeurs entières (le nombre de clients ou le nombre de produits achetés).

#### d) Les variables quantitatives continues

Une variable est continue si elle peut prendre une infinité de valeurs et si ses valeurs sont regroupées dans différents intervalles (le chiffre d'affaires, le budget publicitaire, par exemple).

#### e) Les variables dépendantes et indépendantes

Une analyse statistique peut étudier une seule variable ou plusieurs variables.
Si la valeur d'une variable dépend de la valeur de l'autre, ces deux valeurs sont dépendantes.

**EXEMPLE**

Si on analyse les ventes réalisées en fonction du nombre de prospectus distribués, la variable « ventes » est dite dépendante du nombre de prospectus.

#### f) La modalité

La variable est l'observation effectuée. La modalité est la valeur donnée à la variable.

**EXEMPLE**

On observe la variable « taille » des individus. La modalité est le nombre de centimètres.

## 2 L'analyse statistique par les paramètres de position

Ces paramètres situent la position des valeurs prises par la variable. Les principaux utilisés sont la moyenne, le mode et les quantiles.

### 1. La moyenne arithmétique pondérée

C'est la valeur moyenne de la variable en tenant compte de la répartition des effectifs de chaque valeur de la variable.

#### a) Le cas d'une variable discrète

On obtient la valeur moyenne $\overline{x}$ en divisant la somme des variables $x_i$ pondérées par leur effectif respectif $n_i$ sur l'effectif total N de la série :

$$\overline{x} = \frac{\sum_{i=1}^{i=n} x_i n_i}{N}$$

**EXEMPLE**

L'unité commerciale Mobistar veut analyser le comportement de 6 produits vendus lors d'une animation commerciale :

| Produits $x_i$ | 1 | 2 | 3 | 4 | 5 | 6 | Total |
|---|---|---|---|---|---|---|---|
| Nombre vendus $n_i$ | 6 | 7 | 5 | 5 | 3 | 1 | 27 |
| $x_i$ $n_i$ | 6 | 14 | 15 | 20 | 15 | 6 | 76 |

$$\overline{x} = \frac{\sum_{i=1}^{i=n} x_i n_i}{N} = \frac{(1 \times 6) + (2 \times 7) + ... + (6 \times 1)}{27} = \frac{76}{27}$$

= 2,81produits vendus en moyenne à 27 clients.

#### b) Le cas d'une variable continue

Si une série est répartie en intervalles, il faut définir pour chaque intervalle un centre de classe $x_i = \frac{a+b}{2}$ où a et b sont les bornes de l'intervalle.

**EXEMPLE (suite)**

Mobistar cherche à connaître les achats moyens réalisés par 108 clients qui ont fréquenté le point de vente le dernier samedi.

| Achats | [10-50[ | [50-100[ | [100-150[ | [150-200[ | [200-250[ | [250-500[ | [500-1 000[ | Total |
|---|---|---|---|---|---|---|---|---|
| Nombre clients $n_i$ | 14 | 28 | 37 | 11 | 9 | 7 | 2 | 108 |
| Centre de classe $x_i$ | 30(1) | 75 | 125 | 175 | 225 | 375 | 750 | |
| $x_i$ $n_i$ | 420 | 2 100 | 4 625 | 1 925 | 2 025 | 2 625 | 1 500 | 15 220 |

(1) Centre de la première classe $x_i = \frac{10+50}{2} = 30$

$$\overline{x} = \frac{\sum_{i=1}^{i=n} x_i n_i}{N} = \frac{(30 \times 14) + (75 \times 28) + ... + (750 \times 2)}{108}$$

$$= \frac{15\,220}{108} = 140{,}93$$

L'achat moyen des 108 clients est de 140,93 €.

### 2. Le mode

La valeur de la variable qui correspond à l'effectif le plus important est le mode. Si on obtient plusieurs modes, la série est plurimodale (bimodale, trimodale, etc.).

EXEMPLE (suite)

Mobistar souhaite analyser le comportement de 6 produits vendus lors d'une animation commerciale :

| Produits $x_i$ | 1 | 2 | 3 | 4 | 5 | 6 | Total |
|---|---|---|---|---|---|---|---|
| Nombre vendus $n_i$ | 6 | 7 | 5 | 5 | 3 | 1 | 27 |

Chez Mobistar, 7 clients ont acheté 2 produits. Le mode est donc 2 produits. La majorité des clients achètent 2 produits.

Dans une série à variables continues, le mode est situé dans un intervalle nommé « classe modale ».
Certains intervalles n'ont pas la même amplitude, c'est-à-dire la même différence entre leurs bornes. Or, plus l'amplitude d'une classe est grande, plus son effectif est important. On corrige l'effectif de la classe pour comparer l'effectif des classes en les ramenant toutes à une amplitude identique. On divise alors l'effectif attribué par le nombre de fois l'amplitude minimale.

EXEMPLE (suite)

Chez Mobistar, on reprend le tableau des variables continues :

| Achats $x_i$ | [10-50[ | [50-100[ | [100-150[ | [150-200[ | [200-250[ | [250-500[(1) | [500-1 000[(2) | Total |
|---|---|---|---|---|---|---|---|---|
| Nombre clients $n_i$ | 14 | 28 | 37 | 11 | 9 | 7 | 2 | 108 |
| Effectif corrigé $n_i$ | 14 | 28 | 37 | 11 | 9 | 1 | 0 | |

(1) L'amplitude des autres classes est de 50 €. Or, celle-ci est de 250 €, soit 5 fois l'amplitude 50. Il faut donc corriger l'effectif 7 en le divisant par 5. On obtient 1,4, soit 1.
(2) L'amplitude est de 500 €, soit 10 fois l'amplitude 50. On corrige l'effectif en divisant 2 par 10, ce qui donne 0,2, soit 0.

L'effectif principal est 37. La classe modale est [100-150[. 37 personnes dépensent entre 100 et 150 €.

## 3. Les quantiles

Il s'agit de déterminer la valeur de la variable correspondant à un pourcentage de l'effectif.

### a) La médiane

La médiane $M_e$ consiste à trouver la valeur de $x_i$ qui correspond à 50 % de l'effectif ou à la moitié de l'effectif N. Si la série à variables discrètes comporte un effectif impair, on arrondira l'effectif à l'effectif immédiatement supérieur.
On calcule d'abord l'effectif cumulé croissant (ECC) et on repère dans quelle classe se situe 50 % de l'effectif (l'effectif médian).
On effectue ensuite une règle de trois (ou un produit en croix) pour trouver la valeur exacte $x_i$ correspondant à 50 % de l'effectif.

EXEMPLE (suite)

En reprenant le nombre de produits vendus chez Mobistar :

| Produits $x_i$ | 1 | 2 | 3 | 4 | 5 | 6 | Total |
|---|---|---|---|---|---|---|---|
| Nombre vendus $n_i$ | 6 | 7 | 5 | 5 | 3 | 1 | 27 |
| ECC | 6 | 13 | 18 | 23 | 26 | 27 | |

On répartit l'effectif N = 27 en deux parts égales, soit : 27/2 = 13,5, arrondi au nombre supérieur car l'effectif est impair, soit à 14. À l'effectif $n_i = 14$ (compris entre 13 et 23) correspond la valeur $x_i = 3$.
En reprenant la série à variables continues de Mobistar :

| Achats $x_i$ | [10-50[ | [50-100[ | [100-150[ | [150-200[ | [200-250[ | [250-500[ | [500-1 000[ | Total |
|---|---|---|---|---|---|---|---|---|
| Nombre clients $n_i$ | 14 | 28 | 37 | 11 | 9 | 7 | 2 | 108 |
| ECC | 14 | 42 | 79 | 90 | 99 | 106 | 108 | |

On partage l'effectif cumulé en deux parts égales de 50 %, on obtient : 108/2 = 54. La valeur $x_i$ correspondant à cet effectif 54 se trouve dans la classe [100-150[ car l'effectif cumulé croissant égal à 54 se situe entre 42 et 79. Par extrapolation, la médiane est égale à :

$$100 + \frac{(150 - 100) \times (54 - 42)}{37} = 100 + 16,22 = 116,22$$

50 % des clients dépensent plus de 116,22 € et 50 % moins de 116,22 €.
On remarquera par cette étude statistique que le mode, la médiane et la moyenne sont situés dans la classe [100-150[.

### b) Les quartiles

On applique le même raisonnement pour 25 % (1er quartile) ou 75 % (3e quartile). Le 2e quartile correspond à la médiane.

EXEMPLE (suite)

Pour le 1er quartile $Q_1$, soit 25 %, on trouve pour l'effectif : $\frac{108}{4} = 27$. L'effectif cumulé croissant égal à 27 se situe entre 14 et 42 et correspond à une valeur $x_i$ située dans l'intervalle [50-100[.

$$x_i = 50 + \frac{(100 - 50) \times (27 - 14)}{28} = 50 + 23,21 = 73,21$$

25 % des clients achètent au plus pour 73,21 € de produits ou 75 % achètent plus de 73,21 €.
Pour le 3e quartile $Q_3$, soit 75 %, on trouve pour l'effectif : $\frac{108 \times 3}{4} = 81$, qui est compris entre 79 et 90, soit dans l'intervalle [150-200[.

$$x_i = 150 + \frac{(200 - 150) \times (81 - 79)}{11} = 150 + 9,09 = 159,09$$

75 % des clients achètent moins de 159,09 € ou 25 % achètent plus.

### c) L'intervalle interquartile d'une série

L'intervalle interquartile I est l'intervalle dont les bornes sont les premier et troisième quartiles, soit [$Q_1$ ; $Q_3$]. Il permet de considérer 50 % de la série, en éliminant les premiers 25 % et les derniers 25 %.

# 12 L'ANALYSE STATISTIQUE D'UNE SÉRIE (suite)

On peut ainsi définir l'écart interquartile égal à $Q_3 - Q_1$, soit 50 % de l'effectif. Plus l'écart l'écart est faible, plus la série est concentrée autour de la moyenne $\bar{x}$ et de la médiane $M_e$.

**EXEMPLE (suite)**

En reprenant la série à variables continues chez Mobistar :

$$I = [73{,}21 ; 159{,}09].$$

L'écart interquartile est égal à 85,88 €. 50 % des 108 clients achètent entre 73,21 € et 159,09 €.

## 3 L'analyse statistique par les paramètres de dispersion

La moyenne est une valeur caractéristique d'une série statistique. Cependant, il est fréquent d'analyser la dispersion autour de cette moyenne.

### 1. L'étendue

L'étendue est la différence entre les deux valeurs extrêmes d'une série.

**EXEMPLE (suite)**

Pour Mobistar, l'étendue de la série est égale à 6 – 1 = 5 pour le nombre de produits vendus. Pour les achats moyens, l'étendue est de 1 000 – 10 = 990.

### 2. La variance

La variance permet de mesurer la dispersion d'une variable par rapport à sa moyenne. Elle est égale à la somme des carrés des écarts à la moyenne pondérée et se calcule de la manière suivante :

$$V(x) = \frac{\sum_{i=1}^{i=n} x_i^2 n_i}{N} - \bar{x}^2$$

**EXEMPLE**

L'unité commerciale souhaite étudier les quantités vendues en pâtes « Baritoni » en fonction des décimètres de linéaire accordés au produit :

| dm | [0-2[ | [2-4[ | [4-6[ | [6-8[ | [8-10[ | [10-12[ | Total |
|---|---|---|---|---|---|---|---|
| Quantités vendues $n_i$ | 5 | 15 | 20 | 25 | 10 | 5 | 80 |
| $x_i$ | 1 | 3 | 5 | 7 | 9 | 11 | |
| $x_i n_i$ | 5 | 45 | 100 | 175 | 90 | 55 | 470 |
| $x_i^2 n_i$ | 5 | 135 | 500 | 1225 | 810 | 605 | 3280 |

$$\bar{x} = \frac{470}{80} = 5{,}875$$

$$V(x) = \frac{3\,280}{80} - 5{,}875^2 = 6{,}48$$

### 3. L'écart-type

Pour retrouver l'écart moyen par rapport à la moyenne, on calcule l'écart-type, qui caractérise en effet la dispersion des valeurs autour de la moyenne. Pour cela, on effectue la racine carrée de la variance :

Écart-type $\sigma(x) = \sqrt{V(x)}$

Plus l'écart-type est grand, plus la dispersion est importante.

**EXEMPLE (suite)**

Si on prolonge l'exemple précédent : $\sigma(x) = \sqrt{6{,}48} = 2{,}55$.
Ainsi, il faut en moyenne 5,87 dm de linéaire pour vendre des pâtes « Baritoni ». Il ne faut pas augmenter ou diminuer le linéaire de plus de 2,55 dm par rapport à la moyenne pour implanter les pâtes. Plus on s'éloigne de 5,87 dm, moins on vend de produits et plus on reste autour de 5,87 dm, plus on en vend.

## 4 Les représentations graphiques

Pour visualiser le comportement d'une série, il faut choisir le graphique approprié aux variables à représenter.

### 1. Le diagramme en bâtons

Le diagramme en bâtons sert à représenter les séries à variables discrètes.

**EXEMPLE**

Une enquête est effectuée auprès de 340 clients sur le prix qu'ils sont prêts à accepter pour un produit donné :

| Prix TTC (en €) | 15 | 20 | 25 | 30 |
|---|---|---|---|---|
| Nombre de clients | 110 | 125 | 80 | 25 |

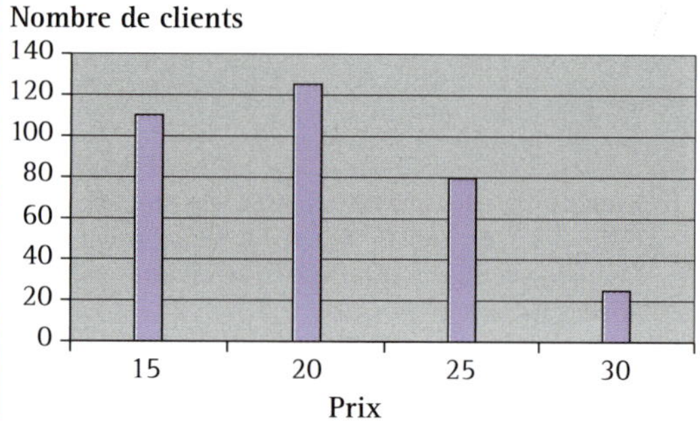


### 2. L'histogramme

Il représente la série à variable continue par intervalles sous forme de rectangles ou de barres. Pour visualiser l'effectif d'une série, on corrige ce dernier quand les amplitudes ne sont pas identiques.

**EXEMPLE**

Une autre enquête est effectuée auprès de 73 clients sur le prix qu'ils sont prêts à payer pour un certain produit :

| Prix TTC (en €) | [5-10[ | [10-15[ | [15-20[ | [20-25[ |
|---|---|---|---|---|
| Nombre de clients | 15 | 15 | 28 | 15 |

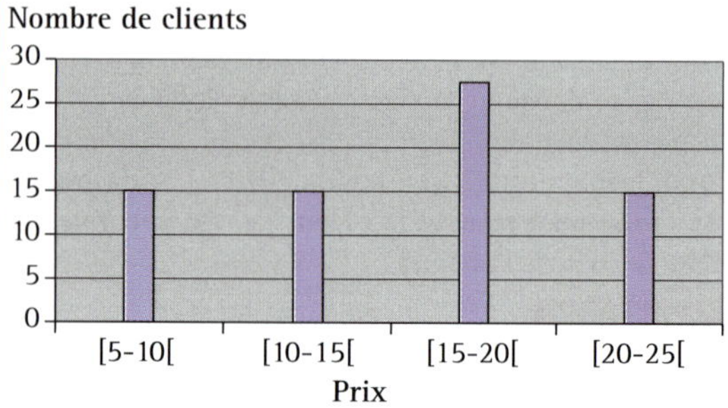

## 3. Le polygone ou la courbe

On utilise ce type de graphique pour représenter le cumul des effectifs et les séries chronologiques.

**EXEMPLE**

| Prix | | Nombre de clients | Effectif cumulé croissant | Effectif cumulé décroissant |
|---|---|---|---|---|
| [5-10[ | 7,5 | 15 | 15 | 73 |
| [10-15[ | 12,5 | 15 | 30 | 58 |
| [15-20[ | 17,5 | 28 | 58 | 30 |
| [20-25[ | 22,5 | 15 | 73 | 15 |
| | | **73** | | 0 |

Courbes des effectifs

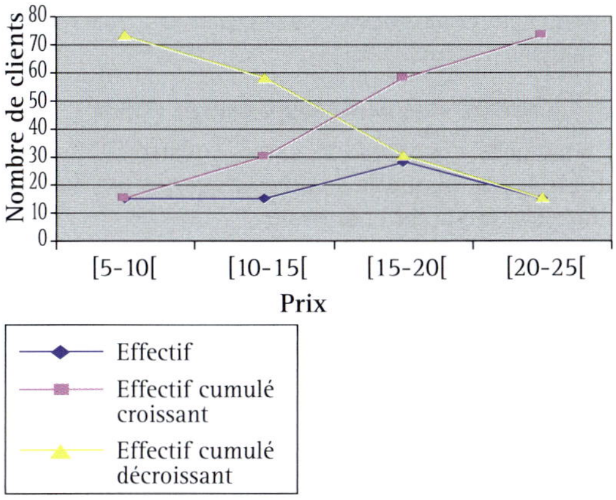


La médiane correspond à l'intersection des courbes des cumuls.

## 4. Le diagramme

Il est utilisé pour représenter les séries non chronologiques sous forme de graphique circulaire ou de camembert, par exemple.

**EXEMPLE**

Un manageur souhaite visualiser par un graphique la répartition des ventes des 3 familles de produits de son rayon « TV Hi-fi Vidéo ».

| Produits | Répartition des ventes |
|---|---|
| Téléviseur | 45 % |
| Magnétoscope | 25 % |
| Caméscope | 30 % |

Répartition des ventes par produit

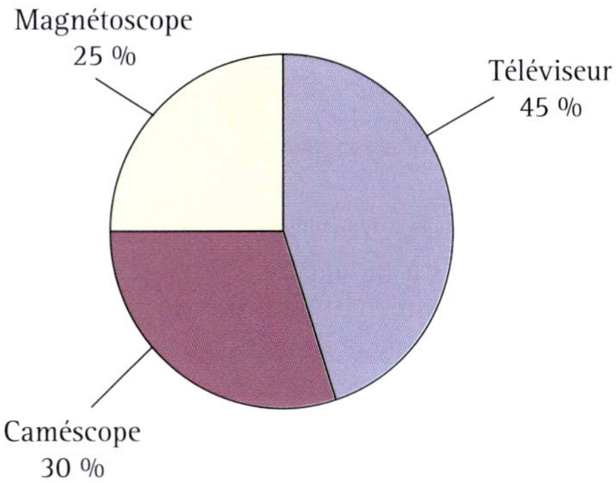


## 5. Le diagramme à bandes

Le diagramme à bandes représente une série où chaque modalité est un rectangle proportionnel du total.

**EXEMPLE (suite)**

Si on souhaite représenter la répartition des 3 familles de produits du rayon « TV Hi-fi Vidéo » :

Répartition du chiffre d'affaires

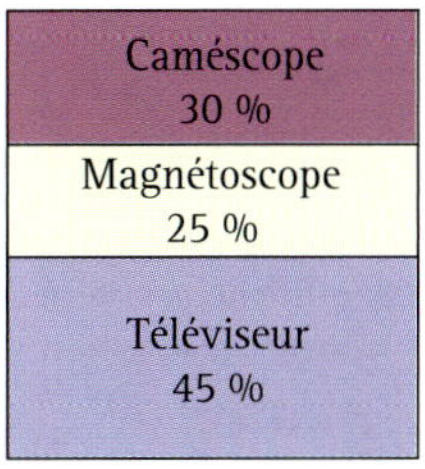

# 13 LES PRÉVISIONS DES VENTES DANS L'UNITÉ COMMERCIALE

**Le manageur qui établit ses prévisions de ventes utilise généralement une droite d'ajustement pour déterminer, à partir des ventes antérieures, les ventes des années suivantes.**

## 1 Les différentes droites d'ajustement

Toute droite a comme équation y = ax + b, avec a le coefficient directeur indiquant la pente de la droite et b l'ordonnée à l'origine, $x_i$ l'année et $y_i$ les ventes prévisibles. Différentes méthodes existent pour calculer cette droite.

### 1. La droite de Mayer ou droite de la double moyenne

La méthode d'ajustement par la droite de la double moyenne consiste à partager la série en deux sous-séries au nombre quasiment identique de variables pour dégager l'équation de la droite d'ajustement.

On calcule, pour chaque sous-série, les moyennes $\overline{x}$ et $\overline{y}$ et, grâce à la résolution d'un système d'équations, on détermine a, b et la droite d'ajustement y = ax + b.

**EXEMPLE**

L'unité commerciale Melkior veut calculer ses ventes pour 2008. À partir des années précédentes, elle projette en milliers d'euros ses ventes en 2008 :

| Années | 2002 | 2003 | 2004 | 2005 | 2006 | 2007 |
|---|---|---|---|---|---|---|
| Ventes | 719,5 | 843,2 | 927,3 | 1 004,5 | 1 142,2 | 1 243,3 |

Il faut d'abord répartir la série en deux sous-séries de 3 données :

| Années | 2002 | 2003 | 2004 |
|---|---|---|---|
| Ventes | 719,5 | 843,2 | 927,3 |

| Années | 2005 | 2006 | 2007 |
|---|---|---|---|
| Ventes | 1 004,5 | 1 142,2 | 1 243,3 |

Pour faciliter les calculs, on ramène les années à une numération de leur ordre dans la série. Par deux points ne passe qu'une seule droite d'équation y = ax + b.

On calcule $\overline{x_1}$ = (1 + 2 + 3)/3 = 2

et $\overline{y_1}$ = (719,5 + 843,2 + 927,3)/3 = 830.

On calcule ensuite $\overline{x_2}$ = (4 + 5 + 6)/3 = 5

et $\overline{y_2}$ = (1 004,5 + 1 142,2 + 1 243,3)/3 = 1 130.

On obtient ainsi deux points A et B de coordonnées A (2 ; 830) et B (5 ; 1 130).

En résolvant le système d'équations, on cherche ensuite a et b pour déterminer l'équation de cette droite :

1 130 = 5a + b

830 = 2a + b

1 130 − 830 = 300 = 5a − 2a, ce qui donne a = 100 et b = 630

y = 100x + 630

Pour trouver les ventes en 2008, on remplace x par 7 dans l'équation et on trouve $y_7$ = 1 330 milliers d'euros.

### 2. La droite des points extrêmes

On procède au même raisonnement mais on ne prend que les première et dernière valeurs de la série pour trouver l'équation de la droite passant par ces deux points extrêmes.

**EXEMPLE**

Un magasin veut déterminer ses ventes pour 2008.

| Années $x_i$ | 2004 | 2005 | 2006 | 2007 |
|---|---|---|---|---|
| Ventes $y_i$ en millions d'euros | 41,3 | 49,5 | 60,2 | 79,3 |

On obtient ainsi deux points A (1 ; 41,3) et B (4 ; 79,3).

En résolvant le système d'équations, on cherche a et b pour déterminer l'équation de cette droite :

41,3 = 1a + b

79,3 = 4a + b

38 = 3a, ce qui donne a = 38/3 = 12,67 et b = 28,63

y = 12,67x + 28,63

Pour trouver les ventes en 2008, on remplace x par 5 dans l'équation et on trouve $y_5$ = (12,67 × 5) + 28,63 = 91,98 millions d'euros.

### 3. La droite des moindres carrés (DMC)

La méthode des moindres carrés consiste à trouver la droite qui minimise la somme des carrés des distances entre chaque point et la droite.

Ici, $x_i$ correspond aux années, $y_i$ aux ventes annuelles et n au nombre de variables de la série. On détermine $\overline{x}$ la moyenne des années et $\overline{y}$ la moyenne des ventes avec :

$$\overline{x} = \frac{\sum x_i}{n} \quad \text{et} \quad \overline{y} = \frac{\sum y_i}{n}$$

Puis on calcule la covariance, qui indique si les variables varient dans le même sens (relation positive) ou dans un sens opposé (relation négative). Elle se calcule par la formule suivante :

$$\text{Cov}(x, y) = \sum_{i=1}^{i=n} x_i y_i - n\overline{x}\overline{y}$$

On calcule ensuite la variance : $V(x) = \sum x_i^2 - n\overline{x}^2$.

On obtient l'équation de la droite des moindres carrés par les formules suivantes :

$$y = ax + b \text{ avec } a = \frac{\text{Cov}(x,y)}{V(x)} \text{ et } b = \overline{y} - a\overline{x}$$

Pour trouver la valeur de y pour l'année n, on remplace x par sa position dans la série des $x_i$ pour trouver $y_n$.

**EXEMPLE**

La jardinerie Vert Jardin prépare ses prévisions de vente pour 2008 à partir de l'historique en milliers d'euros des 7 dernières années :

| Années | 2001 | 2002 | 2003 | 2004 | 2005 | 2006 | 2007 |
|---|---|---|---|---|---|---|---|
| Ventes | 1 088 | 1 181 | 1 473 | 1 837 | 1 715 | 2 004 | 2 418 |

| $x_i$ | 1 | 2 | 3 | 4 | 5 | 6 | 7 | 28* |
|---|---|---|---|---|---|---|---|---|
| $y_i$ | 1 088 | 1 181 | 1 473 | 1 837 | 1 715 | 2 004 | 2 418 | 11 716 |
| $x_iy_i$ | 1 088 | 2 362 | 4 419 | 7 348 | 8 575 | 12 024 | 16 926 | 52 742 |
| $x_i^2$ | 1 | 4 | 9 | 16 | 25 | 36 | 49 | 140 |

* Total de la ligne

$n = 7 ; \overline{x} = \frac{28}{7} = 4 ; \overline{y} = \frac{11\,716}{7} = 1\,673,71$

$V(x) = 140 - (7 \times 4^2) = 28$

Cov(x, y) = 52 742 – (7 × 4 × 1 673,71) = 5 878,12

$a = \frac{5\,878,12}{28} = 209,93$ et b = 1673,71 – (209,93 × 4) = 833,99

La droite d'équation de la DMC est donc :
y = 209,93 x + 833,99

Pour calculer les ventes pour 2008 (x = 8) et si la tendance est maintenue : $y_8$ = (8 × 209,93) + 833,99 = 2 513,43 milliers d'euros.

Quand les valeurs de $x_i$ ou $y_i$ sont trop importantes, pour simplifier les calculs, on peut réduire leurs valeurs et utiliser les formules suivantes :

$V(X) = \sum(x_i - \overline{x})^2$ et $Cov(X, Y) = \sum_{i=1}^{i=n} XY$ où $X = x_i - \overline{x}$ et $Y = y_i - \overline{y}$

**EXEMPLE (suite)**

On reprend l'énoncé de la jardinerie Vert Jardin :

| Années | 2001 | 2002 | 2003 | 2004 | 2005 | 2006 | 2007 | Total |
|---|---|---|---|---|---|---|---|---|
| Ventes | 1 088 | 1 181 | 1 473 | 1 837 | 1 715 | 2 004 | 2 418 | |
| $x_i$ | 1 | 2 | 3 | 4 | 5 | 6 | 7 | 28 |
| $Y_i$ | – 585,71(1) | – 492,71 | – 200,71 | 163,29 | 41,29 | 330,29 | 744,29 | 0 |
| $x_i^2$ | 1 | 4 | 9 | 16 | 25 | 36 | 49 | 140 |
| $x_iY_i$ | – 585,71(2) | – 985,43 | – 602,14 | 653,14 | 206,43 | 1 981,71 | 5 210 | 5 878 |

$\overline{x} = 4$ ; $\overline{y} = 1\,673,71$

(1) $Y_1 = y_1 - \overline{y}$ = 1 088 – 1 673,71= – 585,71

(2) $x_1Y_1$ = 1 × (– 585,71) = – 585,71

$Cov(x, Y) = \sum_{i=1}^{i=n} x_iY_i = 5\,878$

V(x) = 140 – (7 × 4²) = 28

$a = \frac{5\,878}{28} = 209,93$

b = 1 674 – (209,93 × 4) = 834

$y_8$ = (209,93 × 8) + 1 674 = 2 513,43

## 2 L'application des variations saisonnières dans les prévisions de vente

### 1. Les caractéristiques d'une variation saisonnière

L'activité subit des variations saisonnières quand elle est très irrégulière et que cette irrégularité se répète à la même période chaque année.

L'unité commerciale appliquera donc des coefficients saisonniers qui permettront de calculer les chiffres d'affaires pour chaque période en prenant en compte ces variations saisonnières.

### 2. La représentation graphique d'une série saisonnière

On représente une série saisonnière par des chronogrammes.

#### a) Le chronogramme séquentiel

Il est utilisé pour représenter des années de manière successive.

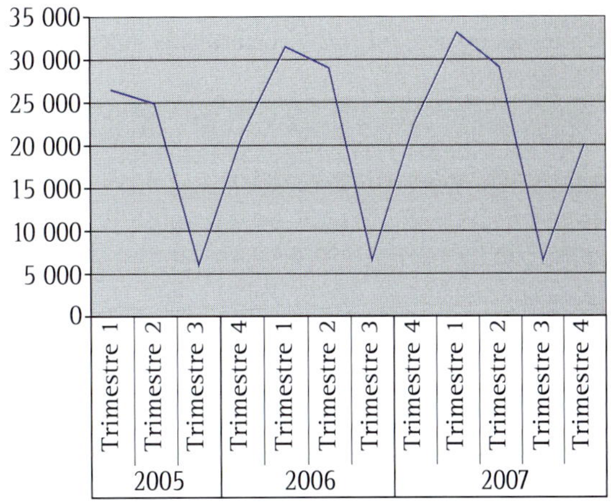


#### b) Le chronogramme parallèle

Il est utilisé pour représenter des années de manière parallèle, ces dernières étant superposées :

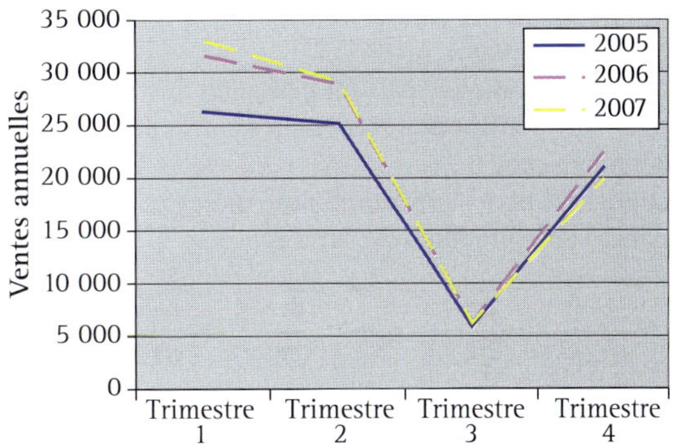


### 3. Le calcul des coefficients saisonniers par la méthode de la double moyenne

Il est important de prendre en compte ces variations saisonnières quand l'unité commerciale réalise ses prévisions de ventes annuelles.

On calcule la moyenne de chaque période considérée (par exemple, le premier trimestre) pour la comparer à la moyenne des périodes que l'on a prises en compte. On détermine ensuite les coefficients saisonniers par période. Enfin, on calcule les prévisions de ventes par période.

**EXEMPLE**

Les ventes en euros du rayon «Sport» pour les 3 dernières années s'établissent ainsi :

| Année | Trimestre 1 | Trimestre 2 | Trimestre 3 | Trimestre 4 |
|---|---|---|---|---|
| 2005 | 26 313 | 25 112 | 5 952 | 20 883 |
| 2006 | 31 381 | 29 140 | 6 388 | 22 415 |
| 2007 | 33 040 | 29 146 | 6 372 | 20 060 |

Le manageur prévoit 108 000 € de ventes pour 2008.

# 13 LES PRÉVISIONS DES VENTES DANS L'UNITÉ COMMERCIALE (suite)

On calcule la moyenne des ventes trimestrielles sur les 3 années passées, puis on la compare à la moyenne des 12 trimestres :

| Année | Trim. 1 | Trim. 2 | Trim. 3 | Trim. 4 | Moyenne |
|---|---|---|---|---|---|
| 2005 | 26 313 | 25 112 | 5 952 | 20 883 | 19 565 |
| 2006 | 31 381 | 29 140 | 6 388 | 22 415 | 22 331 |
| 2007 | 33 040 | 29 146 | 6 372 | 20 060 | 22 155 |
| Moyenne | 30 245(1) | 27 799 | 6 237 | 21 119 | 21 350(2) |
| Coeff. | 1,42(3) | 1,30 | 0,29 | 0,99 | 4 |
| 2008 | 38 248(4) | 35 156 | 7 888 | 26 708 | 108 000 |

(1) (26 313 + 31 381 + 33 040)/3 = 30 245
(2) (30 245 + 27 799 + 6 237 + 21 119)/4 = 21 350 ou (26 313 + 25 112 + ... + 31 381 + ... + 33 040 + ... + 20 060)/12 = 21 350
(3) 30 245/21 350 = 1,42
Le total des coefficients est ici égal à 4 (quatre trimestres).
(4) 108 000/4 = 27 000 (ventes d'un trimestre normal sans variation saisonnière) ; 27 000 × 1,42 = 38 248

## 3 L'application de la corrélation linéaire dans la prévision

Le coefficient de corrélation mesure la dépendance entre deux variables et permet de déterminer le degré d'influence de x sur y.

Si une corrélation existe, on peut alors justifier l'utilisation de la méthode des moindres carrés pour réaliser des prévisions.

Le coefficient de corrélation, noté r, est égal à la covariance sur le produit des écarts-types :

$$r = \frac{\sum_{i=1}^{i=n} (x_i - \bar{x})(y_i - \bar{y})}{\sqrt{\sum_{i=1}^{i=n} (x_i - \bar{x})^2 \sum_{i=1}^{i=n} (y_i - \bar{y})^2}} = \frac{\Sigma X_i Y_i}{\sqrt{X_i^2 Y_i^2}} = \frac{\Sigma X_i Y_i}{\sigma X \sigma Y}$$

Pour calculer le coefficient de corrélation, on utilise le même tableau que pour la méthode des moindres carrés en ajoutant une colonne $y^2$ ou $Y^2 = (y - \bar{y})^2$.

Si r est proche de 1, la corrélation est forte, c'est-à-dire que l'une des variables réagit fortement en fonction de l'autre. Si r est proche de 0, la corrélation est faible. Pour utiliser la droite des moindres carrés, il faut que r soit compris entre 0,8 et 1 ou entre – 0,8 et – 1.

Si deux variables ont une corrélation positive, elles évoluent dans le même sens ; si l'une augmente, l'autre aussi et réciproquement.

Si elles ont une corrélation de signe négatif, elles évoluent en sens contraire ; si l'une augmente, l'autre baisse et inversement.

**EXEMPLE**

M. Faber se demande s'il existe un lien de dépendance entre les ventes et les dépenses publicitaires engagées. La direction commerciale du réseau envisage des ventes pour 2008 de 350 000 000 € et des dépenses publicitaires d'un montant de 100 000 €. Il reprend les résultats des années précédentes :

| | 2003 | 2004 | 2005 | 2006 | 2007 |
|---|---|---|---|---|---|
| Dépenses publicitaires | 40 | 57 | 59 | 77 | 88 |
| Ventes en millions d'euros | 200 | 250 | 280 | 310 | 327 |

Pour simplifier les calculs, on remplace les années par leur place dans la série, soit respectivement par 1, 2, 3, 4 et 5. Il faut d'abord calculer $\bar{x}$ et $\bar{y}$. On utilisera aussi une réduction des $x_i$ et $y_i$ avec $X_i = x_i - \bar{x}$ et $Y_i = y_i - \bar{y}$, ce qui aboutit au tableau suivant :

| | 1 | 2 | 3 | 4 | 5 | |
|---|---|---|---|---|---|---|
| $x_i$ | 40 | 57 | 59 | 77 | 88 | |
| $y_i$ | 200 | 250 | 280 | 310 | 327 | |
| $X_i$ | – 24,2 | – 7,2 | – 5,2 | 12,8 | 23,8 | |
| $Y_i$ | – 73,4 | -23,4 | 6,6 | 36,6 | 53,6 | |
| $X_i^2$ | 585,64 | 51,84 | 27,04 | 163,84 | 566,44 | 1 394,80 |
| $Y_i^2$ | 5 387,56 | 547,56 | 43,56 | 1 339,56 | 2 872,96 | 10 191,20 |
| XY | 1 776,28 | 168,48 | – 34,32 | 468,48 | 1 275,68 | 3 654,60 |

$\bar{x} = 64,2$ et $\bar{y} = 273,4$

$X_1 = 40 - 64,2$ et $Y_1 = 200 - 273,4$

$$a = \frac{3\,654,60}{1\,394,80} = 2,62 \text{ et } b = 105,19$$

$$r = \frac{3\,654,60}{\sqrt{1\,394,80}\,\sqrt{10\,191,20}} = \frac{3\,654,60}{37,35 \times 100,95} = 0,969$$

La corrélation est forte. Les variables sont dépendantes.

## 4 La correction des données

Les ventes sont évaluées en valeurs monétaires non corrigées, c'est-à-dire sans tenir compte de la variation de la valeur de la monnaie. Les résultats doivent être corrigés pour les comparer en valeurs constantes.

Les ventes sont donc converties en valeur monétaire d'une année de référence (base 100) de la manière suivante :

$$\frac{\text{Ventes de l'année en cours} \times 100}{\text{Ventes de l'année de base indice 100}}$$

**EXEMPLE**

Le manageur du rayon relève les ventes en milliers d'euros réalisées lors des précédents exercices.

Le relevé des ventes en euros courants donnera en euros constants :

| Années | 2002 | 2003 | 2004 | 2005 | 2006 | 2007 |
|---|---|---|---|---|---|---|
| Ventes en euros courants | 900 | 950 | 1 030 | 1 200 | 1 350 | 1 400 |
| Taux d'inflation | 113,8 | 115,2 | 118,3 | 119,1 | 120,3 | 122,5 |
| Ventes en euros constants(1) | 790,86 | 824,65 | 870,67 | 1 007,56 | 1 122,19 | 1 142,86 |

(1) On ramène tout en base 100 qui est l'année de référence pour annuler le taux d'inflation.
900/113,8 × 100 = 790,86

Les ventes qui s'élèvent à 900 en euros courants ne valent plus que 790,86 en euros constants. Si on compare la variation 2003/2002 en euros courants, elle est de 5,56 % alors qu'elle n'est que de 4,27 % en euros constants.

# 14 LA GESTION BUDGÉTAIRE DANS L'UNITÉ COMMERCIALE



**La gestion budgétaire permet au manageur d'anticiper les recettes et les dépenses. À partir de différents budgets détaillés, il va pouvoir déterminer le budget de trésorerie de l'unité commerciale et agir pour maintenir des liquidités disponibles à un niveau nécessaire à sa bonne marche.**

## 1 Les différents budgets préparatoires

Le manageur établit différents budgets pour mieux maîtriser la gestion de l'unité commerciale. Il évalue les différents budgets de charges et d'investissements pour estimer ensuite le budget de chiffre d'affaires puis celui de la trésorerie.

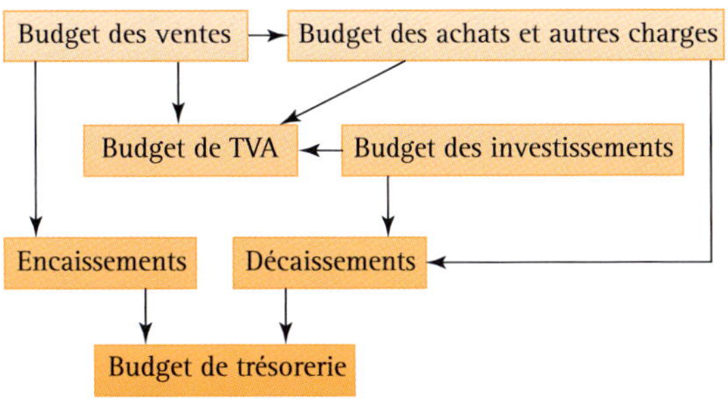


### 1. Le budget global des ventes

À partir des prévisions de ventes annuelles, le manageur les répartit sur des périodes qu'il juge pertinentes : le mois, la semaine ou le trimestre. Pour prévoir les ventes, le manageur doit enfin tenir compte de l'évolution du marché et de la politique commerciale du réseau.

Il les décompose ensuite par centre de profit, responsable, etc.

Les prévisions de vente s'appuient sur l'analyse statistique et les droites d'ajustement utilisées pour le calcul du montant global des ventes. Le manageur intègre aussi les variations saisonnières pour fixer par période la répartition des ventes annuelles :

$$\text{Ventes de la période} = \frac{\text{Ventes annuelles prévues}}{\text{Nombre de périodes}} \times \text{Coefficient saisonnier}$$

### 2. Le budget des charges

Les prévisions de charges dépendent de trois hypothèses :
- une évolution en pourcentage des charges ;
- une répartition en fonction de la stratégie de développement ou de maintien de l'activité ou des investissements ;
- une réduction des charges en fonction d'une rentabilité souhaitée.

Le manageur procède à une répartition des charges pour suivre leur évolution. Il peut le faire selon plusieurs méthodes.

#### a) Les prévisions selon les charges par nature

La répartition des charges s'effectue selon la classification comptable, c'est-à-dire principalement entre les charges de personnel, les impôts et taxes, les services extérieurs, les transports et déplacements, les charges de gestion courante et les frais financiers.

#### b) Les prévisions selon la différenciation des charges

Le manageur répartit les charges selon le compte de résultat différentiel en distinguant les charges fixes et les charges variables.

#### c) Les prévisions selon l'affectation des charges

Le manageur prévoit les charges selon qu'elles sont directes ou indirectes.

### 3. Le budget des achats

Il dépend du taux de marque moyen pratiqué (marge × 100/ventes HT) et des niveaux de stock souhaités.

**EXEMPLE**

Si le chiffre d'affaires HT prévisionnel 2008 est de 1 000 000 € et le taux de marque moyen de 25 % du chiffre d'affaires, alors le montant prévisionnel des achats HT est de 750 000 €. Si le stock final 2007 s'élevait à 26 000 €, le budget d'achat est de : 750000 – 26000 = 724000 €.

### 4. Le budget des investissements

Le manageur planifie les investissements de l'année suivante et leur financement. Il peut donc programmer les coûts d'acquisition TTC, les emprunts et leurs remboursements ou le montant des loyers (location de longue durée ou crédit-bail) s'ils ne sont pas déjà intégrés dans le budget des charges.

### 5. Le budget de TVA

L'unité commerciale calcule périodiquement le solde de TVA qu'elle règle à l'État ou qu'il lui restitue.

Il existe deux taux usuels : le taux normal à 19,60 % pour les produits manufacturés et le taux réduit pour les produits alimentaires. D'autres taux spécifiques sont utilisés dans certaines professions comme la pharmacie, le bâtiment, etc.

#### a) La TVA collectée

La TVA collectée reçue lors des ventes doit être reversée au Trésor public.

#### b) La TVA déductible

La TVA déductible est payée aux fournisseurs. Elle peut être conséquente pour certains investissements.

#### c) La TVA à décaisser

La TVA due est la différence entre la TVA collectée et la TVA déductible :

TVA due = TVA collectée – TVA déductible

Elle est décaissée le mois suivant son calcul, ou trimestriellement, selon le montant du chiffre d'affaires HT.

#### d) Le crédit de TVA

Quand le montant de la TVA déductible est supérieur au montant de sa TVA collectée, l'unité commerciale dispose d'un crédit de TVA imputable sur la TVA à décaisser du mois suivant.

La demande de remboursement de ce crédit, en principe annuelle et déposée à la recette des impôts en janvier, porte sur le crédit apparaissant au 31 décembre de l'année précédente. Elle doit porter sur un montant au moins égal à 150 €.

# 14 LA GESTION BUDGÉTAIRE DANS L'UNITÉ COMMERCIALE (suite)

### e) Rappels de calculs de base avec la TVA

| Calcul du montant de la TVA | |
|---|---|
| • Si le montant HT est connu :<br>$\text{TVA} = \frac{\text{Taux de TVA} \times \text{HT}}{100}$<br>• Si le montant TTC est connu :<br>$\text{TVA} = \frac{\text{TTC} \times \text{Taux de TVA}}{100 + \text{Taux de TVA}}$ | • HT = 12 € ; TVA au taux de 19,60 % :<br>TVA = 19,60 % de 12 €<br>TVA = 12 × 0,196 = 2,35 €<br>• TTC = 12 + 2,35 = 14,35 €<br>$\text{TVA} = \frac{14{,}35 \times 19{,}6}{119{,}6} = 2{,}35$ € |
| **Calcul du montant TTC (si le montant HT est connu)** | |
| • Si le montant de la TVA est connu :<br>HT + TVA = TTC<br>• Si le montant de la TVA n'est pas connu :<br>$\text{HT} + \frac{\text{Taux de TVA} \times \text{HT}}{100} = \text{TTC}$<br>$\text{HT} \times \left(1 + \frac{\text{Taux de TVA}}{100}\right) = \text{TTC}$ | • HT = 14 € avec une TVA au taux de 19,60 % :<br>TTC = 14 + (14 × 0,196)<br>= 14 + 2,74 = 16,74 €<br>• Le montant de la TVA n'est pas connu :<br>14 + (19,60 % de 14) = TTC<br>14 + (0,196 × 14) = TTC<br>14 (1 + 0,196) = TTC<br>14 × 1,196 = 16,74 € = TTC |
| **Calcul du montant HT** | |
| • Quand le montant TTC et celui de la TVA sont connus :<br>HT = TTC – TVA<br>• Si le montant de la TVA et le montant HT ne sont pas connus :<br>$\text{HT} = \frac{\text{TTC} \times 100}{100 + \text{Taux de TVA}}$<br>$\text{HT} = \frac{\text{TTC}}{1 + \frac{\text{Taux de TVA}}{100}}$ | • TTC = 15,50 €<br>TVA = 2,54 €<br>HT = 15,50 – 2,54 = 12,96 €<br>• TTC = 15,50 €<br>TVA au taux de 19,60 %<br>$\text{HT} = \frac{15{,}50 \times 100}{119{,}6} = 12{,}96$ €<br>$\text{HT} = \frac{15{,}50}{1{,}196} = 12{,}96$ € |

**EXEMPLE**

L'unité commerciale Delmas communique ses données HT pour le 2e trimestre. Le taux de TVA est le taux normal.

| | CA HT en € | Achats HT en € |
|---|---|---|
| Avril | 121 959,21 | 60 979,61 |
| Mai | 137 204,12 | 76 224,51 |
| Juin | 129 581,66 | 76 224,51 |

Le solde de la TVA pour le mois est acquitté le mois suivant. Le crédit de TVA est également reporté sur la TVA due le mois suivant.

L'unité commerciale a acquis un véhicule de livraison au mois d'avril pour 22 867,35 €.

Elle doit 11 586 € en avril au titre de la TVA due en mars.

Le tableau suivant calcule les soldes de TVA mensuels :

| | Avril | Mai | Juin |
|---|---|---|---|
| TVA collectée | 23 904,01(1) | 26 892,01 | 25 398,01 |
| TVA déductible sur achats | 11 952,00(2) | 14 940,00 | 14 940,00 |
| TVA déductible sur immob. | 4 482,00(3) | | |
| TVA due | 7 470,01(4) | 11 952,01 | 10 458,01 |
| Crédit de TVA | 0,00 | 0,00 | 0,00 |
| TVA à décaisser | 11 586,00(5) | 7 470,01 | 11 952,01 |

(1) 121 959,21 × 0,196 = 23 904,01
(2) 60 979,61 × 0,196 = 11 952,00
(3) 22 867,35 × 0,196 = 4 482,00
(4) 23 904,01 – 11 952,00 – 4 482,00 = 7 470,01
(5) TVA due en mars et réglée en avril

## 2 Le budget de trésorerie

Le manageur dresse dans un tableau les recettes encaissées et les dépenses décaissées, généralement mois par mois. Il pourra ainsi en effectuer un contrôle régulier et anticiper les périodes où la trésorerie sera insuffisante (découvert) ou abondante (possibilité de placement).

### 1. Les encaissements

Les encaissements sont tous les règlements reçus dans la période, essentiellement les ventes, les subventions reçues, les versements d'emprunt et les crédits de TVA. Les ventes, issues du budget de ventes, sont perçues TTC. Il faut tenir compte des décalages d'encaissement causés par des créances clients qui seront réglées plus tard.

| | Période 1 | P2 | P3 | P4 | P5 | P6 |
|---|---|---|---|---|---|---|
| Ventes TTC | | | | | | |
| Emprunts | | | | | | |
| Total des encaissements | | | | | | |

**EXEMPLE**

M. Bernay prépare le budget de trésorerie d'un nouveau magasin pour le 1er trimestre 2008. Il fait abstraction des problèmes de TVA.

Il prévoit pour janvier des ventes au comptant de 30000 €, puis une augmentation de 25 % pour les 2 mois suivants.

| Encaissements | Janvier | Février | Mars |
|---|---|---|---|
| Ventes | 30 000 | 37 500 | 46 875 |

### 2. Les décaissements

Les décaissements sont issus des budgets de charges et d'achats et d'investissements. Ils sont repris pour leurs montants TTC car les paiements sont effectués d'après des factures TVA comprise, sauf quand la TVA n'intervient pas comme pour les charges de personnel. Il y a généralement aussi des décalages lors des règlements car l'unité commerciale bénéficie parfois de délais de paiement. Si les opérations sont enregistrées TTC, il faut alors intégrer le budget de TVA, notamment la TVA à décaisser.

| | Période 1 | P2 | P3 | P4 | P5 | P6 |
|---|---|---|---|---|---|---|
| Achats TTC | | | | | | |
| Charges | | | | | | |
| TVA à décaisser | | | | | | |
| Investissements | | | | | | |
| Total des décaissements | | | | | | |

**EXEMPLE (suite)**

M. Bernay règle ses achats à 60 jours. Ils représentent 65 % du chiffre d'affaires. Il rémunère ses employés 7 500 € par mois et rembourse un emprunt à hauteur de

9 000 € par mois. Il envisage une campagne publicitaire de 15 000 € en janvier pour annoncer la rénovation de son point de vente puis une communication d'entretien de 5 % des ventes mensuelles. Enfin, il supportera 6 000 € de charges complémentaires en janvier puis une progression mensuelle de 750 € par mois.

| Décaissements | Janvier | Février | Mars |
|---|---|---|---|
| Achats | | | 19 500 |
| Frais de personnel | 7 500 | 7 500 | 7 500 |
| Communication | 15 000 | 1 875(1) | 2 344(2) |
| Emprunts | 9 000 | 9 000 | 9 000 |
| Autres charges | 6 000 | 6 750 | 7 500 |
| **Total décaissements** | **37 500** | **25 125** | **45 844** |

(1) 5 % × 37 500 = 1 875 €
(2) 5 % × 46 875 = 2 343,75, arrondis à 2 344 €

## 3. La construction du budget de trésorerie

Il rassemble le budget des encaissements, le budget des décaissements et établit le solde de trésorerie en fin de mois :

Solde de trésorerie fin de mois = Solde de début du mois + Solde du mois

**EXEMPLE (suite)**

En reprenant l'unité commerciale de M. Bernay :

| | Janvier | Février | Mars |
|---|---|---|---|
| Encaissements | 30 000 | 37 500 | 46 875 |
| Décaissements | 37 500 | 25 125 | 45 844 |
| Solde du mois | – 7 500(1) | 12 375 | 1 031 |
| Solde de début de mois | – | – 7 500 | 4 875 |
| Solde de fin de mois | – 7 500 | 4 875(2) | 5 906 |

(1) 30 000 – 37 500 = – 7 500
(2) 12 375 – 7 500 = 4 875

La trésorerie est négative en janvier en raison des frais de publicité. Elle s'amélire dès le 2e mois. M. Bernay peut envisager un étalement des paiements avec les agences de communication ou négocier un découvert auprès de sa banque.

## 4. Les actions liées au budget de trésorerie

### a) Le solde est généralement positif

Un écart régulièrement positif signifie que l'on dispose d'une trésorerie saine.

Il est alors préférable de générer des produits financiers en plaçant les excédents trop importants mais en gardant un niveau de trésorerie minimum pour faire face aux fluctuations de l'activité.

### b) Le solde est régulièrement négatif

L'unité commerciale doit assainir sa trésorerie en réduisant certains frais ou en augmentant les encaissements.

En renégociant ses conditions de paiement aux fournisseurs, en accélérant le règlement des clients (escompte et endossement des effets de commerce) ou en faisant appel au financement à long terme des banques, elle doit être capable d'assurer un niveau de trésorerie positif.

### c) Le solde est temporairement négatif

Il faut décider d'investir aux périodes où la trésorerie est excédentaire et favoriser des opérations commerciales qui permettront de dynamiser les ventes et les encaissements.

Le manageur peut faire appel aux crédits de trésorerie ou de campagne négociés avec les banques.

# 15 LA GESTION DES RISQUES

**Une unité commerciale qui accueille une clientèle est responsable de sa sécurité et des produits qu'elle lui offre mais aussi de celle du personnel présent dans les locaux et des fonds monétaires qui y circulent ou qui y sont stockés. Le manageur a la responsabilité de la sécurité et du bien-être de ses clients et de ses collaborateurs.**

## 1 Les différents risques dans l'unité commerciale

Le manageur est responsable du dommage qu'il cause de son fait, mais encore de celui du fait des personnes dont il doit répondre ou des choses qu'il a sous sa garde.

### 1. Les risques concernant les biens

Les risques peuvent affecter les immobilisations à la suite d'un sinistre (incendie, explosion, destruction, catastrophes naturelles, etc.), les marchandises au cours du transport et le stock lors de l'entreposage. L'unité commerciale n'est pas non plus à l'abri des vols, agressions et dégradations (vols à l'étalage ou en rayon, cambriolage, agressions, dégradations, etc.).

**EXEMPLE**

Le toit d'un supermarché s'est effondré sous le poids de la neige, faisant plusieurs blessés légers. Deux personnes ont été conduites à l'hôpital pendant que les pompiers poursuivaient leurs recherches.

### 2. Les risques concernant les clients

Le manageur qui est responsable de la sécurité de ses clients doit les protéger contre les dommages liés à l'achat des produits et pendant qu'ils effectuent leurs achats.

L'unité commerciale doit aussi se protéger des incidents de paiement : chèques impayés ou volés, créances irrécouvrables, etc.

**EXEMPLES**

Un client glisse sur le sol mal entretenu du magasin ou un produit alimentaire vendu provoque une intoxication. Autant d'exemples d'accidents qui peuvent mettre en péril l'unité commerciale compte tenu des indemnités à verser aux victimes.

### 3. Les risques concernant le personnel

Le manageur, responsable de la sécurité au travail des salariés, doit veiller à leur protection contre les risques d'accident du travail et de maladies professionnelles. Il est aussi responsable du fait de ses collaborateurs, par exemple d'une maladresse de l'un de ses salariés.

**EXEMPLES**

Les règles à respecter concernent les conditions de travail et de sécurité, l'application des procédures de protection du public, etc.

## 2 La prévention des risques

### 1. Au niveau des biens

#### a) La maintenance

La maintenance est « l'ensemble des actions permettant de maintenir et de rétablir un bien dans un état spécifié ou en mesure d'assurer un service déterminé ». Elle s'accompagne de deux types de mesures :

- les mesures correctives ou curatives après incident qui s'inscrivent généralement dans l'urgence ;
- les mesures préventives qui sont programmées par l'évolution de l'état du bien sont prévisibles.

Le manageur doit veiller à réaliser régulièrement et de manière pertinente la maintenance des biens de son unité commerciale.

#### b) Les assurances

C'est sur la juste valeur des biens qu'est calculée la prime d'assurance. De la qualité de l'assurance dépend le montant des indemnités en cas de sinistre.

Un contrat d'assurance ne doit pas être figé mais amélioré et actualisé en fonction des modifications de l'actif (acquisitions, cessions, mises au rebut, etc.) et permettre de fixer des primes à acquitter plus conformes aux risques encourus.

### 2. Au niveau des clients

#### a) La sensibilisation aux risques

Il convient de sensibiliser les clients aux risques encourus lors de la fréquentation de l'unité commerciale. Outre les précautions d'emploi inscrites obligatoirement sur les emballages des produits, la multiplication des appels à la vigilance peut s'avérer pertinente.

**EXEMPLE**

L'attention des parents peut être détournée, laissant les enfants insouciants à la merci de chutes d'objets, d'accidents corporels, etc. Un affichage discret peut ainsi rappeler quelques conseils de surveillance.

#### b) La vigilance du personnel

La vigilance du personnel doit être constante et chaque salarié doit être prêt à réagir lorsqu'un risque est décelé. Il est du ressort du manageur d'effectuer des recommandations lors de l'implantation ou du réassortiment, et sur les interventions à réaliser en cas de détection d'un risque pour l'éviter.

**EXEMPLES**

Après le passage de clients, une tête de gondole de packs d'eau menace de s'écrouler. Il s'agit de remettre en ordre rapidement les marchandises avant leur effondrement. De même, lors du réassortiment, le personnel doit veiller au rangement des cartons afin de ne pas provoquer d'accidents (effondrement, blessures, etc.).

### 3. Au niveau du personnel

#### a) L'information sur la dangerosité

De nombreux facteurs peuvent mettre les salariés en danger si certaines protections ne sont pas prises. Le manageur doit régulièrement informer du danger de certaines tâches de manutention et veiller au respect des règles de sécurité.

**EXEMPLE**

Lors du gerbage de palettes avec un chariot élévateur, l'employé doit procéder à un balisage pour éloigner la clientèle ou tout autre employé.

### b) Le document unique

Tout employeur doit faire l'inventaire des produits, matériels et conditions de travail pouvant entraîner un dommage à un salarié dans un « document unique ». Ce document doit être mis à la disposition des salariés, du comité d'hygiène, de sécurité et des conditions de travail (CHSCT), du médecin du travail, de l'inspection du travail et des agents des services de prévention des organismes de Sécurité sociale. Il sert à évaluer les risques et à les éviter, à y adapter l'organisation du travail et à associer à toutes ces phases les agents et leurs représentants.

### c) La formation du personnel

Le manageur doit veiller à l'application des règles de prévention quand son personnel utilise des outils ou des machines pouvant entraîner des accidents corporels.

Pour faire appliquer les procédures et respecter les conditions de précaution, il organise des sessions de formation théoriques et pratiques pour l'ensemble du personnel.

**EXEMPLE**

Des exercices de simulation sont organisés annuellement pour entraîner le personnel aux situations d'incendie et d'évacuation.

## 3 La responsabilité du manageur

Le manageur est ainsi investi de l'autorité et des moyens nécessaires pour veiller efficacement à l'observation et à la bonne application des dispositions légales pouvant engager sa responsabilité.

### 1. La responsabilité pénale

Deux délits en cas d'accident corporel ont été introduits dans le Nouveau Code pénal :

- le délit d'homicide ou de blessure involontaire avec la condition aggravante d'un manquement délibéré à une obligation de sécurité ou de prudence imposée par la loi ou les règlements ;
- le délit de mise en danger de la personne d'autrui résultant du fait d'exposer directement autrui à un risque immédiat de mort ou de blessures par la violation manifestement délibérée d'une obligation particulière de sécurité ou de prudence imposée par la loi ou les règlements.

### 2. La responsabilité civile

La responsabilité civile oblige légalement la personne qui cause un dommage à un tiers à le réparer.

Le manageur est responsable de l'ensemble des choses placées sous sa garde (biens et bâtiments) et des accidents survenus du fait de ses collaborateurs.

### 3. Les sanctions

Le manageur encourt des sanctions (amendes pouvant aller jusqu'à 75 000 €, peines d'emprisonnement pouvant atteindre 5 années et interdiction d'exercer une activité professionnelle) prévues par le Code civil et le Code de la Sécurité sociale.

## 4 La gestion d'une crise

Des dommages graves peuvent provoquer une situation de crise que l'unité commerciale doit gérer dans l'urgence.

### 1. Les caractéristiques

Une crise est une situation particulière car elle peut mettre en péril la vie de l'entreprise.

De plus, si l'entreprise a l'habitude de gérer les problèmes commerciaux ou financiers, elle est souvent désarmée face à une situation de crise où elle doit réagir dans l'urgence.

### 2. La cellule de crise

Aucune unité commerciale n'est à l'abri d'une crise. Or, gérer l'information en cas de crise est aussi capital que la gestion de la crise elle-même.

Aussi, une unité commerciale doit constituer une cellule de crise qui aura toute compétence pour gérer la crise : adopter la stratégie de crise, répartir les tâches, communiquer en interne et en externe, etc.

### 3. La communication de crise

La communication de crise doit être adaptée à la spécificité de la situation vécue.

Il s'agit de communiquer rapidement avec un message rassurant et cohérent. La communication sera simple, contrôlée et minimale.

En cas de contact avec les médias, un porte-parole désigné devient le seul intervenant habilité à répondre.

La communication de crise doit s'accompagner d'actes concrets et forts, susceptibles de témoigner d'une volonté de l'entreprise d'assumer la responsabilité des faits qui lui sont imputés ou de réfuter des faits non fondés qui lui sont reprochés.

**EXEMPLE**

Danone, qui a annoncé la fermeture de deux usines LU à Ris-Orangis et à Calais alors que les bénéfices du groupe dépassaient 600 millions d'euros, a vivement réagi en s'attaquant au site de soutien jeboycottedanone.com mis en place par l'intersyndicale pour s'opposer aux licenciements spéculatifs de la multinationale. Ce site incitait le public à boycotter les produits du groupe Danone. Alors qu'elle représentait l'une des marques les plus aimées des Français, du fait de son action juridique, elle a été perçue comme une firme insensible.

# exercices

## exercice 1 La gestion des stocks

L'unité commerciale Jouet Club établit un planning de commandes mensuelles pour l'année N. La commande d'un produit P1 de 96 unités est déterminée par le siège de la société à 4 périodes fixes.
Le stock de sécurité est fixé à 12 unités et la livraison de la commande survient le lendemain de cette dernière.

Le stock au 01/01 est de 6 unités. La première commande est passée au début du mois de janvier.
La demande annuelle d'un produit P2, dont le prix unitaire est de 6,02 €, est de 3 320 unités. Le coût de passation d'une commande est de 50 € et le coût de possession est de 15 %.

### ENTRAÎNEZ-VOUS

**1.** Complétez le planning annuel d'approvisionnement du produit P1 (annexe) et commentez.

**2.** Calculez la quantité optimale de produit P2 à commander et le nombre de commandes à effectuer dans l'année.

CORRIGÉS p. 210

### Annexe - Planning annuel d'approvisionnement

| Mois | 1 | 2 | 3 | 4 | 5 | 6 | 7 | 8 | 9 | 10 | 11 | 12 |
|---|---|---|---|---|---|---|---|---|---|---|---|---|
| Stock initial | 6 | 82 | | | | | | | | | | |
| Achats en volume | 96 | | | 96 | | | 96 | | | 96 | | |
| Stock après livraison | 102 | | | | | | | | | | | |
| Ventes prévues | 20 | 26 | 29 | 33 | 42 | 31 | 28 | 26 | 22 | 28 | 46 | 53 |
| Stock final | 82 | | | | | | | | | | | |

## exercice 2 Coût de revient et prix de vente

M. Legay, ébéniste, reçoit une demande de devis de Mme Lesieur pour une salle à manger en chêne massif. Il dispose d'éléments fournis par son comptable en valeurs HT :
- prix d'achat de la matière première (bois) : 2850 € ;
- charges directes de main-d'œuvre : 35 h à 15 € ;
- charges indirectes de fabrication : 30 h machine à 35 € l'heure ;
- charges indirectes de main-d'œuvre : 10 h à 15 € ;
- frais administratifs et de distribution : 110 € ;
- taux de marque de la profession : 13 %.

### ENTRAÎNEZ-VOUS

**1.** Calculez le coût de revient de la salle à manger.

**2.** Calculez la marge pratiquée par rapport au coût de revient.

**3.** Déterminez le prix de vente TTC que M. Legay peut proposer à Mme Lesieur en arrondissant à l'euro supérieur.

CORRIGÉS p. 210

## exercice 3 Le seuil de rentabilité

L'unité commerciale Sporty réalise un chiffre d'affaires de 990 000 € HT. Elle a accordé 5 000 € de réduction sur des ventes. Ses achats HT de marchandises se sont élevés à 250 000 € et la variation de stocks à – 20 000 €. Les charges fixes sont de 335 000 € et les autres charges variables de 373 000 €. Par ailleurs, elle a bénéficié de 5 000 € de produits financiers considérés comme fixes.

### ENTRAÎNEZ-VOUS

**1.** Établissez le compte de résultat différentiel de l'unité commerciale Sporty.

**2.** Calculez son seuil de rentabilité et son point mort.

**3.** Vérifiez le calcul par le compte de résultat différentiel.

CORRIGÉS p. 210

## exercice 4 Le financement des investissements

Une unité commerciale décide de renouveler l'ensemble de ses installations frigorifiques.
Le coût initial est de 500 000 €. La durée de vie de ces installations est de 6 ans et leur valeur résiduelle en fin de période est nulle. Les flux nets annuels dégagés en euros sont de 110 000 € chaque année.
Le taux d'actualisation est égal à 8 %.

L'unité commerciale souhaite aussi réaliser l'acquisition d'un local de 200 000 € HT financé pour le quart de la somme grâce aux fonds propres, le reste venant d'un emprunt à 5,4 % sur 10 ans. Les remboursements constants sont mensuels.

### ENTRAÎNEZ-VOUS

**1.** Calculez la valeur actuelle nette puis l'indice de profitabilité des nouvelles installations frigorifiques.

**2.** Déterminez le délai de récupération du capital investi.

**3.** Le projet d'investissement est-il rentable ? Justifiez votre réponse.

**4.** Calculez la mensualité constante de l'emprunt.

CORRIGÉS p. 211

# corrigés

## exercice 1 page 208

**1.** Planning d'approvisionnement

| Mois | 1 | 2 | 3 | 4 | 5 | 6 | 7 | 8 | 9 | 10 | 11 | 12 |
|---|---|---|---|---|---|---|---|---|---|---|---|---|
| Stock initial | 6 | 82 | 56 | 27 | 90 | 48 | 17 | 85 | 59 | 37 | 105 | 59 |
| Achats en volume | 96 | | | 96 | | | 96 | | | 96 | | |
| Stock après livraison | 102 | | | 123 | | | 113 | | | 133 | | |
| Ventes prévues | 20 | 26 | 29 | 33 | 42 | 31 | 28 | 26 | 22 | 28 | 46 | 53 |
| Stock final | 82 | 56 | 27 | 90 | 48 | 17 | 85 | 59 | 37 | 105 | 59 | 6 |

**2.** $Q = \sqrt{\frac{2CL}{UT}}$

avec :
C = la consommation annuelle en quantité ;
L = le coût de passation d'une commande ;
U = le prix unitaire des produits en stock ;
T = le taux du coût de possession du stock.

$Q = \sqrt{\frac{2 \times 3\,320 \times 50}{0{,}15 \times 6{,}02}}$ = 606,35, soit 607 unités.

Nombre de commandes = $\frac{C}{Q} = \frac{3\,320}{607}$ = 5,47, soit 6 commandes.

## exercice 2 page 208

**1.** Coût de revient de la salle à manger

| | |
|---|---|
| Prix d'achat de la matière première | 2 850,00 |
| Charges directes de main-d'œuvre | 525,00 |
| Charges indirectes de fabrication | 1 050,00 |
| Charges indirectes de main-d'œuvre | 150,00 |
| Frais administratifs et de distribution | 110,00 |
| Coût total | **4 685,00 €** |

**2.** Marge commerciale

Taux de marque = $\frac{\text{Marge commerciale} \times 100}{\text{Prix de vente HT}}$ = 13 %

Marge commerciale = Prix de vente HT × TM
= Prix de vente HT × 13 %

Prix de revient = Prix de vente – Marge

Si la marge représente 13 % du prix de vente (TM), alors le prix de revient représente 87 % du prix de vente car le prix de vente représente 100 %.

Marge commerciale = $\frac{PR \times TM}{100 - TM}$

Marge commerciale = $\frac{4\,685 \times 13}{(100 - 13)}$ = 700,06 €

**3.** Prix de vente TTC

PV HT = PR + Marge
PV HT = 4 685,00 + 700,06 = 5 385,06 €
PV TTC = 5 385,06 × 1,196
= 6 440,53, arrondis à 6 441 €.

## exercice 3 page 209

**1.** Compte de résultat différentiel

| | | | |
|---|---|---|---|
| Chiffre d'affaires | 990 000 | | |
| – Réduction sur ventes | 5 000 | | |
| = Chiffre d'affaires net | | 985 000 | 100 % |
| Charges variables | 250 000 – 20 000 = 230 000 | | |
| + Coût d'achat des marchandises vendues | 373 000 | | |
| = Coût variable | | 603 000 | 61,22 % |
| = Marge sur coût variable | | 382 000 | 38,78 % |
| Charges fixes<br>– Produits financiers | 335 000<br>5 000 | | |
| = Charges fixes | | 330 000 | |
| **= Résultat net** | | **52 000** | **5,28 %** |

**2.** Seuil de rentabilité (SR)

$SR = \frac{\text{Charges fixes} \times 100}{\text{Pourcentage de la marge sur coût variable}}$

$= \frac{330\,000 \times 100}{38{,}78}$

= 850 954,10, arrondis à 850 954 €

Point mort (PM) = $\frac{360 \times SR}{CA}$

$= \frac{360 \times 850\,954}{985\,000}$

= 311 jours

**3.** Vérification

| | | |
|---|---|---|
| Chiffre d'affaires (SR) | 100 % | 850 954 |
| – Coût variable | 61,22 % | 520 954 |
| = Marge sur coût variable | 38,78 % | 330 000 |
| – Charges fixes | | 330 000 |
| = Résultat net | | 0 |

## exercice 4 page 209

**1.** Valeur actuelle nette (VAN)

| | 1 | 2 | 3 | 4 | 5 | 6 | |
|---|---|---|---|---|---|---|---|
| CF | 110000 | 110000 | 110000 | 110000 | 110000 | 110000 | - 500000 |
| CF actualisés | 101851,85 | 94307,27 | 87321,55 | 80853,28 | 74864,15 | 69318,66 | 508516,76 |
| Cumul | 101851,85 | 196159,12 | 283480,67 | 364333,95 | 439198,10 | 508516,76 | |

$$\text{VAN} = \sum_{1}^{n} \text{CF} \times (1 + i)^{-n} - I$$

$$= \sum_{1}^{6} 110\,000 \times (1{,}08)^{-6} - 500\,000$$

$$= 110\,000 \times (1{,}08)^{-1} + 110\,000 \times (1{,}08)^{-2} + 110\,000 \times (1{,}08)^{-3} + 110\,000 \times (1{,}08)^{-4} + 110\,000 \times (1{,}08)^{-5} + 110\,000 \times (1{,}08)^{-6} - 500\,000$$

$$= 110\,000 \times \frac{1 - (1{,}08)^{-6}}{0{,}08} - 500\,000$$

$$= 8\,516{,}76 \text{ €}$$

Indice de profitabilité (IP)

$$= \frac{\text{VAN}}{I} = \frac{\sum_{1}^{n} \text{CF} \times (1 + i)^{-n} - I}{I} = \frac{8\,516{,}76}{500\,000}$$

$= 0{,}017$

soit 1,70 %.

La VAN est positive et l'indice de profitabilité est supérieur à 0 ; le projet est rentable.

**2.** L'investissement (500 000 €) est récupéré d'après le tableau au cours de la sixième année.

Les cash-flows cumulés donnent 439 198,10 au terme de 5 années :

$101\,851{,}85 + 94\,307{,}27 + 87\,321{,}55 + 80\,853{,}28 + 74\,864{,}15 = 439\,198{,}10$

Les cash-flows cumulés donnent 508 516,76 au terme des 6 années :

$101\,851{,}85 + 94\,307{,}27 + 87\,321{,}55 + 80\,853{,}28 + 74\,864{,}15 + 69\,318{,}66 = 508\,516{,}76$

Donc, $439\,198{,}10 \leqslant 500\,000 \leqslant 508\,516{,}76$

et $5 \leqslant \text{DRCI} \leqslant 6$

$$\text{DRCI} = 5 + \frac{500\,000 - 439\,198{,}10}{69\,318{,}66} = 5{,}88$$

et $360 \times 0{,}88 = 315{,}77$, soit 316 jours.

**3.** Le projet est rentable en 5 ans et 316 jours, soit quasiment en 6 ans.

Cela justifie que la VAN soit assez faible et que l'IP soit proche de 0.

Le projet est tout juste rentable.

**4.** Autofinancement $= 200\,000 \times 1/4 = 50\,000$ €

Emprunt = 150 000 €

Taux mensuel proportionnel = 5,40 %/12 = 0,45 %

Nombre de mensualités = 12 × 10 = 120

$$\text{Mensualité} = 150\,000 \times \frac{0{,}0045}{1 - 1{,}0045^{-120}}$$

$$= 150\,000 \times 0{,}0108$$

$$= 1\,620{,}47 \text{ €}$$

# PRÉSENTATION DE L'ÉPREUVE E4

## Comment se présente l'épreuve E4 de Management et Gestion des UC ?

### 1 Objectifs, durée et coefficient

L'épreuve cherche à mettre le candidat en situation d'analyse et de résolution de problèmes de management et de gestion, dans le cadre d'une unité commerciale dont il serait le responsable.
L'objectif est de vérifier les aptitudes du candidat à :
- analyser des problèmes de management de l'équipe commerciale et de gestion de l'unité commerciale à partir d'une situation professionnelle réelle ;
- choisir les méthodes et techniques appropriées et les mettre en œuvre ;
- proposer des solutions réalistes permettant de résoudre les problèmes posés ;
- justifier les décisions en mobilisant les savoirs associés.

► **L'épreuve E4 dure 5 heures et se voit appliquer un coefficient 4.**

### 2 Les critères d'évaluation

En tant que technicien supérieur, la mise en situation conduit à évaluer la copie comme un rapport remis au supérieur hiérarchique qui aurait soumis des dossiers à résoudre.
Il s'agit alors d'évaluer si le candidat :
- maîtrise les connaissances de MGUC et les savoir-faire liés ;
- est à même de réaliser des diagnostics de manière pertinente ;
- est rigoureux dans sa démarche d'analyse et de synthèse ;
- effectue un choix adapté des méthodes et des outils utilisés ;
- fait preuve de réalisme, de cohérence et de pertinence dans les solutions qu'il propose ;
- a une communication écrite de qualité.

L'étude de cas aborde à la fois des questions sur le management et la gestion. Il n'y a pas qu'une seule solution à une question posée en management. Le correcteur attend une réponse cohérente et pertinente. Concernant la gestion, la réponse est unique car il s'agit de calculs en fonction de données précises. Le correcteur sanctionnera des erreurs mais valorisera partiellement la présentation intelligente des calculs et le raisonnement, s'il est juste. Si des calculs sont répétitifs, il est souhaitable d'en expliquer le premier. Il est aussi vivement conseillé d'expliquer certains calculs plus complexes pour obtenir quelques points malgré un résultat final inexact. À défaut, le correcteur ne pourrait valoriser la réponse, même fausse.

**EXEMPLE**

La société Bioran lance un nouveau jus d'orange et d'ananas biologique. Elle communique (dans une annexe jointe et condensée ici) les charges prévisionnelles concernant la fabrication de 1 000 litres de ce jus : 150 kg d'oranges à 1,75 € le kg, 75 kg d'ananas à 3,80 € le kg, des frais d'approvisionnement de 0,25 € par kg, des charges directes de production de 22 heures à 8,20 € l'heure, des charges indirectes de production et d'embouteillage de 2,10 € par litre, des charges directes et indirectes de distribution de 50 €. Il est demandé de calculer le coût de production pour 1 000 litres.
Trois présentations de réponses sont possibles :
1. Coût de revient = 2 934,15 € → en cas d'erreur, aucun point ne sera attribué.
2. (150 × 1,75) + (75 × 3,80) + (0,25 × 225) + (22 × 8,20) + (2,10 × 1 000) + 50 = 2 934,15 € → en cas de légère erreur identifiable, des points seront tout de même accordés.
3. Annexe :

| | Quantité | Prix unitaire | Total |
|---|---|---|---|
| Coût d'achat des oranges | 150 | 1,75 | 262,50 |
| Coût d'achat des ananas | 75 | 3,80 | 285,00 |
| Frais d'approvisionnement | 225 | 0,25 | 56,25 |
| Charges directes de production | 22 | 8,20 | 180,40 |
| Charges indirectes de production | 1 000 | 2,10 | 2 100,00 |
| Charges de distribution | | | 50,00 |
| Coût de revient de 1 000 bouteilles | | | 2 934,15 |

Une légère erreur dans la dernière présentation, très claire et rigoureuse, ne serait que faiblement sanctionnée.

# La méthodologie à utiliser lors de l'épreuve

## 1 La lecture du sujet

Le sujet commence par deux pages, une page de garde rappelant les modalités de l'épreuve et une page présentant l'unité commerciale et les dossiers à traiter (trois ou quatre), avec la liste des annexes et le barème. Chaque dossier comporte un titre mis en évidence et des annexes s'y rapportant, puis les questions relatives au dossier.

Il est conseillé de procéder de la manière suivante dans la prise de connaissance du sujet :

- contrôlez d'abord que le sujet est complet en vérifiant la pagination ;
- lisez ensuite toutes les questions en repérant leurs termes principaux, sans vous préoccuper des annexes, ceci pour mobiliser vos connaissances en rapport avec les questions ;
- lisez les annexes avec attention en ne surlignant que les points nécessaires pour traiter la partie concernée ;
- identifiez les questions pouvant être traitées de façon indépendante (la réponse à une question posée peut dépendre de la réponse à la question précédente). Si vous préférez traiter différentes questions sans respecter l'ordre du sujet, respectez néanmoins l'ordre des dossiers et des questions dans la présentation de votre copie.

**EXEMPLE**

L'étude de cas intitulée SIMC (Société industrielle de matériaux de construction), proposée en 2006, comportait 19 pages, 3 dossiers, 15 questions et 12 annexes.

## 2 L'organisation du travail

L'épreuve dure 5 heures. Appliquez les principes suivants pour organiser votre travail :

- consacrez une demi-heure à la lecture attentive du cas et à la réflexion sur la manière dont vous allez le traiter. Répartissez approximativement les 5 heures, d'abord par dossier, puis par question selon l'ampleur du problème et ses difficultés ;
- préparez une feuille de brouillon par question en indiquant son numéro pour la retrouver plus vite ;
- si vous calez sur une question, laissez-la de côté pour y revenir après en laissant l'espace suffisant dans votre copie pour rédiger la réponse ultérieurement, s'il vous reste du temps ;
- consacrez vos 15 dernières minutes à la relecture et aux dernières touches (couleurs, corrections, améliorations).

**EXEMPLE (suite)**

L'étude de cas SIMC comportait 3 dossiers et posait 15 questions au candidat, à traiter en 5 heures.
En enlevant 30 minutes pour la lecture et 15 pour la relecture finale, il reste 255 minutes pour traiter les questions, ce qui revient à consacrer en moyenne 17 minutes à chaque question.

Certaines questions demandent plus ou moins de temps. C'est à la lecture des questions que vous estimerez approximativement l'importance de la question et son calibrage en durée. Mais vous devez être conscient(e) que si vous dépassez le temps moyen consacré à une question, vous devrez compenser ce dépassement sur une autre question ou empiéter sur le temps consacré à la relecture finale. Bon nombre d'étudiants bâclent les dernières questions ou ne les traitent pas du tout du fait de leur mauvaise gestion du temps.

## 3 La rédaction de la copie

S'agissant d'un dossier professionnel remis à votre responsable hiérarchique, il doit être soigné, et même s'il n'est pas effectué sur ordinateur, il ne doit pas être « votre brouillon ». La note de présentation, qui représente 5 points sur 80, est le coup de cœur du correcteur pour une copie bien présentée, orthographiée correctement, agréable à lire... Soignez donc la forme :

- utilisez un stylo qui permet une écriture propre ;
- aérez les réponses et soulignez les titres à la règle ;
- constituez un dossier par partie et commencez-le en haut d'une page ;
- utilisez des couleurs, notamment pour les graphiques, sans en abuser ;
- soignez l'expression française (syntaxe, orthographe, grammaire) ;

- réalisez lettre, rapport, compte-rendu, note de synthèse, annonce pour une offre d'emploi, grille d'évaluation... sur une feuille séparée en respectant les règles de présentation. Ne coupez pas un tableau et, si vous y êtes obligé(e), remettez les intitulés des colonnes et les sous-totaux ;
- utilisez un vocabulaire adapté, professionnel ;
- argumentez vos réponses sans recopier intégralement les annexes.

**EXEMPLE**

À la question 2.2.1 (dossier 2, sous-partie 2, question 1), « Indiquez quelles candidatures correspondent au poste proposé. Justifiez votre choix. », vous devez bien noter sur votre feuille de brouillon qu'il y a 2 réponses à apporter dans cette même question. Il est fréquent que la 2e partie de la question soit oubliée.
La réponse figurera en deux parties argumentées :
- justification des critères de sélection (tirés des éléments fournis dans l'annexe 10 de référence) : connaissances produits et techniques, etc. Il semble préférable que les postulants retenus possèdent un diplôme professionnel et de préférence commercial, etc. Pour la lettre de motivation, la qualité de l'argumentation (mise en avant de qualités en s'appuyant sur son expérience, pertinence) devra être prise en compte ;
- analyse des candidatures (dans un tableau, par exemple) et conclusion argumentée :

| | Coralie | Azzedine | Arnaud | Christine |
|---|---|---|---|---|
| Diplômes | Bac Pro Commerce | BTS MUC | BTS NRC | BTS MGUC |

Arnaud semble instable. Coralie semble avoir plus un profil d'employée de GSA que de vendeuse. Il serait intéressant de recevoir en entretien Azzedine et Christine, dont les profils conviennent pour un poste de vendeur avec possibilité d'évolution.

# Les conseils génériques à garder à l'esprit

## 1 Les règles à suivre

Le dossier professionnel doit apporter des réponses concrètes, synthétiques mais précises, rédigées avec conviction :
- restez neutre sans considération personnelle ni familière ;
- adaptez vos réponses au cas précis ;
- faites preuve d'un esprit synthétique ;
- présentez vos calculs sous forme de tableaux quand cela est pertinent ;
- adoptez un style personnel, professionnel, sans recopier textuellement les annexes ;
- évitez les énumérations sans commentaires ;
- n'hésitez pas, si le temps le permet, à relire plusieurs fois votre copie, stylo à la main.

Vous ne devez jamais perdre de vue que vous agissez en tant que manageur. Vous devez défendre les intérêts de votre unité commerciale tout en maintenant la cohésion de l'équipe. Il est également important de garder à l'esprit la faisabilité et la cohérence des propositions faites.

**EXEMPLES**

Plutôt que de recopier que les ventes réalisées en 2005 sont de 995 753 € et que les objectifs fixés à 1 029 743 € ne sont pas atteints, vous signalerez que l'écart est négatif de 333 990 €, soit – 3,3 %. Calculer un pourcentage montre qu'en tant que manageur, vous savez analyser l'écart.
De même, plutôt que l'embauche d'un salarié supplémentaire, le manageur peut proposer en premier lieu de modifier l'organisation, ou l'embauche d'un intérimaire, signe qu'il a effectué une réflexion financière sur le coût.

## 2 Les erreurs qui pénalisent

Le correcteur attend un niveau minimal de connaissances, un vocabulaire professionnel de base, une capacité d'analyse et une aptitude à résoudre un problème posé. Pour montrer ces acquis, il faut éviter des erreurs fréquentes :
- négliger les termes techniques abordés régulièrement en cours et utiliser un vocabulaire approximatif, voire inapproprié ;
- répondre évasivement aux questions, voire hors sujet ;
- présenter la copie sous forme de dissertation ou utiliser un style trop littéraire ;
- énumérer les réponses sans justification ;
- écrire de façon illisible, obligeant le correcteur à déchiffrer ;
- bâcler le devoir, montrant ainsi une absence d'intérêt.

# GESTION DE LA RELATION COMMERCIALE

## Cours



---

**Pour réviser le cours :**

**50 QCM de Gestion de la relation commerciale**

**Pour s'entraîner à l'épreuve :**

Un sujet type d'épreuve d'ACRC et son corrigé sur le site Internet www.nathan.fr/reflexe

# 1 LES UNITÉS COMMERCIALES

**Une unité commerciale est un lieu physique ou virtuel permettant à un client potentiel d'accéder à une offre de produits ou de services.**

## 1 Les ventes en unités commerciales physiques

### 1. Les magasins à dominante alimentaire

#### a) Les grands formats

Les formats les plus courants sont :

| | Hypermarchés | Supermarchés | Hard-discount |
|---|---|---|---|
| Concept | Surface > 2 500 m². Proposent surtout des produits alimentaires mais aussi beaucoup de non-alimentaire. | Surface comprise entre 400 et 2 500 m². Produits alimentaires auxquels s'ajoutent des produits courants. | Principe des prix bas. Présentation sommaire de l'assortiment limité à des produits de base. |
| Nombre en 2007<br>En moyenne :<br>- surface<br>- places de parking<br>- références | 1 566<br><br>5 628 m²<br>839<br>de 30 000 à 100 000 | 5 204<br><br>1 287 m²<br>117<br>de 7 000 à 10 000 | 4 192<br><br>691 m²<br>100<br>environ 1 500 |
| Exemples | Auchan, Carrefour, Leclerc | Champion, Casino, Intermarché | Lidl, Aldi, Ed |

#### b) Les petits commerces de proximité

Ils comprennent les petits magasins traditionnels souvent spécialisés dans un domaine précis et dont la surface de vente est inférieure à 120 m², les supérettes (120 à 400 m²) et les magasins de dépannage (*convenience stores*).

#### c) Le soft-discount et les autres formats

Les distributeurs lancent de nouveaux formats. Ainsi, le soft-discount se développe à côté du hard-discount et se différencie de celui-ci par une offre plus large (Leclerc Express, etc.). Auchan essaie un format intermédiaire entre le soft-discount et le supermarché avec les Simply Market, qui proposent plus de 50 % des produits sous la marque du distributeur.

La vente automatique se développe. Les automates deviennent plus élaborés, certains sont de véritable mini libres-services automatisés proposant une offre toujours plus large (alimentation, hygiène, vêtements, etc.).

### 2. Les magasins à dominante non alimentaire

#### a) Les généralistes

Le grand magasin a une surface de vente de plus de 2 500 m² et bénéficie d'une implantation urbaine. Son assortiment est très large et son niveau de service élevé (exemple : Le Printemps).

Le magasin populaire dispose, quant à lui, d'une surface de vente comprise entre 250 et 3 000 m², d'un assortiment plus réduit en alimentaire et en non-alimentaire pour satisfaire les besoins courants de la clientèle (exemples : Monoprix, Prisunic).

#### b) Les grandes surfaces spécialisées

Leur offre est composée d'un assortiment très profond. Elles se développent sur des secteurs très variés : le bricolage (Leroy Merlin), les loisirs (FNAC), etc.

Elles se positionnent sur l'axe discount (le moindre prix pour un produit donné) et le meilleur rapport qualité/prix (pour une valeur d'usage donnée).

Dans le mégastore (ou magasin amiral), le point de vente devient un lieu de distraction pour les clients selon le principe du *retailtainment* (divertir pour vendre).

À l'opposé, le hard-discount se spécialise aussi (exemple : Brico-dépôt).

#### c) Les petites surfaces spécialisées

Elles s'étendent en général sur une surface de moins de 100 m².

Elles proposent un assortiment profond dans un univers de produits donné.

### 3. La vente de services

L'offre de services s'effectue selon leur variété en agences, salons, cabinets, guichets... mais aussi dans des lieux plus vastes pour les services à dominante matérielle (hôtellerie, parc d'attractions, etc.).

## 2 Les ventes hors unités commerciales physiques

### 1. La vente à domicile

Cette forme de vente est très réglementée pour protéger le consommateur (délai de rétractation de 7 jours, contrat de vente par écrit, règlement effectué à l'issue du délai de rétractation, etc.).

Elle comprend la vente en porte-à-porte, la vente sur rendez-vous et la vente en réunion.

### 2. Les ventes sur les foires, les marchés et au déballage

Sur les foires et les marchés, la vente se caractérise par la mise en place d'échoppes ambulantes. On y achète surtout des produits frais, des produits textiles, des plantes, etc.

Pour la vente au déballage, les marchandises sont vendues sur des emplacements qui ne sont pas prévus à cet effet. Certains véhicules sont même aménagés pour ce type de vente, qui doit se faire avec une autorisation délivrée par les autorités locales ou préfectorales et ne peut excéder 2 mois sur un même emplacement par année civile.

L'article L. 442-8 du Code de commerce interdit la vente de marchandises dans des conditions irrégulières sur la voie publique.

### 3. La vente à distance (VAD)

Il s'agit de « toute vente d'un bien ou de toute fourniture d'une prestation de services conclue, sans la présence physique simultanée des parties, entre un consommateur et un professionnel qui, pour la conclusion de ce contrat, utilisent exclusivement une ou plusieurs techniques de communication à distance» (article L. 121-16 du Code de la consommation).

L'entreprise entre en contact avec le client en utilisant des techniques variées (les imprimés adressés ou non, la publicité dans la presse avec un bon de commande, les catalogues, le téléphone, le courrier électronique, la télévision, etc.).

Le client passe sa commande en utilisant l'un des médias suivants : le courrier, le téléphone, le Minitel, Internet ou le fax.

## 3 La VAD et les unités commerciales virtuelles

### 1. La vente par correspondance

Le client commande (par la Poste, par téléphone, etc.) des marchandises et/ou des services présentés dans un catalogue, un journal, une revue ou toute autre forme de promotion.

On répertorie deux types d'entreprises :

– celles qui proposent une offre large ;

**EXEMPLES**

La Redoute, la Camif.

– celles qui sont spécialisées dans un domaine donné.

**EXEMPLES**

Vertbaudet, Yves Rocher.

### 2. Le téléachat

Il s'agit d'une vente utilisant la télévision pour présenter les produits. Ces derniers sont souvent originaux, innovants, utilitaires.

Ils sont présentés de manière descriptive et une démonstration est effectuée.

**EXEMPLE**

M6 Boutique.

### 3. Le commerce électronique

Le e-commerce concerne l'ensemble des échanges commerciaux effectués par l'intermédiaire des technologies de l'information et de la communication.

Sur un site marchand sont proposés des articles que l'internaute peut identifier, commander et acheter en ligne.

Contrairement à la boutique «réelle», la boutique virtuelle peut proposer un nombre illimité de références. Elle dispose d'une zone de chalandise mondiale et peut changer sa vitrine (sa page d'accueil) à tout moment.

## 4 La complémentarité du «physique» et du «virtuel»

Les entreprises peuvent choisir l'une des trois stratégies suivantes :

– se concentrer exclusivement sur le virtuel : l'intégralité de l'offre passe par l'une des techniques de la VAD ;
– se concentrer sur ses magasins «de brique et de mortier» (stratégie «*brick and mortar*») : la vente de produits et/ou de services se fait exclusivement dans des points de vente ayant une existence physique ;
– se développer en alliant le «virtuel» et le «physique» (stratégie «*click and mortar*») : le client peut trouver l'offre de l'unité commerciale en magasin et à distance, *via* Internet, par exemple. On parle de «stratégie multicanal». Le client potentiel peut ainsi préparer sa visite en magasin en prenant connaissance sur le site de l'assortiment proposé et des caractéristiques techniques des produits. Les insuffisances des points de vente traditionnels (attente, horaires, disponibilité de la force de vente, etc.) sont palliées par les points de vente virtuels et *vice versa*. Ils se complètent ainsi parfaitement.

  Selon certaines études, un client utilisant plusieurs canaux pour une même enseigne dépense entre 15 et 25 % de plus qu'un client n'utilisant qu'un seul canal.

## 5 Les réseaux d'unités commerciales

Les unités commerciales peuvent être totalement indépendantes (commerce traditionnel). Les propriétaires sont alors des commerçants indépendants, inscrits au registre du commerce.

Elles peuvent appartenir à un réseau intégré (groupe qui intègre à la fois les fonctions de gros et de détail). Les unités commerciales appartiennent alors au groupe, dont elles dépendent juridiquement.

**EXEMPLES**

Auchan, BNP-Paribas.

Certains commerçants indépendants se sont associés pour former un réseau : ils conservent leur autonomie juridique et les propriétaires sont des commerçants inscrits au registre du commerce.

Ils sont toutefois liés par contrat à un réseau.

**EXEMPLE**

Commerce associé comme Intermarché ou Système U.

Les contrats d'association peuvent prendre des formes diverses, comme la franchise ou la concession, par exemple.

Cet aspect concerne l'autonomie juridique des unités commerciales. Au niveau de leur autonomie «économique» (gestion), la liberté des unités commerciales dépend du degré de centralisation des décisions et des méthodes de management pour les réseaux intégrés.

Pour les réseaux associés, la liberté «économique» des unités commerciales dépend du contrat d'association (le pouvoir de décision peut être délégué ou partagé).

# 2 LA RELATION COMMERCIALE

**➔ La relation commerciale est l'ensemble des contacts et des échanges qu'une unité commerciale peut avoir avec ses clients. Chaque contact enrichit et intensifie la relation avec ces derniers. L'objectif de l'unité commerciale est donc de maintenir cette relation pour conserver son portefeuille clients, et l'agrandir.**

## 1 Les caractéristiques de la relation commerciale

La relation commerciale diffère en fonction de certains critères.

### 1. Selon le cycle de vie du client

#### a) L'acquisition du client

L'acquisition du client a un coût plus ou moins élevé selon les secteurs d'activité. Il s'agit, pour l'unité commerciale (UC), de se faire connaître des clients potentiels afin de les attirer et de provoquer le premier achat. Il faut donc faire découvrir l'offre de produits et de services ainsi que les spécificités de l'UC. Cette dernière, quant à elle, doit découvrir les besoins et les attentes du client. La relation commerciale est donc centrée sur cette découverte.

#### b) La consolidation

Les achats du client deviennent de plus en plus importants. Il s'agit, pour l'UC, d'essayer d'augmenter le panier moyen et la fréquence d'achat. La relation commerciale est alors centrée sur un approfondissement de la découverte (autant pour le client que pour l'UC). Les informations permettent d'améliorer la relation. L'UC doit faire découvrir l'ensemble des produits et services adaptés au client. L'objectif est donc de réactiver le désir d'achat, de se rappeler sans cesse au souvenir du client.

#### c) La fidélisation

La relation d'apprentissage se poursuit pour continuer à s'adapter aux besoins et aux attentes du client, mais aussi pour connaître ses motifs de satisfaction afin de les renforcer et ses motifs de mécontentement pour les réduire. L'objectif de l'UC est de conserver les bons clients le plus longtemps possible. Elle va donc tenter de mettre en place des barrières de sortie qui empêcheront l'infidélité du client. Face à une barrière de sortie, un client trouve moins d'avantages à changer d'enseigne qu'à rester fidèle car il perdrait tous les avantages établis par la relation passée (produits et services moins adaptés, moins de reconnaissance, etc.). La relation commerciale doit donc être plus intense, plus personnelle (reconnaissance du client grâce à des avantages et des privilèges spécifiques, mise en place d'un club, création d'événements, etc.).

#### d) La reconquête des clients perdus

La perte d'un client peut se faire à chaque étape. La relation commerciale n'a ici qu'un objectif : connaître les raisons d'insatisfaction qui ont poussé le client à la rupture de la relation. Cela permettra à l'UC :
- de mettre en place une stratégie de reconquête pour les clients à fort potentiel (le coût de reconquête est plus important que le coût d'acquisition d'un client car un client potentiel n'a pas d'avis négatif sur l'enseigne). La reconquête ne se fera donc qu'auprès de clients à fort potentiel dont les achats futurs permettront d'amortir les coûts de reconquête ;
- de corriger les erreurs passées afin d'éviter de nouvelles pertes.

### 2. Selon la nature des biens et des services

La relation commerciale attendue par le client dépend fortement de la nature des biens et des services proposés par l'unité commerciale :

| Biens de grande consommation | Biens anomaux ou impliquants | Services |
|---|---|---|
| Relation commerciale peu intense. Les clients veulent surtout un repérage des produits et connaître les offres de produits et de services. La présentation des produits est donc essentielle. | Relation importante. Les clients attendent surtout des conseils, des aides à l'achat et les services associés (assistance, livraison, mise en service, réparation). La présentation des produits est aussi essentielle. | Relation très importante et très intense (relation de confiance). Les attentes des clients sont très grandes. La confiance est un élément primordial pour établir une relation commerciale durable. |

### 3. Selon le type d'unité commerciale

Pour les entreprises de vente à distance, la relation commerciale ne peut être constituée de contacts physiques. Bien souvent, dans ce cas, le client est méfiant à l'égard des produits et des services proposés. Les entreprises de VAD doivent donc renforcer la confiance du client.

## 2 Les moyens utilisés

Les unités commerciales peuvent utiliser tous les supports de communication pour établir un contact.

### 1. Les moyens utilisés lors de la vente

Les moyens diffèrent selon les méthodes de vente :
- le libre-service : la relation commerciale s'appuie sur la présentation des produits offerts. Les informations sur le lieu de vente, la clarté des linéaires, la signalétique, les bornes interactives mais aussi le personnel de contact (ELS, hôtesses de caisse) constituent les éléments principaux de la relation ;
- la vente assistée : le personnel de contact, la disponibilité des vendeurs, la qualité des conseils apportés et les aides à l'achat (descriptif des produits, tableaux comparatifs, etc.) sont au cœur de la relation commerciale ;
- la vente de services : le client participe activement à la production du service (servuction). L'écoute, le dialogue, la qualité de l'échange, mais aussi les locaux et l'accueil sont des éléments primordiaux ;
- la vente à distance : sans contact physique, la relation se fait par l'intermédiaire de supports divers (catalogue, site Internet, brochures, presse, etc.). L'information donnée sur les produits et les services et la clarté des

supports sont très importantes. Des aides à la recherche sont nécessaires (sommaire, index, moteurs de recherche).

### 2. Les moyens utilisés pour les autres contacts

#### a) Les types de contacts commerciaux

En dehors de la vente, la relation commerciale se poursuit par d'autres types de contacts (prospection, fidélisation, service après-vente, réclamations, etc.). Ces derniers peuvent être provoqués :

- par le client : demande d'informations, d'un devis, modification d'un contrat, réclamations, conseils, assistance, etc. ;
- par l'unité commerciale : il peut s'agir de contacts issus de la vente ou de l'après-vente et qui permettent à l'UC de remplir ses obligations (confirmation de commande, disposition des articles, lettre de remerciement, livraison, mise en service, garantie, etc.), de contacts permettant de recueillir des informations sur le client (mesure de la satisfaction client, qualification de fichier, etc.) ou encore de contacts permettant d'informer le client (présenter une offre, avertir d'un événement comme une semaine promotionnelle, etc.).

#### b) Les moyens utilisés

La tendance est aujourd'hui à multiplier les occasions et les moyens de contact avec l'UC (stratégie multicanal). Les moyens sont donc très divers : face-à-face avec le personnel de contact (hôtesse d'accueil, conseiller, etc.), mais aussi courrier, téléphone, fax, site Internet, courriel, etc.

Les contacts peuvent être, selon l'activité, difficiles à gérer. Ils peuvent donc être confiés à des services ou des entreprises spécialisés (exemple : plate-forme téléphonique).

Pour l'information des clients sur l'offre des produits et des services, les outils et les supports sont aussi très variés et relèvent de la communication commerciale (brochure, publipostage, catalogue, courrier adressé ou non, etc.).

## 3 La communication dans la relation commerciale

### 1. La préparation de l'entretien de vente

Préparer l'entretien de vente consiste à fixer les objectifs de l'entretien (vendre, fidéliser, découvrir les besoins, obtenir un rendez-vous, etc.) et à choisir (créer) les outils d'aide à la vente. Ces derniers peuvent être différents selon le type d'entretien.

#### a) La fiche client

Elle permet de se rappeler les informations sur le client (identification, historique des ventes et de la relation commerciale, etc.).

#### b) Le plan de découverte

C'est la liste des points à aborder pour obtenir les informations nécessaires à la vente. En général, il s'agit de récapituler la situation et la solution actuelles, puis d'évaluer la situation future pour envisager la solution future.

#### c) Le guide d'entretien téléphonique

Il récapitule les différentes étapes de l'entretien et peut s'organiser selon la méthode CROC – Contact : saluer, se présenter, vérifier l'identité de l'interlocuteur ; Raison de l'appel : annoncer l'offre ; Objectif : faire une proposition ; Conclure : confirmer la solution retenue, remercier, saluer.

#### d) L'argumentaire

Il permet d'adapter les arguments de vente au client. La méthode CAP est la plus souvent utilisée : il s'agit de répertorier les Caractéristiques du produit, chaque caractéristique apportant un Avantage spécifique au client qu'il faut Prouver. Pour adapter plus facilement l'argumentation aux motivations du client, on peut faire correspondre chaque avantage à une ou plusieurs motivations. Les motivations sont alors classées selon la méthode SONCAS (Sécurité, Orgueil, Nouveauté, Confort, Argent, Sympathie).

**EXEMPLE**

| Caractéristique | Avantage | Preuve | Motivation |
|---|---|---|---|
| Mémoire de 20 Mo et carte SD de 4 Go | Plus besoin de sauvegarder les photos sur un support. | On peut stocker jusqu'à $x$ photos de qualité. | Confort |
| Sacoche cuir rembourrée | Ne craint pas les chocs. | Montrer la sacoche et la doublure. | Sécurité |

#### e) Le traitement des objections

Prévoir les objections principales du client et la manière de les réfuter permet de ne pas être pris au dépourvu.

#### f) La documentation commerciale

Catalogue, brochure, fiche produit, échantillon, tarifs, etc., aident à l'argumentation et à la conclusion.

#### g) Les autres outils

Il s'agit de tous les outils nécessaires au bon déroulement de la vente suivant le type de vente et de produit : carte de visite, calculatrice, agenda, bons de commande, etc.

### 2. L'entretien de vente

Il se déroule en plusieurs étapes.

#### a) La prise de contact

Elle ne sera pas la même selon qu'il s'agit d'un entretien avec rendez-vous (contrôler l'identité de l'interlocuteur, se présenter, faire une phrase d'accroche pour introduire l'entretien, expliquer le déroulement de l'entretien) ou d'une prise de contact en magasin (attitude et comportement à adapter en fonction du client : soit laisser le client circuler librement puis intervenir, soit l'aborder tout de suite pour le guider).

Dans les deux cas, le (la) client(e) sera accueilli(e) par un « Bonjour madame » ou « Bonjour monsieur ». Si le vendeur est occupé, il doit regarder le client franchement, lui sourire pour lui montrer qu'il l'a vu et qu'il sera bientôt disponible. Il faut également toujours se rappeler de la règle des 4 × 20 : le climat de confiance s'instaure dans les 20 premières secondes, les 20 premiers mots doivent être soigneusement préparés (phrase d'accroche), les 20 premiers gestes doivent être posés et démontrer une ouverture et les 20 centimètres du visage doivent révéler un regard franc et un sourire qui engagent la communication.

### b) La découverte

Elle se fera selon le plan de découverte. L'objectif est de connaître les besoins et les motivations du client en le questionnant.

Il faut alors pratiquer l'écoute active : montrer au client qu'on est attentif en reformulant régulièrement ses dires et en l'invitant à approfondir. On utilisera pour cela des questions ouvertes et fermées pour chercher l'information, des questions miroir (elles consistent à répéter un terme utilisé par le client pour l'inviter à approfondir) et ricochet pour le relancer (« Ah bon ? », « C'est-à-dire ? »), des reformulations et des questions alternatives pour vérifier que l'on a bien compris. La communication non verbale est aussi très importante. Il faut observer attentivement les gestes, l'attitude du client et, à l'inverse, utiliser des gestes pour lui montrer l'intérêt qui lui est porté (hocher la tête, regarder le client, etc.).

La découverte se termine par une synthèse qui permet de reformuler les besoins, vérifier que rien n'a été oublié et annoncer la solution retenue.

### c) L'argumentation

L'objectif est de convaincre le client que la solution retenue est la meilleure pour lui. Il faut donc mettre en avant les arguments qui répondent à ses besoins et à ses motivations.

### d) La réfutation des objections

Il ne faut pas avoir peur des objections du client. Pour lui, il s'agit, dans la plupart des cas, d'une manière de renseigner le vendeur sur un besoin, une attente ou une peur non encore exprimée.

On trouve trois types d'objection :

- l'objection fondée : le produit ne répond pas totalement aux attentes du client. Le vendeur doit accepter l'objection, puis soit trouver un produit répondant mieux aux (nouvelles) attentes du client, soit minimiser l'inconvénient en montrant les autres avantages du produit ;
- l'objection non fondée : le produit répond aux besoins et aux motivations du client mais celui-ci manque d'information ou a un préjugé. Le vendeur doit alors approfondir pour comprendre l'objection puis recommencer l'argumentation sur quelques points précis ;
- l'objection prétexte : le client a le désir de ne pas conclure. Le vendeur doit alors tenter de découvrir la véritable objection (exemple : « Je vais réfléchir, il faut que j'en parle à mon épouse. »).

### e) La conclusion

Le vendeur doit guetter les signaux d'achat : le client se projette dans l'utilisation future du produit, questionne sur les modalités de vente (livraison, délai de paiement, etc.) ou manifeste son contentement par son attitude. Aussitôt qu'un signal d'achat est repéré, le vendeur doit conclure la vente en récapitulant les avantages et proposer la vente par l'une de ces méthodes :

- proposition directe, comme remplir un bon de commande ;
- proposition implicite : le vendeur demande au client de choisir entre deux solutions qui impliquent la vente ;
- l'anticipation de l'achat : le vendeur demande au client ses préférences quant aux conditions de vente (livraison, paiement, etc.).

Le vendeur tentera éventuellement une vente additionnelle en proposant un produit complémentaire.

Pendant la prise de congé, le vendeur doit rassurer le client sur son choix, récapituler le suivi de la vente (livraison, installation, garantie, etc.), puis prendre congé chaleureusement : si les 20 premières secondes sont importantes pour instaurer un climat de confiance, les 20 dernières le sont aussi pour fidéliser le client.

## 3. La gestion des conflits

Les conflits permettent de connaître les motifs de mécontentement de la clientèle et donc d'améliorer l'offre de produits et/ou de services.

Le traitement et la gestion des conflits sont primordiaux pour assurer la satisfaction de la clientèle et éviter la perte de clients.

Le premier objectif sera d'apaiser et d'inviter au dialogue. Pour cela, l'écoute active est le mot d'ordre. Il faut donc adopter une attitude ouverte, résumer régulièrement les propos du client pour bien lui montrer qu'on l'écoute, l'inviter à s'exprimer complètement par différentes techniques de questionnement.

Il ne faut jamais mettre en cause ni critiquer le client, l'entreprise, un service ou une personne.

L'objectif final est de trouver une solution acceptable par tous.

# 3 LA CLIENTÈLE DE L'UNITÉ COMMERCIALE



**Le lieu d'implantation de l'unité commerciale constitue le principal facteur de réussite de son activité. L'analyse de la clientèle sur laquelle le point de vente souhaite asseoir son influence est donc déterminante avant ou après la décision d'implantation. La clientèle de l'unité commerciale peut être analysée sous trois aspects : géographique, économique et structurel.**

## 1 La délimitation de la zone de chalandise

Il s'agit de déterminer les frontières de la zone dans laquelle l'UC va capter l'essentiel de sa clientèle.

### 1. Les critères à prendre en compte

#### a) L'unité est implantée

On peut assez facilement déterminer les contours de la zone en relevant les informations obtenues sur les bons de commande, les factures, les chèques, les cartes de fidélité ou en demandant aux clients leur code postal et en intégrant les données dans un logiciel spécialisé.

#### b) L'unité n'est pas implantée

La démarche est plus complexe et les informations plus difficiles à obtenir. De nombreux critères interviennent, qui tiennent d'abord à l'unité commerciale : sa taille, son lieu d'implantation (isolée, en centre commercial, en galerie commerciale, en centre-ville, etc.), son activité, son positionnement, etc.

D'autres critères dépendent de l'environnement géographique et des infrastructures : les obstacles de circulation, les axes routiers, les parkings, les infrastructures de transport, etc.

L'environnement concurrentiel, enfin, joue un rôle non négligeable.

### 2. Le tracé des frontières

#### a) Les courbes isométriques

Les courbes isométriques sont des cercles concentriques, autour du point de vente, qui mesurent la distance qui sépare les clients de l'unité commerciale. En général, on trace trois cercles qui sont fonction de la part des clients potentiels qui sera captée par l'enseigne.

#### b) Les courbes isochrones

Elles sont définies à partir du temps nécessaire pour se rendre dans le point de vente.

Distance et temps de trajet sont évalués en fonction des caractéristiques de l'enseigne et de son environnement.

## 2 Le chiffre d'affaires potentiel de l'unité commerciale

### 1. L'évaluation du nombre de clients de l'unité commerciale

La sphère d'influence du point de vente ayant été précisée, il s'agit maintenant d'évaluer le potentiel de clientèle qui s'y trouve ou qui pourrait y venir en prenant en compte certaines données :

| Données | Contenus |
|---|---|
| Taux d'évasion | C'est la part des habitants de la zone qui effectuent leurs achats en dehors de celle-ci. |
| Taux d'attraction | C'est la part des dépenses effectuées dans la zone par des non-résidents de cette dernière. |
| Taux d'emprise | C'est la part de la clientèle captée par le point de vente. |

### 2. L'évaluation des dépenses des clients de l'unité commerciale

La part des dépenses commercialisables affectée aux achats des produits qui composent l'assortiment du point de vente doit être évaluée. L'INSEE fournit des moyennes nationales pour de nombreuses catégories de produits. Ces moyennes sont corrigées pour tenir compte des spécificités de la zone. On leur applique les indices de disparité des dépenses de consommation (IDC) ou les indices de richesse vive (IRV) :

| Indices | Sources | Contenus |
|---|---|---|
| IDC | ACFCI | Ils mesurent le niveau des dépenses de consommation des ménages selon leur lieu de résidence, en tenant compte de leur âge, du niveau de leur revenu, de la composition du ménage et de la nature de leur résidence. |
| IRV | Institut Proscop | Ils mesurent la consommation tous produits de la population résidente d'une zone géographique donnée. |

## 3 La segmentation de la clientèle

### 1. Le principe

Pour répondre le mieux possible aux attentes de sa clientèle, l'entreprise doit connaître les caractéristiques propres à chaque client, afin de regrouper ces derniers en segments homogènes. En effet, une réponse individuelle aux attentes des clients, même si elle est recherchée, est rarement envisageable pour des raisons de rentabilité. Un segment est donc composé d'une catégorie de clients possédant des caractéristiques communes dont on suppose qu'elles influent sur la décision d'achat.

### 2. Les critères de segmentation

Les critères utilisés pour segmenter la clientèle sont nombreux. En voici quelques exemples :

| Critères | Exemples | Secteurs d'activité |
|---|---|---|
| Les critères sociodémographiques | PCS (profession et catégorie sociale) | Distribution et services |
| | Composition du foyer | |
| | Type d'habitat | |
| Les critères économiques | Revenu | |
| | Panier moyen | Distribution |
| | Capacité à épargner | Services (banques, assurances) |
| | Produits détenus | |
| Les critères comportementaux | Fréquence d'achat | Distribution |
| | Récence d'achat (date du dernier achat) | |
| | Fréquentation du point de vente | |
| | Type d'achat | |
| | Mouvement des comptes | Banques |
| | Multibancarisation | |
| | Découverts | |
| | Canaux utilisés (Internet, automates, agences, téléphone) | |

# 4 LE COMPORTEMENT DES CLIENTS DE L'UNITÉ COMMERCIALE



**De nombreuses études ont été menées pour mettre en évidence les différentes étapes qui guident le consommateur dans sa démarche de choix d'un produit ou d'une unité commerciale. La finalité étant, bien entendu, de trouver comment intervenir dans ces étapes pour amener le consommateur à choisir une enseigne ou un produit donné(e).**

## 1 Le processus de décision

### 1. Les étapes du processus

Qu'il s'agisse du processus de choix d'un produit ou d'une unité commerciale, le schéma mental suit le même parcours :

| | |
|---|---|
| La naissance d'un besoin | Le consommateur prend conscience d'un manque qu'il va chercher à combler. Cette reconnaissance naît d'un stimulus individuel (la faim, la soif, etc.) ou commercial (publicité, promotion, etc.). |
| La recherche d'informations | Le consommateur va se renseigner sur les produits susceptibles de le satisfaire. Ses sources peuvent être internes (mémoire, amis, etc.) ou externes (vendeurs, magazines, publicités, Internet, etc.). |
| L'évaluation des différentes alternatives | Le consommateur va retenir les critères d'achat qui lui paraissent les plus importants puis classera les solutions en fonction de ces critères. |
| La prise de décision | Après classement, le consommateur retient, en principe, la solution qui a obtenu le meilleur score. |
| Le sentiment post-achat | C'est une étape importante. S'il a été satisfait, le consommateur aura tendance à racheter la même marque sans s'informer à nouveau. Insatisfait, il ira vers la concurrence. |

### 2. La relativité du processus d'achat

#### a) La variété des processus d'achat

La longueur et l'importance du processus de décision diffèrent selon le degré d'implication du consommateur :

| Degré d'implication | Recherche d'information | Évaluation des solutions |
|---|---|---|
| Faible | Pratiquement inexistante (expérience, publicité mémorisée). | Le nombre de solutions est restreint par manque d'implication. |
| Moyen | La recherche se cantonne à l'information facilement disponible. | La décision repose sur un ou deux critères (souvent le prix ou la qualité). |
| Fort | Les sources sont nombreuses, des avis d'experts sont recherchés. | Les critères importants sont clairement définis et hiérarchisés. |

#### b) La variété des critères

Le consommateur va définir ses critères de choix en fonction de ses attentes, de ses motivations ou de ses freins à l'achat. Pour un même produit ou une même enseigne, les critères pourront donc différer. Les entreprises doivent identifier les critères le plus souvent mis en avant et atteindre le minimum requis pour chacun d'eux afin de construire une image conforme aux attentes des clients potentiels.

## 2 Connaître le comportement du client

### 1. Les méthodes

La plupart des méthodes ont été décrites dans les chapitres 4 (le recueil des informations sur la demande) et 5 (le sondage par questionnaire) du cours de développement de l'unité commerciale. Il s'agit, principalement, de méthodes qualitatives et d'observation *in situ* ainsi que de méthodes de traitement statistique de données (*datamining* et *scoring*).

### 2. Les sources d'information

Les informations les plus importantes concernant la clientèle de l'unité commerciale proviennent de sources internes. La base de données clients recense en effet l'ensemble des tickets de caisse sur plusieurs années, les informations issues des cartes de fidélité et les résultats d'études *ad hoc*.

Après traitement, ces informations fournissent de riches enseignements sur le comportement des clients dans l'unité commerciale.

## 3 La satisfaction et la fidélisation de la clientèle

Dernière étape du processus de décision, le sentiment post-achat se révèle primordial dans la fidélisation du client et est étroitement lié à la notion de satisfaction.

### 1. La satisfaction

#### a) La notion de satisfaction

La satisfaction, c'est l'état psychologique positif d'un client qui marque son contentement à la suite de l'achat d'un produit ou de la fréquentation d'une unité commerciale.

#### b) L'évaluation de la satisfaction

Elle se fait à l'aide d'outils spécifiques : enquêtes de satisfaction, baromètres, tables rondes et évaluations mystères.

L'analyse des lettres de réclamation ou des suggestions des clients (boîte à idées) donne également des informations intéressantes.

### 2. La fidélité

#### a) La notion de fidélité

L'attitude positive liée au degré de satisfaction née d'une précédente relation va engendrer un attachement conscient ou non du consommateur à un produit, une marque ou une enseigne.

#### b) La mesure de la fidélité

Elle peut être mesurée par des taux :
- le taux de fidélité représente le pourcentage d'acheteurs de la marque en période N qui continuent d'acheter en N+1 ;
- le taux d'attrition représente la part de clients perdus.

# 5 LA CONCURRENCE ET LES PARTENAIRES INSTITUTIONNELS

**Sur sa zone de chalandise, l'unité commerciale va devoir tenir compte de la présence de concurrents pour définir ses objectifs et sa politique commerciale. D'autres intervenants, les partenaires institutionnels, vont également influer sur les décisions prises.**

## 1 La concurrence locale

### 1. L'identification de la concurrence locale

#### a) La localisation des concurrents

Il est important de situer géographiquement l'implantation des concurrents afin d'identifier des « zones de bascule », c'est-à-dire le chevauchement entre la zone de chalandise de l'unité commerciale et celle du concurrent. En effet, ces zones demandent un traitement particulier car la clientèle peut passer facilement d'une enseigne à l'autre.
D'autre part, dans ces zones, le chiffre d'affaires potentiel doit être évalué en tenant compte du taux d'emprise du concurrent, qui varie selon le lieu d'implantation.

#### b) Les caractéristiques des concurrents

La connaissance des concurrents passe par l'analyse de leur concept commercial qui permettra d'identifier les concurrents les plus dangereux.
Parmi les caractéristiques à étudier, on s'attachera surtout à la cible, l'assortiment, la communication de l'enseigne, les services proposés, l'aménagement du point de vente, la politique de prix ou encore le personnel de contact.

### 2. La connaissance de la concurrence locale

Les sources permettant à l'unité commerciale de s'informer sont nombreuses et diversifiées :

| Outils/informations | Sources |
|---|---|
| Relevés de prix<br>Observation *in situ*<br>Analyse de la communication | Concurrents<br>Internet |
| Études *ad hoc*<br>Remontées clients | Clientèle |
| Informations fournisseurs | Fournisseurs |
| Études quantitatives<br>Projets d'implantation | Organismes publics ou privés |
| CA potentiel<br>Normes professionnelles | Presse spécialisée<br>Tête de réseau<br>INSEE |

## 2 Les partenaires institutionnels

### 1. Les acteurs

#### a) L'État et les collectivités locales

L'État, à travers les institutions gouvernementales (ministères, secrétariats d'État aux PME, au Commerce et à l'Artisanat, Parlement) et les organismes nationaux chargés de la consommation (DGCCRF, Conseil national de la concurrence, INC), est un des premiers partenaires des unités commerciales.
Il intervient directement dans la vie des entreprises à travers la réglementation et le contrôle de son application et à travers les mesures prises pour favoriser le commerce.
Les collectivités locales (conseils régionaux, conseils généraux et mairies) interviennent à un échelon plus modeste en participant à l'aménagement du territoire et en favorisant le développement économique local.

#### b) Les organismes professionnels

Les syndicats professionnels et les CCI fournissent des informations, mettent en place des formations et apportent aide et conseils.

#### c) Les associations

Les associations de commerçants organisent des actions d'animation commerciale et participent aux projets de restructuration des villes.
Les associations de défense des consommateurs prennent part à des tables rondes avec les acteurs locaux du commerce et font pression sur les distributeurs.

#### d) Les autres partenaires institutionnels

La commission départementale d'équipement commercial (CDEC) autorise ou refuse les implantations ou les agrandissements de surface supérieurs à 300 m².

### 2. Les enjeux des relations avec les partenaires institutionnels

#### a) Les enjeux liés à l'urbanisme

L'un des enjeux majeurs est de maintenir ou de rétablir l'équilibre entre les activités commerciales de centre-ville et celles de la périphérie.
Parallèlement, l'urbanisme commercial a pour objectif d'organiser le maintien d'activités commerciales dans les campagnes.

#### b) Les enjeux liés aux relations entre partenaires

La loi a pour objectif d'assurer l'équilibre dans les relations entre producteurs et distributeurs, notamment en matière de négociation, de fixation des prix ou de pratiques discriminatoires.
Elle assure également la protection du consommateur en matière de garantie, d'affichage des prix, de sécurité alimentaire, etc.

### 3. Les principales contraintes légales

#### a) L'implantation et l'agrandissement du point de vente

Une autorisation doit être obtenue auprès de la CDEC pour toute ouverture ou tout agrandissement d'une surface commerciale de plus de 300 m².

#### b) La fixation des prix

L'ordonnance du 1er décembre 1986 a instauré le principe de la liberté des prix qui doivent être déterminés par le libre jeu de la concurrence.
L'objectif de la loi est de sanctionner les pratiques abusives dans trois domaines en particulier :
- la protection et l'information du consommateur en matière d'affichage, d'étiquetage et de publicité des prix ;
- les pratiques anticoncurrentielles, en interdisant les ententes, l'abus de position dominante et l'abus de situation de dépendance économique ;
- la loyauté commerciale, en interdisant la revente à perte, la pratique des prix imposés et les pratiques discriminatoires.

# 6 L'ORGANISATION MANAGÉRIALE ET LES RESSOURCES HUMAINES



**L'organisation managériale de l'unité commerciale tient une place prépondérante dans la satisfaction du client, notamment en raison du rôle joué par le personnel qui est directement en contact avec la clientèle.**

## 1 Les structures organisationnelles des unités commerciales

### 1. Deux exemples de structure organisationnelle

#### a) L'organigramme d'une grande surface

L'organigramme simplifié présenté ci-dessous varie selon les unités commerciales. La présence ou non de certains métiers ou niveaux dépend essentiellement de la taille de l'unité. Dans les petites surfaces, les employés cumulent souvent les tâches de chef de rayon, de vendeur et d'ELS.

**EXEMPLE**

Organigramme d'une grande surface :

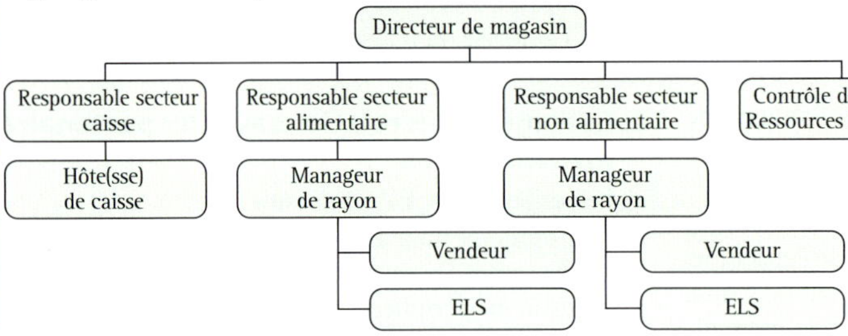


#### b) L'organigramme d'une agence bancaire

Étant donné leur taille souvent réduite, les agences bancaires disposent d'organigrammes qui ne multiplient pas les niveaux hiérarchiques mais s'organisent autour de grands segments de clientèle :

**EXEMPLE**

Organigramme d'une agence bancaire :

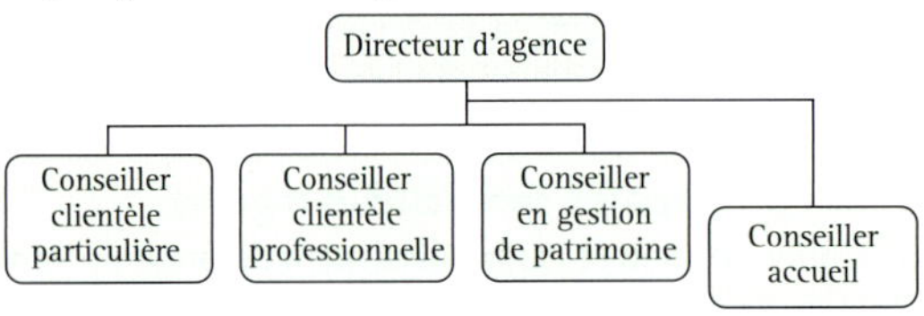


### 2. Les principaux emplois offerts dans une unité commerciale

#### a) Dans les grandes surfaces de distribution

Il s'agit, ici, des emplois commerciaux :

- le **directeur de magasin** définit et pilote la stratégie du magasin à partir de la stratégie nationale de l'enseigne. Il fixe les objectifs, développe le chiffre d'affaires et les marges et veille à la maîtrise des coûts. Il gère aussi les ressources humaines (recrute l'encadrement, supervise l'affectation des collaborateurs, les évalue et favorise leur évolution de carrière) ;
- le **responsable de secteur** assure le développement d'un centre de profit par une analyse quotidienne des résultats du secteur en collaboration avec les chefs de rayon ;
- le **manageur de rayon** est responsable du compte d'exploitation du rayon et veille à la réalisation des objectifs. Il anime l'équipe et assure sa formation. Il participe à la bonne tenue du rayon (implantation, remplissage, étiquetage, balisage, propreté, fraîcheur, rayon plein) et veille à l'application des règles (droit du travail, normes d'hygiène, normes de sécurité) ;
- le **vendeur** conseille le client, conduit la vente et fidélise. Il met en valeur le produit ;
- l'**employé libre-service** est chargé des tâches d'approvisionnement et de rangement du rayon. Il renseigne aussi les clients et réalise les inventaires.

#### b) Dans une agence bancaire

Ces métiers se retrouvent dans les agences bancaires :

- le **directeur d'agence** est responsable de la rentabilité de l'agence, pilote les actions commerciales, prospecte de nouveaux clients et fixe les objectifs ;
- le **conseiller de clientèle** gère et développe un portefeuille de clients et de prospects ;
- le **conseiller en gestion de patrimoine** gère une clientèle disposant de revenus importants et l'oriente vers des placements adaptés à son profil. Il assure également un rôle de conseil sur les aspects juridiques et fiscaux liés à la gestion de patrimoine ;
- le **conseiller accueil** assure toutes les opérations bancaires courantes (réception des clients, opérations de banque, etc.). Il conseille aussi la clientèle et vend les produits et les services bancaires de base.

## 2 Les ressources humaines et la relation commerciale

Les ressources humaines, comme les autres moyens d'action de l'entreprise, ont pour objectif de concourir à la satisfaction du client. Chacun des rôles qui sont assignés doivent être envisagés en partant de cette question : « Comment gérer au mieux mes ressources humaines pour que le client soit satisfait ? »

| Rôle | Importance dans la relation commerciale |
|---|---|
| Recruter | Le client souhaite avoir un interlocuteur disponible quand il le souhaite, il ne veut pas attendre en caisse ; les employés doivent être en nombre suffisant pour que le temps perdu dans l'unité commerciale ne paraisse pas exagéré. |
| Former | Le client attend conseil et compétence de la part des interlocuteurs de l'unité commerciale. |
| Motiver | Le client aime avoir en face de lui une personne qui a l'air heureuse dans son emploi, qui lui communique son enthousiasme pour les produits qu'il vend ou qui prend du temps pour essayer de le satisfaire. |
| Faire évoluer | L'évolution de carrière est un moteur de la motivation. Elle a des conséquences positives sur la relation client. |
| Organiser le travail | Il faut élaborer les plannings de présence et répartir les tâches pour mettre un vendeur en face d'un client au moment opportun tout en maîtrisant les coûts. |
| Évaluer | L'évaluation permet de détecter des compétences particulières ou des besoins en formation qui permettront de proposer au client un service plus performant. |

# 7 LES CONTACTS COMMERCIAUX

**La rencontre entre l'offre de l'entreprise et le client peut s'effectuer selon différentes modalités : directe ou à distance, en libre-service ou assistée.**

## 1 Les formes de contact

### 1. Le contact direct

L'initiative du contact est prise dans une unité commerciale par l'acheteur qui décide de se rendre dans le point de vente aux jours et aux heures d'ouverture établis pour y rencontrer le vendeur sédentaire.
Lorsqu'il est chez le client, le vendeur itinérant prend en général l'initiative du contact qui a lieu le plus souvent après la prise d'un rendez-vous.

### 2. Le contact à distance

Il s'établit en utilisant les technologies de la communication : fax, téléphone, etc. Il permet une plus grande souplesse que le contact direct de par sa rapidité de mise en œuvre et des contraintes moindres en termes d'horaires.

## 2 La phase préparatoire

La première impression laissée par le vendeur auprès du client est souvent déterminante pour la réussite de la relation commerciale.

### 1. La préparation matérielle

La présentation des produits dans le point de vente, la disponibilité des outils d'aide à la vente (tarifs, brochures, bons de commande, etc.), l'actualisation du site Internet, etc., sont autant d'aspects matériels qui sont indispensables au bon déroulement du contact commercial.

### 2. La préparation du vendeur

Celui-ci doit maîtriser les techniques de vente et connaître parfaitement les différents aspects de son offre (produits, prix, conditions de vente, etc.).

## 3 Le déroulement du contact

### 1. La prise de contact

Le vendeur doit créer un climat favorable à l'échange avec le client en se montrant agréable et attentif.

#### a) Dans le point de vente

Le vendeur est en attente de la venue du client. Il ne doit pas donner l'impression qu'il se désintéresse de sa présence tout en adoptant une attitude qui ne soit pas trop insistante pour ne pas l'indisposer.

#### b) Chez le client

Le vendeur doit se présenter et, si nécessaire, rappeler l'objet de sa visite. Il lui faut se montrer agréable tout en évitant la familiarité, qui pourrait induire une image peu professionnelle du vendeur dans l'esprit du client.

### 2. La découverte du client

Le vendeur doit s'efforcer de découvrir qui est le client et quels sont ses besoins au travers d'une alternance de phases de questionnement et d'écoute de ce dernier. Le vendeur les reformule ensuite de manière synthétique pour vérifier qu'il les a bien cernés.
Il devra ensuite détecter les motivations ou, au contraire, les freins à l'achat chez le client. Pour cela, il pourra s'appuyer sur la classification « SONCAS ».

#### a) La Sécurité

Le client recherche un produit ou un service qui a fait ses preuves, qui présente des garanties, etc.

#### b) L'Orgueil

Le client recherche un produit ou un service pour satisfaire son besoin d'estime, de reconnaissance, etc.

#### c) La Nouveauté

Le client est amateur d'innovations, de produits technologiques, etc.

#### d) Le Confort

Le client est à la recherche d'un produit ou d'un service pratique, qui lui facilite la vie.

#### e) L'Argent

Le client porte beaucoup d'importance au prix, à la rentabilité, etc.

#### f) La Sympathie

Le client recherche la convivialité, l'aspect ludique, etc.

### 3. L'argumentation

Le vendeur propose au client les produits ou les services qui peuvent satisfaire les besoins détectés dans la phase précédente. Il énonce des arguments destinés à convaincre le client. Ceux-ci sont souvent bâtis en s'appuyant sur les caractéristiques du produit, en mettant en avant l'avantage qu'elles présentent pour le client et en essayant de le prouver.
Le vendeur cherchera par des questions à obtenir l'adhésion du client aux arguments avancés et reformulera les réponses si nécessaire.

### 4. La réponse aux objections

Le client peut être amené à répondre aux questions ou aux arguments du vendeur en émettant des objections principalement de deux types : les objections prétextes et les objections réelles.

#### a) Les objections prétextes

Elles sont peu précises et souvent le signe d'un désintérêt de la part du client.
Le vendeur doit y répondre en essayant d'éveiller l'intérêt du client. Ce type d'objection peut aussi résulter de l'emploi d'un argument mal adapté aux motivations du client.

#### b) Les objections réelles

Elles sont précises et traduisent en général un intérêt certain et/ou une réelle contrainte de la part du client.

### 5. La conclusion

Le vendeur doit détecter les signes indiquant que le client est convaincu et obtenir son accord.

### 6. Le suivi

Le vendeur doit chercher à fidéliser le client. Le fait de s'assurer *a posteriori* de sa satisfaction est un des moyens d'y parvenir.

# 8 LA GESTION DE L'OFFRE

**La satisfaction des besoins des clients nécessite de choisir des produits ou services aptes à y répondre et de suivre les évolutions du marché pour s'y adapter.**

## 1 L'assortiment

L'assortiment est l'ensemble des produits et des services offerts par un distributeur à sa clientèle dans son point de vente.

### 1. Les mesures de l'assortiment

#### a) La largeur de l'assortiment

Elle mesure le nombre de types de produits ou de services proposés par le point de vente. Un assortiment large correspond à une offre très diversifiée.

#### b) La profondeur de l'assortiment

Elle correspond au nombre de références disponibles par type de produits proposés. Un assortiment profond indique un choix important par type de produits.

#### c) L'ampleur de l'assortiment

Elle combine largeur et profondeur de l'assortiment. Une ampleur importante de l'assortiment indique une offre très diversifiée avec un choix important dans chaque famille de produits.

### 2. L'importance de l'assortiment

La fréquentation d'un point de vente par les clients est fortement influencée par l'ampleur de l'assortiment.
Dans tous les cas, si le client ne trouve pas le produit recherché, il changera de point de vente. À l'inverse, s'il est satisfait de l'assortiment, il deviendra un client fidèle. La certitude de trouver le produit désiré et la connaissance du point de vente (emplacement des rayons, des produits dans les linéaires) lui feront gagner du temps et, ainsi, il sera moins tenté de changer ses habitudes.

## 2 Le choix de l'assortiment

### 1. En fonction du type d'unité commerciale

Le type d'unité commerciale auquel appartient le point de vente ainsi que sa taille orientent fortement le choix de l'assortiment.

**EXEMPLE**

Un point de vente spécialisé de taille moyenne aura un assortiment étroit mais profond.

### 2. En fonction des caractéristiques de la zone de chalandise

L'importance de la clientèle potentielle, son pouvoir d'achat, ses habitudes de consommation ainsi que l'importance de la concurrence doivent être pris en compte lors du choix de l'assortiment.

**EXEMPLE**

Un point de vente situé en zone rurale offrira un assortiment plus profond en jardinage que s'il était en zone urbaine.

Les distributeurs ayant des moyens financiers importants utilisent des informations achetées à des cabinets spécialisés pour affiner la conception de leur assortiment.

**EXEMPLES**

L'indice de richesse vive (IRV) évalue la richesse de la zone de chalandise par rapport à la moyenne nationale.
L'indice de disparité de consommation (IDC) caractérise la répartition de la consommation des ménages de la zone de chalandise par rapport à la répartition nationale.

## 3 Les outils de gestion de l'assortiment

### 1. Les indicateurs de suivi

L'assortiment est constitué d'un nombre de références pouvant être très important. Il est nécessaire d'utiliser des indicateurs permettant d'évaluer les performances des différentes composantes de l'offre pour pouvoir réaliser des ajustements si nécessaire.

#### a) La comparaison avec des points de vente similaires

Des indicateurs (pourcentages, par exemple) comparant les mesures de l'assortiment d'un point de vente (largeur, profondeur, ampleur) avec celles de magasins similaires permettent de le situer par rapport à la concurrence.

#### b) Les indicateurs de performance

La participation au chiffre d'affaires et à la marge ainsi que la vitesse de rotation des stocks des références qui composent l'assortiment sont également des indicateurs couramment employés pour mesurer la performance des composantes de l'offre du point de vente.

### 2. Les outils d'analyse

Ils complètent les indicateurs de suivi en permettant de synthétiser les informations fournies par ces derniers. Les plus courants sont l'analyse 20/80 (ou analyse Pareto) et l'analyse ABC. Ces deux outils ont pour finalité de répartir les produits en deux ou trois groupes selon leur performance.

## 4 Les services

Les services peuvent intervenir dans l'assortiment en tant que complément de l'offre (services associés) ou en tant qu'offre spécifique.

### 1. Les services associés

Ils viennent compléter l'offre pour la rendre plus attractive aux yeux du client.

**EXEMPLES**

Livraison-installation, aide au chargement des marchandises, crédit.

### 2. L'offre de services spécifiques

Les services constituent l'offre en eux-mêmes.

**EXEMPLES**

Location, maintenance, services à la personne.

Les méthodes employées pour concevoir et gérer l'offre de services sont identiques à celles utilisées dans le cas d'une offre de biens matériels.

# 9 LE MARCHANDISAGE DE L'UNITÉ COMMERCIALE

**Le marchandisage est un ensemble de méthodes et de techniques concourant à donner au produit un rôle actif de vente par sa présentation et son environnement, pour optimiser sa rentabilité.**

## 1 Les enjeux

Dans un contexte commercial largement dominé par le libre-service, les produits et les services doivent se vendre avant tout par leur présentation et leur disposition dans le point de vente. Le marchandisage est défini en fonction du type de point de vente.

**EXEMPLE**

Un hard-discount aura un marchandisage très sommaire par rapport à un magasin de luxe.

## 2 Les composantes du marchandisage

### 1. L'enseigne

L'enseigne se doit d'être attractive. Son implantation, sa taille et ses couleurs devront être calculées pour que les clients la visualisent du plus loin possible.

### 2. Les abords et le parking

Il sera particulièrement important de soigner la signalétique (pour réduire les risques d'accident), l'éclairage (pour sécuriser la clientèle) et le tracé des allées pour faciliter l'accès et la sortie du magasin.

### 3. Les chariots

Les chariots vont véhiculer non seulement les marchandises mais également l'image du point de vente. Le parc mis à la disposition de la clientèle devra donc être parfaitement entretenu et toujours accessible.

### 4. Les facteurs d'ambiance

L'éclairage, la musique, les couleurs et le mobilier créent une ambiance dans le magasin pour placer le client dans une situation favorable face à la proposition commerciale.

### 5. Les allées et les rayons

Les allées sont définies de façon que les clients puissent facilement se croiser ou se dépasser. L'implantation des rayons dépend de différents critères comme, notamment, la fréquence d'achat et la complémentarité des produits, leur encombrement, etc.

## 3 Les linéaires

### 1. Les critères d'allocation du linéaire

#### a) La répartition des surfaces

La surface attribuée à chaque rayon est calculée en s'appuyant sur des critères tels que l'attractivité et/ou les performances financières des produits.

#### b) La répartition du linéaire entre les familles de produits

Elle est établie en prenant en compte des critères tels que la part de marché, les spécificités de la zone de chalandise, etc, mais aussi en intégrant les performances financières : contribution au chiffre d'affaires et/ou à la marge.

### 2. La présentation des linéaires

Deux types de présentation sont couramment employés : la présentation verticale et la présentation horizontale.

#### a) La présentation verticale

Il s'agit de présenter des produits, une sous-famille ou une famille sur toute la hauteur du meuble.

#### b) La présentation horizontale

Il s'agit de présenter des produits, une sous-famille ou une famille sur la longueur du meuble.

#### c) Les niveaux de présentation

Il existe trois niveaux de présentation :
- le niveau du sol : on y placera les produits volumineux, des « *power items* » (produits qui, fortement assistés par la publicité, sont très attractifs) et des produits dont l'emballage et le conditionnement nécessitent une lisibilité verticale ainsi que les paniers pour le vrac ;
- le niveau supérieur à 1,80 m (appelé également « chapeau ») : l'accès est difficile, ce qui entraînera deux possibilités : placer des « *power items* » ou des produits déjà présentés au sol et que l'on veut assister ;
- les niveaux des yeux ou des mains : on placera à ces hauteurs les produits qui permettront de dégager les plus fortes marges ou ceux qui nécessitent une assistance à la vente pour développer leur image dans l'esprit des consommateurs.

#### d) L'endroit le plus vendeur

Il est situé au niveau de la partie centrale du linéaire. On placera dans cette zone les produits ayant les meilleures performances ou ceux dont on veut développer les ventes.

## 4 Les spécificités des unités commerciales virtuelles

### 1. Les atouts et les faiblesses

Les unités commerciales virtuelles présentent des avantages aux yeux des clients : possibilité d'effectuer des achats en toute tranquillité sans contrainte horaire ni déplacement. Par contre, la disponibilité des produits, les délais de livraison et la sécurité des paiements freinent souvent les clients qui utilisent alors le site Internet pour recueillir des informations sur le produit puis vont dans un point de vente pour concrétiser l'achat.

### 2. Le marchandisage des unités commerciales virtuelles

Il s'inspire très largement du marchandisage des points de vente physiques en l'adaptant :
- la page d'accueil permet de présenter les différents rayons du site et de mettre en avant des produits et des actions promotionnelles ;
- les différents rayons présentent les produits et leurs caractéristiques ;
- le panier permet au client de collecter les produits qu'il achète comme le ferait le chariot dans un magasin ;
- les moyens de paiement proposés remplacent la caisse.

# 10 LES ACHATS ET LES APPROVISIONNEMENTS



**L'une des principales fonctions d'une unité commerciale est la constitution d'un assortiment de produits dans l'objectif de les revendre au consommateur afin de réaliser un bénéfice.**

## 1 La gestion des achats par l'unité commerciale

### 1. Les fonctions achats et approvisionnements

La fonction achats consiste à acquérir les biens ou les services au niveau de qualité voulue, en quantité souhaitée, aux coûts les plus bas, dans les délais attendus et dans les meilleures conditions de service et de sécurité d'approvisionnement.

Les achats ont pour fonctions :
- à court terme, d'alimenter automatiquement les rayons ;
- à moyen terme, de gérer le portefeuille des fournisseurs ;
- à plus long terme, d'assurer la gestion stratégique des ressources matérielles de l'entreprise.

La fonction approvisionnements du point de vente consiste à gérer les achats et les stocks afin de réapprovisionner les stocks ou de référencer de nouveaux produits.

### 2. En fonction du degré de responsabilité de l'unité commerciale

#### a) L'unité commerciale dispose de l'entière responsabilité de ses achats

Elle choisit son assortiment parmi l'offre de différents fournisseurs proposés par la centrale de référencement.

#### b) L'unité commerciale n'a aucune responsabilité dans le choix des produits

La centrale choisit l'ensemble de l'assortiment pour le réseau et attribue à chaque magasin un nombre de lignes de produits en fonction de la zone de chalandise.

#### c) Le degré d'autonomie de l'unité commerciale en matière d'achats est partiel

Dans ce cas, le point de vente doit se conformer aux choix de la centrale mais peut compléter son assortiment.

### 3. En fonction de la forme de commerce

#### a) Dans le commerce intégré

Les achats sont centralisés et les négociations avec les fournisseurs sont traitées au niveau de la centrale.

#### b) Dans le commerce associé

Les responsables de magasins sont des indépendants propriétaires de leur point de vente, ce qui génère une certaine autonomie dans les décisions.

#### c) Dans le commerce indépendant isolé

Les achats sont gérés exclusivement par le commerçant, qui choisit seul ses produits.

### 4. Le processus de prise de décision en matière d'achats

Il comporte plusieurs étapes.

#### a) La prise de conscience du besoin

L'acheteur formule le besoin en établissant un cahier des charges qui définit les caractéristiques exigées.

#### b) La recherche de fournisseurs

Il est possible de faire appel à un fournisseur déjà référencé ou de rechercher de nouveaux fabricants. Le *sourcing* est la technique par laquelle l'acheteur prospecte des fournisseurs. Les sources peuvent être :
- traditionnelles : publicité dans la presse professionnelle, annuaires professionnels comme le Kompass ;
- électroniques : le *e-sourcing* permet de chercher les fournisseurs *via* Internet et les moteurs de recherche. Les *market places* (places de marché) mettent en relation acheteurs et fournisseurs de manière électronique, *via* Internet. L'unité commerciale peut aussi lancer un appel d'offres par Internet ou pratiquer les enchères inversées (c'est le vendeur qui propose les prix à la baisse).

#### c) L'évaluation des fournisseurs

Des critères de sélection comme le prix, la qualité, les délais de livraison et les conditions commerciales sont définis et hiérarchisés par rapport à la stratégie commerciale du réseau.

#### d) La négociation et la sélection des fournisseurs

L'acheteur entre en contact avec les fournisseurs restants qui vont être à nouveau triés à partir d'autres critères plus précis tels que les cadences d'approvisionnement.

#### e) L'évaluation des performances

Si le fournisseur respecte ses engagements, la relation se pérennise.

## 2 Les approvisionnements et la logistique

Ces deux fonctions consistent à acheminer les produits de la centrale jusqu'au point de vente.

### 1. La planification des approvisionnements

#### a) Le processus d'approvisionnement

Les étapes du processus d'approvisionnement sont les suivantes :
- l'émission du besoin ;
- l'évaluation et la sélection des fournisseurs réalisées au niveau national par la centrale d'achats ;
- la passation de la commande ;
- le suivi de la commande ;
- la réception de la livraison ;
- la mise en réserve ;
- la vérification de la facture ;
- l'évaluation : enregistrement des différents problèmes.

#### b) Les critères retenus

L'historique des ventes, les prévisions de la demande et les actions promotionnelles à venir vont conditionner le niveau des approvisionnements nécessaires.

#### c) L'intérêt de la planification

Il faut tenir compte des délais de livraison et anticiper d'éventuels aléas pour que l'unité commerciale ne tombe pas en rupture de stocks.

## 2. La gestion des stocks

### a) Les principes de la gestion des stocks

La gestion des stocks de produits concourt à mettre les produits à la disposition des clients, dans les délais prévus et sans rupture.

### b) La nécessité de stocker

Diverses raisons expliquent le stockage des produits :
- prévoir les retards de livraison ;
- faire face aux variations de la demande ;
- obtenir des remises ;
- anticiper une opération promotionnelle.

### c) Les effets d'une rupture de stocks

Une rupture de stocks peut entraîner des conséquences sur le comportement des clients, qui peuvent :
- changer d'enseigne ;
- attendre le réapprovisionnement ;
- acheter un produit de substitution.

Dans tous les cas, la répercussion sur l'image de marque de l'enseigne est négative.

### d) Les modèles de gestion des stocks

Il existe deux modèles de gestion des stocks :
- le modèle à périodicité constante : les quantités commandées sont variables et à date fixe. L'inventaire est périodique ;
- le modèle à réapprovisionnement constant : les quantités sont fixes et à date variable. L'inventaire est permanent.

## 3. La logistique

### a) Le principe

La logistique est l'ensemble des activités ayant pour mission le transfert physique des produits vers les clients. Son objectif est que le produit souhaité par le client soit au bon endroit, à l'heure convenue, dans la quantité attendue et au meilleur coût. Pour cela, elle va mettre en place, au moindre coût, une quantité de produits, à l'endroit et au moment opportuns pour éviter les ruptures et les surplus de stocks.

### b) Les flux de marchandises

Il s'agit de définir la façon dont les produits vont être acheminés jusqu'au magasin. Tout d'abord, il faut choisir un mode de transport ferroviaire, routier, aérien ou fluvial. Les différents circuits pour acheminer la marchandise du fournisseur au point de vente sont au nombre de 3 :
- la livraison directe : les producteurs livrent directement les magasins ;
- la livraison par le biais d'une plate-forme : les produits des différents fournisseurs arrivent à la plate-forme puis ils sont dispatchés en lots dont les quantités sont adaptées aux commandes de chaque unité commerciale en fonction des besoins de chacune. La plate-forme est un simple intermédiaire. Les marchandises n'y sont pas stockées, elles ne font que transiter par ce lieu ;
- la livraison *via* un entrepôt : l'entrepôt est un lieu de stockage. Les produits partent de ce point pour réapprovisionner chaque magasin selon le niveau de marchandises commandées en fonction des besoins.

### c) Les flux d'informations

Le type d'informations nécessaires inclut le lieu où se situe la marchandise, sa référence et son niveau de stocks. Les TIC permettent de proposer des outils plus efficaces pour gagner du temps, élargir le nombre de fournisseurs, faire jouer la concurrence et donc faire baisser les prix tels que :
- les *market places* : ces sites portails réservés au commerce *BtoB* facilitent la relation acheteur/vendeur. Elles peuvent être verticales si elles sont spécialisées dans un secteur donné ou horizontales lorsqu'elles sont généralistes et donc plutôt réservées aux PME qui recherchent différents types de produits ;
- le *e-procurement* (gestion des achats en ligne) : il s'agit de la gestion des achats et des approvisionnements par Internet. Il se réalise par le biais des *market places* ;
- le SRM (*Supplier Relationship Management* : gestion de la relation fournisseurs) : ce sont des logiciels qui facilitent les échanges entre une entreprise et ses fournisseurs. Le SRM comprend la gestion des achats, les enchères, les appels d'offres, la recherche de fournisseurs, les contrats et la gestion des catalogues de produits ;
- l'échange de données informatisées (EDI) : il s'agit d'un système d'information entre le distributeur et les fournisseurs. L'EDI a pour rôle de véhiculer et d'automatiser les flux d'informations nécessaires au bon fonctionnement de la chaîne logistique. L'information circule ainsi en temps réel dans les deux sens (producteur/centrale d'achats).

## 4. Le partenariat entre fournisseurs et distributeurs

### a) L'ECR (*Efficient Consumer Response* ou réponse efficace au consommateur)

L'ECR consiste en une coopération entre les fabricants et les distributeurs dans le but de répondre le plus précisément possible aux attentes de la clientèle en respectant la règle : le bon produit au bon moment et au bon prix. Cette technique, basée sur le partenariat, repose aussi sur la notion de *trade marketing* ou comercatique, c'est-à-dire de collaboration étroite entre le fabricant et le distributeur (et non plus un rapport de force), ceci dans le but commun de satisfaire au mieux les attentes des consommateurs.

### b) La GPA (gestion partagée des approvisionnements)

L'UC communique aux fournisseurs, en temps réel et chaque jour, les informations liées à la logistique. Les éléments transmis concernent les quantités en stock, les sorties de stock et les actions de communication prévues qui vont nécessiter un stock plus important durant la période promotionnelle. La GPA est un système de prévision permettant aux producteurs de fixer les commandes et les quantités à livrer par point de vente.

# 11 LE PRIX

➔ **Élément essentiel du plan de marchéage, le prix participe au positionnement de l'enseigne.**

## 1 L'élaboration de l'image prix de l'UC

L'image prix d'une UC dépend de la perception du prix par le consommateur et des objectifs du réseau.

### 1. La perception du prix par le consommateur

Le prix peut être considéré comme un élément rationnel dans le choix d'un produit. Or, de nombreuses études révèlent que la perception du prix par le consommateur est très subjective.

#### a) La relation entre prix et qualité

Le consommateur considère qu'il existe un lien entre le prix et le niveau de qualité : plus un article est cher, meilleur il est. Ce constat est surtout vrai pour les biens anomaux ou lorsque le client n'a pas de repère pour évaluer deux produits.

#### b) La méconnaissance des prix

Plusieurs études démontrent que le consommateur mémorise mal le prix des produits. Chaque consommateur connaît le prix d'une quinzaine de produits seulement. Il s'agit de produits dits «sensibles» (produits de référence). Il connaît sa dépense moyenne globale en produits de grande consommation (exemple : dépense de 30 € par jour).

#### c) Le prix de référence

Le prix de référence correspond au prix acceptable pour un produit au regard de la satisfaction attendue. Il peut correspondre au prix moyen pratiqué dans une zone ou au prix du dernier achat effectué.
Le prix d'un produit est comparé au prix de référence : un prix plus important sous-entend l'existence d'une promesse supplémentaire qu'il faudra prouver, un prix inférieur entraîne un risque qu'il faudra minimiser.

#### d) La sensibilité au prix

Elle permet d'évaluer la réaction des clients face à un changement de prix. La sensibilité au prix sera forte si les dépenses consacrées au produit sont importantes, si la fréquence d'achat est élevée, s'il existe des produits de substitution, si l'acheteur perçoit faiblement la caractéristique distinctive du produit ou si les coûts de changement de fournisseur sont faibles.

#### e) L'image prix d'un point de vente

Elle dépend de nombreux facteurs comme la concurrence locale, la communication, la structure de l'offre, l'échelle des prix proposée, etc., mais aussi des autres éléments du plan de marchéage (la localisation, les services associés, la propreté, etc.). L'image prix est donc floue et ne reflète pas la réalité des prix pratiqués.

### 2. Les objectifs du réseau

#### a) Les contraintes liées aux méthodes de management

Dans certains réseaux, les prix seront imposés aux UC ; dans d'autres, la liberté de fixer les prix leur sera laissée. Dans la réalité, les pratiques sont très différentes selon les secteurs d'activité (grande distribution, banques, etc.).

Les prix imposés sont interdits. Les réseaux, dont les unités commerciales sont juridiquement dépendantes du siège (réseau intégré), peuvent imposer des prix à leurs unités commerciales, mais les réseaux associés ne peuvent que pratiquer des prix conseillés.

#### b) Le positionnement de l'enseigne

Si l'UC a une certaine liberté dans la fixation des prix, elle devra tenir compte du positionnement de l'enseigne pour fixer les prix. Les réseaux ayant un positionnement «prix bas» pratiquent l'EDLP (*Every Day Low price*) et proposent de manière continue des prix bas sur tous les produits. À l'inverse, les autres réseaux doivent se différencier par leur offre de produits et de services pour justifier des prix plus importants et pratiquent souvent la méthode HILO (*HIgh and LOw price*) en proposant ponctuellement des prix très bas sur quelques produits (promotions) et en rétablissant leurs marges sur les autres produits.

## 2 La fixation des prix

Si le manageur a une liberté dans la fixation des prix, il devra prendre en compte un certain nombre d'éléments.

### 1. La prise en compte du coût d'achat

#### a) Le coût d'achat

Il comprend le prix d'achat auquel sont ajoutés les frais de transport et duquel sont soustraites les remises obtenues auprès des fournisseurs.

#### b) Les remises

Elles peuvent être nationales et faire l'objet d'une négociation annuelle entre les fournisseurs et la centrale d'achats. Les marges arrière (issues de la coopération commerciale) peuvent maintenant être déduites entièrement du prix d'achat.

#### c) La marge

La marge commerciale est ajoutée au coût d'achat. Elle est fonction du type de produit, du positionnement du produit au sein de l'assortiment et des charges de l'UC. Dans la distribution, un objectif de marge est généralement fixé par la direction générale en collaboration avec l'équipe commerciale. Cet objectif est fonction des résultats passés et du contexte économique de la zone.

### 2. La prise en compte de la demande

#### a) Le prix psychologique

En cas de produit nouveau, il est possible de tenir compte du prix psychologique, c'est-à-dire du prix optimal aux yeux du client. En dessous de ce prix, le client considérera que le produit doit être de mauvaise qualité ; au-dessus de ce prix, il estimera que le rapport qualité/prix n'est pas bon.

#### b) L'élasticité au prix

Il faut également tenir compte du coefficient d'élasticité du produit (variation de la quantité achetée par rapport à la variation de prix). Si la demande est élastique, une augmentation du prix entraînera une diminution de la demande ; si elle est inélastique, une variation de prix n'affectera pas la demande.

### c) Les prix ronds et les prix magiques

Certains prix ont un impact important sur les ventes. Il s'agit de seuils psychologiques pour le consommateur. Il en est ainsi des prix magiques (exemple : 9,99 € au lieu de 10 €) : le passage au prix supérieur donne l'impression de cherté. Par contre, lors de promotions, les prix ronds donnent l'impression de bonnes affaires.

## 3. La prise en compte de la concurrence

Les relevés de prix, l'analyse des tarifs, des prospectus, des conditions de vente des concurrents, etc., permettent d'apprécier l'offre des concurrents. Selon les objectifs de l'UC, son positionnement et l'intensité concurrentielle, le manageur pourra fixer un prix inférieur, supérieur ou s'aligner sur les prix des concurrents.

## 4. La prise en compte des lois et des règlements

### a) La revente à perte et le prix abusivement bas

La revente à perte est interdite. La vente est à perte si le prix de vente du produit est inférieur au seuil de revente à perte (SRP). Le SRP est maintenant égal au prix d'achat net + le prix du transport – les autres avantages financiers (ristournes non portées sur la facture d'achat et avantages financiers consentis par le fournisseur au distributeur dans le cadre de la coopération commerciale : marges arrière). Il existe toutefois des exceptions à cette règle (produits périssables, saisonniers, etc.). De même, il est interdit de pratiquer des prix abusivement bas dans le but d'éliminer la concurrence.

### b) Les autres pratiques interdites

Elles peuvent être les suivantes :
- les prix imposés : ce sont les prix minimum imposés à un distributeur par un producteur. Seuls les prix conseillés sont autorisés ;
- les pratiques discriminatoires : elles représentent le fait de pratiquer des prix différents en fonction des clients alors que cela est injustifié ;
- les ententes : certaines entreprises s'entendent entre elles pour pratiquer des prix de même niveau. Ces accords faussent la concurrence ;
- les prix d'appel : cette pratique consiste à proposer un prix très bas alors que le stock est insuffisant pour répondre à la demande.

### c) Les soldes et les liquidations

Ce sont des pratiques très réglementées.

Les soldes sont pratiqués sur deux périodes par an de 6 semaines au maximum, fixées par le préfet. Les produits soldés doivent être en vente depuis au moins 1 mois avant le début des soldes. Le double étiquetage (ancien prix barré + nouveau prix) est obligatoire.

Les liquidations visent à écouler la marchandise en stock grâce à des réductions de prix, suite à une cessation, un changement d'activité, une modification des conditions d'activité ou une suspension saisonnière de l'activité. Il faut une déclaration préalable à la préfecture et la durée maximale de l'opération est de 2 mois (15 jours pour une suspension saisonnière). L'UC doit également pratiquer des réductions de prix par rapport au prix de référence et le prix peut être inférieur au SRP.

### d) L'affichage des prix

Les prix doivent obligatoirement être affichés en rayon et en vitrine si le produit se voit de l'extérieur. Lors des soldes, le double marquage est obligatoire : prix initial et nouveau prix.

# 3 La modulation des prix et la différenciation des prix

## 1. Le tarif de base et la modulation des prix

### a) Les conditions générales de vente

Elles comprennent :
- le barème : document qui répertorie l'ensemble des prix ;
- les différentes modalités de vente (délai de règlement, mode de paiement, transport, etc.) ;
- les réductions possibles (montant, etc.).

Il s'agit de la base de la négociation. Tout élément peut donc se négocier.

### b) Les réductions de prix

Il existe quatre types de réduction :

| | |
|---|---|
| Les remises | Elles sont fonction des quantités achetées ou de la catégorie de clients (exemple : demi-tarif pour les enfants). |
| Les ristournes | Elles sont fonction du volume d'achats réalisé sur une période donnée (exemple : une année). |
| L'escompte | C'est une réduction de prix attribuée lors d'un paiement comptant ou anticipé (souvent 1 % du prix). |
| Le rabais | Il est accordé si le produit vendu est défectueux ou non conforme à la commande. |

### c) Les majorations de prix

Les services complémentaires proposés au client (la livraison, l'installation, etc.) sont facturés en supplément.

## 2. La différenciation des prix

Le prix peut être différencié pour s'adapter à la diversité des consommateurs. Cette pratique rend les comparaisons entre unités commerciales difficiles.

Les techniques utilisées sont :
- les tarifs multidimensionnels : le tarif est adapté selon la saison, le moment et/ou le lieu d'achat, la catégorie de clients, le produit ou le service, etc. ;
- le *yield management* : c'est une technique de pilotage des prix en temps réel, les prix étant fixés selon la demande ;
- les offres groupées : c'est un tarif global pour un ensemble de produits et/ou de prestations.

Toute décision de différenciation est obligatoirement liée à la définition de segments stables dans le temps. Ces segments doivent être cloisonnés afin que les clients ne puissent pas passer d'un tarif à l'autre. Il est donc nécessaire de différencier les produits ou les services et d'assortir les prix les plus bas de contraintes.

# 12 LA COMMUNICATION LOCALE



**La communication locale concerne l'ensemble des techniques permettant à une unité commerciale de développer sa notoriété, d'accroître son chiffre d'affaires et de valoriser son image au niveau d'une zone de chalandise.**

## 1 Les fondements de la communication locale

### 1. Les différentes stratégies de communication au niveau local

Les moyens de communication doivent être adaptés au profil de clientèle de la zone, à ses attentes et aux méthodes déployées par les concurrents. Deux grandes tactiques s'offrent à l'enseigne.

#### a) La politique de différenciation

L'unité commerciale opte pour des médias que n'empruntent pas ses adversaires. L'objectif est de se démarquer et de se positionner sur un créneau. Pour ce faire, il est indispensable de disposer d'un avantage concurrentiel marquant.

#### b) La stratégie d'imitation

Le point de vente commercialise des produits de consommation courante, peu différenciants. Il a alors recours aux mêmes supports que ses rivaux.

### 2. La détermination de l'espace géographique

L'ampleur de la zone sur laquelle s'étend la campagne de communication dépend de la largeur et de la profondeur de l'assortiment, de la clientèle potentielle ciblée et du type d'unité commerciale (physique ou virtuelle).

#### a) Les unités commerciales physiques (*off line*)

Si l'offre proposée est spécifique, le nombre de références important et la concurrence faible, la cible visée est large et la campagne de communication s'étend sur un vaste périmètre.

#### b) Les unités commerciales virtuelles (*on line*)

Les sites marchands peuvent être consultés à travers le monde. Même pour une enseigne locale, la communication devient internationale.

## 2 Les différents niveaux de la communication locale

Il existe trois niveaux de communication :
- la communication externe vers la zone de chalandise destinée aux prospects dans le but de les séduire et aux clients acquis pour les faire revenir ;
- la communication dans le point de vente, qui doit permettre de transformer le visiteur en acheteur ;
- la communication vers les clients actuels, dont l'objectif est de les fidéliser et d'augmenter leur panier moyen.

### 1. La communication externe

#### a) Les trois catégories d'objectifs

La communication externe peut avoir trois objectifs :
- l'objectif cognitif (faire connaître) permet d'informer les clients potentiels sur les produits offerts par l'enseigne ;
- l'objectif affectif (faire aimer) consiste à véhiculer l'image et les valeurs défendues par le réseau ;
- l'objectif conatif (faire acheter) vise à agir sur le comportement des clients potentiels pour leur faire acheter les produits.

Globalement, pour connaître l'impact d'une campagne média, l'unité commerciale peut réaliser des études de notoriété ou d'image.

#### b) La communication média : la télévision

La télévision est le média privilégié des annonceurs pour les produits de grande consommation. Elle représente 32 % des investissements publicitaires. Il est possible de distinguer :
- les chaînes généralistes, dont les cibles sont différentes selon les jours et les heures de la semaine ;
- les chaînes spécialisées présentes dans les bouquets satellite (CanalSat, TPS, etc.), aux audiences plus précises ;
- les chaînes locales, en nombre encore limité.

Les spots publicitaires proposent des messages de 5 secondes à 2 minutes offrant de vraies possibilités créatives. La télévision permet à un annonceur d'associer sa marque à un programme TV.

Les principaux avantages de la télévision sont une cible très large, un impact important, une couverture géographique nationale et/ou régionale, une valorisation et une mise en situation du produit.

Ses inconvénients sont un coût très élevé, une réglementation pointue et la possibilité pour le téléspectateur de « zapper ».

Depuis 2004, les distributeurs ont accès aux chaînes du câble et du satellite et, depuis le 1er janvier 2007, aux chaînes hertziennes. À 00 h 18, Système U, cinquième groupe de distribution en France, a ouvert le bal sur TF1.

Un projet de loi est envisagé pour supprimer la publicité sur France Télévision. Le président de la commission sur la nouvelle télévision publique, Jean-François Copé, propose la suppression totale de la publicité dès 2011, et de façon étalée à partir de 2009, date du passage de l'analogique au numérique. L'une des propositions sera de supprimer la publicité sur les chaînes publiques dès 20 heures.

La future télévision publique doit devenir un « *global media* », c'est-à-dire présent sur tous les supports, numérique terrestre, câble, satellite, ADSL, téléphone mobile ou Internet.

Le rapport final de la commission devait être remis le 25 juin 2008.

#### c) La communication média : les autres supports

La communication média comprend d'autres supports :
- la presse : on distingue la presse quotidienne régionale (PQR), quotidienne nationale (PQN), hebdomadaire régionale, magazine et gratuite. Elle s'adresse à un public large, fidèle, attentif et permet de cibler des segments de clientèle précis. Elle donne aussi un caractère actuel aux messages. Par contre, la qualité

technique est médiocre pour la presse quotidienne et le coût est élevé. Les outils de mesure sont la diffusion (nombre d'exemplaires vendus) et l'audience (ensemble des lecteurs d'un titre) ;

- la radio : on différencie les radios nationales et locales. La radio couvre la totalité du territoire national et permet de toucher, selon les heures de la journée, des segments différents. Elle incite l'auditeur à agir rapidement. Cependant, son attention est souvent faible et le support visuel est absent, ce qui diminue la mémorisation. La répétition du message est donc indispensable. Concernant la mesure de l'audience, Médiamétrie permet de segmenter les profils des auditeurs par tranches horaires ;
- l'affichage : il se décline en affichage 4 × 3 (panneaux de 4 × 3 m), en mobilier urbain (Decaux), en affiches sur les transports en commun et en affichage mobile. Il permet un impact fort et rapide auprès de la cible et une adaptabilité à la zone de chalandise. Son inconvénient est une sélectivité géographique peu précise. L'impact de ce média se calcule en ODV (nombre d'Occasions De Voir le message) ; la force est le nombre d'ODV/nombre d'habitants de la zone ;
- le cinéma : c'est un média urbain très ciblé. Il permet une bonne sélectivité géographique et une excellente mémorisation. Mais son coût est élevé et l'audience réduite. Pour le calcul, le nombre de spectateurs est connu précisément par salle ;
- Internet : 6e média, il permet de communiquer sur des événements locaux pour un faible coût et de façon créative. Par contre, la sélectivité géographique est impossible. Concernant l'évaluation, le nombre de visiteurs est connu précisément.

#### d) La communication hors média

Elle peut prendre différentes formes :

- la promotion des ventes : elle comprend les imprimés sans adresse (ISA), les catalogues distribués dans les boîtes aux lettres et les animations commerciales. Elle permet d'attirer et d'inciter les clients à acheter. C'est un bon vecteur d'image mais l'excès de prospectus (40 kg de prospectus par an et par boîte en 2007) lui confère une image négative. L'impact de ce moyen est mesuré par l'augmentation des ventes après l'action ;
- le marketing direct : le mailing, l'e-mailing, le phoning, etc., permettent d'établir une relation personnalisée avec le prospect. Le ciblage est précis, l'impact facilement mesurable mais le coût est élevé et la base de données doit être régulièrement actualisée. Le taux de retour est le nombre de personnes répondant à l'offre × 100/ le nombre de mailings envoyés ;
- la publicité institutionnelle inclut le sponsoring (parrainage) et les relations publiques. Elle permet d'accroître la notoriété et de valoriser l'image à long terme malgré un coût élevé et une mesure peu précise.

#### e) Les critères de choix

Ils portent sur la stratégie commerciale du réseau et sur son budget de communication, la sélectivité géographique du moyen, sa capacité à segmenter la cible et à l'atteindre, sa puissance de mémorisation ainsi que la quantité d'informations véhiculées.

### 2. La communication locale

#### a) Les objectifs

Le but est d'inciter le visiteur à acheter et à augmenter son panier moyen et de valoriser l'image de l'enseigne.

#### b) Les moyens

Il s'agit de développer les achats d'impulsion par la technique de la promotion des ventes, sous plusieurs formes :

- la PLV (publicité sur le lieu de vente) comprend les affiches, les pancartes, les stop-rayons et les présentoirs spécifiques ;
- les animations créent une ambiance et stimulent les ventes ;
- les mises en avant rendent les produits plus visibles en têtes de gondole, sur des îlots spécifiques ou en têtes de caisse ;
- les réductions de prix permettent d'écouler un stock ou de réagir à l'action d'un concurrent.

Pour les unités virtuelles, il est possible d'avoir recours à ces techniques *via* Internet.

#### c) Les critères de choix

Le choix dépend de la capacité du moyen à agir sur les comportements des clients et de sa réactivité.

#### d) L'impact des actions

Les mises en avant permettent une augmentation des ventes de 80 % et les réductions de 20 %.

L'analyse porte sur l'augmentation du chiffre d'affaires, du nombre de clients et du panier moyen.

### 3. La communication relationnelle

#### a) Les objectifs

L'intérêt est de développer avec le client une relation durable et fidèle et de maximiser les dépenses du client fidèle.

#### b) Les moyens

Les cartes de fidélité récompensent le client fidèle en lui offrant cadeaux, bons d'achat, réductions de prix et rapidité de passage en caisse.

Le marketing direct permet d'envoyer des mailings ciblés proposant des invitations en avant-première et des récompenses.

Le couponnage électronique consiste à émettre des coupons de réduction et des invitations aux avant-premières.

#### c) Les critères de choix

On retient la quantité d'informations à délivrer, la réactivité et le coût pour choisir la technique la plus adaptée.

#### d) L'évaluation de l'efficacité des actions

Le calcul porte sur le taux de retour d'un mailing ou l'incidence d'une opération sur le chiffre d'affaires.

# 13 LA MERCATIQUE APRÈS-VENTE ET LA FIDÉLISATION

**La qualité de la mercatique après-vente et la fidélisation permettent de pérenniser la relation client et d'assurer les ventes futures.**

## 1 Les notions de mercatique après-vente et de fidélisation

### 1. La mercatique après-vente

La mercatique après-vente regroupe l'ensemble des moyens mis en œuvre après la vente pour obtenir la satisfaction optimale de la clientèle.

Elle consiste donc à assurer les obligations légales et contractuelles (services associés proposés) que l'unité commerciale s'est engagée à tenir au moment de la vente et qu'on peut regrouper en deux familles :
- assurer le suivi de la vente : livraison, mise en service, assistance, etc. ;
- assurer l'après-vente : traiter les réclamations, exécuter les garanties légales et contractuelles, effectuer l'entretien, les dépannages, les réparations, etc.

### 2. La fidélisation

La fidélisation regroupe l'ensemble des moyens mis en œuvre pour établir une relation durable avec le client. Elle agit sur trois variables : augmenter la fréquence d'achat en faisant revenir le client le plus souvent possible, augmenter le panier moyen en vendant plus et mieux et augmenter la durée de la relation en devançant les attentes de la clientèle et en améliorant la relation client.

### 3. Les objectifs de la mercatique après-vente et de la fidélisation

Les objectifs de la mercatique après-vente et de la fidélisation sont identiques : assurer la meilleure satisfaction du client possible pour conserver le portefeuille clients. Un client fidèle dépense plus (augmentation du chiffre d'affaires) et coûte moins (augmentation de la rentabilité).

Mais les moyens pour y parvenir sont différents.

La mercatique après-vente permet d'assurer la satisfaction du client en assurant les services associés proposés lors de la vente et permet de récupérer un client insatisfait en répondant aux réclamations. Il s'agit donc d'une stratégie passive, issue de la vente.

La fidélisation est une stratégie active qui permet de devancer les attentes et de provoquer de nouveaux contacts.

## 2 La satisfaction client

Les clients mécontents ont tendance à changer d'enseigne sans rien dire. Il est donc préférable de les inciter à s'exprimer. La mesure de la satisfaction est primordiale. Elle doit être permanente et a pour objet la recherche des motifs de satisfaction pour les renforcer et celle des motifs d'insatisfaction pour les supprimer.

### 1. La mesure de la satisfaction client

#### a) Les enquêtes

Les études de satisfaction de la clientèle donnent une idée du degré de satisfaction et d'insatisfaction des clients. Elles peuvent être menées sous forme d'enquêtes, de tables rondes, de manière ponctuelle ou systématique (après chaque achat, chaque réclamation, etc.).

#### b) Les contacts sur le point de vente

Discuter régulièrement avec les clients sur le lieu de vente permet de connaître leurs reproches ou les améliorations souhaitées.

#### c) L'analyse des réclamations

Elle permet de cerner les points faibles de l'unité commerciale et de vérifier que les réclamations ont bien été traitées.

#### d) L'analyse des clients perdus

Il s'agit de connaître les causes de départ en interrogeant les clients perdus. Surtout utilisée en *BtoB* (*Business to Business*), pour des produits ayant un processus d'achat complexe (voitures) ou pour les services (banques, assurances), cette analyse vise l'élaboration d'une stratégie de reconquête ou la correction des erreurs passées pour éviter de perdre à nouveau des clients.

#### e) Le service consommateurs

Il permet au client de suggérer des améliorations et/ou de faire des critiques (Numéro Vert, boîtes à idées, etc.).

### 2. La mesure de la qualité des services

La technique du client mystère consiste à faire appel à quelqu'un pour jouer le rôle d'un client afin d'identifier les points faibles de l'unité commerciale.

Le client mystère va jouer un scénario écrit par avance selon l'objet à évaluer (achat, demande d'informations, réclamation, etc.).

Le contact se fait physiquement, par téléphone, par courrier ou par courriel, selon le service à évaluer. Le but est de comparer la qualité de service attendue par la direction et la qualité réelle.

## 3 Les moyens de la mercatique après-vente

Le support principal est la base de données qui enregistre toutes les opérations de vente et le suivi de la vente. Certaines tâches pourront ainsi être automatisées (prévenir le client par courriel, courrier ou SMS de l'arrivée de la commande, envoyer une alerte automatique sur le poste du vendeur lors d'un événement particulier, etc.). Mais certains outils sont spécifiques à certaines des tâches réalisées.

### 1. Le suivi de la vente

Le suivi de la vente est assuré par différents services de l'unité commerciale et utilise différents canaux.

La livraison, la mise à disposition des marchandises et l'installation peuvent être sous-traitées ou effectuées par un service dédié. Tous les moyens de communication peuvent être retenus pour prévenir le client. La plupart des UC tentent de multiplier les canaux pour proposer au client le canal qui lui convient le mieux (SMS, courriel, téléphone, etc.).

Pour l'assistance, les informations sur les produits et les conseils, de plus en plus d'UC ont un service consommateurs et ont recours à des plates-formes téléphoniques ou à des sites Internet.

### 2. L'après-vente

Pour l'UC, l'après-vente consiste a assurer ses obligations légales et contractuelles nées de la vente. La plupart des contacts sont donc effectués par le client qui ressent une insatisfaction et réclame réparation.

Pour les dépannages et les réparations, l'UC peut avoir un service spécialisé ou solliciter des sous-traitants. Pour les réclamations entrant dans le cadre des garanties, elle doit veiller au respect de ses engagements (échange, prêt de matériel le temps de la réparation, remboursement, etc.).

La plupart des UC mettent en place un service après-vente pour répondre aux différentes demandes du client. Le service réclamations peut être distinct du service après-vente pour différencier le suivi de l'après-vente. Dans tous les cas, les réclamations doivent être traitées rapidement pour donner satisfaction au client et éviter de le perdre.

## 4 Les moyens de la fidélisation

### 1. La base de données

Le support principal de la fidélisation est la base de données qui centralise l'historique de la relation client et est mise à la disposition de tout le personnel de contact afin de la consulter et de l'enrichir lors de chaque contact. Elle doit permettre la segmentation de la clientèle pour déterminer les segments les plus intéressants à fidéliser. Les informations recueillies permettent de définir des actions et des offres personnalisées adaptées à chaque segment.

### 2. Les lettres

La lettre permet au client de se sentir reconnu et vise à augmenter la fréquentation de l'UC.

Elle peut être de remerciements, envoyée après un ou plusieurs achats ou après une réclamation.

Elle peut aussi proposer une offre exceptionnelle pour des occasions spéciales (anniversaires, Nouvel An, etc.) ou lorsque l'on constate que le client n'a pas acheté depuis quelque temps.

### 3. Les cartes de fidélité

Elles permettent d'assurer le suivi des achats du client, d'enrichir la base de données, de reconnaître le client à chaque achat et d'appliquer le programme de fidélisation qui lui est attribué (réductions, bonus, privilèges, services préférentiels, etc.).

Les cartes peuvent être mono ou multienseignes.

### 4. Les avantages particuliers

Ils peuvent prendre diverses formes :

- les bonus incitent le client à acheter plus grâce à des avantages financiers (réductions supplémentaires, réductions sur le prochain achat, etc.) ou non financiers (services préférentiels comme la réservation, l'abonnement à des magazines de consommateurs, etc.) ;
- les privilèges permettent au client de se sentir important et prennent diverses formes (invitations en avant-première aux soldes, envoi de journaux internes, déjeuners avec la direction, etc.) ;
- les clubs permettent à leurs membres, outre de se réunir et d'échanger des informations sur leur passion commune, de bénéficier de conseils, de remises ou d'autres avantages (participation à des repas, des sorties, des événements, etc.). Ces clubs donnent au client le sentiment d'être reconnu.

### 5. Le service consommateurs

Il s'agit de donner la possibilité aux clients de s'exprimer. Il est possible également de les faire participer à la prise de décision (demander leur avis sur l'élaboration de l'assortiment, l'aménagement de l'unité commerciale, etc.).

### 6. L'offre globale de l'UC

L'offre globale (l'assortiment, les services associés, la décoration, le personnel de contact, la propreté, l'ambiance, mais aussi la proximité, les voies d'accès, les places de parking, etc.) participe aussi à la fidélisation.

### 7. Les spécificités des unités commerciales virtuelles

Les éléments cités précédemment sont aussi des moyens de fidélisation pour les unités commerciales virtuelles.

Mais d'autres éléments spécifiques permettent de fidéliser :

- le contenu du site, son intérêt, sa convivialité, son ergonomie, sa facilité d'accès, le temps de téléchargement, etc. ;
- les lettres d'information (*newsletters*) : ce sont des messages envoyés par les sites aux internautes qui en ont fait la demande ;
- les courriels : ils permettent d'envoyer des offres ciblées et personnalisées correspondant aux goûts et aux habitudes de consommation des internautes ;
- le suivi (*tracking*) : cette technique repose sur la méthode des *cookies* (fichiers qui se placent dans le disque dur de l'internaute et permettent de l'identifier). Il est possible de connaître les rubriques qui l'intéressent et de retracer l'historique de ses dernières visites. L'analyse des informations recueillies permettra d'adapter l'offre à l'internaute ;
- les bonus, privilèges, clubs et récompenses ;
- la sécurisation des paiements.

# 15 L'ÉVALUATION DES PERFORMANCES

**Évaluer la performance d'une unité commerciale consiste à comparer les résultats obtenus par rapport aux objectifs ou à apprécier l'évolution de ses résultats.**

## 1 L'évaluation des performances

### 1. L'intérêt d'un indicateur de performance

#### a) L'utilisation des indicateurs dans la stratégie

Un réseau performant permet à l'enseigne :
- d'axer son image sur la maîtrise des coûts ;
- de se positionner en insistant sur le leadership de la marque ;
- de démontrer la qualité de services.

#### b) Les variables évaluées

L'indicateur permet de mesurer les performances. Il correspond à un objectif en termes de parts de marché, de résultat ou de taux de marge.

#### c) Les éléments intervenant dans la fixation de l'indicateur

Il peut s'agir des résultats attendus, des résultats passés du magasin ou des concurrents, ou des résultats anticipés.

### 2. Les qualités d'un indicateur

#### a) La cohérence

Il correspond aux axes stratégiques du réseau.

#### b) La simplicité

Il est facile à comprendre et à mettre en place.

#### c) La pertinence

Il est fiable et se rapporte au secteur concerné.

### 3. Le choix des indicateurs

#### a) L'amélioration des performances

Le choix des indicateurs doit contribuer au bon pilotage du point de vente.

#### b) Le type d'indicateurs

Ils peuvent être qualitatifs ou quantitatifs.

### 4. L'utilité du tableau de bord

Ce document synthétique permet de suivre l'évolution de la performance du point de vente.

Le but est de comparer les résultats sur une période donnée par rapport à une période précédente, ou la performance réalisée par rapport à l'objectif fixé. Il s'agit d'un véritable outil de pilotage.

Le tableau de bord doit être facile à lire, à comprendre et à interpréter et être élaboré régulièrement. De nombreuses enseignes le consultent quotidiennement afin d'ajuster leurs actions.

## 2 Les performances commerciales

### 1. Les principaux indicateurs

#### a) L'évolution du chiffre d'affaires (CA)

C'est l'indicateur de base permettant d'évaluer l'évolution des performances d'une année sur l'autre ou de comparer le chiffre réalisé par rapport aux objectifs fixés :

Taux d'évolution du CA
= (Chiffre d'affaires de la période N – X) × 100/X

avec N la période étudiée et X le CA en N-1 ou l'objectif visé.

#### b) La part de marché

Elle représente la part que l'entreprise représente par rapport à ses concurrents. Il existe trois calculs :
- Part de marché en volume = (Ventes en volume du point de vente sur une période N) × 100/Ventes totales de tous les points de vente sur une période N
- Part de marché en valeur = (Ventes en valeur de l'unité commerciale sur la période N) × 100/Ventes totales en valeur de toutes les unités commerciales sur la période N
- Part de marché relative = (Part de marché de l'unité commerciale) × 100/Part de marché du principal concurrent

#### c) Le ratio de profitabilité

Il évalue l'efficacité de l'unité commerciale :

Ratio de profitabilité
= (Résultat net) × 100/Chiffre d'affaires

#### d) Le panier moyen

Il permet de connaître combien chaque vente peut générer de chiffre d'affaires :

Panier moyen = (Chiffre d'affaires réalisé sur une période N) × 100/Nombre de clients ayant effectué un achat dans l'unité commerciale

#### e) Le taux de concrétisation des ventes

Cet indicateur permet d'évaluer le taux de visiteurs acheteurs :

Taux de concrétisation des ventes
= (Nombre de ventes réalisées) × 100/Nombre de clients entrés dans l'unité commerciale

#### f) Le taux de satisfaction des clients

Il mesure la satisfaction des clients :

Taux de satisfaction = (Nombre de clients satisfaits) × 100/Ensemble des clients

#### g) Le taux de pénétration de l'unité commerciale

Il permet de constater l'efficacité commerciale :

Taux de pénétration
= (Nombre de clients) × 100/Nombre de personnes dans les foyers de la zone de chalandise

#### h) Le taux de conformité aux critères de qualité

Il évalue la qualité atteinte par rapport aux normes :

Taux de conformité = (Nombre de critères satisfaits) × 100/Ensemble des critères

### 2. Les moyens et les outils d'évaluation de la performance

#### a) L'origine des informations

Les principales sources sont les études, les réclamations, les clients perdus et les visites mystère. Certains documents comptables tel le compte de résultat éclairent sur la façon dont l'unité commerciale produit son bénéfice.

#### b) L'exploitation des données

Tous ces éléments sont ensuite synthétisés dans des tableaux ou graphiques qui permettent de mettre en évidence les points forts et les faiblesses de l'enseigne. Le tableau de bord est l'outil le plus employé pour comparer prévisions et réalisations du point de vente.

### 3. La clientèle

La performance de l'unité commerciale s'évalue essentiellement par la satisfaction des clients.

#### a) Les objectifs de la fidélisation

Les objectifs de l'unité commerciale sont de répondre aux attentes des consommateurs, de les satisfaire et de les fidéliser dans un contexte concurrentiel.

#### b) Les retombées de la fidélisation

Les clients fidèles effectuent des achats plus élevés que la moyenne et contribuent à la rentabilité.

#### c) Les éléments à observer

Au regard du comportement de la clientèle par rapport à l'unité commerciale et à ses concurrents, les responsables de magasin doivent réduire au maximum les sources d'insatisfaction des consommateurs et s'inspirer des points forts des adversaires.

#### d) Les stratégies mises en œuvre

Il en existe trois :

- la segmentation : pour coller au plus près aux besoins de la clientèle, il est recommandé de réaliser des études dans le but d'identifier des segments et d'en déterminer les caractéristiques structurelles. Il convient de diviser la clientèle en fonction de critères socio-démographiques (âge, sexe, PCS, etc.) ou de critères qualitatifs (comportements d'achat, attitudes, etc.). Chaque groupe de consommateurs ayant des besoins différents, cette stratégie *one to one* (ou mercatique individualisée) permet de personnaliser la relation, de valoriser le client et, par voie de conséquence, d'accroître la rentabilité ;
- l'image de l'unité commerciale : chaque enseigne cherche à se positionner sur certains axes de communication tels que les prix bas, la qualité ou encore la défense de l'environnement. Ces valeurs permettent de véhiculer l'image voulue par le réseau. Il est important de vérifier, par le biais d'études de marché, qu'elle correspond bien à l'image perçue par la clientèle, dans un souci de cohérence et d'adhésion du client à la culture de l'entreprise ;
- les services à la clientèle : dans un contexte hyper-concurrentiel, chaque unité commerciale doit marquer sa différence, non plus seulement en proposant aux clients des produits et des services de qualité, mais aussi en leur apportant des services supplémentaires. Cette politique suppose une adhésion du personnel par la pratique d'un style de management participatif de manière à faire accepter l'idée d'une augmentation de la charge de travail.

## 3 Les performances financières

### 1. Les principaux indicateurs

Ces indicateurs sont comparés sur plusieurs périodes afin de mettre en évidence une tendance d'évolution. Ils permettent, par ailleurs, l'élaboration d'un classement des différents points de vente du réseau afin d'ajuster les plans d'actions des magasins les moins performants ou, au contraire, de calquer la future stratégie commerciale sur les unités les plus rentables.

#### a) Le résultat

Il représente le bénéfice réalisé :

Résultat net = Total des produits (entrées d'argent) – Total des charges (sorties d'argent)

#### b) La marge commerciale

Elle mesure l'écart entre les ventes et le coût d'achat des marchandises vendues. Pour maximiser la marge, il est préconisé d'acheter au moindre coût et de vendre au prix le plus élevé possible, compte tenu de la concurrence. Il est toutefois interdit de revendre à perte, sauf exceptions.

#### c) Le taux de marge

Il s'agit de l'expression de la marge commerciale en pourcentage du coût d'achat :

Taux de marge = (Marge commerciale) × 100/Coût d'achat des marchandises vendues

#### d) Le taux de marque

Il exprime la marge commerciale en pourcentage du prix de vente :

Taux de marque = (Marge commerciale) × 100/Prix de vente HT des marchandises

#### e) Le rendement au m²

Il sert à évaluer le chiffre d'affaires généré par chaque m² du magasin :

Rendement au m² = Chiffre d'affaires/Nombre de m² de linéaire de vente

### 2. Les éléments constitutifs de la performance financière

#### a) La négociation avec les fournisseurs

La performance dépend de la capacité de l'unité commerciale à bien acheter. Il s'agit de sa compétence à négocier avec les fournisseurs le meilleur rapport qualité/prix. En effet, des coûts d'achat dépendront les prix de vente pratiqués vis-à-vis du consommateur.

#### b) Le marchandisage (merchandising)

Il faut rentabiliser chaque m² de linéaire. Les techniques d'implantation des produits dans le rayon doivent permettre de placer, aux niveaux les plus vendeurs (en général, le niveau des yeux et celui des mains), les produits les plus « margés » tels que les marques de distributeurs ou les marques nationales.

#### c) La gestion des stocks

Un stock de marchandises trop important génère des coûts (lieu de stockage, charges, frais de personnel, liquidités immobilisées) et un stock insuffisant crée des ruptures néfastes à l'image du magasin. Le manageur doit donc définir un niveau de stock permettant d'optimiser la rentabilité.

#### d) La trésorerie

Le niveau de trésorerie est un indicateur de la performance financière de l'unité commerciale. La trésorerie permet, en effet, de jouer sur les délais de paiement, les encours, de mieux supporter les risques liés aux clients et d'investir.

# exercices

## exercice 1 Les unités commerciales

Choisissez plusieurs banques (dont la vôtre en priorité si vous en avez une). Allez sur leur site Internet.

### ENTRAÎNEZ-VOUS

**1.** **Répertoriez et comparez les services proposés.**

**2.** **Quels sont les intérêts de la stratégie multicanal pour une banque?**

CORRIGÉS p. 24

## exercice 2 Les clients de l'unité commerciale

Le directeur de la grande surface alimentaire dans laquelle vous travaillez souhaite agrandir sa surface de vente. Avant de prendre sa décision, il veut estimer le potentiel de sa zone de chalandise.

### Annexe

La zone de chalandise est découpée en trois :

| | Zone 1 | Zone 2 | Zone 3 |
|---|---|---|---|
| Nombre d'habitants | 28 600 | 36 812 | 35 200 |
| Nombre de personnes par ménage | 3,5 | 2,5 | 2,4 |
| IDC | 95 | 100 | 106 |

Au niveau national, les dépenses moyennes par ménage sont les suivantes :

| Postes de consommation | Dépenses moyennes annuelles (en €) |
|---|---|
| Alimentaire | 3 600 |
| Habillement | 1 800 |
| Bazar | 1 200 |

Le taux d'évasion est actuellement de 20 % sur la zone 1, de 30 % sur la zone 2 et de 35 % sur la zone 3.
Le taux d'emprise estimé après agrandissement est de 30 % dans la zone 1, de 20 % dans la zone 2 et de 17 % dans la zone 3.
L'enseigne espère également capter 20 % des dépenses effectuées dans la zone par des non-résidents. Ces dépenses se montent à 3 230 000 €.

### ENTRAÎNEZ-VOUS

**À partir de l'annexe, calculez le chiffre d'affaires potentiel du magasin après agrandissement.**

CORRIGÉS p. 24

## exercice 3 Segmentation et fidélisation

Voici l'historique de deux de vos clients au 31/12/N :

| Client A | Date de facture | Montant de la facture |
|---|---|---|
| | 15/01/N | 200 |
| | 25/03/N | 175 |
| | 15/07/N | 110 |
| **Total** | | **485** |

| Client B | Date de facture | Montant de la facture |
|---|---|---|
| | 18/02/N | 280 |
| | 25/04/N | 340 |
| | 12/06/N | 380 |
| | 18/10/N | 310 |
| | 20/12/N | 350 |
| **Total** | | **1 660** |

Vous disposez aussi du barème RFM utilisé par votre enseigne pour donner un score à vos clients :
- la fréquence attribue 3 points pour chaque commande passée dans les 12 derniers mois ;
- la récence désigne le délai écoulé depuis la dernière commande. Le barème est le suivant :
  - 12 points si le client a commandé il y a moins de 3 mois,
  - 9 points si 3 à 6 mois se sont écoulés depuis la dernière commande,
  - 6 points de 6 à 9 mois,
  - 3 points de 9 à 12 mois,
  - 0 point au-delà ;
- le montant octroie des points en fonction du chiffre d'affaires apporté par chaque commande : 2 % du CA de chaque commande, limité à 7 points par commande, le total étant arrondi au chiffre le plus proche.

**ENTRAÎNEZ-VOUS**

**1.** **Calculez le score de chacun des clients.**

**2.** **Déterminez le profil de chacun des clients.**

**3.** **Quelles actions de fidélisation pouvez-vous envisager pour chacun d'eux ?**

CORRIGÉS p. 247

## exercice 4 L'argumentaire de vente

***Voici la fiche descriptive d'un appareil photo numérique.***

Cet appareil photo numérique utilise les dernières technologies et est réservé aux amateurs de la photo.
Le réglage des prises de vue peut être fait manuellement pour donner des effets à vos photos ou automatiquement pour être sûr d'avoir des photos de qualité parfaite, quels que soient les conditions de prise de vue ou le sujet photographié. Avec la prise de vue automatique, il suffit de viser et de prendre la photo pour obtenir une photo aussi nette qu'un professionnel.
Équipé d'une puce électronique, il peut être verrouillé grâce à un mot de passe et peut être localisé, par satellite, à tout moment par notre service d'entretien et de réparation, disponible 7 jours/7 et 24 h/24.
Il possède une mémoire interne de 500 Mo et est livré avec une carte mémoire de 10 Go permettant de stocker des centaines de milliers de photos de qualité supérieure.
Un ensemble de logiciels ainsi que la technologie sans fil intégrée vous permettront de retoucher vos photos, de les gérer sous forme d'albums numériques ou de les visionner sur tous supports (télévision, ordinateur, cadre électronique, etc.) et cela simplement grâce à quelques manipulations basiques. Vous pouvez aussi facilement ne sélectionner que quelques photos pour les imprimer.
Une sacoche antichoc en cuir et une garantie de 5 ans accompagnent ce joyau pour un prix de 300 €, dont le paiement peut être échelonné sur 32 mois, soit 10 € par mois, tous frais compris.

**ENTRAÎNEZ-VOUS**

**Établissez un argumentaire de vente sous la forme CAP.**

CORRIGÉS p. 247

## exercice 5 Faire face à l'arrivée d'une enseigne concurrente

[…] Les indépendants qui apprennent l'arrivée d'un concurrent, *a fortiori* une grande enseigne, éprouvent une certaine angoisse. Pourront-ils résister à l'offre, à la communication, aux prix pratiqués en face ? Comment réagira la clientèle ? Pour Brigitte Bagela, […] « Le commerçant doit partir des besoins de sa clientèle pour bâtir et réviser sa stratégie […] »

**Réagir progressivement**

[…] Cet autre commerçant a vu arriver, à Roubaix, un centre commercial entier, dédié au déstockage de marques textiles, avec une soixantaine de boutiques. Il a réagi posément et progressivement. « J'ai supprimé de mon offre les marques qui disposaient d'un magasin d'usine dans le nouveau centre, pour en référencer d'autres, plus insolites. » […] Solidement armé de votre connaissance client, il vous faut marquer votre différence pour tenir face à la concurrence. « Et pour bien cerner l'environnement concurrentiel, il faut se déplacer, conseille Jean-Pierre Severac, directeur du service commerce à la CCI d'Albi. Aller voir ce qui se vend chez les autres, au besoin questionner les commerçants des villes alentour sur la façon dont ils ont affronté l'arrivée d'une grande surface. » En somme, pratiquer un « benchmarking », une veille concurrentielle permanente qui confortera votre positionnement.

Pour Brigitte Bagela, « il faut faire une liste de ses atouts, que l'on décidera de renforcer, comme par exemple la spécialisation dans tel domaine, des vitrines bien placées, une clientèle fidèle. Et parallèlement, définir ce sur quoi il est inutile de se battre. » […] L'idéal est donc de devenir le spécialiste d'une offre très ciblée. Frédéric Vergnes, propriétaire d'une boutique Intersport au centre d'Albi, a réagi ainsi, après l'installation d'un Go Sport en périphérie. « J'ai abandonné le sportswear basique, leur marque de distributeur étant impossible à concurrencer. J'ai également arrêté la vente de vélos, de skis, de golf et d'autres équipements. Je me suis concentré sur le sportswear branché, avec des marques appréciées notamment des surfeurs, peu diffusées en grande surface. » Parallèlement, Frédéric Vergnes maintient et resserre ses liens avec les clubs de sport, qui lui envoient leurs adhérents. « C'est dans le service, le contact client, la proximité que le commerçant indépendant peut marquer sa différence », résume Laurence Bouju-Becherel, chef de projet à la CCI de Limoges.

Olga Stancevic, *Commerce Magazine*,
n° 84, 1er mai 2007.

### ENTRAÎNEZ-VOUS

**Quels sont les principaux moyens permettant de lutter contre la concurrence?**

CORRIGÉS p. 24



## exercice 6 L'entretien de vente

Responsable de magasin, vous assistez à l'entretien d'une de vos vendeuses avec une cliente :

1. V : Bonjour madame.
2. C : Bonjour madame.
3. V : Que puis-je pour votre service ?
4. C : Je vais passer le mois de janvier aux îles Seychelles et je désirerais un vêtement léger et moderne.
5. V : Vous recherchez un article pour quel usage ?
6. C : Je voudrais le porter le jour mais aussi pour les soirées à l'hôtel.
7. V : Nous avons cette veste qui existe en deux couleurs, beige et bleue.
8. C : Mais ce n'est pas très moderne, j'ai déjà vu ce modèle l'an dernier !
9. V : C'est toujours très mode. On a d'ailleurs ajouté des poches au modèle.
10. C : Justement, toutes ces poches... Ce n'est pas très esthétique. Cela fait militaire.
11. V : Mais c'est très pratique, madame.
12. C : Ce modèle ne me plaît pas beaucoup, mais puisque c'est la mode... C'est une fabrication française... Les produits étrangers sont souvent mieux finis ; les étrangers sont plus forts, c'est bien connu.
13. V : Oui, mais la France reste le pays de la haute couture. Et puis nous vérifions tous les articles qui entrent en magasin ; vous pouvez être certaine de la qualité de ces vestes.
14. C : Je trouve ces couleurs trop salissantes, surtout le beige.
15. V : Mais non, vous faites erreur, madame !
16. C : Et l'entretien ? Évidemment à sec !
17. V : C'est tellement plus pratique, madame.
18. C : Évidemment, je veux essayer... (*La cliente essaie, semble satisfaite.*)
19. V : Vous la prenez en beige ou en bleu ? (*La cliente réfléchit.*)
20. C : Quel est son prix ?
21. V : 49,90 €, madame.
22. C : Très bien.
23. V : Nous avons aussi ces ravissants foulards qui vont très bien avec cette veste !
24. C : C'est vrai, je prendrai aussi ce petit foulard.
25. V : Paierez-vous par chèque ou par carte ?
26. C : Je vais vous faire un chèque. Cela fait combien ?
27. V : 65 €, madame.
28. V (*La vendeuse demande une carte d'identité, vérifie le chèque, tend les paquets à la cliente, la raccompagne à la porte.*) : Au revoir madame et merci.
29. C : Au revoir.

## exercices

### ENTRAÎNEZ-VOUS

1. Retrouvez les phases de la vente.
2. Quelles sont les motivations et les freins à l'achat de la cliente ?
3. Analysez les points forts et les points faibles de l'entretien.
4. Quelles améliorations pourraient être apportées au comportement de la vendeuse vis-à-vis de la cliente ?

CORRIGÉS p. 248

## exercice 7 La gestion de l'offre – Analyse ABC

Assistant(e) de chef de rayon débutant(e), vous êtes chargé(e) par le responsable d'analyser les performances des références suivantes :

| Références | CA année N (en €) |
|---|---|
| 411 101 | 50 000 |
| 411 102 | 5 000 |
| 411 103 | 3 000 |
| 411 104 | 6 000 |
| 411 105 | 10 000 |
| 411 106 | 15 000 |
| 411 107 | 9 600 |
| 411 108 | 1 800 |
| 411 109 | 3 200 |

### ENTRAÎNEZ-VOUS

Répartissez les références selon la méthode ABC (10 %, 40 % et 50 % du nombre total de références devraient représenter 60 %, 30 % et 10 % du CA) et analysez les résultats.

CORRIGÉS p. 248

## exercice 8 L'indice de sensibilité à la marge

Le responsable du rayon « hygiène » vous fournit les résultats suivants :

| Produits | Longueur de linéaire (en m) | Quantités vendues | Marge unitaire |
|---|---|---|---|
| Bella | 2,40 | 28 | 1,20 € |
| Nuit | 4,70 | 53 | 3,10 € |
| Printemps | 4,70 | 29 | 1,30 € |

### ENTRAÎNEZ-VOUS

1. Calculez l'indice de sensibilité à la marge.
2. Commentez les résultats.

CORRIGÉS p. 248

## exercice 9 Le marchandisage – Calcul du rendement d'un rayon

Le responsable du rayon vous transmet le relevé des stocks d'un article au cours des 6 derniers mois :

| Mois | En linéaire | En réserve |
|---|---|---|
| Juillet | 15 | 30 |
| Août | 20 | 20 |
| Septembre | 18 | 70 |
| Octobre | 20 | 80 |
| Novembre | 35 | 40 |
| Décembre | 12 | 60 |

300 produits ont été vendus au cours des 6 derniers mois au prix de 25,10 € TTC (TVA à 19,6 %). Le taux de marge est de 40 %. Le produit occupe 50 cm de linéaire.

### ENTRAÎNEZ-VOUS

**1.** Calculez le stock moyen en volume et en valeur.

**2.** Calculez la rotation physique et financière du stock.

**3.** Calculez le rendement du linéaire.

CORRIGÉS p. 249

## exercice 10 Les achats et les approvisionnements

### ENTRAÎNEZ-VOUS

**Question 1.** Décrivez les étapes et les critères de sélection d'un fournisseur.

**Question 2.** Stagiaire dans le magasin La Papéthèque de Rouen, vous êtes chargé(e) par votre manageur d'étudier la gestion des approvisionnements du stylo « Le Jack Pen ».
La politique d'approvisionnement est la suivante :
- les dates de commande sont variables, les quantités livrées sont fixes et s'élèvent à 1 000 unités ;
- la commande se déclenche lorsque le niveau de stock atteint le stock d'alerte ;
- le stock d'alerte est composé :
  - d'un stock minimum destiné à couvrir le délai de livraison du fournisseur de 1 mois,
  - d'un stock de sécurité fixé à 100 unités.

**1.** Complétez l'annexe.

**2.** Les ventes effectives du mois de septembre se sont élevées à 1 700 unités. Expliquez quelles en sont les conséquences.

**3.** Quelles solutions l'unité commerciale peut-elle adopter pour gérer les problèmes de rupture de stock ?

**Annexe : programme prévisionnel d'approvisionnement**

| | Juillet | Août | Septembre | Octobre | Novembre | Décembre |
|---|---|---|---|---|---|---|
| Ventes prévisionnelles | 300 | 640 | 1 300 | 950 | 700 | 400 |
| Besoins | | | | | | |
| Stock avant livraison | 450 | | | | | |
| Livraison | | | | | | |
| Stock après livraison | | | | | | |
| Stock fin de mois | | | | | | |
| Stock de sécurité | | | | | | |
| Stock disponible | | | | | | |

**Question 3.** À partir de votre expérience et de vos connaissances, montrez l'impact des technologies de l'information et de la communication sur les achats et les approvisionnements.

CORRIGÉS p. 249

## exercice 11 La fixation des prix

Vous êtes manageur dans une UC de type GSS.

**Annexe 1 : prix pratiqués par votre UC**

| Produits | Coûts d'achats | Taux de marge | Taux de marque | Prix de vente HT (en €) | Prix de vente TTC (en €) |
|---|---|---|---|---|---|
| A | 20 | 10 % | | | |
| B | | 25 % | | | 59,8 |
| C | 10 | | 12 % | | |

**Annexe 2 : relevé de prix**

| Produits | Concurrents (en €) |
|---|---|
| A | 23 |
| B | 52,99 |
| C | 15 |

### ENTRAÎNEZ-VOUS

**1.** Complétez le tableau de l'annexe 1 (TVA : 19,6 %).

**2.** Sachant que la politique de l'enseigne est de s'aligner systématiquement sur les prix de la concurrence, fixez les nouveaux prix.

**3.** Quelles sont les limites à cette politique d'alignement ?

CORRIGÉS p. 249

## exercice 12 La communication dans les services

### ENTRAÎNEZ-VOUS

**Question 1.** Caractérisez les médias utilisés en communication locale.

**Question 2.** Vous effectuez votre stage dans l'agence principale locale d'un réseau bancaire qui dispose de trois agences A, B et C sur le secteur. Les trois unités gèrent un fichier global de 1 400 clients suivis par un chargé de clientèle dans chaque agence. L'enseigne vient de réaliser un publipostage, suivi d'une relance téléphonique concernant une nouvelle offre de crédit. L'objectif est que les clients prennent un rendez-vous avec leur conseiller financier pour souscrire un crédit.
Votre manageur vous confie l'étude des résultats de cette action.
Vous disposez, en annexes, des données vous permettant d'apprécier la performance de cette opération de marketing direct.

**1.** Caractérisez les performances de chacune des trois agences. Vous choisirez les indicateurs qui vous semblent pertinents.

**2.** Analysez les résultats et concluez.

**3.** Proposez à votre responsable les actions à mettre en place.

**Question 3.** À partir de votre expérience en unité commerciale et de vos connaissances, expliquez pourquoi la communication d'une enseigne nationale doit être adaptée aux contraintes et aux opportunités locales.

### Annexe 1 : résultats de l'opération

| | Clients | RDV | Contrats signés |
|---|---|---|---|
| Agence A | 400 | 26 | 10 |
| Agence B | 700 | 74 | 50 |
| Agence C | 300 | 30 | 22 |

### Annexe 2 : éléments sur les contacts inexploitables

L'opération de publipostage et de relance téléphonique a révélé qu'un certain nombre d'adresses ou de numéros de téléphone n'étaient pas exploitables :
- pour l'agence A, cela concerne 15 % des clients ;
- pour l'agence B : 20 % des clients ;
- pour l'agence C : 5 % des clients.

### Annexe 3 : les objectifs

Les objectifs fixés par le responsable d'entité s'établissaient comme suit :
- pour les RDV obtenus : 10 % du fichier réellement exploitable de chacune des agences (taux de retour du publipostage avec relance téléphonique) ;
- pour la signature des contrats de crédit : un client sur deux ayant pris un RDV (taux de concrétisation).

CORRIGÉS p. 25

# corrigés

## exercice 1 page 240

**1.** Les services proposés peuvent varier d'une banque à l'autre. En général, le client peut :
- se renseigner : informations sur les produits, conseils dans le choix des options et des formules proposées ;
- gérer ses comptes : espace réservé aux clients permettant de réaliser leurs opérations courantes (consultation de comptes, virement, commande de chéquiers, ordre d'achats/ventes d'actions, etc.) ;
- contacter un conseiller : pour un besoin particulier (demande de devis, de prêt, etc.).

**2.** Le multicanal est devenu incontournable. Il s'agit de répondre à une attente de la clientèle. Le multicanal permet de multiplier les occasions de contact, de faciliter les transactions avec les clients, de mieux les informer, d'être à leur écoute et de les fidéliser.

## exercice 2 page 240

| | Zone 1 | Zone 2 | Zone 3 |
|---|---|---|---|
| Nombre de ménages(1) | 8 172 | 14 725 | 14 667 |
| Nombre de ménages acheteurs(2) | 6 538 | 10 308 | 9 534 |
| Nombre de ménages clients(3) | 1 961 | 2 062 | 1 621 |
| Dépenses par ménage(4)<br>– alimentaire<br>– habillement<br>– bazar<br>**Total** | <br><br>3 420<br>1 710<br>1 140<br>**6 270** | <br><br>3 600<br>1 800<br>1 200<br>**6 600** | <br><br>3 816<br>1 908<br>1 272<br>**6 996** |
| CA potentiel du magasin dans la zone(5) | 12 295 470 | 13 609 200 | 11 340 516 |
| Attraction(6) | | 646 000 | |
| CA total du magasin(7) | | 37 891 186 | |

(1) = Nombre d'habitants/Nombre de personnes par ménage
(2) = (1) – Évasion
(3) = (2) × Taux d'emprise
(4) = Dépenses moyennes nationales × IDC
(5) = (total 4) × (3)
(6) = 3 230 000 × 0,2
(7) = (5) + (6)

## exercice 3 page 240

**1.**

| Client | Fréquence | Récence | Montant | Score |
|---|---|---|---|---|
| A | 9 | 9 | 4 + 3,5 + 2,2 = 9,7, soit 10 | 28 |
| B | 15 | 12 | 5,6 + 6,8 + 7 + 6,2 + 7 =32,6, soit 33 | 60 |

**2.** Le client A totalise un score de 28. Peu d'achats, dont la fréquence et le montant diminuent. Il s'agit d'un client qu'on va perdre (si ce n'est déjà fait).

Le client B a un score de 60. C'est un bon client, régulier, dont le montant des achats est important.

**3.** Client A : il faut réactiver le désir afin d'augmenter sa fréquence d'achat : le faire revenir. L'UC doit se rappeler à lui.

Client B : il faut faire durer la relation. Pour cela, il faut le reconnaître en tant que client important (lui accorder des privilèges, l'inviter à des événements, etc.) et découvrir ses motifs de satisfaction pour les améliorer (l'impliquer dans les décisions, demander son avis sur l'assortiment, sur les améliorations possibles au sein de l'UC, etc.).

## exercice 4 page 241

| Caractéristiques | Avantages | Preuves | Motivations |
|---|---|---|---|
| Dernières technologies | Être à la pointe du progrès | Lister les technologies | Orgueil<br>Nouveauté |
| Prises de vue manuelles | Effet comme les professionnels | Exemples de photos | Orgueil |
| Prise de vue automatique | Facilité d'utilisation | Démonstration ou prise en main par le client | Confort |
| Puce électronique | Interdire l'utilisation à d'autres | Mot de passe | Sécurité |
| Localisation | Permet de le retrouver en cas de vol ou de perte | Descriptif du service (brochure) | Sécurité<br>Nouveauté |
| Service réparation | Peut être joint à tout moment | Ouvert 24h/24, 7 jours/7 | Sécurité |
| Mémoire interne de 500 Mo et externe de 10 Go | Pas besoin de sauvegarder ou d'avoir d'autres supports (disque dur, ordinateur) | Stocke jusqu'à $x$ photos | Confort<br>Argent |
| Logiciels et sans fil intégré | Tout est disponible facilement, plus besoin d'acheter d'autres éléments | Exemples d'applications | Confort<br>Argent |
| Sacoche antichoc | Protège l'appareil totalement | Montrer la sacoche | Sécurité |
| Garantie 5 ans | Pas de soucis pour les réparations | Liste des garanties | Sécurité |
| Assorti d'un crédit | Aucun souci pour le paiement, appareil peu cher | 32 mois<br>10 € par mois | Argent |

## exercice 5 page 241

Le texte donne plusieurs solutions concrètes :
- partir des besoins du client pour réviser sa stratégie ;
- marquer sa différence avec le concurrent :
  - proposer des marques différentes,
  - se spécialiser sur une offre très ciblée ;
- pratiquer une veille concurrentielle permanente ;
- identifier ses points forts et les renforcer ;
- maintenir et resserrer les liens avec les clients fidèles ;
- travailler sur la qualité du service.

## exercice 6 page 242

**1.** Les phases de la vente :
- 1re phase : contacter

Lignes 1 à 3 : prise de contact
- 2e phase : connaître

Ligne 5 : détection des besoins
- 3e phase : convaincre

Lignes 7 à 18 : présentation du produit et argumentation
- 4e phase : conclusion

Lignes 19 à fin : essayage, annonce du prix, aide à l'achat (question alternative), vente complémentaire, prise de congé

**2.** – Les motivations : en référence à la méthode SONCAS, on peut dire qu'elle est sensible au confort, à la nouveauté et démontre un certain orgueil. Elle est davantage sujette aux motivations d'auto-expression. Elle veut un vêtement à la mode, moderne.
– Les freins : pas de frein réel, si ce n'est l'image générée par la veste ; c'est la personne sensible à l'image donnée par ses vêtements.

Il s'agit apparemment d'une personne relativement extravertie et superficielle, très sensible aux apparences, influençable (moderne, esthétique). Elle apparaît facile à convaincre mais cherche à être rassurée (est-ce vraiment à la mode ? Est-ce bien fini, facile d'entretien ?).

**3.** – Les points forts : réponse satisfaisante aux objections de la cliente. La vendeuse rassure la cliente et lève toutes les objections. Elle ne rentre pas dans des développements inutiles qui la mettraient en difficulté. Elle facilite la conclusion et propose des ventes complémentaires.
– Les points faibles : la phase de découverte est inexistante. La vendeuse propose rapidement un produit sans connaissance des motivations de la cliente. Son ton est quelque peu sec (lignes 11 et 15) ; cependant, ses arguments sont judicieux mais exprimés sans conviction ; il y a un manque d'empathie envers la cliente. La présentation du prix est trop sèche, sans atténuation.

**4.** Les améliorations à envisager : il faudrait développer le questionnement pour connaître les motivations et le produit à proposer (un vêtement, c'est vague) et argumenter davantage (méthode caractéristique, avantage, satisfaction ou preuve).

Les réponses doivent être plus atténuées. La vendeuse aurait pu répondre : « Le beige, comme toutes les couleurs intermédiaires, est moins salissant que les couleurs foncées. »

La présentation du prix à la demande de la cliente est sobre : le « seulement 49,90 € » est plus incitatif.

## exercice 7 page 243

| Références | | | | CA annuel | | | |
|---|---|---|---|---|---|---|---|
| Rang | Réf. | % | % cumulé | Valeur | % du CA | Valeur cumulée | % cumulé |
| A | 411 101 | 11 % | 11 % | 50000 | 48 % | 50000 | 48 % |
| B | 411 106<br>411 105<br>411 107 | 33 % | 44 % | 15000<br>10000<br>9600 | 15 %<br>10 %<br>9 % | 65000<br>75000<br>84600 | 82 % |
| C | 411 104<br>411 102<br>411 109<br>411 103<br>411 108 | 56 % | 100 % | 6000<br>5000<br>3200<br>3000<br>1800 | 6 %<br>5 %<br>5 %<br>2 %<br>2 % | 90600<br>95600<br>98800<br>101800<br>103600 | 100 % |

Zone A : 48 % → trop important pour une seule référence, dépendance très forte à cette dernière.

Zone B : 34 % → pas assez important, il manque des références dans cette zone.

Zone C : 18 % → important pour la zone, entraîne des frais de gestion élevés.

## exercice 8 page 243

**1.**

| Produits | Marge brute totale | % produits marge brute | % produits dans le LD (11,80) | Indice de sensibilité |
|---|---|---|---|---|
| Bella | 28 × 1,2 = 33,60 | (33,60 × 100) /235,60 = 14,26 % | 2,40/11,80 = 20,34 % | 14,26/20,34 = 0,70 |
| Nuit | 53 × 3,1 = 164,30 | 69,74 % | 4,70/11,80 = 39,83 % | 69,76/39,83 = 1,75 |
| Printemps | 29 × 1,3 = 37,70 | 16,00 % | 4,70/11,80 = 39,83 % | 16/39,83 = 0,40 |
| **Total** | **235,60 €** | **100 %** | **100 %** | |

**2.** Commentaires :
- indice > 1 : produit sous-représenté ;
- indice < 1 : produit surreprésenté.

Les produits Bella et Printemps sont surreprésentés, il faut diminuer leur linéaire.

Le produit Nuit est sous-représenté, il faut augmenter son linéaire.

Part du linéaire accordé :
- Bella : 20,34 % – 14,26 % = 6,08 %, soit une perte de 6,08 m ;
- Nuit : 69,74 % – 39,83 % = 29,91 %, soit un gain de 29,91 m ;
- Printemps : 16,00 % – 39,83 % = 23,83 %, soit une perte de 23,83 m.

Il faut que la diminution du linéaire (6,08 m + 23,83 m) compense son augmentation (29,91 m) car le linéaire développé ne peut varier.

## exercice 9 page 244

**1.** Stock total sur 6 mois (linéaire + réserve) = 420
Stock moyen en volume : 420/6 = 70
Prix de vente HT = 25,10/1,196 = 20,99
Coût d'achat : 20,99/1,4 = 14,99
Stock moyen en valeur : 70 × 14,99 = 1 049,30

**2.** Rotation physique :
quantités vendues × 100/stock moyen en volume
(300/70) × 100 = 428,57 arrondi à 429
Rotation financière :
CA × 100/stock moyen en valeur
(300 × 20,99 × 100)/1 049,30 = 600

**3.** Rendement du linéaire = CA/linéaire en m
= (300 × 20,99)/0,5
= 12 594 €

## exercice 10 page 244

### Question 1

Les étapes sont la prise de conscience du besoin, la recherche de fournisseurs, leur évaluation, la négociation, la sélection des fournisseurs et l'évaluation des performances.
Les critères de sélection sont le prix, les délais de livraison, les conditions commerciales, la qualité des produits et l'innovation.

### Question 2

**1.** Programme prévisionnel d'approvisionnement :

| | Juil. | Août | Sept. | Oct. | Nov. | Déc. |
|---|---|---|---|---|---|---|
| Ventes prévisionnelles | 300 | 640 | 1 300 | 950 | 700 | 400 |
| Besoins | 400 | 740 | 1 400 | 1 050 | 800 | 500 |
| Stock avant livraison | 450 | 150 | 510 | 210 | 260 | 560 |
| Livraison | 0 | 1 000 | 1 000 | 1 000 | 1 000 | 0 |
| Stock après livraison | 450 | 1 150 | 1 510 | 1 210 | 1 260 | 560 |
| Stock fin de mois | 150 | 510 | 210 | 260 | 560 | 160 |
| Stock de sécurité | 100 | 100 | 100 | 100 | 100 | 100 |
| Stock disponible | 50 | 410 | 110 | 160 | 460 | 60 |

**2.** Conséquences des ventes du mois de septembre :

| | Juil. | Août | Sept. | Oct. | Nov. | Déc. |
|---|---|---|---|---|---|---|
| Ventes prévisionnelles | 300 | 640 | 1 700 | 950 | 700 | 400 |
| Besoins | 400 | 740 | 1 800 | 1 050 | 800 | 500 |
| Stock avant livraison | 450 | 150 | 510 | – 190 | – 140 | 160 |
| Livraison | 0 | 1 000 | 1 000 | 1 000 | 1 000 | 1 000 |
| Stock après livraison | 450 | 1 150 | 1 510 | 810 | 860 | 1 160 |
| Stock fin de mois | 150 | 510 | – 190 | – 140 | 160 | 760 |
| Stock de sécurité | 100 | 100 | 100 | 100 | 100 | 100 |
| Stock disponible | 50 | 410 | – 290 | – 240 | 60 | 660 |

Les ventes de 1 700 unités en septembre entraînent une rupture de stock pendant 2 mois pour un produit fortement saisonnier. Les conséquences sont financières et commerciales (perte en matière d'image).

**3.** L'unité commerciale peut adopter les solutions suivantes pour gérer les problèmes de rupture de stock :
- la proposition de produits de substitution ;
- l'appel à plusieurs fournisseurs en flux tendus.

### Question 3

Les technologies de l'information et de la communication suivantes peuvent être utilisées pour améliorer la gestion des achats et des approvisionnements :
- le *e-sourcing* permet la prospection de fournisseurs *via* Internet et les moteurs de recherche ;
- les *market places* (places de marché) mettent en relation acheteurs et fournisseurs de manière électronique ;
- le *e-procurement* assure la gestion des achats en ligne ;
- le SRM (*Supplier Relationship Management*) permet de gérer la relation avec les fournisseurs ;
- l'EDI permet l'échange de données informatisées entre producteurs et centrale d'achats ;
- l'ECR (*Efficient Consumer Response*) assure une réponse efficace au consommateur ;
- la GPA (gestion partagée des approvisionnements).

## exercice 11 page 245

**1.**

| | Coûts d'achat | Taux de marge | Taux de marque | Prix de vente HT | Prix de vente TTC |
|---|---|---|---|---|---|
| A | 20 | 10 % | **9,09 %** | **22** | **26,31** |
| B | **40** | **25 %** | 20 % | **50** | 59,8 |
| C | 10 | **13,6 %** | 12 % | **11,36** | **13,58** |

Produit A :
PV HT = 20 × 1,1 = 22
PV TTC = 22 × 1,196 = 26,31
Taux de marque = (22 – 20)/22 = 0,09

Produit B :
PV HT = 59,8/1,196 = 50
Coût d'achat = 50/1,25 = 40
Taux de marque : (50 – 40)/50 = 0,20

Produit C :
PV HT = CA + (0,12 × PV HT)
0,88 × PV HT = coût d'achat
PV HT = 10/0,88 = 11,36
Taux de marge : (11,36/10) – 1 = 0,13

**2.** Les prix relevés chez la concurrence sont des prix TTC :

| Produits | Concurrents | PV HT |
|---|---|---|
| A | 23 | 19,23 |
| B | 52,99 | 44,30 |
| C | 15 | 12,54 |

Produit A : impossible de s'aligner car le coût d'achat est supérieur au PV HT. L'enseigne peut vendre au coût d'achat. Le PV TTC sera alors de : 20 × 1,196 = 23,92.
L'enseigne s'alignera pour le produit B, la marge sera alors de : (44,30/40) – 1 = 0,1075, 10,75 % au lieu de 25 %.
Pour C, l'alignement étant systématique, l'enseigne peut vendre à 15 €, ce qui augmentera sa marge : (12,54/10) – 1 = 0,254, soit un taux de marge de 25,4 % au lieu de 13,6 %.

**3.** La marge globale doit couvrir les autres charges de l'UC (salaires, charges de communication, services, etc.). La politique de prix dépend aussi des autres politiques de l'UC (services associés, agencement, accueil, propreté, etc.) et des charges qu'elles engendrent. Si l'UC se différencie grâce à des services supplémentaires, elle ne pourra pas s'aligner systématiquement sur les prix de ses concurrents mais devra faire oublier cette différence de prix en mettant en avant ses services.

exercice 12 page 245

## Question 1

La forme de communication la plus adaptée au local est la promotion des ventes, qui revêt plusieurs formes :
- la publicité sur le lieu de vente (PLV) ;
- les animations ;
- les mises en avant, les têtes de gondole, les îlots spécifiques ou les têtes de caisse ;
- les réductions de prix.

La communication relationnelle comprend :
- les cartes de fidélité ;
- le marketing direct ;
- le couponnage électronique.

## Question 2

**1.** Les performances de chacune des agences A, B et C sont analysées dans les tableaux suivant :

| Agence | Nombre de clients | Exploitables | RDV Objectif | RDV Réalisés | RDV Écarts |
|---|---|---|---|---|---|
| A | 400 | 340 | 34 | 26 | – 8 |
| B | 700 | 560 | 56 | 74 | 18 |
| C | 300 | 285 | 29 | 30 | 1 |

| Agence | RDV Réalisés | Contrats Objectif | Contrats Réalisés | Contrats Écarts |
|---|---|---|---|---|
| A | 26 | 13 | 10 | – 3 |
| B | 74 | 37 | 50 | 13 |
| C | 30 | 15 | 22 | 7 |

**2.** Analyse des résultats
- Agence A : elle est en retrait sur les objectifs tant pour les RDV que pour les contrats signés. La communication semble avoir mal fonctionné, vraisemblablement lors de la relance téléphonique (moment privilégié pour proposer un RDV). La communication téléphonique doit être améliorée par une formation plus appuyée des téléprospecteurs. De même, la communication interpersonnelle lors de l'entretien en RDV aurait dû être plus efficace.
- Agence B : les résultats sont satisfaisants. Un point est à revoir cependant concernant le fichier, qui ne semble pas à jour.
- Agence C : modeste sur la prise de rendez-vous, la communication semble plus efficace dans le cadre des RDV pour la souscription des contrats. Il faudrait renforcer l'apprentissage de la communication au téléphone.

## Question 3

La communication d'une enseigne nationale doit être adaptée aux contraintes et opportunités locales pour les raisons suivantes :
- pour contrer une offensive de la concurrence locale nécessitant une réactivité locale ;
- pour exploiter certains événements sportifs ou culturels qui sont locaux, par exemple les performances d'une équipe de football locale ;
- en cas de présence d'une clientèle étrangère massive (traduction des messages).

# PRÉSENTATION DE L'ÉPREUVE D'ACRC

## Comment se présente l'épreuve ?

### 1 Les objectifs et le coefficient de l'épreuve

Cette épreuve a pour objectifs d'évaluer l'aptitude du candidat à prendre en responsabilité des activités courantes dans une unité commerciale et les connaissances mobilisées dans la conduite de ces activités.

**C'est une épreuve de coefficient 4.**

### 2 La forme de l'épreuve

Les candidats issus d'un établissement public ou privé sous contrat ou d'un centre de formation habilité passent l'épreuve en contrôle en cours de formation (CCF) durant le premier semestre de la seconde année de BTS. Les autres candidats passent l'épreuve sous sa forme ponctuelle en fin de seconde année.

### 3 Le dossier d'ACRC

L'épreuve prend appui sur un dossier personnel produit par le candidat qui comprend deux parties séparées :

- une partie donnant lieu à un contrôle avant l'épreuve, qui comprend des documents obligatoires et normalisés :

| Origine des candidats | Documents à fournir |
|---|---|
| Candidats scolaires | – Attestation de stage<br>– Attestation de conformité du dossier |
| Candidats se présentant au titre de l'alternance ou de l'expérience professionnelle | – Attestation de réalisation de contrat<br>– Attestation de conformité du dossier |

- une partie servant de support au déroulement de l'épreuve. Ce dossier support se subdivise lui-même en quatre parties :
  - un descriptif de l'unité commerciale dans son contexte géographique, organisationnel et commercial (trois pages au maximum),
  - un descriptif du système d'informations commerciales (SIC) de l'unité commerciale (deux pages maximum),
  - un récapitulatif des activités et des missions réalisées dans le cadre de la relation avec la clientèle ainsi que des utilisations du SIC effectuées dans la mise en œuvre de ces missions. Chaque mission fait l'objet d'une synthèse présentée dans une fiche bilan. Une mission est un ensemble d'activités liées par un objectif commun. La fiche bilan décrit également l'utilisation éventuelle du SIC durant le déroulement de la mission.
    *Nota :* les fiches bilan ne sont pas obligatoires pour les candidats en CCF,
  - les activités et missions réalisées dans le cadre du management opérationnel de l'équipe commerciale font l'objet du même traitement.

  Attention : les récapitulatifs et les fiches bilan sont des documents normalisés.

### 4 L'organisation de l'épreuve

Elle se déroule en deux temps.

Dans une première phase, les candidats préparent, pendant 45 minutes, le sujet qui leur a été remis lors de leur entrée en loge de préparation.

À l'issue de ces 45 minutes, ils se présentent devant le jury pour la prestation orale, qui se décompose en deux parties :

- 30 minutes sont consacrées à l'expérience en entreprise : 10 minutes au maximum pour présenter l'unité commerciale et le SIC, le reste du temps étant dédié à un entretien avec le jury ;
- 15 minutes au maximum pour traiter le sujet remis lors de l'entrée en loge.

### 5 Le déroulement de l'oral

#### a) L'exposé sur l'unité commerciale et le SIC

Il est intéressant de disposer d'informations originales, actuelles et complètes, permettant de faire comprendre au jury le contexte particulier dans lequel évolue l'unité commerciale :

| Contextes | Exemples d'informations |
|---|---|
| Géographique | Zone de chalandise : délimitation, sous-zones, potentiel, composition, etc.<br>Principaux axes de circulation et intérêt<br>Concurrence locale |
| Organisationnel | Organigramme de l'unité commerciale<br>Fonctions des différents métiers<br>Organisation physique de l'unité commerciale (plan du point de vente, implantation des rayons, organisation du parcours clients, etc.) |
| Commercial | Concept commercial<br>Assortiment<br>Positionnement<br>Communication |

Le nombre de pages limité du dossier ne permet pas d'y faire figurer toutes les informations. Il est donc souhaitable que le candidat présente des documents annexes. Ces documents ne sont pas insérés dans le dossier, ils sont apportés le jour de l'interrogation. Ils sont en version papier.
Le système d'informations commerciales est présenté de façon synthétique. Son utilisation concrète est développée de façon plus complète dans les fiches bilan et dans les explications fournies sur la démarche mise en œuvre dans l'accomplissement des missions.

### b) L'entretien avec le jury

Il a pour objectif de vérifier que les compétences requises pour l'obtention du diplôme ont bien été acquises dans l'accomplissement des activités et des missions qui ont été confiées au candidat.
La commission d'interrogation vérifie également que ces compétences correspondent bien au niveau de responsabilité des emplois visés par le diplôme :

| Compétences évaluées | Exemples |
|---|---|
| Organiser le travail | Répartir les tâches - Concevoir un planning - Présenter les résultats d'une évaluation - Organiser une réunion - Assurer la formation d'un stagiaire |
| Assurer le fonctionnement de l'UC | Gérer les équipements de l'UC - Traiter les incidents |
| Vendre | Accueillir le client, nouer la relation – Argumenter – Répondre aux objections – Conclure la vente – Concevoir un outil d'aide à la vente |
| Assurer la qualité de service à la clientèle | Informer – Conseiller – Résoudre les litiges |
| Élaborer une offre commerciale adaptée à la clientèle | Adapter et faire évoluer l'offre |
| Gérer les achats et les approvisionnements | Prévoir les quantités à commander – Éviter les ruptures de stocks – Sélectionner et négocier avec les fournisseurs locaux |
| Mettre en place un espace commercial attractif et fonctionnel | Théâtraliser l'offre – Agencer une vitrine – Mettre en place l'offre de produits en respectant la politique commerciale |
| Dynamiser l'offre de produits et de services | Concevoir une animation – Concevoir et réaliser une offre promotionnelle |
| Enrichir et exploiter le système d'informations commerciales | Interroger le système d'informations – Réaliser des études de concurrence ou de clientèle |
| Intégrer les technologies de l'information dans son activité | Utiliser des ressources technologiques disponibles – Participer à l'amélioration du système |

### c) Quelques questions auxquelles se préparer

Les missions et les activités menées au sein des unités commerciales sont très diverses, il est donc impossible de donner une liste exhaustive des questions auxquelles vous devrez faire face. Mais certaines d'entre elles reviennent plus souvent que d'autres. En voici quelques-unes :
- Comment avez-vous mené à bien la phase de découverte des besoins du client ?
- Quelles étaient les objections les plus courantes ? Comment y répondiez-vous ?
- Quels sont les arguments les plus importants à connaître ?
- Comment avez-vous construit votre argumentaire ?
- Quelles sont les sources d'information que vous avez utilisées ?
- Comment avez-vous procédé pour choisir les produits à mettre en avant, les quantités à commander, etc. ?
- Quelles sont les situations difficiles auxquelles vous avez eu à faire face ? Comment les avez-vous gérées ?
- Quelles sont les contraintes à respecter dans l'élaboration d'un planning ?
- Comment avez-vous organisé la formation de votre stagiaire ?
- Quelles sont les différentes fonctionnalités de ce logiciel ?

#### d) La situation problème

À l'entrée en loge, chaque candidat reçoit un sujet à traiter. Il dispose de 45 minutes pour le faire. Le thème central du sujet porte sur les savoirs associés à l'épreuve d'ACRC (voir la liste ci-dessous). Si le thème change, chaque situation problème respecte une structure identique :
- la première question porte sur une partie du cours théorique ;
- la deuxième, subdivisée en trois, porte sur la résolution d'un problème en relation directe avec le thème. Elle comporte le plus souvent des calculs à effectuer à partir des annexes qui accompagnent le sujet ;
- la troisième question, toujours liée au thème, est une question d'ouverture qui permet au candidat de mettre en évidence non seulement ses connaissances, mais aussi l'expérience acquise en entreprise.

Liste des savoirs associés à l'épreuve d'ACRC

| Matières | Savoirs associés |
|---|---|
| Mercatique | Les bases de la mercatique |
| | La relation commerciale et son contexte |
| | La relation commerciale et le marché |
| | La relation commerciale et la mercatique opérationnelle de l'unité commerciale |
| | Le contexte organisationnel de l'unité commerciale |
| | L'évaluation des performances |
| Management | Le contexte réglementaire |
| | L'équipe commerciale |
| | L'organisation de l'équipe |
| Gestion | La gestion courante de l'UC |
| | La gestion de l'offre de l'UC |
| | L'évaluation des performances de l'UC |
| Communication | La communication |
| Informatique commerciale | L'organisation de l'information |
| | L'informatique appliquée à la gestion de la relation avec la clientèle |
| | La mise en place de l'offre dans l'UC |
| | La présentation et la diffusion de l'information commerciale |

## Les critères d'évaluation

L'évaluation des compétences s'appuie sur les critères suivants :
- la maîtrise des connaissances et des savoir-faire mobilisés ;
- l'adaptation des méthodes et des outils aux situations professionnelles ;
- la qualité de l'analyse du système d'information et la maîtrise des outils informatiques ;
- la qualité de l'analyse du contexte local de l'unité commerciale ;
- la qualité de l'analyse des situations professionnelles ;
- la diversité des missions exercées et le degré de couverture du champ professionnel ;
- la responsabilité et l'autonomie dans les missions menées ;
- la qualité de la communication orale du candidat.

## Réussir l'épreuve

### 1 La préparation

Comme toute intervention orale devant un auditoire, la prestation doit avoir été préparée. Il est nécessaire de s'entraîner dans les conditions de l'examen lors de simulations d'entretien. Les objectifs sont multiples. Cela permet de bien s'imprégner des éléments importants de l'exposé et du plan, de diminuer son stress, d'apprendre à gérer son temps (10 minutes, c'est court) et ses documents. Ces derniers doivent être choisis au préalable et ordonnés afin d'être présentés au moment opportun et sans perte de temps. Si vous ne pouvez pas être interrogé par un formateur, demandez à des camarades de jouer le rôle de la commission, au moins pour l'exposé de 10 minutes. Assurez-vous à la fin de l'entretien chronométré qu'ils ont bien compris, demandez-leur s'ils ont des critiques à formuler.

## 2 La présentation

Aucune tenue particulière n'est exigée lors de l'épreuve mais il s'agit de faire bonne impression. On évitera donc d'avoir une tenue négligée ou une attitude désinvolte.

## 3 L'oral

Il s'agit d'une prestation orale et non de la lecture d'un texte. Vous pouvez disposer du double du dossier ou d'une fiche guide, mais il est préférable de vous en passer pour ne pas prendre le risque de les lire. Si cela vous rassure, limitez le contenu de la fiche au plan que vous avez décidé de suivre. L'entraînement préalable facilite cela mais il ne doit pas aboutir non plus à la récitation mécanique d'une leçon trop bien apprise. Restez naturel, improvisez un peu.

Le ton ne doit pas être monocorde mais, au contraire, mettre en valeur, par des intonations différentes, les moments forts de l'exposé.

## 4 Le discours

Le jury évalue des compétences, il n'attend pas une présentation purement descriptive de vos activités et missions. Il attend aussi la mise en évidence d'une démarche et la justification des choix opérés (en simplifiant, vous ne devez pas uniquement dire «j'ai fait cela», mais également «je l'ai fait comme cela parce que...»). C'est surtout cette justification qui permet d'évaluer la qualité de votre analyse.

Évitez de dévaloriser votre travail, montrez votre implication dans les tâches effectuées. Ne dénigrez pas non plus votre tuteur, votre entreprise ni votre professeur.

## 5 Les documents annexes

Pour appuyer votre discours, vous pouvez présenter des documents. Il ne s'agit pas de noyer le jury sous une avalanche de documents d'intérêt inégal. Vous devez choisir ceux qui vous permettent de gagner du temps, de mieux faire comprendre les choses au jury, de faciliter vos explications. Chaque document est présenté au moment opportun (en adéquation avec ce que vous êtes en train de dire) et commenté et non pas remis au jury qui doit se débrouiller avec.

L'utilisation de documents aide aussi à se démarquer d'un discours stéréotypé et rend la prestation plus vivante. Par exemple, le fait de montrer du doigt sur le document les éléments importants permet au jury de se repérer et vous incitera à vous départir d'une attitude trop raide et à improviser davantage.

# DÉVELOPPEMENT DE L'UNITÉ COMMERCIALE





### Pour réviser le cours :

### Pour s'entraîner à l'épreuve :

Un exemple de dossier de PDUC sur le site Internet www.nathan.fr/reflexe

# 1 LA MERCATIQUE

**➔ La mercatique peut être définie comme un ensemble d'actions menées par une entreprise qui a pour but de prévoir, constater, stimuler ou renouveler les besoins des consommateurs.**

## 1 Les composantes de la mercatique

### 1. Un état d'esprit particulier

L'état d'esprit mercatique conduit l'entreprise à se placer du point de vue du consommateur pour prendre les décisions lui permettant de répondre au mieux à ses besoins.
L'entreprise étudie le marché (ensemble des consommateurs et des entreprises concurrentes) pour bien cerner les besoins et les attentes des consommateurs et repérer comment les éventuels concurrents y répondent.
Cette étude est menée au niveau du marché générique sur lequel l'entreprise est située. Un marché générique correspond à un type de besoins.

**EXEMPLE**
Le marché de l'alimentation.

Elle est complétée par l'étude du ou des marchés dérivés auxquels l'entreprise veut s'adresser. Un marché dérivé est une déclinaison du marché générique.

**EXEMPLE**
Le marché de l'eau embouteillée est un marché dérivé du marché de l'alimentation.

### 2. Un ensemble de techniques

La mercatique utilise les techniques d'études statistiques et des techniques empruntées à la psychosociologie pour étudier les besoins et les attentes des consommateurs.
Elle se sert des outils de communication pour faire connaître les produits ou services qu'elle offre à la clientèle.
Enfin, le recours aux TIC est devenu primordial pour traiter les données (études des besoins, transmission des informations, etc.) et pour assurer le bon fonctionnement de l'appareil commercial (gestion des flux de marchandises, des stocks, etc.).

### 3. Les conséquences sur le fonctionnement et la structure de l'entreprise

La définition des produits à fabriquer ne relève plus, en premier lieu, des contraintes techniques de production, elle découle de l'étude des attentes des consommateurs par le service mercatique.
La mercatique apparaît dans l'organigramme de l'entreprise et prend place, dans celui-ci, au-dessus des activités de production. Elle induit également une évolution de la culture d'entreprise en plaçant le client au centre des préoccupations et des processus de décision.

### 4. Mercatique stratégique et mercatique opérationnelle

La démarche mercatique comprend une phase de prise de décision aboutissant à la définition d'une stratégie permettant de répondre aux attentes des consommateurs.

**EXEMPLE**
Le lancement d'un nouveau service pour satisfaire de nouveaux besoins.

Cette stratégie est ensuite traduite en actions (mercatique opérationnelle) à mettre en place pour atteindre les objectifs visés.

**EXEMPLES**
La définition du prix du nouveau service, une campagne de communication pour accompagner le lancement.

## 2 L'évolution de la mercatique

### 1. La mercatique produits

Jusque dans les années qui ont suivi la guerre de 1939-1945, les entreprises ont développé une production de masse standardisée visant à produire suffisamment pour répondre aux besoins de la population. Le produit était placé au centre des processus et la vente n'était qu'une activité accessoire car la demande était souvent supérieure à l'offre.

### 2. La mercatique segmentée

Dans les années 1970-1980, l'appareil productif s'est largement développé et la concurrence entre les entreprises de même que l'offre de produits et de services ont beaucoup progressé. Les entreprises sont donc conduites à placer le client au centre de leur démarche pour se différencier de leurs concurrents. L'étude des besoins des consommateurs permet de distinguer différents segments de clientèle (groupes homogènes de consommateurs) et d'adapter l'offre de produits ou de services aux différentes caractéristiques de ces segments.
Cette évolution s'est accompagnée d'un développement et d'une diversification des formes de commerce : supermarchés, hypermarchés, grandes surfaces spécialisées, VPC, vente directe, etc.

### 3. La mercatique individualisée (mercatique *one to one*)

Un des objectifs prioritaires de l'entreprise est de fidéliser ses clients. Pour cela, elle cherche à personnaliser le plus possible son offre afin de mieux prendre en compte les besoins de ses clients. Cette approche est rendue possible par l'utilisation de bases de données qui permettent le stockage des informations clients et leur analyse. L'efficacité de cette démarche repose sur le fait que le client a le sentiment d'être considéré de façon spécifique.

### 4. La mercatique interactive

Les évolutions des technologies de l'information et de la communication (TIC), notamment le développement d'Internet, et le taux d'équipement élevé des ménages et des entreprises en matériel informatique permettent une communication en temps réel entre les fournisseurs et leurs clients.
Cela permet à l'entreprise d'être constamment à l'écoute des besoins des clients et d'y répondre très vite.
De même, le client peut réagir à tout instant aux propositions émanant de l'entreprise.

# 2 LE SYSTÈME D'INFORMATION MERCATIQUE (SIM)

**La démarche mercatique nécessite la collecte permanente d'informations (veille mercatique). Pour cela, l'entreprise met en place un système d'information mercatique (SIM).**

## 1 Le rôle du SIM

Le système d'information de l'entreprise est un ensemble de moyens matériels et humains ayant pour rôle de collecter les informations liées à l'entreprise, de gérer les accès à ces informations et de les transmettre aux personnes concernées. Le SIM est une partie de ce système spécialisé dans la gestion des informations utiles à la prise de décision par les responsables mercatiques. Les informations doivent être précises et fiables. Une information erronée peut, en effet, entraîner des décisions ayant de lourdes conséquences pour l'entreprise.

### 1. La collecte d'informations

Elles sont de natures variées : commerciales, comptables, techniques, sociales et juridiques. Le premier rôle du SIM est donc de réaliser cette collecte. On distingue, parmi celle-ci, les données primaires, qui sont collectées spécifiquement pour la mercatique (satisfaction des clients, par exemple), des autres données (dites « secondaires »), qui lui sont néanmoins utiles (les ventes enregistrées en comptabilité, par exemple).

### 2. La gestion de l'accès aux informations

Le système mis en place doit permettre aux personnes qu'elles concernent d'accéder aux informations et, en même temps, assurer leur pérennité (bonne conservation) et leur sécurité.

### 3. La transmission d'informations

Le SIM a également pour rôle de transmettre les informations nécessaires aux différents acteurs de l'entreprise.

**EXEMPLE**

Les vendeurs doivent être en possession des tarifs à jour. Ils doivent pouvoir consulter l'état des stocks, etc.

La transmission d'informations peut être élargie au-delà des limites de l'entreprise.

**EXEMPLE**

Des informations concernant l'état des stocks, les tarifs, etc., peuvent être transmises aux revendeurs.

## 2 Les composantes du SIM

### 1. Les moyens humains

Il s'agit de l'ensemble des personnes chargées de collecter, stocker et traiter les informations. Certaines personnes peuvent être spécifiquement affectées à ces tâches (exemple : un chargé d'études), mais d'autres y collaborent indirectement. Ainsi, le vendeur ou la caissière fournissent, par leur activité, des informations sur l'état des ventes, des stocks, etc. Ils peuvent également faire remonter des informations sur la satisfaction des clients. De même, les commerciaux itinérants participent au fonctionnement du SIM par les remontées d'informations (reporting) qu'ils effectuent (transmission de commandes, de comptes-rendus de visites, etc.).

Des personnels extérieurs à l'entreprise peuvent aussi être considérés comme des composantes du SIM ; il s'agit d'experts ou de personnels appartenant à des prestataires de services.

### 2. Les moyens matériels

Ce sont surtout des outils informatiques, même si l'on trouve encore souvent des outils papier (exemple : fiche client du commercial).

Ces outils comprennent, d'une part, les matériels, ordinateurs, serveur(s) et réseaux informatiques et, d'autre part, des applications informatiques. Celles-ci ont pour rôle la collecte, le stockage et la diffusion des informations.

#### a) Les matériels

Les matériels mis en place peuvent aller du simple ordinateur aux réseaux informatiques les plus développés. Ces derniers comportent en général un ou plusieurs serveurs auxquels les postes informatiques des utilisateurs accèdent soit par des câblages ou des lignes privées (intranet), soit par des infrastructures publiques (Internet).

La collecte des informations peut être réalisée par la saisie sur poste informatique mais également par des dispositifs plus ou moins automatisés. Ainsi, le scanner de la caissière fait encore appel à l'intervention humaine alors qu'un portique de détection à l'entrée d'un point de vente peut fournir automatiquement des données de fréquentation du magasin.

La pérennité des informations est assurée par des dispositifs de sauvegarde. L'accès aux informations et leur confidentialité sont réalisés essentiellement par l'utilisation d'identifiants et de mots de passe.

Les informations recueillies ne sont cependant pas toutes des données informatisées. La collecte de documentations variées (catalogues, brochures, tarifs de concurrents, etc.) concourt également largement au SIM. Le classement et, éventuellement, l'archivage de ces documents doivent permettre de les retrouver et de les consulter rapidement en cas de besoin.

#### b) Les applications informatiques

Certaines parmi elles, dites « de CRM » (*Customer Relationship Management*), renseignent des bases de données (*data warehouse* ou entrepôts de données) qui servent de matière première aux études et analyses (*datamining* ou forage de données).

D'autres ont pour rôle principal la gestion des flux de marchandises mais fournissent également des informations exploitées par la mercatique (statistiques de vente, par exemple).

Enfin, d'autres logiciels sont utilisés pour mettre en forme l'information et la diffuser. Il s'agit, par exemple, de logiciels de bureautique ou de messagerie.

# 3 LE MARCHÉ : APPROCHE GÉNÉRALE

**➜ Le marché inclut l'ensemble des intervenants exerçant une influence sur l'unité commerciale. Côté offre, il englobe les producteurs et les distributeurs. La demande comprend, quant à elle, les consommateurs.**

## 1 La connaissance du marché

### 1. Les types de marché

#### a) Le marché générique

Il comprend l'ensemble des produits satisfaisant les mêmes besoins.

#### b) Le marché support

Il représente l'ensemble des produits offerts par l'entreprise et ses concurrents, ainsi que les produits complémentaires et substituables.

#### c) Le marché principal

Il est composé des marques de l'entreprise et des concurrents mais également des distributeurs qui commercialisent les produits.

### 2. Les acteurs sur le marché

#### a) Le marché amont

Il englobe les fournisseurs et les prestataires. La relation commerciale entre le réseau et ses partenaires dépend du rapport de force existant entre les parties.

#### b) Le marché aval

Il regroupe cinq catégories d'acteurs :
- les clients : s'il s'agit de particuliers, on parle de relation *BtoC* (*Business to Consumer*) et *BtoB* pour un professionnel (*Business to Business*) ;
- les concurrents : ils proposent des produits satisfaisant les mêmes besoins que l'unité commerciale ;
- les distributeurs : ils représentent les intermédiaires entre le fabricant et le consommateur ;
- les prescripteurs : ce sont des spécialistes qui conseillent ;
- les influenceurs : l'image d'une personne connue est associée à une marque dans le but de la faire acheter.

## 2 L'analyse d'un marché par l'offre et la demande

### 1. Par l'offre

#### a) L'analyse qualitative

Elle permet d'identifier les producteurs et les distributeurs ainsi que l'offre concurrente sur une zone géographique donnée.

#### b) L'analyse quantitative

L'entreprise doit connaître les parts de marché (PDM) de ses concurrents. Elle peut les calculer de différentes manières :
- PDM en volume

$$= \frac{\text{Nombre d'unités vendues d'un produit}}{\text{Nombre d'unités vendues sur le marché principal}} \times 100$$

- PDM en valeur

$$= \frac{\text{CA du produit}}{\text{Valeur des ventes sur le marché principal}} \times 100$$

- PDM absolue

$$= \frac{\text{CA de l'entreprise}}{\text{CA de l'ensemble du marché}} \times 100$$

- PDM relative

$$= \frac{\text{CA de l'entreprise}}{\text{CA du principal concurrent}} \times 100$$

### 2. Par la demande

#### a) L'analyse qualitative

Elle consiste en la connaissance du comportement du consommateur.

#### b) L'analyse quantitative

La demande potentielle, ou zone de chalandise, est estimée par le CA prévisionnel. Ce chiffre potentiel est calculé, avant implantation, au niveau du territoire géographique sur lequel rayonnera le point de vente. Il faut prendre en compte les disparités locales exprimées par :
- l'indice de richesse vive (IRV) permet de mettre en évidence les différences de salaires entre régions ;
- l'indice de disparité de la consommation (IDC) exprime les disparités au niveau des dépenses.

## 3 L'influence des différents types de facteurs environnementaux

### 1. Les facteurs économique et démographique

#### a) L'incidence de ces facteurs

Le pouvoir d'achat, les revenus et la pyramide des âges exercent une influence sur les marchés.

#### b) Les tendances

Sur le plan démographique, on note un vieillissement et une augmentation de la population.

### 2. Les facteurs institutionnel et politique

#### a) Les lois et les décisions politiques

Le Code du commerce réglemente l'activité des réseaux, tente d'équilibrer la concurrence et protège les consommateurs.

#### b) Les orientations

La loi Chatel sur l'implantation des points de vente et les marges arrière vise à relancer la croissance.

### 3. Le facteur socioculturel

#### a) Les éléments

La culture et les croyances influencent les comportements.

#### b) Les perspectives

La tendance est à l'individualisme et au développement d'une consommation « engagée et durable ».

### 4. Le facteur technologique

#### a) Les TIC

Le niveau de l'offre dépend de la prise en compte des nouvelles technologies.

#### b) Les évolutions

On note un développement croissant du e-commerce.

# 4 LE RECUEIL DES INFORMATIONS SUR LA DEMANDE

**Toute décision marketing suppose le recueil préalable d'une information riche et pertinente sur laquelle fonder ses choix. La fiabilité indispensable des informations passe par la mise en œuvre d'un processus de recueil rigoureux.**

## 1 La recherche d'information

### 1. Le processus d'étude de la demande

#### a) La détermination des objectifs

C'est une étape cruciale dont vont dépendre tous les choix faits ultérieurement.

#### b) La prise en compte des contraintes

Ce sont essentiellement des contraintes de temps et de budget.

#### c) Le recueil de l'information

Plusieurs tâches sont à accomplir :
- identifier les données à obtenir ;
- rassembler l'information existante ;
- déterminer la cible à interroger ;
- choisir une méthode de collecte.

#### d) L'analyse de l'information recueillie

Une fois collectée, l'information est traitée et analysée. Certaines méthodes de traitement statistique des données sont particulièrement utilisées dans la distribution et les services :
- le *datamining* permet de traiter un grand nombre d'informations afin de trouver des corrélations ou des tendances cachées entre elles ;
- le *scoring* consiste à attribuer des notes à des variables relatives au client (âge, adresse, profession, etc.) afin de détecter des profils à risque ou, au contraire, des profils intéressants pour l'entreprise.

#### e) La diffusion des résultats

Les résultats obtenus doivent faire l'objet d'une diffusion auprès des publics concernés afin de valider et de justifier les décisions prises.

### 2. Les sources d'information

Elles peuvent être internes à l'entreprise ou émaner d'autres intervenants :

| Sources internes | Sources externes |
|---|---|
| - Études de marché antérieures<br>- Statistiques de ventes<br>- Remontées de la force de vente<br>- Données du service de veille commerciale<br>- Fichier clients<br>- SAV | - Organismes professionnels : CESP, BVP, AACC<br>- Instituts d'études : Sofres, Secodip, Ipsos, Nielsen, etc.<br>- Presse professionnelle généraliste et spécialisée<br>- Internet<br>- Annuaires : annuaire téléphonique, Kompass<br>- Chambres de commerce et d'industrie<br>- Organisations de consommateurs : UFC<br>- Syndicats professionnels<br>- Organismes publics : INSEE, Credoc, Ined, INC, etc. |

## 2 Les méthodes de recueil de l'information

### 1. Les méthodes documentaires

Elles consistent à rassembler les informations existantes.

### 2. Les méthodes qualitatives

Leur objectif est de cerner le comportement du consommateur. Les informations sont souvent collectées en utilisant des méthodes d'investigation psychosociologique.

#### a) L'entretien individuel

C'est un face-à-face entre un spécialiste de l'entretien et un consommateur.

#### b) L'entretien de groupe

Les groupes sont composés de huit à douze personnes réunies dans un lieu préparé spécialement, autour d'un spécialiste des entretiens qui doit créer une synergie entre eux pour les amener à dévoiler les motivations, les freins et les attitudes nichés dans leur inconscient.
Filmés et enregistrés, les entretiens sont ensuite analysés.

#### c) L'observation

On observe le comportement du consommateur en situation d'achat ou d'usage.

### 3. Les méthodes quantitatives

Elles visent à quantifier des attitudes ou des comportements, à mesurer les variables dont ils dépendent, à comparer et à mettre en relief des corrélations.

#### a) Le sondage par questionnaire

Un échantillon représentatif est interrogé de façon ponctuelle sur un sujet précis pour lequel on ne dispose pas d'informations.

#### b) Les panels

Un panel est un échantillon représentatif et permanent de la population étudiée, interrogé à intervalles réguliers. Les questions posées sont toujours les mêmes, ce qui permet de mesurer l'évolution et les tendances de consommation.
On distingue principalement deux types de panels :

| | Panel de consommateurs | Panel de distributeurs |
|---|---|---|
| Objectifs | Suivre périodiquement la consommation des ménages. | Suivre l'écoulement des produits de grande consommation à travers les différents circuits de distribution. |
| Principaux instituts de panels | - Secodip<br>- Nielsen | - Nielsen<br>- Secodip<br>- GFK |
| Principales informations fournies | - Nombre de ménages acheteurs<br>- Quantités achetées<br>- Sommes dépensées<br>- Parts de marché | - Ventes aux consommateurs<br>- Achats et stocks<br>- Ruptures de stock<br>- Stocks exposés en surface de vente<br>- Part des ventes sous promotion |

On assiste depuis peu au développement des panels sur Internet.

#### c) Les baromètres

Un baromètre est un sondage dont les questions sont répétées, de façon identique, à intervalles réguliers, auprès d'échantillons souvent renouvelés, mais de même structure que les précédents.

# 5 LE SONDAGE PAR QUESTIONNAIRE

**Pour valider leurs décisions marketing, les entreprises sont en permanence à la recherche d'informations. Dans cette quête régulière, le questionnaire est un outil particulièrement apprécié, mais sa mise en œuvre requiert rigueur et professionnalisme.**

## 1 Les étapes préalables à la rédaction du questionnaire

### 1. La détermination des objectifs de l'enquête

C'est l'étape essentielle, celle qui conditionne la réussite de l'étude et justifie les choix opérés dans la démarche de travail. La finalité du questionnaire étant de recueillir une information destinée à bâtir un plan d'actions mercatiques, l'objectif qui va guider le projet doit être «je veux faire» et non «je veux savoir».

### 2. La prise en compte des contraintes

Le budget affecté à l'enquête ainsi que le délai imposé pour la mener à bien sont les deux principales contraintes. Elles doivent être connues dès le début car elles ont des effets notoires sur la taille de l'échantillon ou du questionnaire.

### 3. La constitution de l'échantillon

Comme, le plus souvent, on ne peut interroger tous les individus constituant la population de base de l'enquête, on interroge un échantillon représentatif de cette population. Ce dernier doit être le plus fidèle possible.
Deux méthodes comportant plusieurs variantes sont utilisées.

#### a) Les méthodes probabilistes

Elles ne peuvent être utilisées que si l'on dispose de la liste exhaustive des individus composant la population mère. On distingue :

| Variantes | Contenus |
|---|---|
| Sondage aléatoire simple | À partir de la base de sondage retenue, on organise un tirage au sort. |
| Sondage stratifié proportionnel | Lorsque la population mère est divisible en groupes homogènes (strates), on réalise un sondage aléatoire dans chaque strate préalablement définie. |
| Sondage stratifié à fractions sondées variables | On procède comme pour le sondage stratifié proportionnel mais le taux de sondage est différent selon les strates. |
| Sondage à plusieurs degrés | On effectue plusieurs tirages au sort successifs. |
| Sondage en grappes | On choisit aléatoirement des sous-groupes (grappes) parmi la population mère et on interroge toutes les unités de chaque grappe. |

La taille des échantillons probabilistes ($n$) est calculée mathématiquement par la formule suivante :

$$n = t^2 \frac{p \times q}{e^2} \text{ d'où } e = \pm\, 2 \sqrt{\frac{p \times q}{n}}$$

$e$ représente la marge d'erreur acceptée. Si, dans un sondage, les résultats à une question sont «oui» = 40 % et «non» = 60 %, accepter une marge d'erreur de 4 % signifie que les «oui» seront compris entre 36 et 44 % dans la population mère et les «non» entre 56 et 64 %.
$p$ représente la proportion des individus présentant une caractéristique donnée que l'enquête est chargée d'estimer et $q = 1 - p$. Si cette proportion est inconnue, on prend comme hypothèse que $p = q = 50$ %.
$t$ est une valeur qui dépend du seuil de confiance retenu. En marketing, on retient souvent le seuil de 95 % pour lequel $t = 1{,}96$.
Choisir un seuil de confiance à 99 % signifie qu'en tirant 100 fois de suite un échantillon de la population à étudier, il n'y en aurait qu'un dont les résultats risqueraient d'être différents des 99 autres.
Le prélèvement de l'échantillon dans la population mère peut s'effectuer, notamment, par tirage systématique ou en utilisant une table de nombres au hasard.

#### b) Les méthodes non probabilistes

Elles sont au nombre de deux :

| Méthodes | Contenu |
|---|---|
| Méthode des itinéraires | Les enquêteurs se voient imposer un itinéraire très précis sur lequel ils vont constituer leur échantillon. |
| Méthode des quotas | L'échantillon doit respecter la même structure que la population à étudier. |

La taille des échantillons non probabilistes dépend de l'importance de la cible, du budget, des délais de réalisation, etc. En général, les professionnels retiennent un échantillon compris entre 200 et 1 000 individus.

### 4. Le choix du mode d'administration du questionnaire

Il dépend des avantages et des inconvénients de chaque méthode eu égard à l'objectif et aux contraintes de l'enquête :

| Modes | Avantages | Inconvénients |
|---|---|---|
| Dans la rue | – Rapidité d'exécution<br>– Possibilité de recueillir des impressions à chaud | – Manque de disponibilité des personnes interrogées<br>– Influence des conditions météo<br>– Questionnaires courts<br>– Coût |
| À domicile | – Questionnaire long<br>– Questions ouvertes<br>– Contrôle plus facile des enquêteurs | – Coût<br>– Taux de refus parfois important |
| Par téléphone | – Possibilité d'interroger des individus très dispersés géographiquement<br>– Rapidité d'exécution<br>– Coût<br>– Contrôle aisé des enquêteurs | – Taux d'échec important<br>– Absence d'identification de la personne interrogée<br>– Questionnaire court |
| Par voie postale et par fax | – Possibilité d'interroger des individus très dispersés géographiquement<br>– Coût<br>– Grande liberté de réponse<br>– Questionnaire long | – Taux de retour faible (10 à 20 %)<br>– Représentativité incertaine<br>– Délai de réception des réponses |

| Modes | Avantages | Inconvénients |
|---|---|---|
| Par Internet | – Coût<br>– Saisie automatique des réponses<br>– Rapidité d'exécution | – Risque de non-représentativité de l'échantillon |

## 2 La conception du questionnaire

### 1. La structure et la présentation du questionnaire

Elles dépendent du mode d'administration retenu. Cependant, certaines règles doivent être respectées :
- prévoir une phrase de présentation pour informer la personne interrogée du but de l'enquête et une phrase de remerciement en fin de questionnaire ;
- structurer le questionnaire par thèmes ;
- alterner, autant que possible, les questions ouvertes et les questions fermées ;
- poser, à la fin, les questions d'identification de la personne interrogée pour définir un profil ou réaliser des tris croisés intéressants.

### 2. La formulation des questions

#### a) Le principe

La question doit être formulée de la façon la plus claire possible pour ne pas influencer le répondant :

| Exemples de formulations à éviter | Exemples de formulations à employer |
|---|---|
| Ne pensez-vous pas que... | Pensez-vous que... |
| Venez-vous souvent au magasin ? | *Proposer des fréquences* |
| Combien gagnez-vous par mois ? | *Proposer des tranches* |
| Quelle est votre PCS ? | Quel est votre métier ? |

#### b) Les différents types de questions

Les spécialistes ont à leur disposition une impressionnante batterie de questions pour constituer le questionnaire :

| Types de questions | Variantes | Modalités |
|---|---|---|
| Fermées : elles ne laissent qu'un choix limité de réponses. | Dichotomique | Une réponse parmi deux propositions |
| | À choix unique | Une réponse parmi plusieurs propositions |
| | À choix multiple | Une ou plusieurs réponses possibles parmi plusieurs propositions |
| | Avec classement | Les différentes réponses possibles sont classées dans un ordre préférentiel. |
| | Avec notation | Une note est attribuée aux critères proposés. |
| Échelles d'attitude : elles permettent de mesurer l'intensité d'une attitude par rapport à un produit ou à une marque. | Échelle de Likert | Elle mesure l'attitude d'un individu auquel on demande d'exprimer son approbation ou son désaccord à l'égard d'un énoncé en choisissant l'un des degrés de l'échelle qu'on lui présente. |
| | Échelle d'Osgood | C'est une échelle à 5 ou 7 degrés sur laquelle on doit se situer et qui oppose deux affirmations contraires. |
| Ouvertes : elles laissent toute liberté de réponse et permettent d'obtenir des réponses riches. | | |
| Filtres : elles permettent d'éviter d'interroger des personnes qui n'appartiennent pas à la cible. | | |

## 3 La conduite de l'enquête

### 1. Le test du questionnaire

Le questionnaire doit être testé pour vérifier la cohérence et la bonne compréhension des questions par les personnes interrogées.

Le test est réalisé auprès de 5 % de l'échantillon environ et donne lieu à la rédaction du questionnaire définitif.

### 2. La formation des enquêteurs

La fiabilité des résultats de l'enquête dépend également de la qualité de la collecte des informations. Il est donc nécessaire de s'assurer de la compétence et du sérieux des enquêteurs.

L'enquêteur ne doit pas modifier l'ordre des questions, les énoncer différemment, les commenter ni aider l'interviewé à répondre en indiquant son opinion personnelle.

Un contrôleur opérera des vérifications sur le terrain.

### 3. Le traitement des données

#### a) Le dépouillement des questionnaires

Avant la saisie, les questionnaires douteux ou incomplets sont éliminés.

Un plan de dépouillement détermine les types de tris et les analyses à réaliser.

#### b) La saisie

La saisie se fait sur des logiciels spécialisés (Sphinx, Ethnos, etc.), qui permettent de réaliser les traitements statistiques envisagés.

### 4. L'interprétation des résultats

Dans certains cas, la simple lecture des résultats permet d'obtenir l'information recherchée.

La plupart du temps, il est nécessaire de comparer des résultats entre plusieurs réponses, d'analyser des écarts et de dégager les éléments significatifs d'un tri croisé.

### 5. La diffusion des résultats

#### a) La rédaction du rapport d'enquête

Un rapport doit être rédigé, qui présentera la méthodologie, les résultats et leur analyse ainsi que les conclusions de l'enquête.

#### b) La présentation orale

Une fois l'étude terminée, les résultats doivent être rapidement présentés lors d'une intervention orale.

La présentation mettra en lumière les principaux résultats.

Elle sera concise et adaptée aux interlocuteurs.

# 6 LE MARCHÉ : LA DEMANDE GLOBALE



L'analyse de la demande globale permet d'anticiper le niveau de la demande.

## 1 L'évaluation de la demande globale

### 1. L'intérêt de l'anticipation de la demande

L'objectif est de convaincre et fidéliser la cible.

### 2. La constitution de la demande globale

#### a) Les demandes individuelles

La demande globale comprend l'ensemble des demandes individuelles de particuliers ou d'entreprises.

#### b) La segmentation

L'unité commerciale regroupe les demandes individuelles en ensembles homogènes adoptant chacun un comportement proche.

### 3. L'analyse qualitative de la demande

#### a) Les différents types de clients

Il s'agit d'identifier les clients :
- potentiels appartenant à la cible ;
- actuels que l'unité commerciale a déjà conquis.

#### b) Les comportements d'achat

Les comportements des clients résultent d'informations issues d'études de marché. De même, les panels représentent des sources statistiques sur la consommation des ménages.

**EXEMPLE**

Le panel Consoscan mesure les achats des ménages français sur la base d'un échantillon de 12 000 foyers.

### 4. L'analyse quantitative de la demande

#### a) Le marché potentiel

Il est constitué des personnes éprouvant le besoin de consommer, non encore clientes. L'entreprise tentera de capturer ces prospects.

#### b) Le marché actuel

Il comprend uniquement les clients de l'entreprise pouvant être influencés par les actions de la concurrence.

#### c) La prise en compte des évolutions

Certains facteurs modifient régulièrement la structure de la demande. Ils sont d'ordre économique, social, technologique ou culturel. Les opérations de promotion vont aussi avoir une influence sur les ventes.

## 2 L'évaluation de la demande à l'entreprise

### 1. Les types de consommateurs

#### a) Les non-consommateurs

Une partie de la demande peut ne jamais devenir consommatrice de l'entreprise pour diverses raisons :

| Types de non-consommateur (NC) | Causes de la non-consommation | Exemples |
|---|---|---|
| NC absolu (NCA) | Physiques | Un non-voyant pour un véhicule |
| NC volontaire (NCV) | Culturelles, sociales ou psychologiques | Boycott de produits importés de certains pays |
| NC involontaire (NCI) | Économiques, géographiques ou commerciales | Ville non équipée en ADSL ou enseigne non présente sur une zone |
| NC relatif (NCR) = NCV + NCI | À la différence du NCI, le NCR peut devenir consommateur si les freins sont levés. | Une enseigne s'installe sur une nouvelle zone. |
| Consommateur de produits substituables | La personne consomme un produit concurrent répondant au même besoin. | Un végétarien consomme du soja, un substitut à la viande. |

#### b) Les clients potentiels

| Types de client potentiel | Fonction par rapport au produit |
|---|---|
| Consommateur | Il achète et/ou consomme le produit. |
| Acheteur | Il achète pour le consommateur (par exemple, l'épouse pour son mari). |
| Utilisateur | Il n'achète pas le produit car il ne dispose pas du pouvoir d'achat mais le consomme (par exemple, l'enfant). |

### 2. Les prévisions chiffrées

#### a) Le chiffre d'affaires

Le niveau de chiffre d'affaires reflète l'activité et résulte notamment des efforts marketing fournis.

#### b) Les indicateurs spécifiques aux biens durables

Le parc est le nombre de produits en service.

Le taux de pénétration évalue le nombre de consommateurs potentiels équipés :

Taux de pénétration = Parc/Marché potentiel estimé

Le taux d'équipement représente la part de la population disposant du produit :

Taux d'équipement = Parc/Population totale de consommateurs potentiels

Le taux de renouvellement permet de calculer le nombre de produits remplacés :

Taux de renouvellement = Volume des achats de remplacement/Volume des achats totaux

### 3. L'élasticité de la demande

#### a) Les facteurs explicatifs de la variation de la demande

Les quantités demandées par les consommateurs à l'unité commerciale sont sensibles à des variables telles que le prix ou le revenu. La demande varie donc dans le même sens que l'un d'entre eux ou dans un sens opposé.

#### b) Le calcul

La formule de l'élasticité de la demande (D) par rapport au prix (P) sur 2 périodes ($t_0$ et $t_1$), notée $e_{D/P}$, est la suivante :

$$\frac{\text{Variation de la demande entre } t_0 \text{ et } t_1}{\text{Variation du prix entre } t_0 \text{ et } t_1} = \frac{D_1 - D_0}{P_1 - P_0}$$

Si $e = 0$, la demande n'est pas sensible au prix.

Si $e$ est compris entre – 1 et + 1, la demande est faiblement élastique.

Si $e > +1$ ou $e < -1$, la demande est fortement élastique.

# 7 LA SEGMENTATION DE LA DEMANDE

➔ La segmentation repose sur le principe de division d'un marché en groupes de consommateurs aux comportements proches. L'intérêt est d'adapter la stratégie.

## 1 Le principe de la segmentation

### 1. Le découpage de la population

#### a) La composition des segments

Il s'agit d'identifier des caractéristiques communes aux individus lors de l'achat d'un produit et de les rassembler en sous-ensembles homogènes, appelés « segments ».

#### b) L'intérêt de la segmentation

L'entreprise peut proposer des produits et des actions commerciales différents correspondant à chaque type. Segmenter le marché permet à chaque unité commerciale de se positionner par rapport aux concurrents.

### 2. La constitution des segments

#### a) Les arbres de segmentation

C'est un système arborescent. Plusieurs critères signalétiques sont choisis afin de constituer les groupes. Si on retient l'âge (plus ou moins de 50 ans) et le sexe, on obtient quatre segments :
- les femmes de plus de 50 ans ;
- les femmes de moins de 50 ans ;
- les hommes de plus de 50 ans ;
- les hommes de moins de 50 ans.

#### b) Les cartes perceptuelles (*mappings*)

Cette représentation graphique permet de positionner les segments. Sur chaque axe, on choisit un critère pertinent.

**EXEMPLE**

On positionne, sur une échelle de 1 à 5, en abscisse « la qualité » et en ordonnée « le prix ».

### 3. Les techniques de découpage

Il en existe trois pour fragmenter un marché.

#### a) La segmentation

On liste les critères sociodémographiques et on scinde la population en fonction de ces items. La démarche est descendante, les segments sont précis, les frontières entre les sous-groupes sont droites.

#### b) La typologie

Le point de départ est l'observation des individus dont on analyse les points communs, puis on les regroupe en ensembles homogènes. La méthode est ascendante, les segments sont imprécis et les frontières floues.

#### c) Le *scoring* (*score* = note)

Chaque client se voit attribuer une note, reflet du risque ou de la chance qu'il représente à répondre à une offre proposée par l'unité commerciale. Cette technique est individualisée. À chaque note correspond un seul client.

## 2 Les critères de segmentation

### 1. Les différents critères

#### a) Les critères sociodémographiques

On trouve les critères démographiques (sexe, âge), géographiques (région habitée, climat) et socio-économiques (revenu, profession, niveau d'études).

#### b) Les critères socioculturels

Ils comprennent la personnalité, l'attitude et les motivations.

#### c) Les critères de comportement

C'est la façon dont le consommateur achète et utilise le produit, tels le taux d'utilisation, la fréquence d'utilisation, les avantages recherchés, le statut de l'utilisateur et le circuit de distribution choisi.

### 2. La qualité des critères et des segments

Il faut respecter un certain nombre de principes lors de la segmentation pour que celle-ci soit efficace.

#### a) Les valeurs d'un bon critère

Il doit être pertinent, discriminant, mesurable et opératoire.

#### b) Un segment de qualité

Les segments doivent respecter certaines règles, à savoir être homogènes, durables, identifiables, substantiels, accessibles et rentables.

## 3 Les stratégies de segmentation

Cette phase consiste, pour l'unité commerciale, à choisir une politique de segmentation adéquate. Plusieurs solutions s'offrent aux responsables marketing.

### 1. Les différentes politiques de segmentation

#### a) Le marchéage concentré

Un seul segment est ciblé. Cette stratégie est qualifiée de « niche » ou de « créneau » et est adoptée par les PME. Les besoins du segment sont parfaitement connus. L'unité commerciale vise le segment le plus important en nombre ou celui qui représente le plus fort pouvoir d'achat. L'inconvénient majeur est la faiblesse du nombre de segments, donc une accentuation des risques.

#### b) Le marchéage différencié

La cible est constituée par plusieurs segments mais une stratégie spécifique est attribuée à chacune. Les risques sont limités, la rentabilité assurée mais les coûts d'adaptation élevés.

#### c) Le marchéage adapté

Un même produit légèrement adapté sur certaines caractéristiques (par exemple, le conditionnement ou la publicité) est proposé à différents segments.

### 2. La stratégie de contre-segmentation

L'unité commerciale cible toute la population sans différenciation. L'entreprise peut opter pour cette politique, aussi appelée « mercatique indifférenciée », pour deux raisons.

#### a) La standardisation des produits

Dans le but de réaliser des économies d'échelle, certaines entreprises ne fabriquent qu'un seul produit. Le risque de la monoproduction est important en cas d'échec.

#### b) Une stratégie internationale

Un produit unique est proposé dans tous les pays où l'entreprise exporte. On peut cependant remarquer un phénomène d'adaptation locale de plus en plus fréquent.

# 8 LE MARCHÉ : LE COMPORTEMENT DU CONSOMMATEUR

**➔ Les facteurs influençant le comportement du consommateur sont de différents types : personnels, socioculturels et situationnels. Selon le poids respectif des motivations et des freins, l'individu passera ou non à l'acte d'achat.**

## 1 Les facteurs personnels

### 1. Les besoins

Il s'agit d'un état psychologique inconfortable qui va inciter une personne à acheter un produit.

#### a) La notion de besoin

Le besoin s'exprime par un sentiment de manque que l'individu va satisfaire par l'acquisition de produits.

#### b) Les différents types de besoins

On distingue les besoins liés à la condition humaine, innés, physiologiques, tels que se nourrir, et les besoins de civilisation, acquis par l'éducation ou la société.

#### c) La classification des besoins par rapport au produit

Quand un individu éprouve un besoin générique (en nombre limité et renouvelable), il ressent le besoin dérivé d'acquérir des produits (en nombre illimité). Le désir représente le choix réalisé parmi cet éventail de produits et les attentes permettent de définir les caractéristiques du produit.

#### d) Le modèle hiérarchique de A. Maslow

Selon Maslow, il existe cinq niveaux de besoins : physiologiques, de sécurité, d'appartenance, d'estime et d'accomplissement. Un individu ne peut passer à un niveau de besoin supérieur que s'il a assouvi le précédent.

### 2. Les motivations et les freins

Ce sont les éléments favorables ou défavorables en interaction permanente qui vont provoquer ou non l'achat.

#### a) Les motivations

Ce sont les raisons que se donne l'individu pour passer à l'achat :

- selon H. Joannis, les motivations sont :
  - hédonistes (du grec « plaisir »), basées sur la recherche du plaisir pour soi,
  - oblatives (du latin « qui s'offre »), orientées vers le plaisir de l'autre,
  - d'auto-expression, dont le but est de créer une image (achat d'un produit de marque) ;
- en fonction du caractère personnel, elles sont :
  - personnelles, fondées sur la recherche de protection, de confort ou de plaisir,
  - altruistes, consistant à la recherche du plaisir pour les autres ;
- selon le degré de conscience, les critères d'achat peuvent être :
  - objectifs et concrets, basés sur le prix ou le design d'un produit,
  - irrationnels, quand ils échappent au contrôle de l'individu (achat d'impulsion) ;
- les classifications reposant sur les initiales de différentes motivations permettent de faciliter leur mémorisation (ce sont des moyens mnémotechniques) :
  - SONCAS : Sécurité, Orgueil, Nouveauté, Confort, Argent et Sympathie,
  - SABONE : Sécurité, Affectivité, Bien-être, Orgueil, Nouveauté et Économie.

**EXEMPLE**

Pour une automobile, toutes ces qualités représentent des facteurs de motivation pertinents.

#### b) Les freins

Ils empêchent l'individu d'acheter le produit et sont liés à différentes causes :

- au produit lui-même : prix trop élevé par rapport au pouvoir d'achat du consommateur, difficulté d'utilisation ou manque de performance ;
- à la psychologie : le consommateur se sent coupable (acheter un produit ne respectant pas l'environnement), dévalorisé (acquérir un produit sans marque) ou ressent son achat comme frivole (pouvoir d'achat insuffisant).

#### c) Les motivations et les freins dans la relation commerciale

L'achat s'effectue quand les motivations l'emportent sur les freins et le non-achat dans le cas contraire. Les stratégies commerciales consistent donc à accroître les motivations et à lever les freins pour inciter leurs prospects à passer à l'acte d'achat.

### 3. La personnalité, les perceptions et les attitudes

Ces trois facteurs exercent également une influence sur l'achat d'un produit.

#### a) La personnalité

Elle permet d'identifier et de différencier chaque individu par rapport à un autre. Elle résulte essentiellement de l'éducation et des croyances. On distingue les personnes orientées vers elles-mêmes et celles centrées sur autrui.

#### b) Les perceptions

Elles traduisent ce qu'une personne pense d'un produit, l'image, c'est-à-dire les représentations mentales, qu'elle attribue à une marque, une enseigne ou une entreprise. La connaissance de ces sensations éprouvées par les prospects est essentielle.

#### c) Les attitudes

Elles portent sur l'évaluation qu'une personne confère à un produit et qui vont la conduire à passer ou non à l'acte d'achat. Elles comprennent trois dimensions :

- cognitive : la connaissance du produit par le prospect par le biais des informations qu'il a collectées ;
- affective : les sentiments que la personne ressent pour ce produit, la proximité et l'affectivité envers la marque ;
- conative : les actions mises en place pour acquérir le produit (par exemple, réaliser des économies dans le but d'acquérir un produit).

À partir de chaque dimension de l'attitude, l'entreprise va mettre en place une série d'actions graduelles. Quatre étapes constituent ce modèle, appelé « AIDA », qui reprend l'initiale de chaque action :

| Dimension de l'attitude | Action mise en place par l'entreprise |
|---|---|
| Cognitive | Attirer l'Attention du consommateur en faisant connaître le produit, en informant sur l'existence d'un nouveau produit. Par exemple : annoncer le lancement d'une innovation. |
| Cognitive | Susciter l'Intérêt en communiquant des informations concrètes par un descriptif du produit. Ces éléments doivent être objectifs et mettre en avant les qualités du produit. |
| Affective | Provoquer le Désir pour donner envie au client de passer à l'acte d'achat, ce qui peut se traduire par la mise en évidence des avantages du produit par rapport aux concurrents. |
| Conative | Déclencher l'Achat en poussant l'individu à acheter par des actions de communication comme la publicité ou la distribution d'échantillons. |

## 2 Les facteurs socioculturels

Ce sont les facteurs extérieurs ou environnementaux ayant une influence sur le comportement et pouvant entraîner des changements chez le consommateur.

### 1. Le groupe

#### a) Sa composition

Chaque groupe est composé de tous les individus proches du consommateur tels que la famille, les amis mais aussi le milieu professionnel. Ce sont toutes les personnes appartenant à son entourage.

#### b) Son influence

Le groupe va pouvoir expliquer le comportement d'un individu dans la mesure où toutes ces personnes vont interagir par le biais de leurs expériences d'achat ou vont partager leurs expériences.

### 2. Les facteurs sociodémographiques

#### a) Les éléments à prendre en compte

L'âge, le sexe, la profession ou encore le type d'habitat, par exemple, ont également une incidence sur la façon dont un individu va se comporter lors de l'achat d'un produit.

#### b) L'incidence sur les marchés

Certains marchés dépendent fortement de ces facteurs, notamment le marché des seniors (lié à l'âge), du luxe (lié au revenu) ou du bricolage (lié au type d'habitat).

### 3. Les styles de vie

#### a) Le contenu

Il s'agit de la façon de vivre au quotidien, dans le milieu familial et professionnel.

#### b) Le fonctionnement

Les personnes aux comportements proches sont regroupées par catégories et les unités commerciales adaptent ensuite leur stratégie par type de style de vie. Le principal cabinet marketing proposant une catégorisation des styles de vie est le CCA (Centre de communication avancée).

#### c) Les styles de vie selon Creatif-filtres

Il distingue neuf profils de consommation :
- les adulescents : préadolescents de moins de 10 ans et adolescents jusqu'à 25 ans ;
- les papy-boomers : personnes ayant entre 50 et 55 ans, seniors qui avaient 20 ans en 1968 ;
- les *early adopters* : acheteurs précoces exerçant une influence sur les autres groupes, ils sont à l'affût des nouveautés ;
- les célibattantes : femmes célibataires, urbaines, actives, qui cultivent leur look ;
- les *dinks* (*double income, no kids*) : couples sans enfant disposant de deux revenus ;
- les *weekenders* : consommateurs qui concentrent leurs achats en fin de semaine ;
- les bobos (bourgeois bohèmes) : professions et catégories sociales (PCS) supérieures, matérialistes, anticonformistes, qui veulent donner un sens à leur consommation ;
- les oupos : enfants de bobos, obsédés par leur réussite professionnelle ;
- les probos (prolétaires bohèmes) : bobos sans le sou, intellos précaires.

## 3 Les facteurs situationnels

Ce sont les conditions dans lesquelles s'effectue l'achat.

### 1. L'acheteur

#### a) Les différents types d'acheteur

On distingue les personnes qui éprouvent le besoin, celles qui recherchent les informations sur le produit, celles qui comparent les solutions, celles qui prescrivent, celles qui décident, celles qui achètent, celles qui paient, celles qui utilisent le produit et celles qui évaluent l'utilisation du produit.

#### b) Les catégories d'achat

On distingue les achats courants, réfléchis ou spécialisés. La distinction repose sur la fréquence et la complexité du processus d'achat. On différencie également le premier achat du réachat, dans la mesure où la procédure d'achat diffère. Le premier achat demande une recherche d'information alors que le réachat est pratiquement automatique.

#### c) Le risque perçu

Il dépend de la personnalité de l'acheteur, de la catégorie de produits et de l'intérêt porté à l'achat. Le risque doit être réduit au minimum pour qu'il y ait achat.

### 2. Le contexte d'achat

Les facteurs intervenant dans le processus d'achat sont l'environnement physique, social et temporel et le rôle à accomplir par l'acheteur.

**EXEMPLE**

Le choix d'un restaurant dépend de la saison, de l'heure, du temps qu'il fait, du fait que la personne soit seule ou pas ou encore du fait qu'il s'agisse d'un repas en famille, entre amis ou d'affaires.

# 9 LE MARCHÉ : L'OFFRE



**L'offre comprend l'ensemble des produits et des services proposés par les producteurs et les distributeurs sur un marché. Par ailleurs, l'enseigne doit identifier l'offre concurrente afin de se positionner.**

## 1 Les intervenants

### 1. Les différents types d'offreurs

#### a) Les producteurs

Ce sont les fabricants de produits et les prestataires de services. Chaque intervenant sur le marché doit affronter des concurrents directs si les produits proposés sont similaires, et indirects lorsqu'ils sont différents.

#### b) Les distributeurs

Ils sont les intermédiaires entre producteurs et consommateurs. L'unité commerciale doit connaître les réseaux par lesquels les concurrents acheminent leurs produits pour être concurrentielle.

### 2. La connaissance de l'offre

Les panels (Secodip, Nielsen) fournissent les données listant les offreurs. Le but pour l'entreprise est d'identifier les cibles et les stratégies des concurrents pour choisir un plan d'actions.

## 2 Les différents types de concurrents

### 1. La diversité des concurrents

L'étude de l'offre s'apprécie selon le degré d'éloignement des concurrents. On les distingue par rapport :

- au besoin générique : les producteurs répondant au même besoin générique ;
- au poste budgétaire : un produit similaire dans la même gamme de prix ;
- au produit : des produits techniquement semblables ;
- aux clients : la même cible.

L'objectif de cette analyse est de suivre l'évolution des marchés.

### 2. Le nombre de concurrents

#### a) Les différents types de marché

| État du marché | Nombre de protagonistes | Type de marché |
|---|---|---|
| Marché non concentré | De nombreux fabricants | Concurrentiel |
| Marché concentré | Quelques concurrents | Oligopole |
| Marché très concentré | Une seule entreprise | Monopole |

La majorité des marchés sont concurrentiels ou oligopolistiques.

#### b) La libre concurrence

Tout entrepreneur peut produire et vendre un produit aux conditions qu'il souhaite. Pourtant, des lobbies peuvent entraver la libre concurrence.

**EXEMPLE**

Seuls quatre fabricants (Colgate, Henkel, Unilever et Johnson) évoluent sur le marché des lessives.

## 3 La position de l'entreprise sur le marché

### 1. D'un point de vue qualitatif

#### a) La position concurrentielle de l'entreprise

Elle dépend du chiffre d'affaires réalisé :

| Positions | Caractéristiques |
|---|---|
| Leader ou chef de file | - Plus fort chiffre ou volume d'affaires<br>- Stratégie d'innovation active pour maintenir sa position |
| Challenger ou prétendant | - Deuxième sur le marché<br>- Politique agressive pour contrer le leader |
| Suiveur | - Faible part de marché<br>- Stratégie d'imitation : ses moyens sont insuffisants pour innover. |

#### b) L'image de marque

L'ensemble des représentations symboliques que le consommateur construit autour de la marque lui permet de les classer en fonction de la proximité qu'il ressent.

### 2. Sur le plan quantitatif

#### a) Le chiffre d'affaires (CA)

La comparaison des chiffres d'affaires réalisés par les intervenants sur un marché permet d'établir une hiérarchisation. Un calcul significatif est le taux d'évolution entre deux périodes : $(CA_N) - (CA_{N-1})/(CA_{N-1}) \times 100$

#### b) La profitabilité

Elle représente ce que gagne l'entreprise, charges déduites :

$$\text{Taux de profitabilité} = (\text{Résultat de l'année N/CA de l'année N}) \times 100$$

#### c) La part de marché (PDM)

Elle permet de quantifier la part des ventes réalisées :

$$\text{PDM} = \frac{\text{Quantités vendues ou CA de l'entreprise}}{\text{Quantités vendues ou CA du marché}} \times 100$$

## 4 Les distributeurs

### 1. Leurs fonctions

#### a) Le transport

Le distributeur assure l'acheminement des produits.

#### b) L'allotissement et le stockage

Il transforme les lots de production en lots de vente. Il régule le temps écoulé entre la fabrication et l'achat.

#### c) Le financement

Le distributeur paie le fabricant avant que le client n'achète le produit.

#### d) Le service et la communication

Il présente les marchandises en rayon et assure le SAV. Il assure la fonction d'information et de communication.

### 2. La recherche d'informations sur le distributeur

Les informations concernent les réseaux de commercialisation choisis par les concurrents, leur répartition géographique et la part que chaque réseau représente. Le producteur choisit ses canaux de distribution. La tendance est à la multiplication des réseaux de distribution, appelée « stratégie multicanal ».

# 10 L'APPROCHE MERCATIQUE DES PRODUITS ET SERVICES

**Dans un contexte de concurrence intense, il est très important pour les entreprises de maîtriser le concept de produit pour apporter une réponse appropriée aux consommateurs. La pérennité de l'entreprise dépend de ses ventes et donc du succès de ses produits ou services.**

## 1 La notion de produit et de service

Les produits et les services peuvent être définis comme des ensembles de caractéristiques destinés à satisfaire les besoins des consommateurs : design, couleur, prix, etc. Le produit ou le service peut être destiné au grand public (bien de grande consommation) ou aux entreprises (marketing industriel ou marketing *BtoB*).

### 1. La distinction bien/service

Le produit peut être tangible, autrement dit être un objet matériel. Il s'agit alors d'un bien (exemple : un vêtement). Le produit peut être intangible, c'est-à-dire immatériel. Il s'agit alors d'un service (exemple : un abonnement à Internet).

### 2. La dimension psychologique et sociologique

Le produit revêt souvent une dimension symbolique. Il peut ainsi satisfaire plusieurs besoins, à la fois matériels et immatériels.

**EXEMPLE**

Un véhicule automobile haut de gamme répond au besoin de mobilité de son possesseur tout en satisfaisant son besoin de reconnaissance en lui permettant d'afficher son appartenance à une classe sociale aisée.

## 2 Les classifications du produit

### 1. Par la durée de vie du produit

On peut distinguer les produits durables (téléphone portable) des produits périssables qui sont détruits par leur utilisation (denrées alimentaires).

### 2. Par le comportement d'achat

L'achat de certains produits entraîne une réflexion importante de la part du client (biens d'équipement) alors que d'autres se font par habitude (biens courants).

### 3. Par la fréquence d'achat

Les produits ayant une fréquence d'achat élevée sont appelés produits « banaux ». À l'inverse, les produits ayant une fréquence d'achat faible sont qualifiés de produits « anomaux ».

## 3 Les spécificités des services

### 1. Le service est intangible

Le service n'est pas un bien matériel et ne peut donc pas être stocké. Il est cependant souvent associé à un produit.

### 2. Le service est indivisible

Le client perçoit le service dans son ensemble. Un mauvais accueil du client, par exemple, entraînera un jugement négatif sur l'ensemble du service.

### 3. Le service est variable

La réalisation du service repose sur une part d'intervention humaine qui est difficilement standardisable. La notion de qualité de service prend donc beaucoup d'importance aux yeux des clients.

### 4. La classification des services

Les services sont souvent classés en fonction de leur destination : service à la personne, collectif ou personnalisé. Ils peuvent également être caractérisés par leur nature : intellectuelle, manuelle, technique. Le lieu d'exécution du service (chez le client ou chez le prestataire) est également employé pour définir le service.

## 4 Le cycle de vie du produit (ou du service)

On distingue quatre phases dans le cycle de vie du produit : le lancement, la croissance, la maturité et le déclin.

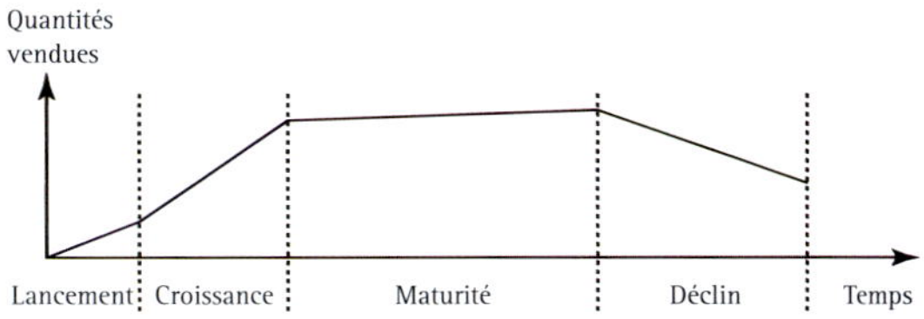


### 1. Le lancement

L'entreprise met le produit sur le marché après l'avoir conçu et mis au point. Durant cette phase, les volumes de vente sont relativement modestes et progressent en général lentement.

### 2. La croissance

Les ventes du produit connaissent un taux de croissance élevé. Le marché se développant, il attire des concurrents et donc les prix ont tendance à baisser.

### 3. La maturité

Les ventes sont au niveau maximal et ne progressent plus. Le produit est devenu très rentable car les investissements liés au lancement sont largement amortis.

### 4. Le déclin

Les ventes diminuent soit parce que les ménages sont suffisamment équipés, et donc il ne reste plus qu'un marché de renouvellement (biens d'équipement), soit parce que le produit ne correspond plus aux besoins des consommateurs (produits saisonniers, obsolètes, etc.).

### 5. La durée du cycle de vie

Elle est très variable selon les produits. Certains produits ont un cycle de vie très long parce qu'ils répondent de manière satisfaisante à des besoins essentiels (exemple : la voiture répond au besoin de mobilité).
D'autres, par contre, disparaissent vite du marché soit parce qu'ils ne correspondent pas aux attentes des consommateurs (échec du lancement), soit parce qu'ils sont par nature éphémères (produit mode).

# 11 LA MARQUE

**La marque et son image sont des éléments essentiels de la stratégie de commercialisation des entreprises. Elles font l'objet de toute leur attention car elles constituent le point de repère du consommateur et doivent véhiculer les valeurs qu'il recherche.**

## 1 Les caractéristiques de la marque

### 1. La nature de la marque

Selon l'article L. 711-1 du Code de la propriété intellectuelle, «la marque de fabrique, de commerce ou de service est un signe susceptible de représentation graphique servant à distinguer les produits ou services d'une personne physique ou morale». La loi donne une liste déjà longue et pourtant non exhaustive de ces signes :

| Natures | Exemples |
|---|---|
| Dénominations sous toutes les formes | Mots, assemblages de mots, noms patronymiques et géographiques, pseudonymes, lettres, chiffres, sigles |
| Signes sonores | Sons, phrases musicales |
| Signes figuratifs | Dessins, étiquettes, cachets, logos, images de synthèse, formes du produit ou de son conditionnement ou celles caractérisant un service ; dispositions, combinaisons ou nuances de couleur |

### 2. L'image de la marque

L'image de marque résulte de la façon dont le public perçoit la marque ou l'entreprise. Cette image perçue dépend d'éléments physiques et immatériels au travers desquels les consommateurs vont se forger une représentation mentale de la marque. Ces éléments sont aussi nombreux que divers (le produit, sa forme, sa praticité, son concept, son nom, son prix, l'identité visuelle de l'entreprise, son histoire, son savoir-faire, sa politique de distribution, etc.) et chacun d'eux nécessite une attention identique de la part de l'entreprise pour construire une image cohérente et claire à travers les messages qu'elle va émettre.

### 3. Les fonctions de la marque

#### a) Pour le consommateur

La marque a quatre fonctions :

| Fonctions | Rôles |
|---|---|
| Repérage | Repérer le produit dans les linéaires et le distinguer des produits concurrents |
| Personnalisation | Permettre au client de révéler et d'affirmer sa personnalité |
| Garantie | Offrir au client une garantie quant au niveau de qualité du produit |
| Mémorisation | Activer la mémoire du client au moment de l'achat pour faciliter son choix |

#### b) Pour le fabricant

Elle a trois fonctions :

| Fonctions | Rôles |
|---|---|
| Différenciation | Se différencier des produits concurrents |
| Référencement | Favoriser le référencement chez les distributeurs |
| Fidélisation | Fidéliser la clientèle |

#### c) Pour le distributeur

La marque a deux fonctions :

| Fonctions | Rôles |
|---|---|
| Communication | Donner une image de l'enseigne à travers les marques qu'elle propose |
| Fidélisation | Fidéliser le client en lui offrant les marques qu'il recherche |

## 2 Les types de marques

### 1. Les marques de producteurs

Elles peuvent être de quatre types :
- la marque produit : chaque produit dispose d'une marque propre ;
- la marque gamme : une marque existe par ligne de produits ;
- la marque ombrelle : une marque couvre plusieurs lignes de produits ;
- la marque caution : des marques différentes bénéficient de la notoriété d'une marque mère.

### 2. Les marques de distributeurs et de service

Elles peuvent être :
- une marque d'enseigne : le nom de l'enseigne apparaît ;
- une marque réservée : le nom de l'enseigne n'apparaît pas ;
- sans marque : aucune marque ne figure sur le produit.

Les stratégies de marque produit, gamme, ombrelle ou caution peuvent s'appliquer aux marques d'enseigne ou aux marques réservées.

## 3 La protection de la marque

### 1. Les enjeux

Il s'agit, pour les entreprises, d'empêcher la contrefaçon, qui représente un coût important en termes de chiffre d'affaires, de parts de marché et de dégradation de l'image.

La protection du consommateur est aussi prise en compte car les produits contrefaits touchent tous les domaines, dont certains mettent en jeu la sécurité des personnes.

### 2. Les moyens

En France, la marque se protège par le dépôt auprès de l'Institut national de la propriété industrielle (INPI). La protection est acquise pour 10 ans renouvelables.

À l'étranger, il est nécessaire d'accomplir les formalités requises dans chaque pays visé. De nombreux États facilitent les procédures en appliquant des conventions internationales.

L'entreprise victime d'une contrefaçon peut saisir les tribunaux pour faire cesser le trouble et condamner ses auteurs.

Les fabricants doivent mettre en place une démarche de défense de leur marque : innovation régulière pour limiter les possibilités de fraude, surveillance des marchés et poursuite systématique des contrevenants.

# 12 L'EMBALLAGE ET LA STYLIQUE

**Le consommateur est l'objet de sollicitations de plus en plus nombreuses qui imposent aux entreprises de se différencier des concurrents pour survivre. Emballage et stylique sont deux des composantes du produit qui vont permettre cette différenciation.**

## 1 L'emballage

### 1. La définition

On distingue emballage et conditionnement : le conditionnement est le premier contenant, l'emballage est constitué des enveloppes supplémentaires. Cette distinction est peu utilisée dans la pratique.

### 2. Les fonctions de l'emballage

#### a) Les fonctions techniques

Les deux fonctions essentielles sont :
- la conservation : le conditionnement doit permettre une conservation optimale et la plus longue possible du produit. Sensibilisés aux problèmes de sécurité alimentaire, les consommateurs sont attentifs à cet aspect ;
- la distribution : l'emballage doit faciliter les manipulations, le transport et le stockage en linéaire.

#### b) Les fonctions mercatiques

L'emballage doit mettre en avant les avantages du produit qu'il contient et véhiculer les valeurs de l'entreprise. Cinq fonctions y concourent :

| Fonctions | Rôles |
|---|---|
| Alerte | Attirer l'attention du client, faciliter le repérage et différencier le produit de ceux des concurrents |
| Attribution | Inscrire le produit dans un univers de référence facilitant son identification |
| Positionnement | Véhiculer les valeurs de la marque ou de l'entreprise |
| Service | Faciliter l'usage du produit au consommateur |
| Information | Véhiculer les informations obligatoires et les informations commerciales destinées à favoriser l'achat du produit |

### 3. Les composantes de l'emballage

#### a) Les matériaux

Le matériau qui constitue l'emballage doit répondre le mieux possible aux fonctions précédentes :

| Matériaux | Avantages/Inconvénients |
|---|---|
| Papier, carton | Facilement imprimable, il permet de transmettre de nombreuses informations. C'est un matériau sensible à l'humidité. |
| Plastique | Il peut être moulé sous des formes très variées et se colore facilement, ce qui en fait un bon vecteur d'alerte. Il est résistant, étanche et laisse voir le contenu. Mais il est associé à une image de produit bon marché et peu écologique. |
| Métal | Il est facilement recyclable, résistant et étanche. Son impact visuel est toutefois réduit à cause des formes standardisées qu'il impose. Il ne permet pas de donner aux produits un positionnement de qualité. |
| Verre | Il donne une image de qualité aux produits, il est transparent et se moule facilement mais c'est un matériau coûteux et fragile. |
| Bois | C'est un matériau évocateur (prestige, qualité) mais coûteux et dont l'impact en linéaire est faible. |

#### b) La forme et le graphisme

L'emballage doit émettre un signe de reconnaissance à l'intention du consommateur en véhiculant, par sa forme, ses codes couleur et ses illustrations, des informations visuelles qui se traduiront en acte d'achat.

Le graphisme et les textes s'inscrivent dans le même objectif et sont conçus comme une annonce publicitaire.

#### c) L'étiquette

Elle comporte des informations obligatoires imposées par la législation et des informations commerciales qui ont pour objet de valoriser le produit ou la marque.

Elle remplit également une fonction de gestion. Grâce au code-barres, la traçabilité du produit est facilitée, la lecture automatique diminue l'attente en caisse et l'enregistrement immédiat des données permet d'analyser les ventes en temps réel et de gérer les stocks efficacement.

## 2 La stylique (le design)

### 1. La définition

Elle représente le résultat matériel et esthétique du produit en respectant les contraintes techniques, fonctionnelles et financières, les impératifs de production, les attentes du consommateur et les exigences de la distribution.

### 2. Les domaines d'application

Il existe cinq domaines d'application principaux :

| Domaines | Caractéristiques |
|---|---|
| Le produit | Le design doit permettre la différenciation du produit ou de l'entreprise, affirmer sa personnalité et son identité. |
| Les services | Le designer intervient sur les éléments tangibles du service pour transmettre un certain nombre de valeurs qui vont permettre au client de se faire une idée de la qualité et des caractéristiques du service. |
| Le conditionnement | Le design doit permettre au produit de s'inscrire dans un univers, de véhiculer une image positive et d'émettre un signe de reconnaissance vers le consommateur. |
| L'architecture | Le design va s'attacher aux fonctionnalités, à l'ergonomie, à l'acoustique et aux couleurs des bâtiments. |
| L'identité visuelle de l'entreprise | Le design donne à l'entreprise une identité visuelle cohérente et originale qui permet au client de l'identifier. |

### 3. Le rôle de la stylique

La stylique doit :
- faire beau et fonctionnel : elle doit concevoir des objets adaptés à leur usage et pas seulement beaux ;
- positionner : la stylique doit transmettre l'image que la firme veut donner d'elle-même ou de son produit ;
- communiquer : la stylique doit permettre l'identification du produit dans le point de vente et sa mise en valeur par rapport aux produits concurrents.

# 13 LA QUALITÉ

**La qualité étant l'un des critères d'achat favoris des consommateurs, la fidélisation de la clientèle passe par le respect de cette attente. Mais c'est une notion subjective et, par là même, difficile à appréhender. Producteurs et distributeurs essaient donc d'identifier les éléments constitutifs de la qualité pour le client, ainsi que le niveau minimal de qualité à atteindre pour provoquer l'achat tout en satisfaisant aux exigences de rentabilité.**

## 1 La notion de qualité

### 1. La dimension objective de la qualité

On peut définir la qualité à partir de certaines caractéristiques objectives du produit ou du service qui peuvent être aisément identifiées par le client et statistiquement mesurées.

**EXEMPLES**

Si l'on prend l'exemple d'une machine à laver, pour l'acheteur, la qualité peut être liée à la vitesse d'essorage. Selon le niveau de performance atteint dans ce domaine, la qualité perçue par le consommateur différera d'une référence à une autre.

Le nombre de retours d'un produit est, pour le distributeur, un indicateur important de la qualité des produits d'un fournisseur.

Il est indispensable d'identifier les caractéristiques sur lesquelles la majorité des consommateurs fera porter son jugement afin de définir pour elles le niveau de qualité optimal à atteindre : celui qui sera suffisant pour satisfaire l'acheteur potentiel, compte tenu des impératifs de rentabilité.

### 2. La dimension subjective de la qualité

L'Afnor (Association française de normalisation) rattache la notion de qualité d'un produit ou d'un service à sa capacité à satisfaire les besoins. Il s'agit donc d'un concept relatif puisque lié aux attentes légitimes des clients. En effet, ces attentes sont différentes selon les individus, elles varient dans le temps et sont fonction de l'offre proposée.

**EXEMPLES**

La qualité des matériaux utilisés dans la conception d'une voiture ne sera pas perçue de la même façon selon qu'on l'a payée 10 000 ou 50 000 €.

Aujourd'hui, on n'attend pas d'un ordinateur le niveau de qualité qu'on en attendait il y a seulement 4 ou 5 ans.

Ici également, l'entreprise doit identifier les éléments subjectifs qui peuvent influencer la perception de la qualité par le client afin d'en tirer parti.

## 2 La certification de la qualité

### 1. Les moyens de certification

#### a) Les signes officiels de qualité et d'origine alimentaires

Ces signes, apposés sur les produits, sont garantis par les pouvoirs publics :

| Signes français | Rôles |
| --- | --- |
| AOC (appellation d'origine contrôlée) | Identifie un produit réputé par son lieu de production (terroir) et un savoir-faire humain. |
| Label rouge | Établit qu'un produit agricole ou une denrée alimentaire possède un niveau de qualité supérieure répondant à un cahier des charges préalablement défini. |
| Logo AB (agriculture biologique) | Atteste que le produit est issu d'un mode de production naturel, sans utilisation de produits chimiques de synthèse, soucieux de la nature, du bien-être des animaux et de la diversité des productions. |
| **Signes européens** | **Rôles** |
| Appellation d'origine protégée (AOP) | Est le prolongement de l'AOC française. |
| Attestation de spécificité (logo « Spécialité traditionnelle garantie ») | Ne fait pas référence à une origine mais vise à mettre en valeur une composition traditionnelle du produit ou un mode de production traditionnel. |
| Indication géographique protégée (IGP) | S'applique à une denrée produite et/ou transformée et/ou élaborée dans une aire géographique délimitée dont provient sa réputation, une de ses qualités ou une autre de ses caractéristiques. |
| Logo européen « Agriculture biologique » | Est la transposition européenne du logo AB français. |

#### b) La norme

Selon l'Afnor, la norme est un « document établi par consensus, qui fournit, pour des usages communs et répétés, des règles, des lignes directrices ou des caractéristiques, pour des activités ou leurs résultats, garantissant un niveau d'ordre optimal dans un contexte donné ».

Pour disposer du logo permettant de porter à la connaissance du public la certification dont elle se prévaut, l'entreprise doit respecter ce document (cahier des charges) et se voit régulièrement contrôlée par l'organisme certificateur.

Outre les avantages dont il est fait mention plus bas, la norme permet :
- de développer les marchés en harmonisant les règlements ;
- de rationaliser la production ;
- d'améliorer la productivité ;
- d'innover ;
- d'aider l'utilisateur dans ses choix.

#### c) Les autres signes de qualité

Il existe de nombreux autres signes qui ont pour objectif de symboliser, auprès du public, la qualité des produits ou des services qu'ils désignent.

Ces signes émanant de sources très diverses n'ont pas tous la même crédibilité.

En voici quelques-uns :

| Sources | Exemples |
|---|---|
| Groupement de professionnels | Charte de qualité |
| Distributeurs | «Sélection Qualité Auchan» «Filière Qualité Carrefour» «Contrat de confiance Darty» |
| Logos privés | «Produit de l'année» «Saveur de l'année» |
| Sources indépendantes | Label «Max Havelaar» Label «Promotelec» |
| Pouvoirs publics | Mentions valorisantes type «Montagne», «Fermier», «Produits de pays» |
| Simples mentions publicitaires | «À l'ancienne» |

### 2. Les avantages de la certification

#### a) Un argument commercial

L'entreprise qui se voit reconnaître un niveau de qualité supérieur par l'obtention de la certification recherchée bénéficie auprès du public d'une image valorisante qui la place en situation favorable par rapport à ses concurrents.

#### b) Un outil de management

Le respect des règles contenues dans le cahier des charges définissant les conditions d'obtention de la certification oblige les entreprises à mettre en place des procédures standardisées de production ou de «servuction» (production de services).

Ces procédures engendrent des gains de productivité, une régularité dans la qualité des prestations fournies et un management facilité des ressources humaines car les salariés sont impliqués dans la démarche de qualité et connaissent les critères d'évaluation.

## 3 La mesure de la qualité

### 1. La mesure de la qualité des produits

#### a) Les critères de mesure

Ces critères portent uniquement sur la dimension objective de la qualité. Ils sont au nombre de quatre :

- la fiabilité : on évalue la fiabilité d'un produit en mesurant le nombre de pannes intervenues après l'achat, dès le début de la commercialisation, afin de procéder à des actions correctives avant une plus large diffusion ;
- la durabilité : on mesure la durée de vie du produit ;
- les caractéristiques techniques : la qualité d'un produit se mesure au nombre de fonctions qu'il remplit ;
- la performance : elle mesure la capacité du produit à remplir ses fonctions.

#### b) Les instruments de mesure

Ils sont nombreux et fonction des produits à contrôler.

**EXEMPLES**

Pour un fruit, on pourra réaliser des contrôles portant sur la taille, la maturité, l'acidité, etc.
Pour une voiture, on effectuera des tests de résistance à l'air, aux chocs, de consommation d'essence, etc.

Pour évaluer la perception de la qualité par le client, l'entreprise pourra également utiliser des enquêtes ponctuelles.

### 2. La mesure de la qualité des services

#### a) Les critères de mesure

V. A. Zeitmal et M. J. Bitner ont identifié les critères sur lesquels se fondent les clients pour évaluer la qualité d'un service :

- sa tangibilité : l'une des spécificités du service, c'est qu'il est intangible. Comment alors évaluer sa qualité ? D'après Zeitmal et Bitner, le client va repérer un certain nombre d'éléments tangibles qui vont lui permettre de se faire une opinion du service proposé ;

**EXEMPLE**

Pour un restaurant, les couverts, la décoration, la tenue des serveurs et l'architecture vont aider le client à se faire une idée de la qualité du service.

- sa fiabilité : cette notion fait référence à la régularité dans la qualité de la prestation fournie. Les unités commerciales en réseau essaient de standardiser au maximum leur offre afin de proposer, quel que soit le point de vente, un même niveau de service ;
- sa réactivité : le client accepte mal les moments d'attente et l'absence de réactivité du prestataire ;
- son empathie : cette notion fait référence à la facilité d'accès au service au niveau de la structure d'accueil (ergonomie du point de vente) mais aussi au niveau du personnel (présence, disponibilité, écoute) ;
- son professionnalisme : le client est particulièrement attentif au professionnalisme, aux compétences et à la courtoisie du personnel de contact.

#### b) Les instruments de mesure

Pour mesurer le respect des spécifications édictées par le service marketing, les entreprises utilisent beaucoup les évaluations mystère (visite mystère, appel mystère, etc.).

**EXEMPLE**

Des entreprises aussi différentes que Système U, BNP Paribas, Air France, Orange ou Jacques Dessange utilisent cette méthode pour évaluer la qualité de leur service.

Pour mesurer la perception de la qualité du service par le client, les réseaux réalisent des études d'image, des questionnaires de satisfaction, organisent des tables rondes, mettent en place des baromètres de satisfaction, etc.

# 14 LES RÉSEAUX D'UNITÉS COMMERCIALES

**Les réseaux d'unités commerciales incluent l'ensemble des canaux empruntés par les produits ou services lors de leur commercialisation. Les circuits possibles sont choisis par les fabricants en fonction de leur stratégie commerciale. Ces réseaux peuvent être intégrés, associés ou mixtes.**

## 1 L'organisation d'un réseau d'unités commerciales

### 1. Les spécificités d'un réseau d'unités commerciales

#### a) Le regroupement de la fonction de gros et de détail

La fonction de gros consiste, pour un distributeur, à acheter des produits en quantités importantes à un fabricant. La fonction de détail réside en leur mise à disposition auprès des clients.

Dans un réseau, les deux fonctions sont indissociables.

#### b) Le nombre de points de vente

Un réseau comporte une centrale d'achats (une tête de réseau) dont dépendent au minimum dix magasins.

### 2. Le rôle du réseau

#### a) Au niveau des achats et de la livraison

La centrale négocie les achats auprès des fournisseurs et assure les fonctions de distribution, à savoir le transport, l'allotissement, le stockage et le financement.

#### b) Lors de la commercialisation

C'est au réseau qu'incombent les fonctions d'affichage des prix, de communication et de SAV.

## 2 Les réseaux intégrés

Au moins dix points de vente dépendent d'une centrale.

### 1. La composition des réseaux intégrés

Le système est centralisé et pyramidal en termes de management. Le propriétaire des magasins ou agences est un groupe familial (Auchan) ou non (Carrefour en France, Wal-Mart aux États-Unis ou l'anglais Tesco).

#### a) Le siège central

Il décide de la stratégie générale du groupe et comprend les directions commerciale, financière, administrative, informatique et des ressources humaines.

#### b) Les centrales

On distingue, selon leurs fonctions :
- la centrale d'achats : elle choisit les collections de produits et négocie les conditions commerciales avec les fournisseurs ;
- la centrale de référencement : son rôle se limite à la sélection des fournisseurs.

#### c) Les lieux de stockage

Ils sont de deux types :
- l'entrepôt : lieu de stockage des marchandises ;
- la plate-forme : lieu où les produits sont réceptionnés, éclatés en lots et livrés en quantités proportionnelles aux besoins de chaque magasin.

La tendance est à une externalisation et à une informatisation des plates-formes appelées *market places*. Il s'agit d'un système de sous-traitance basé sur l'échange de données informatisées (EDI).

#### d) Les points de vente

Les magasins portent le nom de l'enseigne. On distingue :
- les hypermarchés (Carrefour, Cora, Casino, Auchan), d'une surface de 2 500 à 8 000 m² : l'assortiment comprend entre 50 000 et 80 000 références, dont 10 000 à 20 000 produits de grande consommation (PGC) ;
- les supermarchés (Shopi, Atac, Champion, Match) : leur surface est comprise entre 400 et 2 500 m² ;
- les grandes surfaces spécialisées (GSS) : les domaines sont spécialisés dans le textile, la beauté/santé, les jouets, le sport (Decathlon), le bricolage (Leroy Merlin), l'électrodomestique (Darty), etc. ;
- les hard-discounters (allemands comme Lidl et Aldi ou français comme Netto des Mousquetaires, Ed du groupe Carrefour) ;
- les magasins de proximité (Champion) ;
- les sites de e-commerce (E-Bay).

### 2. Les spécificités des réseaux intégrés

#### a) Les marchés concernés

Le commerce intégré a pratiquement pénétré tous les secteurs d'activité, des produits alimentaires aux produits anomaux et aux services.

#### b) Au niveau juridique

La société mère, propriétaire du réseau, est une SA ou une société en commandite par actions. Les magasins sont gérés par des responsables salariés.

#### c) D'un point de vue géographique

Les stratégies spatiales dépendent de la politique générale du groupe. Certaines enseignes choisissent de développer leurs points de vente en centre-ville, sachant que les consommateurs plébiscitent actuellement la proximité et les magasins à taille humaine (*convenience stores*, par exemple Monoprix). D'autres groupes ont opté pour le gigantisme et l'internationalisation (Carrefour, Wal-Mart).

#### d) Les styles de management

Pour assurer la cohérence de la stratégie, il est préconisé de permettre une bonne circulation de l'information ascendante et descendante. Les réseaux de taille importante doivent par ailleurs recourir à la délégation.

## 3 Les réseaux associés

Des commerçants indépendants s'associent sous la forme de groupements ou de réseaux de franchises.

### 1. Les groupements de détaillants

#### a) Le principe de fonctionnement

Des enseignes comme Leclerc, Intermarché, Codec ou Système U en sont des exemples. Ils fonctionnent comme des réseaux intégrés. La société mère est une société coopérative, les autres maillons de la chaîne sont les mêmes et assurent des fonctions identiques (centrales, entrepôts, plates-formes).

#### b) Les secteurs d'activité

Le commerce associé a investi l'alimentaire comme le non-alimentaire (Mobilier de France, Sport 2000, Krys, M. Bricolage, etc.).

#### c) Le statut juridique

Ce sont des sociétés anonymes à capital variable. Les associés sont indépendants. Les responsables de magasin sont des commerçants indépendants propriétaires de leur point de vente et reliés à la coopérative par un contrat. Chaque adhérent, quel que soit le CA réalisé ou le nombre de magasins possédés, a droit à une voix lors de l'assemblée générale.

#### d) L'étendue géographique

Le but est de couvrir au maximum le territoire mais chaque magasin bénéficie d'une exclusivité géographique sur une zone de chalandise donnée, pour éviter tout phénomène de cannibalisation entre associés.

#### e) Le management

Les adhérents au groupement partagent leurs idées et mettent en place des plans d'actions commerciales communs. Mais la philosophie d'indépendance impose une très forte responsabilisation des directeurs de magasin et un système amplement décentralisé.

### 2. La franchise

#### a) Les parties en présence

Un franchiseur met au point un concept constitué d'un savoir-faire, d'une gamme de produits, d'une image de marque et d'une stratégie de communication et le propose à un réseau de franchisés, accompagné d'une formation permettant d'assurer la cohérence des actions du réseau.

#### b) Les secteurs concernés

De nombreuses activités sont touchées autant dans l'alimentaire (La Vie Claire) que le non-alimentaire (Yves Rocher, Europcar) et les services (Laforêt, Ibis). On distingue différentes formes de franchise :

- la franchise de production : le franchiseur fabrique des produits qu'il distribue par son réseau de franchises (exemples : Pingouin, Rodier, Caroll) ;
- la franchise de distribution : le franchiseur ne produit rien (exemples : Etam, Lancel) ;
- la franchise de service : le franchiseur propose la reproduction de services qu'il a inventés et mis au point, notamment à l'aide de méthodes de gestion et d'exploitation (exemple : Jacques Dessange) ;
- la franchise financière : elle consiste uniquement en un apport de capital, le directeur étant un employé du franchiseur (exemple : Courte-Paille) ;
- la franchise industrielle : elle est très utilisée pour le transfert de technologies ; elle associe un industriel qui cède son savoir-faire, le droit de fabriquer et de commercialiser ses produits à un autre industriel (exemples : Yoplait, Coca-Cola).

#### c) Le statut juridique

Le contrat de franchise unit, d'une part, le franchiseur, entrepreneur indépendant, personne physique ou morale, propriétaire de l'ensemble des signes inhérents à son concept, et, d'autre part, les franchisés disposant des mêmes statuts et qui exploitent le concept dans les magasins dont ils sont propriétaires.

Les franchisés doivent avoir la volonté de collaborer loyalement à la réussite du réseau et paient au franchiseur un droit d'entrée et un pourcentage sur le chiffre d'affaires réalisé.

La loi Doubin du 31 décembre 1989 définit les obligations des parties et assure la transparence des relations contractuelles.

#### d) Le rayonnement géographique

Comme dans les groupements d'indépendants, dans le contrat figure une clause d'exclusivité géographique pour éviter que plusieurs franchisés ne se concurrencent sur une même zone de chalandise.

#### e) Les formes de management

Les commerçants restent indépendants, puisque propriétaires de leur magasin, mais ils sont animés par un esprit de coopération et d'harmonie.

## 4 Les réseaux mixtes

### 1. Les caractéristiques

#### a) Un mixage des réseaux associés et intégrés

Les réseaux mixtes compilent les avantages des deux types de statuts existants. Ils ne choisissent pas et adoptent l'un ou l'autre type selon les opportunités offertes par une zone de chalandise.

#### b) L'originalité de ces réseaux

Certains magasins sont dirigés par des directeurs propriétaires et les autres points de vente, appartenant au groupe, sont dirigés par des responsables salariés. Le réseau gère la différence de statuts juridiques. Dans les deux cas, la vente est réalisée en magasin (*off line*) et non sur un site marchand (*on line*).

Une autre particularité de ces enseignes est le développement du e-commerce (*on line*) et de la vente par correspondance et à distance (VPCD).

### 2. Les avantages de la mixité

#### a) La rentabilité

Ces réseaux sont puissants car ils peuvent investir dans des points de vente sur des emplacements chers et utiliser le réseau de franchises sur d'autres territoires moins rentables, pour une présence géographique maximale.

#### b) La souplesse

Ils sont très réactifs en termes d'implantation et de stratégie commerciale.

#### c) La prospection

L'utilisation des deux canaux de distribution, à savoir une présence en magasin *off line* massive et le recours au e-commerce, permet de recruter constamment de nouveaux clients.

#### d) Les enseignes

Champion, Fly, Yves Rocher et McDonald's exploitent des réseaux mixtes.

# 15 LA STRATÉGIE DE DÉVELOPPEMENT DU RÉSEAU



**Les réseaux d'unités commerciales tentent d'élargir leur rayonnement spatial en multipliant le nombre de points de vente, tout en respectant les contraintes légales et la stratégie globale de l'enseigne sur le plan local, national ou international.**

## 1 Les objectifs du développement

### 1. Les objectifs quantitatifs

#### a) Le résultat

L'intérêt est de développer le chiffre d'affaires et la rentabilité. Le choix des zones d'implantation est primordial et doit porter sur les secteurs géographiques les plus fructueux, quant au nombre de ménages sur la zone et à leur pouvoir d'achat.

#### b) La part de marché

L'implantation de nouveaux magasins permet d'accroître la part de marché de l'enseigne. L'ouverture d'une unité commerciale génère du chiffre d'affaires qui va venir grossir le chiffre du réseau.

### 2. Le développement géographique

#### a) Couvrir le territoire

La répartition des magasins doit être équilibrée. Pour contrer les concurrents, les chaînes doivent être présentes sur un maximum de zones.

#### b) Ouvrir de nouveaux marchés

La loi Chatel, initiée par la Commission Attali pour le développement de la croissance, doit permettre aux réseaux de multiplier les implantations nationales. Jusqu'à présent, la loi Raffarin en vigueur impose, lors de la création d'un nouveau point de vente, une demande d'autorisation. Pour développer leur parc, la plupart des enseignes ont opté pour l'international.

#### c) Choisir le concept du magasin

Le concept inclut plusieurs éléments :

- le format : il s'agit de choisir une forme de commerce. Il peut s'agir d'un réseau intégré, dans lequel les magasins sont rattachés à une centrale d'achats, d'un réseau associé ou d'un réseau mixte qui intègre les deux formes précédentes. Il faut également opter pour une méthode de vente : la vente assistée ou le libre-service, basé sur le merchandising, où les produits se vendent seuls ;
- la taille : c'est la surface du point de vente en m². Elle a des répercussions sur la largeur et la profondeur de l'assortiment ainsi que sur l'image de marque ;
- l'adaptation aux besoins : la capacité du réseau à répondre aux besoins des consommateurs dépend de son savoir-faire et de sa compétence.

## 2 Les règles à respecter

### 1. Les contraintes financières

#### a) La prise en compte des frais d'implantation

Ce sont tous les éléments de coût inhérents à l'ouverture d'une unité commerciale (terrain, bâtiments, agencement, etc.).

#### b) La prise en compte des frais de fonctionnement

Ils comprennent les frais de personnel, de gestion, etc.

#### c) La prise en compte des frais commerciaux

Ils incluent les coûts d'aménagement, d'achat des produits, de communication, etc.

### 2. Les contraintes légales

Les réglementations ont évolué depuis 1973, avec une tendance à l'abaissement des seuils de demande d'autorisation d'implantation.

#### a) La loi Royer de 1973

Est soumise à autorisation toute surface de vente supérieure à 1 000 m². La commission délivrant les autorisations est la commission départementale d'urbanisme commercial (CDUC). En cas de refus, le réseau peut faire appel de la décision auprès de la Commission nationale d'urbanisme commercial (CNUC).

#### b) La loi Raffarin de 1996

La surface soumise à autorisation est abaissée à 300 m². L'objectif est de limiter l'expansion des hard-discounters allemands dont les surfaces moyennes de 700 m² échappaient au seuil fixé par la loi de 1973. Les commissions décisionnaires deviennent les commissions départementales d'équipement commercial (CDEC) et la Commission nationale d'équipement commercial (CNEC). Leur composition est modifiée et inclut notamment davantage de représentants d'associations de consommateurs et moins de politiques. Le but est d'accroître la transparence des décisions.

#### c) La loi Chatel

Certaines propositions de la Commission Attali ont été votées le 20 décembre 2007. Elles concernent essentiellement les dispositions relatives à la modernisation des relations commerciales et des mesures sectorielles en faveur du pouvoir d'achat. Le 24 janvier 2008, dans le magazine *Challenges*, Mario Monti, ancien commissaire européen à la Concurrence, annonçait « que la mobilité économique est un facteur essentiel de croissance et que pour éviter la constitution d'oligopoles, il serait profitable de libéraliser de nombreux marchés. Les lois Royer et Raffarin ont restreint les implantations commerciales et les capacités de négociation des tarifs. Il faut donc les abroger et favoriser l'implantation de grandes surfaces, tout en incitant à la mise en œuvre d'un urbanisme de qualité. »

Jean-Pierre Raffarin estime que les propositions Attali lamineraient le petit commerce et renforceraient le pouvoir de la grande distribution sur les PME.

### 3. Les contraintes administratives

#### a) Le dossier d'implantation

Le réseau doit constituer un dossier pour pouvoir déposer une demande d'ouverture. Dans le cadre de la loi Raffarin, il comprend les coordonnées du demandeur, la présentation du projet et les renseignements économiques justifiant l'implantation.

#### b) Au niveau international

Les formalités sont plus complexes. Le dossier de prospection est pris en charge par des organismes spécialisés comme la Compagnie française d'assurance du commerce extérieur (COFACE).

## 3 Les stratégies spatiales

### 1. L'implantation

#### a) Le lieu

Les différentes options possibles sont le centre-ville ou la périphérie, puis l'étendue du territoire qui varie du local au régional, national, voire à l'international.

#### b) Les cibles

La clientèle peut être de proximité ou de passage. Les réseaux s'intéressent de plus en plus au consommateur « nomade », cible apparue avec le développement des nouveaux modes de vie urbains.

#### c) La zone de chalandise

Il s'agit d'évaluer le chiffre d'affaires prévisionnel du futur point de vente. Ce potentiel est calculé à partir des revenus des ménages de la zone géographique ciblée et de la part des dépenses qu'ils consacrent, dans leur budget, au secteur d'activité concerné. Toutes les données chiffrées sont fournies par l'INSEE. Le résultat obtenu est éventuellement corrigé par les indices de richesse vive (IRV) et les indices de disparité de la consommation (IDC), qui permettent de prendre en considération les disparités locales.

### 2. Les différents types de stratégie spatiale

#### a) La stratégie hiérarchique par contagion

Le réseau commence par ouvrir des magasins « têtes de pont » pour tester le concept. Si le résultat est probant, l'enseigne le généralisera sur d'autres territoires géographiques. Une variante, appelée « effet de grappes », consiste à implanter plusieurs magasins en parallèle pour accroître rapidement le potentiel.

#### b) La stratégie d'écrémage

L'enseigne cible les catégories de clients les plus rentables. Cette stratégie est essentiellement adoptée par les magasins de produits de luxe.

#### c) La stratégie d'acquisition

Elle consiste à racheter des unités commerciales existantes et permet un développement rapide du réseau et l'affranchissement par rapport aux contraintes administratives.

### 3. Les stratégies à l'international

#### a) Exporter un concept

Le premier réseau à avoir exporté le concept de l'hypermarché à la française « tout sous le même toit » est Carrefour, en 1969, en Belgique.

Les différentes possibilités d'extension géographique à l'étranger sont l'ouverture de nouveaux magasins, l'acquisition de points de vente existants ou la coopération avec des réseaux locaux. Dans les trois cas, il est indispensable d'adapter le concept aux attentes des populations.

Actuellement, les continents offrant les plus larges opportunités d'implantation sont les États-Unis, l'Europe du Sud et de l'Est, l'Amérique latine et l'Asie, qui offre un marché potentiel énorme.

#### b) Les modes d'entrée à l'étranger

Plusieurs possibilités s'offrent au réseau :

- avec le contrôle de la gestion et des investissements :
  - le développement interne avec l'ouverture de surfaces de vente en nom propre,
  - l'acquisition de points de vente,
  - la filiale commerciale majoritaire, qui permet de partager les risques avec des investisseurs locaux ;
- avec le contrôle de la gestion et sans investissement : le contrat de gestion, qui délègue à une société d'épargne salariale la gestion de l'épargne salariale de l'entreprise cliente ;
- sans contrôle de la gestion et avec un investissement :
  - la filiale commerciale minoritaire, qui permet également de partager les risques,
  - la joint-venture, qui est une coopération avec une entreprise locale. Ce mode d'implantation est obligatoire en Chine et en Russie ;
- sans contrôle de la gestion, ni aucun investissement : la franchise et la concession.

#### c) Le plan de marchéage international

Deux solutions sont possibles :

- la globalisation consiste à offrir le même assortiment de produits dans tous les pays ;
- l'adaptation est le choix des entreprises qui optent pour un ajustement des produits aux spécificités locales.

## 4 Les autres stratégies de développement

### 1. Sans nouvelle acquisition

#### a) La modification des magasins

Le positionnement de l'unité commerciale est modifié dans le but d'attirer une nouvelle clientèle.

#### b) L'amélioration des performances

Le style de management est modifié ou les magasins sont modernisés avec, pour objectif, d'améliorer les profits.

#### c) Les modifications du réseau

Cette stratégie consiste à racheter des unités ou à fermer des points de vente non rentables.

### 2. Avec de nouvelles acquisitions

#### a) L'expansion

De nouveaux points de vente visent des cibles connues sur des territoires déjà investis par le réseau.

#### b) L'intensification

De nouveaux magasins ciblent de nouveaux segments de clientèles sur des zones géographiques où est déjà implantée l'enseigne.

#### c) La différenciation

De nouvelles unités commerciales s'adressent à de nouvelles clientèles sur de nouveaux territoires.

# 16 LES RELATIONS ENTRE PRODUCTEURS ET DISTRIBUTEURS

**➔ Les producteurs et les distributeurs collaborent afin de mettre les produits et les services à la disposition du client.**

## 1 Les fonctions de la distribution

### 1. La fonction de gros

Elle consiste à acheter aux producteurs des quantités importantes de produits ou de services et ensuite à les revendre en plus petites quantités.

### 2. La fonction de détail

Elle représente l'activité économique de vente directe de produits ou de services aux clients finals, en petites quantités.

## 2 Les composantes de la distribution

### 1. Le réseau de distribution

Il est constitué d'un ensemble de personnes dont l'activité a pour but d'assurer le stockage, la livraison et la vente des produits du producteur au consommateur final.

### 2. Le canal de distribution

Il permet d'acheminer le produit du producteur au consommateur.

**EXEMPLES**

Le canal des pharmacies, le canal des grandes surfaces.

Il se caractérise par sa longueur : direct (pas d'intermédiaire entre le producteur et le client), court (un seul intermédiaire) ou long (plusieurs intermédiaires).

### 3. Le circuit de distribution

Il comprend le ou les différents canaux de distribution utilisés par le producteur pour commercialiser ses produits ou ses services.

## 3 Les stratégies de distribution du producteur

Le producteur doit arbitrer entre divers objectifs pour choisir sa stratégie de distribution. Il peut privilégier le développement de ses ventes en volume ou bien préférer s'assurer d'une bonne maîtrise de sa distribution pour préserver son image de marque.

### 1. La distribution intensive

Cette stratégie vise, pour le producteur, à assurer la présence de ses produits dans un maximum de points de vente pour atteindre le plus grand nombre possible de consommateurs.

### 2. La distribution contrôlée

Le producteur veut maîtriser la distribution de son produit.

#### a) La distribution intégrée

Le producteur choisit d'assurer les fonctions de grossiste et de détaillant en commercialisant lui-même ses produits.

#### b) La distribution sélective

Le producteur choisit ses distributeurs sur des critères qualitatifs : compétence du distributeur pour des produits à haute technicité ou bien positionnement du point de vente pour des produits haut de gamme.

#### c) La distribution exclusive

Le producteur accorde l'exclusivité de la commercialisation de son produit sur un territoire ou sur un type de clientèle à un distributeur qu'il sélectionne.

### 3. Les formes juridiques

#### a) La distribution agréée

Il s'agit d'une forme de sélection visant simplement à reconnaître les compétences du distributeur.

#### b) La concession

Le producteur (concédant) accorde à un nombre limité de distributeurs (concessionnaires) la possibilité de distribuer son produit.

#### c) La franchise

Le producteur (franchiseur) met à disposition du distributeur (franchisé) un nom commercial ou une enseigne, un savoir-faire, de la formation, une aide à la gestion, etc. En contrepartie, le franchisé apporte le point de vente dont il reste le propriétaire et, en général, paie une redevance au franchiseur.

## 4 Les rapports entre producteurs et distributeurs

### 1. Des intérêts divergents

#### a) Le producteur

Il a, en général, une bonne connaissance de son marché et de sa place sur celui-ci. Il a pu ainsi se donner des objectifs tels que le développement de sa part de marché. Il cherchera à obtenir une place importante dans les linéaires du point de vente pour développer sa part de marché et il souhaitera que l'image de marque du produit ne soit pas altérée par un prix trop bas.

#### b) Le distributeur

Il connaît bien sa zone de chalandise et donc les attentes de sa clientèle potentielle. Il adapte son offre de façon à répondre au mieux à ces attentes pour espérer ainsi atteindre ses objectifs de chiffre d'affaires et de marge.

### 2. Le rapport de forces

Le rapport souvent conflictuel entre producteurs et distributeurs a conduit les autorités à les réglementer afin de garantir un équilibre entre producteurs et distributeurs. Par exemple, la loi du 1er juillet 1996 (loi Galland) a visé à améliorer la transparence et la loyauté des transactions commerciales et à rééquilibrer les rapports entre fournisseurs et distributeurs. La loi du 15 mai 2001, relative aux nouvelles régulations économiques, s'est efforcée de moraliser les pratiques commerciales. La circulaire du 16 mai 2003, relative à la négociation commerciale entre fournisseurs et distributeurs (circulaire Dutreil), vient compléter les principes énoncés dans ces différentes lois.

### 3. La comercatique

Il s'agit de rechercher comment producteurs et distributeurs peuvent collaborer pour mieux répondre aux besoins des consommateurs en partant du principe que cette démarche sera profitable aux deux partenaires.

# 17 LE PORTEFEUILLE DE PRODUITS ET DE SERVICES

**L'étude de l'offre doit être appréhendée sous deux aspects : l'offre proposée par les producteurs et celle proposée par les distributeurs.**

## 1 L'offre des producteurs

Le portefeuille de produits ou de services d'une entreprise est constitué de l'ensemble des gammes des produits ou services qu'elle propose.

### 1. Les caractéristiques de la gamme

Une gamme est constituée des produits proposés par un producteur et destinés à satisfaire un besoin spécifique. Elle se compose d'une ou de plusieurs lignes ou familles de produits. Une gamme est caractérisée par :
- sa largeur, définie par le nombre de lignes de produits ;
- sa profondeur ou le nombre de produits par ligne ;
- sa longueur ou l'ensemble des produits de la gamme.

### 2. L'étendue de la gamme

La gamme peut être plus ou moins longue :
- une gamme courte permet de concentrer les efforts sur un petit nombre de produits et de réduire les coûts, mais l'entreprise est vulnérable car son activité est réduite à un nombre restreint de segments ;
- une gamme longue permet d'exploiter plusieurs segments, et donc de disperser les risques, mais entraîne des coûts de gestion et de communication importants.

### 3. La structure de la gamme

Une gamme équilibrée doit être composée de différents types de produits :
- les produits leaders réalisent un chiffre d'affaires et une marge importants ;
- les produits d'appel attirent les clients grâce à leur prix bas ;
- les produits régulateurs assurent un chiffre d'affaires régulier et compensent la fluctuation des ventes des autres produits ;
- les produits tactiques permettent de réagir aux actions de la concurrence ;
- les produits d'avenir sont amenés à remplacer les produits leaders.

### 4. Les choix stratégiques

Plusieurs actions peuvent être menées :
- l'extension de gamme en ajoutant des lignes de produits ;
- la réduction de gamme en retirant certains produits ;
- le rajeunissement en adaptant la gamme et en la modernisant ;
- le repositionnement en changeant la perception qu'a le consommateur de la gamme sans la modifier.

## 2 L'offre des distributeurs

### 1. L'offre de produits

#### a) Les caractéristiques de l'assortiment

L'assortiment est l'ensemble des produits proposés par un point de vente. Il est caractérisé par :
- sa largeur : nombre de produits différents proposés ;
- sa profondeur : nombre de références par produit.

L'assortiment est souvent utilisé pour générer une différenciation et positionner l'enseigne.

#### b) Le choix d'un type d'assortiment

Un assortiment large et profond est le concept des grands magasins (le « tout sous un même toit ») et, dans une moindre mesure, des hypermarchés.
L'assortiment étroit (peu de produits différents) et profond (de nombreuses références par produit) est utilisé dans les magasins spécialisés (livres rares, etc.).
L'assortiment large mais peu profond reste le concept du supermarché et du hard-discounter : proposer tous les produits avec un choix limité de références.

### 2. L'offre de services

#### a) Une offre de services importante

L'enseigne entoure la vente du produit d'un ensemble de services associés. Cette stratégie permet de construire une image forte d'enseigne, d'éviter une comparaison sur le seul critère du prix, de fidéliser une clientèle exigeante, mais elle augmente les coûts de manière très significative. Certains services sont payants de manière à satisfaire les clients sans alourdir les charges de l'unité commerciale.

#### b) Une offre de services restreinte

Elle consiste à mettre la vente au cœur du métier en s'interdisant tout coût supplémentaire. L'objectif est de baisser les coûts pour proposer les prix les plus bas. L'image de l'enseigne ne repose alors que sur les prix bas.

### 3. La constitution de l'assortiment

#### a) Au niveau national

Les responsables produits des services centraux du réseau déterminent l'assortiment suivant les objectifs mercatiques de l'enseigne. Le distributeur proposant des produits de sa propre marque doit veiller au bon équilibre entre les produits MDD, de marque fabricant et les produits premiers prix.
Les marques fabricants sont nécessaires au distributeur car elles permettent de clarifier l'offre et de la diversifier. De plus, l'absence de produits à marque forte entraîne souvent une désaffection de la part de la clientèle.
Les MDD permettent aux distributeurs de se différencier, d'affiner l'image de l'enseigne, de compléter l'offre, de fidéliser la clientèle et d'augmenter la rentabilité du point de vente car les marges y sont plus élevées. Mais elles limitent l'offre (la taille du linéaire est constante) et elles banalisent le choix.

#### b) Au niveau local

En fonction du style de management, les points de vente pourront plus ou moins définir leur assortiment.
En cas de prise de décision centralisée, l'assortiment peut être imposé partiellement ou totalement aux points de vente. Un assortiment type est généralement imposé, le chef de rayon pouvant choisir de le compléter pour l'adapter à la zone de chalandise et à la clientèle.
En cas de gestion décentralisée, le responsable de l'unité commerciale constitue son assortiment, aidé par des préconisations de la tête de-réseau.

# 18 LA STRATÉGIE DE PRIX



**La stratégie de prix est le reflet de la stratégie générale de l'entreprise. La connaissance des bases d'une stratégie de prix est une phase préalable nécessaire à l'étude des différentes stratégies possibles.**

## 1 Les bases d'une stratégie de prix

La stratégie de prix doit être conforme aux objectifs de l'entreprise et respecter les contraintes qui s'imposent à cette dernière.

### 1. Les objectifs d'une stratégie de prix

On distingue deux types d'objectifs :
- les objectifs de profit peuvent être très divers : assurer un taux minimum de rentabilité des capitaux investis, dégager des profits pour financer une politique d'extension (absorption d'entreprises, développement à l'international), etc. ;
- les objectifs commerciaux peuvent aussi être déclinés sous différentes formes : atteindre ou conserver une certaine part de marché en valeur ou en volume ; créer, conserver ou adapter une image, etc.

### 2. Les contraintes dans la fixation des prix

#### a) Les contraintes internes à l'entreprise

La fixation des prix doit tenir compte des objectifs de l'entreprise pour être en cohérence avec ces derniers. Mais les prix doivent aussi refléter la politique de gamme ou d'assortiment ; ils dépendent par ailleurs des coûts pour assurer la rentabilité de l'entreprise et doivent appuyer le positionnement de cette dernière.

#### b) Les contraintes liées au marché

Elles découlent :
- du consommateur : les prix doivent convenir au consommateur par rapport à ce qu'il attend du produit ;
- de la concurrence : les prix doivent tenir compte des prix pratiqués sur le marché et de la position concurrentielle de l'entreprise ;
- de la commercialisation : les coûts imposés par les canaux de distribution et les marges des intermédiaires doivent être intégrés.

#### c) Les contraintes juridiques

Des évolutions importantes dans le dispositif juridique ont vu le jour ces dernières années, comme :
- les réglementations facilitant le libre jeu de la concurrence en 1986 ;
- la loi Galland de 1996, qui vise à améliorer la loyauté et la transparence des transactions commerciales et à rééquilibrer les rapports entre fournisseurs et distributeurs, dont une partie des textes a été remise en cause en janvier 2008 ;
- la loi relative aux régulations économiques (2001), qui moralise les pratiques commerciales en définissant les pratiques abusives ;
- etc.

Les principales règles qui émanent de ces textes portent sur :
- les ententes (accords entre plusieurs entreprises) : elles sont interdites si elles ont pour objectif de fausser le jeu de la libre concurrence ;
- les abus de position dominante, qui sont interdits, et les concentrations d'entreprises entraînant une position dominante sur un marché, qui sont soumises à examen ;
- les pratiques discriminatoires : elles sont interdites. Les négociations portant sur les conditions générales de vente sont permises, la différence de prix pratiquée qui en résulte doit être justifiée par une contrepartie réelle ;
- la coopération commerciale : c'est l'ensemble des actions d'un distributeur en vue de faciliter la vente des produits d'un producteur : mise en avant des produits, PLV, têtes de gondole, promotion publicitaire, etc. Elle est permise si elle n'entraîne pas de discriminations ou d'abus : les prix pratiqués doivent correspondre au service rendu, chaque transaction doit faire l'objet d'une facture ;
- la vente à perte : il est interdit de vendre en dessous du seuil de revente à perte (SRP). Le SRP est égal, pour un distributeur à :
  prix d'achat + frais de transport – réductions de prix obtenues – contrepartie des services issus de la coopération commerciale (marge arrière).
  Il existe beaucoup d'exceptions à cette règle : produits frais, liquidations, etc. ;
- le prix imposé : il est interdit, seul le prix conseillé est permis ;
- de nombreuses réglementations spécifiques (par exemple, les règles sur l'affichage des prix).

## 2 La différenciation des prix

Elle permet de mieux répondre aux attentes des consommateurs, d'augmenter le chiffre d'affaires, de réguler la demande et d'éviter une trop grande comparaison des offres sur le seul critère du prix.

### 1. Les tarifs multidimensionnels

Chaque fois qu'une caractéristique du produit a de l'importance pour certains clients, l'entreprise peut appliquer des prix différenciés. Les tarifs multidimensionnels permettent ainsi de mieux s'adapter à la diversité des consommateurs.

Les différences de prix peuvent se justifier en fonction du produit (exemple : options différentes pour les voitures), de la demande (exemple : tarifs jeunes), de la période d'achat (exemple : saison basse pour le tourisme), du lieu ou du mode d'achat (exemple : retraits d'espèces tarifés selon le mode utilisé, distributeur automatique de billets ou guichet), etc. Toutes les techniques de l'abonnement et les techniques du forfait font aussi partie des tarifs dits « multidimensionnels ».

### 2. Les prix variables : le *yield management*

Le *yield management* est une technique de pilotage des prix (fixation et variation des prix) en temps réel.

Elle s'applique dans le domaine des services lorsque l'offre est limitée par une capacité fixe et que le produit est périssable ou non stockable.

**EXEMPLES**

Une chambre d'hôtel non louée, une place laissée vacante dans un avion ou un train ne génèrent pas de revenu.

Elle consiste à faire payer le prix fort en période de forte demande, ce qui permet de réguler la demande, et à faire payer un prix bas en période creuse, pour augmenter notamment un taux d'occupation.
Tout l'art du *yield management* dépend donc de sa capacité à prévoir la demande.

### 3. Les offres groupées

L'entreprise enrichit son offre par des produits et des services complémentaires et affiche un tarif global.

**EXEMPLES**

Une convention de tenue de compte proposée par les banques ; une offre informatique comprenant le matériel, la mise en route, les logiciels, la formation et les conseils en ligne.

Cette technique permet d'augmenter le chiffre d'affaires car le client est amené à prendre des options et des services qu'il n'aurait pas retenus et de réduire les coûts d'achat, de logistique et d'assemblage.
Cette technique rend aussi service au client, qui gagne du temps quand il doit effectuer des achats liés (un seul interlocuteur, un seul acte d'achat).
L'offre groupée doit être bien étudiée et correspondre à une attente de la clientèle car elle risque d'être perçue comme de la vente forcée dans le cas contraire.

## 3 Les stratégies de prix au sein d'un réseau

### 1. L'axe prix-services

Les réseaux ayant un positionnement « prix bas » pratiquent une stratégie de domination par les coûts.
Leur organisation est centrée sur la réduction des coûts et une offre de produits et de services basiques. Ces entreprises pratiquent généralement l'EDLP (*Every Day Low Price*), qui consiste à pratiquer des prix bas tous les jours sans action promotionnelle.
À l'opposé, les autres réseaux doivent proposer une différenciation dans leur offre de produits et de services et utilisent souvent le HILO (*High and Low Price*), qui consiste à baisser très fortement le prix d'un produit lors d'opérations promotionnelles et à conserver, en dehors des périodes promotionnelles, des prix supérieurs à ceux du marché pour rétablir les marges.

### 2. Les méthodes de management

Selon les réseaux, la prise de décision peut se faire au niveau de la tête de réseau ou au niveau local :

| | Décentralisation des décisions | Centralisation des décisions |
|---|---|---|
| Principe | Les unités commerciales ont toute autonomie pour fixer les prix des produits. | La fixation des prix se fait au niveau de la tête de réseau et est imposée aux UC. |
| Avantages | Permet d'adapter les prix à la situation géographique de chaque UC et à la concurrence locale. | Permet de construire un positionnement « prix » fort et cohérent pour l'enseigne. |
| Inconvénients | Risque de perdre le positionnement « prix » déterminé par la stratégie de prix de l'enseigne. | Laisse peu de place à la réactivité et à l'adaptabilité des UC face à une concurrence locale. |
| Conséquences au niveau des fonctions | Le manageur d'UC est totalement responsabilisé mais cela augmente considérablement sa charge de travail et ne lui permet pas de bénéficier de l'expérience du groupe. | Les fonctions sont séparées. Le décideur assume sa tâche à un niveau international ou à un niveau plus restreint (secteur). Le manageur de l'UC peut se consacrer à la vente et à la gestion des produits. |
| Conditions de réussite | Établir et mettre à la disposition des UC des guides, des outils de simulation qui aideront à la prise de décision. Divulguer des conseils et des préconisations. | Mettre en place un système d'information permettant de faire monter et descendre les informations le plus rapidement possible. |

Dans la réalité, les enseignes peuvent combiner les deux méthodes à des degrés divers.
Ainsi, de nombreuses enseignes :
- imposent une liste de produits dits « sensibles » pour lesquels l'alignement sur les prix des concurrents est imposé ;
- fixent le prix de certains produits ;
- laissent les points de vente fixer le prix de la plupart des produits en effectuant des préconisations au niveau des prix d'entrée et des fourchettes de prix à utiliser selon les catégories de produits.

# 19 LA STRATÉGIE DE FIDÉLISATION



**De nos jours, les entreprises développent de véritables stratégies de fidélisation à long terme basées sur la connaissance du client.**

## 1 Les bases de la fidélisation

### 1. Les enjeux de la fidélisation

L'intensité de la concurrence a rendu la fidélité du consommateur beaucoup moins stable et l'infidélité aux enseignes est devenue la règle.
Or, la conquête de nouveaux clients coûte beaucoup plus que la fidélisation : garder un client revient 5 à 10 fois moins cher que d'en conquérir un autre. De plus, la rétention des clients permet d'augmenter significativement les bénéfices (une augmentation de 5 % des clients fidèles augmente les bénéfices de 25 à 100 % selon les secteurs).
Mais la multiplicité des cartes de fidélité et la généralisation des opérations de fidélisation provoquent un sentiment de lassitude, voire de rejet chez le consommateur.
Il faut donc mettre en place une relation gagnant-gagnant avec le client, qui doit percevoir la fidélisation comme une relation de partenariat lui apportant un gain réel et non comme une opération promotionnelle.
La stratégie de fidélisation est donc un enjeu majeur pour l'unité commerciale.

### 2. La stratégie de fidélisation

La fidélisation repose sur la connaissance de chaque client de manière à évaluer sa «valeur vie», c'est-à-dire sa contribution actuelle et future au chiffre d'affaires et à la marge. Cela permettra à l'unité commerciale de mettre en œuvre une mercatique ciblée et individualisée en direction des clients les plus rentables.
L'unité commerciale doit donc établir une relation d'apprentissage avec ses clients, à savoir une relation privilégiée qui se tisse entre une entreprise et son client et qui s'améliore grâce à une rentrée d'information régulière et suivie de la part du client.
La fidélisation est donc l'ensemble des moyens permettant d'établir une relation durable avec le client, centrée sur le partage d'intérêt et/ou de valeur au bénéfice des deux parties.

## 2 Les nouvelles technologies et la fidélisation

### 1. Les bases de données

#### a) La collecte des informations

Tous les acteurs concernés et en contact avec la clientèle doivent pouvoir enrichir la base de données avec des informations exactes, précises et de qualité, et tout contact avec un client doit être l'occasion de vérifier ou de rectifier les informations le concernant.
La remontée d'informations se fait par le biais de la carte de fidélité, par les relations avec le personnel de contact, par des actions de mercatique directe, par l'observation directe du comportement du client, etc.
On peut distinguer plusieurs formes de remontées d'informations :
- la déclaration volontaire ;

**EXEMPLE**
Un formulaire est à remplir lors de la souscription à une carte de fidélité.

- la déclaration inconsciente ;

**EXEMPLE**
Une numérisation des achats est effectuée lors du passage en caisse.

- la déclaration obligatoire.

**EXEMPLE**
Un formulaire permet d'accéder à certaines pages d'un site Internet.

#### b) L'exploitation de la base de données

Les actions de fidélisation dépendront des segments de clients.
Une première méthode de segmentation consiste à répartir les clients selon leur contribution au chiffre d'affaires ou à la marge. On aboutit alors à deux (loi de Pareto : 20/80) ou trois (méthode ABC) groupes de clients.
Le *scoring* consiste à attribuer une note à chaque client selon des critères comportementaux, sociodémographiques ou selon le cycle de vie du client. Parmi ces méthodes, la méthode RFM (Récence, Fréquence, Montant) retient trois critères de segmentation : la récence (date du dernier achat), la fréquence (le nombre d'achats effectués dans une période donnée) et le montant du chiffre d'affaires (ou de la marge) dégagé à chaque achat.
Une note est attribuée à chacun des clients de manière à déterminer la «qualité» d'un client. Cette méthode aboutit généralement à la constitution de 5 à 10 segments (nouveau client, bon client, futur non-client, inactif, etc.).

### 2. Les autres technologies

#### a) Les bases de données et la GRC

La gestion de la relation client (GRC) consiste à exploiter les données collectées sur les clients afin de leur faire une offre personnalisée. Les progiciels intégrés proposent des fonctionnalités de plus en plus nombreuses et permettent de collecter les informations en les centralisant dans une base de données commune, de traiter et de diffuser les informations clients.
Les bases de données deviennent gigantesques (informations clients, scannérisation des achats en sortie de caisse, etc.) et les méthodes de traitement de plus en plus complexes.

**EXEMPLE**
Le géomarketing croise des données clients avec des données externes : données sociodémographiques provenant de l'INSEE, cartographie, etc.

### b) Les technologies interactives

La baisse du coût des équipements et la familiarisation des consommateurs avec ceux-ci rendent les distributeurs de plus en plus intéressés par l'utilisation de ces technologies.

Les bornes multimédia interactives permettent d'informer, de conseiller et d'orienter le client, d'aider au choix pour les produits spécialisés, d'élargir le choix du magasin en présentant des produits à commander ou des services supplémentaires, de faire jouer et gagner les clients (bornes promotionnelles), de poursuivre la relation client (consultation de la situation du compte par rapport au programme de fidélité : nombre de points, avantages spécifiques, etc.).

Internet, de par ses caractéristiques techniques, permet d'optimiser la relation client en facilitant la collecte et le traitement des informations et d'effectuer des actions de fidélisation très ciblées et personnalisées.

De la même manière, les téléphones portables seront bientôt un support privilégié de la mercatique directe.

## 3 Les actions de fidélisation

Un programme de fidélisation sera attribué à chaque segment de clientèle. Les actions seront ainsi personnalisées et n'auront pas le même objectif.

Elles consistent à maintenir la relation avec les très bons clients, à augmenter le panier moyen et la fréquentation des bons clients et à maintenir une relation basique avec les moins bons clients afin de concentrer les moyens sur les clients importants.

Ces actions se font par le biais de différents supports.

### 1. Les cartes de fidélité

L'informatisation et l'interconnexion des points de vente permettent à la carte de fidélité de conserver toutes les informations sur le suivi du client afin de proposer des avantages particuliers (offres ciblées, avantages spécifiques, cumuls de points, cadeaux, etc.).

Les cartes peuvent être de différents types : de paiement (assorti, bien souvent, dans ce cas, d'une offre de crédit à la consommation), gratuites ou payantes (le prix de la carte est alors considéré comme un « abonnement » sur les consommations futures), mono ou multienseignes (cela permet aux réseaux d'attirer les clients des enseignes non concurrentes adhérentes et aux clients de multiplier les occasions d'utiliser la carte).

### 2. Les clubs

Ils ont pour objectif d'intensifier la relation client en renforçant un sentiment d'appartenance et proposent des services personnalisés afin de répondre aux besoins spécifiques des clients.

Les clubs les plus performants sont ceux qui sont construits autour d'une thématique et qui regroupent des clients à profil très proche.

**EXEMPLE**

Les supermarchés Champion ont créé trois clubs : Club Bébé, Club Beauté et Club Équilibre.

### 3. Les autres outils de fidélisation

Les opérations de mercatique directe sont optimisées grâce à la personnalisation du courrier et à la préparation d'argumentaires ciblés.

Un service après-vente de qualité démontre ici toute son utilité en évitant la perte de clients insatisfaits.

Le service consommateurs permet de recueillir les motifs d'insatisfaction, les suggestions des clients par le biais de boîtes à idées, de boîtes vocales, etc.

L'offre globale de l'unité commerciale (accueil, cadre intérieur, odeurs, propreté, assortiment, etc.) permet de fidéliser en instaurant des barrières de sortie. Un client, face à une barrière de sortie, trouve moins d'avantages à être infidèle qu'à rester fidèle car il ne trouvera pas le même niveau de satisfaction avec la nouvelle enseigne avant d'avoir recommencé sa relation d'apprentissage. Ces barrières peuvent être le trajet (fidélité à la proximité), la perte de temps (fidélité à la connaissance du point de vente), le risque de ne pas trouver un produit (fidélité à l'offre), etc.

## 4 Les stratégies de fidélisation

Les réseaux d'unités commerciales ont le choix entre plusieurs stratégies de fidélisation, qui se situent entre les deux stratégies extrêmes suivantes :

- une stratégie de fidélisation basée sur une relation *one to one* : elle consiste à sursegmenter le portefeuille clients et à pratiquer du « sur-mesure » pour les clients les plus importants ;
- une stratégie de fidélisation globale, qui limite la segmentation du portefeuille clients et propose de fidéliser le client par la différenciation de l'offre globale du réseau.

**EXEMPLE**

Le hard-discount fidélise grâce à une promesse : les prix bas qu'il maintient grâce à une stratégie de domination par les coûts.

# 20 LES STRATÉGIES DE COMMUNICATION



**Les réseaux mettent en place une communication nationale, à charge pour les unités commerciales de l'exploiter et de l'adapter localement.**

## 1 Les bases de la communication

### 1. Les objectifs de la communication

La communication commerciale peut poursuivre trois types d'objectifs :
- un objectif cognitif : le but est d'agir sur les connaissances (faire connaître l'entreprise, ses produits, annoncer l'ouverture d'un point de vente, etc.) ;
- un objectif affectif : on vise à modifier les attitudes (faire aimer l'entreprise, ses produits, modifier ou renforcer une image, lui attribuer des valeurs, etc.) ;
- un objectif conatif : on cherche à changer les comportements (faire agir : faire acheter, essayer, adhérer, se renseigner, etc.).

Pour être valides, ces objectifs doivent être définis précisément, quantifiés et limités dans le temps.

**EXEMPLE**

Passer de 20 à 40 % de notoriété spontanée en 1 an.

### 2. Les principaux types de communication

La communication commerciale peut être classée selon :
- les cibles visées (cibles externes : clients, prescripteurs, distributeurs, fournisseurs, leaders d'opinion, associations de consommateurs, pouvoirs publics, etc. ; internes : les salariés, la force de vente, les actionnaires, etc.) ;
- les moyens utilisés : la communication média utilise les médias de masse, alors que la communication hors média utilise d'autres moyens (mercatique directe, promotion des ventes, parrainage, mécénat, relations publiques, etc.) ;
- la relation : la communication personnelle touche la cible individuellement et établit une relation personnalisée tandis que la communication impersonnelle touche la cible dans son ensemble sans réactivité.

### 3. Les moyens de la communication commerciale

#### a) Les trois moyens les plus importants

La communication média, la mercatique directe et la promotion des ventes représentent 83 % des dépenses des annonceurs :

| | Communication média | Mercatique directe | Promotion des ventes |
|---|---|---|---|
| Définitions | Moyen de communication utilisé par un annonceur pour transmettre un message par le biais des médias de masse. | Techniques permettant d'instaurer une relation personnalisée en s'adressant individuellement à chaque élément de la cible. | Moyens permettant un développement des ventes à court terme grâce à des incitations matérielles. |
| Techniques | Médias de masse : télévision, affichage, radio, presse, cinéma, Internet | Téléphone, publipostage, ISA (imprimés sans adresse), bus mailing, asile-colis, fax-mailing, e-mailing, etc. | Réductions par les prix, primes, cadeaux, échantillons, jeux et concours, animations, etc. |
| Poids | Environ 36 % des dépenses des annonceurs | Environ 31 % des dépenses des annonceurs | Environ 16 % des dépenses des annonceurs |
| Caractéristiques | Ne permet pas d'individualiser le message. On distingue : – la publicité de marque ; – la publicité institutionnelle (crée ou développe l'image de l'entreprise) ; – la publicité collective (par un groupement de producteurs pour un produit générique) ; – la publicité d'intérêt général (sensibilise à une cause sociale ou humanitaire) ; – la publicité conjointe (réalisée par deux marques pour bénéficier d'un effet de synergie). | Au cœur des programmes de gestion de la relation client (GRC), permet de proposer une offre personnalisée (*one to one*). Utilisée pour la prospection, la vente et la fidélisation. Elle offre d'autres avantages : son évaluation (coûts et retombées) est précise et rapide ; sa mise en œuvre est rapide ; ses actions facilitent le travail de la force de vente. | Apporte l'avantage de produire des résultats rapides et d'être facilement évaluable. Mais la multiplication des opérations de promotion entraîne des effets pervers chez le consommateur (phénomène d'accoutumance, fidélisation du consommateur aux promotions, détérioration de l'image, etc.). La promotion des ventes doit donc avoir une durée très limitée dans le temps et rester exceptionnelle. |

#### b) Les autres moyens de la communication commerciale

Les relations publiques visent à instaurer un climat favorable entre l'entreprise et tous ses publics.
Elles ont comme objectif d'améliorer l'image.
On y trouve les relations presse (dossiers, communiqués, conférences de presse, etc.), les publications (journal interne, rapports d'activité, brochures), les événements (journées portes ouvertes, expositions, congrès, arbre de Noël, etc.).
Le parrainage consiste à apporter un soutien financier ou matériel à un individu ou à un organisme dans le cadre d'un événement culturel, social ou sportif. Il améliore l'image de l'entreprise en l'associant aux valeurs véhiculées par l'objet du parrainage.
Le mécénat permet de manifester la dimension citoyenne de l'entreprise, de «l'humaniser» en apportant un soutien à une cause sociale ou humanitaire.

Les foires et les salons favorisent la rencontre des différents publics de l'entreprise, le développement des ventes, la prospection, l'information sur les évolutions du marché, les technologies et les concurrents.

## 2 La communication des réseaux

### 1. Le rôle des services centraux

Les stratégies de communication peuvent être très différentes d'un réseau à l'autre, même au sein d'un même secteur d'activité.

D'une manière générale, on constate que les services centraux prennent souvent en charge :

- la communication interne, pour assurer une cohérence et faire adhérer l'ensemble du réseau à la stratégie générale ;
- la communication institutionnelle, la stratégie d'image et de positionnement, l'identité visuelle, c'est-à-dire la communication d'enseigne. Ce type de communication a surtout un objectif affectif qui est de faire aimer et préférer l'enseigne ;
- la communication produit et/ou de marque, qui a pour objectif de faire connaître, faire aimer et faire acheter les produits de la marque de distributeur ;
- la conception et la production des supports de communication, pour les utiliser et les diffuser localement.

La communication d'enseigne et la communication produit se développent et changent de forme.

Les distributeurs peuvent, depuis le 1er janvier 2007, effectuer de la publicité télévisée et Internet propose des technologies qui révolutionnent les habitudes mercatiques.

### 2. Le rôle des unités commerciales locales

Les points de vente assurent la communication sur leur zone de chalandise et la communication à l'intérieur du point de vente.

La communication sur la zone de chalandise poursuit deux objectifs : un objectif cognitif, qui est d'informer la clientèle d'un événement, d'une opération promotionnelle, d'une animation, etc., et un objectif conatif, qui est de faire venir la clientèle sur le point de vente. Les médias d'envergure régionale et locale (affichage, radios locales, etc.), les dépliants publicitaires et les publipostages sont les moyens les plus utilisés.

La communication sur le point de vente vise à informer et à augmenter le panier moyen.

La mise en place de têtes de gondole, de promotions et d'animations sont des moyens peu onéreux et efficaces. Mais le personnel, sa tenue et ses conseils sont aussi des vecteurs de communication.

La communication locale doit être cohérente avec la stratégie de communication de l'enseigne.

## 3 La communication des entreprises de services

Pour les services à dominante matérielle (services très fortement liés à des biens matériels, ponctuels et limités dans le temps, comme l'hôtellerie, la restauration, la location, etc.), la communication se rapproche très fortement d'une communication de distributeur.

Par contre, pour les services totalement dématérialisés (banques, assurances ou produit entouré de services associés plus importants que le produit lui-même, comme la maintenance), la confiance joue un rôle primordial dans la relation, qui est bien souvent de longue durée. La communication institutionnelle est donc beaucoup plus marquée car l'enseigne doit garantir son sérieux et sa capacité à fournir un service de qualité. Le marketing direct et les programmes de GRC sont au cœur de la communication.

Au niveau local, la relation client prend toute son importance et la fidélisation devient essentielle.

# 21 LES APPROVISIONNEMENTS ET LA LOGISTIQUE

**L'activité des entreprises de distribution repose sur la possibilité d'obtenir des marchandises (les approvisionnements) puis de les mettre à la disposition des clients (la logistique).**

## 1 La mercatique des achats

### 1. La définition

Le distributeur doit, en premier lieu, définir une politique d'approvisionnement (quels produits, quels fournisseurs et quelle organisation ?) et, ensuite, organiser la mise à disposition des produits.

### 2. Les enjeux

Il s'agit d'obtenir des prix intéressants et une qualité optimale grâce à des négociations avec les fournisseurs portant, en général, sur des volumes importants. Il faut également assurer la continuité des approvisionnements en sélectionnant des fournisseurs fiables.

## 2 Les approvisionnements

### 1. La sélection des fournisseurs

#### a) La recherche de fournisseurs

Elle se fait surtout par des appels d'offres auprès de fournisseurs potentiels qui ont été trouvés par le biais d'annuaires professionnels ou qui se sont proposés spontanément (prospection).

#### b) L'évaluation des fournisseurs

Elles est réalisée en utilisant la technique du *scoring* : la notation est établie sur la base de critères jugés pertinents par le distributeur (qualité des produits, prix, délais de livraison, etc.).

#### c) La négociation

Elle porte notamment sur les volumes, l'emplacement dans le linéaire et les prix. Elle est encadrée par une législation qui vise à équilibrer le rapport de force entre les producteurs et les distributeurs.

### 2. La sélection des produits

L'offre de produits est très diversifiée et évolue en permanence. Le gestionnaire de produit (ou *category manager*) suit les tendances pour sélectionner, c'est-à-dire référencer, les produits qui vont constituer l'offre du point de vente ou de l'enseigne.

### 3. L'organisation des approvisionnements

Ils peuvent être organisés en circuit direct (fournisseur – magasin), notamment pour les denrées périssables qui nécessitent des délais courts. Le circuit peut également être indirect (fournisseur – centre de distribution – magasin) pour diminuer les coûts et les risques de rupture.

## 3 La logistique

### 1. La définition

La logistique est l'ensemble des activités ayant pour but la mise en place, au moindre coût, d'une quantité de produits, à l'endroit et au moment où une demande existe.

### 2. La gestion des flux

L'organisation de ces flux peut se faire selon deux schémas, qui sont d'ailleurs susceptibles de coexister.

#### a) Les flux tirés

La demande du consommateur final pilote le système.

**EXEMPLE**

La caisse du supermarché met à jour l'état des stocks en temps réel et déclenche une commande fournisseur dès que le seuil de réapprovisionnement est atteint.

#### b) Les flux pilotés

Les flux sont gérés par la centrale d'achats ou le point de vente.

**EXEMPLE**

La mise en place d'une opération promotionnelle nécessite la remontée d'informations jusqu'aux fournisseurs préalablement à sa réalisation : quel produit, en quelle quantité, etc.

### 3. Les flux d'informations

Ces informations concernent essentiellement les besoins des points de vente en produits et en quantités, ainsi que les délais.

**EXEMPLES**

Prévisions des ventes, commandes du point de vente, invendus à reprendre.

### 4. Les flux physiques

La logistique réalise matériellement la mise à disposition des produits auprès du consommateur.

#### a) Le transport

Pour limiter le plus possible les stocks, le transport est organisé en « juste-à-temps » : les marchandises doivent parvenir au point de vente dans des quantités limitées au strict nécessaire, au bon moment.

#### b) L'entreposage et la gestion des stocks

Il est plus économique de transporter les marchandises en masse importante (exemple : un camion complet) qu'en petites quantités (exemple : par palettes). Les points de vente, au contraire, souhaitent recevoir des quantités limitées correspondant à leurs volumes de vente pour éviter des coûts de stockage.

Pour concilier ces objectifs divergents, la solution est le passage par une plate-forme d'entreposage. Elle reçoit les marchandises en grosses quantités et les éclate en plus petites quantités correspondant aux besoins des points de vente.

L'entrepôt peut aussi servir de plate-forme de stockage. Cette solution est adoptée lorsque la fiabilité des livraisons arrivant à l'entrepôt est aléatoire (exemple : pour les produits importés).

### 5. Les flux financiers

Le distributeur doit payer ses fournisseurs en contrepartie de la livraison de marchandises par ceux-ci. L'organisation logistique de l'entreprise intègre donc également la gestion des règlements des factures fournisseurs en utilisant les technologies informatiques.

# exercices

## exercice 1 L'organisation de l'entreprise SMC

Le fonctionnement de la PME SMC est assuré grâce à l'organisation suivante : M. Gayant, P-DG, dirige l'entreprise et définit notamment les grands axes stratégiques. Il est secondé par trois directeurs :
- Mme Detrain supervise les personnels administratifs ;
- M. Labatte est responsable du service comptabilité - finance ;
- M. Debarge dirige la production. Lui sont rattachés les vendeurs et le secrétariat commercial de l'entreprise.

### ENTRAÎNEZ-VOUS

**1.** Cette organisation vous semble-t-elle adaptée à la démarche mercatique ? Pourquoi ?

**2.** Proposez une réorganisation de l'entreprise prenant mieux en compte l'état d'esprit mercatique.

CORRIGÉS p. 290

## exercice 2 Les différentes approches mercatiques

- L'entreprise ConforHome vend ses produits sur Internet et envoie des propositions commerciales à ses clients par courriel régulièrement.
- L'entreprise Monlivert vend ses produits à deux types d'acheteurs : les particuliers et les professionnels. Ces derniers bénéficient d'un choix de produits étendu et de remises importantes.
- Les établissements Dutoit proposent à leurs clients des devis personnalisés pour la réalisation de leurs travaux.
- Traco SARL a inventé un nouveau procédé et cherche des revendeurs.

### ENTRAÎNEZ-VOUS

Indiquez de quel type de mercatique (produit, segmentée, etc.) les situations peuvent être qualifiées.

CORRIGÉS p. 290

## exercice 3 L'architecture du SIM

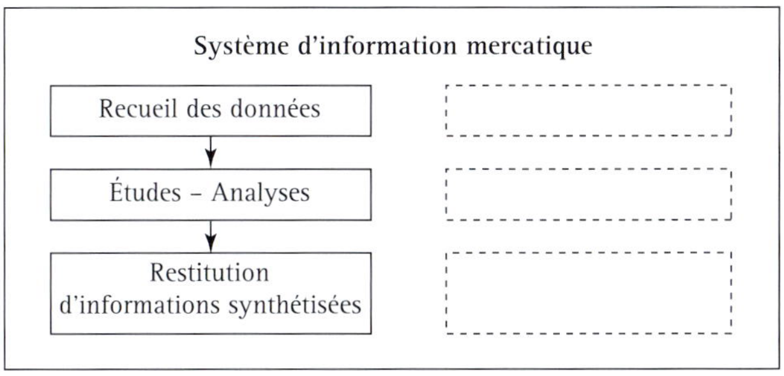


### ENTRAÎNEZ-VOUS

**1.** Placez, dans les cases vides du schéma, les composantes suivantes :
- système d'aide décisionnel ;
- *data warehouse* ;
- *datamining*.

**2.** Donnez des exemples de personnel intervenant dans les différentes composantes du SIM.

CORRIGÉS p. 290

# exercices

## exercice 4 Le recueil des informations sur la demande

Une entreprise qui souhaite évaluer la part de marché qu'elle peut attendre pour un nouveau produit a mené une étude auprès d'un échantillon. Les entreprises présentes sur ce marché ont été classées en fonction de leur taille. Cette étude a donné les résultats ci-dessous :

| Nombre de salariés | Nombre d'entreprises | PDM | Taux de sondage | Intéressés par notre offre | Erreur acceptée | PDM espérée | |
|---|---|---|---|---|---|---|---|
| | | | | | | Minimum | Maximum |
| Plus de 50 | 50 | 50 % | 100 % | 20 % | | | 10 % |
| De 11 à 50 | 500 | 30 % | 40 % | 30 % | 3,5 % | | |
| Moins de 10 | 5000 | 20 % | 2 % | 50 % | | 8,6 % | |

### ENTRAÎNEZ-VOUS

**Complétez le tableau.**

CORRIGÉS p. 29

## exercice 5 L'échantillon

Vous devez estimer le pourcentage de femmes qui consommeront des substituts de repas en 2008. Une précédente étude avait permis d'évaluer cette part à 8 %. Il vous faut mesurer cette proportion avec une précision de 5 %.

### ENTRAÎNEZ-VOUS

**Combien de femmes devrez-vous interroger au seuil de confiance de 90 % ($t$ = 1,645), 95 % ($t$ = 1,96) et 99 % ($t$ = 2,575) ?**

CORRIGÉS p. 29

## exercice 6 Les différents types de produits

| Produits | Produit banal | Produit anomal | Produit industriel | Produit de consommation |
|---|---|---|---|---|
| Nettoyant ménager | | | | |
| Lave-linge | | | | |
| Minerai de fer | | | | |
| Salade | | | | |
| Ordinateur | | | | |
| Chariot élévateur | | | | |
| Essence | | | | |
| Couches bébé | | | | |
| Lecteur MP3 | | | | |
| Caisse enregistreuse | | | | |

### ENTRAÎNEZ-VOUS

**Complétez le tableau en cochant les cases correspondant à chacun des produits.**

CORRIGÉS p. 29

## exercice 7 L'assortiment

### ENTRAÎNEZ-VOUS

Quelles sont les différences entre l'assortiment moyen des supermarchés et celui des hypermarchés ?

CORRIGÉS p. 291

## exercice 8 La marque

***Parce qu'elle constitue un signe de distinction et de ralliement efficace, la marque revêt une importance majeure. Pour être déposée et bien protégée, elle impose le suivi d'une procédure stricte.***

[…] La procédure de dépôt de marque s'effectue selon plusieurs étapes. Dans un premier temps, vous devez vous assurer que la marque que vous entendez déposer est disponible. […]

La disponibilité d'une marque s'évalue au moyen d'une recherche d'antériorité. Cette démarche consiste à interroger les bases de données de l'INPI de façon à déterminer si une, voire plusieurs marques identiques ou ressemblantes sont déjà déposées pour les mêmes activités. […] Une fois assuré que votre marque est disponible, procédez à une demande d'enregistrement auprès des services de l'INPI. Cette étape s'effectue au moyen d'un formulaire Cerfa, [qui] doit contenir une reproduction de votre marque […]. Le formulaire doit par ailleurs mentionner l'identité du déposant et les classes de dépôt, c'est-à-dire les domaines d'activités dans lesquels sera exploitée la marque. Au même titre que la recherche d'antériorité, cette étape est cruciale pour que la protection soit efficace. Ainsi, une entreprise spécialisée dans la vente de pianos doit déposer sa marque en classe 15, qui vise notamment les instruments de musique traditionnels et électroniques.

[…] Il est inutile et coûteux de déposer une marque dans un nombre important de classes ou dans leur intégralité si, en pratique, elle n'est exploitée que dans certaines. En effet, l'absence d'exploitation durant 5 ans peut entraîner la perte des droits du déposant, pour les classes dans lesquelles la marque n'est pas exploitée.

Une fois le formulaire complété et retourné à l'INPI, vous recevez un certificat de dépôt. Votre demande d'enregistrement est, quant à elle, publiée au *Bulletin officiel de la propriété intellectuelle* (BOPI). S'ouvre alors une phase de vérification : l'INPI va s'assurer que les conditions de forme du dépôt sont bien respectées et que le signe déposé ne porte atteinte ni à l'ordre public ni aux bonnes mœurs.

[…] Si votre demande d'enregistrement ne présente pas d'irrégularité de forme ou si elle ne fait pas l'objet d'une décision défavorable du directeur de l'INPI en cas d'opposition, elle est enregistrée. Votre marque est alors inscrite au registre national des marques. Dès lors, vos droits de propriétaire sont opposables pendant une durée de 10 ans, ou plus en cas de renouvellement.

Maître Martin Le Péchon,
*Commerce Magazine*, n° 84, 1er mai 2007.

### ENTRAÎNEZ-VOUS

**1.** Retracez, sous forme de schéma, les étapes de la procédure.

**2.** Quelles sont les limites à la protection de la marque ?

CORRIGÉS p. 291

## exercice 9 La différenciation des enseignes

Selon Philippe Moati, chercheur au Credoc, il y a quatre axes de différenciation :
- l'axe prix/différenciation oppose les enseignes qui pratiquent les prix bas et celles qui recherchent une spécificité ;
- l'axe généraliste/spécialiste différencie les enseignes selon leur degré de spécialisation ;
- l'axe produit/bouquet oppose les enseignes dont l'offre est centrée sur le produit et celles qui centrent l'offre sur un besoin de consommation ;
- l'axe corvée/plaisir oppose les enseignes qui veulent minimiser les « inconvénients des courses » et celles qui vont tenter de transformer les achats en un moment de détente et de bien-être.

### ENTRAÎNEZ-VOUS

**Trouvez des exemples d'enseignes en opposition qui illustrent chacun des axes de différenciation.**

CORRIGÉS p. 29

## exercice 10 Le *yield management*

Vous avez huit clients : deux d'entre eux sont prêts à payer 5 € un produit, trois sont prêts à payer 4 € et les autres ne peuvent mettre que 3 €. Le coût d'achat du produit est de 2,50 €.

### ENTRAÎNEZ-VOUS

1. Calculez votre chiffre d'affaires et votre marge si vous fixez le prix à 5, 4 ou 3 €.
2. Calculez votre chiffre d'affaires et votre marge si vous arrivez à mettre en place le *yield management* (c'est-à-dire à optimiser les ventes en faisant payer à chaque client ce qu'il peut payer).
3. Quel est le prix minimal pouvant être fixé ?

CORRIGÉS p. 29

## exercice 11 La gestion de la stratégie de prix

### ENTRAÎNEZ-VOUS

Comment peuvent être fixés les objectifs d'un manageur d'UC dans le cas où :
- les prix sont fixés par le manageur de l'UC ;
- les prix sont imposés par la tête de réseau.

CORRIGÉS p. 29

## exercice 12 La stratégie de fidélisation

Wal-Mart essaie de détenir la connaissance la plus précise possible du consommateur moyen sur une zone géographique donnée, et non individu par individu. À partir de l'analyse des tickets de caisse, l'enseigne adapte la structure locale des assortiments et du *pricing*, magasin par magasin.
À l'inverse, Tesco mise sur la connaissance individuelle de chaque client. Chacun d'entre eux est identifié précisément selon son style de vie (célibataire, en couple avec enfants, etc.), ses habitudes de consommation et ses achats (à partir des tickets de caisse). Tesco utilise cette connaissance pour animer un programme d'offres et d'avantages mais aussi pour planifier l'ouverture de magasins (selon quatre formats distincts) et pour développer ses produits à marque propre.
La SNCF a créé une filiale dédiée à la fidélisation et se situe dans une logique de reconnaissance et de considération auxquelles les clients sont très sensibles. La SNCF adapte un programme de fidélisation pour chacun des grands segments de clientèle :
- « Grand Voyageur » est destiné à une cible professionnelle ;
- le programme « Gagnez à voyager » est destiné à des voyageurs plus occasionnels de tout âge ;
- quatre cartes de fidélité sont adaptées à quatre tranches d'âge précises.

### ENTRAÎNEZ-VOUS

**Mettez en valeur les différences entre les stratégies de ces trois entreprises.**

CORRIGÉS p. 291

## exercice 13 Le plan de communication

Une étude a été réalisée à la sortie d'une foire-exposition locale.
Les résultats à la question « Comment avez-vous eu connaissance de la manifestation ? » sont présentés ci-contre :

| | |
|---|---|
| Panneaux d'entrée de ville (calicots) | 35 % |
| Presse | 26 % |
| Affiches | 21 % |
| Lettre d'information | 11 % |
| Prospectus avec entrée gratuite | 7 % |

### ENTRAÎNEZ-VOUS

1. **Précisez les objectifs de chacun des moyens mis en œuvre et les liens entre ces différents moyens.**
2. **Peut-on, au regard des résultats de l'enquête, se passer des prospectus pour une manifestation future ?**

CORRIGÉS p. 292

# corrigés

## exercice 1 page 285

**1.** L'organisation actuelle de SMC ne correspond pas à l'état d'esprit de la mercatique. La subordination des activités commerciales à la production est typique d'une approche « produit ».

**2.** Il faudrait créer une direction mercatique à laquelle seraient rattachés les vendeurs et le secrétariat commercial. Cette direction ne se contenterait pas uniquement d'exercer les activités commerciales mais serait surtout chargée d'étudier les besoins des clients et de définir la stratégie commerciale en liaison avec le P-DG.

## exercice 2 page 285

ConforHome – Son approche peut être qualifiée d'interactive : le client peut faire connaître ses besoins par l'utilisation du site marchand et l'entreprise peut essayer d'influer sur le comportement de celui-ci grâce aux courriels.

Montlivert – Il s'agit d'un exemple typique de la mercatique segmentée. Il y a deux offres bien distinctes pour les deux types de clients.

Dutoit – L'approche est très individualisée. Il s'agit d'une mercatique personnalisée.

Traco SARL – C'est un exemple d'une démarche « produit » où l'entreprise espère « créer » le besoin au lieu de partir des attentes des clients. (Elle va donc à l'encontre de la démarche mercatique, mais cette approche rencontre parfois le succès.)

## exercice 3 page 285

**1.**

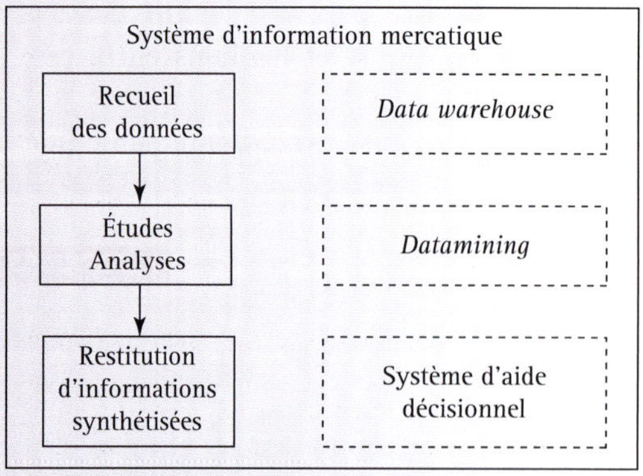


**2.** Les informaticiens de l'entreprise, les personnels au contact des clients (secrétariat commercial, SAV, caissière, etc.) ainsi que les responsables tels que le chef des ventes, le chef de produit ou encore le directeur marketing interviennent dans les différentes composantes du SIM.

## exercice 4 page 286

| Nombre de salariés | Nombre d'entreprises | PDM | Taux de sondage | Intéressés par notre offre | Erreur acceptée | PDM espérée | |
|---|---|---|---|---|---|---|---|
| | | | | | | Minimum | Maximum |
| Plus de 50 | 50 | 50 % | 100 % | 20 % | **0 %** | **10 %** | 10 % |
| De 11 à 50 | 500 | 30 % | 40 % | 30 % | 3,5 % | **5,5 %** | **12,5 %** |
| Moins de 10 | 5 000 | 20 % | 2 % | 50 % | **1,4 %** | 8,6 % | **11,4 %** |

Ligne 1 : le taux d'erreur accepté est de 0. Puisque l'ensemble des entreprises est interrogé, il ne peut y avoir de différence entre les résultats de l'échantillon et ceux de la population mère.
La part de marché espérée est de :
50 % × 20 % = 10 %.
Ligne 2 : la PDM minimale espérée est de :
(30 % × 30 %) – 3,5 % = 5,5 %.
La PDM maximale espérée est de :
(30 % × 30 %) + 3,5 % = 12,5 %.
Ligne 3 : l'erreur acceptée est de :
(20 % × 50 %) – 8,6 % = 1,4 %.
La PDM maximale espérée est de :
(20 % × 50 %) + 1,4 % = 11,4 %.

## exercice 5 page 286

Le calcul se fait à partir de la formule :

$$n = t^2 \frac{p \times q}{e^2}$$

Au seuil de confiance de 90 %, l'échantillon sera de :

$$n = 1{,}645^2 \frac{0{,}08 \times 0{,}92}{0{,}05^2} \approx 80 \textit{ femmes.}$$

Au seuil de confiance de 95 %, l'échantillon sera de 113 femmes.
Au seuil de confiance de 99 %, l'échantillon sera de 195 femmes.

## exercice 6 page 286

| Produits | Produit banal | Produit anomal | Produit industriel | Produit de consommation |
|---|---|---|---|---|
| Nettoyant ménager | × | | | × |
| Lave-linge | | × | | × |
| Minerai de fer | × | | × | |
| Salade | × | | | × |
| Ordinateur | | × | × | × |
| Chariot élévateur | | × | × | |
| Essence | × | | × | × |
| Couches bébé | × | | | × |
| Lecteur MP3 | | × | | × |
| Caisse enregistreuse | | × | × | |

## exercice 7 page 287

La supérette étant un magasin de proximité d'une surface plus réduite, elle offrira un assortiment étroit (peu de produits différents) et peu profond (choix limité de références dans chaque catégorie de produit). Le supermarché aura donc un assortiment plus large et plus profond.

## exercice 8 page 287

**1.** Étapes de la procédure :

Recherche d'antériorité
↓
Demande d'enregistrement
Formulaire Cerfa
↓
Choix des classes de dépôt
↓
Certificat de dépôt
Publication au BOPI
↓
Vérification
↓
Inscription au registre
national des marques

**2.** Les limites à la protection de la marque sont :
- l'existence d'un dépôt antérieur ;
- les classes de dépôt ;
- la durée de la protection ;
- le respect des conditions de forme ;
- l'absence d'exploitation pendant 5 ans ;
- l'atteinte à l'ordre public et aux bonnes mœurs.

## exercice 9 page 288

Axe prix : hard-discount / différenciation : hypermarché avec la multiplication des services comme Auchan direct.
Axe généraliste : grande surface alimentaire comme Carrefour / spécialiste : Decathlon.
Axe produit : libraire (produit spécifique) / bouquet : Nature et Découvertes (nombreux produits sur un même thème).
Axe achat corvée : Chrono Drive (commande par Internet et dépose des achats dans le coffre de la voiture) / achat plaisir : magasin vitrine comme Nike, Adidas.

## exercice 10 page 288

**1.** Prix de vente : 5 €
2 clients peuvent acheter.
CA : 2 × 5 = 10 €
Coût d'achat : 2 × 2,50 = 5 €
Marge = 10 – 5 = 5 €

Prix de vente : 4 €
5 clients peuvent acheter.
CA = 5 × 4 = 20 €
Coût d'achat = 5 × 2,50 = 12,50 €
Marge = 20 – 12,50 = 7,50 €

Prix de vente : 3 €
Les 8 clients peuvent acheter.
CA : 8 × 3 = 24 €
Coût d'achat : 8 × 2,50 = 20 €
Marge : 24 – 20 = 4 €

**2.** CA = (2 clients à 5 € : 10 €) + (3 clients à 4 € : 12 €) + (3 clients à 3 € : 9 €) = 31 €
Coût d'achat : 8 × 2,50 = 20 €
Marge : 31 – 20 = 11 €

**3.** Le prix minimal sera égal au coût marginal (coût engendré par la vente du service supplémentaire ; coût de délivrance d'un billet d'avion, par exemple). Mais il existe une limite à ce prix minimal. Le prix ne doit pas être trop bas car il modifierait alors les comportements d'achat des bons clients : il ne faut pas que les clients pouvant payer le prix fort modifient leur comportement pour bénéficier des prix bas.

## exercice 11 page 288

Si les prix sont déterminés par le manageur de l'UC, les objectifs sont fixés en fonction du chiffre d'affaires ou de la marge.
Si les prix sont imposés par la tête de réseau, les objectifs sont fixés en termes de rotation des stocks ou d'écoulement de la marchandise. En effet, n'ayant pas la responsabilité du prix, son objectif est donc de vendre et d'écouler la marchandise dans un temps le plus court possible.

## exercice 12 page 289

Wal-Mart privilégie la connaissance parfaite du consommateur moyen d'une zone de chalandise pour pouvoir adapter l'offre globale du point de vente à ce dernier (structure des assortiments et du *pricing*, notamment). Il met donc en œuvre une stratégie globale de fidélisation, unité commerciale par unité commerciale.
Tesco préfère adapter les actions de fidélisation à chaque client et mise sur la connaissance parfaite de chacun d'entre eux. Sa stratégie se rapproche donc du *one to one*.

La SNCF, quant à elle, a segmenté son portefeuille clients en plusieurs catégories pour créer des programmes de fidélisation adaptés à chaque type de clientèle.

**exercice 13 page 289**

**1.** Calicots et affiches : ces supports ne permettent qu'une information réduite (sujet, date et lieu de la manifestation). Ils ont pour objectif de faire connaître l'événement à un vaste public, mais n'incitent pas à se déplacer.
Lettre d'information et presse : elles permettent une information plus dense. Elles décrivent le thème, les points forts de la manifestation, les exposants, etc., et ont pour objectif de faire aimer mais, seules, elles n'auraient pas été lues. Le taux de lecture de ces supports sera plus important si le public a déjà été informé de la manifestation (et a envie d'en savoir plus).
Prospectus : c'est un rappel qui vise à inciter le public à se déplacer (entrée gratuite) et qui aurait sans doute été ignoré sans la présence des autres moyens.
Un plan de communication est la mise en œuvre d'un ensemble de moyens dont l'équilibre permet d'atteindre l'objectif de communication. Chacun des moyens contribue à atteindre l'objectif et permet de donner plus d'impact aux autres moyens.

**2.** L'objectif du prospectus n'est pas de faire connaître la manifestation, mais d'inciter à y venir.
Comment évaluer l'impact des prospectus ? On peut compter le nombre d'entrées gratuites, mais ce n'est pas le résultat des seuls prospectus (le public s'est déplacé parce qu'il le souhaitait). De plus, une entrée gratuite a peut-être provoqué une ou plusieurs entrées payantes. Il est difficile d'évaluer l'impact de chacun des moyens. Le retrait des prospectus risque d'avoir un impact négatif difficilement évaluable. Il vaudrait donc mieux ne pas les supprimer, même au regard de leur résultat assez faible.

# PRÉSENTATION DE L'ÉPREUVE E6 DE PDUC

L'épreuve de PDUC prend appui sur le stage de deuxième année et porte sur un projet de développement de l'unité commerciale. Le projet présenté peut avoir ou non été mis en œuvre. La notation ne portera que sur la conception et les premières réflexions de mise en œuvre.

## Les dossiers

### 1 Le dossier administratif

Un dossier doit être déposé à une date fixée par le recteur de l'académie. Il sera fourni au jury avant les épreuves. Ce dossier est composé de deux parties.

#### a) Une partie administrative

Elle relève de la réglementation générale des stages et comporte, entre autres :
- les attestations de stage ou de travail pour les candidats en formation en alternance ;
- le nombre de semaines de stage et de journées professionnelles (pour la deuxième année et un cumul sur les deux années) ;
- une attestation de la conformité du contenu du dossier au contexte de l'entreprise et à la réalité du travail d'étude mené par le candidat.

Ces documents sont établis par l'entreprise d'accueil et les formateurs.
Le projet est personnel et ne concerne donc qu'un seul candidat. Les projets collectifs menés par plusieurs candidats sont interdits, sauf à titre exceptionnel et uniquement si le projet est très important et le justifie. Dans ce cas, il doit être indiqué très précisément le nom des candidats ayant participé au projet (3 au maximum) ainsi que la répartition des tâches et le travail réalisé par chacun.

#### b) Une partie pédagogique

Ce dossier, de 10 pages au maximum, n'est qu'un dossier administratif. Il sera donné aux examinateurs avant l'épreuve pour qu'ils puissent prendre rapidement connaissance de votre projet et préparer l'entretien.
Ce dossier décrit le projet de développement de l'unité commerciale et doit comporter :
- une analyse commerciale structurée et actuelle de l'unité commerciale dans son contexte local et, le cas échéant, dans le contexte de son réseau ;
- un diagnostic partiel de l'unité commerciale précisant les conditions, les moyens et les méthodes permettant d'aboutir et d'étayer ce diagnostic ;
- une préconisation, aboutissement d'un choix, justifiée et argumentée ;
- une analyse des répercussions humaines, financières et organisationnelles de la préconisation ;
- les premières réflexions pour la mise en œuvre de la préconisation.

Ce dossier, bien qu'obligatoire pour pouvoir passer l'épreuve, ne sera pas noté. Seuls votre prestation, vos compétences et vos savoirs le seront.
Il ne s'agit que d'un résumé de 10 pages. N'hésitez pas à utiliser des tableaux, des schémas et des graphiques qui permettent d'expliquer clairement des données complexes. Bien que le dossier ne soit pas noté, faites attention à votre syntaxe et évitez les fautes d'orthographe : elles font un très mauvais effet sur le jury. Ce dossier n'est qu'une synthèse et ne constitue pas le dossier personnel que vous devez apporter le jour de l'oral.

### 2 Le dossier personnel

Vous devez apporter, le jour de l'épreuve, votre dossier personnel, c'est-à-dire tout document que vous estimez pouvoir venir en appui de votre prestation orale.
Bien que cela ne soit pas obligatoire, il est fortement conseillé d'amener le dossier complet : vous ne pourrez être clair et argumenter que si vous apportez des documents pour appuyer et illustrer vos dires. Pensez à conserver tous les documents qui vous ont permis d'effectuer cette démarche de projet. Ces documents peuvent être, par exemple :
- pour la présentation de l'unité commerciale : le type de produit, la typologie de la clientèle, la zone de chalandise, la liste des concurrents avec leur positionnement, leurs forces et leurs faiblesses, l'organisation du réseau (le nombre de points de vente, les services centralisés, les services mis à disposition de l'UC, etc.) ;

- pour le diagnostic : une très grande partie du diagnostic consiste à rechercher et à analyser l'information. Il faut apporter toutes vos sources d'information secondaire : les extraits de tableaux de bord avec vos commentaires manuels, les extraits des procédures à suivre, les articles de presse, la liste des sites Internet consultés, la page écran et le contenu des sites retenus, les rapports, les plaquettes et tout document de votre UC ou de la concurrence qui vous a permis d'effectuer ce diagnostic. Il faut aussi apporter toutes les informations primaires que vous avez créées : compte-rendu de réunion, d'entretien collectif ou individuel, étude, etc. ;
- pour les préconisations : la liste des solutions entrevues et leur analyse, la solution retenue avec l'analyse de toutes les répercussions sur l'UC ;
- pour les réflexions sur la mise en œuvre : la planification de la solution (la liste des tâches, l'évaluation de la durée de ces dernières, les ressources matérielles et humaines à affecter, etc.), les documents que vous avez créés (brouillon de lettre, ébauche d'un guide d'entretien téléphonique, maquette d'affiche, documents finaux, etc.). Si vous avez testé la solution (publipostage sur quelques clients, par exemple), il faut apporter la définition du champ d'expérimentation, les résultats du test, les améliorations apportées suite au test, les moyens de contrôle à mettre en œuvre pour vérifier que la solution retenue atteint bien les objectifs fixés, etc.

La plupart de ces éléments seront des documents de travail qu'il faut conserver en l'état et apporter le jour de l'examen car ils témoignent de votre réflexion et de votre travail. Seuls les documents « communicants », c'est-à-dire ceux que vous avez remis aux personnes concernées pour communiquer votre travail, et les documents de synthèse que vous prévoyez de montrer le jour de l'oral, doivent être soigneusement présentés.

Classez soigneusement ces documents dans des chemises et des sous-chemises, utilisez des onglets, etc. En effet, une question de la commission d'interrogation vous obligera peut-être à chercher un document pour argumenter ou apporter des explications supplémentaires. Soyez professionnel : trouvez-le rapidement et montrez ainsi que vous connaissez parfaitement votre dossier.

N'hésitez pas à faire une petite synthèse au début de chaque partie du dossier.



# L'évaluation

## 1 Les compétences à acquérir et les savoirs à maîtriser

Le référentiel précise les compétences que vous devez acquérir ainsi que les savoirs associés à ces compétences. Les savoirs sont évalués lors de l'épreuve :

| Compétences | Savoirs |
|---|---|
| L'épreuve de PDUC est validée par le contrôle des compétences suivantes :<br>C11 Constituer une équipe commerciale professionnelle et motivée<br>C22 Assurer la gestion prévisionnelle<br>C23 Assurer la communication des résultats de l'activité<br>C3 Piloter des projets d'action commerciale ou de management<br>C42 Assurer la qualité de service à la clientèle<br>C43 Développer et maintenir la clientèle de l'unité commerciale<br>C5 Gérer l'offre de produits/services<br>C6 Rechercher et exploiter l'information nécessaire à l'activité commerciale | Cette épreuve mobilise les savoirs associés suivants, qui seront vérifiés à cette occasion :<br>S41 Les bases de la mercatique<br>S43 La mercatique des réseaux d'unités commerciales<br>S52 Le manageur de l'unité commerciale<br>S53 Le management de l'équipe de l'unité commerciale<br>S54 L'organisation de l'équipe<br>S55 Le management de projet<br>S62 La gestion des investissements<br>S63 La gestion de l'offre de l'unité commerciale<br>S64 La gestion prévisionnelle<br>S65 L'évaluation des performances de l'unité commerciale<br>S73 La communication dans la relation managériale<br>S74 La communication dans la relation commerciale<br>S8 Informatique commerciale |

Les trois compétences C22 gestion prévisionnelle, C23 communication et C6 recherche des informations et utilisation de l'informatique commerciale, sont toujours présentes, quelle que soit la nature du projet. Les compétences en « communication managériale » apparaissent notamment à travers les échanges (oraux/écrits, formels/informels) avec votre tuteur, les autres salariés et votre responsable pédagogique. La dimension « gestion prévisionnelle » apparaît à travers la conduite du projet, la planification des actions, leur budgétisation, le suivi des écarts entre prévisions et réalisation. La dimension « études et informatique commerciale » est présente à travers la recherche permanente d'informations et l'utilisation des technologies de l'information et de la communication (exemples : logiciels de planification des tâches, de traitement d'enquêtes, de recherche sur Internet, etc.).

## 2 Les critères d'évaluation

Vous serez jugé sur différents critères intitulés :
- la qualité et l'actualité de l'analyse du contexte local de l'unité commerciale et de son insertion dans un réseau ;
- la rigueur de la méthodologie de recherche d'informations ;
- la rigueur dans l'exploitation des informations commerciales ;
- la qualité du diagnostic et de la démarche qui y a conduit ;
- la diversité des solutions envisagées et l'adaptation des préconisations ;
- le repérage et le traitement de la diversité des implications humaines, financières et organisationnelles de la décision ;
- la clarté des explications et de l'argumentation ;
- la maîtrise des moyens offerts par l'informatique commerciale ;
- la maîtrise des connaissances et des savoir-faire mobilisés ;
- la qualité de la communication écrite.

# L'épreuve orale

## 1 Le déroulement de l'épreuve

L'épreuve orale dure 40 minutes et a un coefficient 4.
Elle se déroule en deux parties :
- première partie de l'interrogation : présentation, par le candidat, du projet de développement de l'unité commerciale pendant 15 minutes au maximum ;
- seconde partie de l'interrogation : entretien avec la commission d'interrogation durant le reste du temps sur :
  - le contenu, les méthodes et l'argumentation du candidat pendant la 1re partie de l'épreuve,
  - les connaissances mobilisées par le candidat lors de la construction de son projet de développement.

Vous maîtrisez donc les 15 premières minutes, les examinateurs ont le reste du temps à leur disposition.

## 2 Les conseils pour préparer l'oral

Préparez soigneusement votre présentation du projet : il n'est pas question de lire les 10 pages de synthèse ou un document quelconque pendant 15 minutes.
- Rédigez votre discours dont le plan suit la démarche de projet : présentation de l'UC, faisabilité du projet (le constat de départ, le contexte, les objectifs), diagnostic (les objectifs de recherche d'informations, les méthodes utilisées, une synthèse), préconisations (les solutions, l'évaluation de celles-ci, le choix de la solution optimale et les répercussions sur l'unité commerciale) et réflexions sur la mise en œuvre (la planification, l'affectation des ressources, les moyens de contrôle envisagés).
- Pour rédiger, utilisez votre cours et notamment les chapitres sur lesquels porte votre projet afin d'employer un vocabulaire professionnel et d'utiliser les termes techniques précis.
- Apprenez-le.
- Contentez-vous, le jour de l'oral, d'une fiche guide qui n'en reprend que les idées essentielles.
- Choisissez quelques documents originaux et préparez des documents de synthèse spécifiques pour l'oral que vous montrerez pendant votre exposé de 15 minutes : ils permettent de mieux vous exprimer et de faire comprendre des données complexes (exemples : schémas, tableaux, etc.). Attention, le format de ces documents ne doit pas nécessiter l'utilisation d'un matériel spécifique (vidéoprojecteur, etc.).

# La gestion du stress

Le seul moyen de gérer son stress est de ne pas en ressentir. Pour ne pas en ressentir, il faut se sentir prêt :
- préparez donc votre dossier longtemps à l'avance. La charge de travail ne sera pas très importante si vous travaillez régulièrement et si vous vous obligez à établir des documents de synthèse fréquemment, à chaque grande étape du projet (ce qui est indispensable pour communiquer vos travaux à votre tuteur et à votre responsable pédagogique) ;

- planifiez l'utilisation des documents tout au long de votre entretien pour illustrer ou appuyer vos dires, apprenez à les utiliser (à les présenter au jury au bon moment, etc.) ;
- entraînez-vous à l'oral en vous minutant, testez votre préparation, demandez à un de vos camarades de jouer le rôle de l'examinateur puis inversez les rôles : vous verrez tout de suite les erreurs de communication à ne pas faire, les faiblesses de votre argumentation, les passages peu clairs à retravailler ou les extraits que vous ne maîtrisez pas ;
- dites-vous que la perfection n'existe pas : il est donc inutile d'essayer d'améliorer un document la veille de l'examen mais réservez cette journée pour vous détendre ;
- le jour même, il sera temps de mettre en pratique les cours de communication : saluez le jury, asseyez-vous en gardant les pieds bien en appui sur le sol, prenez une position qui vous permet de bien respirer et adoptez une attitude franche et ouverte ;
- soyez rassuré : la commission d'interrogation est composée d'un formateur et d'un professionnel : ils connaissent la démarche de projet, les difficultés engendrées par la gestion prévisionnelle et les incertitudes qu'elle entraîne.

Étant donné l'investissement et la charge de travail que demande la démarche de projet, vous devez normalement connaître votre dossier naturellement et n'avez rien à craindre de l'épreuve.

## Les erreurs les plus fréquentes

Tout comme le vendeur ne doit pas avoir peur des objections du client, un candidat ne doit pas avoir peur des questions du jury. En effet, la plupart d'entre elles permettent simplement à ce dernier de mieux comprendre le projet et la démarche suivie, et d'approfondir certains points que vous n'avez pas pu développer lors de la présentation de 15 minutes (il s'agit aussi d'une stratégie utilisable par les candidats : laisser volontairement quelques points obscurs lors de la présentation pour provoquer les questions en ayant préparé soigneusement la réponse mais, attention, dans ce cas, il ne faut pas «oublier» une des cinq grandes parties dans sa totalité).

Il serait vain et inutile d'essayer de dresser une liste de questions auxquelles il faut vous attendre : les projets sont très divers et le jury s'adapte à ces derniers ainsi qu'aux candidats.

Par contre, les erreurs les plus fréquemment rencontrées lors des examens sont :

- une méthodologie de recherche de l'information inexistante : or, le diagnostic démarre par un constat et consiste à comprendre ce constat. La recherche d'information est donc forcément orientée. N'hésitez pas à préciser les objectifs de recherche et les moyens mis en œuvre pour chacun d'eux ;
- une analyse de l'information trop superficielle lors du diagnostic, l'étudiant se contentant de citer ses sources sans présenter d'analyse ni de synthèse ;
- des préconisations sans lien avec le constat initial et l'objectif du projet, ou des préconisations utopiques et irréalisables ;
- une analyse trop pauvre des répercussions humaines, matérielles et financières. Il s'agit pourtant d'une partie vitale : il est important de prévoir le temps, les moyens financiers et le matériel que la mise en œuvre du projet réclame ;
- un manque de documents «communicants» : ces derniers peuvent être les documents de synthèse qui vous ont permis de communiquer l'état d'avancement de vos travaux à votre tuteur ou à votre responsable pédagogique ou toute personne impliquée dans le projet. Il s'agit aussi des courriers que vous avez peut-être dû écrire, des notes de service que vous avez peut-être rédigées et de tous les documents destinés à des tiers que vous avez faits. Or, ces documents sont très importants et sont évalués le jour de l'épreuve grâce au critère «qualité de la communication écrite». Un défaut de document ne permet pas l'évaluation de ce critère ;
- une utilisation peu importante des moyens informatiques : même si l'UC n'a pas beaucoup d'outils informatiques, votre établissement de formation en dispose et nombre de logiciels sont proposés en licence libre ou en démonstration (Gantt project, Qalitel-logigramme, la suite Open office, etc.). Vous devez utiliser ce type d'outils ;
- des savoirs non maîtrisés : la seconde partie de l'entretien porte aussi sur les connaissances que vous avez dû mobiliser. Apprenez donc votre cours.

Si vous êtes en difficulté, assumez et évitez les excuses du type « c'est mon professeur (ou mon tuteur) qui m'a dit de faire comme ça » : le jury est là pour juger de vos compétences et non de celles de votre professeur ou tuteur. Montrez plutôt que vous avez compris pourquoi il fallait faire telle chose comme cela, ou comment vous auriez dû procéder.

Enfin, n'oubliez pas que l'épreuve n'est qu'une formalité qui vous permet de présenter votre travail (soyez-en fier).

# COMMUNICATION



---

**Pour réviser le cours :**

**10 QCM de Communication**

# 1 INTRODUCTION À LA COMMUNICATION

**La communication entre deux personnes est largement influencée par leur position dans le face-à-face et les buts qu'elles poursuivent.**

## 1 Les enjeux de la communication

### 1. Se situer dans la communication

#### a) La notion de rapport de position

Dans de nombreuses situations de communication, les interlocuteurs connaissent à l'avance leur place dans la relation, ce qui détermine leurs rôles respectifs et leur manière de communiquer.

**EXEMPLE**

Entre le manageur et ses subordonnés, il existe un rapport de position déterminé à l'avance.
Le subordonné trouve normal de recevoir des ordres.

#### b) Un rapport égalitaire ou inégalitaire

La communication diffère selon que les individus sont dans un rapport d'égalité ou non.
Dans un rapport égalitaire, les personnes communiquent dans le même registre.

**EXEMPLE**

Entre collègues exerçant le même métier, les relations sont égalitaires, la communication est simple et directe.

Dans un rapport inégalitaire, les relations sont complémentaires ou hiérarchiques.

**EXEMPLES**

Entre le vendeur et son client, s'instaure une relation complémentaire.
Entre le manageur et son salarié, s'établit une relation hiérarchique.

#### c) Un rapport de proximité ou de distance

La communication diffère aussi selon que les interlocuteurs sont proches ou non.
S'ils sont proches (conjoints, amis, etc.), les relations seront marquées par une certaine familiarité.
Si les personnes ne se connaissent pas ou s'il existe une différence de statut importante entre elles, alors leurs relations seront distantes et la communication sera très codifiée (règles de savoir-vivre, usage du « Vous » de politesse, etc.).

#### d) Un rapport de convergence ou de divergence

Enfin, selon que les personnes sont en accord ou en désaccord, qu'elles coopèrent ou non, qu'elles se perçoivent comme sympathiques ou antipathiques, les échanges s'en trouveront profondément modifiés.

#### e) L'intérêt de définir clairement le rapport de position

Lorsque les rapports de position sont clairs et acceptés, la communication est simple. Chacun joue le rôle et adopte le style de communication correspondant à sa place. Par contre, si les rapports ne sont pas définis à l'avance ou s'ils ne sont pas acceptés par l'un des interlocuteurs, la communication risque d'être complexe et ambiguë. Il convient alors de redéfinir la relation, implicitement, pour donner à chacun la place à partir de laquelle il doit communiquer.

**EXEMPLE**

Un homme et une femme, chacun accompagné d'un enfant, attendent côte à côte, dans le cabinet d'un médecin. Ils ne se connaissent pas. L'attente s'éternise. Ils se mettent à discuter des enfants. Ils se sont placés implicitement dans un rapport égalitaire de parents. La communication entre eux sera sans ambiguïté.

### 2. Transmettre un message et se faire comprendre

Les individus communiquent pour transmettre ou recevoir un message (des informations, des sentiments, une opinion, un jugement, etc.), pour comprendre ou se faire comprendre. Ils y parviennent grâce à un processus en deux étapes.

#### a) Le processus de la communication interpersonnelle

Un émetteur transmet un message à un récepteur dans certaines conditions environnementales, grâce à l'utilisation de signes communs et de moyens de communication appropriés (téléphone, lettre, Internet, entretien, etc.).

#### b) La rétroaction

La compréhension du message est vérifiée par la rétroaction (ou *feed-back*), qui consiste à envoyer un message de contrôle en retour.
La rétroaction utilise la reformulation (exemples : « Si je vous comprends bien… », « C'est bien cela, n'est-ce pas ? ») et le questionnement (exemple : « Que voulez-vous dire ? »).

### 3. Satisfaire des besoins matériels

Cet enjeu, omniprésent dans la relation commerciale, vise à obtenir un bien ou un service.
Il est présent également dans la relation managériale et dans les relations privées.

**EXEMPLES**

Manageurs et salariés négocient une augmentation de salaire. Parents et enfants négocient les sorties le week-end.

Afin d'obtenir gain de cause, les interlocuteurs useront dans la communication soit d'un jeu prudent en cherchant à minimiser les risques, soit d'un jeu plus risqué leur permettant de maximiser leur intérêt.

### 4. Satisfaire des besoins psychologiques et sociaux

#### a) Se valoriser

Dans toute situation de communication, les individus cherchent à donner une certaine image d'eux-mêmes et attendent en retour la confirmation de celle-ci par les autres.
Ils veulent exister aux yeux des autres et ont un profond besoin de valorisation.

#### b) Préserver son territoire personnel

Chaque individu cherche à préserver son territoire personnel. Celui-ci est à la fois physique (un cercle dont le rayon est d'environ un mètre autour de la personne) et psychique (le moi intime). Ne peuvent franchir la frontière de ce territoire que les personnes proches ou ayant obtenu l'autorisation de le faire.

**EXEMPLE**

Dans certains bureaux de La Poste, une ligne jaune au sol marque la limite à ne pas franchir par les clients, pour respecter l'espace personnel du client au guichet.

#### c) Limiter les risques relationnels

Communiquer est risqué. La personne ciblée peut refuser d'entrer en relation ou se montrer indifférente ou critique. Le déroulement ou le terme de l'échange peuvent être mal maîtrisés.
Pour limiter ces risques, certains moments de la relation (le début et la fin, notamment) sont codifiés.

**EXEMPLE**

L'utilisation de règles de savoir-vivre et de politesse permet au commercial qui démarche un prospect de limiter le risque de refus d'entrer en contact de la part de ce dernier.

#### d) Influencer l'autre

Dans de nombreuses situations de communication, le but des acteurs est d'influencer l'autre dans ses idées, son comportement et ses actes. Pour y parvenir, ils peuvent recourir au jeu du pouvoir ou à la séduction.
Le jeu du pouvoir consiste à instaurer une compétition entre les deux acteurs. Il utilise des moyens plus ou moins durs, qui peuvent aller du simple désir de convaincre jusqu'à l'affrontement.
Le jeu de la séduction vise à établir un rapport de coopération entre les acteurs. Il use de moyens plus doux, mais parfois bien plus efficaces, tels que la sympathie, la complicité, l'attirance, etc.

## 2 Les formes de communication professionnelle

### 1. La communication selon la position des individus

#### a) La communication verticale

Elle se fait entre le supérieur et son subordonné. Elle peut être descendante ou, à l'inverse, ascendante.

**EXEMPLES**

Communication descendante : un manageur donne une consigne à un salarié.
Communication ascendante : un commercial rédige un compte-rendu de visite et le remet à son responsable des ventes.

#### b) La communication horizontale

Elle se fait entre collègues.

**EXEMPLE**

Des collègues discutent entre eux d'un incident survenu avec un client.

#### c) La communication parallèle

Elle provient soit des représentants du personnel ou des délégués syndicaux, soit de rumeurs.

**EXEMPLE**

Un salarié fait courir le bruit d'un départ imminent du responsable de service.

### 2. La communication orale

Elle est omniprésente dans les relations interpersonnelles et se caractérise par son côté spontané et généralement improvisé.
Dans les relations commerciales et managériales, elle fait l'objet de règles précises pour améliorer l'efficacité des interlocuteurs.
Elle comprend deux composantes : le verbal et le non-verbal.

### 3. La communication écrite professionnelle

Dans les relations managériales et commerciales, de nombreux écrits sont utilisés. Ils diffèrent selon leur objet.

**EXEMPLES**

Un ordre du jour d'une prochaine réunion informe les personnes concernées, un guide d'entretien prépare une entrevue, des transparents viennent en appui d'un exposé.

### 4. La communication électronique

Elle se fait grâce à la messagerie électronique et aux réseaux intranet et Internet.
Elle est aujourd'hui très largement utilisée dans les entreprises, aussi bien en interne qu'en externe.

#### a) La communication interne

Elle consiste essentiellement dans l'envoi de courriels pour échanger des informations brèves ou faire le point sur des actions communes ou un projet en cours.

#### b) La communication externe

La communication électronique est utilisée aussi bien dans les relations commerciales (exemples : envoi d'un e-mailing, d'une offre promotionnelle) que dans le domaine des ressources humaines (exemple : publication d'une annonce de recrutement sur le site institutionnel de l'entreprise).

### 5. La communication visuelle et audiovisuelle

#### a) La communication visuelle

Elle est construite sur des images, des formes, des couleurs et des symboles.

**EXEMPLE**

Des pictogrammes sont destinés à rappeler aux salariés des règles de sécurité.

Ces différents éléments visuels doivent produire un ensemble cohérent et transmettre une image positive de l'entreprise.

#### b) La communication audiovisuelle

Elle combine les éléments visuels et sonores et recourt à plusieurs médias simultanément.

**EXEMPLE**

La réunion à distance par visioconférence (terminal de visioconférence + écran de télévision) permet d'allier le son et la diffusion d'images.

# 2 LES ACTEURS DE LA COMMUNICATION

**Mieux se connaître est indispensable au développement de son potentiel. Savoir décoder les différences culturelles et les attitudes de l'autre est utile à la compréhension de la relation. L'atteinte de ces deux objectifs aide à mieux communiquer.**

## 1 La connaissance de soi

Elle est souvent incomplète.

### 1. La nécessité de la connaissance de soi

Il est nécessaire de développer la connaissance de soi pour deux raisons :
- elle aide à orienter sa vie ;

**EXEMPLE**

Un jeune qui découvre qui il est et quelles sont ses aptitudes aura plus de facilités pour choisir une voie de formation et un projet professionnel.

- par ailleurs, elle aide à mieux gérer la relation avec autrui.

**EXEMPLE**

Un vendeur qui a conscience de son impulsivité apprendra à contrôler davantage ses émotions de manière à éviter de perdre son sang-froid face à un client difficile.

### 2. La personnalité

Mieux se connaître, c'est d'abord s'interroger sur sa personnalité.

#### a) La notion de personnalité

La personnalité est le profil global d'un individu qui en fait un être unique.
Elle se caractérise par l'organisation d'un ensemble de traits qui déterminent sa manière d'être, d'agir et de communiquer avec les autres.

**EXEMPLE**

Andrée est dominatrice et consciencieuse.
Elle a tendance à vouloir tout diriger pour être sûre que le travail sera bien fait.

#### b) Le modèle des *big five*

Dans les années 1990, les psychologues Paul Costa, Robert McCrae, Robert et Joyce Hogan ont montré que la personnalité d'un individu peut être définie à l'aide de cinq axes :
- axe 1 : extraversion (communication, sociabilité) ;
- axe 2 : amabilité ;
- axe 3 : responsabilité (souci de bien faire) ;
- axe 4 : stabilité émotionnelle (capacité à gérer ses émotions) ;
- axe 5 : ouverture d'esprit.

Sur chaque axe, gradué de 0 à 10, on peut lire une note, variable selon les personnes, ce qui explique le caractère propre et unique de chaque personnalité.

**EXEMPLE**

Graphe d'Adrien

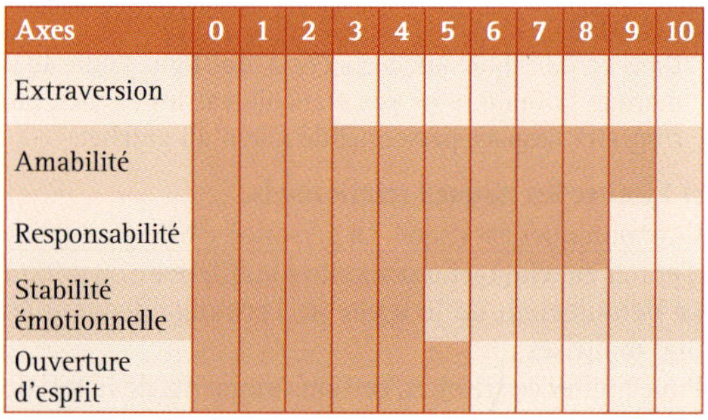


0 = note la plus basse

**Interprétation du graphe d'Adrien**
- axe de l'extraversion : Adrien est plutôt introverti. Il est réservé, discret et réfléchi.
- axe de l'amabilité : Adrien se montre agréable avec les autres. Il est généreux et a un sens aigu de l'entraide.
- axe de la responsabilité : Adrien est perfectionniste et prend le temps de bien faire les choses. Il est rigoureux.
- axe de la stabilité émotionnelle : Adrien est sensible à l'opinion des autres et aux événements mais il parvient néanmoins à maîtriser ses émotions.
- axe de l'ouverture d'esprit : Adrien est partagé entre le besoin de garder ses habitudes et l'envie de nouveauté.

#### c) Les déterminants de la personnalité

Les chercheurs sont partagés quant à l'acquisition de la personnalité. Pour certains, la personnalité se construit, au contact de la mère et en fonction des expériences vécues au cours des premières années de la vie.
Pour d'autres, ce sont l'éducation, le milieu culturel et l'hérédité qui déterminent la personnalité.

### 3. L'image personnelle

#### a) La notion d'image personnelle

L'image personnelle est une représentation mentale de soi qui porte sur le physique et les aptitudes (intellectuelles, manuelles, etc.). C'est la manière dont une personne se définit. Elle se base sur l'estime de soi.

#### b) La notion d'estime de soi

Elle découle de la perception que l'on a de soi (« Qui suis-je ? ») et de la valeur que l'on se porte.

**EXEMPLE**

Mathilde est « ronde ». Elle ne se voit pas grosse mais, au contraire, se trouve épanouie, rayonnante. Elle a une bonne estime d'elle-même.

#### c) Les fonctions de l'estime de soi

Une bonne estime de soi est essentielle pour agir. En effet, la personne qui en est dotée ne craint pas l'échec. Elle se décide donc rapidement et n'hésite pas à se lancer dans de multiples actions.
Une bonne estime de soi procure aussi une certaine stabilité émotionnelle et aide à affronter les situations difficiles.

## 4. L'image professionnelle

C'est l'image qu'un individu projette de lui dans son environnement professionnel. Elle découle à la fois de son apparence et de ses réalisations.
Elle doit être conforme à l'image et à la culture du lieu où il travaille. Elle est marquée par un certain nombre de codes ou d'usages : utilisation du vouvoiement, style de langage (emploi de mots anglais), look des employés.

## 5. L'amélioration de la connaissance de soi

### a) Le bilan personnel et comportemental

Il est une réflexion approfondie sur la personnalité d'un individu, ses aptitudes, ses attitudes et son comportement en situation de travail ou de communication.
Ce bilan est généralement effectué à un moment crucial de la vie d'un individu : besoin de changer d'orientation professionnelle, de se lancer dans un projet ou de se remettre en question.
Plus spécifiquement, il est utile aux vendeurs ou aux manageurs qui ont besoin d'améliorer leur efficacité relationnelle.

### b) Les tests de personnalité

Le diagnostic personnel se fonde sur l'utilisation de questionnaires, d'échelles ou d'inventaires. Leur analyse permet d'établir le profil psychologique d'un individu.

**EXEMPLES**

EPI (*Eysenck Personality Inventory*), IPH (inventaire personnel de Holland), D5D (description en 5 dimensions).

## 6. Le développement de son potentiel

L'amélioration de la connaissance de soi permet d'identifier les qualités personnelles à développer.
De nombreux organismes de formation proposent des stages de développement personnel aux salariés des entreprises.

**EXEMPLES**

Améliorer la confiance en soi, augmenter son efficacité personnelle, apprendre à gérer ses émotions, savoir parler en public, développer sa créativité.

Les méthodes et les outils utilisés au cours de ces séances de formation sont nombreux et varient selon le but recherché. Ils allient généralement tests, mises en situation et exercices divers (théâtre, relaxation, etc.).

# 2 La prise en compte de l'autre

## 1. La découverte de l'autre et de ses différences

### a) Les sources de différences entre les individus

Elles sont relatives à l'âge, aux convictions politiques, idéologiques, religieuses et aux origines (sociale, nationale, régionale, ethnique, etc.).
Elles influent sur la communication et se manifestent par des différences de langage, de culture, d'attitudes et de comportement.

### b) Les différences de langage

Il existe différents registres de langage applicables à des situations de communication précises.

**EXEMPLE**

Le manageur qui présente un projet à sa direction utilisera un registre de langage soutenu (syntaxe soignée, etc.).

Dans le cadre des relations managériales et commerciales, le registre de langage courant est généralement le plus adapté. Le langage familier est proscrit.

### c) Les différences de culture

L'identité culturelle d'un individu se forge au sein de la société dans laquelle il vit (notion de système culturel) mais aussi au sein de ses différents groupes d'appartenance (notion de sous-culture : ensemble des valeurs, des habitudes et des normes propres à un groupe social, inclues dans un système culturel plus global).
Dans le cadre des relations interpersonnelles, être capable de s'ouvrir à la culture de l'autre facilite la communication et évite les malentendus et les ambiguïtés.

### d) Les différences d'attitudes et de comportement

Les attitudes sont des prédispositions intérieures, négatives ou positives, à agir ou réagir dans un certain sens, face à une personne ou dans un contexte donné.
Elles découlent des valeurs propres à l'individu et de son environnement social et culturel.
Elles se traduisent par une intention comportementale qui peut ou non se transformer en un acte ferme.

**EXEMPLE**

Marie a une attitude négative envers Corinne, qu'elle trouve particulièrement insupportable, et elle n'a pas l'intention de l'aider dans son travail. Pourtant, lorsque celle-ci lui demande son soutien, elle le lui accorde. Le comportement est différent de l'intention comportementale.

## 2. L'utilisation de méthodes de compréhension de l'autre

### a) Le diagnostic sociologique

Il sert à identifier la culture et l'identité professionnelle des acteurs dans une situation donnée et met en évidence les interactions. Il se base sur les résultats d'une enquête terrain menée à l'aide d'entretiens semi-directifs.

### b) Le diagnostic psychologique

Il sert à établir le profil psychologique d'une personne et à expliquer ses attitudes et son comportement. Il se fonde sur des tests de la personnalité et des méthodes d'observation.

### c) L'adaptation à l'autre

Savoir décrypter les attitudes et le comportement de son interlocuteur permet de mieux comprendre son fonctionnement et ses intentions et de s'adapter à lui.

**EXEMPLE**

Un client entre dans un magasin. Son regard est fuyant. Visiblement, il a envie qu'on le laisse découvrir tranquillement les articles. Le vendeur doit rester discrètement à l'écart, tant que le client n'a pas besoin de lui.

# 3 LES RELATIONS ENTRE LES ACTEURS

**➔ Les échanges entre les individus sont d'abord influencés par leur statut dans la société.**
**Celui-ci les renvoie à un «rôle» à jouer dans un contexte donné et détermine les rapports de pouvoir et d'autorité qui permettent à chacun de se positionner dans la relation de communication.**

Influences exercées sur les relations entre les acteurs

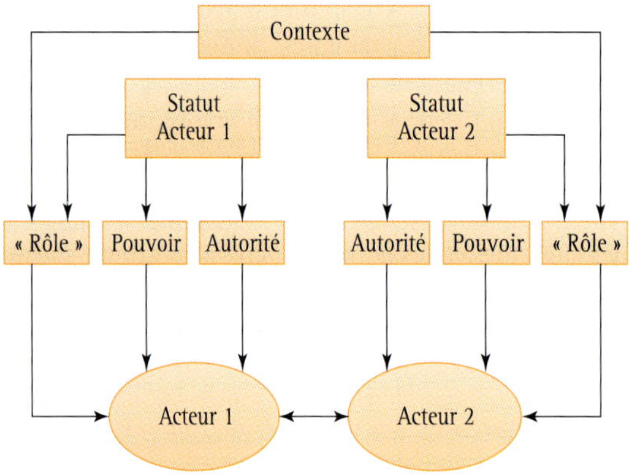


## 1 Les notions de statut et de rôle

### 1. Le statut

#### a) La définition courante

Le statut est la position sociale reconnue à une personne, dans un cadre d'appartenance donné.
Il est déterminé par la profession exercée (gérant de société, etc.), la considération associée au métier (chef d'entreprise, etc.) ou le droit (personne majeure, père de famille, etc.).

#### b) La définition du sociologue Max Weber (1864-1920)

Le statut est la position sociale d'un individu dans la société.

**EXEMPLES**

Statut de travailleur manuel, statut d'intellectuel.

Il se distingue du statut économique, qui recouvre la notion de classe sociale (exemple : la classe ouvrière), ainsi que du pouvoir hiérarchique. Il est associé à l'idée de prestige.

**EXEMPLE**

Le statut de travailleur manuel est mal considéré dans notre société moderne.

#### c) Le statut des membres d'une unité commerciale

Dans une unité commerciale, le statut des membres de l'équipe est défini par de multiples critères : la place dans l'organigramme, l'ancienneté dans l'unité, ainsi que la notoriété acquise grâce à leurs réalisations.
D'autres critères tels que les titres universitaires, l'école fréquentée, l'implication dans des groupes de travail (cercle de qualité, groupe de projet, etc.) et les engagements personnels (syndicaliste, politique, associatif, etc.) complètent la définition de ce statut.

#### d) Les attributs du statut dans l'unité commerciale

Différents attributs symbolisent le statut dans le monde professionnel : un téléphone portable professionnel, la taille du bureau, l'accès à l'intranet du réseau, une invitation VIP à la convention annuelle du réseau, etc.

### 2. Le rôle

#### a) La notion de rôle (ou de comportement social) pour les sociologues

Cette notion est très souvent associée à celle de statut. Dans une situation donnée, chaque individu tend à montrer un ensemble de comportements (gestes, paroles) représentatif d'un personnage.

**EXEMPLES**

Telle personne se comporte comme un «bon père de famille», telle autre comme un «salarié modèle».

Aujourd'hui, la notion de rôle est remplacée en partie par celle d'identité sociale, qui permet à un individu d'affirmer sa position dans la société par rapport à son âge, son sexe, sa situation familiale, sa profession et ses engagements.

#### b) La notion de rôle dans les entreprises

Au travail, le rôle dicte aux salariés, dans un contexte donné, le comportement social à adopter.

**EXEMPLE**

Le rôle du conseiller client est de vendre mais aussi de rester courtois et souriant en toutes circonstances.

Il donne des repères aux salariés, évite l'indécision et stabilise les relations interpersonnelles mais il limite la spontanéité de l'individu.

**EXEMPLE**

Un manageur, même exaspéré par l'attitude de l'un de ses subordonnés, ne doit pas perdre son sang-froid.

#### c) La diversité des rôles joués dans l'unité

Selon la situation, le moment et les objectifs poursuivis, les salariés tiennent des rôles différents.

**EXEMPLES**

| Situations | Rôles | Caractéristiques du rôle |
|---|---|---|
| Une réunion de travail entre collègues | Animateur (autoritaire, démocratique, etc.)<br>Rapporteur de séance<br>Intervenant<br>Participant (leader, perturbateur, etc.) | Il dirige les débats.<br>Il rédige un compte-rendu.<br>Il présente et développe un sujet.<br>Il écoute et exprime sa pensée. |
| La gestion d'un conflit | Manageur (passif, diplomate, etc.)<br>Protagonistes (attaquant, attaqué) | Il cherche à mettre un terme au conflit.<br>Ils défendent leur position, leur intérêt. |
| Une situation de vente dans un magasin | Vendeur (directif, affectif, etc.)<br>Client (bavard, sympathique, etc.) | Il cherche à donner confiance au client et à emporter la vente.<br>Il recherche la satisfaction de ses intérêts. |

#### d) La nécessité d'adapter le rôle en fonction de son interlocuteur

Les individus, de par leur personnalité et leur tempérament, préfèrent endosser certains rôles.

**EXEMPLE**

Un manageur plutôt autoritaire aura tendance à jouer le rôle du dominateur dans la gestion d'un conflit.

Pour gagner en efficacité dans la relation de communication, les acteurs ont intérêt à retenir le rôle qui fonctionnera le mieux avec leur partenaire.

**EXEMPLE**

Dans une situation de conflit, le manageur qui souhaite trouver un compromis jouera le rôle du diplomate.

## 2 Les notions d'autorité et de pouvoir

L'exercice du management repose sur deux piliers : le pouvoir et l'autorité.

### 1. Le pouvoir

#### a) La définition courante

C'est l'aptitude à influencer le comportement d'autrui en imposant sa propre volonté contre la sienne.

**EXEMPLE**

La mère de famille use de son pouvoir pour envoyer son fils se coucher tôt alors que celui-ci veut regarder le film.

#### b) Les différents aspects du pouvoir

Le pouvoir est partout : à la maison, à l'école, au travail, dans la vie politique, etc.
Dans une relation entre deux personnes, le pouvoir de l'un n'existe que s'il y a une opposition exercée par l'autre, c'est-à-dire un contre-pouvoir.

**EXEMPLE**

Le pouvoir de la mère s'oppose à la résistance de son enfant qui pleure.

Dans une relation de face-à-face entre un individu et un groupe d'individus, le pouvoir de l'un sur les autres est donné par le statut.

**EXEMPLE**

Le pouvoir de l'enseignant dans la classe lui est conféré par son statut de professeur, qui lui permet de convoquer les parents en cas d'indiscipline de l'un de ses élèves.

#### c) Les composantes du pouvoir

La première source de pouvoir est la force qui peut s'exercer par la contrainte physique, la menace ou le chantage.

**EXEMPLE**

Le policier a le pouvoir d'user de la force face à un individu dangereux.

La deuxième composante est la maîtrise des ressources : l'argent, les biens, les informations, etc.

**EXEMPLE**

Le chef d'entreprise, détenteur de moyens financiers, a le pouvoir d'embaucher ou de licencier.

La troisième composante est l'imaginaire. Un individu peut asseoir ou conforter son pouvoir sur les autres en les faisant rêver, en leur donnant des espérances.

### 2. L'autorité

#### a) La définition courante

C'est l'aptitude à se faire obéir, une forme de pouvoir exercée sur les autres, utilisée pour les faire agir.

#### b) Les différentes formes d'autorité selon Max Weber

Le sociologue Max Weber distingue quatre formes d'autorité.
L'autorité traditionnelle repose sur le caractère sacré des coutumes et des traditions.

**EXEMPLE**

L'autorité du patriarche dans les sociétés traditionnelles.

L'autorité personnelle est l'ascendant psychologique qu'une personne peut avoir sur les autres.
L'autorité charismatique est la capacité à se faire aimer et à rassembler autour de soi toutes les énergies.

**EXEMPLE**

L'autorité charismatique d'un homme politique.

L'autorité légale est liée à la fonction et au statut dans l'organisation. Elle est exercée par le supérieur hiérarchique sur ses subordonnés.

**EXEMPLE**

L'autorité d'un responsable d'agence sur ses conseillers.

#### c) L'autorité légale du manageur dans l'unité commerciale

Le manageur exerce quotidiennement son autorité sur ses salariés. Il donne des ordres, transmet des consignes, des procédures, des méthodes de travail, les fait appliquer et contrôle leur exécution.
Il veille au respect du règlement intérieur et rappelle à l'ordre ses subordonnés en cas d'écart.
Il peut sanctionner le salarié si celui-ci continue à ne pas appliquer les règles, même après plusieurs recadrages.
Cependant, exercer l'autorité n'est pas seulement contraindre, c'est aussi savoir féliciter.

#### d) Les différentes manières pour un manageur d'asseoir son autorité dans l'équipe

L'autorité légale ne suffit pas toujours pour asseoir son autorité. Encore faut-il que le manageur sache faire preuve de psychologie à l'égard de ses salariés et qu'il mobilise certaines aptitudes humaines et relationnelles.
Ainsi, quand le manageur donne des directives, il doit le faire d'une certaine manière.

**EXEMPLE**

Le manageur qui a demandé au personnel son avis avant de prendre une décision aura plus de facilités à la faire appliquer que s'il l'avait prise et imposée sans concertation préalable.

Par ailleurs, respecter ses salariés et faire preuve d'équité à leur égard sont autant de moyens pour le manageur d'instaurer un climat de confiance dans l'équipe et d'obtenir la coopération de ses subordonnés.

# 4 L'IMPACT DE L'ENVIRONNEMENT SOCIAL

**L'appartenance d'un individu à un groupe social influence sa manière de communiquer.**
**Dans une situation de communication, être capable d'identifier le groupe social de son interlocuteur permet d'adapter et de personnaliser la relation et de gagner en efficacité.**

## 1 Les notions de groupe

### 1. Définitions

La société est divisée en groupes.

#### a) La distinction entre groupe d'appartenance et groupe de référence

Tout individu appartient, de fait, à plusieurs groupes : famille, école, quartier, ethnie, nation, etc. Ce sont des groupes d'appartenance. À l'intérieur, s'opèrent des échanges et des influences réciproques qui conduisent à l'acquisition de normes sociales et culturelles.
L'individu peut s'en satisfaire et y adhérer plus ou moins fortement. Mais il peut aussi vouloir s'en affranchir et acquérir les normes ou les valeurs d'un autre groupe qu'il admire. On parle alors de « groupe de référence ».

#### b) La notion de groupe social

Le groupe social regroupe des individus partageant une même culture, des valeurs et des styles de vie semblables.

**EXEMPLE**
Les amateurs de rock partagent une même passion pour ce courant musical porteur d'énergie et d'émotions fortes.

Le groupe social se différencie de la catégorie sociale ou de la classe sociale.
La catégorie sociale est liée à la profession.

**EXEMPLE**
La catégorie socioprofessionnelle des agriculteurs.

La classe sociale est un groupe d'individus caractérisé par des critères de revenu, de prestige et de niveau de vie.

**EXEMPLES**
La classe ouvrière, la classe moyenne, la bourgeoisie.

### 2. La formation des groupes sociaux

#### a) La diversité des groupes sociaux

Il existe une grande diversité de groupes sociaux, variables selon les sociétés et selon les époques. Ils diffèrent dans leur taille, leurs contours et leurs modes de fonctionnement et d'adhésion. Ils se forment selon différents critères de différenciation et répondent à des besoins sociaux.

**EXEMPLES**
La tribu des Harley Davidson, un groupe de voisins passionnés d'aéromodélisme, etc.

#### b) Les caractéristiques des groupes sociaux

Certains groupes sociaux ont des contours très rigides (exemple : les castes), d'autres ont des contours flous (exemple : les classes sociales).
Certains groupes sont formels et fonctionnent avec des règles officielles et une hiérarchie.

**EXEMPLE**
Les clubs et les associations ont des statuts, un président, un trésorier, etc.

D'autres groupes sont informels. Ils ne sont pas hiérarchisés et fonctionnent avec des règles tacites.

**EXEMPLE**
Les tribus modernes n'ont pas de chef mais des leaders d'opinion. Leurs membres n'ont pour contrainte que celle de se conformer aux codes comportementaux du groupe.

L'adhésion au groupe se fait volontairement, sur la base de relations spontanées, parfois sur cooptation.

#### c) La création des groupes sociaux

Des critères socio-économiques (revenus, profession, formation, etc.) et psychodémographiques (âge, sexe, style de vie), combinés à un intérêt commun pour une activité, expliquent la formation des groupes.

**EXEMPLE**
Un groupe de jeunes enseignants célibataires unis par la même passion, le trecking, organisent chaque année une nouvelle expédition lointaine.

#### d) Les besoins et les motivations des membres

L'adhésion à un groupe social se justifie par le besoin d'appartenance et le goût des relations sociales. Elle permet à l'individu de se construire une identité sociale et de développer son estime de soi sociale.
L'identité sociale est l'identité personnelle par référence à un groupe.
L'estime de soi sociale est la valeur que l'on pense avoir dans le groupe.

### 3. La cohésion d'un groupe

#### a) Définition

La cohésion d'un groupe se définit par le sentiment d'appartenance à celui-ci. Elle résulte du plaisir réciproque de ses membres à être ensemble et de la volonté de rester dans le groupe. Elle se manifeste par des comportements d'entraide et de coopération.

#### b) Les facteurs de cohésion d'un groupe

Pour que les membres d'un groupe aient envie d'y rester, il faut que l'appartenance à celui-ci leur apporte des bénéfices : satisfaction d'appartenir à un réseau où les échanges sont fréquents et les relations interpersonnelles de qualité, satisfaction de pouvoir mener des actions en commun.
Il faut aussi qu'ils adhèrent pleinement aux objectifs, aux valeurs, aux codes et aux normes du groupe.
Enfin, il est souhaitable qu'aucun membre ne cherche à dominer les autres.

#### c) Les incidences de la cohésion

La cohésion a des effets bénéfiques sur le fonctionnement du groupe et le moral de ses membres. Elle crée un sentiment de bien-être, de sécurité et d'estime réciproque. Elle favorise la réussite des actions collectives. Néanmoins, une cohésion trop forte peut parfois étouffer la pensée et l'initiative individuelles.

## 2 La communication au sein des groupes sociaux

### 1. Le type de relations

Contrairement à ce qui se passe dans les groupes formels, les relations dans les groupes informels sont libres, spontanées et ne sont régies par aucune règle officielle. Il n'y a pas de chef désigné, seulement des personnes dotées de leadership qui exercent une influence plus ou moins forte sur les autres membres.

### 2. Les signes de reconnaissance verbaux

Les membres d'un groupe social ont un style de communication qui leur est propre. Ils utilisent entre eux un vocabulaire et un registre de langage spécifiques.

**EXEMPLE**

Les membres d'un groupe d'éloquence utilisent entre eux un langage très recherché.

### 3. Les signes de reconnaissance non verbaux

Les membres d'un groupe aiment afficher leurs préférences, leurs valeurs, en adoptant un certain look ou certains attributs corporels.

**EXEMPLE**

Les *bikers* Harley aiment arborer leurs tatouages.

Ces signes leur permettent de se différencier tout en montrant leur appartenance à un groupe.

## 3 S'adapter au style social du client pour mieux le convaincre

Le style social du client se caractérise par une manière de penser, de vivre ainsi que par un ensemble de valeurs, de comportements et d'attitudes.
Il influence ses pensées, ses paroles et ses actes. Le décoder peut aider le vendeur à mieux vendre.

### 1. Les différents styles sociaux des clients

La société Wilson Learning a montré l'existence de quatre profils de clients.

#### a) Le client rationnel

Il est prudent, méthodique et persévérant.
Il privilégie les faits, pose beaucoup de questions sur les aspects techniques et se documente abondamment avant de prendre une décision.
On le reconnaît à son sérieux, son apparence soignée et discrète. Il s'exprime correctement et avec calme.

#### b) Le client décideur

Il est direct et sait ce qu'il veut. Il montre une grande confiance en lui. Il a une certaine appétence pour le risque et sait se décider rapidement.
On le reconnaît à sa détermination. Il parle vite et d'une manière monocorde. Ses gestes sont mesurés.

#### c) Le client sympathique

Il est sociable, à l'écoute des autres, peu préoccupé par les aspects techniques. Il est de nature cordiale et conciliante. Mais il manque de confiance en lui et a besoin d'être aidé dans la prise de décision.
On le repère à son apparence décontractée. Il est chaleureux, s'exprime lentement, avec une voix douce.

#### d) Le client enthousiaste

Il est dynamique, énergique et passionné. Il a une grande confiance en lui et n'a pas peur de prendre des risques. Il aime la nouveauté et laisse l'intuition guider ses choix.
On le détecte par l'énergie qu'il dégage, l'ampleur et la vivacité de ses mouvements. Il est bavard et s'exprime en parlant fort.

### 2. Le comportement du vendeur face à ces styles sociaux

Le vendeur doit adapter son comportement au profil du client pour donner confiance à ce dernier et augmenter son bien-être.

#### a) Le comportement du vendeur face au client rationnel

Le vendeur doit préparer soigneusement son entretien, être organisé lors de la présentation et précis dans son argumentation, donner les avantages et les inconvénients de chaque solution proposée, s'appuyer sur des faits, communiquer des éléments de preuve et indiquer clairement les délais et les engagements pris.
Il doit aussi laisser du temps à l'acheteur pour qu'il puisse prendre sa décision en toute connaissance de cause.

#### b) Le comportement du vendeur face au client décideur

Le vendeur doit préparer avec soin la documentation utile et définir clairement les objectifs de l'entretien. L'essentiel est de ne pas faire perdre son temps au client en allant droit au but, en ne proposant que deux ou trois alternatives, pas plus, et en se concentrant sur les points essentiels et quelques arguments clés.

#### c) Le comportement du vendeur face au client sympathique

Il faut l'aborder d'une manière douce et décontractée, lui montrer l'importance que l'on attache à l'aspect humain de la relation. Il faut le faire parler en lui posant des questions du type « pourquoi ».
Pour l'aider à prendre sa décision, il faut le rassurer en faisant preuve de franchise, en décrivant clairement les engagements pris et en insistant sur les bénéfices de l'opération.

#### d) Le comportement du vendeur face au client enthousiaste

Le vendeur doit éviter d'être trop conventionnel, trop technique. Il faut prendre le temps de discuter avec le client de ses projets, de ses expériences et le laisser confronter ses opinions à celles du vendeur. Il est conseillé aussi de l'associer à la recherche de solutions et de lui proposer des avantages personnalisés pour le pousser à franchir le pas.

# 5 L'EXPRESSION ORALE, ATOUT DU MANAGEUR

**Le manageur assure son autorité par sa personnalité, son savoir être. Sa communication orale est un atout majeur pour se faire comprendre clairement.**

## 1 La maîtrise de l'émission orale du message

S'exprimer oralement ne se borne pas à parler et émettre des sons, c'est se faire comprendre par tous et en toutes circonstances.

### 1. La voix

La voix fonctionne à partir d'un élément mécanique situé dans la poitrine et d'un autre, émotionnel, placé au niveau du cerveau.

La voix est le premier outil de l'homme pour émettre un message oral. Elle a besoin du souffle de l'énergie pulmonaire pour émettre un son. De la quantité d'air inspiré et expiré dépendra la qualité de l'émission.

L'émetteur doit contrôler la manière avec laquelle il va véhiculer son message oral et soigner les différentes caractéristiques de sa voix : la hauteur (aiguë, médiane, grave), l'intensité (forte, faible), la diction (prononciation et articulation), le débit (lent, rapide, adapté), l'intonation (affirmation, interrogation) et le rythme (accentuation et pauses mettant en valeur certaines idées).

### 2. La prononciation et l'articulation

La compréhension du récepteur dépend de la qualité avec laquelle le message est exprimé. L'émetteur doit donc s'efforcer d'ouvrir suffisamment les lèvres pour prononcer distinctement les mots.

Une des techniques fréquemment utilisées pour améliorer son expression orale consiste à parler ou à lire un texte avec un crayon serré fermement entre les dents.

### 3. L'intonation

C'est le mouvement mélodique de la voix, caractérisé par des variations de hauteur. Il est nécessaire de varier les intonations afin de capter l'attention de l'auditoire tout au long du discours et d'y apporter une certaine vivacité. Si l'intonation ne change pas, le récepteur pourra ressentir un manque de conviction chez l'émetteur.

L'intonation remplace la ponctuation que l'on trouve à l'écrit.

L'intonation doit s'adapter à l'environnement. Inutile de parler fort dans un espace restreint et calme. Par contre, dans une ambiance musicale avec du brouhaha, mieux vaut hausser le ton.

### 4. Le débit

Le débit est la vitesse à laquelle l'émetteur diffuse un nombre de mots prononcés dans un laps de temps donné.

Le débit moyen est de 120 à 160 mots à la minute. C'est celui qui convient pour être compris clairement.

Un débit lent et calme confère de la gravité au propos.

Un débit précipité signifie agitation et nervosité. Cependant, la régularité du débit engendre la monotonie. Faire varier la vitesse de l'élocution stimule l'intérêt de l'auditeur.

### 5. Le rythme

Le changement de rythme donne au discours une dynamique et évite la monotonie. Il est favorisé par la ponctuation orale, qui permet de s'arrêter à tout moment.

Le rythme apporte du confort à l'écoute et du poids aux mots et aux gestes.

La tonalité de la voix varie en jouant sur les inflexions pour insister sur certains mots, certaines syllabes. On peut ainsi appuyer sur le mot sujet ou complément, sur le verbe qui définit l'action, sur les mots outils (article, conjonction, pronom, etc.).

**EXEMPLES**

Selon l'accent tonique donné au mot, on insiste sur son importance :
«J'ai le meilleur <u>produit</u>» : ce qui compte, c'est le produit.
«J'ai le <u>meilleur</u> produit» : ce qui compte, c'est que le produit soit meilleur que les autres.
«J'ai <u>le</u> meilleur produit» : ce qui compte, c'est que c'est le seul produit.
«<u>J'ai</u> le meilleur produit» : ce qui compte, c'est que moi, j'ai le meilleur produit.

Le silence apporte également du rythme car il permet au récepteur d'enregistrer ce qui est dit. Volontairement, on lui laisse le temps de mémoriser.

Il permet aussi à l'émetteur de reprendre sa respiration, de réfléchir à ce qu'il doit encore dire et de contrôler la réception du message.

La pause, que l'on représente à l'écrit par des points de suspension ou par un trait d'union, permet de créer, par l'intonation, un certain rythme.

**EXEMPLES**

C'est tout à fait po-ssi-ble !
Il a reçu un choc... terrible.

## 2 La construction du message

Contrairement à l'écrit, que l'on peut revoir et corriger, les paroles prononcées ne peuvent être effacées.

### 1. La syntaxe

Il existe une syntaxe pour l'expression orale et écrite.

La syntaxe «sujet + verbe + complément» est la plus simple à comprendre à l'oral.

L'expression orale s'accompagne aussi trop fréquemment de fautes grammaticales dues soit à des ellipses («Y a déjà...», «J'ai pas...», «T'as qu'à...»), soit à des redondances («À mon avis, je pense que...», «Mon manageur, il veut...»), des troncations («Faudrait voir si...»), des pléonasmes («Au jour d'aujourd'hui», «Il faut prévoir d'avance...»). Toutes ces erreurs de syntaxe nuisent à la qualité du message.

### 2. La concision

Mieux vaut adopter des phrases courtes avec une seule idée, construites simplement, sans imbrications compliquées.

EXEMPLE

Au stand « Parfumerie », pendant que la vendeuse empaquette le cadeau, une jeune fille recommande à son petit frère : « Surtout, quand papa te dira de ne pas dire à maman ce qu'il lui a acheté, ne va pas raconter à papa que c'est maman qui nous a dit de suggérer à papa ce qu'il fallait offrir à maman pour lui faire une surprise pour son anniversaire. »

### 3. Les verbes d'action

Un nom désigne une chose alors qu'un verbe invite à agir. Aussi, mieux vaut utiliser un verbe, à condition qu'il soit précis.

EXEMPLES

| Au lieu de dire... | ... mieux vaut formuler |
|---|---|
| Le manageur est à son bureau. | Le manageur travaille à son bureau. |
| M. Leroux a trois salariés. | M. Leroux emploie trois salariés. |
| Vous ferez l'évaluation. | Vous mènerez l'évaluation. |
| Serez-vous à la réunion demain ? | Participerez-vous à la réunion demain ? |
| Mettez l'affiche dans la salle de repos. | Apposez l'affiche dans la salle de repos. |

## 3 Le choix du registre de langue

Le registre de langue est le niveau utilisé par l'émetteur pour s'adresser au récepteur. Selon qu'il s'agit d'une conversation privée ou professionnelle, collective ou individuelle, le manageur va choisir un registre de langue.

### 1. Les registres de langue

Le registre soutenu est utilisé par l'émetteur qui a le souci de s'exprimer correctement et avec distinction.

Le registre courant est un langage utilisé sans recherche.

Le registre familier emploie des mots ou des expressions usuels, voire avec une syntaxe incorrecte.

Le registre technique est un langage spécialisé utilisé pour des échanges entre professionnels.

Le registre dépend du choix des mots, des structures syntaxiques et du temps grammatical utilisé.

EXEMPLE

| | |
|---|---|
| Registre familier | Décrasser |
| Registre courant | Laver |
| Registre soutenu | Procéder à des ablutions |
| Registre technique | Désinfecter |

### 2. Le vocabulaire adapté

Se faire comprendre nécessite d'user d'un vocabulaire adapté connu du récepteur, qu'il soit technique ou non. Le vocabulaire dépend de la personnalité du récepteur qui, selon son niveau d'instruction, sa catégorie socio-professionnelle, etc., va décoder les termes utilisés et leur appliquer une signification. L'environnement (bruits, etc.) et la situation du récepteur (stress, etc.) peuvent le pousser à une interprétation due à un ressenti momentané.

EXEMPLE

Un manageur dit à son adjointe : « Je vous félicite. » Selon le ton employé, l'adjointe peut ressentir cette tirade comme un encouragement (si le ton est sincère) ou comme un reproche (si le ton est ironique).

Par ailleurs, l'émetteur doit adopter un vocabulaire approprié et précis pour éviter toute interprétation qui pourrait entraîner des erreurs de compréhension et des quiproquos. Les principales causes d'erreurs sont les paronymes, qui sont des mots ayant à peu près la même prononciation sans être vraiment homonymes.

EXEMPLES

Omettre et émettre, emmener et amener, proscrire et prescrire.

Le vocabulaire utilisé dépend du registre choisi et varie en fonction de la situation de communication, selon qu'elle est professionnelle ou privée.

## 4 L'observation du récepteur

### 1. L'écoute active

L'émetteur doit vérifier que son message est correctement reçu par l'interlocuteur. Il doit alors être capable de distinguer, par son observation, si le récepteur est attentif, s'il comprend le message et ce qu'il ressent.

L'écoute active consiste à savoir capter l'expression de l'interlocuteur. Cela signifie qu'il faut être attentif aux signaux verbaux (« Comment ? Vous êtes sûr ? Vraiment ? ») et non verbaux (moue, hochements de tête, yeux écarquillés, etc.) de l'interlocuteur, qui indiquent souvent inconsciemment l'attention qu'il porte au discours de l'émetteur et sa compréhension ou non du message.

### 2. Le *feed-back*

Le *feed-back* (ou rétroaction) consiste à vérifier régulièrement que le récepteur a entendu et perçu le message. Il permet à l'émetteur d'adapter ou d'ajuster le message en tenant compte des réactions du récepteur. Des demandes d'explication peuvent se manifester oralement ou par une gestuelle (attitudes, gestes et mimiques). L'émetteur doit donc être très attentif au comportement du récepteur.

C'est par des formules dites « de reformulation » que l'émetteur va s'assurer de la compréhension du récepteur.

Reformuler consiste à redire le message en d'autres termes pour faire en sorte que l'émetteur et le récepteur soient d'accord sur le message émis et reçu. Souvent, les formules de reformulation commencent par : « Je veux dire que... », « En fait... », « Autrement dit... ».

# 6 LA COMMUNICATION NON VERBALE DU MANAGEUR

**➔ La communication non verbale s'accompagne de gestes, de postures et de mimiques. Il faut apprendre à comprendre ce que les mots ne disent pas mais que tout le corps exprime.**

## 1 Les vecteurs de la communication non verbale

L'attitude et le mouvement, le lieu occupé dans l'espace, etc., sont quelques éléments de la communication non verbale.

### 1. La tête et le visage

#### a) La position de la tête

La tête, partie du corps la plus régulièrement observée, permet d'identifier l'état de l'interlocuteur pendant le discours.

#### b) Le regard

Le regard est la partie la plus expressive du corps. Il balaie l'espace si l'autre personne s'ennuie. Au contraire, un contact visuel fort est un signe d'honnêteté et d'intérêt.

#### c) La bouche

La bouche et les lèvres manifestent aussi des réactions. Le sourire est généralement le signe d'une réaction de plaisir.

### 2. Les gestes d'accompagnement

Si l'on peut contrôler sans trop de difficulté ce que l'on dit, il est plus difficile de faire attention aux gestes machinaux qui accompagnent le discours.

#### a) Le langage des mains

Il existe des centaines de mouvements différents des mains.

Les mains ouvertes et relâchées indiquent une confiance en soi et envers l'autre. Les mains qui s'agrippent à un objet, à une chaise ou à soi-même (menton, nez, oreilles, bras) démontrent une tension intérieure, une insécurité ou une angoisse.

#### b) Les membres

Qu'il s'agisse des bras ou des jambes, le croisement des membres indique une tension intérieure, une auto-protection par la constitution d'une barrière qui protège l'individu de l'autre ou du groupe.

### 3. Les postures

#### a) La position assise

L'individu adopte, lorsqu'il est assis, diverses positions selon son état de réceptivité.

Sa position peut être fermée, crispée, sur la défensive. Une chaise partiellement occupée témoigne d'un sentiment à la fois de blocage et d'absence d'implication personnelle.

Sa position peut être ouverte : les jambes sont avancées, le buste est penché en avant. L'individu est en situation d'ouverture, de communication positive.

#### b) La position debout

Dans une unité commerciale, l'individu à son poste est souvent debout. Si ses pieds sont bien à plat au sol, légèrement écartés, sa position est équilibrée, stable, attentive. Elle ne doit pas être confondue avec une position rigide, qui révèle un manque de souplesse et d'adaptation (position « garde-à-vous et à vos ordres »).

#### c) L'inclinaison du corps

Quand le corps de l'interlocuteur reste droit ou se penche en avant, l'autre personne est intéressée par le discours. Lorsqu'il se renverse en arrière, il s'agit, au contraire, d'un message négatif.

## 2 Les limites de la communication non verbale

Il ne faut pas donner aux gestes une signification trop rapide, trop absolue.

Chaque geste fait partie d'un tout. Il ne faut donc pas s'arrêter à un seul signe mais à plusieurs qui, en se succédant et en se recoupant, témoignent d'une réaction, d'un état ponctuel, mais qui n'est pas une attitude définitive. Certains signes peuvent se contredire, s'atténuer ou s'amplifier successivement. Il conviendra donc de prendre en compte la situation dans laquelle l'individu intervient.

## 3 La gestion du stress

Le stress, c'est d'abord un ensemble de réactions du corps face à une situation nouvelle ou menaçante. Cette tension interne dans le travail peut modifier le comportement non verbal des interlocuteurs et déclencher des réactions inhabituelles.

### 1. Le bon et le mauvais stress

Le stress, en tant que tel, n'est pas nécessairement mauvais car il peut provoquer une influence positive ou négative. En tant qu'influence positive, le bon stress peut aider à agir. En tant qu'influence négative, le mauvais stress a comme conséquence des sentiments d'infériorité, de colère, pouvant même mener à une dépression.

### 2. Le manageur et le stress

Le manageur peut être sujet lui-même au stress de par ses responsabilités et les contraintes de sa fonction. Il doit être en mesure de gérer son propre stress et celui des membres de son équipe pour ne pas créer de tensions négatives.

### 3. Les manifestations du stress

Le stress entraîne des émotions qui mènent à une manifestation physique (angoisses, peurs, craintes, panique, etc.). L'individu s'isole et se détourne des autres. Son caractère renfermé et silencieux le rend progressivement inaccessible. Son expression orale va se modifier pour s'appuyer sur un ton exaspéré, un rythme accéléré ou ralenti. Il convient donc au manageur de veiller à gérer son stress et celui de ses collaborateurs pour maintenir la cohésion de son équipe.

# 7 L'EFFICACITÉ PROFESSIONNELLE DU MANAGEUR PAR LA COMMUNICATION PERSUASIVE

**➔ Le manageur est un leader capable de créer un climat de confiance avec son équipe. Il doit savoir identifier la façon dont ses membres le perçoivent, reconnaître leurs besoins et développer l'empathie et l'altérité avec chacun d'eux.**

## 1 L'altérité et l'empathie

### 1. L'altérité

L'altérité est l'aptitude à écouter l'autre sans jugement, dans une attitude de compréhension bienveillante de sa différence.
Chacun a sa personnalité, sa culture et ses convictions. L'échange enrichit mutuellement les partenaires.

### 2. L'empathie

L'empathie est la capacité à se mettre à la place de l'autre, écouter et comprendre ses références, ses centres d'intérêt. Elle consiste à comprendre ce que l'autre pense et ce qu'il souhaite, à accepter son point de vue (ce qui ne veut pas dire le partager). Attentif à l'ensemble des signaux verbaux et non verbaux qu'il émet, respecté et mis en confiance, rassuré de trouver en face de lui quelqu'un qui le comprend, l'interlocuteur va communiquer avec lui et comme lui.

## 2 Les facteurs d'influence de l'interlocuteur

### 1. Les facteurs sociologiques

Ils donnent à l'individu des repères pour s'adapter socialement en agissant sur son comportement.

#### a) Le mode de vie

C'est l'ensemble des façons concrètes de se comporter, d'utiliser son temps, d'organiser sa vie selon ses ressources matérielles et ses contraintes sociales.

#### b) Les groupes d'appartenance

L'individu fait normalement partie de plusieurs groupes d'appartenance (famille, établissements d'études, ville ou quartier, groupe professionnel, club sportif, etc.), qui deviennent souvent des groupes de référence, auxquels il emprunte ses normes et ses valeurs.

### 2. Les facteurs psychologiques

#### a) La personnalité

La personnalité est définie comme les caractéristiques spécifiques d'un individu.
Elle se forme à partir des traits biologiques résultant de l'hérédité, de l'apprentissage social (la société transmet des règles de conduite, des normes et des valeurs) et de l'histoire personnelle de l'individu.

#### b) La dimension affective

L'émotion est une réaction physique et mentale, affective, éprouvée comme un trouble agréable ou désagréable face à un événement positif ou négatif. On distingue six émotions fondamentales (la joie, le dégoût, la surprise, la tristesse, la colère et la peur) qui ont un impact sur le comportement et dans la communication.

### 3. La sphère corporelle personnelle

L'individu utilise l'espace autour de lui pour communiquer et délimite des zones imaginaires pour accepter ou refuser le contact intime ou public.
La sauvegarde de ces zones est importante pour la pratique du contact avec les autres et la conduite du dialogue.

#### a) La zone intime

Elle équivaut à la distance du bras tendu autour de l'individu.
Dans cet espace, il ne se laisse pas approcher par le premier venu. Toute intrusion dans cette zone personnelle est ressentie comme importune. Il évite alors le contact visuel, l'attitude se raidit et le dialogue reste contraint et forcé.

**EXEMPLE**

Le manageur s'approche d'un équipier pour lui dire avec un sourire qu'il n'a pas passé assez de temps pour réaliser une tâche. Le reproche effectué dans une zone intime, mais à voix basse, est atténué.

#### b) La distance personnelle

Elle commence où se termine la zone intime et correspond à un périmètre d'un mètre. On gagne la confiance de quelqu'un en rentrant dans sa zone personnelle. Toute intrusion indésirable dans cette zone se traduit par une réaction de défense. N'y sont admises que les personnes de confiance comme les membres de la famille, les bons amis, les collègues et les proches sympathiques.

#### c) La distance sociale

Distance éloignée de un à quatre mètres, elle englobe les contacts de tous les jours et superficiels, les collègues de travail occasionnels, les supérieurs et les relations.

#### d) La distance publique

Cette distance prolonge la distance sociale jusqu'à environ huit mètres et concerne toutes les personnes avec lesquelles le contact reste impersonnel ou que l'on croise.

**EXEMPLE**

Le manageur reproche publiquement à une employée son retard à une réunion. Ce reproche effectué dans la zone publique manque de conviction et sa portée sur l'employée est atténuée.

#### e) L'utilisation de la sphère

Un bon communicant pratique d'instinct la conformité entre le message et la zone d'émission. Il va ainsi savoir montrer son désintérêt en s'éloignant de son interlocuteur ou son intérêt en s'en rapprochant.
Plus on s'approche de son interlocuteur, plus on lui témoigne une attirance, une affection, une conviction, une confiance, etc. ; plus on s'en éloigne, plus on manifeste un rejet, une crainte, une gêne, un désengagement, etc.

# 8 LA COMMUNICATION PROFESSIONNELLE : RÈGLES ET OUTILS

**➔ La communication professionnelle englobe les actes de communication dans l'entreprise dans le but d'exposer les résultats, de transmettre des informations au personnel, d'expliquer et de rendre compte. Elle s'appuie régulièrement sur des documents écrits ou visuels.**

## 1 Les règles de la communication professionnelle

### 1. Les caractéristiques de la cible

Le manageur doit identifier les caractéristiques de la cible à laquelle il va s'adresser (employés, cadres, etc.). Il doit choisir le registre de langue, le contenu des messages, les supports pour diffuser son message.

### 2. La rédaction du message

Le message doit être court et obéir à des règles propres à la diffusion de l'information : rapidité de consultation, simplicité du contenu, sélectivité des informations et attractivité du message.

### 3. Des objectifs clairs et précis

Le manageur doit assigner des objectifs précis à sa communication et définir la finalité du contenu de son message : objectifs d'information, objectifs d'adhésion ou objectifs d'action.

### 4. Le choix du canal de communication

Selon le message à diffuser et l'objectif assigné, le manageur doit retenir un mode de communication (ou canal) adapté. Il choisira l'oral, l'écrit, l'audiovisuel ou un mix de canaux.

Si l'oral présente l'avantage d'une diffusion rapide, certains messages, qui doivent être archivés ou s'appuyer sur une démonstration ou sur une argumentation quand ils s'avèrent plus complexes, requièrent un support écrit ou visuel.

## 2 La note interne

Quand le manageur doit diffuser des informations à mémoriser, il s'appuie sur une note écrite.

On distingue la note de service de la note de synthèse.

### 1. La note de service

Le contenu de la note de service est envisagé selon la nature des destinataires. Le message doit être succinct, avec des termes précis qui évitent tout risque d'ambiguïté ou d'interprétation.

Numérotée et datée, avec un rappel des destinataires principaux pour action et des destinataires secondaires pour information, elle indique le nom de l'émetteur et le service d'émission.

### 2. La note de synthèse

#### a) Les objectifs de la note de synthèse

Le manageur amené à rédiger une synthèse à partir de diverses sources documentaires veut éviter la lecture d'un long dossier. La note de synthèse permet d'avoir une approche rapide d'un sujet sur lequel différentes analyses ont été effectuées. Elle doit être brève, précise et fidèle aux idées des sources originelles.

#### b) La méthodologie de rédaction de la note

Avant la rédaction, le manageur doit s'assurer d'une bonne compréhension des sources. Il faut donc les lire attentivement, repérer les passages essentiels puis élaborer un plan. Pour réaliser la préparation, il est conseillé de noter en marge des sources les arguments pour prévoir les sous-titres et de repérer les idées principales.

La rédaction de la note de synthèse s'appuie sur un style personnel sans paraphraser le texte des sources. Les reprises du texte sont indiquées entre guillemets. Il convient de rester objectif et neutre, aussi le rédacteur doit-il utiliser des termes justes.

Par ailleurs, il émettra en complément un avis argumenté si cela lui a été demandé.

## 3 Les rapports

### 1. Le rapport d'activité

#### a) Les objectifs du rapport

La rédaction d'un rapport a pour objectif de clarifier, d'expliquer, de rationaliser ou de préciser une situation, un fait, un problème ou un événement. Elle peut également avoir pour but de trouver des solutions, d'émettre des recommandations ou de faire des propositions.

#### b) La méthodologie de rédaction du rapport

L'en-tête du rapport rappelle en titre son objet, son auteur et sa date d'élaboration.

L'introduction précise le sujet et développe le but du rapport.

Le développement expose les faits et les problèmes constatés, l'analyse et l'avis du rédacteur sur ces problèmes ainsi que les solutions qu'il préconise.

La conclusion explique les conséquences qu'aurait sa solution si elle est retenue et propose éventuellement un planning pour la mise en œuvre de ces propositions.

### 2. Le compte-rendu d'une réunion

#### a) Les objectifs du compte-rendu

Le compte-rendu est rédigé par un secrétaire nommé par le président de séance. Il permettra à chaque participant de se remémorer le déroulement de la réunion et la conclusion adoptée par ses participants.

#### b) La méthodologie de rédaction du compte-rendu

L'en-tête du compte-rendu rappelle la date de la réunion et les noms et fonctions des participants.

Le développement reproduit les interventions de chacun des participants en mettant en évidence les problèmes soulevés et les solutions proposées. Le compte-rendu précise éventuellement les missions confiées nominativement à certains participants, les échéances liées retenues et la date de la prochaine réunion.

## 4 Les supports d'accompagnement à l'oral

Le manageur peut accompagner son discours de supports visuels. Sans en abuser, il doit maintenir l'attention des auditeurs tout en illustrant son message oral.

### 1. Le transparent

Le transparent permet d'améliorer la compréhension et la mémorisation du sujet traité. Utilisé pour enrichir un exposé oral, il visualise les idées et les informations, renforce le message et concentre l'attention de l'auditoire.

#### a) Le respect de règles élémentaires de présentation

Le transparent doit respecter certaines règles de lisibilité :
- adopter une disposition horizontale car le champ visuel est plus large que haut ;
- centrer les éléments en respectant une marge sur chaque côté ;
- limiter le nombre de couleurs en évitant les couleurs trop claires et favoriser les contrastes ;
- choisir la taille des caractères et leur espacement en mettant en gras les éléments importants ;
- adopter une police lisible : le premier rang de l'assistance comme le dernier doivent pouvoir la lire.

#### b) Le respect des règles essentielles de concision et de lecture

Pour faciliter la lecture à distance, le transparent doit attirer l'attention et permettre la prise de notes. Un titre court, situé en haut et centré, doit éclairer son contenu. Les éléments du développement sont alignés les uns en dessous des autres. Chaque ligne débute par un même symbole et respecte la même syntaxe (on ne commence pas une énumération une fois par un verbe, une fois par un nom), avec une seule idée par ligne. Les schémas, graphiques et tableaux trop encombrés et trop petits, illisibles, nuisent à l'attention quand ils sont commentés. Si l'un d'eux est trop fourni, mieux vaut en distribuer une photocopie que les auditeurs consulteront pendant son commentaire.
L'orthographe et la grammaire sont strictement contrôlées. Une faute attirerait l'attention et susciterait des commentaires, voire des sourires.

### 2. Le diaporama

Le diaporama est un support composé de diapositives réalisées généralement avec le logiciel PowerPoint. À la différence du transparent, qui est statique, un diaporama est dynamique. Il peut être animé et accompagné de sons et de transitions. Cependant, une diapositive est habituellement de dimension réduite (25 cm × 19 cm), même si le concepteur peut en choisir le format. Si les règles de lisibilité et de conception sont identiques au transparent, il faut y ajouter le respect de certaines règles spécifiques au diaporama.

#### a) Les règles de lisibilité du diaporama

Il est recommandé de n'utiliser au maximum que deux polices, cinq couleurs, dix lignes par diapositive (titre compris) et cinq à douze mots par phrase.
Le fond de la diapositive reste sobre afin de ne pas nuire à la lecture du texte. Il faut aussi éviter la surcharge et n'occuper que 50 % au plus de l'espace pour la compréhension et l'attention. Enfin, mieux vaut ne diffuser qu'une seule idée principale par diapositive.

#### b) Les règles de présentation spécifiques

Un diaporama favorise les effets spéciaux visuels et sonores tels que les animations et les transitions. L'introduction d'une musique ou d'un son peut attirer l'attention, mais il ne faut pas en abuser, au risque de détourner l'attention du véritable message. Il est possible aussi d'incorporer des vidéos.
Pendant l'exposé, il faut laisser le temps aux participants de lire, de comprendre le contenu (1 à 2 secondes sans parler) et d'en prendre note. La durée de projection d'une diapositive est d'environ 2 minutes. Une gestion manuelle du diaporama est préférable à une gestion automatique pendant l'exposé.

### 3. Les règles communes d'accompagnement

Il est possible d'accompagner le commentaire oral d'inscriptions sur un tableau (noir ou blanc, *paperboard*). Il faut penser au petit matériel indispensable dans ce cadre (craies, marqueurs, etc.). Mieux vaut ne pas écrire et parler en même temps, au risque de s'adresser au tableau plutôt qu'au groupe.
Si l'animateur utilise une règle (stylo ou baguette) pour indiquer un point du transparent ou d'une diapositive, elle doit être pointée sur le document et non sur l'écran, ce qui permet à l'auditoire de suivre les explications en évitant que le présentateur ne fasse écran de son corps ou ne tourne le dos.
Par ailleurs, lorsqu'il ne devient plus utile, mieux vaut éteindre le rétroprojecteur (dont le bruit couvre partiellement la voix de l'animateur) ou mettre l'ordinateur en veille.
Enfin, l'animateur doit, avant son intervention, tester le matériel, vérifier ses documents, etc., et prévoir un « plan B » en cas de défaillance du matériel (panne d'électricité, lampe grillée, etc.), qui mettrait à mal la qualité de son intervention.

## 5 Le respect de la charte graphique

La charte graphique est l'ensemble des documents qui pose les règles de mise en page et définit l'aspect graphique des documents internes et externes d'une entreprise.
Elle s'applique à définir le logo (couleurs, position dans la page), les polices de caractères utilisées et les jeux de couleurs déclinables sur les différents supports de communication. Elle doit être impérativement appliquée par tous à l'ensemble des supports et à tout document. Il faut donc veiller à ce que les éléments de la charte graphique, et notamment le logo, figurent sur chaque document utilisé (photocopie, transparent, diapositive, note, etc.).

# LA COMMUNICATION DANS LES ÉPREUVES E4, E5 ET E6

La communication est une discipline au service des enseignements professionnels. Elle ne fait pas l'objet d'une épreuve spécifique à l'examen mais elle est néanmoins évaluée dans le cadre des épreuves professionnelles.

## Comment la communication est-elle mobilisée à l'examen ?

### 1 Les objectifs et les liens avec les différentes épreuves

Une finalité commune aux épreuves E4, E5 et E6 est le contrôle de l'acquisition d'un certain nombre de savoirs et de savoir-faire dispensés dans le cadre des séances de communication.
Les savoirs sont rassemblés dans le tableau croisé ci-dessous :

| Épreuves | E4 Management et gestion des unités commerciales | E5 Analyse et conduite de la relation commerciale | E6 Projet de développement de l'unité commerciale |
|---|---|---|---|
| **Savoirs associés de communication** | | | |
| S 71 – Introduction à la communication | | ■ | |
| S 72 – La communication dans la relation interpersonnelle | | ■ | |
| S 73 – La communication dans la relation managériale | ■ | ■ | ■ |
| S 74 – La communication dans la relation commerciale | | ■ | ■ |

■ Couverture totale de la compétence attendue

### 2 Les critères d'évaluation

Dans le cadre de l'épreuve écrite E4, le jury apprécie les qualités d'expression écrite du candidat (orthographe, grammaire, syntaxe) ainsi que sa capacité à structurer clairement ses réponses.
Dans le cadre des épreuves orales E5 et E6, le jury juge de la qualité de la communication orale du candidat (critère d'évaluation n° 8 de la grille d'évaluation n° 12 – ACRC) et de la clarté des explications et de l'argumentation (critère d'évaluation n° 9 de la grille d'évaluation n° 22 – PDUC).

## Quelques conseils utiles

### 1 À l'écrit (épreuve E4)

Une introduction et une conclusion ne sont pas exigées. L'ordre des parties et des questions doit être respecté. La copie doit être aérée, le travail et l'expression écrite soignés.

### 2 À l'oral (épreuves E5 et E6)

La maîtrise du langage verbal (voix, intonation, élocution, maîtrise de la langue française, utilisation d'un vocabulaire professionnel) et du langage non verbal (présentation soignée du candidat, gestes mesurés et d'ouverture, regard franc) est indispensable pour convaincre.
La qualité d'écoute du candidat ainsi que sa capacité à répondre de manière pertinente aux questions posées sont particulièrement appréciées.
L'exposé doit être clair et construit. Le candidat se présente, annonce son plan, fait une description (E5) ou une analyse (E6) structurée de l'unité et de son contexte, explique clairement sa mission (E5) ou sa démarche de projet (E6), argumente avec pertinence et conclut.

# INFORMATIQUE COMMERCIALE

**Cours**



## Pour réviser le cours :

**10 QCM d'Informatique commerciale**

# 1 L'INFORMATION COMMERCIALE

**L'information commerciale est indispensable au bon fonctionnement d'une unité commerciale car elle sert à la fois à la prise de décision par les responsables et à la communication entre les différents acteurs impliqués dans le fonctionnement de l'entreprise. L'acquisition et le stockage des informations ainsi que leur traitement entraînent, par ailleurs, des coûts élevés pour l'entreprise (achat de matériel informatique et de fichiers, frais de fonctionnement, etc.).**

## 1 Les sources d'information commerciale

### 1. La diversité des informations commerciales

Les informations commerciales comprennent des données issues du marché :
- des informations sur les clients, telles que leurs caractéristiques sociodémographiques, leurs besoins, leurs attentes et leur comportement d'achat ;
- des informations en provenance des fournisseurs (offres, tarifs, etc.) ;
- des informations sur les concurrents (offres, prix, etc.).

Elles regroupent également des données internes à l'entreprise :
- les informations nécessaires à la gestion des flux de marchandises (quantités commandées, délais de livraison, etc.) ;
- les informations nécessaires à la gestion des flux financiers (quantités à facturer, modes et délais de paiement, etc.).

### 2. L'informatisation des informations commerciales

#### a) L'utilité de l'informatisation des informations commerciales

Une proportion importante des unités commerciales a informatisé son système d'information pour des raisons d'efficacité. Les matériels et les logiciels modernes permettent, en effet, d'échanger et de traiter les informations quasiment en temps réel.

**EXEMPLE**

Le passage en caisse du client entraîne la mise à jour instantanée de l'état des stocks et déclenche une commande auprès du fournisseur, si nécessaire.

#### b) Les possibilités d'informatisation d'une unité commerciale

Les possibilités d'informatisation d'une unité commerciale sont nombreuses.

Il s'agit en général à la fois de collecter et de stocker des informations pour renseigner des bases de données (sur les clients par exemple) mais aussi d'assurer une bonne transmission des informations nécessaires au fonctionnement de l'unité commerciale.

**EXEMPLE**

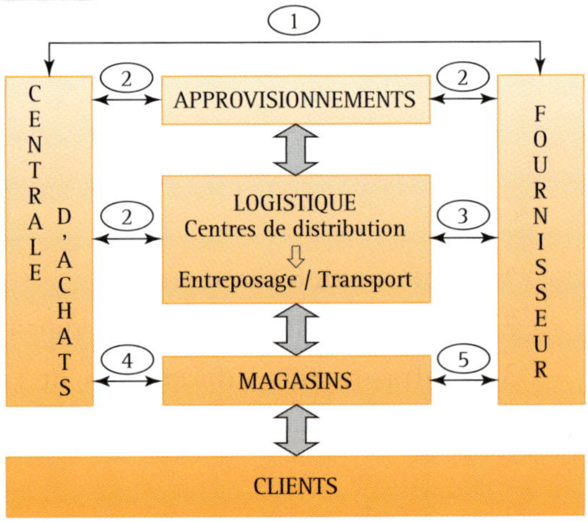


(1) Référencement produit
(2) Organisation des flux de marchandises
(3) Logistique physique
(4) Besoins locaux
(5) Achats locaux

Dans cet exemple, chaque phase peut être informatisée :
- les échanges d'informations entre la centrale d'achats et les magasins ou les fournisseurs (phases 1, 2, 3, 4 et 5) pourront être effectués par EDI (échange de données informatisées) grâce à différentes technologies (réseaux dédiés, Internet) ;
- la gestion des données internes à l'entreprise (informations circulant entre les approvisionnements, la logistique, les magasins et les relations avec les clients) peut être informatisée en s'appuyant sur la mise en place d'un réseau informatique et d'applications logicielles adaptées.

Cette informatisation nécessite des investissements importants en matériels et en logiciels ainsi qu'au niveau humain. Le coût des informations commerciales ainsi induit conduit les plus petites unités commerciales à faire des arbitrages pour informatiser uniquement les informations indispensables. Elles se contenteront ainsi souvent d'informatiser les informations concernant les paiements effectués par les clients (tickets de caisse, encaissements) et, éventuellement, la gestion des stocks.

## 2 Qualité et protection de l'information commerciale

Une information n'est utile que si elle est de qualité, c'est-à-dire à jour et fiable. Elle doit, par ailleurs, être rapidement accessible pour permettre son exploitation et pertinente, c'est-à-dire qu'elle doit présenter un intérêt pour son utilisateur. Les informations confidentielles doivent, de plus, être sécurisées.

### 1. La fiabilité des informations commerciales

La mise à jour des informations relève essentiellement de la mise en place de procédures informatiques adaptées qui ne posent plus de problèmes importants du fait des performances très élevées des matériels et des logiciels.

La fiabilité de l'information est plus problématique à assurer. Une information est fiable si on peut garantir son intégrité (pas de modifications) et sa pérennité (bonne conservation dans le temps).

La fiabilité de l'information s'accompagne souvent, par ailleurs, d'un besoin de confidentialité :

- les entreprises utilisent une grande quantité d'informations pour leur communication interne. Les données ainsi véhiculées sont très diverses : données comptables, financières, commerciales, etc. Dans toute cette masse d'informations, il faut déterminer quelles sont celles qui peuvent être mises à la disposition des différents collaborateurs de l'entreprise. Le niveau de responsabilité hiérarchique et décisionnelle des membres de l'entreprise permet d'orienter ces choix ;

**EXEMPLE**

Le responsable d'univers peut avoir accès à la marge de ses rayons alors que l'employé de libre-service n'aura connaissance que des prix.

- de même, dans un contexte où la concurrence est très vive, la recherche d'informations sur les concurrents, leurs projets, leur stratégie, etc., est une activité très répandue au sein des entreprises. Cette veille concurrentielle, parfois sous-traitée à des cabinets spécialisés, peut être très poussée. On parle ainsi d'espionnage, de piratage des données, etc. L'entreprise doit donc mener une réflexion approfondie sur les informations qu'elle souhaite rendre publiques ;

**EXEMPLE**

Une plaquette de présentation de l'entreprise destinée aux clients peut très bien être récupérée par un concurrent et ainsi lui fournir des renseignements sur les projets de cette dernière.

- le développement de la circulation des informations sous forme électronique par le biais des réseaux informatiques et leur publication sur des sites institutionnels ou marchands accroissent encore les risques de récupération par des tiers mal intentionnés.

### 2. Comment protéger les informations ?

Schématiquement, on peut dire que les informations de l'entreprise sont stockées et véhiculées par des supports papier ou des supports numériques (documents informatiques stockés sur des supports divers).

Dans les deux cas, il faudra souvent protéger à la fois le contenu des documents et le support matériel.

#### a) Les autorisations accordées aux utilisateurs

Il faut, dans un premier temps, déterminer quelles seront les personnes autorisées à consulter les informations. Cette démarche doit concerner les documents internes à l'entreprise et aussi ceux qui pourraient servir de supports de communication externe (courrier, extranet, etc.).

Il s'agit également de fixer le type d'autorisations que l'on accorde aux différents utilisateurs des documents : accès interdit, lecture seule, autorisation de modifier partiellement ou en totalité le document, possibilité d'en copier ou non le contenu, etc. Il peut même être nécessaire d'authentifier certains documents pour les protéger contre toute falsification.

#### b) Le cas des documents papier

La mise en place de procédures rigoureuses autour de leur transmission et de leur stockage est indispensable : à qui doit être remis tel document? Où doit-il être rangé? Etc. Ceci doit s'accompagner de mesures de précaution diverses telles que celles de ne pas jeter certains documents (les brouillons, par exemple) dans une corbeille à papier mais de les détruire à l'aide d'un appareil destructeur de papier ou de ne pas laisser traîner de dossiers sur un bureau, etc.

#### c) Le cas des documents numériques

Ils peuvent figurer sur des supports variés que l'on peut classer en deux types : les supports amovibles (CD-Rom, DVD, disquettes, clés USB, etc.) et les supports fixes (disques durs, réseaux informatiques). La protection des supports amovibles sera assez proche de celle des documents papier. Il s'agit avant tout de gérer la transmission et le stockage d'un support matériel.

Pour les informations figurant sur des supports fixes (disque dur d'un ordinateur, réseaux, etc.), la protection se situe à deux niveaux :

- le premier niveau consiste à gérer l'accès au matériel. Il peut se réaliser grâce à divers procédés matériels ou informatiques : badge ou carte à puce pour accéder à l'ordinateur ou au local informatique, identifiant et mot de passe sur un réseau, etc. ;
- le second niveau consiste à gérer les accès aux informations. L'administration du réseau informatique pourra permettre d'atteindre cet objectif en attribuant aux utilisateurs des droits plus ou moins étendus sur les répertoires et les documents.

Cette sécurisation peut aussi s'effectuer en mettant des mots de passe sur les documents lorsque le logiciel le permet (Word, Excel, Adobe Acrobat, etc.). Les logiciels de compression des données (Winzip, Winrar, etc.) offrent aussi cette possibilité. Il est également possible de crypter des documents avec des logiciels destinés à cet effet tels que PGP ou Security Box.

Les mots de passe ou le cryptage peuvent aussi s'appliquer à des documents présents sur des supports amovibles.

## 3 La pérennité des informations

### 1. Les raisons de la conservation des informations

L'entreprise est amenée à conserver des informations parce qu'elles lui sont utiles.

**EXEMPLE**

L'historique des ventes qui permet de faire des prévisions.

Par ailleurs, une grande partie des documents traités dans l'entreprise doit être conservée selon une durée qui est fixée par la loi.

# 1 L'INFORMATION COMMERCIALE (suite)

**EXEMPLES**

L'entreprise doit conserver pendant 10 ans les correspondances commerciales, les commandes clients, etc.

Le plus souvent, l'entreprise est garante de l'authenticité du document qu'elle doit produire.
L'ensemble des activités permettant de réaliser le stockage et la conservation des documents constitue l'archivage. On appelle communément « archives » les documents ainsi conservés. Le système d'archivage doit permettre à l'entreprise de s'assurer que son document est le bon et qu'il est authentique.
Deux possibilités s'offrent aux entreprises pour réaliser leur archivage : l'archivage traditionnel et l'archivage numérique.

## 2. L'archivage traditionnel

Il consiste à assurer la conservation des documents sous forme papier. Cette méthode impose de disposer de locaux adaptés : absence d'humidité, équipement, mobilier facilitant le stockage et la recherche de documents, systèmes de sécurité tels que la détection d'incendie, un système d'alarme, etc.

## 3. L'archivage numérique

Il consiste à conserver sous forme numérique (informatique) des informations existant préalablement sous forme papier ou des documents qui sont numériques dès leur création (courriels, factures électroniques, etc.).

### a) Les critères à respecter

Les modalités d'archivage des documents numériques ne sont régies par aucune disposition légale. Néanmoins, le code civil précise que la « fiabilité » de l'archivage est une condition de validité du document numérique.

### b) La différence entre original papier et original numérique

Les originaux papier doivent être conservés pour certaines procédures fiscales ou comptables (cas rares). Dans les autres cas, la copie dématérialisée (numérisée) suffira, mais elle doit être « fidèle ».
Pour les documents dont l'origine est numérique (courriels, factures dématérialisées, etc.), une garantie d'authenticité suffit (signature électronique).

### c) La garantie de l'intégrité et de l'authenticité des documents

Aujourd'hui, on peut garantir l'authenticité du document et de son auteur, ainsi que sa date d'émission, à l'aide de systèmes de signature électronique. De même, on garantit l'intégrité d'un document à l'aide d'une empreinte informatique unique qui doit être liée au document lors de sa création. Les empreintes et signatures sont vérifiées lors de la restitution du document.

### d) Le support d'archivage

Il doit être durable pour remplir son rôle. Le support optique non réinscriptible (CD-R ou DVD-R) est un bon exemple, bien que sa durée de vie n'excède pas 50 ans. Cependant, les technologies évoluent et le matériel nécessaire pour utiliser de tels supports a vocation à disparaître au profit de nouveaux dispositifs. Il faut donc veiller à remplacer les supports lorsque leur technologie devient obsolète.

### e) Le recours à un archiveur

Le recours à une société spécialisée dans l'archivage peut être une solution pour répondre simplement aux besoins en évitant des investissements importants. Cette possibilité existe également d'ailleurs pour l'archivage traditionnel.
Le choix du sous-traitant devra être fait avec soin. Il faudra s'assurer de la qualité des prestations du point de vue technique, mais aussi avoir des garanties sur la pérennité de l'entreprise.
En conclusion, l'archivage électronique doit entraîner une réduction des volumes stockés, une réduction des temps et donc des coûts de traitement, une disponibilité accrue des informations de l'entreprise et garantir la pérennité des informations.

## 4. La gestion électronique des documents (GED)

Malgré l'informatisation croissante des entreprises, de nombreux documents papier (contrats, factures, etc.) continuent à être employés dans les unités commerciales. Cela occasionne des coûts importants : locaux, personnels nécessaires à la gestion de ces documents, etc. Pour rationnaliser la gestion de ces documents et en faciliter l'accès et l'exploitation, les entreprises mettent en place une gestion électronique des documents.

### a) Le fonctionnement de la GED

La GED consiste à regrouper les documents de l'entreprise sous une forme informatisée. Elle nécesssite donc de numériser les documents papier. Elle doit également assurer la gestion de ces documents : stockage, recherche et mise à disposition de ceux-ci aux utilisateurs autorisés.

### b) Les moyens utilisés par la GED

La dématérialisation des documents papier est réalisée à l'aide d'un scanner. Le regroupement de ceux-ci avec les documents existant sous forme informatique (mails, documents textes, tableurs, fichiers comptables, etc.) est en général assuré grâce au réseau informatique de l'entreprise. Les techniques de l'archivage électronique sont donc largement employées dans le cadre de la GED.
La GED s'appuie également sur des programmes informatiques dont le rôle est d'indexer (référencer dans des bases de données) l'ensemble des documents pour en faciliter la recherche et la mise à disposition à l'utilisateur.
Les petites unités commerciales peuvent, par exemple, utiliser des programmes gratuits tels que Windows Desktop Search ou Google Desktop Search pour mettre en place une GED simple.

# 2 LE TRAVAIL COLLABORATIF ET LES LOGICIELS DES COMMERCIAUX

**➔ L'activité commerciale implique la mise en commun et l'échange d'informations au sein de l'unité commerciale et avec ses partenaires. Ceci est rendu possible par l'utilisation des outils informatiques.**

## 1 Le travail collaboratif

### 1. L'espace collaboratif

Les collaborateurs commerciaux de l'entreprise doivent pouvoir accéder aux informations nécessaires à leur activité (tarif ou fichier clients, par exemple), les partager mais aussi pouvoir travailler en commun sur des activités, des projets, etc. Cet ensemble d'informations et d'outils constitue l'espace collaboratif, qui contribue à l'efficacité de l'entreprise en incitant fortement les commerciaux à travailler en équipe.

### 2. Les échanges et le partage d'informations

Ils sont rendus possibles par l'utilisation des profils qui définissent les droits d'accès et d'utilisation du réseau informatique et des ressources qu'il renferme. Ces échanges peuvent prendre différentes formes :
- des messages qui permettent de véhiculer les informations ;
- des documents qui permettent le stockage et la mise en commun des informations ;
- des discussions qui permettent de confronter les avis, d'établir des plans d'actions, etc.

## 2 Les outils collaboratifs

En s'appuyant notamment sur l'intranet, il est possible de faire travailler ensemble les membres des différentes structures commerciales de l'entreprise. Nous pouvons distinguer deux formes à cette collaboration : l'échange d'informations, d'une part, et le travail en commun sur des logiciels spécifiques, d'autre part.

### 1. Les échanges d'informations

#### a) La messagerie électronique

Ils prennent surtout la forme d'échanges de messages avec ou sans pièces jointes. Pour pouvoir déployer une telle solution, il faut disposer d'un serveur de messagerie interne qui va jouer le rôle de « bureau de poste ». Les plus couramment utilisés en entreprise sont Microsoft Exchange Server et Lotus Domino d'IBM. Il existe également des logiciels gratuits mais qui n'offrent pas autant de fonctionnalités que ces deux leaders.

L'utilisateur doit également disposer d'un logiciel de messagerie (logiciel client) à vocation professionnelle qui offrira plus de fonctionnalités que les logiciels de base. Parmi ceux-ci, il est possible de citer Outlook de Microsoft ou Lotus Notes d'IBM. Parmi les fonctionnalités additionnelles d'Outlook et de Lotus Notes, on trouve un agenda qui peut être partagé. Cette possibilité est très intéressante en entreprise car elle permet de gérer les réunions, les rendez-vous au sein de l'équipe ou avec des correspondants extérieurs à celle-ci.

#### b) La messagerie instantanée

Depuis peu, se développe également en entreprise l'utilisation d'un type de logiciel qui a connu un succès très important chez les particuliers : la messagerie instantanée. Cet outil, très économique à déployer, allie une interactivité comparable à celle du téléphone à la possibilité de transmettre des fichiers. Il est même possible de faire très simplement de la visioconférence en équipant les postes informatiques d'une Webcam et d'un micro. L'utilisation de la messagerie instantanée ne se limite pas aux seules communications internes : elle est également de plus en plus utilisée pour communiquer avec les clients ou les fournisseurs. Elle est alors accessible grâce à un lien situé sur le site Internet de l'entreprise.

### 2. Le travail en commun

Il s'agit ici de réunir des personnes issues de différentes structures de l'entreprise sur un même support informatique de travail. Un premier exemple est, bien sûr, l'agenda partagé, mais il existe des logiciels visant à approfondir davantage ce travail collaboratif. Par exemple, Microsoft Project est un outil informatique permettant de créer des groupes de travail pour gérer des projets en commun. Il permet de gérer des plannings, d'ordonnancer des tâches, d'affecter des ressources aux différentes tâches à réaliser, de suivre l'avancement d'un projet, etc.

Au-delà de ces outils de base, on peut également citer tous les progiciels employés dans les entreprises : gestion commerciale, gestion des contacts clients, comptabilité, etc.

## 3 Les progiciels

On peut en distinguer deux grands types : les progiciels de gestion et les progiciels outils.

### 1. Les progiciels de gestion

Le terme « gestion » est à prendre ici au sens large : gestion commerciale, de la force de vente, des stocks, de la relation client, de la *supply chain*, etc.

#### a) Les débuts de l'informatisation de l'activité commerciale

Historiquement, ces progiciels se sont développés en parallèle et de manière autonome dans deux directions : la gestion de l'activité de la force de vente et la gestion des données clients.

Dans les deux cas, l'objectif essentiel était d'historiser les données et de transmettre des informations fiables aux services comptables qui établissent la facturation des clients et la paie des commerciaux. Cette approche correspond à une époque où la démarche mercatique était encore peu répandue.

#### b) L'automatisation de la force de vente

Les logiciels d'automatisation de la force de vente, ou *Sales Force Automation* (SFA) en anglais, visent à automatiser le cycle de vente : saisie des objectifs et prévisions, plans d'actions et diffusion personnalisée aux commerciaux, gestion des affaires (depuis la proposition jusqu'au contrat), suivi des clients (description des actions effectuées et à réaliser, sauvegarde des comptes rendus d'entretien, requêtes sur les clients ou les produits, système d'alerte et de relance, gestion du planning des commerciaux) et analyse des ventes sous forme de tableaux de bord.

En remplaçant les processus jusqu'ici manuels (échanges de documents papier) par des échanges électroniques, la SFA se veut synonyme de gains de productivité.

**EXEMPLE**

Après un e-mailing ciblé sur des profils particuliers de clientèle, le logiciel prendra en charge les retours de la campagne et les distribuera vers les bonnes personnes en fonction de leurs contenus, tout en comptabilisant les informations essentielles dans une base de données.

Ce type d'application est utilisé aussi bien pour les commerciaux itinérants que pour les sédentaires.

### c) La gestion de la relation client (GRC)

La GRC, ou *Customer Relationship Management* (CRM), pousse encore un peu plus l'intégration des différentes activités commerciales au sein d'un même système informatique.

La GRC prend en charge la planification et le contrôle des activités avant et après vente dans une organisation. Cela comprend généralement :

- l'automatisation de la force de vente (constitution de fichiers de prospects, planification et suivi des contacts, relances, etc.) ;
- l'organisation du support à la clientèle (réception des requêtes dans des centres d'appels, suivi des réclamations, etc.) ;
- la gestion des profils clients (relances – à dates anniversaires, par exemple –, proposition de nouveaux services en fonction des informations recueillies).

La gestion de la relation client s'effectue aujourd'hui avec le courrier traditionnel, le courriel, le Web, le téléphone et le fax. On dit qu'elle est « multicanal ».

La GRC a trouvé un nouvel espace de développement avec l'essor d'Internet, qui permet « d'interfacer » (c'est-à-dire de relier informatiquement) directement le client aux bases de données de l'unité commerciale.

### d) Les progiciels de gestion intégrés (PGI)

Les PGI, ou *Enterprise Resource Planning* (ERP), se sont développés parallèlement aux logiciels de SFA puis de GRC.

Dans un premier temps, leur but était d'intégrer la gestion de la production et la gestion comptable et financière de l'entreprise. Puis, progressivement, ils ont évolué pour coordonner la production, les activités comptables, financières, commerciales et logistiques.

Un PGI est, en fait, constitué d'une suite de logiciels qui accèdent à des bases de données communes.

Le numéro un mondial actuel de l'ERP est l'Allemand SAP.

### e) Les systèmes de gestion de la chaîne logistique

Les systèmes de gestion de la chaîne logistique, ou *Supply Chain Management System* (SCMS) en anglais, sont un ensemble de logiciels permettant de gérer de façon optimale la totalité des flux d'informations, des flux physiques et des interfaces entre les différents acteurs, producteurs et fournisseurs qu'implique la fabrication d'un produit ou l'offre d'un service. Ils se basent sur les renseignements concernant la demande et couvrent jusqu'aux données nécessaires à la distribution, en passant par la conception et la production proprement dites.

Les systèmes de gestion de la chaîne logistique sont souvent intégrés à l'ERP de l'entreprise lorsque celle-ci en a déployé un, mais ils peuvent être aussi autonomes.

## 2. Les progiciels outils

Nous regrouperons sous cette appellation un ensemble de logiciels divers répondant à des besoins spécifiques. Parmi ceux-ci, nous pouvons citer les logiciels de traitement d'enquêtes, de géomarketing et de marchandisage.

### a) Les logiciels de traitement d'enquêtes

Ils permettent de traiter toutes les étapes de la réalisation d'une enquête : création et mise en forme du questionnaire, saisie des réponses, traitement et analyse des résultats. Ces outils informatiques permettent maintenant de réaliser des enquêtes en ligne sur Internet.

**EXEMPLES**

Ethnos de la société Soft Concept et Sphinx de la société Sphinx Développement.

Ils sont bien adaptés pour réaliser des enquêtes ponctuelles. Par contre, pour traiter des informations stockées dans les bases de données de l'entreprise (*datamining*), il faudra utiliser un logiciel du type de SPSS. Celui-ci a été conçu pour s'interfacer sur les solutions leaders dans le domaine des entrepôts de données (*datawarehouse*). Il permet de faire des traitements statistiques à partir de données existantes et est donc bien adapté aux études permanentes.

### b) Les logiciels de géomarketing

Leur fonction de base est de permettre de représenter géographiquement des données. Celles-ci peuvent provenir de l'entreprise : localisation des clients, du chiffre d'affaires, zone de chalandise, etc. Mais elles peuvent également être fournies par des sources externes : INSEE, Nielsen, Secodip, etc., et concerneront, par exemple, la répartition des ménages, de la consommation selon les produits, du pouvoir d'achat des ménages, etc.

La visualisation et la confrontation de ces différents types de données sur des cartes peuvent être très utiles pour faciliter la prise de décision.

**EXEMPLES**

Où faut-il implanter la nouvelle agence bancaire ?
Sur quel secteur géographique faut-il faire porter notre effort de prospection ?

Comment mieux cibler géographiquement notre distribution de prospectus ?

Parmi tous les outils disponibles, nous pouvons citer MapPoint de Microsoft, qui permet de tracer des courbes isochrones et de cartographier des données provenant, entre autres, de Microsoft Excel ou Access.
Il existe d'autres solutions plus performantes mais qui sont, bien sûr, plus coûteuses.

**EXEMPLE**

Les logiciels de la société Géoconcept.

Autre exemple, la société Asterop propose un service intéressant : l'étude en ligne de la zone de chalandise pour les grandes surfaces et les agences bancaires. L'utilisateur paramètre directement son étude par Internet. Les résultats sont ensuite adressés au client après commande en ligne. Un exemple de rapport d'étude est disponible sur le site.

### c) Les logiciels de marchandisage

Leurs fonctions essentielles sont d'aider à la conception des implantations de linéaires, mais aussi d'étudier et d'optimiser les résultats de ceux-ci.
Ils sont souvent considérés comme un outil de co-mercatique par les producteurs. Ces logiciels leur permettent en effet d'établir des préconisations et, ainsi, d'apporter un service aux distributeurs.
L'apport de l'informatique est assez spectaculaire dans ce domaine. Il est, en effet, possible, en utilisant des photos numériques des produits, de réaliser une « photographie virtuelle » du linéaire avant implantation ou réimplantation.
Ces logiciels sont parfois développés par le producteur lui-même pour répondre à ses besoins. C'est le cas, par exemple, de la société Danone.
Il existe également des produits informatiques proposés par de grandes sociétés : Spaceman de la société ACNielsen, la suite logicielle de la société BCMW Conseil, la suite logicielle de la société JDA Software ou encore la suite logicielle Apollo de la société Secodip.

### d) Des logiciels divers

Certaines unités commerciales utilisent également des outils informatiques très spécifiques, mais qui se révèlent très efficaces dans l'argumentation commerciale. Il s'agit, par exemple, de logiciels de simulation d'emprunt pour les agences bancaires. On peut également citer des logiciels de simulation permettant d'évaluer les gains ou les économies pouvant être réalisés par le client ou le prospect. EDF et les opérateurs de téléphonie utilisent ce type d'outils.
Certaines enseignes (Ikea, Leroy Merlin) proposent en téléchargement gratuit à leurs clients leurs logiciels de conception d'aménagement (cuisine, salle de bains, etc.).
Le client peut ainsi concevoir l'équipement de la pièce à aménager puis établir et calculer le montant de sa commande, voir même la transmettre au point de vente avant de s'y rendre.

## 4 Le langage SQL

### 1. L'utilité du SQL

Le langage SQL (*Standard Quiery Language*) est un ensemble de commandes standardisées permettant de définir, manipuler, interroger et contrôler les informations contenues dans des bases de données relationnelles.
Parmi celles-ci, les plus utiles en informatique commerciale sont celles permettant d'effectuer des requêtes, c'est-à-dire d'interroger des bases de données selon des critères définis par l'utilisateur.
Le langage de requête fournit une commande de sélection d'enregistrements (SELECT) qui, avec ses très nombreuses clauses et options, offrent un support d'interrogation des bases de données très puissant et complet.

### 2. Les commandes SQL les plus utilisées

Les commandes SELECT et FROM sont utilisées pour sélectionner des tables dans une base de données :

```
SELECT * | { [ALL | DISTINCT] nom_colonne, ..., nom_colonneN }
FROM nom_table
WHERE Condition
```

Pour sélectionner tous les champs d'une table, il suffit d'utiliser une étoile (*) à la place des noms de champs. Il est également possible de sélectionner de un à plusieurs champs en séparant les noms de champs (ou de colonnes) par une virgule.
Les clauses ALL par défaut et DISTINCT permettent respectivement de sélectionner tous les enregistrements d'une colonne et de ne prendre en compte que chaque enregistrement distinct, soit sans doublon.
La clause FROM cible une ou plusieurs tables à partir desquelles l'extraction des données doit être opérée :

```
SELECT nom_table.nom_colonne, ..., nom_tableN.nom_colonneN
FROM nom_table, ..., nom_tableN
```

La clause WHERE pose une condition dans la sélection des informations. Plusieurs conditions peuvent être enchaînées :

```
SELECT * FROM employé WHERE nom = 'DUPONT'
```

Les requêtes de sélection peuvent également être utilisées comme sous-requêtes dans une clause conditionnelle WHERE :

```
SELECT tab1.nom_champ, ..., tab1.nom_champN
FROM nom_table AS tab1
WHERE tab1.nom_champ = (SELECT tab2.nom_champ
                        FROM nom_table AS tab2
                        WHERE tab2.nom_champ
                        = valeur)
```

Le SQL, bien qu'étant standardisé, peut différer légèrement selon le logiciel utilisé. Son emploi dans les logiciels est souvent facilité par des assistants graphiques qui interrogent l'utilisateur et transcrivent ensuite ses réponses en langage SQL.

# 3 L'INFRASTRUCTURE INFORMATIQUE DE L'ENTREPRISE

**L'infrastructure informatique de l'entreprise comprend les postes de travail et, de plus en plus souvent, l'accès à un réseau informatique (intranet, Internet, extranet).**

## 1 Les postes de travail

### 1. Les postes de travail fixes

La configuration minimale d'un poste de travail fixe comprend une unité centrale, un écran, un clavier, une imprimante et un ou plusieurs lecteurs et graveurs de CD ou de DVD.
À cette configuration peuvent s'ajouter divers équipements multimédia : scanner, Webcam, appareil photo numérique, micro-casque audio, etc.

### 2. Les postes de travail mobiles

L'ordinateur portable doit posséder des performances très proches d'un ordinateur de bureau, mais sera d'un poids et d'un encombrement réduits. Il regroupe, au sein de la même machine, l'unité centrale, l'écran, le clavier et les accessoires multimédia (mini-enceintes, lecteurs/graveurs de CD et de DVD, modem, etc.). Les matériels récents sont, en général, équipés de la norme WiFi (*wireless fidelity* – technologie sans fil), qui permet de communiquer à distance via un simple relais hertzien, sans passer par un réseau câblé.

## 2 Les infrastructures réseaux

### 1. Les composantes du réseau

Mettre en place un réseau informatique consiste à faire communiquer entre eux des ordinateurs pour partager des ressources matérielles (imprimantes, connexion à Internet, espace de stockage de données, etc.) et/ou des ressources logicielles (fichiers, programmes, etc.).
Le réseau comprend au minimum des postes de travail fixes et/ou mobiles. Il est cependant constitué, dans un grand nombre d'unités commerciales, d'un ou de plusieurs serveurs. Un serveur est un ordinateur doté d'un système d'exploitation spécifique (Windows Server, Unix, etc.) permettant à cet appareil de gérer les communications entre les ordinateurs constituant le réseau, les accès à celui-ci ainsi que les ressources partagées (logiciels, données et matériels). Dans ce cas, les postes de travail reliés au(x) serveur(s) par le réseau sont appelés « postes clients ».

### 2. Les technologies permettant de constituer un réseau

Elles comprennent les éléments matériels permettant aux ordinateurs de communiquer entre eux.

#### a) Au niveau des postes de travail

Ils doivent être équipés de cartes réseaux permettant de les relier aux autres postes. Ces liaisons sont assurées par des câbles (norme RJ45) ou par des ondes radio (WiFi). Les postes mobiles disposent, en général, des deux types de carte réseau.

#### b) Entre les postes et le(s) serveur(s)

Les liaisons entre les postes de travail et le(s) serveur(s) nécessitent l'installation de câbles, d'une antenne WiFi ou encore de fibre optique. Ces éléments doivent être reliés à des appareils permettant de les interconnecter et de gérer les échanges d'informations.
Le plus répandu est le concentrateur (ou *hub* en anglais), qui permet de relier les différents câblages installés dans les locaux de l'entreprise. La connexion à des réseaux extérieurs ou éloignés (Internet, autres sites de l'entreprise, etc.) est réalisée grâce à des appareils appelés « routeurs ».

#### c) Le protocole de communication

Au-delà des dispositifs matériels, les postes connectés au réseau doivent utiliser un langage commun pour communiquer. Ce langage est appelé « protocole de communication ». Actuellement, le plus répandu est le TCP/IP (*Transmission Control Protocol/Internet Protocol*) car c'est celui qui est utilisé pour faire fonctionner Internet. Son rôle essentiel est de fournir une adresse aux postes pour qu'ils puissent être identifiés sur le réseau ainsi que quelques commandes leur permettant de communiquer.

### 3. L'intranet

#### a) Le concept d'intranet

Un intranet est un ensemble de services Internet (par exemple, un serveur Web) interne à un réseau local, c'est-à-dire accessible uniquement à partir des postes d'un réseau local, ou bien d'un ensemble de réseaux bien définis, et invisible de l'extérieur.
Un intranet possède naturellement plusieurs clients (les ordinateurs du réseau local) et peut aussi être composé de plusieurs serveurs. Une grande entreprise peut, par exemple, posséder un serveur Web pour chaque service afin de fournir un intranet composé d'un serveur Web fédérateur liant les différents serveurs gérés par chaque service.

#### b) L'utilité d'un intranet

Dans une entreprise, un intranet permet de mettre facilement à la disposition des employés des documents divers et variés. Cela permet d'avoir un accès centralisé et cohérent à la mémoire de l'entreprise, on parle ainsi de « capitalisation des connaissances ».
Pour ce faire, il est généralement nécessaire de définir des droits d'accès pour les utilisateurs de l'intranet aux documents présents sur celui-ci et, par conséquent, une authentification de ceux-ci afin de leur permettre un accès personnalisé à certains documents.
Des documents de tous types (textes, images, vidéos, sons, etc.) peuvent être mis à disposition sur un intranet. De plus, un intranet peut réaliser une fonction de *groupware* très intéressante, c'est-à-dire permettre un travail coopératif. Voici quelques-unes des fonctions qu'un intranet peut réaliser :
- la mise à disposition d'informations sur l'entreprise (panneau d'affichage) ;
- la mise à disposition de documents techniques ;
- un moteur de recherche de documentations ;

- un échange de données entre collaborateurs ;
- un annuaire du personnel ;
- la gestion de projets, l'aide à la décision, un agenda ;
- la messagerie électronique ;
- les forums de discussion, les listes de diffusions, le « chat » en direct ;
- la visioconférence ;
- un portail vers Internet.

De cette façon, un intranet favorise la communication au sein de l'entreprise et limite les erreurs dues à la mauvaise circulation d'une information. L'information disponible sur l'intranet doit toutefois, pour cela, être mise à jour en évitant les conflits de version.

#### c) Les avantages d'un intranet

Un intranet permet de constituer un système d'information à faible coût : concrètement, le coût d'un intranet peut très bien se réduire au coût du matériel, de son entretien et de sa mise à jour, avec des postes clients fonctionnant avec des navigateurs gratuits, un serveur fonctionnant sous Linux avec le serveur Web Apache et le serveur de bases de données MySQL.

### 4. L'extranet

#### a) Le concept d'extranet

Un extranet est une extension du système d'information de l'entreprise à des partenaires situés au-delà du réseau : clients et fournisseurs, le plus souvent.

L'accès à l'extranet doit être sécurisé dans la mesure où il offre un accès au système d'information à des personnes situées en dehors de l'entreprise. Il peut s'agir soit d'une authentification simple (authentification par nom d'utilisateur et mot de passe), soit d'une authentification forte (authentification à l'aide d'un certificat).

#### b) L'utilité de l'extranet

Un extranet n'est ni un intranet ni un site Internet. Il s'agit d'un système supplémentaire offrant, par exemple, aux clients d'une entreprise, à ses partenaires ou à des filiales, un accès privilégié à certaines ressources informatiques de l'entreprise par l'intermédiaire d'une interface Web.

On pourra, par exemple, permettre aux clients :
- de consulter l'état des stocks ;
- de passer des commandes ;
- d'effectuer des opérations bancaires ;
- de consulter des documentations techniques, etc.

L'extranet peut donc constituer un véritable atout commercial pour l'entreprise.

## 3 Le poste de travail du commercial

### 1. Le choix du matériel

Les performances des matériels évoluent très vite et il est donc difficile de définir un équipement type pour le commercial. Le budget disponible pour équiper les collaborateurs de l'entreprise sera pris en compte dans le choix du matériel et des logiciels, mais la sélection ne devra pas négliger le critère d'efficacité : un matériel trop peu performant entraîne une baisse de productivité de l'utilisateur. Le choix du matériel sera donc guidé essentiellement par le type d'activités exercées par le commercial.

#### a) Pour le commercial sédentaire

Il se verra doté, en général, d'un ordinateur fixe. Ce type de machine est économique à l'achat et en maintenance tout en permettant des performances élevées. Il est relié au réseau par câble. Le commercial sédentaire peut néanmoins se voir doté d'un ordinateur portable lorsque l'espace de travail dont il dispose est restreint ou lorsqu'il est amené à utiliser son ordinateur dans différents locaux de l'entreprise comme, par exemple, pour animer des réunions à l'aide d'un vidéoprojecteur.

#### b) Pour le commercial itinérant

L'utilisation d'un ordinateur portable s'impose dans ce cas. Il peut servir d'outil de présentation, de prise de commande, etc., chez le client, mais aussi d'outil de communication avec l'entreprise (messages, transmission de commandes, « reporting », etc.).

### 2. L'utilisation du poste de travail

#### a) Le profil

Il est nécessaire de définir quelles sont les autorisations accordées au commercial en fonction de ses missions, de son pouvoir de décision et de sa place dans la structure hiérarchique de l'entreprise. Ces autorisations déterminent les informations auxquelles il a accès et les manipulations (lecture, modification, suppression, etc.) qu'il peut réaliser ainsi que les applicatifs (programmes) qu'il peut utiliser. Cet ensemble d'autorisations constitue un profil qui peut, éventuellement, être attribué à plusieurs collaborateurs de l'entreprise.

#### b) Le bureau

Le commercial accède à son poste de travail par son identifiant et son mot de passe. Le système peut ainsi lui appliquer son profil. L'utilisateur peut alors personnaliser son poste de travail en organisant le bureau (positionnement des icônes, documents, etc.). De cette manière, chaque utilisateur du poste de travail peut retrouver son espace de travail dans l'état où il l'a laissé lors de sa dernière utilisation.

#### c) L'espace disque

Le commercial doit disposer de place pour enregistrer les informations qu'il traite. Celle-ci est appelée « espace disque ». Ce dernier peut être situé sur le poste de travail (disque dur de l'ordinateur) et/ou sur un autre matériel (disque dur situé sur un serveur en général).

L'accès à cet espace disque est géré par le profil de l'utilisateur. Ce dernier peut, en principe, l'organiser en créant des dossiers et des sous-dossiers (« répertoires » et « sous-répertoires » dans la terminologie informatique).

Ces espaces disques et les documents qu'ils contiennent peuvent éventuellement être partagés, c'est-à-dire rendus accessibles à d'autres utilisateurs, et ainsi permettre un travail collaboratif.

# FRANÇAIS



---

**Pour réviser le cours :**

50 QCM de Français

# 1 LA MAÎTRISE DES THÈMES AU PROGRAMME

**➔ On ne peut réussir si l'on n'approfondit pas les thèmes au programme : c'est sur l'un d'eux que porteront les épreuves d'examen.**

## 1 L'exploration du thème

### 1. L'approfondissement de la problématique générale

La problématique générale de chaque thème au programme est précisée par le texte officiel. Elle délimite le champ de la réflexion, il convient donc de l'étudier soigneusement.

Cette problématique générale suggère des questions nouvelles, auxquelles il n'est pas possible de répondre par un simple oui ou non, tant des arguments contradictoires se présentent à la réflexion. Le texte officiel pose ces questions, donne des pistes de réflexion et invite à explorer les réponses possibles.

**EXEMPLE**

Thème *Faire voir*. Quoi ? Comment ? Pour quoi ?
Problématique générale : La question du spectacle et du spectaculaire s'impose à qui réfléchit sur notre société contemporaine.
Questions partielles : Qui fait voir ? Comment ? Quoi ? Pour quoi ? De nombreux thèmes de réflexion se présentent à l'esprit pour répondre à ces questions. Ils portent sur la place de l'image dans notre société, sur son objet, son rôle, son pouvoir, ses avantages, les risques qu'elle comporte, etc.

L'exploration de ces questions doit être conduite tout au long de l'année pour préparer l'examen puisque c'est sur un de ces aspects que portera la synthèse.

### 2. La recherche des aspects du thème et de leurs problématiques

Après avoir décomposé le thème en différents aspects, on formule à leur propos de nouvelles problématiques dont on dresse la liste. On note pour chacune de ces problématiques les références des documents et leurs idées clés de manière à pouvoir mémoriser les thèses en présence. Ce travail permet de compléter la vision globale du thème et prépare à affronter la problématique proposée à l'examen.

**EXEMPLE**

Thème *Faire voir*. Aspect : Qui fait voir ?
Une des réponses possibles est la publicité. Elle donne à voir de multiples images. De nouvelles questions se posent à propos de ces dernières : que veut faire voir la publicité ? Quelles valeurs impose l'image publicitaire ? Peut-on vivre dans une société sans publicité ? Son rôle économique la rend-elle incontournable ? etc.

### 3. Les recherches personnelles

Les recherches personnelles accompagnent et complètent le cours. Les exposés, les débats, la lecture de documents divers, les émissions de télévision ou les films sont l'occasion d'acquérir des connaissances nouvelles.

Il s'agit à chaque fois de faire le lien entre le document étudié et la problématique d'ensemble ou une problématique partielle, de manière à constituer une véritable banque de données susceptibles d'être utilisées le jour de l'examen.

**EXEMPLE**

Ainsi à propos du thème *Faire voir*, un exposé à partir de certains mots clés du thème (proposés par le texte officiel) peut amener à se documenter sur les *reality show*, le photo-journalisme, l'image publicitaire, l'information, la starisation, etc.

Chacune de ces recherches donne lieu à une fiche où sont consignés les idées, les thèses en présence et les exemples intéressants.

## 2 La mise au net des connaissances

### 1. Les grandes idées du thème

Elles sont étudiées en cours mais leur approfondissement donne lieu à des recherches personnelles. C'est pourquoi la lecture d'œuvres significatives enrichit le corpus d'idées car les chercheurs, dans leurs essais, avancent des hypothèses, des analyses qui clarifient le sujet.

Ainsi, à propos du thème de la télévision, il sera profitable d'avoir lu, par exemple, l'essai de Pierre Bourdieu intitulé *Sur la télévision*, ou celui de Jean-Louis Missika *La Fin de la télévision*.

Enfin, il est impératif de consulter les ouvrages parascolaires consacrés chaque année aux deux thèmes du programme.

Chaque œuvre fait l'objet d'une notice répertoriant les thèses de son auteur et montrant son apport à la problématique.

### 2. La vue d'ensemble du thème

Pour s'assurer une bonne maîtrise du thème, rien ne vaut une fiche synoptique. Elle donne une vue globale du thème en le décomposant en ses différents aspects. À chaque grande idée est associée une source. Ce peut être un document exploité en cours, un exemple qui a fait débat, des documents collectés sur Internet pour réaliser des exposés ou bien encore un dossier de synthèse, etc.

**Une astuce à l'examen**

Avant de commencer l'épreuve d'écriture, cherchez le lien entre le sujet, le thème du dossier de synthèse et le thème du programme.
Ce travail facilite la recherche de vos idées et de vos arguments. En effet il donne accès à la banque de données personnelles que vous vous êtes constituée en étudiant ce thème.

## 3 La recherche de points de vue personnels

### 1. Les oppositions et les polémiques

Chaque thème provoque des discussions et de grandes oppositions se retrouvent à propos de ces sujets de société.

Par exemple, dans les dossiers de synthèse, des opinions divergentes s'affrontent souvent. Il faut savoir les identifier, cerner les thèses contradictoires en présence et les mémoriser. Les clivages peuvent concerner la religion (athées contre croyants), l'économie (liberté totale du marché contre régulation par l'État), la vision de l'avenir de la planète (productivistes contre écologistes), etc. Connaître ces grands enjeux du monde contemporain prépare à l'épreuve d'écriture personnelle : dans l'argumentation à rédiger, il faudra probablement en débattre et se situer par rapport à eux.

### 2. La prise de position personnelle

Les thèmes au programme concernent le monde contemporain. C'est pourquoi ils peuvent être abordés du point de vue du citoyen. Il n'est pas nécessaire d'être très érudit ou spécialiste pour en débattre. Il suffit de réfléchir aux implications sociétales, éthiques, politiques, humaines des thèmes pour se forger son propre point de vue à partir de ses propres valeurs et de sa vision du monde.

### 3. À quel propos chercher un point de vue personnel ?

L'étude du thème offre de multiples occasions de chercher un point de vue personnel.

**a) Les faits.** Les constats sont-ils partagés ? Est-on d'accord sur l'analyse des phénomènes, de leurs causes, de leurs conséquences ? Quels remèdes et solutions sont préconisés ? Ceux qui sont proposés sont-ils acceptables ?

**b) Les thèses en présence.** En réfléchissant aux thèses développées par les auteurs, en étudiant les oppositions et les polémiques, on se demandera avec quelle thèse on s'accorde, laquelle est refusée, quel enrichissement peut être apporté.

**EXEMPLE**

Synthèse de documents portant sur les thérapies génétiques
Sujet d'écriture : Sommes-nous, comme le pense François de Closet, « en danger de progrès » ?

*Thèses en opposition dans les documents*

- Une pratique dangereuse : dangers psychologiques, risques de discrimination ; intervention sur le vivant.
- Une pratique prometteuse : prévention des maladies ; naissance d'une nouvelle discipline, la bio-médecine.

Ces deux attitudes face au progrès devront être confrontées et utilisées dans le traitement du sujet d'écriture.

*Recherche d'un point de vue personnel*

Pour échapper aux contradictions du progrès, soit on le refuse, soit on fait abstraction du risque, soit on cherche dans le progrès lui-même les moyens de les résoudre. Chacun choisit sa position personnelle en fonction de ses valeurs et de ses choix de vie.

### 4. L'expérience personnelle

Corrobore-t-elle les différents points de vue exprimés ? Par exemple, un candidat dont un proche serait affecté par une maladie génétique sera sensible au problème posé par la thérapie génétique. Son jugement sera influencé par la stigmatisation dont aurait pu être victime ce malade, ou à l'inverse par l'espoir de sa guérison grâce à la bio-médecine. Mais attention, cette expérience personnelle ne doit surtout pas nuire à une réflexion plus globale, équilibrée, prenant en compte l'ensemble du problème. Ainsi cela ne doit pas empêcher d'envisager les moyens de juguler les risques pour la liberté liés à la manipulation du génome. Les recherches en thérapie génétique pourraient alors se poursuivre. À cet effet, ce candidat développerait la thèse paradoxale selon laquelle plus de science reste encore le meilleur moyen de contrer les risques inhérents à la recherche.

## 4 La révision avant l'épreuve

### 1. Les textes étudiés

Avant l'épreuve, il est nécessaire de relire l'ensemble des textes étudiés en cours, ainsi que les documents des dossiers de synthèse. De même, il faut relire les corrigés des devoirs de synthèse et d'écriture personnelle. Ces relectures ravivent la curiosité intellectuelle et entretiennent les connaissances dans lesquelles on puisera des idées le jour de l'examen.

### 2. Les notes personnelles

Le dossier consacré au thème doit être entretenu régulièrement en archivant les documents nouveaux rencontrés au fil des lectures ou au fil de l'actualité. Les notes personnelles sont consignées sur la fiche synoptique et sur les fiches consacrées aux auteurs, aux documents étudiés en cours, aux documents compulsés pour préparer des exposés ou participer à des débats. Il faut consulter périodiquement ce dossier pour mémoriser les grandes idées du thème. Classer et relire fréquemment ses notes permet de réactiver ses connaissances.

**Auto-évaluation**

**Les vérifications à faire le jour de l'examen pour m'appuyer sur le thème au programme**

1. Ai-je cerné l'aspect du thème étudié en cours auquel se réfère le sujet d'écriture ?
2. Ai-je recherché les souvenirs qu'éveille en moi cette question ?
3. Ai-je identifié un auteur auquel me référer pour y répondre ?
4. Ai-je recherché quelle est mon expérience personnelle sur cette question ?
5. Ai-je repéré des documents étudiés en cours sur lesquels m'appuyer ?

# 2 L'ÉTUDE DES TEXTES DE LA SYNTHÈSE

➔ **Il faut savoir extraire des textes les données de la synthèse car la qualité du travail en dépend. Chaque type de texte appelle sa propre méthode.**

## 1 La lecture du dossier

### 1. Le libellé du sujet

Le libellé du sujet précise le thème et parfois la problématique. Au cas où celle-ci ne serait pas proposée, il faut rechercher dès la première lecture l'angle particulier sous lequel le thème du dossier est abordé. Quand on a une vue d'ensemble de ce dossier, le travail d'analyse des documents peut commencer.

### 2. La découverte des documents

**a) Les références des documents.** Il faut les analyser car elles précisent la nature et le statut de chaque pièce du dossier. Les titres, les auteurs, l'origine, la date de publication, toutes ces références sont utiles pour comprendre les documents, les situer les uns par rapport aux autres lors de leur confrontation. En outre, elles seront exploitées lors de la rédaction de la synthèse.

**b) La lecture du dossier.** L'inventaire de ses données met en jeu l'ensemble des compétences en lecture du candidat. En effet, la réussite d'une synthèse passe par l'identification des idées clés des textes. Il est donc impératif de lire attentivement les documents.

### 3. Les types de textes

Le dossier à synthétiser comprend deux ou trois documents textuels. Ils sont de deux types.

**a) Les textes analytiques :** ils contiennent des idées, sous la forme d'explications (ce sont alors des textes explicatifs) ou sous la forme de thèses, d'arguments (ce sont des textes argumentatifs). Les extraits d'essais, d'articles de presse, de documents administratifs, d'argumentaires publicitaires sont des textes analytiques.

**b) Les textes illustratifs :** ils sont concrets, construits à partir d'un récit, d'une anecdote, d'un témoignage, de personnages, d'exemples, de faits, de chiffres. Ce sont des textes de théâtre, de roman, de poésie, de reportage, d'autobiographie.

## 2 Les textes analytiques

### 1. Le texte explicatif

**a) Les caractéristiques du texte.** Il a pour objectif d'exposer et de faire comprendre un fait ou un phénomène en le décomposant pour le décrire et en l'analysant.

**b) L'étude du texte explicatif.** Il faut repérer les explications des phénomènes qu'il étudie, c'est-à-dire distinguer leurs acteurs, leurs composantes, leurs causes et leurs conséquences. Ces éléments se suivent en s'ajoutant les uns aux autres. Ils sont parfois reliés par des termes comme *de surcroît, de plus, en outre*. Ils peuvent être aussi hiérarchisés et introduits alors par des mots comme *tout d'abord, non seulement, mais ensuite, en premier lieu*, etc.

### 2. Le texte argumentatif

**a) Les caractéristiques du texte.** Il cherche à convaincre du bien-fondé d'une position, d'une thèse en l'argumentant. Attention, en plus de leurs idées, certains auteurs présentent des thèses qu'ils discutent ou qu'ils combattent. Il faut veiller à ne pas les leur attribuer, ce contresens fausserait la synthèse !

**b) L'étude du texte argumentatif.** Il faut dégager la thèse de l'auteur, en distinguant ses arguments et les exemples qu'il utilise. Certains indices servent de repères : les termes valorisants, dévalorisants, les marques de jugement. Ils révèlent le point de vue défendu et le degré d'implication du locuteur. On doit aussi analyser les relations logiques entre les idées : les oppositions, le rapport cause/conséquence, les concessions, la condition, etc. Tout ce travail d'analyse du texte doit être conduit avec méthode : de lui dépendent la précision et la richesse de la synthèse. Enfin, il ne faut pas négliger d'observer la structure d'un texte d'idées : les étapes successives de l'argumentation peuvent suggérer une possibilité de plan pour la synthèse.

### 3. Le tri des données des textes explicatifs et argumentatifs

Dans un texte, tout ne concerne pas la problématique de la synthèse. On ne cherchera et ne conservera que les données utiles à la réalisation de cette dernière, en les reformulant avec le maximum de précision, c'est-à-dire sans les déformer.

**EXEMPLE**

Texte argumentatif

« Il est extrêmement fallacieux de considérer les humains en période d'enfance comme un monde à part. Les enfermer ensemble dans un supposé cercle magique est stérilisant. Le rôle de l'adulte est de susciter et d'aider l'enfant à s'insérer dans la société dont il est un élément vivant nécessaire, durant le temps qu'il est encore dans sa famille. Pour soutenir son développement, il faut le considérer dans son advenir et faire confiance à l'adulte qu'il vise à devenir. Le drame est que, à partir du moment où on cesse de le regarder comme un petit poète, comme un enfant qui rêve, qui a son monde à part, on fait intervenir le modèle imposé. "Tu es un pré-adulte, mais par rapport à ce que moi-même je suis comme adulte." Alors qu'il est un pré-adulte, c'est vrai, mais d'un style qui n'existe pas encore, qui est à inventer, qu'il doit trouver lui-même. »

Françoise Dolto, *La Cause des enfants*, 1977,
Éd. Robert Laffont.

Données à conserver : l'éducation doit voir dans l'enfant un futur adulte qui doit se construire par lui-même et non se mouler dans un modèle imposé.

**Une astuce à l'examen**

Partez du principe que les idées des textes analytiques constituent la substance de la synthèse. Les autres textes, parce qu'ils sont concrets, mettent en lumière ces idées en les confirmant ou en les contredisant.

## 3 Les textes illustratifs

### 1. Le texte narratif

**a) Les caractéristiques du texte.** Il est extrait d'un roman ou d'une autobiographie. C'est un récit, comportant souvent des dialogues et des éléments de description. Il a été choisi parce que les situations, les décors et les personnages illustrent, attestent, contredisent, nuancent, complètent des idées clés des textes explicatifs ou argumentatifs. Les textes illustratifs et les textes analytiques sont complémentaires.

**b) L'étude du texte narratif.** Elle permet au candidat de montrer ses capacités d'analyse. En effet on doit analyser les personnages, les éléments de l'intrigue ou du décor pour découvrir les idées dont ils sont porteurs. Ces éléments concrets sont, en réalité, chargés d'un sens qu'on doit découvrir en les interprétant.

**c) La sélection des données.** Il faut conserver l'interprétation des éléments qui illustrent les idées des textes argumentatifs, et uniquement celles-là.

**EXEMPLE**

Synthèse sur le thème de la grande ville. Sa problématique porte sur le mode de vie des citadins.

« Tu ne le croirais pas peut-être ; depuis un mois que je suis ici [à Paris], je n'y ai encore vu marcher personne. Il n'y a point de gens au monde qui tirent mieux parti de leur machine que les Français : ils courent ; ils volent : les voitures les plus lentes d'Asie, le pas réglé de nos chameaux, les feraient tomber en syncope. Pour moi, qui ne suis point fait à ce train, et qui vais souvent à pied sans changer d'allure, j'enrage quelquefois comme un chrétien : car encore passe qu'on m'éclabousse depuis les pieds jusqu'à la tête ; mais je ne puis pardonner les coups de coude, que je reçois régulièrement et périodiquement : un homme, qui vient après moi et qui me passe, me fait faire un demi-tour ; et un autre, qui me croise de l'autre côté, me remet soudain où le premier m'avait pris : et je ne fait pas cent pas, que je suis plus brisé. »

Montesquieu, *Lettres persanes*, lettre 24, 1721.

Données à conserver : « ils courent ; ils volent » = la surexcitation du citadin quand il se déplace. « J'enrage ; m'éclabousse ; les coups ; brisé » = les conséquences physiques et psychologiques négatives des conditions de déplacement.

### 2. Le texte poétique

**a) Les caractéristiques du texte.** C'est un poème, en vers ou parfois en prose qui exploite les possibilités sonores, rythmiques, visuelles du langage. Il recourt souvent aux images et aux connotations des mots.

**b) L'étude du texte poétique.** Elle se conduit en deux étapes. Dans la première il s'agit de rechercher les aspects du thème abordés par le poème : de quoi est-il question, de quoi parle-t-il ? La deuxième étape est plus complexe. Il s'agit de rechercher l'influence de la forme poétique sur le contenu, de trouver le sens porté par cette forme. On étudiera donc les images, la longueur et la place des mots, leur effet sonore et rythmique, la typographie, la structure du texte et on les interprétera.

**c) Les données à conserver.** Comme pour les autres types de texte, on ne conservera que celles qui sont utiles à la synthèse. Attention, on n'attend pas un commentaire de texte, il ne faut sélectionner que les interprétations en lien avec la synthèse.

### 3. Le texte de théâtre

**a) L'étude du texte.** On analyse la situation, l'intrigue, les personnages. Il faut être attentif à ce que révèle le dialogue sur les relations entre les personnages. Les indications de jeu et de décor peuvent avoir de l'importance, on les étudie aussi.

**b) Les données à conserver.** Là encore, on ne conservera que celles qui sont utiles à la synthèse. Elles illustrent de façon très concrète les thèses et les arguments des textes d'idées.

**EXEMPLE**

La synthèse porte sur les rapports entre les maîtres et les domestiques.

*La comédie s'ouvre sur une scène entre Follavoine, un fabricant de porcelaine, et sa bonne, Rose.*

« FOLLAVOINE. – Les Hébrides ?... Vous ne savez pas où c'est ? [...]

ROSE. – Ah ! non !... non !... *(Comme pour se justifier.)* C'est pas moi qui range ici !... c'est madame.

FOLLAVOINE. – Quoi ! quoi, « qui range » ! les Hébrides !... des îles ! bougre d'ignare !... de la terre entourée d'eau vous ne savez pas ce que c'est ? [...]

Elle ne sait rien cette fille ! rien ! qu'est-ce qu'on lui a appris à l'école ? [...] « C'est pas elle qui a rangé les Hébrides » ! Je te crois, parbleu ! *(Se replongeant dans son dictionnaire.)* « Z'Hébrides... Z'Hébrides... » *(Au public.)* C'est extraordinaire ! je trouve zèbre, zébré, zébrure, zébu !... Mais de Zhébrides, pas plus que dans mon œil ! Si ça y était, ce serait entre zèbre et zébrure. On ne trouve rien dans ce dictionnaire ! »

Georges Feydeau, *On purge Bébé*, 1910, Acte I, scène I.

Données à conserver : la scène place le maître et sa domestique à égalité, ils sont tous deux aussi ignorants ! Pourtant le dialogue illustre la différence de statut social, en montrant le sentiment de supériorité du maître et le droit qu'il s'accorde de brusquer son employée. Non seulement le maître est risible, mais il est odieux.

**Auto-évaluation**

**Les vérifications à faire le jour de l'examen avant d'entamer l'étape suivante**

- Ai-je bien analysé les références des documents ?
- Ai-je bien dégagé les principales données des textes argumentatifs ?
- Ai-je suffisamment analysé les textes illustratifs ?
- Ai-je vu la complémentarité des différents types de textes ?

# 3 L'ÉTUDE DES IMAGES, DES TABLEAUX DE CHIFFRES ET DES GRAPHIQUES

**Il faut étudier avec soin les images, les chiffres et les graphiques. Ces documents apportent des données qui illustrent, confortent ou réfutent les idées en présence.**

## 1 L'étude des images

### 1. Les caractéristiques des images

Une synthèse comporte en général une image, de nature variable : une reproduction de tableau, une photographie, un dessin de presse, une bande dessinée, une publicité…

### 2. L'étude des images

Elle se conduit en deux temps.
Dans un premier temps, on perçoit la signification globale de l'image et il faut rechercher le lien entre le thème de la synthèse et le document iconographique.
Dans un deuxième temps on décompose l'image pour rechercher les éléments porteurs de sens : la composition, les couleurs, les personnages et les objets, les textes qui figurent dans une légende ou une bulle. En les interprétant on dégage leur signification.

EXEMPLE

*Dessin de Plantu.*

Étude de l'image : la différence de taille des personnages du dessin illustre le déséquilibre entre les pays riches occidentaux et les pays pauvres. L'acheteur situé à gauche est vêtu richement. Il symbolise l'Occident. Il domine de toute sa masse le vendeur, pauvrement vêtu, très maigre et qui a peu à vendre, avec des moyens dérisoires. Il représente le Tiers Monde. Ce rapport de force influe sur la compréhension que le lecteur peut avoir des paroles. Au lieu de leur donner comme signification « votre prix sera le mien », formule convenue qui signifie que l'acheteur se plie aux conditions du vendeur, il comprend que c'est ce dernier qui doit accepter celles qui sont imposées par le plus fort : « mon prix sera le vôtre » est une formule impérieuse, et somme toute, impérialiste.
La violence est soulignée par le point d'exclamation et par le recul apeuré du vendeur.

### 3. Le tri des données

Il en est des images comme pour les textes : tout n'est pas à garder. On ne retiendra que ce qui rentre dans le cadre de la problématique. Ce travail est facilité par la connaissance du contenu des textes, qui ont déjà été analysés : on sait ce qu'il faut retenir de l'image.
Ainsi, pour une synthèse portant sur les inégalités dans le monde, il faudrait conserver du dessin de Plantu le caractère choquant de l'inégalité, le déséquilibre des forces, la violence du dominant à l'égard du dominé. Ces données caractérisent l'impérialisme.
Pour une synthèse portant sur la négociation, il faudrait conserver la contradiction entre le projet contractuel de négociation et le déséquilibre des parties en présence, la notion de rapport de force, l'inscription de ce rapport dans un contexte (ici le contexte géo-économique mondial), le poids des représentations et des préjugés à l'égard de l'autre.

**Une astuce à l'examen**

Pour étudier une image, cherchez les connotations du décor, des couleurs, des formes, du graphisme. Ces éléments sont chargés de symboles et leur association concourt à sa signification globale.

## 2 L'étude des tableaux de chiffres

### 1. Leurs caractéristiques

Les chiffres qu'ils présentent sont des informations qui concernent un aspect du thème de la synthèse. Ils sont classés de manière à faire apparaître des ressemblances, des différences, des oppositions, des évolutions, des corrélations.

### 2. L'étude d'un tableau

L'exploitation d'un tableau consiste à tirer parti des chiffres qui le composent. Le travail doit suivre trois étapes.
**a) Le repérage de la structure du tableau.** Il s'agit de repérer le nombre de rangées et de colonnes, les titres, les unités utilisées, les dates.
**b) Les lectures horizontales et verticales.** Elles recherchent des évolutions et des comparaisons. On procède à une lecture horizontale afin de confronter sur une même ligne les différentes colonnes : ainsi on peut déceler une évolution. La lecture verticale permet de comparer les chiffres à l'intérieur d'une même colonne.
**c) La recherche des faits saillants.** C'est à ce stade du travail qu'il faut tirer parti des chiffres et interpréter le tableau. La lecture fine des rangées et des colonnes met en évidence des écarts remarquables, des évolutions marquantes, des contrastes spectaculaires (ou bien l'inverse…).

**EXEMPLE**

| Nombre de fumeurs réguliers en % | | | | | | |
|---|---|---|---|---|---|---|
| | 2005 | | | | | |
| | 18-24 ans | 25-34 ans | 35-44 ans | 45-54 ans | 55-64 ans | 65-75 ans |
| Hommes | 38 | 40 | 35 | 31 | 20 | 10 |
| Femmes | 33 | 30 | 31 | 22 | 10 | 6 |

Source : Insee, *La France en faits et en chiffres*. Baromètre santé 2005, INPES, exploitation OFDT.

- La lecture horizontale montre l'évolution de la consommation de tabac : la proportion de fumeurs diminue fortement avec l'âge.
- La lecture verticale compare le comportement des hommes et des femmes : celles-ci fument moins souvent et arrêtent plus vite que les hommes.
- Les faits saillants : près d'un homme sur deux, près d'une femme sur trois fument à 30 ans. Le pic de la consommation se situe entre 24 et 34 ans. On observe une importante chute de la consommation à partir de 50 ans, chez les deux sexes.

**d) Le tri des données.** Pour une synthèse portant sur les addictions on retiendra que la proportion de fumeurs diminue fortement avec l'âge, et que le pic de la consommation se situe entre 24 et 34 ans.

Pour une synthèse portant sur la parité homme / femme, il faudrait retenir la variation des écarts en fonction de l'âge : l'écart se rétrécit entre les 18 / 24 ans mais augmente entre les 24 / 34 ans, diminue sensiblement entre les 35 / 44 ans, pour augmenter ensuite jusqu'à 65 ans. À partir de 65 ans il redevient faible. On peut expliquer ces variations par l'influence de la maternité sur les femmes.

## 3 L'étude des graphiques

### 1. Leurs caractéristiques

Les graphiques organisent visuellement les éléments d'information pour montrer leurs relations et établir des comparaisons. C'est pourquoi ils peuvent illustrer des idées des textes de la synthèse. Ils montrent s'il y a eu des changements et à quel moment ils se sont produits, ce qui permet de voir clairement les tendances.

### 2. Les graphiques en courbes

Les courbes sont un moyen très simple de représenter une évolution. En outre, l'association de plusieurs courbes permet d'établir une corrélation ou une comparaison entre deux aspects d'un même phénomène.

L'étude procède du général vers le particulier. Une courbe va représenter une tendance globale (hausse, baisse, stagnation) mais aussi un phénomène particulier, par exemple une brusque hausse, un décrochage.

### 3. Les graphiques en barre

Les graphiques à barres verticales et horizontales comparent simultanément divers éléments d'information. La longueur de chaque barre indique la quantité représentée.

### 4. Les diagrammes circulaires

Dans les diagrammes circulaires l'angle de chaque secteur est proportionnel à un pourcentage. Ils permettent de présenter l'information à des fins de comparaison en montrant les relations entre le tout et les parties.

**EXEMPLE**

**Modes d'accès à la télévision**

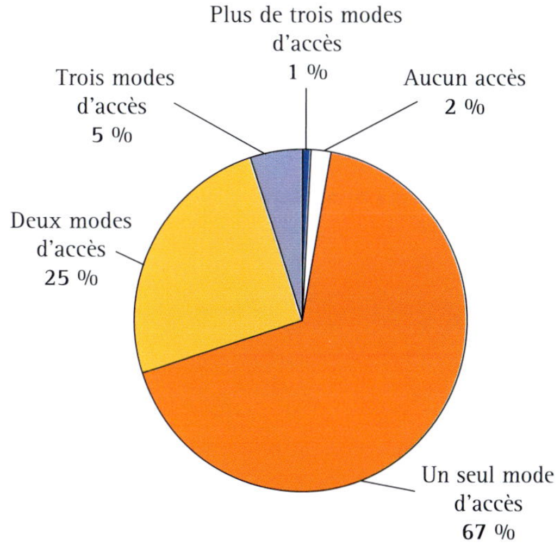


**Champ : ensemble de la population**

*Source :* CREDOC, enquête « Conditions de vie et aspirations des Français », juin 2006.

Données à retenir

- Pour une synthèse sur le poids de la télévision dans la vie des Français : près d'un tiers des Français s'équipe de trois ou quatre canaux d'accès à la télévision.
- Pour une synthèse portant sur la pénétration des nouvelles technologies : on constate une appropriation de plus en plus grande de ces technologies : si une grande majorité des téléspectateurs (67 %) n'a qu'un seul canal d'accès à la télévision, 31 % d'entre eux utilisent maintenant un téléviseur, un ordinateur et un téléphone portable.

**Auto-évaluation**

**Les vérifications à faire le jour de l'examen**

- Ai-je repéré les éléments connotés de l'image et analysé leur sens ?
- Ai-je perçu le lien entre les idées des textes et les données chiffrées ?
- Ai-je montré les évolutions, les tendances, les faits saillants ?
- Ai-je exploité la capacité de comparaison des diagrammes ?

# 4 LA CONFRONTATION DES DOCUMENTS

➔ Un tableau synoptique met en en évidence les relations entre les documents. En classant leurs données, on construit progressivement les fondations de la synthèse.

## 1 La clarification de la problématique

### 1. Le sujet à problématique imposée

La problématique est l'angle par lequel le thème est abordé. Si elle est indiquée dans le libellé du sujet, on peut rechercher immédiatement ce qu'il faut retenir de chaque document et s'attacher à la manière de mettre en relation les données relevées.

### 2. Le sujet sans problématique imposée

Certaines années, le sujet de synthèse ne mentionne aucune problématique. Après avoir pris connaissance du dossier, il faut donc se demander sur quoi il s'interroge, quelle est la question qui fait débat et qui sert de dénominateur commun aux documents. Trouver cette question, c'est trouver la problématique de la synthèse.
Il faut la formuler clairement car elle va orienter l'analyse des documents.
En effet, chaque document contient des éléments de réponse à la problématique. Ils se complètent, se contredisent, débattent entre eux et leur confrontation constituera la substance de la synthèse.
S'il n'y a pas qu'une seule problématique possible – cela dépend des dossiers –, on choisira la plus large, la plus riche et, bien évidemment, celle qui englobe le plus grand nombre de données des documents.

## 2 La préparation du tableau synoptique

### 1. L'objectif du tableau

Il permet de mettre en œuvre le processus de synthèse. Cette dernière se construit par étapes successives.

- Dans une première étape, les données de chaque document sont analysées, relevées, notées et mises en relation. C'est une étape capitale qui exige de la rigueur et de la précision.
- Dans une deuxième étape, on se sert de la vue panoramique de l'ensemble des données pour les confronter et les regrouper par pistes de réflexion. Ce regroupement dégagera les bases de la synthèse.
- Dans une troisième étape, on profite de la vue de l'ensemble des pistes de réflexion pour travailler sur des hypothèses de plan.

### 2. L'organisation du tableau

Sur une grande feuille A3 ou deux A4 assemblées, on trace une colonne par document et après la dernière on en ajoute une autre intitulée «Pistes de réflexion».
En haut de chaque colonne, on note la référence du document.

**EXEMPLE**

Synthèse portant sur les horoscopes.
Elle s'intéresse aux raisons de leur succès.

| Doc. 1 *Les horoscopes* C. Chantreau | Doc. 2 *Du rêve à vendre* V. Léandre | Doc. 3 Scorpion 13 au 20/01/2008 | Pistes de réflexion |
|---|---|---|---|
| | | | |

**Une astuce à l'examen**

Pour clarifier ce que vous devez chercher dans les documents, rédigez la phrase suivante : ce dossier traite de ... (c'est le thème) et il s'interroge sur ... (c'est la problématique). Vérifiez que la problématique que vous proposez intègre bien tous les documents.

## 3 L'analyse des documents

### 1. L'étude d'un premier document

#### a) Le choix du document

On a tout intérêt à choisir le document le plus riche, celui qui semble aborder les aspects les plus variés du thème. En effet, il pourra servir de pivot lors de sa confrontation avec les autres, qui le complèteront, l'illustreront, le nuanceront ou le contrediront.

#### b) Le relevé des données

Dans la colonne correspondant à ce document, on note les idées qui concernent la problématique.
La pertinence de la sélection est fondamentale pour réussir une bonne synthèse : il ne faudrait pas négliger une idée importante ou noter un détail sans intérêt !
La manière de noter les idées importe elle aussi : le propos doit être reformulé le plus fidèlement possible : le correcteur ne pardonnerait pas une déformation des idées du dossier. Bien entendu, la plus grande concision est recommandée pour pouvoir faire tenir dans le tableau l'idée relevée.

**EXEMPLE**

| Doc. 1 *Les horoscopes* C. Chantreau | Doc. 2 *Du rêve à vendre* V. Léandre |
|---|---|
| Gros succès des horoscopes | |
| Public : davantage féminin | |
| Apportent une aide, de l'espoir | |

### 2. La confrontation avec un deuxième document

#### a) Le choix du nouveau document

Lequel choisir ? Il est préférable de choisir un document d'analyse, qui enrichisse, complète le premier. Choisir un document purement illustratif, comme un tableau de chiffres, une image ou un diagramme serait prématuré car il retarderait le moment où commence à se dégager une vision assez large de la question.

### b) L'organisation de la confrontation

L'efficacité du tableau vient de ce que, dans la nouvelle colonne, on place ces données nouvelles en face de celles qui leur correspondent. Qu'elles soient semblables, qu'elles les critiquent ou qu'elles les contredisent ne change pas le fait qu'elles font partie du même domaine de réflexion : il faut donc les aligner l'une en face de l'autre. Au bout de la rangée ainsi créée, on note la piste de réflexion qui leur correspond. Toute la difficulté est de bien titrer ces pistes de réflexion : leur intitulé doit être suffisamment synthétique pour rendre compte du contenu de la rangée.
Ainsi se construit peu à peu le contenu de la synthèse.

**EXEMPLE**

| Doc. 1 *Les horoscopes* C. Chantreau | Doc. 2 *Du rêve à vendre* V. Léandre |
|---|---|
| Gros succès des horoscopes | Un gros marché |
| Public : davantage féminin | Toutes les catégories du public |
| Apportent une aide, de l'espoir | Des conseils pour vivre le quotidien |

| Doc. 3 Scorpion 13 au 20/01/2008 | Pistes de réflexion |
|---|---|
| | Une industrie |
| | Le profil des consommateurs |
| | Le rôle des horoscopes |

## 3. L'étude des autres documents

### a) Les documents littéraires

Ils peuvent être maintenant exploités. Les extraits d'œuvres de fiction (roman, théâtre, poésie), les témoignages apportent à la problématique leur propre éclairage. Ils complètent, corroborent, infirment parfois certains aspects des textes analytiques.

### b) Les images, les diagrammes et les chiffres

Les chiffres et les diagrammes sont importants car ils ont valeur de preuve et donnent de la réalité aux phénomènes. Il faut donc les utiliser largement dans la synthèse. Les images montrent, au sens propre, certains aspects du thème traité. Il faut les interpréter pour dégager leur apport à la problématique et noter cet apport.

**EXEMPLE**

| Doc. 1 *Les horoscopes* C. Chantreau | Doc. 2 *Du rêve à vendre* V. Léandre |
|---|---|
| Gros succès des horoscopes | Un gros marché |
| Public : davantage féminin | Toutes les catégories du public |
| Apportent une aide, de l'espoir | Des conseils pour vivre le quotidien |

| Doc. 3 Scorpion 13 au 20/01/2008 | Pistes de réflexion |
|---|---|
| | Une industrie |
| | Le profil des consommateurs |
| Amour : 8/10, Argent : 9/10, Santé : 8/10 | Le rôledes horoscopes |

## 4. Le travail d'ajustement et de vérification

Il ne faut pas hésiter à revenir en arrière, à réexaminer ses choix au fur et à mesure que le tableau se remplit. C'est pourquoi il est préférable de travailler avec un crayon et une gomme pour modifier plus facilement les cases.

### a) Les ajustements

Ils concernent d'abord les données omises, mais dont on se rend compte qu'elles méritent d'être retenues parce qu'elles apparaissent dans un nouveau document. Ils concernent aussi le nombre de pistes de réflexion. Lorsque de nombreuses pistes semblent se dégager, il ne faut pas hésiter à les regrouper dans des ensembles : un nombre trop important de pistes émietterait la réflexion et compliquerait la recherche d'un plan.

### b) Les vérifications

Elles concernent l'intitulé des pistes de réflexion. Il ne faut pas hésiter à en changer jusqu'à ce qu'on trouve la formulation la plus fidèle et la plus synthétique.

**Auto-évaluation**

**Les vérifications à faire le jour de l'examen pour évaluer la pertinence de mon tableau de confrontation**
- Ai-je bien clarifié la problématique de la synthèse ?
- Ai-je bien relevé toutes les données qui la concernent ?
- Ai-je utilisé tous les documents ?
- Ai-je bien formulé mes pistes de réflexion ?
- Mes pistes de réflexion s'inscrivent-elles dans la problématique ?

# 5 LA MISE AU POINT DU PLAN DE LA SYNTHÈSE

**➔ Un tableau est un outil puissant. En regroupant les pistes de réflexion, on découvre quelles sont les grandes lignes de la synthèse et on parvient au plan recherché.**

## 1 La recherche du plan de la synthèse

### 1. L'observation des pistes de réflexion

L'alignement sur une même ligne horizontale des données qui abordent le même sujet aboutit à la formation d'une piste de réflexion.
Mais certaines pistes concernent un même domaine, vu sous des aspects différents. Après avoir observé le tableau, il faut chercher quels regroupements on peut opérer entre ces pistes pour le simplifier et augmenter ainsi d'un cran le niveau de synthèse.

**EXEMPLE**

Synthèse sur l'illettrisme

| Doc. 1 | Doc. 2 | Pistes de réflexion |
|---|---|---|
| Infériorité, honte | Complexes | Souffrances psychiques |
| Problèmes administratifs | Problèmes pour se déplacer | Difficultés matérielles |
| Désocialisation | Difficultés économiques | Difficultés sociales |

Les souffrances psychiques, les difficultés matérielles, les difficultés sociales appartiennent à un même domaine. Ces pistes peuvent être regroupées.

### 2. Le regroupement des pistes en rubriques

Il faut alors se demander quels titres on pourrait donner à ces regroupements, autrement dit sous quelles rubriques ces pistes pourraient être classées.

**EXEMPLE**

| Pistes de réflexion | Rubrique |
|---|---|
| Souffrances psychiques<br>Difficultés matérielles<br>Difficultés sociales | Les conséquences de l'illettrisme |

De façon logique, ces pistes apparaissent comme des conséquences de l'illetrisme. On intitulera donc ainsi cette rubrique.
Il faut s'efforcer d'obtenir un nombre raisonnable de rubriques. Il peut être nécessaire parfois de regrouper plusieurs rubriques en une seule, de manière à en diminuer le nombre.
En créer deux ou trois – quatre est un maximum – doit permettre de prendre en compte l'intégralité du tableau.
Attention, aucune donnée ne doit être laissée de côté si l'on veut que la synthèse soit complète.

### 3. L'organisation des rubriques en un plan de synthèse

L'organisation logique des rubriques fournit le plan de la synthèse. Chaque rubrique devient alors une partie du plan. Mais pour obtenir un plan valable, la succession des parties doit obéir aux règles de la logique et leur progression doit être assurée par des transitions.

**EXEMPLE**

| Pistes de réflexion | Rubriques | Plan de la synthèse |
|---|---|---|
| Illettrés : Qui ? Combien ? | Description du phénomène | 1. Le problème de l'illettrisme |
| Souffrances psychiques<br>Difficultés matérielles<br>Difficultés sociales | Les conséquences de l'illettrisme = difficultés rencontrées par les illettrés | 2. Les causes de l'illettrisme |
| Échec scolaire<br>Primo-arrivants<br>Problèmes psychologiques et comportementaux | Les causes de l'illettrisme | 3. Les conséquences : les difficultés rencontrées par les illettrés |

Ce plan est logique : la synthèse commence par présenter l'illettrisme, puis elle en analyse les causes et ensuite les conséquences.
En s'appuyant sur des repères logiques on trouve plus facilement le plan de la synthèse. Ainsi, dans cet exemple, on voit que si l'on trouve la première rubrique « description du phénomène de l'illettrisme », il y a une grande probabilité que le tableau induise les rubriques « causes » ou « conséquences » de ce phénomène.
En effet, elles sont liées logiquement entre elles.

**Une astuce à l'examen**

Osez des plans originaux.
Ils mettront en valeur vos qualités s'ils sont logiques et prennent en charge l'ensemble des données du tableau.
Ainsi un plan plus dynamique, inspiré des techniques d'écriture journalistiques, inverserait l'ordre des parties 2 et 3 : après avoir décrit l'illettrisme et ses victimes, la synthèse expliquerait les difficultés auxquelles celles-ci se heurtent puis analyserait l'origine du problème.

## 2 L'organisation des parties de la synthèse

### 1. L'ordre des pistes de réflexion

De même que les rubriques deviennent les parties du plan, les pistes de réflexion deviennent des sous-parties

à l'intérieur de chaque partie. Le classement de ces sous-parties doit être logique et progressif.
La logique apporte de la clarté : ainsi il semble logique d'expliquer de quoi il est question avant d'expliquer *qui* est concerné par le phénomène, sinon le lecteur ne comprendra pas. Quant à la progression des sous-parties, elle permet d'approfondir la réflexion : aller du plus simple au plus complexe est plus satisfaisant pour l'esprit, c'est plus enrichissant.

### 2. L'organisation des données de chaque piste de réflexion

À l'intérieur de chaque sous-partie, il faut exploiter toutes les données du tableau de confrontation. Mais ces informations doivent être utilisées en fonction de leur valeur démonstrative et il faut donc établir une hiérarchie entre elles. C'est pourquoi le candidat ne devra pas suivre l'ordre d'apparition des données dans la rangée mais il va devoir les classer.
Le premier critère de ce classement est la logique, bien évidemment. Le deuxième est le souci de progression de la réflexion. Le troisième est la chronologie des documents, s'ils ont été rédigés à des époques différentes.

**EXEMPLE**

Synthèse sur l'illettrisme, troisième partie

| Plan d'ensemble de la troisième partie : les conséquences de l'illettrisme |
|---|
| 1. Une souffrance personnelle<br>2. Des difficultés matérielles<br>3. Des difficultés sociales |

La troisième partie comprend trois sous-parties. La troisième intitulée, « Des difficultés sociales », résulte de l'observation du tableau de confrontation suivant :

| Doc. 1 | Doc. 2 | Pistes de réflexion |
|---|---|---|
| Désocialisation | Difficultés économiques | Difficultés sociales |

La sous-partie 3 prend en compte les données du tableau de confrontation. Mais en les inversant, dans un souci de logique et d'approfondissement.
En effet, il est plus logique de commencer par évoquer les difficultés économiques des illettrés, puis le risque de désocialisation qu'elles engendrent.

Plan de la sous-partie 3 :
Des difficultés sociales :
- des difficultés économiques ;
- à terme, un risque de désocialisation.

## 3 Les critères d'un bon plan

### 1. La confrontation des données

Les idées doivent absolument résulter d'un travail de confrontation des documents. Le traitement successif des documents est interdit, ils doivent être mis en vis-à-vis et comparés, de manière à faire apparaître leur similitude, leur complémentarité, leurs oppositions et ainsi faire naître des pistes de réflexion puis les rubriques qui en rendront compte.

### 2. L'équilibre des parties

Pour réaliser un plan correct, il faut équilibrer les parties, c'est-à-dire leur donner à peu près la même importance. Pour y parvenir il faut leur donner un contenu de même densité. De même, on essaiera d'équilibrer les sous-parties.

### 3. La conformité à la problématique

Un bon plan correspond à la problématique choisie en rendant compte de tous les aspects du problème. Il est progressif : les idées s'enchaînent logiquement. Enfin, il est structuré : il comporte des transitions et des liens logiques, mettant en évidence sa structure.

**Auto-évaluation**

**Les vérifications à faire le jour de l'examen pour évaluer la manière dont j'ai construit mon plan**
- Ai-je pris en compte l'intégralité des données du tableau ?
- Ai-je intitulé les rubriques de manière à englober toutes les pistes concernées ?
- Ai-je classé logiquement les parties et les sous-parties qui les composent ?
- Ai-je bâti un plan équilibré ?

# 6 LES DIFFÉRENTS PLANS DE LA SYNTHÈSE

→ Chaque synthèse génère son propre plan. Mais connaître quelques plans-types peut aider à organiser les rubriques et finalement orienter vers un plan.

## 1 Le plan analytique

### 1. La démarche du candidat

Si le candidat est conduit à créer des rubriques concernant des causes ou des conséquences, voire une rubrique décrivant un aspect d'un phénomène ou d'une situation, il faut qu'il vérifie si le plan analytique peut s'appliquer à la synthèse.

### 2. L'organisation du plan analytique

Ce plan s'applique à la description d'un phénomène ou permet d'établir le constat d'une situation. Sa première partie explique les composantes de ce phénomène, et indique qui est concerné. La deuxième partie est consacrée à l'analyse des causes et /ou des conséquences de cette situation. Elles peuvent être très diverses, et classées par catégories. Parfois la documentation génère une troisième partie consacrée à la recherche de solutions, lorsque des conséquences sont négatives.

**EXEMPLE**

Synthèse sur les fans des séries « cultes »

| Pistes de réflexion | Rubriques |
| --- | --- |
| Âge moyen : 30 ans | Acteurs du fait |
| Hommes plus nombreux | Acteurs du fait |
| Bac et souvent + | Acteurs du fait, classes moyennes |
| Savoir exhaustif, collection | Composantes du phénomène |
| Consécration culturelle d'un genre populaire | Cause : besoin de légitimation culturelle |
| Besoin de partager sa « folie » | Causes : besoin de socialisation, besoin de se rassurer |
| Réunions, conventions, sites Internet, forums, revues | Composantes du phénomène : les manifestations du culte |

L'observation du tableau révèle des rubriques telles que les acteurs et les composantes du fait, les causes du phénomène. Le plan analytique s'impose. On l'obtient en regroupant et en classant les rubriques.

Plan de la synthèse

1. Le phénomène des fans
- Les manifestations du culte : sites, conventions, forums, etc.
- Les fans : + d'hommes, classes moyennes, 30 ans.
- Le savoir, les collections exhaustives.

2. L'explication du phénomène
- Le besoin de socialisation : retrouver ses semblables.
- Le besoin de se rassurer.
- Le besoin de légitimation culturelle de productions de la culture de masse.

## 2 Le plan thématique

### 1. La démarche du candidat

La synthèse présente une situation, un processus, un problème, un phénomène. Si, après l'observation des pistes de réflexion, les rubriques obtenues portent sur les aspects les plus remarquables de cette situation, de ce processus, le candidat doit vérifier si le plan thématique peut s'appliquer à la synthèse.

### 2. L'organisation du plan thématique

Ces aspects peuvent être de plusieurs sortes, mais le plan obéit toujours au même principe d'organisation.

#### a) L'étude du problème à partir des disciplines scientifiques

Le problème est envisagé du point de vue de la médecine, de la biologie, de la psychologie, de la sociologie, de l'histoire, de l'économie, la politique, l'environnement, etc.

#### b) L'étude du problème à partir d'autres catégories

Les angles d'approche d'un phénomène peuvent être très variés. Par exemple on peut étudier les différents degrés (du plus au moins), les différentes échelles (les niveaux local, national, planétaire, par exemple), les différentes temporalités (le passé, le présent, l'avenir, l'immédiat, le lointain, etc.), les différentes valeurs (le positif, le négatif) ou tout simplement les différentes composantes d'un objet d'étude.

Ainsi une synthèse portant sur les formes contemporaines de la solidarité pourrait étudier ses aspects institutionnels (la Sécurité sociale, le régime des retraites, les assurances, etc.), le versant humanitaire (les ONG), la pratique privée (le don, l'entraide familiale, etc.).

**EXEMPLE**

Plan d'une synthèse sur les enjeux de l'eau au XXIe siècle

1. Enjeux politiques
- pénurie de l'eau
- disparité des ressources
- nombreux conflits régionaux

2. Enjeux économiques
- les besoins de l'agriculture
- les besoins industriels
- l'eau et le développement

3. Enjeux environnementaux
- la dégradation de la qualité de l'eau
- les aléas climatiques

**Une astuce à l'examen**

Demandez-vous si la rubrique que vous avez formulée n'en appelle pas une autre, qui ferait aboutir à un plan-type. Par exemple, une cause peut faire penser à une conséquence et donc à un plan analytique causes / conséquences ; une rubrique aspects économiques peut faire penser à un plan thématique : aspects économiques, sociaux, humains, etc.

## 3 Les plans alternatifs et dialectiques

### 1. Le plan alternatif

**a) La démarche du candidat.** Les pistes de réflexion aboutissent à la formulation de rubriques signifiant de nettes différences de points de vue.

Ce cas de figure se rencontre quand un sujet fait débat, suscite des polémiques. Il faut alors se demander si la synthèse ne peut pas être organisée sur un système d'oppositions, en prenant garde à bien confronter les documents.

**b) L'organisation du plan alternatif.** Ce plan voit s'opposer des couples antithétiques : les ressemblances et les différences, le «pour» et le «contre», les aspects positifs et négatifs, la tradition et la modernité, les avantages et les inconvénients, le progrès et la régression, le bien et le mal, etc.

**EXEMPLE**

Dans une synthèse portant sur les comportements à risques, les auteurs peuvent s'opposer à propos de la politique de prévention.

- Pour les uns, les campagnes de prévention contre l'alcool, le tabac, la vitesse, le sucre, le sel, les graisses, etc. sont excessives, déprimantes, voire liberticides. En outre, pour ces auteurs toute forme de prohibition risque de déresponsabiliser les gens.
- Pour les autres, ces campagnes ont un rôle éducatif, elles protègent des addictions et sauvent des vies. Selon eux, elles responsabilisent les citoyens en mettant chacun en face des risques qu'il prend avec sa santé et en lui faisant prendre conscience de l'effort financier qu'il demande à la collectivité pour le guérir quand son addiction le rend malade.

### 2. Le plan dialectique

Il peut se rencontrer parfois. Mais il faut être sûr de disposer des données capables de nourrir une troisième partie.

Dans ce cas l'observation des rubriques montre une opposition entre deux thèses mais aussi qu'une troisième voie est possible. Elle réconcilie les opposants ou permet de dépasser leur opposition en posant autrement la question, en décalant l'angle de réflexion initial.

**EXEMPLE**

Dans une synthèse s'interrogeant sur la nécessité de la croissance, une première partie exposerait ses avantages, la deuxième exposerait ses inconvénients, la troisième proposerait un autre modèle : la décroissance soutenable.

## 4 Le plan combiné et le plan original

### 1. La combinaison plan analytique/plan thématique

La structure de ce plan est analytique : il expose les faits, leurs causes, leurs conséquences, éventuellement les solutions. Mais à l'intérieur de chaque partie, il classe les causes et les conséquences par catégorie, par thème. Par exemple il analyse les conséquences sociales, économiques, humaines, etc.

### 2. La combinaison plan thématique/plan alternatif

La structure de ce plan est thématique. Mais à l'intérieur de chaque partie, les idées sont classées selon leur aspect antithétique : avantages – inconvénients, «pour» – «contre», etc.

**EXEMPLE**

On pourrait organiser une synthèse portant sur la marginalité de deux manières.

Plan 1 :

1. La marginalité et la personnalité du sujet
- aspects positifs : créativité, enrichissement de la personnalité
- aspects négatifs : solitude, fragilisation culturelle et psychologique
2. La marginalité et les relations avec la société
- aspects positifs : pratiques sociales innovantes, créatrices
- aspects négatifs : isolement, rejet, exclusion

Plan 2

1. Les aspects positifs de la marginalité
- l'enrichissement de la personnalité
- la créativité
2. Les aspects négatifs de la marginalité
- la fragilisation culturelle et psychologique
- l'exclusion sociale

### 3. Le plan original

Si aucun des plans-types ne semble convenir, il faut chercher alors un plan original, qui ne coule pas les données de la synthèse dans un moule préétabli.

Il faut oser suivre les évidences imposées par le tableau de confrontation.

***Auto-évaluation***

**Les vérifications à faire le jour de l'examen pour évaluer la pertinence de mon plan**

- Ai-je vérifié que, une rubrique en appelant une autre, je n'aboutissais pas à un plan-type?
- Ai-je pensé à tous les plans-types possibles?
- Ai-je pensé à utiliser les ressources du plan combiné?
- Ai-je utilisé tous les documents et toutes les données?
- Ai-je essayé de bâtir un plan original?

# 7 LA RÉDACTION DE LA SYNTHÈSE

**→ Pour réussir la rédaction de la synthèse, il faut reformuler les données du dossier tout en rédigeant avec adresse les références aux documents. Sans oublier la qualité de l'expression, bien entendu.**

## 1 La rédaction de l'introduction et de la conclusion

### 1. Le rôle de l'introduction

Comme toute introduction, elle annonce le sujet et amorce la curiosité du lecteur. Elle doit être courte et aller à l'essentiel sans fioriture : le candidat n'a que trois heures pour rédiger sa synthèse.

### 2. La composition de l'introduction

Elle commence par définir le thème traité, puis indique la problématique retenue. Elle présente ensuite le dossier et annonce enfin le plan de manière claire et concise.
Pour l'alléger et gagner du temps le candidat peut choisir de reporter la présentation des documents à leur première apparition dans le développement. Il devra alors indiquer le genre du document, son auteur et la date de parution : « Selon François Derval, qui s'exprime dans un article du journal *Le Figaro* du 19 mai 2008, la démocratie participative... ». Mais il reste possible de présenter l'ensemble des documents dès l'introduction.

**EXEMPLE**

Ce dossier traite des lectures des jeunes et s'interroge plus précisément sur la place de la lecture / plaisir dans ce qu'ils lisent. Tous les documents constatent l'importance de la lecture / plaisir chez les adolescents. Mais ils dénoncent aussi les effets pervers de la lecture contrainte et proposent des pistes pour réconcilier les jeunes avec le livre.

### 3. La rédaction de la conclusion

La conclusion doit être courte et ne pas dépasser cinq lignes. Son rôle est d'indiquer au lecteur qu'il est parvenu au terme de l'argumentation. C'est pourquoi elle est introduite par un terme d'articulation comme : *en définitive, pour résumer, en conclusion, finalement, en somme*, etc. Elle reformule sous une forme synthétique les grands axes de la synthèse. Le candidat ne doit formuler aucun jugement personnel, il doit rester neutre.

**EXEMPLE**

Finalement ce dossier montre que les adolescents lisent volontiers quand on ne les contraint pas. En effet, ils détestent les livres qu'on leur impose à la maison ou à l'école. Si l'objectif est de les faire lire, c'est contre-productif. C'est pourquoi il faut passer par des méthodes plus subtiles pour leur faire aimer la lecture.

## 2 La rédaction du développement

### 1. L'objectivité

Elle est impérative dans la synthèse de documents. D'une part il s'agit de rapporter les idées ou les faits relevés dans les documents sans les déformer, sans les tronquer. C'est donc être fidèle. D'autre part, il ne faut introduire aucun jugement personnel dans la formulation de ses phrases. Les adverbes appréciatifs, les verbes introducteurs, les connotations exprimant son propre jugement, aucune de ces marques d'implication du candidat ne doit apparaître dans la rédaction. Il faut rester neutre.

### 2. La reformulation

Le candidat doit réécrire les idées dont il se sert pour faire sa synthèse : la reformulation est une exigence absolue de l'exercice de synthèse au BTS. Chaque donnée des documents doit donc être reformulée avec les mots et les structures de phrase du candidat. Seuls les mots clés des documents peuvent être réutilisés.
Toutefois une formule courte et frappante, particulièrement signifiante, peut être reprise sous la forme d'une citation, donc entre guillemets, mais une synthèse reposant sur un montage de citations est interdite et donc lourdement sanctionnée.

**EXEMPLE**

Reformulation des idées dans une synthèse traitant du dopage
« Dès les origines, dès les premiers Tours de France, les coureurs prenaient au départ de l'alcool, puis des amphétamines, puis des anabolisants, puis l'EPO, le dopage sanguin. Il y a une progression dans le dopage qui tient aussi au fait que c'est un sport très difficile, tout simplement. Quand on enchaîne trois semaines de course par tous les temps, c'est très dur. Et il y a donc une tendance à favoriser la prise de produits. Comme c'est très ancré dans la culture, il est difficile, voire impossible, de s'en défaire. »
Stéphane Mandard, envoyé spécial du *Monde* sur le Tour de France, mercredi 20 juillet 2005.
Reformulation : le dopage fait partie de la culture du sport cycliste, car c'est un sport très exigeant. On y a eu recours dès l'origine du Tour de France. Ce sera donc très difficile de l'abandonner.

### 3. La concision

Elle fait partie des exigences de l'épreuve, c'est pourquoi elle est souvent rappelée par le libellé du sujet.
Il faut donc aller à l'essentiel, chercher les reformulations synthétiques, se garder de toute paraphrase inutile et d'une accumulation d'exemples si un seul suffit pour comprendre.

**Une astuce à l'examen**

Faites un plan très précis. S'il est détaillé, vous pourrez rédiger la synthèse directement sur la copie d'examen, ce qui vous fera gagner un temps précieux. En revanche, pour soigner l'introduction et la conclusion, rédigez-les au brouillon.

## 3 Les références aux documents

### 1. La manière de citer les documents

Là encore il faut varier la façon de nommer des documents. On ne peut se contenter d'une abréviation entre parenthèses (doc. 1 ; doc. 2, etc.). Ce procédé est valable pour un brouillon ou un tableau de confrontation, mais ne satisfait pas à l'obligation de rédaction. On citera donc le document en jouant sur sa nature : dans cet article, dans cet extrait, dans son essai, sur cette affiche, dans ce dessin, dans ce récit, ce poème, etc.

### 2. Les façons de se référer aux auteurs

Dans une synthèse, il est obligatoire de citer les auteurs des documents que l'on confronte. Il faut les nommer, mais en évitant les répétitions lassantes. On peut remplacer le nom de l'auteur par divers substituts qui concernent :

- son rapport à l'écriture : X peut être cité comme journaliste, romancier, poète, essayiste, dramaturge, dessinateur, etc. ;
- son statut professionnel : X peut être présenté comme sociologue, philosophe, statisticien, observateur, juriste, linguiste, chercheur, etc. ;
- ses positions dans le débat : X peut être cité comme le partisan, le défenseur, le promoteur, l'adepte, l'adversaire, de telle ou telle idée.

### 3. La caractérisation des points de vue

S'il y a confrontation des documents, il y a nécessairement confrontation de points de vue. Il peut être pratique de les caractériser, mais il faut le faire en utilisant avec prudence des synonymes.

**a) La certitude :** on peut parler d'*affirmation*, d'*assertion*, de *constatation*, de *certitude*, de *proposition*, d'*évidence*.

**b) La justification :** on peut parler de *confirmation*, de *preuve*, de *démonstration*, de *justification*.

**c) l'accord :** on peut parler d'*approbation*, de *convergence*, de *soutien*, de *confirmation*.

**d) l'opposition :** on peut parler de *divergence*, de *contestation*, d'*allégation*, de *désaccord*, de *division*, de *conflit*, de *débat*.

**e) Le doute :** on peut parler de *question*, d'*interrogation*, de *scepticisme*, d'*incertitude*, de *méfiance*, de *soupçon*.

### 4. L'introduction des références

Elles sont introduites par des verbes ou des tournures différentes.

**a) Pour amener une affirmation :** *Selon X, d'après X, X pense, X croit, X s'exclame, pour X, si l'on en croit X, X fait part de, X évoque.*

**b) Pour amener une confirmation :** *X insiste sur, X souligne que, X confirme que, X rappelle que, X est d'accord avec, X partage cette idée.*

**c) Pour amener une réflexion :** *X explique, X montre, X analyse, X fait apparaître, X démontre, X découvre que, X met en évidence.*

**d) Pour amener une information implicite :** *X laisse entendre que, X sous-entend que, X suggère que.*

**e) Pour amener un complément :** *X prolonge, X complète, X ajoute, X précise.*

**f) Pour amener un souhait, un conseil :** *X souhaite, X préconise, X propose, X conseille.*

**g) Pour amener une question :** *X se demande si, X s'interroge sur, X se questionne sur, ... demande X.*

**h) Pour amener une contestation :** *X refuse, X s'indigne, X revendique, X conteste, X s'insurge contre, X déplore que, X doute, X regrette que.*

**EXEMPLE**

Extrait d'une synthèse portant sur le bénévolat en France
Cependant on observe une évolution des comportements des adhérents. Jean Béranger et Claude Menu notent que les associations de défense des intérêts collectifs ou de soutien aux grandes causes humanitaires sont en recul. Jean Béranger explique ce phénomène par la montée de l'individualisme et le recentrage des choix sur les associations œuvrant pour les loisirs, le sport ou la culture. Il montre que le bénévolat y est plus facile dans la mesure où les adhérents ont l'impression de travailler pour eux. Comme l'écrit Yvette Leroi dans *Le Monde industrialisé*, « association rime de moins en moins avec militantisme ». Cette tendance est confirmée par les statistiques du Credoc.

## 4 La présentation de la synthèse

### 1. La mise en page de la synthèse

L'organisation de la synthèse doit être visible. Deux lignes séparent l'introduction du développement, puis ce dernier de la conclusion. Une ligne sépare chaque partie et, à l'intérieur de chacune, les paragraphes commencent par un retrait. Pour plus de lisibilité, il vaut mieux commencer un paragraphe par l'idée clé qu'il développe ensuite.

### 2. Le soin de l'écriture et de l'expression

Il faut éliminer les phrases trop longues, le vocabulaire trop familier. Bien entendu il est impératif de relire sa copie pour corriger les fautes d'orthographe.
Il est préférable de souligner le titre des ouvrages pour leur donner du relief.

**Auto-évaluation**

**Les vérifications à faire le jour de l'examen pour évaluer la qualité de ma rédaction**

- Ai-je été objectif, suis-je resté neutre ?
- Ai-je reformulé les données des documents ?
- Ai-je cité les auteurs, et les genres auxquels appartiennent les documents ?
- Ai-je introduit les références par des tournures appropriées ?

# 8 L'ANALYSE DU SUJET D'ÉCRITURE PERSONNELLE

**➔ L'étude de la question posée au candidat fournit déjà de précieuses indications. Elle permet de préparer une réponse pertinente et personnelle.**

## 1 La relation avec le programme

### 1. Un sujet en rapport avec l'un des deux thèmes annuels

Le thème du sujet d'écriture aborde obligatoirement l'un des deux thèmes étudiés pendant l'année du BTS. Sa problématique n'est donc pas inconnue, il se peut même qu'elle ait été étudiée lors d'une lecture ou d'un débat.

**EXEMPLE**

Thème de l'année : Risque et progrès
Thème de la synthèse : La science en débat
Exposé préparé par le candidat : Présentation d'un ouvrage de la collection «Pour ou contre ?» réunissant sur le même sujet les avis de deux experts aux points de vue différents (Yves Chupeau – Jacques Testart), intitulé *OGM, quels risques ?* Éd. Prométhée, 2007.
Sujet d'écriture : Selon vous, faut-il s'inquiéter des pouvoirs de la science ?
En analysant ce sujet on comprend alors l'intérêt du travail qui accompagne la préparation en vue de l'examen. En effet, conduire tout au long de l'année une réflexion sur des problématiques liées à chaque thème permet de faire face au sujet d'écriture. En outre il faut le plus souvent possible chercher à définir son propre point de vue. On se construit ainsi une pensée personnelle.

### 2. Un sujet d'écriture en rapport avec la synthèse

Le sujet d'écriture poursuit le thème sur lequel portait la synthèse. Il explore un aspect sur lequel un débat peut s'engager et à propos duquel on demande au candidat de s'impliquer. Alors que la synthèse imposait une attitude neutre et objective, l'écriture personnelle est un exposé argumenté en réponse à une question. La synthèse et l'écriture personnelle sont donc étroitement liées. Mais avant tout travail, il convient de bien repérer ce lien.

**EXEMPLE**

Thème de la synthèse : la santé, une exigence nouvelle
Sujet d'écriture : Selon vous, la santé est-elle un droit ou un devoir ?
Le thème de la synthèse porte sur la place prise par la santé dans notre société.
Le sujet d'écriture propose de débattre d'un aspect du thème de la synthèse : la part de responsabilité qui revient à l'individu et à la société.

## 2 La formulation du sujet

### 1. La question posée

Le sujet peut demander explicitement au candidat d'expliquer, de discuter ou de commenter une citation extraite d'un document de la synthèse. Dans ce cas, il s'agit d'un passage pouvant donner lieu à un débat.

**EXEMPLE**

Commentez cette affirmation de Maryline Baumard : «La marque doit doter le produit d'une valeur symbolique non mesurable qui l'emporte sur sa valeur utilitaire et d'échange.»

Le sujet peut aussi solliciter directement le point de vue du candidat sur une question en relation avec le thème : «Pensez-vous que…» Il s'agit alors de s'interroger sur les termes de ce débat et d'en cerner les enjeux. Ensuite seulement on engage une réflexion personnelle, pour construire sa propre argumentation.

**EXEMPLE**

Sujet : Pensez-vous que les messages de santé publique (prévention de l'alcoolisme, du tabagisme, de l'obésité, etc.) altèrent notre liberté ?

### 2. Les mots clés

Tout sujet comporte un certain nombre de termes qui fournissent de précieuses indications sur le thème abordé. La signification des mots clés est à explorer pour éviter tout contresens, à l'origine de nombreux hors-sujets. On peut déjà noter quelques exemples concrets qui viennent à l'esprit. Les relations entre les mots clés sont aussi à analyser, surtout si elles sont sous-entendues.

**EXEMPLE**

Sujet : Dans le voyage touristique, pensez-vous que le désir de rester entre soi a aujourd'hui remplacé le plaisir des rencontres et le souci de comprendre les autres ?
Mots clés : «le désir de rester entre soi» : rester avec ses semblables. «Le plaisir des rencontres» : dans la relation, le plaisir d'échanger et de partager. «Le souci de comprendre les autres» : être curieux de connaître les modes de pensée et de vie d'autres cultures.
L'étude de ces mots clés permet de bien comprendre qu'il s'agit de s'interroger sur certains comportements contradictoires du touriste actuel.

### 3. La reformulation du sujet

En reformulant le sujet avec un vocabulaire différent de celui de l'énoncé, on vérifie sa bonne compréhension. Dans certains cas, il est possible de visualiser le problème posé sous la forme d'un schéma.

**EXEMPLE**

Sujet : «Du passé faisons table rase !» Partagez-vous cette idée ?
Reformulation : Faut-il supprimer tout ce qui nous vient de notre histoire pour repartir à zéro, sur des bases nouvelles et meilleures ?

Passé = Le mal → Abolition → Création nouvelle société
↓ Vrai ? | ↓ Avec quelle violence ? | ↓ Meilleur ?

Comment concilier (r)évolution et respect du passé ?

## 3 La problématique du sujet

### 1. Le thème du débat

Tout sujet invite le candidat à se confronter à un problème qui fait débat et sur lequel on veut qu'il argumente. Ce débat, parfois déjà présent dans certains textes de la synthèse, doit être enrichi et même élargi. Le texte à rédiger doit montrer la qualité de la réflexion du candidat. Il convient donc de l'alimenter et de l'enrichir en questionnant le thème qui fait débat dans le sujet.

### 2. Le questionnement du thème

Même quand la problématique est clairement proposée, le questionnement du thème du sujet est une étape indispensable. La définition du texte à écrire repose sur une série d'interrogations préalables qui, pas à pas, cernent l'argumentation à développer : « Qui est concerné, d'autres options sont-elles possibles, quelles en sont les conséquences... ? » Chaque question peut être aisément formulée à partir d'un mot clé.

**EXEMPLE**

Sujet : Pensez-vous que, « contrairement à une idée reçue, les valeurs de la jeunesse ne diffèrent pas tellement de celles adoptées par le reste de la société » ?
Mot clé : valeurs. Questionnement préalable : Y a-t-il des valeurs communes aux différentes générations ? La jeunesse a-t-elle des valeurs qui lui sont propres ?
Le débat peut se formuler ainsi : entre les générations, y a-t-il un socle commun de valeurs ? Quelles valeurs seraient propres aux jeunes ?

**EXEMPLE**

Thème au programme : L'avenir
Sujet d'écriture personnelle : Quelles réflexions vous inspire ce mot attribué au roi Louis XV : « Après moi, le déluge ! » ?
Il faut commencer par bien comprendre la problématique du sujet : l'avenir est-il de notre responsabilité ? Celui qui se sent comptable de l'avenir (par exemple du point de vue écologique), formulera spontanément le point de vue suivant : ces paroles relèvent d'une attitude égoïste et irresponsable !

### Une astuce à l'examen

Dans une situation de blocage devant un sujet, pas de panique ! Il faut procéder par étapes en revenant sur les mots clés. D'abord cernez la question en cherchant un maximum de synonymes (vous délimitez le thème). Puis recherchez pour chaque terme son contraire (vous enrichissez le débat). Ensuite examinez la liste de mots clés pour envisager le sujet sous des angles différents et en avoir une vue plus large.

## 4 La recherche d'un point de vue

### 1. Le candidat a un point de vue sur le sujet

Grâce à sa culture personnelle le candidat peut être en mesure de formuler d'emblée un point de vue sur le sujet. Mais il faut vérifier d'abord qu'il ne fausse pas la problématique. Il formule donc clairement sa thèse et vérifie qu'elle s'inscrit bien dans le cadre du sujet. Il peut alors commencer à chercher des arguments pour la justifier.

### 2. Le candidat n'a pas, *a priori*, de point de vue sur le sujet

Il arrive qu'un candidat soit pris au dépourvu par le sujet. Ce dernier n'évoque rien, ne suscite aucun écho chez lui. Or il est tenu d'adopter un point de vue en réponse à la question que pose le sujet. C'est, par exemple ce qui peut arriver si la préparation du thème au programme a été insuffisante. Pour se forger un point de vue plusieurs recours sont alors possibles.

#### a) Le recours à l'implication personnelle

Les sujets d'écriture personnelle concernent des grands problèmes du monde contemporain. C'est pourquoi le candidat peut facilement imaginer en quoi il pourrait être concerné par le problème et quelles réactions il aurait alors. Par exemple, il imagine les conséquences de ce problème sur sa propre vie. Des conséquences regrettables impliquent qu'il va adopter un point de vue critique, des conséquences positives vont le faire pencher pour une opinion favorable.

#### b) L'appui du dossier de la synthèse

Le dossier contient des idées en lien avec la problématique du sujet d'écriture personnelle. Pour se construire un point de vue personnel, il faut se demander quelles sont celles dont on se sent le plus proche, ou celles qu'on rejette.
Plusieurs étapes sont nécessaires. La première est consacrée à la collecte des idées rentrant dans la problématique du sujet. Dans la deuxième, il faut se demander vers quel point de vue elles orientent le lecteur et se déterminer par rapport à ce point de vue : accord, désaccord partiel ou total. Quelle que soit la position adoptée, il faut approfondir la réflexion pour trouver les arguments capables de la justifier.

### Auto-évaluation

**Les vérifications à faire le jour de l'examen avant d'entamer l'étape suivante**

- Ai-je bien analysé les mots clés du sujet ?
- Ai-je compris la question posée par le sujet ?
- Ai-je vérifié que la problématique choisie est bien celle du sujet ?
- Ai-je réussi à formuler un point de vue personnel ?

# 9 LA RECHERCHE DES ARGUMENTS

**La connaissance du thème et le dossier de synthèse fournissent des idées. Mais il faut compléter cette recherche par d'autres méthodes si l'on veut disposer d'idées et d'arguments efficaces.**

## 1 La place de l'argumentation dans l'écriture personnelle

### 1. L'obligation d'argumenter

Pour se conformer aux exigences de l'épreuve le candidat doit rédiger sa réponse en la justifiant par des arguments. Il s'agit de convaincre et, dans l'idéal, de séduire son lecteur par la qualité de son argumentation et de son expression. Il est préférable d'avancer plusieurs arguments pour être sûr de convaincre. Mais deux ou trois arguments pertinents suffisent : souvent il ne reste pas assez de temps pour en développer davantage. Attention : il ne faut pas se contenter de nommer les arguments, il faut les développer en une dizaine de lignes, et les justifier par un exemple, au moins.

### 2. Une argumentation personnelle

Le candidat doit étayer sa réflexion sur les documents de la synthèse, il peut aussi s'appuyer sur les études conduites en cours (textes, films, images, etc.). Mais on attend surtout de lui qu'il enrichisse ces données par des apports personnels. En outre les exemples qu'il choisit doivent être suffisamment connus pour être efficaces.

## 2 La collecte des premiers arguments

### 1. Les arguments spontanés

Ils naissent dès l'étude du sujet car leur collecte génère spontanément des idées. En effet, lors de l'analyse de la problématique du sujet le candidat recherche les interrogations que ce dernier soulève. La succession de ces interrogations permet d'envisager sous des angles différents le problème posé, ce qui suggère des idées nouvelles. Dès cette phase du travail, tout ce qui se présente à l'esprit et peut fournir des arguments est soigneusement relevé.

### 2. Les arguments liés à la connaissance du thème

Il s'agit de mobiliser les connaissances engrangées pas à pas lors de l'étude du thème au programme. Il suffit de retrouver dans ses souvenirs tout ce qui peut servir d'argument ou d'exemple. Pour les mobiliser il faut inscrire chaque mot clé du sujet dans une colonne et noter en face du mot les situations, les exemples, les idées qui reviennent à son propos. Après avoir clarifié ce souvenir, on note l'argument qui peut en résulter.

### 3. Les idées provenant du corpus de la synthèse

#### a) L'utilisation du tableau synoptique

Les cellules du tableau contiennent des données du dossier qui peuvent entrer dans le cadre de la problématique du sujet. Il faut consulter ce tableau et relever les idées pertinentes. Les pistes de réflexion de la dernière colonne doivent elles aussi être consultées. Elles peuvent fournir des arguments de qualité du fait de leur niveau d'abstraction et de synthèse.

#### b) La relecture des documents

La relecture des documents de la synthèse permet de retrouver d'éventuels arguments qui répondent à la problématique du sujet d'écriture. Ils sont notés en veillant à ne pas sortir du cadre du sujet. Il faut aussi essayer d'approfondir les idées recueillies. Chaque idée peut être explorée, détaillée, enrichie par un exemple. Elle peut aussi être contredite, générant ainsi de nouvelles pistes de réflexion.

**EXEMPLE**

Synthèse de documents portant sur la prolifération de l'information

Sujet d'écriture personnelle : Pensez-vous que les médias accordent trop d'importance à certains événements ?

Document 1

« La multiplication extraordinaire de l'information est telle qu'elle devient à son tour indéchiffrable et semble ne plus faire autorité. C'est certainement le plus étonnant de la situation actuelle des médias. Ce n'est pas qu'une affaire de maîtrise du trop-plein. Les institutions ont appris à communiquer, tous les responsables communiquent à qui mieux mieux. Comment s'y retrouver dans cet afflux ? À qui se fier ? Tout finit par se valoir, le bidonné complet et le très sérieux. »

Marcel Gauchet, « Les habits neufs du complot mondial », *L'Histoire* n° 270, novembre 2002.

Document 2

« Les exemples, toujours plus abondants à l'image du tsunami en Asie, de la grippe aviaire ou des scandales d'Outreau et de Clearstream, démontrent qu'il est urgent de repenser notre rapport à l'information. Le choc des images et la contribution naturelle pour les individus à fabriquer de l'information, aussi brute que brutale, rendent la perception et l'analyse de l'information de plus en plus complexe. La diffusion de l'actualité n'est plus le monopole des médias conventionnels. Elle est désormais à la portée de tous, ce qui contribue fortement à l'emballement de la "machine médiatique" et peut favoriser la dérive d'une information devenue insaisissable. »

Site de l'UCPF : Grenoble, 27e congrès de l'UCPF *L'emballement médiatique*, du 7 au 10 décembre 2006.

Les idées suivantes, surlignées dans le texte, peuvent être exploitées pour traiter le sujet : on assiste à la multiplication extraordinaire de l'information (doc. 1) ; les médias conventionnels sont concurrencés par les médias numériques (doc. 2) ; toutes les informations sont placées sur le même plan (doc. 1) ; l'information ne fait plus autorité (doc. 1) ; certains événements qui font scandale provoquent une abondance d'images et d'information (doc. 2) ; on assiste à un emballement des médias (doc. 2) ; l'information n'est plus contrôlable, elle dérive (doc. 2).

### Une astuce à l'examen

Cherchez s'il existe un lien entre le sujet et votre expérience personnelle. Demandez-vous en quoi la question qui est posée vous concerne : en réfléchissant sur votre expérience personnelle, vous trouverez des idées.

## 3 La production de nouvelles idées

### 1. L'association d'idées

Pour trouver des idées nouvelles, il est intéressant de partir des mots clés et de noter tout ce qui vient spontanément à l'esprit. Chaque mot clé est placé en haut d'une colonne dans laquelle il faut noter les associations de mots qui surgissent. Une association en fait naître une autre, une idée appelle un exemple qui fait surgir à son tour une nouvelle idée, et ainsi de suite. Il faut noter tout ce qui se présente, sans effectuer de censure. Des idées pertinentes et inattendues finissent par émerger.
La recherche des termes opposés favorise l'émergence de nouvelles idées. On peut ainsi disposer un mot clé du problème dans un champ de forces opposées terme à terme.

### 2. L'étude d'un exemple

Une approche concrète du sujet à traiter permet de trouver des idées. Un exemple correspondant à la problématique est choisi dans l'actualité ou dans une œuvre littéraire ou cinématographique. Après l'avoir décomposé en ses différents éléments, il faut se demander à quels aspects du problème posé il renvoie.

### 3. La grille des questions

En posant à propos des mots clés les questions suivantes : Qui? Quoi? Quand? Où? Comment?, des idées nouvelles peuvent être trouvées. Il ne faut pas se contenter de répondre à ces questions, il faut enrichir les réponses en posant de nouvelles questions et en trouvant des exemples. Après avoir éliminé ce qui sort de la problématique du sujet, on met en forme les idées trouvées.

**EXEMPLE**

Sujet : «Les frontières entre scientifiques et citoyens deviennent plus perméables. On ne peut plus prétendre être citoyen sans réfléchir au sens des concepts et des savoirs que l'on mobilise pour fonder son action.»
Partagez-vous cette idée?
Quels scientifiques? Les chercheurs qui proposent des applications ayant des conséquences sur la nature et l'homme.
Quels citoyens? Les utilisateurs des techniques nouvelles.
Quelles actions? Les transports (émissions de $CO_2$) ; la communication (Internet, téléchargement légal ou illégal) ; la production (utilisation de produits dangereux), etc.
Quels concepts? Les concepts éthiques par exemple.
Quels savoirs? Les effets de nos actes sur la nature, sur la santé, sur l'économie, etc.

En répondant à toutes ces questions le candidat trouvera des arguments et des exemples sur lesquels s'appuyer s'il veut soutenir le point de vue exprimé par le sujet.

### 4. Le renversement du point de vue

Cette méthode est productive car elle force à prendre le problème autrement, en changeant de perspective. En s'efforçant de prendre le contre-pied de la thèse présentée par le sujet, le candidat est obligé de chercher des arguments auxquels il ne pense pas de prime abord.

**EXEMPLE**

Sujet : Pensez-vous que le sport-spectacle soit un loisir?
Point de vue couramment admis : le sport-spectacle est un loisir. Renversement de ce point de vue : ce n'est pas un loisir.
1. Parce que c'est une passion qui crée une dépendance, à l'exemple des supporters qui ne vivent que pour leur club.
2. Parce qu'on peut rejeter le spectacle qu'il offre : les affaires d'argent, le dévoiement de l'esprit sportif dégoûtent. Etc.

### 5. La décomposition par aspects

La recherche des différents aspects d'un problème est très productive elle aussi. Ces aspects sont nombreux : culturels, économiques, humains, éthiques, sociaux, sociologiques, etc. Si cette décomposition est suivie de la recherche d'une justification ou une contestation et enfin d'un exemple pour chaque aspect, d'autres pistes de réflexion, d'autres arguments émergent encore.

**EXEMPLE**

Sujet : Pensez-vous que «si nous ne sommes pas égaux, nous pouvons le devenir?»
L'égalité peut être envisagée sous ses différents aspects : égalité physique, sociale, économique, culturelle, par exemple. Peut-on progresser vers l'égalité, est-ce possible? Comment? Pourquoi? Quels obstacles s'opposent à l'égalité? Devenir égaux est-ce forcément souhaitable?

### Auto-évaluation

**Les vérifications à faire le jour de l'examen pour évaluer la recherche de mes arguments**
- Ai-je exploité toutes les données de la synthèse?
- Ai-je utilisé toutes les méthodes de recherche?
- Ai-je illustré mes arguments par des exemples?

# 10 LE PLAN DE L'ARGUMENTATION

**➔ Il est indispensable de rédiger un plan qui organise les arguments. C'est à cette occasion que s'élabore la meilleure stratégie pour convaincre.**

## 1 L'organisation de l'argumentation

### 1. L'organisation

Le plan doit correspondre au sujet et au point de vue qu'on veut défendre. Il est évident que ce plan n'est pas le même selon que le candidat soutient le point de vue exprimé par le sujet ou qu'il le critique ou encore qu'il en reformule un autre. Il est clair aussi que l'argumentation doit être cohérente : tous les arguments doivent aller dans le même sens. En somme une argumentation doit être organisée selon le plan qui semble le plus efficace pour convaincre.

### 2. La progression

Une argumentation est plus convaincante si elle progresse. Elle débute par l'annonce du point de vue personnel, se poursuit par le développement des arguments qui le justifient et se conclut par le rappel du point de vue consolidé. Tout au long du développement, la progression est assurée par l'enchaînement des arguments, liés les uns aux autres par des relations que matérialisent des termes d'articulation.

## 2 La construction et la rédaction du plan

### 1. La construction

La construction du plan débute par le tri des idées collectées au préalable. Elles sont classées, en distinguant les idées principales des idées secondaires qui les développent. Les exemples, qui auront un rôle d'illustration et de confirmation, sont identifiés.
Il faut organiser ensuite l'argumentation. C'est à ce stade que se fait le choix du plan. Quel que soit le plan, il classe les idées en parties. Une partie est formée d'une idée principale et des idées secondaires qui la développent. Un ou plusieurs exemples les illustrent. Un plan comporte au moins deux parties, parfois trois, en fonction du sujet et du temps dont on dispose.

### 2. La rédaction du plan

La rédaction du plan permet d'avoir une vue d'ensemble de l'écriture personnelle, ce qui facilite le travail en guidant la rédaction. Pour le réaliser, les parties sont disposées selon l'ordre logique et progressif choisi. Elles sont titrées par une courte phrase synthétique. Les termes d'articulation qui lient les idées entre elles, ainsi que les exemples, sont placés au bon endroit.

**EXEMPLE**

Sujet : Pensez-vous que cela soit un avantage de travailler à l'endroit où l'on vit ?
Introduction : Je pense que c'est un avantage de travailler à l'endroit où l'on vit.
Partie 1: Parce qu'on en retire des avantages personnels.
- Pour soi : moins de fatigue, plus de liberté d'organisation, plus d'efficacité = plus de satisfactions professionnelles (exemple : possibilités offertes par l'informatique)
- Pour sa famille : plus de présence auprès du conjoint et des enfants = meilleur équilibre de tous.

Partie 2 : Parce que la société en retire des avantages.
- C'est un moyen de lutte contre la désertification de certaines parties du territoire (exemple de certains départements ruraux).
- C'est un moyen de pallier les problèmes posés par les déplacements : = moins de risques, moins de dépenses, moins de pollution (exemple des déplacements massifs en région parisienne).

Conclusion : Il est donc clair que c'est un avantage de travailler à l'endroit où l'on vit. Mais il ne faudrait pas oublier que les voyages forment la jeunesse !
On peut faire trois remarques :
- Ce plan correspond à la problématique.
- Il progresse selon un ordre logique : il est plus naturel d'envisager d'abord le point de vue de la personne avant celui de la société. Le même principe guide l'organisation des idées secondaires à l'intérieur des parties : l'ordre des arguments – moins de risques, moins de dépenses, moins de pollution – va de la personne à la société.
- Enfin, ces arguments justifient le point de vue annoncé au départ.

**Une astuce à l'examen**

Soyez concis : une argumentation courte et bien liée est plus intelligible, plus séduisante qu'un long délayage.
Soyez rigoureux : classez les arguments du plus simple au plus complexe.

## 3 Le plan qui défend et justifie un point de vue

### 1. L'attitude du candidat face au sujet

Le sujet présente une thèse au candidat. La consigne lui demande s'il partage cette opinion. Les formules sont du type *que pensez-vous de, partagez-vous cette idée...*
Après avoir analysé le sujet, on cerne la problématique, puis on cherche des idées et des exemples. Si, après avoir conduit cette démarche, on se sent en accord avec la thèse proposée par le sujet, le travail consiste alors à expliquer les raisons de son adhésion. Il faut tenter de faire partager son point de vue au lecteur. Pour convaincre on doit organiser avec pertinence les arguments qui justifient ce point de vue.

### 2. L'organisation du plan

L'introduction présente la thèse que le candidat approuve, qui est devenue le point de vue qu'il va soutenir. Le développement explique pourquoi elle lui semble juste. Il comprend au minimum deux parties qui approfondissent cette thèse en l'enrichissant. Les arguments sont personnels : il ne faut pas se contenter de reprendre les idées de la synthèse. Enfin la conclusion réaffirme le point de vue qui a été défendu et approfondi.

**EXEMPLE**

Sujet : « Avant de songer à changer le monde, il faut d'abord éviter qu'il ne disparaisse. C'est pourquoi l'écologie est devenue l'exigence prioritaire de notre époque. » Partagez-vous cet avis ?
Introduction : Oui, je pense que la protection de la nature est devenue une exigence prioritaire.
Partie 1 : Il est certain que la croissance démographique et industrielle épuise la nature.
- Épuisement des matières premières, des ressources naturelles.
- Pollution et changement climatique menacent la vie.

Partie 2 : C'est pourquoi une prise de conscience et un changement d'attitude sont vitaux pour la survie de l'humanité.
- Il faut sensibiliser les populations.
- Les dirigeants politiques doivent piloter le changement.

Conclusion : Cette exigence est, en effet, prioritaire. Elle doit être au cœur de tout engagement politique.

## 4 Le plan pour s'opposer à un point de vue

### 1. L'attitude du candidat face au sujet

Le sujet propose un point de vue avec lequel le candidat se sent en désaccord. Mais il ne peut pas se contenter d'affirmer que le point de vue de l'auteur est faux, il doit expliquer les raisons de son opposition. Le candidat doit donc s'assurer d'abord qu'il ne fait pas de contresens et qu'il interprète bien le sujet. Cette vérification étant faite, il analyse la cause de son désaccord et met au net les reproches qu'il adresse à cette thèse. Ses recherches s'appuient sur le dossier de synthèse et sur ses connaissances. Enfin, en approfondissant sa réflexion, il se demande si le problème ne peut pas être posé autrement.

### 2. L'organisation du plan

L'introduction présente le point de vue proposé par le sujet et annonce l'opposition du candidat à cette thèse. Le développement comprend trois parties. La première présente rapidement la thèse refusée et ses principaux arguments. La deuxième réfute ces arguments en lui opposant des contre-arguments. La troisième propose le point de vue du candidat justifié par des arguments illustrés d'exemples.

**EXEMPLE**

Sujet : « La famille, la première cellule sociale, vit une crise sévère. » Partagez-vous ce point de vue ?
Introduction : La famille serait en crise ? C'est une thèse contestable.
Partie 1 : Selon les partisans de cette thèse, la famille serait en crise.
- Les divorces sont nombreux.
- Les PACS et l'union libre se substitueraient au mariage.
- Le relâchement des valeurs affaiblirait la famille.

Partie 2 : Pourtant, jamais l'image de la famille n'a été aussi forte.
- Les enfants n'ont jamais été si proches de leurs parents (ils cohabitent, ils s'entraident, ils se voient souvent).
- La famille est très présente dans la publicité.

Partie 3 : En réalité, la famille se porte bien.
- La famille nucléaire traditionnelle n'est plus la norme.
- En s'élargissant, en se recomposant, elle vit plus intensément encore.

Conclusion : La forme de la famille change, le besoin d'une famille reste.

## 5 Le plan pour nuancer et corriger un point de vue

### 1. L'attitude du candidat face au sujet

Le candidat est globalement d'accord avec le point de vue présenté par le sujet. Mais certains aspects le gênent. Il cherche alors les raisons de son désaccord et prépare ses explications. Il réfléchit à la meilleure manière de formuler un point de vue plus juste et aux arguments qui le justifient.

### 2. L'organisation du plan

Pour commencer, le candidat présente la thèse proposée en expliquant les aspects qui lui semblent justes. Ensuite il explique pourquoi certains aspects sont discutables. Enfin il rectifie la thèse de départ en justifiant les corrections qu'il propose.

**EXEMPLE**

Sujet : « Les écrans remplacent les livres. La lecture se porte mal. » Partagez-vous cette idée ?
Introduction : Certains estiment que la lecture se porte mal depuis l'apparition des nouvelles technologies de communication.
Partie 1 : En effet, le livre a perdu son statut de média privilégié, concurrencé par l'image et Internet.
Partie 2 : Mais cela ne signifie pas que la lecture se porte mal : les magazines, les pages d'Internet sont lus en masse.
Partie 3 : En fait on n'a jamais lu autant mais on lit autrement.
Conclusion : Il faut se battre pour maintenir la place du livre dans la lecture.

**Auto-évaluation**

**Les vérifications à faire le jour de l'examen pour vérifier la pertinence de mon plan**
- Ai-je fait au brouillon un plan clair et précis ?
- Ai-je choisi un plan permettant de justifier le point de vue annoncé ?
- Ai-je classé mes arguments selon un ordre progressif et logique ?
- Ai-je utilisé des termes d'articulation pour mettre en évidence la progression de mon argumentation ?

# 11 L'INTRODUCTION, LA CONCLUSION ET LES PARAGRAPHES

**Il faut soigner l'introduction et la conclusion car ce sont des passages clés de l'écriture personnelle. Mais la composition des paragraphes participe aussi à l'effort de lisibilité et de persuasion.**

## 1 La rédaction de l'introduction et de la conclusion

### 1. L'introduction

C'est l'introduction qui permet de présenter le sujet au lecteur et le rend curieux de ce qu'il va lire. Brève, elle comprend deux étapes.

La première présente, en une ou deux phrases, la question posée. Si le libellé comprend une courte citation, elle peut être reprise telle quelle dans la présentation.

La deuxième étape annonce le point de vue qui sera développé dans l'écriture personnelle.

L'annonce du plan, certes souhaitable, n'est cependant pas obligatoire, car il faut être bref. L'essentiel est que l'organisation de l'argumentation apparaisse clairement à la lecture du développement. Mais si cette annonce est faite, le lecteur dispose de repères qui lui facilitent la tâche.

**EXEMPLE**

Sujet : « Ce n'est pas l'événement qui appelle les images, ce sont les images qui font l'événement. » Partagez-vous ce point de vue ?

Introduction : L'avalanche d'images qui accompagne certains événements conduit à s'interroger : et si c'étaient ces images, et le vacarme médiatique qu'elles suscitent, qui créaient l'événement, plutôt que le fait lui-même ? N'est-ce pas ce qu'on observe sur Internet et à la télévision ? [Partie 1] Dès lors quel préjudice subit l'information et par là même la démocratie ? [Partie 2]

### 2. La conclusion

Elle est courte. Son rôle est d'indiquer au lecteur qu'il est parvenu au terme de l'argumentation. C'est pourquoi elle est introduite par un terme d'articulation comme : *en définitive, pour résumer, en conclusion, finalement, en somme*, etc.

Elle reformule sous une forme synthétique le point de vue qui a été argumenté par le candidat. La conclusion peut se terminer par une formule frappante (on appelle ce procédé une « chute ») qui donne une impression d'achèvement. Mais cette chute est facultative et son absence n'est donc pas sanctionnée.

**EXEMPLE**

Conclusion du sujet précédent : « Ce n'est pas l'événement qui appelle les images, ce sont les images qui font l'événement. » Finalement, ce qui se produit en silence, sans photographe ni caméra, n'existe pas. C'est pourquoi désormais toute action politique, civique, syndicale doit intégrer la dimension du spectaculaire pour espérer se faire entendre. Plus que jamais, communiquer c'est agir.

## 2 La composition du paragraphe

### 1. La définition du paragraphe

Le paragraphe est l'unité de base de l'écriture personnelle. Il est constitué d'un ensemble de phrases unies autour d'une idée clé, argumentée ou commentée et illustrée par des faits concrets. Il comporte une dizaine de lignes. Quand on passe d'une idée à une autre, on doit changer de paragraphe. Le retour à la ligne marque la fin du paragraphe, un retrait marque son début.

### 2. L'organisation du paragraphe

**a) Il peut débuter par l'idée directrice.** C'est la forme la plus usuelle. Elle facilite la lecture en allant directement au propos. Cette idée est ensuite expliquée et justifiée par des arguments et des exemples.

**EXEMPLE**

La science n'est ni morale ni immorale. Elle est la science, c'est-à-dire qu'elle se pose des problèmes de compréhension, de faisabilité mais ignore les problèmes de valeur. La fission de l'atome est un objet de recherche, un objet scientifique, et ses conséquences sur l'homme ne sont plus du ressort de la science, mais d'une autre discipline : la morale par exemple.

**b) Il peut se terminer par l'idée clé.** Deux cas se présentent : soit les arguments sont énoncés en premier et l'idée qu'on en déduit est formulée au terme du raisonnement : soit un exemple est analysé et ensuite généralisé pour en tirer une idée clé par extrapolation.

***Une astuce à l'examen***

Si votre paragraphe risque d'être trop long, subdivisez-le en alinéas. Un alinéa est un segment de texte qui est distingué par un retrait du début de la première phrase.

Par exemple isolez par un alinéa l'idée clé énoncée au début ou à la fin du paragraphe. Elle se repérera mieux.

## 3 Les termes d'articulation

### 1. La fonction des termes d'articulation

Ils servent à relier et à hiérarchiser de manière logique les idées. Ils sont employés au sein d'une même phrase, d'une phrase à l'autre, d'un paragraphe à l'autre. Ils sont essentiels pour assurer la fluidité de l'expression et servent d'indices d'organisation de l'argumentation.

### 2. L'annonce d'une énumération

Lorsqu'une série d'arguments se présente, il est nécessaire de souligner leur succession par des indices. C'est ce que permettent les termes d'articulation suivants.

**a) Pour ouvrir la série :** *d'abord ; en premier lieu ; premièrement ; pour commencer.*

**b) Pour poursuivre la série :** *ensuite ; de plus ; en outre ; ensuite ; d'autre part ; par ailleurs.*

**c) Pour clore la série :** *enfin ; en dernier lieu ; pour finir.*

## 3. L'introduction d'un exemple

L'exemple sert à concrétiser une idée abstraite, à étayer un argument par des faits connus du lecteur. Son importance est fondamentale pour convaincre le lecteur puisqu'il permet de comprendre l'idée qui vient d'être développée. Il doit donc être habilement mis en valeur. Plusieurs possibilités se présentent, qu'il faut alterner.

**a) L'exemple est intégré dans une phrase.** On utilise des termes comme *par exemple* ; *tel est le cas* ; *notamment* ; *surtout* ; *comme.*

**EXEMPLE**

Le piratage concerne des activités artistiques comme le cinéma ou la chanson, notamment la chanson française. Le téléchargement des films sur Internet, surtout ceux qui suscitent l'impatience du public du fait d'une campagne de promotion excitante, crée un manque à gagner considérable. C'est toute l'économie du secteur culturel qui est menacée.

**b) L'exemple suit l'idée.** Il débute une autre phrase introduite par : *Ainsi* ; *C'est ainsi que* ; *On le remarque dans* ; *On peut le vérifier dans* ; *L'exemple de X l'atteste, en témoigne, l'illustre...*

**EXEMPLE**

La star sportive fait vendre. L'exemple de Zinédine Zidane ou de David Beckam l'atteste...

**c) L'exemple est développé d'abord.** L'idée qu'il induit le suit dans une autre phrase débutant par : *On peut en conclure* ; *Cet exemple montre* ; *La leçon que nous pouvons tirer de cet exemple* ; *Qu'en conclure ?*, etc.

**EXEMPLE**

Les glaces des pôles fondent, programmant la disparition de certaines espèces et la montée des eaux. On peut en conclure que la lutte contre l'effet de serre est urgente. Certes, mais la Chine et l'Inde s'équipent en véhicules chaque jour plus nombreux. Qu'en conclure ? Qu'il faut passer par la réduction du nombre des moteurs à explosion ? Mais les populations de ces pays n'ont-elles pas droit au même progrès que les nôtres ?...

## 4. L'introduction d'une opposition

Il est fréquent que, dans l'écriture personnelle, il faille réfuter une thèse ou signifier une opposition plus ou moins nuancée. Dans ce cas les termes d'articulation varient en fonction du degré d'opposition.

**a) La contradiction est nette :** *contrairement à ; au contraire ; en revanche ; par contre.*

**b) Pour émettre des réserves :** *cependant ; néanmoins ; toutefois.*

**c) Pour rectifier :** *en réalité ; en fait ; en vérité.*

## 5. Relier une cause ou une conséquence

Cette articulation sert à justifier une idée clé et joue alors tout son rôle argumentatif. Elle assure en outre la progression du raisonnement. L'expression de la cause ou de la conséquence a donc une réelle force démonstrative.

**a) Pour introduire une cause :** *car ; parce que ; puisque ; sous prétexte que ; par peur de ; faute de ; grâce à.*

**b) Pour introduire une conséquence :** *donc ; de sorte que ; de façon que ; tellement que ; ainsi ; par conséquent ; alors ; au point de ; dès lors ; voilà pourquoi ; c'est pourquoi, de là.*

**EXEMPLE**

La personne âgée vit surtout dans le passé. Le présent ne l'intéresse pas puisqu'elle n'a pas de rôle social à y jouer. Alorselle se replonge dans sa vie d'autrefois, une vie pleine, une vie chargée de responsabilité. De là découle l'amertume que l'on observe souvent chez les vieillards, les hommes surtout, qui vivent mal d'être relégués sur le bord de la route...

## 6. Faire une concession

Reconnaître une part de vérité à une thèse avec laquelle on est en désaccord permet d'être plus convaincant quand on la critique ensuite. Une concession se conduit en deux temps auxquels correspondent des termes d'articulation différents :

**a) On admet d'abord une part de vérité :** *certes ; il est vrai que ; j'admets que ; sans doute ; bien sûr.*

**b) On réaffirme son désaccord global :** *Il n'en demeure pas moins vrai que ; mais ; cependant ; pourtant.*

**EXEMPLE**

On disserte sur la société de consommation. Certes le niveau de vie général a augmenté, les besoins primaires d'un plus grand nombre sont satisfaits : se loger, se nourrir, se chauffer, s'habiller, se déplacer. Pourtant que signifie cette expression « la société de consommation » pour ceux qui sont en marge de cette société ? Beaucoup encore manquent du nécessaire et voudraient consommer davantage. Pire, leur nombre s'accroît tandis que certains consomment davantage encore.

### Auto-évaluation

**Les questions à se poser le jour de l'examen pour valider l'introduction, la conclusion et la composition de mes paragraphes**

- Ai-je annoncé mon point de vue dès l'introduction ?
- Ai-je reformulé dans ma conclusion la thèse que j'ai développée ?
- Ai-je composé mes paragraphes de telle sorte que leur idée clé soit facilement repérable ?
- Ai-je introduit adroitement les exemples ?
- Ai-je utilisé des termes d'articulation pour faire progresser mon argumentation ?

# 12 LA RÉDACTION ET LE STYLE DE L'ARGUMENTATION

**➔ Si l'écriture personnelle est maladroitement rédigée, elle a peu de chances de convaincre. La qualité de l'expression est un critère de réussite essentiel.**

## 1 Le choix des mots

### 1. L'exactitude du vocabulaire

Il ne peut y avoir d'argumentation convaincante sans un vocabulaire juste et précis. Ainsi prendre *conjecture* pour *conjoncture*, *sujétion* pour *suggestion*, *inanité* pour *inanition* discréditera la démonstration et agacera le lecteur. Attention aux approximations : une phrase comme «la parution de ce texte solutionne un problème car il est enfin basé sur le droit» est incorrecte. Pour supprimer l'à-peu-près, il aurait fallu écrire «la publication de ce texte résout un problème car il se fonde enfin sur le droit». Il faut se méfier des mots que l'on connaît mal, en particulier du vocabulaire technique. Or chaque thème d'étude possède le sien : il faut l'utiliser à bon escient, sans jargonner par pédanterie.

### 2. La diversité du vocabulaire

Les répétitions engendrent la lassitude du lecteur. Elles sont ressenties comme des faiblesses et des lourdeurs. Pour les éviter il convient d'utiliser des synonymes, des pronoms de substitution, des mots englobants.

**EXEMPLE**

«Le documentaire est souvent financé par la télévision. Il est ainsi lié à la demande des chaînes et donc au format qu'elles imposent : 52 minutes, des partis pris de dramatisation, de rythme. Ce formatage peut limiter la créativité, pourtant ce genre cherche à explorer des formes modernes d'écriture grâce aux nouvelles caméras.»
Les pronoms «il», «elles» évitent les répétitions : «formatage», «genre» sont des termes englobants qui évitent la réutilisation du mot «documentaire».

### 3. La force expressive des mots

**a) Les mots pleins.** Il y a des mots plus chargés de sens et plus expressifs que d'autres et ce sont ces mots qu'il faut choisir pour convaincre. Ainsi les verbes *faire*, *dire*, *mettre*, *avoir* doivent être remplacés par d'autres plus précis et plus suggestifs.

**EXEMPLE**

Remplacement de *faire*
Faire peur : effrayer; Faire cesser : interrompre; Faire courir : répandre; Faire savoir : informer; Faire une liste : dresser; Faire un trajet : parcourir; Faire des dégâts : causer; Faire des reproches : reprocher.
Remplacement de *avoir*
Avoir peur : craindre; Avoir des responsabilités : exercer; Avoir une autorisation : obtenir; Avoir une bonne réputation : jouir d'une bonne réputation; Avoir des conséquences : entraîner.
Remplacement de *dire*
Considérer, admettre, rappeler, montrer, affirmer, souligner, juger, reconnaître, suggérer, proposer, s'étonner, nier, contester que..., s'opposer à.

**b) Les mots connotés.** Les mots ont un effet d'autant plus persuasif qu'ils ne sont pas neutres. Leurs connotations leur donnent un relief et une vigueur qui influent sur l'argumentation. Il faut choisir en fonction de la thèse défendue ou mise en doute.

**EXEMPLE**

Désormais on nous dissuade de voyager hors d'Europe. La planète serait un guêpier, sinon un coupe-gorge. Terrorisme, attentats, délinquance, tous ces fléaux du monde moderne guetteraient l'aventurier, le découvreur, qui passe pour une tête brûlée, un irresponsable.

**Une astuce à l'examen**

Utilisez toutes les ressources de la ponctuation. Marquez votre rejet ou votre méfiance à l'égard d'un énoncé en le plaçant entre guillemets. Sous-entendez grâce aux points de suspensions. Utilisez les deux points pour signifier une cause ou une conséquence. Votre rédaction y gagnera plus de force expressive et de dynamisme.

## 2 Le choix des phrases

### 1. La longueur de la phrase

Un texte argumentatif est pénible à lire quand toutes les phrases sont longues : pour comprendre la fin de la phrase il faut se souvenir du début, ce qui finit par fatiguer l'attention. C'est pourquoi il est judicieux d'alterner la longueur des phrases. Une phrase courte, après une autre plus longue, prend un relief particulier, donne du rythme. En outre, l'alternance de phrases simples, juxtaposées, coordonnées, complexes dynamise le texte, empêche toute monotonie.

**EXEMPLE**

Grâce à leur savoir, à leurs compétences scientifiques, les experts doivent rendre un avis, une préconisation motivée à propos de risques éventuels. [22 mots] Faute de compétences, les décideurs sont obligés de s'en remettre à leurs avis. [14 mots] Sur la plupart des sujets techniques, ce sont donc eux qui détiennent le pouvoir réel. [15 mots] Et ce pouvoir est important. [5 mots] Un tel pouvoir n'est évidemment pas exempt de risques de dérapage. [12 mots]

### 2. La structure de la phrase

Rien n'est plus lassant que des phrases construites sur le même schéma : sujet, verbe, complément. Pour rompre la monotonie du paragraphe, on peut user de procédés divers.

**a) La variation du groupe sujet.** Il est souhaitable de faire alterner sa forme, sa longueur et sa place dans la phrase. Cette dernière peut commencer par un sujet nominal, un pronom, un verbe à l'infinitif, une proposition conjonctive sujet.

EXEMPLE

La publicité s'adapte à l'évolution des techniques de communication. S'afficher sur des écrans ne lui suffit plus. Désormais elle se sert des réseaux et des blogs pour diffuser l'image des marques. Les conversations électroniques entre usagers passionnés servent de vecteur au discours sur la marque. Que les clients vivent pour leurs produits, se regroupent pour partager leur passion, est l'ultime victoire d'une marque. D'autant plus que cela ne lui coûte plus rien, ou presque, en frais de publicité.

**b) Le changement de place du complément circonstanciel.** Ce complément peut tour à tour s'intercaler entre le sujet et le verbe, se situer après lui ou débuter la phrase. Ce changement introduit de la variété et de la souplesse dans la structure de la phrase.

EXEMPLE

On assiste à une révolution de la distribution avec la généralisation de la toile. Depuis quelques années l'e-commerce a changé la donne : sur les 100 sites d'information les plus consultés d'Internet, l'année dernière 12 étaient des blogs animés par des particuliers. Maintenant avec Internet la communication est moins imposée que demandée. Les internautes vont de leur propre initiative sur les sites des marques chercher l'information.

**c) L'alternance phrase simple / phrase complexe.** La lecture du paragraphe sera plus agréable si les phrases simples et complexes alternent. La pensée y gagne en rythme et en relief. De même il est possible de varier la construction de la phrase complexe : l'une commence par la subordonnée, l'autre par la principale. Enfin il ne faut pas négliger l'efficacité d'une bonne formule, frappante par ses sonorités ou sa construction : en résumant de façon synthétique un argument, elle lui donne encore plus de force.

## 3 L'enrichissement du style

### 1. L'ordre des mots

La séduction de l'expression rend l'argumentation plus convaincante. C'est pourquoi il ne faut pas négliger certains procédés de style qui ont un effet de persuasion. Ainsi une idée peut être mise en valeur par la place d'un mot clé dans la phrase. Par exemple : «rares sont ceux qui y parviennent» est plus fort que «ceux qui y parviennent sont rares», qui est banal.

EXEMPLE

Choquantes, ces images frappent le téléspectateur. Il s'en souvient au moment de mettre son bulletin dans l'urne, inconsciemment sans doute. Manipulation des électeurs ou hasard de l'actualité?

### 2. Les images

Les images permettent d'exprimer avec plus de force les idées que l'on veut transmettre : elles les illustrent en leur donnant plus de vigueur.

**a) La comparaison.** Une comparaison bien choisie permet de donner plus de profondeur à l'idée exprimée, sans qu'il soit nécessaire de la développer plus longuement. Ainsi dans une phrase comme « dans certaines familles on ne peut plus éteindre la télévision : comme une divinité protectrice, elle rassure », la comparaison suggère que la fonction de l'appareil dépasse de beaucoup sa vocation première.

**b) La métaphore.** Il faut utiliser des métaphores dans son argumentation, si l'on souhaite donner plus de force à ses arguments. Le procédé consiste à désigner une chose, une idée, une personne par une autre qui présente des analogies, des ressemblances avec elle. Bien choisie, une métaphore peut avoir une grande force.

EXEMPLE

On trouve tout dans le grand bazar de l'humanitaire, du plus sérieux au plus trouble, du plus professionnel au plus bricolé. Un exemple : pour un étudiant, c'est un excellent passeport pour la vie active, une ligne qui impressionne sur son CV. Après quelques semaines en Afrique passées à dépouiller des rapports au profit d'une ONG, à l'abri d'un bureau climatisé, le voilà estampillé aventurier, un coriace auquel l'entreprise pourra confier les missions les plus difficiles.

## 4 La présentation

### 1. La mise en page

La structure de l'argumentation doit être révélée par la mise en page. L'introduction et la conclusion sont séparées du développement par deux lignes. À l'intérieur du développement, les parties sont séparées par une ligne, et les paragraphes sont marqués par un retrait. Aller à la ligne aère le texte et le plan de l'argumentation acquiert une lisibilité meilleure.

### 2. L'écriture et l'orthographe

Un candidat doit avoir le souci constant d'être lu et compris par le correcteur. Dans cette perspective, le soin apporté à l'écriture est déterminant. Il faut aussi souligner que la maîtrise de l'orthographe est évaluée à l'examen. Il faut donc réserver le temps nécessaire à la relecture.

**Auto-évaluation**

**Les vérifications à faire le jour de l'examen pour évaluer la qualité de la rédaction de mon écriture personnelle**

- Ai-je évité les répétions?
- Ai-je cherché à employer des mots pleins, des mots riches, des mots appropriés à mon idée?
- Ai-je fait varier la longueur de mes phrases?
- Ai-je fait varier la structure de mes phrases?
- Ai-je utilisé des images frappantes?
- Ai-je relu pour corriger mes fautes d'orthographe?

# 13 L'ÉCRITURE ET L'IMPLICATION PERSONNELLE

**La nature même de l'exercice d'écriture personnelle exige l'engagement du candidat dans la rédaction de son argumentation. Elle n'en sera que plus convaincante.**

## 1 L'énonciation et le choix des personnes

### 1. La première personne

**a) Le «je».** Dans la mesure où l'avis personnel du candidat est sollicité, l'usage de la première personne est autorisé pour répondre à la question posée. Il faut faire attention toutefois aux tournures redondantes, du type «personnellement, moi, je pense que». Un simple «je» suffit amplement.

**EXEMPLE**

Sujet : Quelle est la place de la musique dans votre vie?
Extrait d'un paragraphe : «La musique occupe une grande place dans ma vie. Mais cela ne signifie pas que je vive avec un casque sur les oreilles. Cela ferait de moi un consommateur dépendant, incapable de se passer d'un accompagnement sonore...»

**b) Le « nous ».** Il est possible aussi d'utiliser la première personne du pluriel, «nous». Elle marque la présence du candidat de manière plus discrète, tout en incluant le lecteur.

### 2. La deuxième personne

Par convention, un candidat ne doit pas interpeller le correcteur. Il est vrai qu'on voit de plus en plus dans les médias des personnes interviewées s'adresser à un interlocuteur fictif pour exprimer plus facilement leur pensée. Elles passent alors du «je» au «tu». Ce procédé est à proscrire dans l'exercice d'écriture personnelle.

### 3. La troisième personne

**a) Son emploi.** Il est autorisé dans un exercice d'écriture personnelle dans la mesure où les idées développées restent originales et pertinentes. La troisième personne permet de donner une valeur plus universelle au propos exposé par le candidat.

**EXEMPLE**

Sujet : Pensez-vous que dans notre pays la lutte pour l'égalité entre l'homme et la femme soit un combat appartenant au passé?
Extrait d'un paragraphe : «Malgré une réussite scolaire meilleure que celle des garçons, les filles continuent de s'orienter vers des métiers dévalorisés. Les progrès remarquables de leurs performances à l'école ne se sont pas accompagnés d'une amélioration proportionnelle de leur statut professionnel.»

**b) Les tournures impersonnelles.** Certaines permettent d'exprimer une opinion. Des formules comme : *il est dommage que, il est exact que, il est certain que, il est heureux que, c'est une évidence*, etc., indiquent la position du locuteur tout en introduisant une idée.

**EXEMPLE**

Sujet : «La jeunesse d'Europe ne connaît pas, ne veut pas connaître les frontières des nations.» Partagez-vous cette opinion?
Extrait d'un paragraphe : «Il est clair que les jeunes Européens d'aujourd'hui sont comme les personnages du film *L'Auberge espagnole*. Ils s'installent chez les uns, chez les autres, et sont comme chez eux. C'est une évidence : l'Europe est leur territoire commun depuis qu'ils voyagent sans passeport, et parlent une langue commune, l'anglais.»

**c) Le pronom « on ».** Il peut aussi être utilisé. Ses emplois sont variés. Par exemple, dans une phrase comme : «on a remarqué depuis quelque temps une baisse inquiétante de la fréquentation des bibliothèques», le pronom «on» sert à inclure le locuteur et le lecteur dans le même énoncé.
Dans une phrase comme «on prétend que la télévision nuit à la culture», le pronom «on» désigne ceux qui adressent ce reproche à la télévision, point de vue que le locuteur ne partage pas.

## 2 L'expression de l'approbation

### 1. Le verbe introducteur

L'approbation d'une idée rapportée se manifeste de plusieurs manières, selon son degré d'adhésion.
Si on ne tient pas à souligner la justesse du point de vue qu'on rapporte, on l'introduit par un verbe neutre : *X... déclare que, remarque que, observe que, estime que, pense que, écrit que,* etc.
Si cette approbation est plus marquée, on écrit plutôt : *X... montre que, explique que, prouve que, démontre que, met en évidence que,* etc. Ces verbes introduisent l'idée rapportée tout en montrant qu'on l'approuve.
Des locutions comme *évidemment, à juste titre, excellemment, justement, avec raison,* etc., peuvent accompagner les verbes introducteurs et expriment des nuances diverses d'approbation.

**EXEMPLE**

Sujet : Êtes-vous d'accord avec l'adage populaire qui dit : «un bon rire vaut un steak»?
Extrait d'un paragraphe : «La sagesse populaire exalte avec raison les vertus du rire. Il joue un rôle essentiel dans notre équilibre et c'est pourquoi on l'utilise dans les psychothérapies. Après une bonne séance de rire, on se sent bien, on est relaxé, comme après un bon repas. C'est à juste titre qu'on appelle le rire le médicament de l'esprit.»

### 2 Les connotations valorisantes

Pour convaincre il faut présenter ses idées sous leur meilleur jour. On choisira donc un vocabulaire positif pour rédiger ses arguments. Ainsi il faut privilégier les termes chargés de valeurs constructives. Ils appartiennent à des réseaux lexicaux comme le progrès, l'amélioration, l'espoir, l'exploit, la liberté, la lucidité, la science, etc.

### Une astuce à l'examen

Pour porter un jugement positif, utilisez un lexique valorisant : des adjectifs (*juste, pertinent, intéressant, excellent, remarquable*), des compléments (*avec brio, avec justesse, avec courage*...).
Pour porter un jugement négatif, utilisez un lexique dévalorisant : des adjectifs (*injuste, regrettable, ridicule, scandaleux, absurde*...), des mots comme *erreur, stupidité, scandale, absurdité*...

## 3 L'expression du désaccord

### 1. Le verbe introducteur

Lorsqu'on n'approuve pas une idée, on utilise des verbes introducteurs qui la dévalorisent. Ainsi en écrivant « X... s'imagine que, croit que, se figure que, prétend que, se leurre en pensant que, ose dire que, se permet de, ne craint pas de, etc. », le propos en question est disqualifié.
Le choix du verbe permet aussi de faire sentir le degré d'opposition du candidat : ainsi « X... ose dire que » est beaucoup plus fort que « X... prétend que ».

### 2. L'emploi de connotations négatives

Une même réalité peut être nommée par des mots aux connotations très différentes : un restaurant peut devenir une cantine, voire une gargote selon le point de vue du client ! Les termes connotés négativement ont donc un rôle argumentatif puisqu'ils déprécient l'idée rapportée. En la formulant à l'aide de termes dévalorisants le candidat signifie au lecteur qu'elle est sans fondement, en même temps qu'il marque son désaccord. Ainsi le vocabulaire de l'illusion, de la crédulité, de la subjectivité ôte toute crédibilité à l'idée présentée : « X... croit voir... s'imagine que... » De même, en qualifiant de « préjugé » ou de « croyance » une opinion qu'on ne partage pas, on la disqualifie

### 3. Les autres moyens de marquer le désaccord

**a) Les locutions adverbiales.** Des mots et expressions comme *prétendument, indûment, injustement, à tort, faussement, soi-disant*, etc., peuvent être utilisés pour qualifier une idée que l'on juge erronée. En exprimant avec force un jugement négatif, ils impliquent nettement le locuteur.

**b) Les guillemets.** Ils soulignent qu'on rapporte des propos sans les faire siens, ils marquent donc une réserve, une distance.

## 4 L'expression du doute

### 1. Le verbe introducteur

Exprimer des doutes peut faire partie de la stratégie d'argumentation du candidat. Cela déconsidère les arguments qui sont discutés et montre au lecteur que les idées exprimées ne sont pas assumées. En utilisant certains verbes le locuteur suggère que les idées rapportées sont très discutables : *il apparaît que, il semble que, il se peut que, on dit que*...

### 2. Le conditionnel

Il indique qu'on ne prend pas à son compte l'expression employée, soit qu'on émette des doutes à son égard, soit qu'on la récuse ironiquement. Il en est de même des guillemets qui marquent la distance critique.

## 5 L'expression des nuances

### 1. L'atténuation et la nuance

Il est parfois prudent de critiquer avec mesure, pour éviter de paraître sans concession ou trop sûr de soi. Pour être pondéré et donc plus crédible, il vaut mieux écrire qu'une idée peut se discuter, semble discutable, peut se nuancer, etc., plutôt que « cette idée est fausse ». Sans changer fondamentalement sa position, on atténue ainsi la vigueur de son propos.
En outre, en évitant les jugements trop tranchés, on montre son souci d'un point de vue équilibré, qui tienne compte des aspects contradictoires du sujet. En somme, on montre le sérieux de sa réflexion.

### 2. Les moyens d'expression utilisés

**a) Les verbes introducteurs.** Certains marquent la prudence et la pondération du candidat : *il semblerait que, ne pourrait-on pas penser que, on peut se demander si, on pourrait admettre*, etc. Ils prouvent aussi sa modestie : il ne faut jamais oublier que trop de certitude ou d'aplomb peut irriter le lecteur.

**b) Certaines locutions.** Utiliser des locutions telles que *en un certain sens, d'une certaine façon, dans une certaine mesure, avec prudence*, etc., permet d'amorcer avec douceur la critique d'un point de vue.

**EXEMPLE**

Sujet : « Les choix personnels ont pris le pas sur les automatismes de comportements, sur les normes. » Partagez-vous cette opinion ?
Extrait d'un paragraphe : « Par exemple, on peut se demander si on vote par automatisme, en suivant une tradition familiale ou par une fidélité de principe à un parti politique. Ce vote serait-il désormais motivé par une réflexion personnelle ? Il semble que le citoyen moderne soit plus nomade que ses devanciers, et qu'il vote au gré de ses humeurs ou des circonstances. »

### Auto-évaluation

**Les vérifications à faire le jour de l'examen**

- Ai-je utilisé le même système de personne dans toute l'écriture personnelle ?
- Les verbes qui introduisent les idées suggèrent-ils bien mon accord, mon désaccord, mon doute ou ma pondération ?
- Mon point de vue est-il facilement repérable grâce à des connotations valorisantes ou dévalorisantes ?
- Mon niveau d'implication est-il approprié au sujet ?

# 14 LA SOUTENANCE ORALE DU RAPPORT DE STAGE

**Il faut préparer sa soutenance comme une épreuve à part entière. Lire son rapport de stage conduirait droit à l'échec, il faut concevoir un véritable exposé.**

## 1 Les objectifs du candidat

### 1. La présentation du stage

La soutenance comprend obligatoirement deux parties. Dans la première, le candidat réalise un exposé dont la durée est variable selon les BTS (de 10 à 20 minutes), qui comprend obligatoirement une introduction, un développement, une conclusion. Dans la seconde, le candidat répond aux questions du jury pendant 10 à 15 minutes, selon les BTS.

### 2. La valorisation de ses connaissances et de ses compétences

**a) Les connaissances théoriques.** Cette soutenance doit être l'occasion de montrer sa capacité à utiliser les connaissances acquises pendant la formation. Comme le stage fournit l'occasion de confronter les principes théoriques enseignés aux réalités du terrain, il faut donc en souligner les applications, mais aussi montrer les écarts éventuels. Attention, la critique doit être prudente, un stage ne permet pas nécessairement d'observer en profondeur.

**b) Les compétences professionnelles.** La soutenance doit montrer comment le candidat a pu exploiter les outils méthodologiques qu'on lui a enseignés. L'adaptation des méthodes enseignées à la réalité des situations professionnelles doit être valorisée pendant la soutenance : elle apporte la preuve que ce stage lui a permis de renforcer sa compétence professionnelle.

### 3. La démonstration de ses compétences en expression orale

Les compétences en communication orale du candidat sont évaluées lors de la soutenance. Elle entre pour partie dans la note obtenue, c'est donc un enjeu réel qui justifie une préparation et des répétitions avant l'examen.

## 2 La préparation de l'exposé

### 1. La relecture du rapport de stage

On doit rechercher les situations-problèmes qui ont soulevé des questions et nécessité la recherche de solutions probantes : c'est ce qu'attend le jury.

Mais plutôt que de faire un résumé de tout ce qu'il y a dans ce rapport, il est préférable de sélectionner un point particulier qui sera développé plus longuement. Il faut choisir une activité plus à même de prouver ses compétences et d'intéresser un public de spécialistes.

### 2. La préparation du plan de l'exposé

**a) L'introduction.** Elle est brève et contient les informations strictement indispensables : d'abord l'organisme ou l'entreprise, puis le service et le tuteur qui ont accueilli le stagiaire. Elle présente les missions spécifiques qui lui ont été confiées, puis annonce le plan, ce sur quoi va porter l'essentiel de cet exposé.

**b) Le corps de l'exposé.** Il illustre les compétences du stagiaire en développant une mission particulière, qui porte sur un point technique plus difficile.

Le candidat justifie son choix en exposant le problème qu'il fallait résoudre, la solution adoptée et ses résultats. Les idées sont étayées par des faits et des chiffres. Des plans et des photographies les illustrent.

**c) Le bilan.** L'exposé se termine par une rapide analyse des apports du stage. Il faut faire l'inventaire des connaissances nouvelles, des savoir-faire nouveaux, des aspects humains découverts lors de cette expérience.

### 3. La préparation des notes et des visuels

**a) Les notes de l'exposé.** En aucun cas il ne faut lire son rapport de stage, c'est pourquoi des notes spécifiques doivent servir de support à l'exposé. Il est préférable de les rédiger sur des fiches facilement manipulables. On écrit avec des gros caractères, pour pouvoir les lire debout quand elles sont posées sur la table.

Le plus pratique pour s'y retrouver facilement est d'adopter un code couleur pour les titres des parties et des sous-parties qui servent de fil conducteur.

**b) La préparation des visuels.** Pour illustrer et faire comprendre son propos, il faut préparer des visuels. Ce seront ceux du rapport, et / ou d'autres conçus spécialement pour cette occasion. Ils rendent la soutenance plus vivante et plus crédible.

Les visuels retenus seront d'autant plus intéressants et efficaces qu'ils seront illustrés par des mots clés, un schéma simple. Il faut préparer leur commentaire et les classer dans leur ordre de passage pour les trouver facilement.

### 4. L'entraînement

Il est prudent de répéter sa soutenance. Cette répétition permet de dominer le contenu de son exposé. En le mémorisant le candidat peut plus facilement s'abstraire de ses notes et être plus naturel donc plus convaincant. En outre, cela l'exerce à manipuler debout ses fiches de notes. Le jour de l'épreuve il sera plus à l'aise.

De plus, cet entraînement permet de mesurer la durée de la soutenance.

**Une astuce à l'examen**

Demandez à des proches de vous servir de jury. Vous testerez sur eux l'intérêt de votre exposé. Demandez-leur d'évaluer votre prestation orale : votre voix est-elle audible, votre gestuelle est-elle efficace, regardez-vous l'auditoire ? Demandez-leur aussi de vous poser des questions difficiles pour vous entraîner à y répondre.

## 3 La réalisation de l'exposé

### 1. La verbalisation

**a) L'improvisation.** Il ne faut pas lire ses notes, mais s'en servir comme guide. La parole doit être naturelle et fluide. Si on connaît bien son sujet, on y parvient après quelques minutes : on se concentre de moins en moins sur ses notes, on s'habitue à interagir avec les auditeurs et l'exposé devient vivant et plus intéressant. C'est ce vers quoi il faut tendre.

**b) La langue orale.** Elle doit être simple et correcte. Il faut éliminer les mots inutiles qui ponctuent le discours («heu», «ben», «quoi», «j'veux dire»)! Les mots trop techniques doivent être expliqués à l'intention des non-spécialistes du jury.

### 2. La communication non verbale

**a) L'attitude et les gestes.** Il faut utiliser une gestuelle d'accompagnement : elle souligne les idées clés, elle montre les documents. Attention aux gestes qui trahissent le stress ou l'embarras. Il faut les contrôler : pas de stylo torturé nerveusement, de réajustement incessant des cheveux, des lunettes ou des vêtements...

**b) La voix.** Elle doit être claire et distincte, ferme et assurée. Il faut se dire que la voix doit porter jusqu'où porte le regard. Une voix trop faible fatigue l'auditoire, une voix trop forte agace, il faut donc s'entraîner pour trouver le bon niveau. Le débit ne doit être ni trop lent car il ennuierait, ni trop rapide car il saoulerait les auditeurs.

**c) Le regard.** En parlant, on regarde les auditeurs, ce qui permet de garder le contact avec eux. Il faut éviter de ne regarder qu'un membre du jury, son professeur ou son tuteur, par exemple. Attention à ne pas tourner systématiquement le dos quand on commente des documents. Il faut au contraire s'efforcer de maintenir un contact visuel avec le jury.

### 3. La gestion de l'exposé

**a) La gestion du plan.** Il est capital pour le jury de bien suivre la progression de l'exposé. C'est pourquoi il est préférable de noter son plan sur un coin du tableau ou sur une grande feuille de papier. Pour aider l'auditoire à suivre son déroulement il convient de souligner sa progression par des introductions-transitions : «Après vous avoir exposé le problème à résoudre, j'en viens à la solution que j'ai proposée»; «voici donc le bilan que je peux faire de mon stage. Je suis prêt maintenant à répondre à vos questions». Ces repères assurent la bonne fluidité du discours et facilitent l'écoute.

**b) La gestion du temps.** Il faut respecter le minutage mis au point pendant la préparation. Parfois il est nécessaire d'ajuster le rythme de l'exposé : en consultant sa montre, on voit s'il faut l'accélérer ou le ralentir.

## 4 Les réponses aux questions

### 1. Les types de question

**a) La demande de précision.** Ces questions ont pour objectif d'amener le candidat à préciser un protocole, une manipulation, un chiffre, etc.

**b) La vérification.** Un membre du jury peut vouloir s'assurer qu'une notion est bien comprise, qu'une méthode est dominée. Il s'agit de vérifier les connaissances ou les savoir-faire.

Si on ne connaît pas la réponse, il vaut mieux l'avouer plutôt que d'essayer de leurrer le jury, qui, de toute façon, ne sera pas dupe.

**c) La rectification d'une erreur.** La question peut être indirecte et posée de manière à conduire le candidat à se rendre compte de l'inexactitude. Il faut alors garder son sang-froid, reconnaître son erreur et s'efforcer de terminer sur des aspects positifs.

### 2. L'art et la manière de répondre

**a) L'écoute.** Il faut savoir écouter et comprendre la question. Il est donc normal de marquer un temps de réflexion avant de répondre et ne pas craindre de demander des éclaircissements.

**b) La manière de répondre.** Elle conforte l'image du candidat à la fin de la soutenance. Il faut rester calme et courtois. Surtout pas d'arrogance ou d'agressivité, et pas de dévalorisation non plus. L'attitude mentale doit être positive puisqu'on cherche à montrer ses potentialités C'est pourquoi la réponse doit être structurée : les idées et arguments sont classés logiquement et reliés par un fil conducteur. Les repères logiques sont clairs et la réponse est concise.

**Auto-évaluation**

**Les vérifications à faire le jour de l'examen pour valider la préparation de la soutenance de mon rapport de stage**

- Ai-je choisi d'exposer un aspect intéressant et valorisant de mon stage?
- Ai-je préparé des notes claires et performantes ?
- Ai-je fabriqué des visuels parlants?
- Ai-je minuté ma soutenance pour respecter le temps imparti?
- Ai-je amélioré ma prestation orale en m'entraînant plusieurs fois?

## exercice 1

Il est de clairs matins, de roses se coiffant,
Où l'âme a des gaîtés d'eaux vives dans les roches,
Où le cœur est un ciel de Pâques plein de cloches,
Où la chair est sans tache et l'esprit sans reproches.
Il est de clairs matins, de roses se coiffant :
Ces matins-là, je vais, joyeux comme un enfant.

Albert Samin, *Au jardin de l'Infante*, Éd. Mercure de France.

**Ce poème fait partie d'une synthèse sur le sentiment de bonheur. Quelles informations faudrait-il garder ?**

CORRIGÉS p. 356

## exercice 2

On dira qu'au vrai il n'y a pas de hasard, et que ce mot ne fait que constater notre ignorance de l'enchaînement des causes. Mais l'enchaînement des causes étant indéchiffrable pour notre esprit, nous appelons hasard tous les événements dont il nous serait impossible, malgré la plus grande attention, de discerner la venue. Nous comptons sur le hasard. Il n'est aucune existence, même chez les plus dénués d'imagination, qui ne lui fasse une place dans ses prévisions obscures. Ne compter que sur le hasard est fou ; ne pas compter avec le hasard est plus fou encore.

Rémy de Gourmont, « 357. L'Inattendu (15 avril 1906) », *Épilogues. Réflexions sur la vie. Volume complémentaire 1905-1912*. Mercure de France.

**Ce document fait partie d'une synthèse qui s'interroge sur le hasard. Quelles informations faudrait-il retenir ?**

CORRIGÉS p. 356

## exercice 3

Piste 1 : Le rôle identitaire de la consommation.
Piste 2 : Consommation de la valeur affective des objets.
Piste 3 : L'impératif de la consommation.
Liste des données : 1. La consommation compense un déficit identitaire. 2. Consommer peu disqualifie. 3. Les marques vendent la valeur ajoutée affective. 4. Multiplication des objets et des messages de jouissance, de désir. 5. Les marques sont des signes extérieurs de richesse. 6. Payer plus cher à cause de la marque n'a pas de sens. 7. L'incitation à la consommation conduit à l'endettement. 8. On existe à travers la marque.

**Cette synthèse porte sur la consommation. Attribuez à chaque piste de réflexion les données qui la concernent.**

CORRIGÉS p. 356

## exercice 4

Rubriques : Aspects positifs de la TV. Aspects négatifs de la TV. Paresse et TV. Culture et TV. Socialité et TV.
Pistes de réflexion :

1. Les programmes encouragent la passivité intellectuelle.
2. On trouve des émissions passionnantes qui donnent envie d'en apprendre plus.
3. La TV fait perdre beaucoup de temps avec des distractions faciles.
4. Il y a de nombreuses émissions de qualité.
5. Les grands lecteurs sont aussi des téléspectateurs assidus.
6. La TV fait parler, communier ensemble et amène les gens à se réunir pour une grande émission.
7. Mépriser la TV est une forme de snobisme.
8. La TV restreint les sorties, le contact avec les autres.
9. LA TV empêche de pratiquer des activités de loisirs.
10. Les grands consommateurs de TV ne lisent pas.

**Cette synthèse traite de l'intérêt de la télévision. À l'aide des rubriques et des pistes de réflexion, proposez un plan.**

CORRIGÉS p. 35

## exercice 5

La ville est le cadre de vie, par excellence, de l'homme moderne. Mais celui-ci y trouve-t-il le bonheur ? Ce dossier pose cette question. Les documents montrent que le progrès a pu favoriser l'épanouissement des citadins. Mais ils soulignent aussi qu'à cause de sa démesure la ville peut devenir un enfer.

**Analysez l'introduction ci-dessus pour en retrouver les éléments qui la composent.**

CORRIGÉS p. 3

## exercice 6

Le tourisme de masse est devenu une réalité. On parle aujourd'hui d'industrie du voyage. Cette évolution conduit à s'interroger sur les diverses manières de voyager. Dans son article, Anne Bréjac oppose les vrais et les faux voyageurs. Dans son essai, Yves Monpert propose ses propres choix ; tandis que deux publicités nous invitent à voyager autrement.
Comment voyage-ton aujourd'hui ?

**Analysez l'introduction ci-dessus et repérez ses maladresses.**

CORRIGÉS p. 3

## exercice 7

La synthèse porte sur le langage de certains jeunes des quartiers populaires et s'interroge sur leur capacité de communication.

Partie 1 : Les vertus de ce langage
- Une marque d'appartenance et d'identité
- Une richesse expressive étonnante
- Une inventivité extraordinaire

Partie 2 : Les reproches adressés à ce langage
- Son inadaptation à la langue de l'école
- Son inadaptation au monde du travail

Partie 3 : L'idéal : ne pas rester enfermé dans un seul registre de langue.

**En vous aidant du plan proposé, rédigez une introduction et une conclusion.**

CORRIGÉS p. 356

## exercice 8

1. Le sport est un moyen exceptionnel de développer ses aptitudes physiques, une façon d'apprécier toutes les possibilités de son corps, ....... X. [affirme, déclare, prononce, suggère]
2. Z ............ aussi dans le sport l'effort physique, l'exercice qui rend agile et robuste. [apprécie, regrette]
3. Autre avantage du sport, l'adhésion des règles, la discipline librement consentie, ........... X. [estime, pense, avance, renchérit]
4. Enfin le sport offre l'occasion d'un beau spectacle dans un décor spacieux auquel on ne peut rester indifférent, .......... ces deux auteurs. [s'accordent à dire, s'opposent, affirment]
5. Toutes ces raisons ........... l'admiration de X pour l'athlète qui garde sa beauté et sa volonté humaine tout en ayant une sorte de perfection animale. [expliquent, suggèrent, analysent]
6. Mais cette vision n'est-elle pas idyllique ? Tous les sports n'offrent pas ces avantages et Y............ en particulier au football américain dans lequel il ne voit que violence et sauvagerie, l'homme ramené au rang de la bête, le groupe au niveau de la meute. [dénonce, s'oppose, préconise, s'en prend]
7. Violence, expression de la haine, sont aussi les termes choisis par W pour .............. de façon plus générale la pratique des sportifs. [refuser, condamner, expliquer]
8 Le stade est un lieu où se manifeste la violence, la rivalité, où tout est subordonné à la volonté de gagner. ........... [regrette-t-il, constate-t-il, se demande-t-il]
9. Cette position est inconcevable pour X et Z. Pour eux, la valeur morale du sport est incontestable : la liberté s'y exerce dans le sens de la difficulté.......... Z. [estime, pense, souligne, revendique, déplore]
10. Ce à quoi on aspire,........ X, c'est une victoire contre soi-même, la victoire sur l'autre n'est que le signe de la victoire sur soi-même ! [explique, s'exclame, ajoute, précise]

**Choisissez le verbe entre parenthèses le plus approprié pour introduire la référence de ces phrases.**

CORRIGÉS p. 356

## exercice 9

| Données de la documentation | Pistes de réflexion |
|---|---|
| 1. Thèmes privilégiés de la chanson de variétés : l'amour, le bonheur, l'absence, l'amitié, les relations homme/femme | Thèmes sur-représentés, effets des aspirations, des problèmes |
| 2. Le rap dénonce les conditions de vie difficiles, la précarité, la violence, les discriminations | La dénonciation = une priorité |
| 3. La chanson est aussi un produit de grande consommation, formaté pour plaire au plus grand nombre, objet d'un marketing | Une industrie |
| 4. La chanson « art et essai » reste confidentielle | Genre sous-représenté |
| 5. Absence de certains thèmes : le monde du travail : l'usine, le bureau, l'hôpital | Thèmes sous-représentés |

Les documents de cette synthèse se demandent si la chanson est un reflet fidèle de la société.

**Complétez le plan suivant à l'aide des pistes et des données du tableau.**

**Partie 1 : la chanson est un miroir déformant.**

**Partie 2 : l'explication du phénomène.**

CORRIGÉS p. 356

## exercice 10

Sujet : « La lecture du journal est une sorte de dialogue avec le monde. Elle brise l'isolement de l'individu ». Partagez-vous ce point de vue ?

**1. Analysez les mots clés du sujet.**

**2. Reformulez le sujet.**

CORRIGÉS p. 356

## exercice 11

Sujet : « Je ne suis pas d'accord avec ce que vous dites mais je me battrai jusqu'au bout pour que vous puissiez le dire ». Que pensez-vous de cette déclaration de Voltaire ?

Problématique 1 : Faut-il garantir à chacun la liberté de pensée et d'expression, quelle que soit son opinion ?
Problématique 2 : A-t-on le droit de tout dire ?
Problématique 3 : Faut-il se battre pour que chacun ait la liberté d'expression ?

**Laquelle de ces trois problématiques vous paraît la meilleure ? Expliquez pourquoi.**

CORRIGÉS p. 357

## exercice 12

Sujet : « Examinez l'ordre social et vous verrez qu'il est tout entier armé contre une femme qui veut s'élever à la hauteur de la réputation des hommes », déclarait Mme de Staël en 1801. Cette remarque reste-t-elle encore valable dans notre société ?

**En utilisant la méthode de votre choix, cherchez quatre idées pour traiter le sujet ci-dessus.**

CORRIGÉS p. 357

## exercice 13

Sujet : « C'est dans les livres qu'on apprend la vie, pas dans la vie. » Partagez-vous l'opinion de l'écrivain Pierre-Jean Rémy ?

**1. Cherchez deux arguments qui justifient la thèse soutenue dans ce sujet.**

**2. En renversant cette thèse, cherchez deux arguments contraires.**

CORRIGÉS p. 357

## exercice 14

Sujet : Pensez-vous comme certains scientifiques que « rien ne doit arrêter la science, tout ce qui peut être fait doit être fait » ?

Arguments :

1. La religion a longtemps censuré la science et elle a dû conquérir sa liberté.
2. La science ne se contente plus d'élucider les phénomènes humains, elle est capable de les infléchir.
3. L'homme peut s'exterminer lui-même.
4. La morale, l'éthique, la démocratie ont leur mot à dire.
5. La recherche a apporté d'immenses progrès à l'homme.
6. La passion d'explorer est une pulsion fondamentale.
7. L'évolution de la nature cesse d'être naturelle, elle devient artificielle.

**1. Choisissez un point de vue pour traiter le sujet.**

**2. Choisissez dans la liste les arguments qui peuvent servir pour le soutenir.**

CORRIGÉS p. 3

## exercice 15

Sujet : « À quoi bon voyager ! Il y a de la nature, de la vie et de l'histoire partout. » (Jules Renard, *Journal*, 24 août 1906). Partagez-vous ce point de vue ?

Arguments :

1. Le voyage transforme le voyageur en lui faisant vivre des sensations nouvelles, des rencontres intéressantes.
2. Le voyage permet de relativiser son sort, de se rendre compte de ses privilèges.
3. Le voyage nous fait fuir une réalité qui nous attend à notre retour.
4. Le voyage permet de retrouver avec bonheur ses racines.
5. Le voyage rend disponible pour faire des rencontres.
6. Le tourisme favorise le développement local.
7. On s'enrichit des différences. Mais elles sont aussi à notre porte.
8. La nature, la vie, l'histoire sont différentes ailleurs.

**1. Choisissez trois arguments pour réfuter le point de vue exprimé par Jules Renard.**

**2. Classez-les en les reliant par des termes d'articulation.**

CORRIGÉS p. 3

# exercices

## exercice 16

Sujet : Quelle vision de l'avenir donne la science-fiction ?
Plan
1. Les sociétés imaginaires de la science-fiction ignorent le droit.
2. Ce sont des sociétés hiérarchisées et inégalitaires.
3. Ce sont des sociétés autoritaires.

Conclusion : La science-fiction prévoit donc un avenir peu flatteur pour la planète : ce n'est pas le respect de la loi qui règlera le fonctionnement des sociétés. Bien au contraire, elle nous prédit la spoliation du pouvoir par une minorité, toujours plus riche. Elle laisse entrevoir un surcroît de violence, contenu par des systèmes totalitaires. À moins que tout finisse plus rapidement, dans une ultime explosion...

**Retrouvez dans cette conclusion le plan de cette écriture personnelle.**

CORRIGÉS p. 357

## exercice 17

On est plus intelligent à plusieurs. Ainsi de multiples innovations partent des usagers d'Internet et se diffusent sur le réseau en organisant la coopération entre usagers [...]. Ces innovations « remontent » vers les centres de recherche des grandes sociétés qui les intègrent à leurs produits en imposant de nouveaux standards [...]. Certains logiciels libres [...] illustrent les performances de ces innovations ascendantes...

**Trouvez des exemples pour illustrer les idées de ce texte et insérez-les en utilisant des termes introducteurs.**

CORRIGÉS p. 357

## exercice 18

Le caractère imprévisible de la science oblige maintenant à une grande rigueur morale, et ce n'est pas simple car l'argument de la concurrence pousse les chercheurs à poursuivre leurs travaux, malgré leur aspect problématique. Ils peuvent être tentés de nier leur responsabilité propre en renvoyant la question éthique à l'extérieur des laboratoires, ils font leur travail et ils peuvent penser que c'est à la société de se débrouiller avec leurs découvertes. Pourtant la direction imprévisible prise par la science oblige à poser fermement la question de la responsabilité morale des scientifiques.

**Améliorez la rédaction de ce paragraphe en supprimant des répétitions et en modifiant la longueur et la construction de certaines phrases.**

CORRIGÉS p. 357

## exercice 19

*Ce paragraphe porte sur la place de la justice dans notre société.*

Il est certain que l'effacement des repères et les difficultés sociales de toute sorte brouillent le rapport à la loi de bon nombre d'individus puisque les délits augmentent de façon significative. C'est pourquoi le rappel à la loi semble envahir l'espace social et individuel ; mais, en même temps, l'exigence de transparence et de moralisation de la vie politique et économique conduit la justice à exercer un contrôle qui ne peut que renforcer la démocratie. D'ailleurs le juge est devenu un personnage incontournable de la vie publique et l'action de la justice un sujet de réflexion pour les citoyens. Et c'est tant mieux. Avec la création des tribunaux internationaux statuant sur les crimes contre l'humanité des despotes, c'est-à-dire au nom des droits de l'homme, le champ d'intervention du droit s'élargit à la planète entière, tout en s'étendant dans le temps avec l'imprescriptibilité de ces crimes. Comment ne pas voir là un progrès de la justice et du droit ?

**1. Relevez les articulations logiques qui marquent la progression de l'argumentation.**

**2. Repérez les marques d'implication personnelle : choix des locutions, des connotations, choix des verbes, des tournures.**

CORRIGÉS p. 357

## exercice 20

Sujet : Pensez-vous que l'autorité se résume au pouvoir ?

Introduction : L'autorité est souvent assimilée à un pouvoir devant lequel on s'incline par crainte ou par respect. Avoir du pouvoir suffit-il ? Pour moi il n'y a pas d'autorité sans compétences. Autrement dit, peut-il y avoir une autorité sans légitimité ?

**Retrouvez les étapes de cette introduction.**

CORRIGÉS p. 357

### exercice 1 page 352

Informations à garder :
- Le sentiment du bonheur affecte la personne toute entière : l'âme, le cœur, la chair.
- Affecte la perception de l'environnement : les sons, l'air, la nature.
- Les composantes du sentiment : la joie, l'insouciance (celle de l'enfant), la vision optimiste et positive du monde.

### exercice 2 page 352

Informations à retenir :
- Le hasard n'existe pas.
- En réalité nous appelons hasard ce que nous ne réussissons pas à prévoir.
- Ce serait déraisonnable de ne pas intégrer le hasard dans nos vies.

### exercice 3 page 352

Piste 1 : Le rôle identitaire de la consommation : données 1 ; 2 ; 5 ; 8.
Piste 2 : Consommation de la valeur affective des objets : 3 ; 6.
Piste 3 : L'impératif de la consommation : données 4 ; 2 ; 7.

### exercice 4 page 352

**Plan 1**
Partie 1 : Aspects positifs de la TV.
- Culture et TV : Pistes 4 ; 5 ; 7 ; 2.
- Socialité et TV : Piste 6.

Partie 2 : Aspects négatifs de la TV.
- Culture et TV : pistes 10 ; 3.
- Socialité et TV : piste 8.
- Paresse et TV : pistes 1 ; 9.

**Plan 2**
Partie 1 : Culture et TV.
+ : 4 ; 5 ; 7 ; 2.
- : 10 ; 3.

Partie 2 : Paresse et TV.
+ : 2.
- : 1 ; 9.

Partie 3 : Socialité et TV.
+ : 6.
- : 8...

### exercice 5 page 352

La ville est le cadre de vie, par excellence, de l'homme moderne. Mais celui-ci y trouve-t-il le bonheur? Ce dossier pose cette question. [Présentation du thème (la ville) et de sa problématique (ville et bonheur)] Les documents montrent que le progrès a pu favoriser l'épanouissement des citadins. [Partie 1] Mais ils soulignent aussi qu'à cause de sa démesure la ville peut devenir un enfer. [Partie 2].

### exercice 6 page 352

1. La présentation des documents est incomplète : elle ne permet pas de retrouver les sources de la synthèse.
2. Le plan n'est pas annoncé.

### exercice 7 page 353

Introduction :
Ce dossier s'interroge sur la capacité à communiquer des jeunes de certains quartiers populaires. Certains documents le montrent : leur langage possède d'indéniables vertus. Mais il est évident aussi que cette manière de s'exprimer peut comporter de véritables dangers.
Conclusion :
On le voit, le langage des banlieues fait évoluer la langue, et peut scintiller de mille figures de styles audacieuses. Mais il comporte aussi un grave danger de ghettoïsation de la langue, qui peut rendre plus difficile l'intégration au monde du travail.

### exercice 8 page 353

1 : affirme ; 2 : apprécie ; 3 : renchérit ; 4 : s'accordent à dire ; 5 : expliquent ; 6 : s'en prend ; 7 : condamner ; 8 : regrette-t-il ; 9 : souligne ; 10 : précise.

### exercice 9 page 353

Plan complet
Partie 1 : La chanson est un miroir déformant.
- Des thèmes sont surreprésentés. Dans la chanson de variétés : les aspirations à l'amour, au bonheur, à l'amitié, des thèmes comme les relations homme / femme. Dans le rap, la priorité est donnée à certains thèmes sociaux et politiques.
- Des thèmes sont sous-représentés. La chanson « art et essai » reste confidentielle. Le monde du travail est absent.

Partie 2 : L'explication du phénomène.
- C'est une industrie qui obéit aux lois du marketing.
- Elle reflète du rêve, des aspirations, déformant par nature la réalité.

### exercice 10 page 354

**1.** Mots clés :
- Le monde : ce qui est extérieur à l'individu, la société, les autres.
- Dialogue : échange et communication
- Isolement de l'individu : repli sur soi.

**2.** Reformulation : Est-il vrai que la lecture de la presse oblige le lecteur à sortir de son repli sur soi en lui permettant d'échanger avec la société ?

### exercice 11 page 354

La problématique 1 est acceptable car elle est la plus large. La 2 est erronée, la 3 est incomplète.

### exercice 12 page 354

Idées proposées : 1. La parité est loin d'être acquise sur le plan politique. 2. Les carrières professionnelles des femmes sont, en moyenne, inférieures à celles des hommes. 3. Leur salaire est inférieur. 4. L'image de la femme est souvent confinée dans des stéréotypes : la mère, la ménagère, la femme objet.

### exercice 13 page 354

**1.** On apprend la vie dans les livres parce qu'ils nous guident, nous éclairent, nous instruisent. (1) Parce qu'ils nous enrichissent puisqu'ils nous font vivre par procuration des situations inédites, étrangères à notre expérience. (2)

**2.** On apprend la vie dans la vie et pas dans les livres : parce qu'être dans le réel oblige à se confronter à la vie, ce qui est plus formateur qu'être dans la fiction. (1)
Parce que les livres peuvent créer des illusions en étant trop loin de la vérité. (2)

### exercice 14 page 354

**1.** Point de vue choisi : il faut pouvoir contrôler la science, tout ce qui peut être fait ne doit pas nécessairement l'être.

**2.** Arguments : 2, 3 ; 4.

### exercice 15 page 354

[On peut objecter à Jules Renard que ] la nature, la vie, l'histoire sont différentes ailleurs (8). [En outre] le voyage transforme le voyageur en lui faisant vivre des sensations nouvelles, des rencontres intéressantes (1). [D'ailleurs] le voyage permet de relativiser son sort, de se rendre compte de ses privilèges. [Enfin] le voyage permet de retrouver avec bonheur ses racines (4).

### exercice 16 page 355

La science-fiction prévoit .... sociétés. (partie 1) Bien au contraire ..... riche. (Partie 2) Elle laisse ..... totalitaires (partie 3) À moins que tout finisse plus rapidement, dans une ultime explosion... (Chute)

### exercice 17 page 355

...en organisant la coopération entre usagers [C'est ainsi que des étudiants bricoleurs ont mis au point les systèmes p2p qui ont lancé l'usage du haut débit sur Internet].... en imposant de nouveaux standards [comme en témoigne l'exemple du wi-fi].
Certains logiciels libres, tels Open Office, ou Firefox...] illustrent les performances de ces innovations ascendantes.

### exercice 18 page 355

Le caractère imprévisible de la science oblige maintenant à une grande rigueur morale. Ce n'est pas simple : l'argument de la concurrence pousse les chercheurs à poursuivre leurs travaux, malgré leur aspect problématique. Ils peuvent être tentés de nier leur responsabilité propre en renvoyant la question éthique à l'extérieur des laboratoires : ils font leur travail, c'est à la société de se débrouiller avec leurs découvertes ! Pourtant la direction prise par la science oblige à poser fermement la question de la responsabilité morale des scientifiques.

### exercice 19 page 355

**1.** Termes d'articulation : C'est pourquoi ; mais en même temps ; D'ailleurs ; Et ; Comment.

**2.** Marques d'implication : Il est certain ; semble ; qui ne peut que ; incontournable ; C'est tant mieux ; Comment ne pas voir là un progrès ?
On peut observer le jeu des connotations qui montrent l'affrontement des valeurs. Des mots comme « effacement, difficultés ; brouillent ; délits ; crimes ; despotes » ont des connotations négatives. Au contraire des mots tels que « transparence ; moralisation ; justice ; droits de l'homme ; progrès ; droit » sont positifs.

### exercice 20 page 355

Étape 1 : présentation du sujet : phrases 1 et 2.
Étape 2 : présentation du point de vue qui sera soutenu : phrases 3 et 4.

# PRÉSENTATION DE L'ÉPREUVE

## Comment se présente l'épreuve ?

### 1 Objectifs, durée et coefficient

Elle comprend deux parties : une synthèse de documents, notée sur 40, et un sujet d'écriture personnelle, noté sur 20. L'arrêté du 17/01/2005 précise les modalités de l'épreuve ponctuelle, mais aussi du contrôle en cours de formation, qui concerne certains BTS. Il est consultable en ligne sur le site : http://education.gouv.fr/bo/2005/7/mens0402812A.htm

**L'épreuve dure 4 heures et se voit appliquer un coefficient 3.**

### 2 Les critères d'évaluation

L'épreuve permet d'apprécier l'aptitude du candidat à :
- appréhender l'environnement économique, juridique et social et en percevoir l'évolution ;
- analyser une situation et poser un problème ;
- mener une réflexion et construire une argumentation.

Il est par ailleurs tenu compte de la pertinence de l'analyse, de la rigueur de la démarche, de l'exactitude des connaissances et de la logique du raisonnement.

## Les deux parties de l'épreuve

### 1 La synthèse de documents

**1.** Le dossier
Le dossier porte sur un des deux thèmes du programme. Il est constitué de trois à quatre documents choisis en référence à l'un des deux thèmes inscrits au programme de la deuxième année de BTS. Chaque document est daté et situé dans son contexte.
**2.** Les documents
Ils sont de nature différente. Ce sont des textes littéraires et/ou non littéraires, des documents iconographiques (par exemple une photographie, une reproduction de tableau, un dessin, une publicité, etc.) et /ou des tableaux statistiques.
**3.** Les normes de la synthèse
**a) La composition.** Elle doit rendre compte avec ordre (il y a un plan) et concision (elle va à l'essentiel) des documents qu'elle a confrontés à partir de la problématique proposée par le dossier.
**b) La confrontation.** Cela suppose d'utiliser chaque document dans le plus grand nombre possible de rubriques du plan. La juxtaposition d'analyses ou de résumés limités à un seul document est donc exclue. Le contenu des documents doit être reformulé.
**c) L'objectivité.** Le recours à des idées, arguments et exemples étrangers au dossier est interdit. Sa rédaction est objective, c'est-à-dire neutre.

### 2 L'écriture personnelle

**1.** Le sujet
Il demande au candidat de répondre à une question sur un thème en rapport avec le dossier de la synthèse. Par exemple si la synthèse portait sur le thème de la société de l'information et de la communication, il pourrait poser comme question : faut-il se réjouir de tout savoir ?
**2.** L'argumentation
La réponse du candidat suppose que le lecteur de la copie ait sous les yeux l'expression d'une pensée organisée : la réponse doit progresser depuis l'annonce du point de vue défendu jusqu'à sa conclusion. Elle argumente pour défendre une prise de position.
Il s'agit de convaincre par le choix des arguments et la qualité de leur formulation.
**3.** L'engagement personnel
Le terme «écriture personnelle» implique l'engagement « personnel » du candidat. L'usage de la première personne, le «je», est autorisé. On souhaite que le candidat puisse élaborer un point de vue personnel, à partir de ses lectures et de sa culture.

# ANGLAIS

***Cadre européen commun de référence pour les langues, niveau B2***



**Pour réviser le cours :**

# 1 COMPRENDRE UN DOCUMENT

**Vous devez être capable de comprendre rapidement un article : pour cela, développez des stratégies de lecture rapide à utiliser systématiquement.**

## 1 Identifier le document

- Regardez d'abord les éléments susceptibles de vous aider : sources du document, date de publication, type de publication, ainsi que les illustrations s'il y en a, ou graphique.
- Repérez le nombre de paragraphes. Un article bien écrit respecte la règle « une idée par paragraphe, un paragraphe par idée ».
- Ne vous concentrez pas sur les mots que vous ignorez : identifiez avant tout les mots-clés de chaque paragraphe, qui peuvent être dans le titre.

Structures à connaître : *This article is about / concerns / deals with / raises the issue of...*

## 2 Analyser le document

Un article de presse est construit de la manière suivante :

**a) le titre/*headline*** (et un éventuel **sous-titre/*subhead***)

**b) le premier paragraphe** qui peut avoir deux fonctions différentes :

- l'introduction du sujet ; dans ce cas, il comporte l'essentiel des informations dans ce qu'on appelle une *topic sentence* (*topic* : sujet abordé) ; cette phrase résume ce qui va être développé ou commenté dans le reste de l'article ;
- un exemple qui illustre le sujet abordé dans l'article.

**c) le reste de l'article** qui apporte des précisions et complète l'information.

## 3 Questionner le document

Il faut lire en posant des questions pour que le document révèle les informations qu'il contient.

- **De quoi** parle-t-il ?
- **Quand** et **où** cela s'est-il passé ? **Depuis** quand ? **Jusqu'à** quand ?
- **Qui** est concerné ?
- **Pourquoi** et **comment** cette situation / ce problème s'est développé(e) / a évolué ?

Repérez les phrases de l'article qui répondent aux questions en *Wh-* : *Who? What? Where? When? Why?* avec un surligneur de couleur différente pour chacune de ces questions.

**EXEMPLE**

**Starbucks[1] turns to TV to perk up sales**

Starbucks[2] will today launch its first national advertising campaign[3] on American[4] television[3] as the country's caffeine addicts[2] desert a chain which in some American cities seems to have an outlet on every corner[5].

The Seattle-based company last night revealed that the number of coffees and pastries sold in its home market over the last three months fell for the first time[6] since it started giving out sales data three years ago.

Wall Street analysts have been voicing reservations about the company's rapid expansion, suggesting that the market has become saturated[6] and Starbucks has overreached itself as it aims for 40,000 stores worldwide. The company admitted yesterday that it will open a hundred fewer stores next year than it had originally projected.

Starbucks has been hit by a combination of rising raw material costs, which has forced it to raise prices, and a drop in consumer confidence[6], which has made its expensive coffee a little less alluring. The company increased prices over the summer but pricing pressures are continuing – milk prices, for instance, have increased more than 60% since the start of the year.

Starbucks also faces increasing competition[6] from fast food companies such as McDonald's who are moving into the hot beverages market as their core "burgers 'n' fries" offerings come under increasing attack from pressure groups who accuse them of being unhealthy. In a conference call with analysts on Tuesday, McDonald's US president Don Thompson said the company plans to improve its drinks line-up. "Beverages promise to bring a whole new set of customers to McDonald's," he said.

Adapted from *The Guardian*, November 16, 2007[7]

1. Nom de l'entreprise concernée.
2. On peut répondre à *Who? (Starbucks, coffee chain).*
3. On peut répondre à *What? (first advertising campaign on US TV).*
4. On peut répondre à *Where? (the USA).*
5. Premier paragraphe : *topic sentence.*
6. On peut répondre en partie à *Why?.*
7. Source : publication, date.

## 4 Analyse du contenu

| | Idée | Mots clés |
|---|---|---|
| 1 | Exposition du problème | - first national advertising campaign on American television<br>- caffeine addicts are deserting<br>- an outlet on every corner |
| 2 | Résultats en baisse | - Seattle-based<br>- number of coffees and pastries sold fell for the first time |
| 3 | Saturation du marché | - reservations about the company's rapid expansion<br>- market saturated |
| 4 | Questions de prix | - rising raw material costs > raise prices / expensive coffee<br>- drop in consumer confidence |
| 5 | Concurrence | increasing competition from fast food companies |

## 5 Amorce de restitution

This article, which was published in *The Guardian* in November 2007, reports on Starbucks' disappointing results which have pushed the coffee chain to launch its first national advertising TV campaign in the US. As a matter of fact, the company results have declined due to various factors. First of all, the company may have opened too many outlets, thus entailing market saturation...

# 2 PRÉSENTER UN DOCUMENT À L'ORAL

**Généralement, un oral se déroule en deux temps : d'abord, la présentation d'un document préparé, puis un entretien avec l'examinateur.**

## 1 Pendant la préparation

### 1. Prenez des repères

Vous pouvez numéroter les paragraphes d'un article, noter du lexique à ne pas oublier, surligner d'une ou plusieurs couleurs les mots-clés (nom de l'entreprise, stratégie, pays, etc.).

### 2. Préparez les moments-clés

Rédigez un passage de votre introduction ou de votre conclusion, qui sont des moments importants.
Réfléchissez avec soin aux articulations (transitions, annonce du plan, etc.).

## 2 L'introduction

### 1. Identifiez le document

a) Origine : *This article was published in..., This document dated / comes from...*
Le nom de l'auteur n'a pas d'intérêt, sauf s'il est impliqué (chef d'entreprise, DRH, etc.) ou célèbre (personnalité politique, économique, acteur, etc.).
b) Date : le contexte donne du sens, par exemple s'il s'agit d'une date spéciale. Pour indiquer le mois, utilisez la préposition ***in*** : *This article was published **in May 2008**.*
Pour le jour, utilisez ***on*** : *This article was published on **22 May 2008**.*
Attention : on dit à haute voix *on the twenty-second of May* même si on voit *May 22* (ou *22 May*) à l'écrit.

### 2. Exprimez l'idée générale

*The article deals with / reports on / studies...*
*This article tackles a controversial / topical issue, that of...*

## 3 Le plan

Proposez un plan logique après l'introduction : les raisons avant les conséquences, le passé avant l'avenir, etc.
*In the first part / Firstly / To begin with...*
*In the second part / Then...*
Utilisez des mots de liaison. N'hésitez pas à marquer une légère pause entre les parties.

## 4 Le développement

Reformulez avec des synonymes. Par exemple, pour parler d'une entreprise, vous pouvez varier : *firm, company, business, start-up, store, outlet, venture* ; pour une augmentation : *grow, increase, rise, soar, skyrocket...*

## 5 La conclusion et l'ouverture

Concluez : *In a word / To conclude...*
Rappelez les idées clés de votre exposé, puis lancez des pistes afin d'ouvrir le débat dans le sens que vous estimez opportun.

## 6 Savoir communiquer

- Attention à l'intonation : montante lors d'une énumération, descendante en fin de phrase, montante pour les questions en oui/non, etc.
- Levez les yeux : vos notes sont un tremplin pour l'expression, pas un texte que vous lisez.
- Si on vous demande de lire un passage, votre lecture doit montrer que vous comprenez ce que vous lisez. Respectez les accents de mot et de phrase.
- Si vous citez le document, précisez où se trouve la citation.
- Si vous ne comprenez pas une question du jury, demandez-lui poliment de répéter : *I'm afraid I didn't understand, could you repeat, please?*
- Montrez-vous souriant(e), naturel(le), et terminez en prenant poliment congé.

**EXEMPLE**

**Wal-Mart[1] gives online[2] shoppers Thanksgiving[3] deals[4]**

Wal-Mart Stores[1] on Monday unveiled Thanksgiving* holiday sales plans that focus heavily on its website[2] to publicize its discount prices[4].

The world's largest retailer[1] has said it would post online-only deals on the website on Thanksgiving[3], which can be purchased the same day.

On Monday, it revealed some of those deals. For example, it will offer a Zune 30 gigabyte MP3 video player for $98.87, which it says is about 25% off[4], and a Garmin Nuvi 650 Portable global positioning system for $298.87, a savings of more than 30%[4].

Wal-Mart also said Monday that it will post special "secret" deals[4] on its website on Thanksgiving Day that can then be purchased in stores on Friday[3], which kicks off the holiday shopping season. Those "secret" deals are not published in its advertising circulars.

The online push[4] comes as Wal-Mart works to incorporate its website more closely with its stores[5], and boost lagging sales in the United States[5].

This year, it rolled out a "Site-to-Store" program[4], which allows customers to order products on the website and have them shipped to a local Wal-Mart store for free. When the merchandise is picked up, Wal-Mart said customers wind up spending more money in the store[5].
In an interview earlier this month, Walmart.com CEO Raul Vazquez said that while overall U.S. online holiday sales this year are expected to rise about 20%, the site's sales should jump 40% to 60%.

Adapted from *USA Today*, November 20, 2007

* Thanksgiving: *an annual one-day holiday celebrated on the fourth Thursday of November.*

1. *Who?*
2. *Where?*
3. *When?*
4. *What?*
5. *Why?*

# 3 RÉSUMER UN ARTICLE

**➔ Un résumé peut être demandé à partir d'articles écrits en anglais (résumé à rédiger en anglais ou en français) ou en français (résumé à rédiger en anglais). Attention à ne pas vous tromper de langue !**

## 1 Définition du résumé

C'est la réduction objective d'un document, en général au tiers de sa longueur.

### 1. Restez neutre

Ne prenez aucun recul. Limitez les exemples à ceux qui sont indispensables à la compréhension.

### 2. Respectez l'ordre

Suivez l'ordre des paragraphes. N'ajoutez ni introduction ni conclusion. Ne citez pas les sources du document, mais soyez vigilant : la date peut donner du sens à l'article.

## 2 Le contenu de l'article

### 1. Numérotez les paragraphes

Cette numérotation vous aidera à respecter l'ordre en vue de votre résumé.

### 2. Identifiez le thème de l'article

Lisez l'article une fois pour trouver son thème général.

### 3. Travaillez sur le titre (le sous-titre et le premier paragraphe)

a) Repérez les mots clés du titre. Si vous ne le comprenez pas, passez au sous-titre, s'il y en a un, ou au début de l'article (*topic sentence*).
b) Posez-vous les questions en *Wh-*.

### 4. Recherchez les idées principales

Établissez une liste paragraphe par paragraphe. Pensez que vous êtes limité dans le nombre de mots : il faudra éliminer tout ce qui n'est pas essentiel.

## 3 La recherche de lexique

### 1. Vous devez résumer en anglais (à partir d'un article en anglais ou en français)

Cherchez des synonymes ou des équivalents pour les mots et expressions clés de l'article, afin de ne pas paraphraser l'article (ne pas le répéter à l'identique) quand vous rédigerez.

### 2. Vous devez résumer en français (à partir d'un article en anglais)

Concentrez-vous sur les mots à utiliser, le vocabulaire spécifique que vous devez connaître. Attention au nombre de mots demandés : ne traduisez pas l'article mot à mot ! Vous devez trouver des équivalents plus brefs.

## 4 La rédaction

- N'oubliez pas les mots de liaison qui doivent articuler ce que vous écrivez.
- Pensez à indiquer le nombre de mots utilisés en fin de travail.

## 5 La relecture

### 1. Soyez fidèle à l'article

a) Demandez-vous si votre résumé est fidèle à l'article proposé : si quelqu'un le lit, aura-t-il une idée exacte du contenu de l'article ?
b) Vérifiez que vous avez évité la paraphrase et que vous n'avez pas recopié de phrases de l'article.

### 2. Utilisez une langue de qualité

a) Si vous deviez rédiger en anglais, consacrez une relecture aux erreurs fréquentes : formes verbales (prétérit, *present perfect*, *s* à la 3e personne du singulier du présent simple, etc.), comparatifs et superlatifs, etc.
b) Si vous deviez rédiger en français, vérifiez l'orthographe, ainsi que les temps et les accords des verbes.

**EXEMPLE**

**China takes action on toy safety**

China has made "considerable progress" in improving the safety of the toys it exports, a European Commission report has found.

Millions of Chinese-made toys were recalled this year, amid concerns about lead levels and loose magnets. Chinese authorities fully investigated 184 cases of dangerous products over the last three months, compared with 84 cases in two previous reports.

In 43% of cases, "corrective measures" were taken, in some cases stopping the export of the unsafe products. In Guangdong province alone – where most Chinese toys are made – more than 750 toy manufacturers have had their export certificates suspended or revoked. A further 690 firms have been ordered to improve their factories and product quality.

Many toys have been recalled because of dangerous magnets, which are increasingly strong and detach more easily from toys than in the past. New warnings are needed on toys, said the Commission, which will draft "appropriate warnings about the dangers of magnets in toys". The Commission also promised to agree to a "safety pact" – between manufacturers, retailers and importers – in 2008 to rebuild consumer confidence.

The toy recall earlier this year rattled confidence in the "Made in China" brand. Roughly 80% of the toys sold in Europe come from China and analysts feared that China's economy has grown so rapidly over the past two decades that addressing safety would take a long time. But while progress still needs to be made, the news may help to reassure European consumers and importers that China takes product safety seriously.

"China has made important efforts to improve the quality of its exported toys," Foreign Ministry spokesman Liu Jianchao said on Thursday. "I believe Chinese products, including toys, will continue to be liked by consumers around the world. I wish children around the world a safe and happy Christmas and I hope Chinese-made toys can bring them joy."

Adapted from *BBC News*, November 22, 2007

Les idées principales sont en tramé dans le texte. Elles servent de base pour le résumé.

ANGLAIS

# 4 RENDRE COMPTE D'UN ARTICLE

**Comme pour le résumé, un compte rendu peut être demandé à partir d'articles écrits en anglais (résumé à rédiger en anglais ou en français) ou en français (résumé à rédiger en anglais).**

## 1 Définition du compte rendu

Un compte rendu est la restitution construite d'un document, en général au tiers. Contrairement au résumé, il doit être structuré en parties organisées.
On attend également les sources du document dans l'introduction et un rapide commentaire personnel dans la conclusion.

## 2 Le contenu de l'article

**(Voir fiche 3)**

- Quand vous avez identifié l'idée principale de l'article, formulez-la par écrit, dans la langue demandée pour le compte rendu.
- Après avoir repéré des informations paragraphe par paragraphe, regroupez-les en fonction d'un plan logique en vous basant sur les idées essentielles (réponses aux questions en *Wh-*). Pensez à la logique : traitez d'abord les causes puis les conséquences ; le passé puis l'avenir et les projets ; les perspectives puis leurs limites.

## 3 La rédaction

Si vous devez rédiger un compte rendu en anglais, cherchez des synonymes pour les mots et expressions clés de l'article, afin de ne pas paraphraser l'article.
Attention au nombre de mots demandés : vous devez trouver des équivalents plus brefs sans oublier les mots de liaison qui articulent les idées. Pensez à indiquer le nombre de mots utilisés en fin de travail.

## 4 La relecture

**(Voir fiche 3)**

**EXEMPLE**

**BP to sell off US convenience stores**

BP is selling its last batch of forecourt convenience stores in the US as part of its new strategy to streamline operations.

The energy giant plans to sell more than 700 sites, employing 9,500 staff, to franchisees and jobbers – companies that purchase large quantities of fuel from a refiner for distribution to petrol stations. Currently, 95 per cent of BP's 13,000 US retail sites are operated by independent businesspeople.

The sales mark an early move by BP's new chief executive Tony Hayward to simplify the company in an attempt to return it to profitability. The move, which will be completed over the next two years, will not affect the sale of BP and the BP-owned Arco branded fuel, which will continue to be marketed by franchisees under 20-year agreements with the company. The operation will be supported by field staff and a small head office in La Palma, California. BP's Chicago-based US Convenience Retail office will be wound up and, as announced last month, the company will bring its entire convenience store operation under one brand – am/pm. The brand, which came to BP as part of its acquisition of Arco in 2000, is widely recognised in the western United States.

Fiona MacLeod, the president of BP US Convenience Retail, said: "The brand has a 30-year track record... and has seen very positive results east of the Rockies based on the value that franchisees bring to the business."

In a statement, the company revealed that the changes will eliminate 9,500 store and 350 business support posts. The move will also affect about 100 employees from BP's Pipelines and Logistics Unit. "We know that these changes will be very difficult for our employees, and we are putting measures in place to assist affected business support staff, including job placement assistance," said Ms MacLeod said. "It's been our experience that the majority of convenience store employees are retained by the new owners."

In *The Independent*, November 17, 2007

## 5 Proposition de plan à partir des idées principales (en tramé dans l'article)

### 1. Facts

- BP is selling more than 700 sites, employing 9,500 staff.
- Currently: 95% of BP's 13,000 US retail sites are operated by independent businesspeople.

### 2. Reasons

- New strategy to streamline operations – simplify the company – return it to profitability
- The company will bring its entire convenience store operation under one brand – am/pm. The brand, which came to BP as part of its acquisition of Arco in 2000, is widely recognised in the western United States. "The brand has a 30-year track record... and has seen very positive results..."

### 3. Consequences

- The changes will eliminate 9,500 store and 350 business support posts.
- Will be very difficult for employees – measures to assist including job placement assistance. "The majority of convenience store employees are retained by the new owners."

# 5 TRADUIRE

**Votre traduction doit montrer votre compréhension du texte anglais ainsi que votre maîtrise du français.**

## 1 Préparation

- Lire le document en entier pour situer le passage à traduire dans un contexte et éviter de gros contresens.
- Veiller au ton (informatif, polémique, etc.) et au niveau de langue (familier, formel, etc.)
- Repérer le passage à traduire.
- Identifier mots de liaison, formes verbales et ponctuation.

## 2 Résoudre les problèmes

### 1. Les mots inconnus

Le contexte permet souvent d'en approcher le sens. Analysez la fonction du mot (verbe, nom, etc. ?). Repérez à qui/quoi les pronoms (*it*, *he*, etc.) font référence.

### 2. Les mots composés

Traduisez en commençant par le dernier mot puis remontez vers la gauche.
> *the greatest house price* ***boom*** *(of all time)* : la plus grande **augmentation** de prix de l'immobilier (de tous les temps)

### 3. Le dictionnaire

N'en abusez pas (vous perdriez un temps précieux). Quand vous l'ouvrez, vérifiez tous les sens du mot sans vous arrêter au premier.

## 3 Connaître les procédés de traduction

### 1. La traduction mot à mot

C'est la plus simple et la plus fidèle au texte de départ. Utilisez-la chaque fois que vous le pouvez.
> *Two things will determine how long east Europeans stay.* Deux choses vont déterminer combien de temps les Européens de l'Est vont rester.

### 2. L'emprunt

a) Certains mots sont entrés dans la langue française : senior, week-end... (parfois orthographiés différemment : *weekend* s'écrit sans trait d'union en anglais).
b) N'abusez pas des emprunts à l'anglais.
> *boom* : augmentation

c) Vérifiez la signification des abréviations : il peut exister un équivalent en français.
> *EBRD (European Bank for Reconstruction and Development)* : BERD (Banque...)

### 3. La transposition

On change la catégorie grammaticale du mot que l'on traduit. Ainsi, un adjectif ou un verbe peuvent devenir un nom, etc.
> *The economy of Poland is growing at about 6.5% this year* : La Pologne a une croissance économique d'environ 6 % cette année.

Le nom *economy* est traduit par un adjectif ; le verbe *grow* est traduit par un nom.

### 4. L'étoffement

Il faut développer la traduction pour traduire toutes les informations : c'est souvent le cas des prépositions.
> *the political row* ***over*** *the levels of immigration* ***into*** *Britain, particularly* ***from*** *Eastern Europe* : les querelles politiques au sujet des immigrants qui pénètrent en Grande-Bretagne, notamment en provenance de l'Europe de l'Est.

### 5 L'équivalence

On l'utilise pour des expressions idiomatiques ou les proverbes. Par exemple, on ne peut pas toujours traduire *home* par « maison ».
> *the jobs available here and the jobs available back* ***home*** : les emplois disponibles ici et les emplois disponibles **chez eux**.

## 4 La rédaction

À ne pas faire :
- Expliquer ce que vous traduisez.
- Proposer plusieurs traductions (vous devez choisir).
- Laisser des blancs.

Relisez-vous : vérifiez que votre traduction a un sens, et la qualité de votre français (orthographe, grammaire).

**EXEMPLE**

**Imagine: a shortage of Polish plumbers**

Just as the political row over the levels of immigration into Britain, particularly from Eastern Europe, reaches new highs, economic indications are starting to suggest the panic may be overdone.

It just might be that in 10 years' time people will be grumbling that they can't get a Polish plumber any more and are having to pay an unreliable British workman a lot more to do the same job.

That might sound daft, given government figures showing more than a million immigrants have arrived in the past decade. Two things will determine how long east Europeans stay: the jobs available here and the jobs available back home.

Britain, as we know, has just been through the greatest house price boom of all time. This has created lots of jobs on the big construction sites and house renovation.

But the commercial property bubble has already burst. This could soon mean a fall in the number of jobs in areas where many eastern European workers have gone in recent years. But just as important is what's happening in the economies of Eastern Europe.

Late last week the European Bank for Reconstruction and Development (EBRD) released its annual "Transition Report". The region, the report predicted, will enjoy record economic growth this year of 7% and only slightly less in 2008. The economy of Poland, easily the biggest country by population in Eastern Europe with 38 million people, is growing at about 6.5% this year, more than double the pace of the UK.

Adapted from *The Guardian*, November 12, 2007

Les points de traduction développés dans la page sont en tramé dans le texte.

# 6 RÉPONDRE À DES QUESTIONS

➔ Vous pouvez avoir à rédiger des réponses à des questions. Le support de départ peut être en français ou en anglais, mais les questions (et les réponses que vous devez apporter) sont toujours en anglais.
Le nombre de mots à utiliser est indiqué, généralement avec une marge de +/- 10 %.

## 1 La nature des questions

- Certaines questions portent sur le(s) document(s) étudié(s) : relisez-le(s) après vous être imprégné des questions et surlignez ce qui vous semble pertinent en utilisant une couleur pour chaque question.
- D'autres sont plus générales : puisez dans votre expérience et vos connaissances (cours et lexique spécialisé).

## 2 La qualité des réponses

### 1. Un plan simple

Il vous permet de mettre différents arguments en avant : les divers aspects d'une stratégie, les raisons d'un problème, les solutions, etc.

### 2. Le lexique

Pour les questions qui portent sur le(s) document(s) étudié(s) :
- s'ils sont en anglais : recherchez des synonymes pour éviter la paraphrase ;
- s'ils sont en français : traduisez les mots et expressions clés.

### 3. La richesse de l'expression

Commencez par des phrases simples puis ajoutez un adjectif, un adverbe, une subordonnée, etc.

## 3 La relecture

- Pour les questions sur le(s) document(s) étudié(s), vérifiez que vous n'avez pas utilisé de passages qui seraient hors sujet ou paraphrasés.
- Prêtez attention aux erreurs fréquentes : formes verbales, quantificateurs, comparaisons, etc.
- Indiquez le nombre de mots utilisés.

**EXEMPLE**

**Retailers perk up websites**

**Online retailers have been working overtime to improve their websites in time for the holiday shopping season. While most of the upgrades should make shopping go more smoothly, the ease of shopping online can make the Internet particularly problematic for those with a tendency to spend too much.**

**Websites' efforts**

**1. Discourage shopping cart abandonment**

When people park their shopping carts without checking out, the site may have lost a sale simply because someone ran out of shopping time. Or the cart could have been abandoned because the shopper had second thoughts about spending the money. Kurt Peters, editor in chief of *Internet Retailer*, says frustration over back buttons that don't take you back to where you were before the shopping cart can cause some people to give up.

Sites have now made it possible to see your shopping cart without leaving the product page. Electronics website Etronics.com has launched a feature that pops up a "live chat" window after a consumer hesitates for more than a minute during checkout. An online operator asks if there's anything you need help with.

**2. Streamline checkout processes**

Online retailers want "to make checkout as easy as possible," says Peters.

RugSale.com, which reduced the number of pages consumers needed to view before paying, cut the cart-abandonment rate from 65% to 45% and increased the average purchase by 21%. Other sites are following Amazon.com's lead and offering versions of one-click buying, which can be a boon to time-pressed shoppers.

**3. Put reviews and price comparisons on the product page**

Putting reviews on the same page as the product reduces the risk consumers will click once more and leave the site.

**4. Remind consumers about earlier searches**

Some retailers will e-mail consumers to remind them of searches they've made. It's a tactic some retailers worry may be too "Big Brotherish." Other sites will remind you of earlier searches when you log back in.

Adapted from *USA TODAY*, November 18, 2007

## 4 Exemples de questions

**1. Why is November a key time for online retailers to improve their sites? (50 words +/- 10%)**

**2. What steps are they taking to make consumers spend more money? (80 words +/- 10%)**

**1.** November is the beginning of the holiday season, when most shoppers look for Christmas gifts. Many people are time-pressed, and shopping on the Internet enables them not to waste time and to purchase what they want at any time on any day. Therefore it is best for retailers to upgrade their sites before this crucial spending period. *(57 words)*

**2.** With internet shopping developing, retailers have gained know-how about how to lure consumers into spending more. Some have made it possible for shoppers to access their cart while browsing the products in order to reduce the time spent before they check out. Others offer comparisons on the product page to make information readily available and to make people remain on the site. Others have reduced the number of pages to go through before payment while some even have pop-up operators who interfere when shoppers hesitate! *(85 words)*

# 7 LES GRAPHIQUES, DIAGRAMMES OU TABLEAUX

**Vous pouvez avoir à commenter un graphique, inclus à un article ou non. Suivez un plan qui va de la description à l'interprétation. Utiliser le lexique adapté est indispensable.**

## 1 Décrire

Identifiez le document : définissez sa source, son objet, la date et le contexte géographique ou social.
> *This chart covers the period from... to...*
*it measures...*
*it traces the growth of...*

**Words**

*pie chart:* camembert
*line-chart, flow chart:* courbe
*graph/chart:* graphique
*bar chart:* histogramme
*organisation chart:* organigramme
*per capita:* par personne
*percentage:* pourcentage
*statistics:* statistiques
*table:* tableau

## 2 Donner du sens

Les chiffres ou pourcentages donnés aboutissent à des constatations sur une tendance (*trend, tendency*) et des évolutions.

**Words**

*rise, increase, go up, climb:* augmenter
*reach a peak, peak, climax:* atteindre un sommet
*skyrocket:* monter en flèche
*soar, jump:* s'envoler
*to pick up:* se redresser
*to top:* dépasser
*an increase, a rise, a climb, a jump, a boom, a growth:* une augmentation

*fall, decrease, go down:* diminuer
*drop:* chuter
*decline:* décliner
*plummet, plunge:* dégringoler
*nosedive, collapse:* s'effondrer
*reach a trough/a bottom low:* atteindre un creux
*a decrease, a decline, a fall, a drop:* une diminution

*stagnate, remain stable:* stagner
*level out/off:* atteindre un palier, se stabiliser
*fluctuate:* varier, fluctuer
*be level with:* être au même niveau que

### 1. Attention aux prépositions avec ces verbes

augmenter/diminuer de : *rise/fall by*
augmenter/diminuer de ... à ... : *rise/fall from ... to ...*
augmenter/diminuer jusqu'à : *rise/fall to*
se monter à : *stand at*
une augmentation/chute de : *rise/fall of*
fluctuer entre ... et ... : *fluctuate between ... and ...*

### 2. Nuancez les tendances avec des adjectifs ou des adverbes (en ajoutant *-ly* à l'adjectif)

brutal : *sharp*
en flèche : *steep*
important : *considerable, substantial*
léger : *slight, marginal*
petit à petit : *gradual*
régulier : *regular, steady (steadily)*
soudain : *sudden*
spectaculaire : *dramatic*

beaucoup : *a lot, a great deal*
environ : *approximately, roughly*

### 3. Utilisez des chiffres (voir Utilitaires, p. 379), des comparatifs et des superlatifs

*the highest/lowest figures*
*more/less... than...*
*were higher in... than in...*

### 4. Vous pouvez être amené à classer

*rank first, come last, an all-time high/low*, etc.
Les verbes utilisés sont en général au prétérit (passé daté et révolu), sauf si on décrit une tendance qui se poursuit au moment où l'on parle (dans ce cas là, on utilise le *present perfect*).
Attention aux prépositions
*sales rose by...*
*sales rose to...*
(cf. ci-dessus)

## 3 Interpréter

Mettez les données en perspective : les courbes et statistiques décrivent un phénomène mais n'en donnent pas l'analyse. C'est à vous de les interpréter et de nuancer.
*It seems to indicate...*
*Judging from...*
*It would/could mean that...*
Pour établir le lien entre les données et votre interprétation, utilisez des mots de liaison exprimant cause et conséquence ainsi que des formes passives.
> *The trend can be explained/accounted for/by...*

# 8 COMPANIES

➔ **They can be called companies, firms or corporations, ventures or businesses.**

## 1 The different types of companies

Multinational firms as well as small-and-medium-sized firms (SMFs) can belong to any category. The most common are:
- Public Limited Companies (PLC), quoted on the Stock Exchange
- Private Limited Companies (Ltd), not quoted

Two other types (less common):
- partnerships (run by more than one person)
- and Single Proprietorships (owned by one person).

## 2 Organization

Firms are organized in departments: Management, Finance and accounting, Human Resources, Marketing and Sales, Production, Customer Service, Research and Development, Information Technology, Purchasing. They appear in an organization chart.
In France, companies may have a workers' council. It implements perks and social and cultural benefits for the company's employees and their families.

## 3 Success

- Offering a good product or service: see "marketing mix", p. 371, **Marketing**.
- Managing efficiently: managers should be creative, innovative, know the sector. Communication skills are also required to obtain good work from staff.
- Caring about employees: wages, perks, benefits, vocational training and career opportunities.
- Communicating with customers: satisfaction, quality standards.

## 4 Corporate citizens

Today, companies care about their image and want to appear as corporate citizens. They have to show responsible attitudes towards the environment, working conditions, sustainable development, etc. They invest in pollution reduction programmes, energy saving measures, recycling projects, involvement in NGOs/charities, cultural and sports programs.
Companies are watched as far as community relations, employee relations, diversity and customer relations are concerned.

## 5 Company problems

### 1. Internal problems

- Poor management
- Financial problems: high overheads
- Distrust from shareholders
- Social unrest (strikes)
- Faulty products damage a company's image in the long term.
- An ill-adapted marketing strategy. As far as foreign markets are concerned, a company should pay attention to cultural differences (colour codes, brand/product names, etc.).

### 2. External problems

Competition and saturated markets force companies to remain competitive in today's global economy context. See p. 378, **Globalisation**. For example, American car manufacturers – General Motors Corporation, Ford Motor Company and DaimlerChrysler – have to compete with Toyota which has become the world's number one.
Deregulation (opening a whole sector to competition, for instance air travel) can also create problems. See p. 376, **Transport**.

## 6 Strategies

- Restructuring means cutting down on the workforce: companies can encourage early retirement, stop hiring, or make some employees redundant.
- Relocating or outsourcing production in cheap labour cost countries. See p. 368, **Work**, and p. 378, **Globalisation**.
- Update

Companies can retrain their staff, to increase the Research and Development (R&D) department, and update their equipment.
- Launch new products
- Adopt new forms of business

Merging, developing a franchising system, tapping new markets can help companies develop in new directions.

### The words of companies

*accounting:* comptabilité
*benefit:* avantage
*bottom line:* résultat financier
*company:* entreprise
*competition:* concurrence
*corporate:* d'entreprise
*factory:* usine
*global:* international, mondial
*headquarters:* siège social
*industry:* industrie, secteur
*invest:* investir
*manager:* directeur
*manufacture:* fabriquer
*operate:* gérer, exploiter
*partnership:* partenariat
*profit:* bénéfice
*profitability:* rentabilité
*skill:* compétence, savoir-faire
*stock exchange:* bourse
*strike (on):* grève (en)

# 9 WORK

➔ Since the 1980s, unemployment rates have varied but jobs are not as stable as before.

## 1 A brief history of work since WWII

### 1. Before

Employment and Welfare State policies over the Thirty Glorious Years (after 1945) improved workers' conditions with the help of trade unions. It was the job-for-life era: people did not change jobs. Benefits were guaranteed from "the cradle to the grave": paid holidays, sick/maternity leave, retirement/unemployment benefits, free health care, subsidized day-care/school lunches/housing and transports, retraining schemes.

### 2. Now

Profitability and cost are the key elements. Firms relocate in cheap-labour force countries (Asian sweatshops) or easy work regulations (Britain, Ireland). Call centres and customer services use outsourcing – employing people in foreign countries.

Mergers threaten jobs as they usually mean restructuring and streamlining. Shareholders expect profitable returns on investment.

## 2 The decline of trade unions

- There aren't as many workers as before: fewer manufacturing jobs, automation and relocation in cheap-labour force countries.
- Teleworking and temping make it harder for employees to organize.

## 3 What governments can do

- Allow companies to hire on fixed term contracts.
- Cut the amount of necessary red tape to create firms.
- Invest in training and longer studies: unskilled jobs are now automated or relocated abroad.
- Pass laws reducing the work week.
- Ban overtime and make it harder for companies to make employees redundant.
- Reduce benefits to cut costs.
- Increase benefits to boost consumption.

## 4 Temping and flexibility

- **Flexibility:** applying the just-in-time principle to employees who are hired when needed, and not otherwise.
- **Temping:** companies hire temporary workers for any period of time, under very short notice. The number of temps has increased dramatically.

But this is incompatible with corporate culture: surveys show companies using too many temps were more liable to become less profitable.

## 5 Teleworking and telecommuting

Thanks to new technology, more employees, called telecommuters or teleworkers, can work from their homes.

- **Pros:** saving time and money (transport, day care for young parents, etc.).
- **Cons:** isolation; difficulty in making a difference between private and working life; risk of longer hours; no team work.

## 6 Hot desking/virtual offices

Companies rent office space but their employees do not have a permanent office. Temporary work stations are equipped with computers and phone lines; the employees' files are ready to be used when they come.

- **Pro:** cut costs (expensive real estate in large cities).
- **Con:** loss of staff's comfort.

### The words of work

*apply (for):* poser sa candidature
*automation:* automatisation
*career:* carrière
*colleague:* collègue
*day off:* jour de congé
*dole (on the):* être au chômage
*employee:* employé
*employer:* employeur
*employment/job:* emploi
*extra hours:* heures supplémentaires
*fixed-term contract:* contrat à durée déterminée
*freelance:* travailleur indépendant
*full time:* temps complet
*hire:* embaucher
*income:* revenu
*jobless person:* chômeur
*joblessness:* chômage
*lay off/make someone redundant:* licencier
*nine-to-five job:* emploi de bureau
*odd job:* petit boulot
*part time:* temps partiel
*redundancy:* licenciement économique
*restructuring:* restructuration
*retirement:* retraite (condition)
*salary:* salaire
*self-employed:* à son compte
*skill:* compétence, savoir-faire
*team work:* travail d'équipe
*temping:* intérim, emploi précaire
*trainee:* stagiaire
*unemployment rate:* taux de chômage
*union:* syndicat
*workforce:* main d'œuvre
*workplace:* lieu de travail
*work placement:* stage en entreprise

# 10 CONSUMERS

➔ Mass consumption started in the US after WWII and in Europe in the 1960s.

## 1 The rise of consumerism

Since the 1960s, the average household's purchasing power has increased a lot. Women work more. New needs/products have appeared.

- People who bought one car now often buy two.
- Everyone owns household equipment (white goods/ kitchen appliances and brown goods (TV, hi-fi, etc.).
- Disposable products such as diapers, razors, pens, etc. cater to the needs of affluent, time-pressed consumers.
- Frozen and pre-cooked foods have become essential thanks to microwave ovens.

However, consumer organizations are trying to protect consumers and groups are in favour of "No Buying Day" – when consumers are encouraged not to buy anything.

## 2 Careful consumers

Consuming habits have changed over the past decade for various reasons.

- Less money: slumps, globalization, job flexibility and the end of the "job for life" (see page 368, **Work**).
- More information: consumers want the best quality-price ratio. They are more aware of issues such as sustainable development and fair trade.
- Consumer over-indebtedness: plastic money, numerous ATMs (automatic teller machines/cash dispensers), and loans targeting low-income households push people to spend too much.
- New technologies: people shop from home at all hours and compare prices. See p. 370, **Distribution**.

## 3 Targeting the grey market

- More seniors (increase in life expectancy).
- More affluent (retirement benefits).

Insurance, health, travel, leisure and sports companies now target seniors. Manufacturers try to offer easy-to-use equipment. Stores reinforce home deliveries and after sales services.

## 4 Targeting children and teenagers

They account for a huge market both as consumers (pocket money, gifts) and purchase influencers (cars, computers, homes).

**Products:**

- Snacks, sweets, soft drinks, junk food. Premixed drinks (sweet-tasting soda and alcohol) are sold in ready-to-drink packs. They are considered partly responsible for the dramatic increase in teenage binge drinking.
- CDs, DVDs, video games, clothes, mobile phones, MP3 readers, etc.

Companies offer the often under-equipped state schools equipment, or ready-made educational programs, if the children watch ads several minutes every day. Kellogg's (cereal) was among the first to penetrate schools.

## 5 Targeting single people

Single people include divorcees, single parents, widowers and bachelors.

A profitable market: they often work full time and enjoy more free time than married couples. They are the number one consumers of convenience and take-away food, outings (cinema, theatre, etc.) and travelling.

### The words of consumers

*affluent:* riche, aisé
*consume:* consommer
*consumer:* consommateur
*consumer advocacy:* défense des consommateurs
*consumer organization:* organisation de consommateurs
*consumer product:* produit/bien de consommation
*consumer protection:* protection des consommateurs
*consuming habit:* habitude de consommation
*consumption:* consommation
*controversial:* sujet à controverse
*convenience food:* plats tout préparés
*cost:* coût
*credit/debit card:* carte de crédit
*customer:* client
*diet:* régime
*fair trade:* commerce équitable
*frozen foods:* surgelés
*hard discounter:* magasin discount
*health:* santé
*high street:* rue commerçante
*household:* foyer
*indebted:* endetté
*insurance:* assurance
*kitchen appliances:* appareils ménagers
*leisure:* loisir
*microwave oven:* four à micro-ondes
*mass consumption:* consommation de masse
*middle-income:* à revenu moyen
*price:* prix
*purchase:* achat, acheter
*purchasing power:* pouvoir d'achat
*quality standard:* norme de qualité
*ready-made:* tout prêt
*sample:* échantillon
*shopping centre:* centre commercial
*slimming product:* produit minceur
*slump:* crise économique
*spend:* dépenser
*sustainable development:* développement durable
*take-away food:* nourriture à emporter
*target:* cibler
*terms of payment:* conditions de paiement
*well off:* riche, à l'aise financièrement

# 11 DISTRIBUTION

**Distributors act as middlemen between manufacturers and retailers: manufactured products are stored in warehouses, and then sold to retailers or directly to customers through various channels of distribution.**

## 1 "Brick and mortar" retailers

- **Specialist shops** sell one range of products: kitchen appliances, books, etc.
  They can belong to a franchise chain (Zara, Gap, etc.): a franchisee buys the right to operate a business and gives back a percentage of his turnover (royalties) to the franchisor. In exchange, the franchisee gets training, advertising, a brand name and reputation.
- **Licensed dealers** have the exclusive rights to sell some products, for instance cars.
- **Corner shops/convenience stores** are small shops located near homes (butcher's baker's, etc.) More expensive than supermarkets, they offer longer opening hours, shopping at walking distance and home deliveries – a help for senior citizens.
- **Department stores** opened in the 19th century (Harrods in London, Galeries Lafayette in Paris, Macy's in the USA). The first to offer different categories of products in one store, they went through a crisis in the 1980s but have managed to succeed again by targeting affluent customers with upscale ranges.

## 2 Superstores

A modern version of department stores, they appeared in the 1950s. Located in the suburbs, they offer long opening hours, free car parks that encourage one-stop shopping and cheap prices with a good quality-price ratio. Products targeting children (sweets, chocolate bars, etc.) are generally on display at the checkouts.

- **"Big-box stores"** (giant superstores) are located in suburban/rural areas. They look like huge rectangular boxes without windows. They can sell several ranges of products (Wal-Mart and Target), or specialize in a specific range of goods: furniture at Home Depot, or DIY (Do-It-Yourself) stores.
- **Malls/shopping centres** have become places of "retailtainment", where many people shop and have fun. Examples in Europe: Val d'Europe near Paris, Bluewater in Kent, England, Kaufhof in Berlin.
- **Factory outlets** sell end-of-range products at attractive prices.
- **Hard discounters** sell FMCGs at the lowest possible price without advertising or decoration and minimal staff. Famous names: Leader Price, Aldi, etc. See page 369, **Consumers**.

## 3 Vending machines

Vending machines are located in places attended by a lot of customers, travellers or passers-by (companies, stations, airports, etc.). They need no personnel, have no opening hours and offer on-the-spot delivery. Coke has 2.8 million machines worldwide.

## 4 Home shopping

- **Mail order**
  Mail order was first developed in the USA because of the distances between people and shops.
- **Online distribution** is replacing mail order. Many "click and mortar" retailers have developed a website to complete their distribution. Heavy, bulky goods – difficult to transport from supermarket to home – are favourite with fresh fruit and vegetables with a long shelf life, such as bananas.
  Some retailers are online only, such as Amazon. However, expensive delivery charges can deter customers. See page 373, **New technologies**.
- **TV/mobile shopping**
  Some products can be bought through mobile phones via a free number.
- **Door-to-door sales**
  Forbidden in many places, door-to-door selling is used for services such as insurance with an appointment.
- **Home parties**
  Products are displayed and sold in someone's house for friends and neighbours in a friendly atmosphere.

### The words of distribution

*convenience shop/store:* magasin de proximité
*home shopping:* achats depuis le domicile
*cash:* argent liquide
*channel of distribution:* canal de distribution
*deliver:* livrer
*direct selling:* vente directe
*display (on):* à l'étalage
*door-to-door:* porte à porte
*factory outlet:* magasin d'usine
*franchise:* franchise
*franchising:* système de franchise
*generics:* produits génériques
*hard discounter:* magasin discount
*licensed dealer:* revendeur agréé
*home party:* vente à domicile
*mail order:* vente par correspondance
*order:* commande, commander
*outlet/ point of sales:* point de vente
*place an order:* passer une commande
*quality price ratio:* rapport qualité-prix
*sales representative:* représentant commercial
*sell (sold, sold):* vendre
*shelf (pl.: shelves):* rayonnage
*shop/store:* magasin, boutique
*store (V):* avoir en stock
*supply:* fournir
*vending machine:* distributeur automatique
*wholesaler:* grossiste

## 1 Market research

Companies use market research:
- to identify producers, distributors, leaders and competitors.
- to understand demand/customers' habits.

They use desk study (statistics, etc.) or field study (direct contact, face-to-face or phone interviews).

## 2 Market segments

Groups of consumers who share the same needs and desires can be identified according to age-group, gender, income, etc.

## 3 The five Ps of the marketing mix

### 1. Product

- Fast-moving consumer goods (FMCGs): food, drinks, detergents, toiletries, etc. They do not remain long in shops.
- Durable goods/products: electrical/brown goods (TVs, computers), and white goods (refrigerators, dishwashers); clothes, CDs, phones, etc.
- Disposables are thrown away after use: nappies, paper tissues, pens, razors, cameras, etc.
- Services: insurance, financial products, travel, etc.

A product has a life, called its life cycle, with five stages: Introduction – Growth – Maturity – Saturation – Decline.

### 2. Price

Price must cover manufacturing costs and include a profit margin. It fluctuates with competition and demand, and works as an incentive for consumers.
Pricing strategies:
- Penetration pricing: entering the market with a low price to cover a larger market.
- Skimming pricing: entering the market with a high price (new product, no competitors).
- Critical point: offering a product for £9.99 instead of £10.
- Premium pricing: high price to add status to the product.
- Discounting: offering a lower price if customers buy in bulk or pay cash.

Seasonal sales take place in winter and in summer. Price cuts help companies get rid of stocks.

### 3. Place (see page 370, **Distribution**)

### 4. Promotion (see page 372, **Advertising**)

### 5. Packaging

Packaging contains a product. It indicates the ingredients on food products, and carries information (safety warnings, quality labels, instructions for use, etc.).
Packaging serves as a promotion tool and can boost sales. Companies targeting children make great packaging effort with most food products (snacks, sweets, cookies, drinks, etc.).
Yet, packaging also generates garbage and most packaging is recyclable today.
Packaging has a price, the price of packaging being taken into account in the retail price.

## 4 Marketing techniques

### 1. Customer loyalty

Companies must build customer loyalty as it is cheaper to keep old customers than to find new ones.
Today's customers are more money-conscious. They are less faithful to one brand or store. Loyalty cards allow customers to collect points and get free gifts, discounts, free air miles or vouchers. Customers appreciate loyalty schemes which also help companies build important data on consuming habits.

### 2. Customizing

Products and services are adapted to individual needs.

### 3. Direct marketing

Customers can be approached directly through direct personalized mail (or e-mails), phone-calls or reply coupons in leaflets or magazines.

### 4. Point of sale (POS) promotion

To encourage impulse buying, goods are displayed at eye-level or at strategic places (check-outs, or end displays) where customers are easily tempted.
Point of sale promotion informs customers through billboards or video screens. Music can be broadcast to create a pleasant atmosphere and encourage customers to spend more time in the store. Recently, some stores have also added perfume.

**The words of marketing**

*carry out market research:* faire une étude de marché
*competitor:* concurrent
*customer file:* fichier client
*discount price:* prix réduit
*disposable products/disposables:* produits jetables
*durable goods:* bien de consommation durables
*fast-moving consumer goods (FMCGs):* bien de consommation à rotation rapide
*field study:* étude sur le terrain
*impulse buying:* achat sur impulsion
*launching:* lancement
*loyalty card:* carte de fidélité
*market leader:* leader du/sur le marché
*market segment:* segment de marché
*market share:* part de marché
*niche:* créneau
*odd pricing:* prix psychologique
*packaging:* conditionnement, emballage
*point of sale (POS):* lieu de vente
*sales:* soldes, ventes
*study (V):* étudier
*supply and demand:* l'offre et la demande

# 13 ADVERTISING

➔ Advertising helps companies promote their products or brands.

## 1 The goals of an advertising campaign

- Informing consumers/convincing them to buy.
- Creating brand awareness and improving the companies' image.

## 2 Traditional advertising media

- Radio, TV and newspapers
- Posters and billboards (streets, buses, etc.)
- Advertising leaflets (sent or handed outside cinemas, etc.)
- Coupons and vouchers (food products, etc.)
- Endorsement by sportspeople and stars

**Pros**

- Massive audience
- Encouraging competition (which should reduce prices)
- Subsidizing TV channels, radio stations and newspapers
- Jobs

**Cons**

- High cost, especially peak TV/radio hours/prime time
- Difficulty of estimating the response rate
- Saturation: people see hundreds of advertisements.

## 3 New media

- Funny places, such as eggs, or sickness bags in airplanes
- Internet advertising with advertising banners on websites (making the free access of millions of internet users possible). See page 373, **New Technologies**. Some websites also use pop-up ads.
- Junk mail or spams, which have generated a lot of anti-spam software.
- Mobile phones: providers encourage their clients to send short text messages or to dial a special number in order to win gifts sponsored by companies. See page 373, **New Technologies**.

## 4 Indirect advertising

- **Packaging**

It should be user-friendly (sealable bags, etc.) and attractive, especially for products targeting children, for instance cereal. See page 371, **Marketing**.

- **Sponsoring**

It makes the companies' logos visible at sports events (the Super Bowl, the Olympics or the World Football Cup).

- **Targeting purchase influencers**

Ads target children who then act as purchase influencers with their parents or other adults. See page 369, **Consumers**.

- **Product placement**

Showing a branded product in a movie, TV show or video games reinforces brand awareness.

## 5 The rules of visual advertising

- An advertisement must be eye-catching.
- The bodycopy mustn't be too long, and it must be easy to read.
- The logo and the slogan must be visible.
- The catchphrase must be short, and preferably funny or teasing.

Some advertisers use more sophisticated, and sometimes controversial, communication techniques.

## 6 Regulations in advertising

- **Laws**

Various laws regulate advertising. In France advertising for tobacco has been banned since 1991 (Loi Evin). Ads for alcohol are banned on TV and the radio; they must obey strict rules on billboards and in the press, such as including a warning against the dangers of alcohol.

- **Advertising watchdogs**

The BVA in France, the ASA (Advertising Standards Authority) in Britain, The Federal Trade Commission Act (FTCA) in the US can decide whether an ad is ethically correct. Sexist/racist ads, or ads which are offensive towards religions or cultures, are often withdrawn.

Consumer pressure groups try to ban advertising targeting children in various countries (in Sweden and Greece, they are banned).

## 7 Awareness campaigns

Their goal is not to sell but to raise people's awareness on various issues:

- hunger, AIDS, war victims, poverty, refugees and natural disasters;
- drunk driving, smoking, unsafe sex, etc.

These campaigns often resort to shock tactics to attract the public's attention.

### The words of advertising

*ad/advert/advertisement:* pub/publicité
*advertise:* faire (de) la publicité
*advertising campaign:* campagne de publicité
*advertising space:* espace publicitaire
*advertising:* la publicité
*appeal to:* faire appel à, séduire / *attract:* attirer
*audience:* public
*billboard:* panneau d'affichage
*brand:* marque / *catchphrase:* accroche
*commercial:* spot publicitaire (radio ou télévision)
*design:* (V) concevoir ; conception
*eye-catching:* qui attire l'œil, accrocheur
*fad:* engouement, mode
*leaflet:* prospectus, dépliant
*prime time:* heures de grande écoute
*promote:* promouvoir / *sponsor:* sponsoriser
*slogan:* slogan

# 14 NEW TECHNOLOGIES

➔ Technology, especially the Internet, has transformed our everyday lives over the past two decades.

## 1 Everyday life

Our lives have been transformed with new technologies; for instance microwave ovens, PCs, e-mail, online shopping, remote controls, CCTV cameras...
Mobile phones have taken hold of people's lifestyles and are getting more and more sophisticated devices.

## 2 The boom of the internet

The idea of the Internet/the World Wide Web ("www") became well-known in the 1990s.

**1999** 80m Americans/200m connected people worldwide; 5m websites.
**2001** One in 6 people in North America and Europe use the Internet.
**2005** Over 80% of US companies sell online; 850m web pages.
**2006** 26.9m French people have Internet access.
**2007** 20% of the world population use the Internet (250% increase between 2000 and 2007).

## 3 Faster and easier to access

Internet access was limited by slow connections through phone lines. Broadband connections (ADSL) have allowed a much faster access and heavier files with images, music, games and videos. Fibre-optic wires allow even faster connections.
Wi-Fi provides wireless access to the Internet. Users can travel and remain connected and access points have been developed in cars and on trains.

## 4 Viruses, worms, Trojan horses and spam

Problems plague the Internet: worms (self-replicating computer programmes) and Trojan horses damage whole networks, and spam saturates email boxes.
Despite security programmes and anti-spam detectors, it is very difficult, if not impossible, to ensure 100% web safety.
"Phishing" (cracking credit card numbers) has become a serious issue.

## 5 Auction sites

The most famous online marketplace, eBay, has grown at a 31% rate each year since 2004. Millions of items are listed, bought and sold daily on auction through the Internet.
Anyone can sell anything as long as it is not illegal. Payment is considered safe thanks to PayPal, specialized in secure online payment worldwide.

## 6 Blogging, the expansion of a new fad

The word "blog" is a contraction of "Web log". Blogs use software such as WordPress or LiveJournal and can be hosted by dedicated blog hosting services.
Fifty million blogs worldwide were registered in July 2006, a figure which has been multiplied by one hundred in 3 years. Among them 20% were French. Politicians, parties and CEOs are increasingly using blogs as a free tool to be in direct contact with voters or consumers.

## 7 Online role playing games

Online video games with sophisticated software compete with video game consoles which are not designed to operate online yet.
People play, invest, work, have fun, learn, etc., with MORPGs (multiplayer online role playing games) such as *Second Life* (SL) or *World of Warcraft* (WOW).
Companies are also using the games as demo platforms to test their products or services virtually before releasing them on the real market, which is cheaper than advertising campaigns. NGOS (Non Governmental Organizations) do the same to raise funds.

## 8 Online music

In 2006, Google, the Internet search engine giant, bought YouTube for $1.65 billion. In the music industry Apple's iPod and musical firms such as EMI – which found a way to make money from digital music – changed the way people buy music. Nowadays, most companies (mobile providers, Tesco, Starbucks, etc.) offer online music services.

### The words of new technologies

*account:* compte
*broadband:* ADSL
*browse:* surfer
*click:* cliquer
*computer-aided:* assisté par ordinateur
*copy and paste:* copier-coller
*digital:* numérique
*download:* (N) téléchargement ; (V) télécharger
*email box:* (boîte de) messagerie
*file:* fichier
*hack:* pirater
*instant message:* SMS
*mobile/cell phone:* téléphone portable
*network:* réseau
*online:* en ligne
*password:* mot de passe
*search engine:* moteur de recherche
*service provider:* fournisseur d'accès
*software:* logiciel
*website:* site internet
*World Wide Web ("www"):* toile

# 15 THE ENVIRONMENT AND SUSTAINABLE DEVELOPMENT

➔ The environment has become a crucial issue in today's world, as human activity is generating pollution and has devastating effects, such as its impact on climate change.

## 1 Threatening figures

India's greenhouse-gas emissions could rise by 70% in 2025. The country's energy consumption rose by 208% from 1980 to 2001 although half the population still lacked access to electricity.
The increase in China's emissions from 2000 to 2030 will equal the increase from the whole industrialized world.

## 2 Global warming

Global warming is the increase in the average temperature of the air and oceans over the past 50 years. As polar ice is melting, sea levels rise, creating floods and droughts, hurricanes, heat waves and other "natural" disasters.
The Kyoto Protocol was ratified in 2005 by 144 nations. It sets mandatory targets for signatory nations; however, the world's two largest polluters, the USA and China, refused to sign the protocol. Al Gore raised the alarm about global warming in a 2006 documentary entitled *An Inconvenient Truth* and 218 mayors in 39 states launched the US Mayor's Climate Protection Agreement to meet Kyoto's original target (cutting greenhousegas emissions to 7% below the 1990 levels).

## 3 Water: a scarce resource

A major issue today is the looming shortage of water.
- Seventy per cent of all water supplies go to irrigation and cattle raising.
- Whole regions lack the minimum amount of water set by the United Nations (UN) (50 litres a day per person for drinking, cooking and sanitation).
- In developing countries, growing numbers of people have no access to clean water. It is often dirty and causes diseases.
- In industrialized countries millions of cubic metres of water are wasted on sanitation, private swimming pools, gardening and washing cars.

## 4 More consequences of human activity

- Deforestation
- Radioactivity (nuclear waste)
- Overpopulation: the earth population has grown from 1.65bn to 6.06bn people between 1900 and 2000 (UN figures).
- Urban sprawl: people crowd in cities where they live in appalling conditions.
- Intensive farming (overuse of pesticides and fertilizers, damaged soil and the risks of GMOs)
- Industrialization: massive air and sea pollution
- Extinct or endangered plant and animal species

## 5 Sustainable solutions

### 1. Water

- Drought-resistant plants
- Desalinisation and new technologies to clean water
- Drip or micro irrigation

### 2. The ozone layer

In 1978 scientists realized that there was a widening hole in the ozone layer above the poles, caused by the chlorofluorocarbons (CFCs) used in sprays and in refrigerating liquids in fridges and freezers. Drastic measures were taken, banning all forms of CFCs. The measures were efficient: in 2003 scientists observed that ozone depletion had stopped growing and was even declining.

### 3. Laws

In France, a 2006 law compels household appliances manufacturers to recycle old models whenever they sell a new one. A proportional eco-tax is included in the price of the product.

### 4. Changing attitudes

Wind farms have been built and France hopes to catch up with its northern neighbours in terms of wind energy.
In Britain, food and garden waste is recycled to make compost. Pesticides, chemicals and the burning of waste which produces a huge amount of $CO_2$ are avoided.

## 6 Sustainable business

### 1. Corporate ethics

Many companies now communicate about sustainable development, especially in the car and oil industries (the most involved in $CO_2$ emissions).

### 2. Micro-credit

Micro-credit was launched in developing countries to encourage the poor to support themselves. Very small entrepreneurs obtain very small loans. Thus they can buy their own tools and equipment, cutting out the middlemen and transforming their lives through self-employment.

### The words of the environment

*biodiversity:* biodiversité
*chemicals:* produits chimiques
*drought:* sécheresse
*dump:* (N) décharge ; (V) jeter
*energy policy:* politique énergétique
*global warming:* réchauffement de la planète
*greenhouse effect:* effet de serre
*nuclear waste:* déchets nucléaires
*ozone layer:* couche d'ozone
*renewable:* renouvelable
*save:* économiser / *shortage:* pénurie
*solar panel/ power:* panneau/énergie solaire
*species:* espèce
*sustainable development:* développement durable
*waste:* (V) gâcher ; (N) déchets

# 16 TOURISM

➔ **Tourism is booming industry, always providing tourists with more services and facilities related to transport, accommodation, etc. It is a vital part of many countries' economies.**

## 1 The development of mass tourism

The expansion of mass tourism took place in the 19th century (industrial revolution), when railways replaced horse carts and coaches, allowing more people to travel longer distances in a shorter period of time.
Paid holidays (since the mid 1930s) for most workers from developed European countries, also contributed to its development.
Mass tourism knew another boom with air travel, after World War II.

## 2 Modern tourism

Traditional destinations (seaside and mountain resorts) have become more sophisticated. They offer sports facilities, entertainment, different types of accommodation, from full boarding to self-catering, etc.
In France *Club Méditerranée* revolutionized tourism in the 1960s with its all-inclusive package holidays, where money was replaced by tokens or wooden pearls inside the holiday camp, which was called the "village".

## 3 A major economic factor

Tourism is a growing industry amounting to 15% of sales in the service sector. According to the World Tourism Organization, international tourism will keep growing by 4% annually until 2020.
Europe represents a little over 50% of world tourism. In 2005, 76 million foreign tourists chose to come to France (the first tourist destination before Spain and the USA).

## 4 Today's tourists

- The average tourist is urban, young or senior. The young travel with their families, friends, schools or associations, while seniors have more free time, are in good health and have more disposable income.
- Many budget-oriented tourists choose low-cost carriers and book their own accommodation without the help of a travel agent. Online booking has been developing very fast. As a result, traditional travel agents are losing business.

## 5 New trends in tourism

### 1. Sustainable tourism

Tourism means more pollution (from cars, planes, etc.) and the destruction of natural landscapes to build resorts and facilities. However travellers are more and more environmentally-conscious and want to meet local people.

### 2. Extreme tourism

Extreme tourism, which is associated with high risk and difficult, hostile places, is a growing business, for instance in the former Soviet Union, Peru, Chile, Argentina or Northern Pakistan. Unusual attractions are offered, such as trips in former warplanes at twice the speed of sound! Space tourism is one of the latest destinations, although it remains very costly.

### 3. Agritourism

Agritourism is another new form of tourism, with wine tourism and life on a farm coming first. Wine tourism focuses on wine tours and festivals.
Farms attract country-life lovers: travellers can help with farming tasks such as fruit and vegetable picking. This form of tourism can contribute to the new development of a region, as in Italy.

### 4. Cruising

Millions of passengers now go on cruises. One of the world's leaders is Carnival Cruise Lines which has pioneered the concept of cheaper, shorter cruises.

### 5. Disaster tours

After Hurricane Katrina had struck New Orleans, Louisiana, in September 2005, one of the biggest attractions was storm damage.

**The words of tourism**

*abroad:* à l'étranger
*accommodation:* logement
*book:* réserver
*budget:* économique, pas cher
*business travel:* voyage d'affaires
*cruising:* croisières
*entertainment:* distraction, loisirs
*entrance:* entrée
*facilities:* équipements, installations
*fly:* prendre l'avion
*foreign:* étranger (adj.)
*full boarding:* pension complète
*guide book:* guide de voyage
*journey:* voyage
*landmark:* point de repère ; grand monument
*location:* lieu, emplacement
*low-cost flight:* vol pas cher
*luggage:* bagage
*mass tourism:* tourisme de masse
*package tour:* voyage organisé
*resort:* lieu de vacances, station
*return ticket:* aller-retour
*seaside resort:* station balnéaire
*sightseeing:* visites
*sustainable tourism:* tourisme durable
*tip:* pourboire ; tuyau, astuce
*tour:* voyage, périple, excursion
*travel insurance:* assurance de voyage
*travel agent/agency:* agence de voyage
*trip:* voyage

# 17 TRANSPORT

**With free trade and globalisation, transport has seen a spectacular increase in many areas, entailing environmental problems.**

## 1 Definitions

- Four main means of transport: road, air, rail and water (sea, streams, canals).
- A hub: a place where traffic is exchanged through several modes of transport. Airports are often called hubs.
- Freight: the transport of goods. The choice of the best means of transport depends on the types and weights of products, the distance, the deadline, and their departing and arriving locations.

## 2 Road transport/hauling

Road transport, which enables, carries up to 80% of freight: supermarkets resort to door-to-door deliveries for FMCGs; "food miles" indicate the distance food is transported from source to store shelf. Transporting high-added-value products (computers) by road is safer.

Articulated lorries and trailers – or even huge Australian "road trains" – are used for heavy loads (up to 40 tons). However, road transport has drawbacks: many half empty lorries, accidents and social conflicts.

## 3 Rail transport

Transport of goods by train has been on the decline since World War I as rail is not flexible. It is used for heavy loads (1,200 tonnes of goods per train): in France, freight trains are essentially used for steel and coal transport, two declining industries.

However, tourists and business travellers are attracted by fast, comfortable high-speed trains throughout Europe.

## 4 Ferroutage (combining rail and road)

Since 2002, the French and Swiss have been using ferroutage – the transport of trucks or their containers on trains, as in the Channel Tunnel – in an attempt to curb road traffic and freight tonnage on the roads.

## 5 Water transport

Shipping is used to transport liquid in bulk in tankers or supertankers (above 250,000 tonnes).

- Containerisation has revolutionized transport of dry goods with no waste of space.
- Similar to ferroutage, merroutage consists in transporting lorries and trains by ship between two harbours. Pollution is cut down: ships emit 2.5 less carbon dioxide than lorries.
- Fluvial transport is an eco-friendly alternative to road transport. Paris harbour should deal with half a million containers a year.
- Major drawback: shipwrecks cause oil spills such as Erika in Brittany (13,000 tonnes, 1999). Doubled-hulled tankers will be replacing single-hulled ones by 2015.

## 6 Air transport

Air transport is mostly used by business travellers or tourists. It is also used for freight by air cargo companies, but its cost means it is only used for perishable goods on long distances.

- Before air traffic deregulation (1978 in the USA, 1993 in Europe), airlines were state-controlled and air-carriers held a monopoly in their own countries. The combination of deregulation, 9/11 and the price of oil led many airliners to bankruptcy.
- Traditional airlines and low-cost/"no frills" airlines now compete for business. Traditional airlines have merged (Air France and the Dutch company KLM) or formed global alliances (Sky Team regroups ten partners, including Air France/KLM, Alitalia and Continental Airlines).
- Safety measures have resulted in many delays.

### The words of transport

*airport:* aéroport
*car park:* parking
*car rental:* location de voitures
*carbon emission:* émissions de gaz carbonique
*carrier:* transporteur
*check-in:* embarquement
*container:* conteneur / *haulier:* transporteur (routier)
*delay:* retard
*delivery:* livraison
*fare:* prix du billet
*flight:* vol
*freight:* fret
*harbour:* port
*high-speed train:* train à grande vitesse
*highway/motorway:* autoroute
*hub:* plate-forme de correspondances, hub
*link:* relier
*means of transport:* moyen de transport
*metric ton:* tonne (= 1 000 kg)
*a board:* à bord
*one-way:* aller simple
*passenger:* passager
*plane:* avion
*railway network:* réseau ferroviaire
*return trip:* voyage aller-retour
*route:* trajet
*ship:* navire
*station:* gare
*traffic:* circulation
*trailer:* remorque
*truck (US):* camion

# 18 THE EUROPEAN UNION

➔ **The European Union describes itself as "a family of democratic European countries".**

## 1 History

**1951** Foundation of the European Community, Treaty of Paris

**1957** The European Economic Community (EEC), Treaties of Rome

**1962** Common Agricultural Policy (CAP): Europe becomes the second largest exporter of agricultural products, just after the USA.

**1992** European Monetary Union (EMU) and European Union, Maastricht Treaty

**1995** Schengen Agreement (free circulation of people within the Schengen zone)

**2004** The new Constitutional Treaty is submitted to ratification.

**2005** France and the Netherlands reject the Constitutional Treaty in referendums.

## 2 Members and institutions

- Twenty-five countries joined the European Union between 1958 and 2004 (in chronological order): Belgium, France, Italy, Luxembourg, the Netherlands, Germany, Denmark, Ireland, the UK, Greece, Portugal, Spain, Austria, Finland, Sweden, Cyprus, Czech Republic, Estonia, Hungary, Latvia, Lithuania, Malta, Poland, Slovakia, Slovenia.
  January 2007: Bulgaria and Romania joined the Union. Seven more countries are on the waiting list: Turkey, Republic of Macedonia, Albania, Bosnia and Herzegovina, Montenegro and Serbia.
- The three major institutions of the EU are the Council of the European Union, the European Parliament, directly elected every five years, and the European Commission.

## 3 The euro

The euro started circulation in 2001 in the Eurozone, i.e. the 12 countries which had met the convergence criteria. The European Central Bank is responsible for the monetary policy within the Eurozone. The new currency makes internal trade and travel easier, but it decreased most Europeans' purchasing power.

## 4 The EU's economy

The EU has the world's largest economy by GDP. It should grow by 3% between 2006 and 2020, thanks to the new members whose growth compensates for the older members.
Europe is the world's largest exporter and second largest importer.
Main source of revenues: the service sector with 69% of the GNP (agriculture: 2,3%). Tourism is a considerable source of income.
However, the EU has to deal with demography (low birth rate and an aging population) and unemployment (over 9%), and even poverty.

## 5 Mobility

European citizens can live and work anywhere in the EU, but obstacles remain as living standards vary.
Programmes such as Erasmus help students study or find work placements in other EU countries. However, red tape remains an obstacle.

## 6 Pro-Europeans and eurosceptics

Pro-Europeans believe that a strong, united Europe at all levels (economic, political, cultural, military, etc.) is the only possible response in today's world.
Eurosceptics fear the loss of national sovereignty (languages, habits, jobs, social benefits) or disapprove of a liberal Europe which aggravates the gap between the haves and the have-nots.
Citizens of the richer countries fear the arrival of cheaper labour force from eastern countries.

## 7 Language barriers

There are 23 official languages in the EU but only 3 working languages in the European Commission (English, French and German). A lot of time and money is spent on the translations of all the statements into all the EU languages: 4,000 interpreters work in the European Parliament. Translations delay information and may lead information gaps or misunderstandings.

### The words of Europe

*belong to:* appartenir à
*border:* frontière
*Channel:* la Manche
*citizen:* citoyen
*Common Market:* marché commun
*Council:* Conseil
*currency:* devise
*EEC (the):* la CEE
*European Union (EU):* Union européenne (UE)
*Parliament:* parlement
*free movement:* libre circulation
*GDP (gross domestic product):* PIB (produit intérieur brut)
*inhabitant:* habitant
*join:* adhérer à
*law:* loi
*member state:* État membre
*migrant/ immigrant:* immigré
*monetary policy:* politique monétaire
*official language:* langue officielle
*policy:* politique
*regulation:* réglementation
*treaty:* traité

# 19 GLOBALISATION

➔ **Globalisation refers to the growing economic interdependence of countries worldwide. It increased with the boom of technology.**

## 1 Definitions

- Globalisation concerns industry, finance, information and culture.
- The globalisation of trade, or free trade, means reducing transport costs and capital controls, and reducing/ eliminating tariffs.
- Free trade areas (FTAs) are areas where there are no tariffs or barriers on trade, for example the North American Free Trade Agreement (NAFTA) between Canada, the USA and Mexico.
- Quotas may limit the quantity of goods allowed into a country over a given period of time.

## 2 Multinationals or MNCs (Multi National Corporations)

A multinational is a company managing production in at least two countries. Some of the most famous MNCs are BP, Shell, HSBC, HP, Microsoft, Procter & Gamble, IBM, Wal-Mart, Walt Disney, Monsanto, etc.: 50 have a budget exceeding that of many countries.
Countries attract multinationals with incentives (tax breaks, lax environmental and labour standards).
MNCs have to control counterfeiting, which has expanded despite efforts to crack down on it.

## 3 A controversial issue

Supporters of globalisation believe that it increases the living standards in developing countries while making developed ones even more prosperous. Detractors consider it is a war machine imposing corporate imperialism and cultural assimilation, destroying the environment and stealing resources from developing countries. The World Trade Organization and the World Social Fund represent each side.

- **The World Trade Organization (WTO)**

The Geneva-based WTO establishes the rules for global trading and resolves disputes between its 149 member states (before 1995, it was the GATT – General Agreement on Tariffs and Trade). Its main aim is to erase or lower trade barriers. It works with the International Monetary Fund and with the World Bank.
The IMF checks the global financing system and gives financial aid when needed. The World Bank provides finance and advice to develop.
The WTO operates on consensus between the member states. This is more democratic but a very long process.

- **The World Social Forum (WSF)**

The World Social Forum, which first met in 2001 in Porto Alegre in Brazil, is the anti-globalisation counterpart of the WTO. It meets in January at the same time as the WTO, but not in the same place. The WSF thinks that globalisation is not inevitable and launched the slogan "Another World is Possible".

## 4 Disputes and controversies

- The USA markets and exports GM (genetically modified) crops. Many European countries believe that they could be unsafe and refuse US exports of GM soy beans and corn.
- The AoA (Agreement on Agriculture) allows Europe and the USA to spend $380 billion a year on agricultural subsidies to protect small farmers. However, most subsidies go to a minority of big farmers who flood the global market with cheap agricultural products.

## 5 Fair trade: a sustainable alternative?

Fair trade sales have increased by 20% every year since 2000. In 2005, they amounted to 660 million. Its guidelines are simple.

- Small producers from developing countries must be paid a fair price for their products.
- Companies must not resort to child labour and unfair practices.
- Consumers pay more for products which follow superior quality standards (hand-picked coffee beans, fertilizer-free rice, etc.).
- Better environmental practices and responsible methods of production are encouraged.

### The words of globalisation

*agreement:* accord
*ban:* interdiction
*controversy:* polémique
*counterfeiting:* contrefaçon
*crackdown (on):* mesures de répression (contre)
*customs:* douane
*dispute:* conflit
*exchange:* échange
*export (N):* exportation / *export (V):* exporter
*free circulation:* libre circulation
*free trade area (FTA):* zone de libre-échange
*Genetically Modified Organism (GMO):* organisme génétiquement modifié (OGM)
*global:* mondial
*import (N):* importation / *import (V):* importer
*interdependence:* interdépendance
*living standards:* niveau de vie
*market share:* part de marché
*negotiation:* négociation
*poverty:* pauvreté
*relocation:* délocalisation
*standard:* norme
*tariff:* droits de douane, barrière douanière
*trade:* échanges (commerciaux)
*unfair:* inéquitable
*worldwide:* dans le monde entier

# 20 APPRENDRE DES EXPRESSIONS UTILES

## 1 Pour s'exprimer à l'oral

### Expressing your opinion

My view is that... To my mind...
As far as I'm concerned...
Personally, ... In my opinion, ...
If you ask me, I'd rather say that...
I have a hunch that...

### Expressing agreement (partial or complete)

Couldn't agree more!
Absolutely, by all means, indeed!
That's right!/Right you are! I agree with you!
I'm not sure about... Up to a certain point/extent...
I suppose you're right but...

### Expressing disagreement

I suppose that's true, but I still think that...
I don't share this point of view.
I highly/strongly disagree on that point.

### Expressing certainty

I know for a fact that...
You can't deny that...
In actual fact... It goes without saying that...
I'm sure/certain/positive that...
It's obvious/clear that...
Undoubtedly, ... There is no doubt that...
What is quite certain is that...

### Expressing concession

In spite of + *N* No matter how...,
However + *adj*... Unless...

### Expressing contrast

But... Unlike..., we...
On the one hand, ... On the other hand, ...
We must weigh up the pros and the cons.
Compared to/with...
Actually, ...

### Expressing disapproval

I don't agree with...
I don't think much of...
I think it's wrong of them to...

### Expressing mixed feelings

I quite like... I suppose... is all right, but...
This may be true up to a certain point, but...

### Summing up your ideas

To conclude, ... It may be concluded that...
All in all, ...
To put it in a nutshell, ... Last but not least, ...

### In case... you hesitate

Use *gap fillers*: You know – I mean – Well – Um – Let me think – The word fails me
I'm not a hundred percent certain, but...
From what I know, I can say that...

### In case... you haven't understood

I'm sorry, I don't understand.
I'm afraid there has been a misunderstanding.
Could you repeat/speak more slowly, please?

## 2 Pour s'exprimer à l'écrit

### Expressing agreement

I could not agree more with...
I totally approve of... I'm all in favour of
(*partial agreement*) To a certain extent...

### Expressing certainty

There is no doubt that...
I would have said (that)/I would say (that)...
Doubtless/Undoubtedly, ... I am convinced that...

### Expressing condition

Provided/providing that... As long as...
On (the) condition that...

### Expressing mixed feelings

I have mixed feelings about...
I am not quite sure about...
I don't really approve of...

### Expressing strong disapproval

I totally disapprove of...
I don't really approve of...
I wouldn't (exactly) say (that)...
I can't see why... I resent (+ V-*ING*)
It is unfortunate that...

### Expressing cause

Due to... Owing to...
On account of... Because of...
Thanks to... Considering/Given that...

### Expressing opinion

I think/believe... I find it + *adj.*
I can't help + V-*ING*
What I find most striking/interesting is the fact/that...
I'm (not) interested in/ I'm (not) concerned about...
It makes me think of/It reminds me of...
Personally/in my opinion/to my mind, ...
As far as I am concerned, ... My point is...
What comes to my mind is...
I agree/disagree with... I would say that...

### Expressing concession

Despite the fact that... However + *adj.* this may be...
*Adj.* as it may seem,
Even though.../Though.../Although...
Admittedly, ... Whatever we/they/people may say, ...

### Expressing contrast

On the one hand..., on the other hand...
While... Whereas...
By comparison with... Contrary/conversely to...

# 21 LES CHIFFRES

➔ **Dans le monde de l'entreprise, on rencontre beaucoup de chiffres (*figures*) : numéros de téléphone, ventes, surfaces, pourcentages, etc.**

## 1 Chiffres de base

**- De 13 à 19 : suffixe *-teen* (cf. a *teenager*)**

> *thirteen, fourteen, fifteen, sixteen, seventeen, eighteen, nineteen.* Attention à 15. Syllabe accentuée : *-teen*

**- Dizaines : suffixe *-ty.***

> *twenty, thirty, forty, fifty, sixty, seventy, eighty, ninety*
Attention à 40 et 50. Syllabe accentuée : la première.
On ajoute un trait d'union entre dizaines et unités.
> *94: ninety-four. 52: fifty-two. 44: forty-four*

## 2 Grands nombres

**- Dizaines et centaines**

> *128: one hundred and twenty-eight* (*and* : *GB*)

**- La virgule**

Elle marque les milliers (on ne la lit pas à voix haute).
> six mille quatre cent = *6,400 / six thousand four hundred*
Attention, pas de virgule aux années ! > 1995 : *nineteen ninety-five* ; 2009 : *two thousand and nine*

**- *hundred, thousand, million, billion***

- Invariables quand le compte est précis.
> *6,543: six thousand five hundred and forty-three*
> Il y a 2000 personnes. *There are two thousand people.*
- Pluriel dans les expressions indéterminées (« des milliers »).
> Il y avait des milliers de personnes. *There were thousands of people.*
L'abréviation de *million* est *M* ou *m*, celle de *billion* est *bn* (très utilisé dans la presse).

## 3 Mathématiques

**- Décimales**

Elles sont indiquées par un point (virgule en français).
> 4,5 (quatre virgule cinq) = *4.5 / four point five.*
Les décimales sont prononcées l'une après l'autre.
> *15.32 = fifteen point three two*

**- Ordinaux**

Ils servent pour la date (*February 21 = the twenty-first of February*) et pour les fractions.
> 1/3 (un tiers) : *one third*
C'est le deuxième mot qui prend la marque du pluriel.
> 2/3 (deux cinquièmes) : *two fifths*
On n'utilise pas les ordinaux pour 1/2 (*one half*) et 1/4 (*a/one quarter*).

**- Pourcentages (%)** Ils se lisent *per cent.*

**- Zéro**

Prononcé comme la lettre *O* dans les numéros de téléphone, de chambre, de carte bancaire, etc.
Si le nombre est inférieur à 1, le zéro qui se trouve avant la virgule se dit *nought.*
> 0,001 (zéro virgule zéro zéro un) = *0.001 / nought point oh oh one* (ou *point oh oh one*)

**- Proportions**

On utilise les prépositions *in* ou *out of*
> Un sur quatre : *one in four / one out of four.*

## 4 Cas particuliers

### 1. Monnaies (ou prix)

Quand on écrit en chiffres, la devise est inscrite avant la somme.
> *£200* : cent livres sterling, 100 £ ; *$500* : cinq cent dollars, 500 $
Elle est dite en dernier si on lit une somme à haute voix, ou écrite en dernier si on écrit en toutes lettres.
> *£300: three hundred pounds*
Familisarisez-vous avec la valeur de quelques monnaies étrangères, surtout la livre sterling (le dollar est suffisamment proche de l'euro pour avoir un ordre d'idée).

### 2. Mesures

On trouve des surfaces exprimées en *square yards* et non en mètres carrés, des *miles* et non des kilomètres, des *gallons* et non des litres, etc. Il faut savoir à quoi correspondent quelques mesures.

**- Longueur / *length***

*1 inch (in.)* = 0,0254 mètre
*1 foot (ft.)* = 12 inches = 0,30 mètre
*1 yard (yd.)* = 36 inches = 3 yards = 0,91 mètre
*1 mile (mi.)* = 1 609 mètres = 1,6 km

**- Liquide / *capacity***

*1 pint (pt.)* (GB) = *1.2 pints* (US) = 0,5 litre
*1 gallon* (gal.) = 4,54 litres (GB) ; 3,8 litres (US)

**- Superficie / *area***

*1 square foot (sq. ft.)* ≈ 0.1 $m^2$
*1 acre (ac.)* ≈ 5000 $m^2$ = ½ ha
*1 square mile (sq. mi.)* ≈ 2.5 $km^2$ > *2 sq.mi.* ≈ 5 $km^2$

**- Température / *temperature***

*32°F (degrees Fahrenheit) = 0°C (degrees Celsius) ; 212°F = 100°C*

### 3. Adjectifs composés

Attention au singulier de l'adjectif.
> Un chèque de 50 £ : *a £50 cheque, a fifty-pound cheque*

### 4. Numéros (téléphone, carte, etc.)

On énumère les chiffres. Si deux chiffres identiques se suivent, on utilise *double.*
4985 5589 3502 4401 : *four nine eight five / double five eight nine / three five O two / double four O one*

### 5. Heures

9.20 : *twenty past nine* ou *nine twenty*
15.45 : *quarter to four* ou *three forty-five*
Les heures se comptent de 1 à 12 avec *am* le matin et *pm* l'après-midi.

# 22 LES VERBES IRRÉGULIERS

| | | | |
|---|---|---|---|
| **arise** | arose | arisen | *se lever* |
| **awake** | awoke | awoken | *(se) réveiller* |
| **be** | was | been | *être* |
| **bear** | bore | borne | *porter* |
| **beat** | beat | beaten | *battre* |
| **become** | became | become | *devenir* |
| **begin** | began | begun | *commencer* |
| **bend** | bent | bent | *courber* |
| **bet** | bet | bet | *parier* |
| **bind** | bound | bound | *lier* |
| **bite** | bit | bitten | *mordre* |
| **bleed** | bled | bled | *saigner* |
| **blow** | blew | blown | *souffler* |
| **break** | broke | broken | *casser* |
| **bring** | brought | brought | *apporter* |
| **build** | built | built | *construire* |
| **burn** | burnt | burnt | *brûler* |
| **burst** | burst | burst | *éclater* |
| **buy** | bought | bought | *acheter* |
| **catch** | caught | caught | *attraper* |
| **choose** | chose | chosen | *choisir* |
| **come** | came | come | *venir* |
| **cost** | cost | cost | *coûter* |
| **creep** | crept | crept | *ramper* |
| **cut** | cut | cut | *couper* |
| **deal** | dealt | dealt | *distribuer* |
| **do** | did | done | *faire* |
| **draw** | drew | drawn | *dessiner, tirer* |
| **dream** | dreamed/ dreamt | dreamed/ dreamt | *rêver* |
| **drink** | drank | drunk | *boire* |
| **drive** | drove | driven | *conduire* |
| **eat** | ate | eaten | *manger* |
| **fall** | fell | fallen | *tomber* |
| **feed** | fed | fed | *nourrir* |
| **feel** | felt | felt | *(res)sentir* |
| **fight** | fought | fought | *combattre* |
| **find** | found | found | *trouver* |
| **fly** | flew | flown | *voler* |
| **forbid** | forbade | forbidden | *interdire* |
| **forget** | forgot | forgotten | *oublier* |
| **forgive** | forgave | forgiven | *pardonner* |
| **freeze** | froze | frozen | *geler* |
| **get** | got | got/gotten (US) | *obtenir* |
| **give** | gave | given | *donner* |
| **go** | went | gone | *aller* |
| **grind** | ground | ground | *moudre* |
| **grow** | grew | grown | *pousser* |
| **hang** | hung | hung | *pendre* |
| **have** | had | had | *avoir* |
| **hear** | heard | heard | *entendre* |
| **hide** | hid | hidden | *cacher* |
| **hit** | hit | hit | *frapper* |
| **hold** | held | held | *tenir* |
| **hurt** | hurt | hurt | *blesser* |
| **keep** | kept | kept | *garder* |
| **know** | knew | known | *savoir* |
| **lay** | laid | laid | *poser* |
| **lead** | led | led | *mener* |
| **lean** | leant | leant | *incliner* |
| **leap** | leapt | leapt | *sauter* |
| **learn** | learned/ learnt | learned/ learnt | *apprendre* |
| **leave** | left | left | *quitter* |
| **lend** | lent | lent | *prêter* |
| **let** | let | let | *laisser* |
| **lie** | lay | lain | *être allongé* |
| **lose** | lost | lost | *perdre* |
| **make** | made | made | *faire* |
| **mean** | meant | meant | *vouloir dire* |
| **meet** | met | met | *rencontrer* |
| **mistake** | mistook | mistaken | *se tromper* |
| **pay** | paid | paid | *payer* |
| **put** | put | put | *mettre* |
| **read** | read | read | *lire* |
| **ride** | rode | ridden | *être à vélo* |
| **ring** | rang | rung | *sonner* |
| **rise** | rose | risen | *se lever* |
| **run** | ran | run | *courir* |
| **say** | said | said | *dire* |
| **see** | saw | seen | *voir* |
| **seek** | sought | sought | *chercher* |
| **sell** | sold | sold | *vendre* |
| **send** | sent | sent | *envoyer* |
| **set** | set | set | *placer* |
| **shake** | shook | shaken | *secouer* |
| **shine** | shone | shone | *briller* |
| **shoot** | shot | shot | *tirer (fusil)* |
| **show** | showed | shown | *montrer* |
| **shrink** | shrank | shrunk | *rétrécir* |
| **shut** | shut | shut | *fermer* |
| **sing** | sang | sung | *chanter* |
| **sink** | sank | sunk | *couler* |
| **sit** | sat | sat | *être assis* |
| **sleep** | slept | slept | *dormir* |
| **slide** | slid | slid | *glisser* |
| **smell** | smelt | smelt | *sentir* |
| **speak** | spoke | spoken | *parler* |
| **spell** | spelt | spelt | *épeler* |
| **spend** | spent | spent | *dépenser* |
| **spoil** | spoilt | spoilt | *gâcher* |
| **stand** | stood | stood | *être debout* |
| **steal** | stole | stolen | *dérober* |
| **stick** | stuck | stuck | *coller* |
| **swear** | swore | sworn | *jurer* |
| **swim** | swam | swum | *nager* |
| **take** | took | taken | *prendre* |
| **teach** | taught | taught | *enseigner* |
| **tear** | tore | torn | *déchirer* |
| **tell** | told | told | *dire* |
| **think** | thought | thought | *penser* |
| **throw** | threw | thrown | *lancer* |
| **understand** | understood | understood | *comprendre* |
| **wear** | wore | worn | *porter un vêtement* |
| **weep** | wept | wept | *pleurer* |
| **win** | won | won | *gagner* |
| **write** | wrote | written | *écrire* |

## exercice 1

**Wal-Mart gives online shoppers Thanksgiving deals**

Wal-Mart Stores on Monday unveiled Thanksgiving* holiday sales plans that focus heavily on its website to publicize its discount prices.

The world's largest retailer has said it would post online-only deals on the website on Thanksgiving, which can be purchased the same day.

On Monday, it revealed some of those deals. For example, it will offer a Zune 30 gigabyte MP3 video player for $98.87, which it says is about 25% off, and a Garmin Nuvi 650 Portable global positioning system for $298.87, a savings of more than 30%.

Wal-Mart also said Monday that it will post special "secret" deals on its website on Thanksgiving Day that can then be purchased in stores on Friday, which kicks off the holiday shopping season. Those "secret" deals are not published in its advertising circulars.

The online push comes as Wal-Mart works to incorporate its website more closely with its stores, and boost lagging sales in the United States. *Why?*

This year, it rolled out a "Site-to-Store" program, which allows customers to order products on the website and have them shipped to a local Wal-Mart store for free. When the merchandise is picked up, Wal-Mart said customers wind up spending more money in the store.

In an interview earlier this month, Walmart.com CEO Raul Vazquez said that while overall U.S. online holiday sales this year are expected to rise about 20%, the site's sales should jump 40% to 60%.

Adapted from *USA Today*, 20 November, 2007

* Thanksgiving: *a one-day holiday celebrated on the fourth Thursday of November.*

**1.** Lisez l'article et présentez-le (introduction, contenu, conclusion, ouverture).

**2.** En vous aidant des § 4 et 5, traduisez les trois phrases suivantes.

**a.** Wal-Mart veut que son site soit davantage relié avec ses magasins.

**b.** Les clients peuvent commander des produits en ligne et les faire livrer gratuitement dans un magasin.

**c.** On pense que la vente en ligne va augmenter d'environ 20% cette année.

CORRIGÉS p. 383

## exercice 2

**China takes action on toy safety**

China has made "considerable progress" in improving the safety of the toys it exports, a European Commission report has found.

Millions of Chinese-made toys were recalled this year, amid concerns about lead levels and loose magnets. Chinese authorities fully investigated 184 cases of dangerous products over the last three months, compared with 84 cases in two previous reports. In 43% of cases, "corrective measures" were taken, in some cases stopping the export of the unsafe products.

Many toys have been recalled because of dangerous magnets, which are increasingly strong and detach more easily from toys than in the past. New warnings are needed on toys, said the Commission, which will draft "appropriate warnings about the dangers of magnets in toys". The Commission also promised to agree to a "safety pact" – between manufacturers, retailers and importers – in 2008 to rebuild consumer confidence.

The toy recall earlier this year rattled confidence in the "Made in China" brand. Roughly 80% of the toys sold in Europe come from China and analysts feared that China's economy has grown so rapidly over the past two decades that addressing safety would take a long time. But while progress still needs to be made, the news may help to reassure European consumers and importers that China takes product safety seriously.

Adapted from *BBC News*, 22 November 2007

**1.** Résumez cet article en 90 mots environ.

**2.** Traduisez cet article.

CORRIGÉS p. 38

## exercice 3

Relisez l'article page 364 et traduisez les paragraphes 2 et 3.

CORRIGÉS p. 38

## exercice 4

Relisez l'article page 365 et répondez à la question suivante : *What would you say are the major risks for Internet shoppers?* (120 words +/– 10%)

CORRIGÉS p. 38

**exercice 1** page 382

**1.** This article was published in *USA Today* in November 2007. It reports a new strategy by Wal-Mart, the world's largest retailer. The company has decided to offer special discounts on its site on Thanksgiving Day. On Thanksgiving Day, all American shops are closed but customers will be offered attractive deals on various products online.

1. The new strategy: examples, no advertising, secret deals
2. Related strategy: "Site-to-Store", products ordered online and delivered free in stores where customers spend more money
3. Expected results: increased online and store sales

The strategy should both boost sales and make consumers more aware of the retailer's site. Companies now have to be inventive and offer their customers more attractive deals as competition is getting harder.

**2. a.** Wal-Mart wants its site to be incorporated with its stores more closely.

**b.** Customers can order products online and have them shipped to a store for free.

**c.** Online sales are expected to rise about 20% this year.

**exercice 2** page 382

**1.** La Chine a amélioré la sécurité des jouets exportés suite au rappel de millions de jouets contenant du plomb ou des aimants qui se détachaient : 184 cas ont fait l'objet d'une enquête, et plus de 40 % ont été soumis à des « mesures correctives ». La Commission européenne va rédiger des avertissements à publier sur les jouets et acceptera un pacte de confiance entre fabricants, distributeurs et importateurs en 2008. Des progrès sont encore nécessaires, mais ces nouvelles montrent que les autorités chinoises veulent s'attaquer au problème.

**2.** Selon un rapport de la Commission européenne, la Chine a fait des « progrès considérables » dans l'amélioration de la sécurité des jouets qu'elle exporte.

Des millions de jouets fabriqués en Chine ont été rappelés cette année, à la suite d'inquiétudes sur les quantités de plomb et des aimants qui se détachaient. Les autorités chinoises ont mené des enquêtes approfondies sur 184 cas de produits dangereux au cours des trois derniers mois, en comparaison de 84 cas dans deux rapports antérieurs. Dans 43 % des cas, des « mesures correctives » ont été prises, allant parfois jusqu'à l'arrêt de l'exportation des produits présentant un risque.

Beaucoup de jouets ont été rappelés en raison d'aimants dangereux, qui sont de plus en plus forts/puissants et se détachent des jouets plus facilement qu'auparavant. De nouvelles mises en gardes sont nécessaires sur les jouets, déclare la Commission, qui va rédiger des « mises en garde appropriées sur les dangers des aimants dans les jouets ». La Commission a également promis de donner son accord à un pacte de sécurité – entre fabricants, distributeurs et importateurs – en 2008 afin de redonner confiance aux consommateurs. Cette année, le rappel des jouets a ébranlé la confiance dans le label « fabriqué en Chine ». Environ 80 % des jouets vendus en Europe proviennent de Chine et les analystes redoutaient que la croissance de l'économie chinoise, si rapide au cours des vingt dernières années, ne fasse passer les problèmes de sécurité au second plan. Mais, si des progrès restent nécessaires, ces informations sont de nature à rassurer les consommateurs et les importateurs européens : la Chine accorde de l'importance à la sécurité des produits.

**exercice 3** page 382

Il se pourrait que dans dix ans les gens râlent qu'on ne trouve plus de plombier polonais et qu'il faut payer un ouvrier britannique beaucoup plus cher pour faire le même travail.

Cela pourrait sembler loufoque, compte tenu des chiffres officiels qui montrent que plus d'un million d'immigrants sont arrivés au cours de la dernière décennie. Deux choses vont déterminer combien de temps les Européens de l'Est vont rester : les emplois disponibles ici et les emplois disponibles chez eux.

**exercice 4** page 382

The major risk of Internet shopping is the ease with which one can purchase anything. First of all, there are no opening times on the Web: shopping is open 24 hours a day throughout the year. Then there's the comfort of home shopping: no waste of time, no traffic hassle, no overcrowded shops at the end of a hard day's work.

Another serious issue is consumer debt. Already high with plastic money, it may get even higher with virtual shopping as a mouse click makes it easy to fall for products. Shopping can be made even costlier when one wants to return an item: packages are usually shipped very quickly, not allowing for second thoughts, and one may have to pay for extra shipping costs.

The Internet may also be risky for careless shoppers who post credit card information without being cautious enough. (*143 words*)

# PRÉSENTATION DES ÉPREUVES D'ANGLAIS

*Dictionnaire bilingue autorisé*

## 1 BTS Management des unités commerciales

**1. Écrit**

**a) Compréhension :** traduction, interprétation, résumé, compte rendu, présentation, en français, de l'information contenue dans un/des textes et/ou documents en anglais.

**b) Expression :** réponses en anglais à des questions sur le domaine professionnel ; résumé ; compte rendu ; présentation en anglais de l'information d'un document professionnel (anglais ou français).

▶ **Durée : 2 heures – Coefficient : 1,5**

**2. Oral :** entretien prenant appui sur des documents appropriés, écrits ou oraux.

▶ **Durée : 20 minutes – Coefficient : 1,5 – Préparation : 20 minutes**

## 2 BTS Négociation et Relation Client / BTS Comptabilité et gestion des organisations

**Oral :** entretien à partir de documents professionnels.

▶ **Durée : 30 minutes – Coefficient : 3 – Préparation : 30 minutes (NRC)**

▶ **Durée : 20 minutes – Coefficient : 2 – Préparation : 20 minutes (CGO)**

## Et en + : un CD-Rom de plus de 400 QCM utilisant un logiciel original d'aide à la mémorisation !

**Configuration minimale :** ordinateur équipé d'un processeur 1 GHz, 256 Mo, 90 Mo d'espace disque disponible pour l'installation, d'une carte graphique, d'un moniteur ayant une résolution minimum de 1 024 × 768 pixels et d'un lecteur CD-Rom.

**Nécessite :**
- pour Windows : Windows Vista, XP, 2000 ou 98
- pour Mac : Mac OS 10.4 minimum (avec Java 1.5)

**Procédure d'installation**

**Sous Windows**
1. Insérez le CD-Rom dans le lecteur prévu à cet effet.
2. Attendez le lancement automatique du programme d'installation. Si le programme se lance automatiquement, allez au point 4.
3. Si au bout d'une minute le programme d'installation ne s'est pas lancé automatiquement, effectuez les opérations suivantes :
   – cliquez sur le bouton « Démarrer » et sélectionnez la commande « Exécuter » ;
   – saisissez le nom du lecteur CD-Rom, suivi de la commande « \Install.exe » (par exemple, si le lecteur se nomme D, saisissez « D:\Install.exe »).
4. Suivez ensuite les instructions à l'écran.

**Sous Mac**
1. Insérez le CD-Rom dans le lecteur prévu à cet effet.
2. Double-cliquez sur l'icône présentant votre CD-Rom.
3. Double-cliquez sur le programme « install.dmg ».
4. Double-cliquez sur le programme « Woonoz Installer ».
5. Suivez les instructions s'affichant à l'écran.
6. Pour éjecter le CD, éjectez d'abord le volume « NATHAN033_WOONOZ », puis éjectez le CD « NATHAN bloz 033 ».

Une fois l'installation effectuée, retirez le CD-Rom du lecteur et utilisez l'icône pour lancer le logiciel.
Pour toute question relative à l'installation et au fonctionnement du CD-Rom, contactez l'assistance Woonoz par e-mail support@woonoz.com.

N° éditeur : 10166325 - Dépôt légal : février 2010
Imprimé en France par I.M.E. - 25110 Baume-les-Dames